순암번역총서 07

교감역주 **순암집** 7

1판 1쇄 인쇄 2020년 8월 24일
1판 1쇄 발행 2020년 8월 31일

지은이 | 안정복
역　주 | 이상하
편집인 | 순암 안정복 선생 기념사업회

펴낸곳 | 성균관대학교 출판부
등　록 | 1975년 5월 21일 제1975-9호
주　소 | 03063 서울특별시 종로구 성균관로 25-2
전　화 | 02)760-1252~4　팩스 | 02)762-7452
홈페이지 | http://press.skku.edu

ISBN 979-11-5550-388-1　94150
　　　979-11-5550-193-3 (세트)

값 30,000원

교 감 역 주

순암집 7

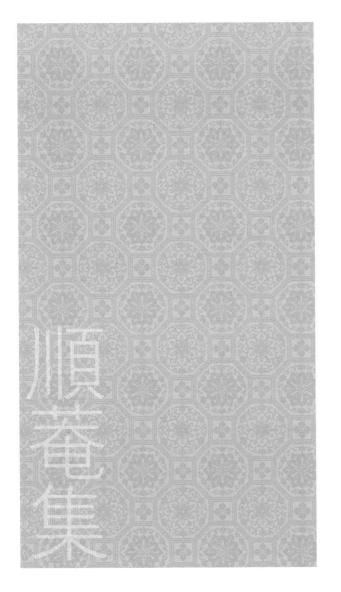

順菴集

안정복 지음

이상하 역주

성균관대학교
출 판 부 순암 안정복 선생 기념사업회

일러두기

1 이 책은 국립중앙도서관(國立中央圖書館) 소장『순암집(順菴集)』을 대본으로 삼았다.
2 원문은 현대문 문장부호로 표점하고, 역문의 아래에 두었다.
3 주석은 원문에 각주로 달고 한글을 병기하지 않았으며, 오자로 판단된 글자는 교감하여 각주로 밝혔다.
4 인명과 같은 짧은 주석은 역문에 간주로 달았다.
5 운문은 원문을 병기하였다.
6 이 책에 사용한 부호는 아래와 같다.
   ( ) : 번역문과 음이 같은 한자를 묶는다.
   〔 〕: 번역문과 뜻은 같으나 음이 다른 한자를 묶는다.
   " " : 대화 등의 인용문을 묶는다.
   ' ' : 재인용이나 강조 어구를 묶는다.
   『 』: 각주에서 출전을 밝힌다.

순암집 25권

행장 行狀

순암집 26권

행장 行狀

순암집 27권

행장 行狀

유사 遺事

부 록

행장

行狀

1. 선교랑 동만 안공 행장

宣教郎東巒安公行狀 병자년(1756, 45세)

공은 휘가 상한(翔漢)이고 자는 익중(翊仲)이며, 성은 안씨(安氏)
이고 동만(東巒)은 호이다. 보계(譜系)는 광주(廣州)에서 나왔으
니, 비조(鼻祖) 휘 방걸(邦傑)이 고려 태조(高麗太祖)를 도운 공으
로 광주군(廣州君)에 봉해졌다. 이 분이 본관을 받은 시조이다. 휘
수(綏)에 이르러 영남(嶺南)의 함안(咸安)으로 이주하였고, 대대로
문인(聞人)이 나와 드디어 영남의 세족(世族)이 되었다. 고려 말에
휘 국주(國柱)는 벼슬이 중랑장(中郎將)이었고, 고려가 망하자 벼
슬하지 않으니, 당시 사람들이 그의 절의(節義)를 높이 인정하였다.
국주의 증손 휘 보문(普文)은 천거를 받아 벼슬이 인의(引儀)에 이
르렀으나 출사(出仕)하지 않고 밀양(密陽)의 금포(金浦)에 이주하
였으며, 휘 구(購)를 낳았다. 휘 구는 관직이 사간(司諫)이고 호가
태만(苔巒)으로, 점필재(佔畢齋)의 문하에서 수업하였으며 염근(廉
謹)으로 알려졌으니, 공의 5대조이다. 참봉(參奉) 휘 영(嶸)·생원
(生員) 휘 수연(守淵)·증참판(贈參判) 휘 광소(光紹)·정랑(正郎)
휘 도(璹)가 공의 고조(高祖)·증조(曾祖)·조부(祖父)·부친 4대
이다.

부친 정랑공은 재종 숙부 생원 휘 여경(餘慶)에게 출계(出系)하였
다. 생원공은 바로 세상 사람들이 옥천선생(玉川先生)이라 일컫는
분이다. 모친 숙인(淑人) 현풍 곽씨(玄風郭氏)는 참봉 재지(再祉)의
따님이고 감사(監司) 곽월(郭越)의 손녀이다.

공은 만력(萬曆) 갑진년(1604, 선조37)에 창녕현(昌寧縣) 모산리(牟山里)의 자택에서 태어났다. 공은 어릴 때부터 걸출하여 우뚝한 기상이 있었다. 경상좌병사(慶尙左兵使)가 어느 날 정랑공을 방문했을 때 공이 곁에 있다가 몰래 붓에다 먹물을 적셔 병사(兵使)의 등 뒤 옷자락에 '병사(兵使)'라는 두 글자를 크게 썼다. 병사가 알아차리고 큰 소리로 꾸짖기를, "너는 어린 아이가 병사가 무섭지도 않으냐?"라 하니, 공이 웃으며 말하기를, "병사 위에 대장(大將)이 있습니다. 대장도 무섭지 않은데 병사를 무서워하겠습니까?"라 하였다. 이 때 공의 나이 6세였다. 병사가 기특하게 여기고 정랑공에게 축하하며 말하기를, "이 아이는 기상이 있으니, 훗날 명성과 지위가 아버지보다 더 높을 것이다."라 하였다.

7세 때에 백부인 오휴공(五休公) 휘 신(珒)에게 글을 배웠는데, 굳이 글을 읽으라고 시키지 않아도 대의(大義)를 훤히 알았으며 시문(詩文)도 잘 지어 가끔 사람을 놀라게 하는 구절이 있었다.

신해년(1611, 광해3)에 궁중의 이속(吏屬)들이 국농소(國農所)에 제방을 쌓으려고 선산(先山)의 묘목(墓木)을 베니 어느 누구도 감히 꾸짖는 사람이 없었다. 공이 서슴없이 앞으로 나아가 꾸짖기를, "숲에 본시 나무가 많거늘 하필이면 사대부의 선산의 나무를 베어 가는가?"라 하니, 그 음성이 매우 웅장하였다. 관리들이 서로 바라보며 놀라 말하기를, "어린 아이의 목소리가 사람으로 하여금 넋이 달아나게 하니, 필시 대귀(大貴)할 것이다."라 하고, 도끼를 거두어 떠나갔다.

성장해서는 체구가 컸으며 과묵하여 말과 웃음이 적었다. 경사(經史)을 열심히 읽었고 아울러 실무(實務)까지 통달하였으며, 간국(幹局)과 식견(識見)이 뛰어나 동료들로부터 추중을 받았다. 청운군(青

雲君) 심명세(沈命世)는 한 마을에 사는 친구로서 평소에 공을 존중하였다. 계해년(1623, 인조1) 반정(反正) 때 심명세가 그 모의에 가담하였는데, 공을 불러 서울로 올라오게 하고 싶었으나 핑계 댈 말을 찾기 어려웠다. 그래서 공에게 말하기를, "정시(庭試)가 있다는 소문을 들었는데 동행하지 않겠는가?"라 하며 굳이 청하여 마지않았다. 공은 그의 말이 종전과 다르다는 것을 살펴 알고 끝내 응하지 않았다. 몇 달이 지나서 정사(靖社)의 일이 일어났고 심명세가 원훈(元勳)이 되었다. 공이 그 소문을 듣고 탄식하며 말하기를 "지난번에 나를 부른 것은 과연 이 일 때문이었다. 내가 하마터면 그에게 속을 뻔했다."라고 하였다. 그 후 심명세가 공을 가리키며 농담하기를, "가난한 선비의 귀밑에 어찌 금관자 옥관자가 맞겠는가?"라 하자, 공이 말하기를, "성공하였기에 이렇게 된 것이지 성공하지 못했으면 어떠했겠는가?"라 하니, 심명세가 웃기만 하고 말하지 않았다.

병자년(1636, 인조14) 겨울에 금(金)나라 칸〔汗〕이 황제를 참칭하고 우리나라에 침입하였다. 어가(御駕)가 남한산성(南漢山城)에 들어가서 포위된 지 한 달이 지나 형세가 매우 위급하였다. 이에 근왕병(勤王兵)을 모집하라는 교지(敎旨)를 날마다 내렸는데도 열진(列鎭)에서는 관망만 하고 나아가지 않았다. 이 때 초야의 선비로서 의병(義兵)을 일으켜 국난(國難)에 달려간 사람으로는 진주(晉州)에는 하진(河溍)이 있고, 현풍(玄風)에는 곽위국(郭衛國)이 있었다. 공이 개연히 말하기를 "평소에 독서한 것은 오늘 같은 날 쓰고자 한 것이다."라 하고, 동지들에게 통문(通文)을 보내어 의병을 모으고 같은 고을에 사는 진사(進士) 양훤(楊暄)을 장수로 추대하였다. 양훤이 의사(義士) 이시로(李時老)에게 말하기를, "익중(翊仲)은 여상(呂尙)·제갈량(諸葛亮)과 같은 재능을 가진 사람이니, 그에게 군사를 맡기고자 한다."라고 하였다. 이시로는 공에게 외척이 되는 사람으로서 완력이 센 장사로 알려진 사람인데, 공에게 말하기를, "양공의 뜻이 이러하니, 그대는 장수로서 중견(中堅 중군(中軍))을 맡고 나는 선봉으로 전진하면 성공하지 못할 리 없을 것이다."라고 하자, 공이 말하기를, "군사가 출전하면서 장수를 바꾸는 것은 옛 사람이 경계하였다. 우리는 나이가 젊어 명망과 지위가 양공보다 못하다. 군사를 통솔하는 일은 의당 한 사람이 해야지 두 사람이 해서는 안 된다."라 하고, 끝내 따르지 않았다. 그러나 설시(設施)한 방략(方略)은 모두 공이 결정한 바인데 일이 간략하고 잘 조처되었기에 군중(軍衆)이 기뻐하였다.

이듬해 정축년 1월 26일에 군사를 이끌고 나아가 상주(尙州)에 이르렀을 때 화친이 이미 체결되었기에 군사를 거두라는 교지가 온 나라에 내려졌다. 이에 공은 양공 및 의사(義士)들과 더불어 북향(北向)하여 통곡한 다음 의병들을 해산하고 집으로 돌아왔다.

공이 향시(鄕試)에는 네 번 급제하였으나 정시(庭試)에는 잇따라 낙방하였다. 그 후로 다시는 과거에 응시하지 않으면서 자호(自號)를 '숭정일민(崇禎逸民)'이라 하였다. 양공도 의병을 해산한 후로 과거를 그만두고 깊이 은거하면서 공과의 친분이 더욱 두터워져 자주 왕래하였다. 두 분이 만나면 종일토록 묵묵히 서로 마주하여 크게 한숨을 쉬고 개탄하였다. 어떤 사람이 명조(明朝)의 소식을 전하면 눈물을 흘리며 말을 하지 않았고 여러 날 음식을 먹지 않았다. 양공이 말하기를, "안익중은 경국제세(經國濟世)의 인재인데 시골에서 일생을 보내니, 애석하다."라 하였고, 사부(師傅) 노형필(盧亨弼)도 늘 칭찬하여 말하기를 "영남의 영웅이다."라 하였으니, 향리(鄉里)의 선배들에게 허여를 받은 것은 숨길 수 없는 사실이다.

경자년(1660, 현종1)에 공이 병에 걸렸고 1년이 지나자 병세가 더욱 심해져서 2월 10일에 밀양현(密陽縣) 속하(速河)의 우거(寓居)에서 세상을 떠났으니, 향년 58세이다. 고을 사람들이 다들 슬퍼하며 "큰 인물이 세상을 떠났다."라 하였다. 금포(金浦)의 해좌(亥坐)의 둔덕에 안장하였으니, 선산(先山)이다.

공은 체구가 커서 키가 8척(尺)이고 음성은 큰 종이 울리는 듯하여, 위엄을 보이지 않아도 사람들이 절로 두려워하였다. 어릴 때부터 백부 오휴공(五休公)에게 수학하여 유자(儒者)의 학문을 익히 배웠고, 정주(程朱)의 저술을 깊이 연구하였으며, 선유(先儒)의 명(銘)과 찬(贊)을 그림으로 그려 벽에 걸어두고 아침저녁으로 보고 반성하였다. 서책은 읽지 않은 것이 없었다. 그 중『주역(周易)』에 공력을 들여 거의 만 번을 읽었으며 술수(術數)도 통달하여 미래의 일을 말하면 신통하게 맞는 경우가 많았다. 병진(兵陣)·구장(九章 산술) 등에 이르러서도 깊은 이치를 연구하였다. 일찍이 말하기를 "유자(儒者)가 무슨 일인들 하지 않을 수 있겠는가. 경서(經書) 이외에 이러한 서책들도 모두가 나라를 다스리는 일이 아닌 것이 없으니, 또한 격물치지(格物致知)의 한 가지이다."라고 하였다. 제갈량(諸葛亮)의「팔진도(八陣圖)」를 직접 그렸는데, 기병(奇兵)·정병(正兵)이 생극(生克)하는 묘리(妙理)와 군대가 주둔하고 공격하는 형세가 손바닥을 가리키는 듯 분명하였다. 때때로 이를 완미하노라면 구당협(瞿塘峽) 어복탄(魚腹灘)에 펼쳐진 팔진도에 흔연히 계합(契合)하곤 하였으니, 그 깊은 의취(意趣)는 자제들도 알지 못하였다. 공이 우회(寓懷)란 제목

의 율시(律詩) 한 수를 지었다. 그 시에,

이 사람은 천년 뒤에 다시 정채롭거늘
야인의 옷차림으로 임천에서 은거하노라
신야(莘野)의 쟁기는 금포에서 다시 밭갈이하고
위수(渭水)의 낚시대를 낙동강에서 다시 잡았어라
고종의 시대는 이미 멀어져 꿈에 볼 수 없으니
황제의 후손이 지금에 어찌 몸을 낮추리오
나무에 기댄 채 시를 읊조리고 낙엽에 쓰노니
바람에 날려 임금 계신 궁궐로 보내고 싶어라

若人千載更精神 野服林泉又隱淪 莘耒¹復耕金浦上 渭竿²還把洛江濱
高宗已遠難通夢³ 帝冑如今肯屈身⁴ 倚樹哦詩書落葉 願風吹送玉樓春

---

1 莘耒 : 有莘에서 밭을 갈던 쟁기라는 말이다. 伊尹은 당초에 有莘의 들에서
농사를 짓다가 湯王이 초빙을 받고 재상이 되었다. 『孟子 萬章上』
2 渭竿 : 渭水에서 낚시하던 낚싯대라는 말이다. 姜太公 呂望이 위수에서 낚시
질하며 세월을 보내다가 周나라 文王에게 발탁되었다. 『史記 권32 齊太公世家』
3 高宗已遠難通夢 : 지금은 자기를 찾아줄 임금이 없다는 뜻이다. 殷나라 高宗
이 꿈에 上帝가 자신을 보필할 훌륭한 인물을 내려 주는 것을 보고, 사방에
사람을 보내 그 모습을 닮은 사람을 찾은 끝에 傅巖이란 곳에서 傅說을 찾아
재상으로 삼았다는 고사가 있다. 『書經 說命上』
4 帝冑如今肯屈身 : 帝冑는 황제의 후손이란 말로 蜀漢의 劉備를 가리킨다. 유
비가 諸葛亮을 얻으려고 몸을 낮추어 三顧草廬했다는 고사를 인용하였다. 지
금은 자기를 찾아줄 임금이 없다는 뜻이다.

하였으니, 공을 아는 사람들은 이 시가 과장된 말이라 여기지 않았다.

공은 천성이 효성스럽고 우애로웠다. 갑자년(1624, 인조2)에 정랑공(正郞公)의 상(喪)을 당하여 거상(居喪) 중에 예(禮)를 다하였다. 공의 형제는 6명이다. 백씨(伯氏)에게 아들이 없었으므로 공이 차자(次子)로서 선조의 제사를 받들었다. 제사를 지낼 때는 정성과 공경을 다하는 데 힘쓰고 제물을 풍성하게 차리는 것을 중시하지는 않았다.

모친 태숙인(太淑人)을 봉양할 때는 온화한 얼굴빛으로 섬겨서 마음을 즐겁게 해드리기 위해 갖은 노력을 다하였다. 공이 종기를 앓아 매우 위독하기에 모친이 몹시 걱정하자 공이 말하기를, "저의 포부가 적지 않으니 필시 이런 병으로 죽지는 않을 것입니다."라 하니 모친이 안색을 펴고 기뻐하였다. 모친의 마음을 위로하여 기쁘게 하는 것이 모두 이와 같았다.

아우들과 함께 살면서 매우 화락하였고, 부모를 잃은 조카를 자기 자식과 다름없이 보살펴 길렀다. 그리고 재산을 나누어 분가할 때에는 비옥한 토지와 좋은 하인들은 모두 아우들에게 주었다. 이로 인하여 생활이 매우 군핍하였다. 백부 오휴공(五休公)이 공의 군핍한 형편을 불쌍히 여겨 밀양(密陽)의 전지와 가택을 주었고, 이에 공이 밀양에 이주하였다. 공은 오직 근검(勤儉)한 생활을 할 뿐 분수에 넘치는 경영은 아예 하지 않았으며, 양식이 자주 떨어져도 언제나 즐거운 듯이 살았다.

평소에는 중후하고 과묵하여 남의 과실을 말하지 않았고 희노(喜怒)에 따라 안색이 변하지 않았다. 남과 교유할 때는 신구(新舊)에 따라 친소(親疎)를 두지 않고 그저 소박하게 대할 뿐 언행을 꾸미지

않음에 진실한 마음이 절로 드러나니, 사람들이 모두 사랑하고 존경
하였다. 종일토록 책상을 마주하여 서책을 보기를 노년에 이르러서도
그만두지 않았다.

정축년 때에 의병을 해산한 이후로는 세상일에 뜻을 두지 않고 전
야(田野)에 은거하면서 화초나 가꾸고 날씨 얘기나 하고 시나 읊으면
서 스스로 즐기고 물외(物外)에서 한가히 노닐었다.

글을 지을 때는 문장을 애써 조탁(彫琢)하지 않고 붓을 잡으면 곧
바로 지었는데도 기력이 웅건하고 의취(意趣)가 심원하였다. 저술한
시(詩)와 문(文) 4권이 집에 보관되어 있다.

부인 의인(宜人) 금성 박씨(錦城朴氏)는 생원(生員) 박문영(朴文
英)의 따님으로, 현숙(賢淑)하여 아름다운 덕이 있었으니, 그 규범
(閨範)이 본받을 만하였다. 공보다 24년 뒤에 세상을 떠났고, 공의
묘소에 부장(祔葬)하였다.

의인(宜人)은 1남 4녀를 낳았다. 장남 시태(時泰)는 아들이 없어
종제 시퇴(時退)의 아들인 흠(欽)을 후사로 삼았다. 장녀는 노시현
(盧時鉉)에게 출가하여 아들 대하(大河)·대천(大泉)·대섭(大
涉)·대운(大澐)을 낳았고, 두 딸은 이만휘(李萬彙)·여성빈(呂成
賓)에게 각각 출가하였다. 둘째 딸은 정용(鄭鎔)에게 출가하였는데
자녀가 없다. 셋째 딸은 김자견(金自堅)에게 출가하여 아들 상원(尙
元), 상형(尙亨), 상정(尙貞)을 낳았고, 딸은 이당필(李唐弼)에게 출
가하였다. 넷째 딸은 박시직(朴時稷)에게 출가하였는데 자녀가 없다.
측실(側室)은 2남 1녀를 낳았다. 아들은 시유(時有)·시협(時協)이
고, 딸은 노석만(盧碩曼)에게 출가하였다.

흠(欽)은 아들 덕형(德亨)·의형(義亨)·신형(信亨)을 낳았고,

딸은 이기석(李基碩)에게 출가하였다. 덕형은 경윤(景允)·경희(景禧)·경돈(景敦)을 낳았다. 의형은 아들이 없어 경돈을 후사로 삼았다. 신형은 경점(景漸)·경익(景益)·경항(景恒)·경복(景復)·경림(景臨)을 낳았다. 내외 적서(嫡庶)의 증손·현손은 모두 약간 명이다.

아! 예로부터 재기(才器)를 감추고 암혈(巖穴)에 은거하여 이름이 인몰(湮沒)하여 일컬어지지 못하는 사람이 얼마나 많았는가! 이윤(伊尹)이 성탕(成湯)으로부터 다섯 차례 초빙을 받지 못했다면, 이윤이 스스로 요순(堯舜)의 도(道)를 즐겼다는 사실을 누가 믿었겠으며, 제갈량(諸葛亮)이 소열제(昭烈帝)의 삼고초려(三顧草廬)를 받지 못했다면 제갈량이 자신을 관중(管仲)·악의(樂毅)에 비겼다는 사실을 누가 인정하였겠는가. 공의 「우회(寓懷)」 시를 보건대, 가슴 속에 쌓인 회포가 없었다면 어떻게 이러한 시구를 말할 수 있었겠는가.

정축년에 의병을 일으켰을 때 갑자기 모집한 오합지졸(烏合之卒)을 거느리고 한창 저돌적으로 진격해 오는 적군을 대적하려 하였으니, 얼마 못 가서 적에게 짓밟혀 와해되고 말 것임은 앉아서 기다릴 수 있었다. 그러나 공의 적절한 조처와 동배(同輩)들이 공을 추허(推許)한 말을 보면, 공의 영걸스러운 풍모와 드높은 기상은 100년이 지난 지금에도 사람을 감동시킨다. 애석하게도 화의(和議)가 일을 그르친 탓에 공의 재주를 남한산성 아래에서 한 번 시험해 보지도 못하여, 공으로 하여금 한 때의 충분(忠憤)의 선비가 되는 데 그치게 하고 말았으니, 어찌 탄식을 이길 수 있겠는가! 아아! 곤궁하여 일개 선비로 일생을 마치고 말았으니, 군자는 이에 또 하늘의 뜻으로 돌릴 것이다.

나는 공의 현손 모(某)와 교유하면서 공의 평소 행적을 익히 듣고 사모하는 마음이 생겼다. 그래서 공의 가승(家乘)을 캐물어 공의 아우 양곡공(暘谷公)이 저술한 공의 행록(行錄)과 영남의 제공(諸公)이 기술한 글들을 보았다. 그런 뒤에야 공의 대절(大節)이 이토록 우뚝하다는 것을 더욱 잘 알게 되었다. 이제 경점(景漸)이 종인(宗人)으로서 공의 사적을 서술해 달라고 나에게 청하였다. 그리고 내가 쓴 글을 가지고 입언(立言)하는 군자에게 나아가 질정하고자 한다고 하니, 내가 문장을 못한다는 이유로 사양할 수 없기에 공의 사적의 전말을 이상과 같이 삼가 기록하여 장래 채록(採錄)할 것에 대비한다.

公諱翔漢, 字翊仲, 姓安氏, 東巒其號也. 系出廣州, 鼻祖諱邦傑, 佐麗祖, 以功封廣州君, 寔爲受貫之始. 至諱綏, 移嶺之咸安, 代有聞人, 遂爲嶺南世族. 麗末有諱國柱, 官中郎將, 國亡不仕, 當世高其節. 曾孫諱普文薦, 官至引儀不就, 移居密陽之金浦, 生諱覯, 官司諫, 號苔巒, 受業于佔畢之門, 以廉謹著, 於公爲五世祖. 參奉諱嶸・生員諱守淵・贈參判諱光紹・正郎諱璿, 公之四代也. 正郎出後再從叔父生員諱餘慶, 生員卽世所稱玉川先生者也. 妣淑人玄風郭氏, 參奉再祉之女, 監司越之孫也. 公以萬曆甲辰生於昌寧縣之牟山里第. 公幼時傑然有偉氣, 慶尙左兵使嘗歷謁正郎公, 公時在側, 潛以筆濡墨, 大書兵使二字於背後衣裔. 兵使覺之, 喝曰: "汝小兒不畏兵使乎?" 公笑曰: "兵使上有大將, 大將且不畏, 畏兵使乎?" 時, 公年六歲. 兵使奇之, 賀正郎公曰: "此兒有氣像, 他日名位, 必過乃翁." 七歲, 受業於伯父五休公諱玑, 不煩課讀, 通大義能屬文, 往往出語驚人. 辛亥, 掖屬將築國農所堤堰, 來伐墓木, 人莫敢何. 公奮然直前, 叱之曰: "林木自多, 何必士夫丘木乎?" 聲甚洪壯. 官校輩相顧詫異曰: "小兒聲令人褫魄, 必大貴." 遂斂斤而去. 及長, 風儀魁岸, 沉默寡言笑, 劬心經史, 兼通事務, 局幹見識, 推重於儕友間. 靑雲君沈命世有里閈之舊, 雅重公. 及癸亥反正, 沈與其議, 邀公赴京而難於爲辭, 謂公曰: "聞有庭試, 可同行未?" 强不已. 公察其辭氣異昔, 終不應. 數月, 靖社事作, 沈爲元勳. 公聞之, 歎曰: "前日之邀我, 果爲是也. 我幾爲彼所誤." 後沈來指公, 戲曰: "窮士鬢邊, 豈合金玉?" 公曰: "成能如是, 不成爲何?" 沈笑而無語. 丙子冬, 金汗僭號東逼, 駕入南漢, 被圍閱月, 勢甚危急. 勤王募兵之敎日下, 而列鎭觀望不進. 時, 草野之興義赴難者, 晉州有河公溍, 玄風有郭公衛國. 公慨然曰: "平生讀書, 用在今日." 遂通告同志, 糾集義旅, 推同縣楊進士暄爲將. 楊謂義士李時老曰: "翊仲呂葛之才, 欲以兵屬之." 李於公爲戚屬, 以膂力聞, 乃謂公曰: "楊公之意如此, 君主中堅, 我執前銳, 蔑不濟矣." 公曰: "臨軍易將, 古人所戒. 我輩年少, 名位出楊下, 軍事當有一無二." 遂不從, 而設施方畧, 皆公所定, 事簡而辦, 衆心欣聳. 丁丑正月二十六日, 赴難至尙州, 和事已成, 罷兵之敎四下矣. 公與楊公及諸義士北向痛哭, 散遣義徒而歸. 公嘗四解鄕試, 連不利於省闈, 自後不復應擧, 自號崇禎逸民. 楊公亦自罷兵後, 廢擧深居, 與公契分益篤, 數相往來, 終日默然相對, 長吁慨歎. 有人道皇朝消息, 則輒泣不語, 却食累日. 楊公嘗曰: "安翊仲經濟之才, 可惜終老丘壑." 盧師傅亨弼亦稱不已曰: "嶺表間氣." 其見許於鄕里之先達, 有不可以掩者矣. 庚子, 公感疾踰年而彌劇, 二月十日, 卒于密陽湅河寓舍, 壽五十八. 鄕人相唁曰: "巨人逝矣." 葬于金浦亥坐原, 從先兆也. 公偉榦八尺, 聲如洪鍾, 不威而人自懾伏. 自幼從五休公, 習聞儒者之學, 頗究心於濂洛諸書, 圖揭先儒銘贊, 朝夕觀省. 於書無不讀, 尤用功於『易』, 讀幾萬遍, 旁通數術, 道未來事, 多奇中, 至若兵陣九章之類, 硏究蘊奧. 嘗曰: "儒者何事不做? 經書外此等書, 莫非經世之務, 而亦格致之一端也." 手畫孔明八陣圖, 奇正生克之妙·營隊駐戰之勢, 若指諸掌. 時時玩賞, 欣然會心於瞿塘魚腹[5]之間, 而意趣所寄, 雖子弟不知也.

公有寓懷一律曰：“若人千載更精神, 野服林泉又隱淪. 莘耒復耕金浦上, 渭
竿還把洛江濱. 高宗已遠難通夢, 帝胄如今肯屈身. 倚樹哦詩書落葉, 願風
吹送玉樓春.” 知公者不以爲夸辭. 公性孝友, 甲子, 遭正郎公憂, 居喪盡禮.
公昆弟六人, 伯氏無後, 公以次主鬯, 凡祭祀之節, 務盡誠敬, 不以豐腆爲
貴, 奉太淑人, 色養備至. 公嘗病腫危甚. 太淑人憂之深. 公曰：“兒之所抱
不少, 必不死於此疾.” 太淑人降色而喜. 其所慰悅親意者, 皆類此也. 與羣
弟並處, 怡怡湛樂, 而撫摩遺孤, 無異己出, 及其析産分居, 田丁之饒優者,
悉歸諸房. 由是寠甚, 五休公閔其匱乏, 給密陽田宅, 公遂移寓于密陽. 惟以
勤儉自飭, 絶無分外經營, 簞瓢屢空而樂自如也. 平居簡重寡默, 未嘗言人
過失, 色不以喜怒變, 與人交, 不以新舊而施親疎, 悃愊無華, 忠款自露, 人
皆愛而敬之, 終日對案觀書, 至老不掇. 自丙丁謝事後, 無意於世, 蠖屈田
廬, 課花評草, 談晴說雨, 暢詠自娛, 倘佯物外. 爲文不事章句雕繢, 而援筆
立就, 氣力遒壯, 意趣深造, 所著詩文四卷藏于家. 配宜人錦城朴氏, 生員諱
文英之女, 淑美有懿德, 閫儀可則, 後公二十四年而卒, 祔于公墓. 宜人生一
男四女, 男諱時泰無子, 以從弟時退子欽爲后. 女長適盧時鉉, 生大河 · 大
洤 · 大涉 · 大澒, 女李萬彙 · 呂成賓. 次適鄭聳, 無後. 次適金自堅, 生尙
元 · 尙亨 · 尙貞, 女李唐弼. 次適朴時稷, 無後. 側室生二男一女, 男時
有 · 時協, 女適盧碩曼. 欽生德亨 · 義亨 · 信亨, 女適李基碩. 德亨生景

---

5 瞿塘魚腹 : 중국 泗川省 三峽의 하나인 瞿唐峽 魚腹灘으로 諸葛亮이 돌을 무
더기로 쌓아 八陣圖를 만들었다는 곳이다. 『晉書』 권98 「桓溫傳」에 “제갈량이
어복탄 백사장서 팔진도를 만들었는데, 돌을 포개 여덟 줄을 만들되 각 줄의
거리는 2丈이었다.〔諸葛亮造八陣圖於魚腹平沙之下, 纍石爲八行, 行相去二
丈.〕”이라 하였다.

允·景禧·景敦. 義亨無子, 以景敦爲後. 信亨生景漸·景益·景恒·景復·景臨. 內外嫡庶曾玄, 共若干人. 噫! 自古藏器巖穴, 名湮沒不稱者何限? 使伊尹不遇成湯之五聘, 則誰信囂囂[6]之心? 諸葛不遇昭烈之三顧, 則誰許管樂之比.[7] 觀公寓懷之詩, 若無胸中之蘊, 何能道着此語句乎? 當丁丑起義之時, 欲以倉卒烏合之卒, 禦方張豕突之敵, 不日虀粉, 可坐以待. 而觀公處置之宜, 儕流推許之語, 英風奇氣, 越百年而動人. 惜乎! 和議誤事, 不一試於南漢之下, 而使公不過爲一時忠憤之士而止焉, 可勝歎哉! 噫! 窮爲匹士, 終焉而已, 則君子於此, 又當付之於天而已. 鼎福從公玄孫某, 穃聞公之平素而有願慕之心, 因究問家乘, 得見公弟暘谷公所著行錄及嶺外諸公所記述, 然後益知公之大節卓犖有如此者. 景漸以宗人之好, 求叙其事, 欲就質于當世立言之君子, 不可以不文辭, 謹記其始終如右, 備採錄焉.

6　囂囂 : 스스로 만족하여 욕심이 없는 모습이다. 맹자가 伊尹에 대해 말하기를 "湯이 사람을 시켜 폐백을 보내어 그를 초빙하였는데, 이윤이 스스로 만족하여 욕심이 없는 모습으로 말하기를, '내가 어찌 탕의 초빙하는 폐백을 받으리오. 어찌 이대로 田野에서 농사지으며 요순의 도를 즐기느니만 하겠는가.'라 하였다.〔湯使人以幣聘之, 囂囂然曰: 我何以湯之聘幣爲哉? 我豈若處畎畝之中, 由是以樂堯舜之道哉?〕"라 하였다. 『孟子 萬章上』

7　管樂之比 : 管仲은 齊桓公을 도와 覇者로 만들었고, 樂毅는 燕昭王을 도와 齊나라에 복수한 명장이다. 제갈량은 신장이 8척이었고 늘 자신을 관중과 악의에 비겼는데, 당시 사람들 중에는 오직 博陵의 崔州平과 潁川의 徐庶만이 제갈량과 벗으로 지내며 인정했을 뿐이었다고 한다. 『三國志 권35 蜀書 諸葛亮傳』

2. 통훈대부 성균관 사성 정공 행장

通訓大夫成均館司成鄭公行狀 정축년(1757, 46세)

공은 휘가 광운(廣運)이고 자는 덕이(德而)이다. 정씨(鄭氏)는 본
관이 해주(海州)이니, 고려 때 중현대부(中顯大夫) 휘 숙(肅)이 시
조이다. 2대를 지나 휘 역(易)은 아조(我朝)에 들어와 좌찬성(左贊
成)이 되었고 시호가 정도공(貞度公)이고, 공에게 11대조가 된다.
이후 대대로 문인(聞人)이 있었다. 증조 휘 유징(有徵)은 사간원 헌
납이고, 조부 휘 치중(致重)과 부친은 휘 진후(震厔)는 모두 문장과
행실로 이름이 알려졌다. 모친 양천 허씨(陽川許氏)는 문정공(文貞
公) 종(琮)의 후손이고 첨지(僉知) 장(樟)의 따님이다.

　공은 명릉(明陵 숙종) 정해년(1707, 숙종33) 9월 9일에 광주(廣州)
초부면(草阜面) 두호(斗湖)의 외가에서 태어났다. 공은 어릴 때부터
총명하여 글자를 모아 글귀를 지을 수 있었다. 8세 때 아이들과 함께
강 가에서 놀고 있었는데 연로한 재신(宰臣) 한 분이 배를 타고 강줄
기를 따라 올라가다가 공의 명성을 듣고 공을 불러 시를 짓게 했다.
공이 즉시 응대하기를,

산이 높으니 단풍이 일찍 물들고
강물이 얕으니 배가 더디게 오누나

山高楓葉早 江淺帆來遲

라 하니, 그 재신이 공의 머리를 쓰다듬으며 말하기를,

"입신양명(立身揚名)은 빨리 하겠으나, 천리마의 능력을 펴기는 어렵겠구나."

라 하였다. 공이 만년에 공명(功名)을 떨치지 못하자, 늘 이 시구를 읊으며 말하기를, "모 재신이 선견지명이 있다."라 하였다.

기해년(1719, 숙종45)에 모친상을 당해서는 애모(哀慕)하며 집례(執禮)하는 것이 어른과 같았고 자신이 손수 채소를 다듬어 제수를 마련하였다. 성장해서는 영탈(穎脫)하여 세속의 속박에 얽매이지 않았고 과거(科擧) 공부를 할 때는 동류들이 문장이 섬부(贍富)하고 민첩하다고 추중하였다. 경술년(1730, 영조6) 봄에 정시(庭試)에 뽑혔고, 얼마 안 되어 가주서(假注書)로 입시(入侍)하였다. 이 때 국옥(鞫獄)이 있었다. 옥사가 화급(火急)하고 죄수가 많아 신문(訊問)하고 대질하는 일이 매우 많았는데도 공은 붓을 놀려 물 흐르듯이 써 내려가며 한 글자도 틀리지 않으니, 상이 자주 돌아보며 가상하게 여겼다. 그러나 시론(時論)의 시기를 받아 괴원(槐院)에 들어가지 못하고 성균관의 직임을 받고 말았다.

신해년(1731, 영조7)에 경안도찰방(慶安道察訪)에 제수되었다. 역참(驛站)이 바로 공의 집 앞에 있었다. 그래서 공이 어떤 사람에게 보낸 답서(答書)에, "분관(分館)에서 길을 잃어 선대(先代)를 욕되게 한 것은 비록 많았지만 역마를 타고 고향에 돌아와 부모를 뵙게 되었으니 임금의 은총이 또한 크도다."라고 하였다. 이 때 역정의 정사(政事)에 폐단이 많았고 게다가 거듭 흉년을 만났다. 공이 이졸(吏卒)들을 진구(賑救)하고 마필을 순찰하니, 백성들이 유능하다고 칭찬하였다.

계축년(1733, 영조9)에 내직으로 들어와 성균관전적(成均館典籍)

에 제수되었고 이듬해 갑인년에 사헌부감찰(司憲府監察)로 옮겼다가 병조좌랑(兵曹左郞)에 전직하였다. 금훤(禁喧)을 맡아 재상을 수행하는 하인들도 두세 명을 넘지 못하게 하였다. 한 재신(宰臣)이 조정에 들어올 때 공이 직소(直所)에 있다는 말을 듣고는 수행하던 하인들을 내보내며 말하기를, "귀찮은 사람이 또 입직(入直)하였다."고 하였으니, 사람들이 공을 두려워하는 것이 이와 같았다.

을묘년(1735, 영조11)에 공홍도도사(公洪道都事)에 제수되어 해운(海運)을 아울러 관장할 때는 곡상미(斛上米)를 견감하고 서울에 들어와서 자신이 직접 수량을 대조하여 봉납(捧納)하였으며, 정채(情債)를 혁파하여 청탁의 길을 막았다. 이때에 호조(戶曹) 당상관의 사인(私人)들이 대부분 창속(倉屬)이었다. 당상관이 공의 처사를 듣고 불쾌하게 여기며 말하기를, "지방의 백성들은 비록 사랑하지만, 서울 백성들은 염려하지 않는가."라고 하였다.

얼마 안 되어 공은 사직하고 체차되었고, 오래지 않아 충주(忠州) 안핵사(按覈使)가 되었다. 이 때 전패(殿牌)를 훼손시킨 자를 치죄하였으며, 오래도록 판결하지 못하던 의옥(疑獄)을 공이 가서 한 번 심문(審問)하여 바로 실정을 밝혔다.

정사년(1737, 영조13)에 사헌부지평(司憲府持平)에 제수되었고, 호조좌랑(戶曹佐郞), 정릉영(貞陵令)을 거쳐 병조정랑(兵曹正郞)에 옮겼다. 무오년(1738, 영조14)에 내병조(內兵曹)에 입직(入直)하였다. 그 날 밤중에 궁중에 화재가 발생하여 숙직하던 신료 및 위졸(衛卒)들이 어찌할 줄 모르고 도망갔다. 공은 융복(戎服) 차림으로 창을 들고 먼저 궁궐문을 지키는 군졸들을 점검하여 제 위치에 늘어세워서 비상사태에 대비하고 궁궐에 있는 유둔(油芚) 100여 장을 내줄 것을 청하여 금천교(禁川橋) 밑에 흐르는 물을 가로 막으니, 잠깐 사이에 물이 가득 차서 퍼다 쓰기에 부족하지 않아 불을 끌 수 있었다.

이 해에 공이 소실(小室)을 얻은 일로 말미암아 시기하는 자의 탄핵을 받아 체포되었고, 실정을 해명하였다. 공은 이 때부터 더욱 세상 인심이 위험하다는 것을 알고 즉시 광주(廣州) 경안면(慶安面) 향리의 자택으로 돌아가 부모를 봉양하고 농사일을 돌보며 살았다.

경신년(1740, 영조16)에 공은 다시 안핵어사(按覈御史)로 경성(鏡城)에 가서 이듬해 신유년 봄에 일을 마치고 돌아왔다. 얼마 안 되어 사간원정언(司諫院正言)에 제수되었고, 겨울에 고산도찰방(高山道察訪)에 제수되었는데, 사직하여 체차되었다.

임술년(1742, 영조18) 봄에 울산부사(蔚山府使)에 제수되었다. 울산부는 본래 다스리기 어려운 고을로 이름났다. 그러나 공은 강건하고 민첩하여 책상 위에는 쌓인 문서가 없었고 감옥에는 지체된 죄수가 없었다. 울산부에 노비를 추쇄(推刷)하러 온 한진사(韓進士)란 자가 있었으니, 세족(世族)이었다. 그가 귀양 온 귀찬(貴贊)이란 자와 함께 해변의 백성들을 침탈하니, 경주(慶州)·울산·기장(機張)·언양(彦陽)의 백성들이 그들의 그림자만 보아도 마치 큰 도적을 만난 것처럼 도망쳤다. 공이 즉시 그들을 체포하라는 명령을 내리자 한진사란 자는 경주(慶州) 관아로 도망쳐 숨어 버렸다. 귀찬을 잡아 네거리에서 곤장을 쳐서 죽이니 저자거리 구경꾼 천여 명이 모두 통쾌하다고 하였다. 이 때 경상감사(慶尙監司)도 역시 한씨(韓氏)라 공을 증오하여 폄목(貶目)에 넣었다. 공은 즉시 직인(職印)을 풀어 던지고 곧바로 떠나갔다.

참판(參判) 오광운(吳光運)은 늘 공의 재기(才氣)를 아끼던 터라

공이 서울에 들어왔다는 말을 듣고 찾아와 묻기를,

"남쪽 고을에 가서 얻은 것 중 무슨 좋은 물건이 있는가?"

라 하자, 공이 말하기를,

"병으로는 수토(水土)의 증세를 얻었고 입으로는 강산(江山)의 시
구를 얻었으며, 귀밑에는 자라난 백발을 얻었고 몸으로는 혹리(酷
吏)란 칭호를 얻었다."

라 하니, 오공이 크게 웃으며 말하기를,

"그대의 말 잘하는 병도 한 층 더 늘었구려."

라 하였다.

계해년(1743, 영조19)에 평안도도사(平安道都事)에 제수되어 사
신(使臣)을 배행(陪行)하였다. 사신이 머무는 방 안에 있던 기녀(妓
女) 중 공을 보고도 자리에서 일어나지 않은 사람이 있었다. 공이
정색을 하고 사신에게 말하기를,

"공은 대신으로서 총애하는 기녀로 하여금 무례한 짓을 하도록 하
니, 사람들이 공을 두고 뭐라 하겠습니까?"

라 하고, 물러나 그 기녀에게 곤장을 치고는 곧바로 사임하고 서울
로 돌아왔다.

갑자년(1744, 영조20)에 사헌부장령(司憲府掌令)이 되어서는 죄
인 윤지(尹志)를 절도(絶島)에 위리안치(圍籬安置)할 것을 청하고,
아래 다섯 가지 일을 상소로 아뢰었다.

첫째, 과장(科場)에서 부정한 행위로 합격한 자들은 면시(面試)를
보여 성적이 나쁜 자는 탈락시킬 것.

둘째, 과장에서 청탁한 거자(擧子)들을 수금(囚禁)하고 정거(停擧)

하되 그러한 사실을 보고하지 않은 시관(試官)들도 금고(禁錮)할 것.

셋째, 관절(關節 뇌물 수수)을 엄금하여 사사로이 청탁하는 길을 막을 것.

넷째, 고을의 수령으로서 관할 지역의 산을 점유하는 것은 법으로 엄격히 금하고 있거늘 유세복(柳世復)·홍치기(洪致期) 같은 자들이 법을 무시하고 탐욕을 부려 남의 산을 빼앗았으니 그들을 치죄하고 그 금령(禁令)을 거듭 밝힐 것.

다섯째, 세가(勢家)로서 공물(貢物)을 방납(防納)하는 자들을 금고하여 도성의 백성들로 하여금 그 이익을 차지할 수 있게 할 것.

상이 모두 그대로 윤허하고 유사(有司)에게 명하여 시행하도록 하였다.

을축년(1745, 영조21)에 군자감정(軍資監正)에 제수되었고 얼마 안 되어 장령으로 옮겼다. 이 때에 상이 모종의 일로 진노하여 합문(閤門)을 닫고 신하들을 대면하지 않았다. 공이 동료들과 규합(叫閤)하며 물러나지 않으니, 상이 삭직(削職)하라는 특명을 내렸다. 이에 공이 대궐에서 향리로 돌아왔다.

이 해부터 병인년, 정묘년에 이르기까지 모두 일곱 차례 장령에 제수되었는데, 사직하기도 하고 취임하기도 하였다. 공이 헌부(憲府)에 있을 때에 풍헌(風憲)을 지켜 세력을 믿고 남을 침탈하는 자들을 오로지 법으로 다스리니, 권호(權豪)들이 종적을 감추었다. 이에 서울 사람들이 공을 '호장령(虎掌令)'이라 불렀다.

무진년(1748, 영조24)에 흥해군수(興海郡守)에 제수되었다. 당시 영남(嶺南) 방백(方伯)이 예전에 의주부윤(義州府尹)으로 있었을 때 공이 관서아사(關西亞使)로 있었다. 공이 공사(公事)로 방백의 주사리(主事吏)에게 곤장을 쳤기 때문에 방백의 비위를 거슬렀다. 그래서 그 방백이 늘 유감을 갖는 말을 하였기에 공이 이 때에 이르러 부임하지 않으려 하였다. 그러나 고을이 피폐했다는 풍문이 있던 터라 좋은 관직을 선택한다는 혐의가 있겠기에 마침내 부임하였다. 그 고을에 최씨(崔氏) 성(姓)의 아전이 있었는데 대대로 좌수(座首) 노릇을 한 자로서 종족이 많고 세력이 커서 제멋대로 위세를 부렸다. 그런데도 종전의 관장(官長)들은 대부분 제대로 징치(懲治)하지 않았기에 그는 더욱 흉포하고 교활한 짓을 하며 관아의 물품, 이를테면 서울에 바치는 돈이나 포백(布帛) 따위를 침탈하여 상인들에게 팔고나서 나중에는 해당 관리가 도망갔다고 핑계 대며 백성들에게 다시 징수하였다. 이 때문에 호구(戶口)가 점점 줄어 예전에는 1만여 호였는데 당시에는 3천여 호만이 남아 있었다. 공이 그의 간특한 짓을 훤히 알고서 이속(吏屬)들을 모아 놓고 약속하기를,

"국가를 위하고 백성들을 기르는 일은 직분의 대소(大小)는 다르지만 너희들과 내가 같다. 무릇 아전이 농간을 부려 관장(官長)을 속일 수는 있으나 동료는 속일 수 없다. 지금 이후로 간악한 아전이 법을 농락한 사실을 수리(首吏)가 보고하지 않을 경우에는 먼저 악인을 도운 죄로 다스릴 것이요, 포흠(逋欠)이 있을 경우에는 도망간 아전의 전지(田地)와 주택을 모두 팔아 보상하되, 부족한 수량은 3등분하여 그 1등분은 수리에게 징수하고 1등분은 다른 아전들에게 징수하고 1등분은 관장인 내가 충당하며, 이웃과 친족에게는 일체 징수하지 않는다."

라 하였다. 이 약속이 이루어지자 글로 써서 관아의 문 위에 게시하

여 아전과 백성들이 모두 알게 하였다. 이에 그 아전이 횡령한 정상을 적발하고, 5일 이내에 충당시키지 않으면 사형시키겠다고 하였다. 공의 명령이 본시 준엄한지라 최씨 아전이 모면할 수 없을 줄 알고 다른 아전들과 노비들을 위협하여 동시에 도망갔다. 최씨 아전의 아우로서 글을 지을 줄 자가 감영(監營)에 오래 있어온 터라 그 날짜를 미리 알았다. 그래서 공의 서장(書狀)이 감영에 도착하기 전에 감영에서 공을 파출(罷黜)시키는 장계(狀啓)가 이미 발송되었으니, 바로 아전들이 도망친 이튿날이었다. 감영에서 흥해군까지는 거리가 400여 리인데 파출시키는 장계가 이토록 빨랐던 것이다. 대개 강명(剛明)한 수령을 트집 잡아 간교한 아전의 욕심에 부응한 것이었다. 이 일은 필시 공을 위해 실정을 밝혀줄 사람이 있을 것이다.

기사년(1749, 영조25)에 함경도도사(咸鏡道都事)가 되어 향시(鄕試)를 관장하면서 공정하게 처리하니, 북방의 선비들이 모두 칭송하였다. 신미년(1751, 영조27)에 서반직(西班職)으로서 정시(庭試)의 균역(均役)에 대한 책문(策問)에 참여하였다. 그 대략의 내용은, 구법(舊法)을 준용하되 조금 변통하여 낭비를 절약하고 용직(冗職)을 없애자는 것이었다. 상국(相國) 김재로(金在魯)가 주시관(主試官)으로서 공을 제1등으로 뽑았지만 그 대책(對策) 내용에 "각 궁방(宮房)의 절수(折受)에 절도가 없다."고 말했다는 이유로 3등으로 낮추었다.

이 때 공의 부친이 병환 중에 있었다. 공은 서도(西道)의 명의(名醫)가 조영국(趙榮國) 재상의 집에 와 있다는 말을 듣고 가서 만났다. 시임(時任) 전조당상(銓曹堂上)이 그 자리에 있다가 공에게 말하기를,

"공이 높은 관직에 이르지 못한 것은 우리들의 잘못이다. 지금 합계(合啓)하자는 논의가 있으니, 이를 정지하면 좋은 관작을 공의 뜻

대로 얻을 수 있다."

라 하자, 공이 웃으며 말하기를,

"공은 전조를 맡고 있는데, '전(銓)'자의 뜻을 알고 있는가?"

라 하니, 그가 모른다고 하였다. 이에 공이 정색하여 말하기를,

"그 직위에 있으면서 그 뜻을 모른다면 옳다고 할 수 있겠는가?
전(銓)이란 저울대〔衡〕와 저울추〔錘〕의 총칭이니, 저울대는 저울
의 평형을 맞추는 것이고 저울추는 물건의 경중을 다는 것이다.
이런 까닭에 임금이 인재를 뽑을 때 선발하는 직임을 맡은 사람을
'전관(銓官)'이라 일컫는 것이다. 이는 공평한 마음으로 인물의 현
부(賢否)를 저울질하여 관직을 제수하도록 하려는 것이다. 비록
미관말직(微官末職)의 작위라 할지라도 모두 국가에서 사자(士子)
를 대우하는 도구이거늘 그대는 자기 마음대로 농락할 수 있는 것
으로 여기니, 옳겠는가?"

라 하였다. 그 말이 매우 준절(峻切)하니, 곁에 앉아 있던 사람들이
놀라 모두 안색이 바뀌었다.

이 때에 대신(臺臣)들이 외지에 있는 것이 고질적인 병폐였다. 상
이 이제부터 외지에 있는 대신들은 곧바로 정배(定配)하라고 명하였
다. 이 때 공이 바야흐로 근행(覲行)을 가려던 참이었다. 전조(銓曹)
당상관이 이러한 사실을 엿보아 알고 공을 장령에 의망(擬望)하여
낙점(落點)을 받았다. 공은 출발하기 전에 예궐(詣闕)하여 사직하는
한편 전조 당상관이 이익으로 유인하고 위협한 정상을 진달하니, 상
이 협잡(挾雜)하는 마음을 가졌다 하여 공을 체차(遞差)하였다가 나
중에 삭직(削職)하였다. 공은 향리로 돌아와 부친의 병 구환을 하였
다. 이듬해 정월에 부친상을 당하였다.

갑술년(1754, 영조30)에 복(服)을 마치자 사성(司成)에 제수되었다가 장령으로 천직(遷職)하였다. 이 때에 언관(言官)들이 대신(大臣)의 음사(陰事)를 들추어 말했다가 잇따라 유배되었다. 공이 이들을 신구(伸救)하는 소장(疏章)이 아직 들어가지 않았는데, 동궁(東宮)이 특명을 내려 공과 대사헌 남태제(南泰齊), 지평 임희교(任希敎)를 거제(巨濟)에 유배시키되 이틀 걸릴 길을 하루에 가도록 서둘러 발송(發送)하게 하였다. 며칠이 지난 뒤에 대조(大朝)의 사면령이 내려졌는데 공문이 아직 도착하지 않았을 때 공 등은 벌써 배소(配所)에 도착하였다.

이때 세 신하들이 견책을 받은 것은 뜻하지 못했던 일이었고 또한 큰 죄가 아니었기 때문에 여러 고을에서 보내 준 물품이 매우 많았다. 그러나 공은 그 물품들을 모두 물리쳤으며 부득이 받은 것은 놓아두었다가 유배되어 온 사람과 가난한 사인(士人)들에게 다 나누어 주며 말하기를, "이것이야말로 거제(巨濟 큰 구제(救濟))이다."라 하니, 대사헌이 목격하고 탄식하며 말하기를, "다른 사람들보다 몇 등급 높다."고 하였다.

을해년(1755, 영조31)에 통례원우통례(通禮院右通禮)에 제수되었고, 병자년(1756, 영조32) 9월에 정사(呈辭)하여 체면(遞免)되었고 얼마 뒤에 봉상시정(奉常寺正)에 제수되었다. 감기에 걸려 12월 7일에 경성(京城) 서부(西部) 한림동(翰林洞) 우사(寓舍)에서 세상을 떠나니, 향년 50세이다. 박장(薄葬)하라고 유언하기를,

"선비(先妣)의 상(喪)에 수의(壽衣)는 비단으로 만들지 못했고 관(棺)은 해송(海松)을 썼다. 내 장례에도 선비를 장사할 때와 같이 하고 한 가지 물건도 더 낫게 하지 말라."

라 하고, 아들들에게 학문과 농사에 부지런히 힘쓰도록 당부할 뿐 다른 일은 전혀 언급도 하지 않았다. 이듬해 4월 계유일에 광주(廣州) 경안면(慶安面) 청량산(淸涼山) 건좌(乾坐)의 둔덕에 안장하였으니, 선산(先山)이다.

부인 배천 조씨(白川趙氏)는 통덕랑(通德郞) 휘 원규(元規)의 따님으로, 4남 4녀를 낳았다. 장남 용조(龍祚)는 권구범(權龜範)의 딸을 아내로 맞았고, 둘째 아들 귀조(龜祚)는 한창석(韓昌錫)의 딸을 아내로 맞았고, 셋째 봉조(鳳祚)와 넷째 인조(麟祚)는 모두 아직 어리다. 장녀는 권묵(權默)에게, 둘째 딸은 이석주(李錫周)에게 출가했고, 셋째와 넷째 딸은 아직 출가하지 않았다.

공은 풍모가 준수하고 자품이 영명(英明)하였으며, 젊었을 때부터 강개(慷慨)하여 논사(論事)를 잘하였다. 처음 벼슬길에 오르니 탕평책(蕩平策)을 시행하는 때라 그 일을 맡은 고관이 공을 자기편에 끌어들이려는 생각을 가졌다. 공이 겉으로는 재덕(才德)을 숨긴 채 규각(圭角)을 드러내지 않아 간혹 사람들의 지목을 받았지만 마음속의 지조는 확고하여 변동하지 않았고 실제로 편당(偏黨)하는 논의에 가담하여 저들의 성세(聲勢)를 도운 적이 없었다. 이 때문에 만년에는 낙척(落拓)하였다. 두 차례 안핵어사(按覈御史)로 나갔고 아홉 번 사헌부에 들어와 간악한 자들을 규찰(糾察)하며 회피하는 바가 없었다. 그래서 걸핏하면 남의 모함을 받았으나 열 번 쓰러졌다가도 다시 일어나곤 하였다. 한번은 공이 웃으며 어떤 사람에게 말하기를, "가슴속의 철주장(鐵拄杖)이 끝내 녹지 않으니 어찌하겠는가?"라 하였다.

공은 효성과 우애가 천성에서 우러났다. 부모가 생존할 때에는 사랑과 공경을 다하여 섬겼고 부모가 세상을 떠나 장사지낼 때에는 애척(哀戚)과 예제(禮制)를 다하는 것이 절로 도리에 맞았다. 부친상 중에는 애훼(哀毀)가 예제(禮制)에 지나쳐 거의 목숨을 잃을 뻔하였다. 계비(繼妣) 이부인(李夫人)을 섬김에 효성을 다하고 힘을 다하니, 이부인도 자기 소생이 아니라는 생각이 들지 않았다. 형제 자매간에는 매우 화락하여 고을 사람들과 종족들이 모두 칭찬하였다. 비록 비천한 노비들에게도 반드시 정성으로 대하여 저마다 살아갈 수 있도록 해주었다.

공은 본시 술을 좋아하고 해학(諧謔)을 잘하며 성품이 화락하여 남들을 매우 흡족하게 접대했으므로 방문 밖에는 늘 신발이 가득 하였다. 게다가 성품이 남에게 베풀기를 좋아하여 자신의 힘이 닿는 데까지 곤궁한 사람들을 구제하였다. 그래서 자신의 집은 가난하여 거친 밥도 끼니를 이을 수 없을 지경이었지만 편안히 여겼다.

평소에는 서책을 손에서 놓지 않았고 늘 문산(文山 문천상(文天祥))의 「정기가(正氣歌)」를 써서 벽에 걸어두고 자신을 면려(勉勵)하였다. 만년에 세상인심이 험악한 것을 더욱 잘 알고는 좌석 옆에 농(聾)·아(啞)·고(瞽)·인(忍) 넉 자를 크게 써 붙여놓고 살펴보며 유념하였다.

공은 늘 경륜(經綸)과 병략(兵略)을 자부하였으니, 공의 벗 조규보(趙奎輔)가 지은 공의 만사(挽辭)에,

공의 재능은 모든 서적 꿰뚫었거늘
어이하여 유독 병법을 좋아하였는가
시절이 태평하여 머리털이 세었고
나이가 늙음에 긴 밧줄을 버렸어라

公才無不貫 何獨喜談兵 時平生短髮 年老擲長纓[8]

라고 한 것이 이를 말한 것이다.

　나는 공과 같은 마을에 산 지 거의 20년이었고, 만년에 같이 종유하여 정의(情誼)가 더욱 돈독하였다. 공의 장자 용조(龍祚)가 공의 가장(家狀)을 가지고 와서 울며 말하기를,

　　"선친의 지행(志行)은 공이 아니면 아는 사람이 없습니다. 이제
　　성호선생(星湖先生)께 묘지명(墓誌銘)을 청하고자 하니, 행장을
　　지어 주기 바랍니다."

라 하였다. 내가 차마 글을 잘 짓지 못한다는 이유로 사양하지 못하고, 그 가장에 및 평소에 보고 기억하는 것을 가지고 이상과 같이 서술한다.

公諱廣運, 字德而. 鄭氏本海州人, 其先自高麗中顯大夫諱肅始. 歷二世諱易, 入我朝爲左贊成, 諡貞度公, 於公爲十一世祖也, 自此世有聞人. 曾祖諱有徵, 司諫院獻納, 祖諱致重, 考諱震垕, 幷著文行. 妣陽川許氏, 文貞公琮之後, 僉知樟女. 公以明陵丁亥九月九日, 生于廣州草阜鄕之斗湖外家. 幼聰穎, 能綴字作句. 八歲與羣兒戲江岸, 有一老宰泝流上江, 聞公名, 呼使賦詩. 公卽應曰:"山高楓葉早, 江淺帆來遲." 其宰撫頂曰:"立揚雖早, 驥步難

8　長纓 : 적을 포박할 긴 밧줄로 漢나라 때 終軍이 武帝에게 긴 밧줄[長纓] 하나
　만 주면 가서 南越의 왕을 묶어서 闕下에 바치겠다고 했다는 고사에서 온
　말이다. 『漢書 권64 終軍傳』

展." 公晚來功名不振, 常吟此句曰: "某宰先知." 己亥丁內艱, 哀慕執禮如成人, 手自理菜以供祭. 及長, 穎脫不羈, 習學業, 儕流推其瞻敏. 庚戌春, 擢庭試, 未幾以假注書入侍. 時有鞫獄, 獄急囚衆, 訊對浩穰, 公弄翰如流, 一字不錯, 上屢顧而嘉尚之. 爲時論所忌, 枳槐院, 歸國子. 辛亥, 除慶安道察訪. 驛在公家前, 故其答人書, 有曰: "分舘[9]失路, 忝先雖多. 駏騎歸覲, 君恩亦重." 時, 驛政多疵, 荐值饑荒, 賑救吏卒, 巡檢馬匹, 人稱其能. 癸丑, 入爲成均舘典籍, 甲寅, 移司憲府監察, 轉兵曹佐郎. 掌禁喧[10], 禁中出入, 雖宰相跟隨, 無過數人. 有一宰臣將入朝, 聞公在直, 揮去儓從曰: "苦客復入." 其見憚如此. 乙卯, 爲公洪道都事, 兼管海運, 蠲斛上加米[11], 入京親自勘捧, 罷情債[12]杜私孔. 時, 地部堂上私人, 多爲倉屬.[13] 堂上聞之不悅曰: "鄉民雖愛, 京民獨不恤耶?" 未幾辭遞, 尋爲忠州按覈使, 治殿牌[14]作變人,

---

9 分舘: 文科 급제자들을 承文院·成均館·校書館에 나누어 배치하는 인사 행정이다. 승문원에 배치되는 槐院分館을 으뜸으로 여겼고, 성균관에 배치되는 國子分館을 다음으로 여겼고, 교서관에 배치되는 것은 싫어하였다.

10 禁喧: 대궐 안에서 떠들거나 출입하는 것을 금지하는 직책이다.

11 斛上加米: 斛上米와 같은 말이다. 稅穀을 수납할 때 鼠害·腐蝕 등을 예상하여 1石마다 3升씩 더 징수하던 쌀이다.

12 情債: 각종 조세를 捧納하거나 공문서를 授受하는 과정에서 담당자의 수고를 위로한다는 명목으로 주는 일종의 수수료이다.

13 倉屬: 軍資監 또는 廣興倉에 소속된 吏屬이다.

14 殿牌: 각 고을의 客舍에 세우는 '殿'자를 새긴 木牌이다. 이는 임금을 상징하는 것으로, 매월 초하루와 보름에 그 고을의 관원이 모두 모여 拜禮하였다. 전패를 훼손하면 不敬罪에 걸려 본인은 물론 그 수령과 고을까지도 처벌받아 강등되기도 하였다.

獄疑久不決, 公至一問得情. 丁巳, 拜司憲府持平, 歷戶曹佐郎·貞陵令, 遷兵曹正郎. 戊午, 入直內兵曹, 夜半宮中失火, 守直臣僚及衛卒蒼黃奔迸. 公戎服持載, 先檢守門卒, 列立信地, 備非常, 請出闕內油芚[15]百餘張, 橫塞禁川橋下水, 須臾盈滿, 汲用不乏, 賴以救滅. 是年, 公以卜姓事, 爲媢忌者所劾, 被拿申辨. 公自是益知世情之危巇, 卽歸慶安鄉庄, 以養親課農爲事. 庚申, 復以按覈御史赴鏡城, 辛酉春, 竣事還. 俄除司諫院正言, 冬, 除高山道察訪辭遞. 壬戌春, 除蔚山府使, 府素號難理, 公以剛敏, 案無留牘, 獄無滯囚. 府底有推奴客韓進士者, 勢族也, 與被謫人名貴贊者, 侵漁海民, 慶蔚機彦之人, 望影遁逃, 若逢大寇. 公卽命掩捕, 韓走匿慶衙, 遂捉貴贊, 杖殺于通街, 墟市上觀者千餘人, 莫不稱快. 時, 臬司亦韓族也, 恚公于貶目, 公卽投紱徑歸. 吳參判光運常愛公才氣, 聞公入京, 來問曰: "南州所得, 有何長物?" 公曰: "病得水土之祟, 口得江山之吟, 鬢得白髮之長, 身得酷吏之名." 吳公大笑曰: "君之語癖, 又長得一格." 癸亥, 爲平安道都事, 陪使臣行, 使臣房妓有見公不起者. 公正色曰: "公爲大臣, 使寵妓無禮, 人將謂公何?" 遂退而杖其妓, 尋投狀還京. 甲子, 爲司憲府掌令, 請罪人尹志絶島圍籬, 疏陳五事: 一, 科場用私, 宜面試[16], 否者拔去. 二, 科場請囑, 擧子囚禁停擧, 試官之不以告者禁錮. 三, 嚴關節以杜私徑. 四, 守令治下占山, 法禁至嚴,

---

15 油芚 : 두꺼운 종이 또는 무명을 이어붙이고 기름을 먹여 만든 것으로 비를 막는 천막으로 사용한다.

16 面試 : 다른 사람의 답장을 베끼거나 다른 사람이 대신 답안을 쓰는 것을 방지하기 위하여 임금이나 대신, 관찰사 등이 응시자를 한 명씩 대면하여 시험하는 것이다. 科目만으로 시험할 때 생기는 폐단을 방지하기 위해 唐·宋 이래로 시행해온 제도이다.

而柳世復・洪致期之流, 冒法貪縱, 奪人山隴, 請治其罪而申明其禁. 五, 勢家防納貢物, 請禁錮, 使都民專其利. 上并依允, 命有司施行. 乙丑, 拜軍資監正, 尋遷掌令. 時, 上以事閉閤. 公與諸僚叫閤不退, 特命削職, 公自闕下還鄉. 自是年至丙寅丁卯, 凡七拜掌令, 或辭或行. 公在憲府, 獨持風裁, 凡冒勢侵凌者, 一繩以法, 豪猾斂迹, 京師有虎掌令之號. 戊辰, 除興海郡守. 時, 嶺伯曾任灣府, 公爲關西亞使, 以公事杖其主事吏, 故忤其意. 恒發致憾語, 公至是欲不赴. 而邑弊流聞, 有擇官之嫌, 遂上官. 邑有崔姓吏, 世爲首任, 族繁勢大, 擅弄威福. 從前官長率以姑息爲事, 兇猾益肆, 侵盜官物, 若京納錢布之屬, 換貿行商, 末乃諉於該吏之逃亡而更徵民間. 由是, 戶口凋散, 舊時萬餘戶, 見存三千餘戶. 公灼知其姦, 會諸吏約曰: "爲國養民, 雖大小不同, 而爾與我等爾. 凡吏作奸, 官長可欺, 同班不可欺. 自今奸吏弄法, 首吏不以告, 則當先治黨惡之罪. 凡有逋欠, 盡賣逃吏之田宅以償之, 不足則三分其數, 一分徵首吏, 一分徵諸吏, 一分官當自充, 一切不侵鄰族." 約成, 付揭門楣, 使吏民皆知. 於是, 鉤發其贓濫狀, 定限五日內不輸則當死, 公令素嚴, 崔吏知不能免, 脅諸吏奴, 一時逃散. 崔吏之弟有能文者, 長在營衙, 預知其日期, 公狀未及到, 而營門罷黜之啓已發, 卽吏逃散之翌日也. 自營距郡四百里, 而狀罷之遽如是. 夫欲修隙於剛明之吏, 而中姦猾之意欲, 此事必有能卜之者矣. 己巳, 爲咸鏡道都事, 掌試秉公, 北士咸頌. 辛未, 以西啣參均役庭試策, 大槩遵用舊典, 畧加通變, 節浮費汰冗任. 金相國在魯主試, 擢爲第一, 以其有各宮房折受[17]無節之語, 降置第三. 時, 公有親

<hr />

17 折受 : 귀족이나 공신 등 특정인이 국왕으로부터 田土나 전토에서 거두는 조세를 떼어 받는 것으로 그 폐단이 많았다.

患. 聞西路名醫在趙宰榮國家, 往見之. 時任銓堂某在座謂公曰: "公之名位不顯, 吾輩過也. 今有合啓之論, 若停此則美爵惟意." 公笑曰: "公執銓, 能知其義乎?" 曰: "未也." 公正色曰: "居其職而不知其義, 可乎? 銓者衡錘之總名, 衡取其平, 錘稱物之輕重, 故人君擇人而主選擧之任者曰銓官. 欲其平心, 權其賢否, 而授之官. 雖微官庶爵, 皆國家待士之具. 君以爲竊弄之資, 可乎?" 言甚峻切, 傍人失色. 時, 臺臣在外爲痼弊. 上令自今臺臣在外, 直行投畀[18]之典. 公方作覲行, 銓堂闞知之, 擬公掌令蒙點. 公未及發行, 詣闕辭職, 且陳銓堂啗利誘脅狀. 上以有挾雜遞差, 後至削職. 公歸侍親病, 翌年正月丁憂. 甲戌服闋, 拜司成遷掌令. 時, 言官發大臣陰事, 相繼竄逐. 公方疏救未入, 東宮特命公及大司憲南泰齊·持平任希敎配巨濟, 倍道發送. 後數日, 大朝赦命下, 而公文未及, 公等已到配所. 時, 三臣被譴, 出於不意, 而亦非深罪, 故列邑問遺甚優. 公皆却之, 其不得已者, 留而盡散于流謫及人士之貧丐者曰: "是所以爲巨濟也." 大憲目擊歎曰: "高人數等." 乙亥, 除通禮院右通禮, 丙子九月呈遞, 俄拜奉常寺正. 十二月初七日, 感寒疾, 卒于京城西部翰林洞之寓舍, 年五十歲. 遺命薄葬曰: "先妣喪, 衣不用段, 棺用海松. 葬我當如葬先妣, 勿用一物有過." 又戒諸子以勤學勸農, 泊然不及他事. 明年四月癸酉, 葬于慶安淸涼山乾坐原, 從先兆也. 配白川趙氏, 通德

---

18 投畀 : 왕명을 죄인을 定配하는 것이다. 『詩經』 「小雅 巷伯」에 "저 남을 참소하는 자여. 누구에게 가서 일을 꾀하는가. 저 참소하는 자를 잡아서 호랑이나 승냥이에게나 던져 주리라. 호랑이나 승냥이도 먹지 않거든, 북방의 모진 땅에 던져 주리라. 북방도 더럽다고 안 받거든, 하느님에 던져 주리라.〔彼譖人者, 誰適與謀? 取彼譖人, 投畀豺虎. 豺虎不食, 投畀有北. 有北不受, 投畀有昊.〕"라 한 데서 온 말이다.

郎諱元規女, 擧四男四女, 男長龍祚娶權龜範女, 次龜祚娶韓昌錫女, 次鳳祚・麟祚並未成人. 女長適權默, 次適李錫周, 二女未行. 公風儀秀逸, 姿稟英爽, 自少忼慨善論事, 發軔之初, 當蕩平之政, 羣公之主事者, 有汲引之意. 公外自韜晦, 不露圭角, 故或被指目, 而心中所存, 確乎難拔, 實無比周論議, 助爲聲勢者. 是以, 晚歲落拓. 二度製錦, 九入憲臺, 繩姦糾惡, 無所回避, 動輒中傷, 十仆猶起. 公嘗笑謂人曰: "胸中鐵柱杖, 竟未銷, 奈何!" 公孝友出於天性, 生事之盡愛敬, 死葬之盡情文, 自合道理. 居外艱, 執禮踰制, 幾致毁滅. 事繼妣李夫人, 致孝竭力, 李夫人亦不知爲非已出也. 兄弟姊妹之間, 怡怡湛樂, 鄕黨宗族, 一無間言. 雖婢僕賤隷, 必待之以誠, 使各得其所. 公素善飮談諧樂易, 接物盡其歡, 戶外之屨常滿矣. 性又好施, 急困賑窮, 惟力所在, 家貧疏糲不繼, 而視之晏如也. 平居手不釋卷, 嘗書文山「正氣歌」[19]于壁上以自勵, 晚來益知世情, 座右揭聾啞瞽忍四大字, 省念焉. 常以經綸兵略自許, 其友趙奎輔挽公, 有曰: "公才無不貫. 何獨喜談兵? 時平生短髮, 年老擲長纓." 是也. 余與公同鄕井, 幾二十年, 晚塗從遊, 情好益篤. 公之長子龍祚持其家狀, 泣而來告曰: "先父志行, 非公無知者. 今將請銘于星湖先生, 願以狀文見敎. 余不忍以不文辭, 謹就其家狀及平日所睹記者, 序次之如右.

---

19 文山「正氣歌」: 문산은 南宋의 충신 文天祥의 호이다. 그는 정승으로 理宗・益王을 섬겼고, 衛王 때 潮陽에서 패전하여 元나라 군사에게의 포로가 되어 燕京의 감옥에 3년 동안 억류되었는데, 끝내 굴복하지 않고 「正氣歌」를 지어 자신의 忠節을 나타내 보이고 죽었다. 『宋史 卷418 文天祥列傳』

3. 숙인 조씨 행장
淑人趙氏行狀

숙인(淑人) 조씨(趙氏)는 고(故) 성균관사성(成均館司成) 정공(鄭公) 휘 광운(廣運)의 배위(配位)이다. 조씨의 본관이 배천(白川)이니, 고려의 병부상서(兵部尙書) 은천군(銀川君) 충무공(忠武公) 문주(文冑)의 후손이고, 선묘조(宣廟朝)의 명신으로 이조참의(吏曹參議)이고 호가 가헌(稼軒)인 정견(庭堅)의 5대손이다. 진사(進士) 휘 성한(成漢)·참봉(參奉) 휘 명선(明善)·통덕랑(通德郎) 휘 원규(元規)가 바로 숙인의 증조·조부·부친이다. 모친 초계 정씨(草溪鄭氏)는 통덕랑 휘 주주(周冑)의 따님이다.

숙인은 명릉(明陵 숙종의 능호) 을유년(1706, 숙종31) 11월 29일에 태어났고 무인년(1758, 영조34) 12월 22일에 세상을 떠났으니, 향년 54세이다.

숙인의 정고(貞固)한 지조와 효순(孝順)한 행실은 어릴 때부터 보통 아이와 달랐다. 4세 때 모친을 잃자 애통하게 울부짖으며 오래도록 잊지 않으니, 부친 통덕공(通德公)이 탄식하며 말하기를, "어린 아이가 이다지도 효성이 돈독하단 말인가?"라 하고, 어린 나이에 모친을 여읜 것을 가엽게 여겨 자신이 몸소 양육하였다. 조금 성장하여『여계(女誡)』·『삼강행실도(三綱行實圖)』등의 글을 가르치니, 환히 깨달아 알고 송독하며 익혔고, 길쌈도 더욱 부지런히 하였다.

통덕공이 아들을 두지 못하여 잇따라 부인을 맞이하고 잇따라 상배(喪配)하였다. 숙인이 출가하기 전에 모두 세 분의 계비(繼妣)를 섬겼고 두 차례 계비의 복(服)을 입었는데, 생존했을 때 봉양하고 사망했을 때 애척(哀戚)하는 것이 법도에 어긋나지 않았다. 이에 통덕공이 등을 쓰다듬으며 말하기를,

"부모를 섬기는 일이 매우 어려운 것이고 그 중에서도 계모를 섬기는 일이 더욱 어려운 것인데, 너는 어린 여자아이로서 이렇게 잘한단 말이냐?"

라 하였고, 또 사람들에게 자랑하기를,

"우리 딸은 열 아들과도 바꾸지 않는다."

라 하였다.

정공(鄭公)에게 시집와서는 친정에서 하던 것을 그대로 하여, 시부모와 지아비를 섬김에 한결같이 효성과 공경을 다하였다. 제사에는 특히 정성을 다하여 심지어 제기를 씻는 하찮은 일까지도 반드시 몸소 하였다. 게다가 형제와 우애롭고 종족과 돈목(敦睦)하여 남편의 뜻을 어긴 적이 없었고 시누이와 동서들과도 화목하였다. 정공은 술을 즐기고 손님을 좋아하니 곤궁한 종족 중 의지할 곳 없는 사람들이 많이들 와서 기식(寄食)하였다. 숙인은 그들을 태만하게 대접하지 않았고 집안 형편이 어렵다 하여 정공을 귀찮게 하지 않았으며, 정공도 남에게 베푸는 것을 좋아해 마지않았다.

정공이 사명(使命)을 받들고 책문(柵門)에 갔다가 돌아와서 심한 감기에 걸려 몇 달 동안 위독한 적이 있었다. 숙인은 밤낮으로 대신 죽게 해달라고 하늘에 기도하고 공의 병이 나은 뒤에야 기도를 그만두었다. 숙인이 과로가 쌓인 나머지 거의 목숨을 잃을 뻔했다가 소생하였다. 공이 숙인의 성품이 굳고 곧은 것을 알고 이 때에 이르기를,

"부인들의 순절(殉節)은 그 도리가 하나가 아니니, 위급한 때를

당하여 목숨을 버려 일신(一身)의 정조를 지키는 것은 당연한 것이며, 청상(靑孀)과부로서 의탁할 데 없어 죽는 것도 혹 그럴 수 있다. 그러나 자녀가 있고 가업(家業)을 지켜야 하는데 순절하는 것은 옳지 않다."

라 하였으니, 넌지시 타이른 것이었다.

경오년(1750, 영조26)에 친정 계비의 부음을 받았다. 임신년에 시아버지의 상을 당했다. 숙인은 노쇠한 나이에도 집례(執禮)에 더욱 정성을 다했으며, 시계모를 섬기는 데 더욱 효성을 다하였다. 정공의 형제는 3명인데 정공이 장남이다. 시계모가 간혹 둘째, 셋째 아들 집에 봉양을 받으러 갔다가는 곧바로 돌아와 말하기를,

"어느 자식인들 내 아들 내 며느리가 아니랴마는 이 아들의 집만큼 내 마음에 편안한 곳이 없다."

라 하였으니, 이는 평소 숙인의 정성이 지극해 미더웠기에 잠시도 떨어지고 싶지 않아서 그러했던 것이다. 가족이 많이 모여 살다 보니 생활 형편이 군색하였다. 아들들 중에 혹 이익을 꾀하자고 말하는 사람이 있으면, 숙인이 언짢은 안색을 보이며 말하기를,

"이욕은 불과 같은 것이라 단속하지 않으면 자신을 불태우니, 명예를 훼손시키고 자신을 죽이는 것이 항상 이욕을 탐내는 데에서 연유한다. 인가(人家)의 자제들은 응당 효근(孝謹)과 문학으로 입신양명(立身揚名)해야 하니, 어찌 이익을 말해서야 되겠는가?"

라 하였다.

병자년(1756, 영조32) 겨울에 정공의 병이 위독하자 숙인은 병을 치유할 수 없는 줄 알고 공에게 "청컨대 따라 죽겠습니다."라 하였다. 임종할 때 숙인이 즉시 자결하려고 하였으나 자녀들이 붙잡아 말려

뜻을 이루지 못하였다. 이에 숙인은 말하기를 "3년 안은 죽을 날이 아님이 없다."라 하고는 큰소리로 울다가 기절하여 한참 만에 깨어났다. 이 때 숙인의 나이가 52세였는데, 하루에 쌀 한 줌의 밥도 먹지 않았고 몸에는 상복을 벗지 않았다. 정공의 시신을 덮었던 이불과 시신이 깔고 덮으면서 말하기를,

"내가 죽으면 이 물건들을 같이 묻으라."

라고 하였으며, 헝클어진 머리와 때 묻은 얼굴로 호곡(號哭)하는 소리가 3년 동안 끊이지 않았다. 또 말하기를, "한 가닥의 목숨을 끊을 수 없다면 나의 마음을 다할 수 있는 것은 제사 지내는 데 있다."라 하고, 조석 상식(上食)과 삭망전(朔望奠)을 반드시 몸소 차리기를 3년 동안 하루도 거르지 않았다.

대상(大祥) 3일 전에 또다시 독약을 먹고 쓰러졌는데, 곁에 있던 사람이 급히 해독약을 먹여 목숨을 구하였다. 이에 숙인이 자녀들의 마음을 달래려 말하기를, "죽으려고 한 것은 차마 혼자 살아 있을 수 없었기 때문이었다. 이제는 너희들을 위해 살아야겠다."라 했고, 이후로 언어와 거동이 차츰 평상시 모습을 되찾았기에 여러 날이 지나자 집안사람이 안심하였다. 대상을 지낸 뒤 15일째 되던 날 숙인은 사람이 없는 틈을 타서 옆방에 들어가 오래도록 나오지 않았다. 집안사람이 찾아보았더니 혼절하여 쓰러진 채 구토를 하고 있었고 독약 냄새가 코를 찔렀다. 해독약을 써보았으나 이미 소용이 없었다. 셋째 아들 봉조(鳳祚)가 손가락에 피를 내어 입에 흘려 넣었지만 역시 효험이 없었다. 숙인은 기어코 정공을 따라 죽고자 하여 세 번이나 목을 매었다가 세 번 다 다른 사람에게 구조되었으니, 숙인의 돈독한 성품은 타고난 것이었다.

염(殮)할 때 숙인의 띠 속에서 유서(遺書)가 나왔다. 그 내용은 모두 자녀들에게 권계(勸戒)한 말이었고, 그 유서의 끝에서 따라 죽는 뜻을 말하기를,

"처음 먹은 마음을 기필코 저버리지 않고자 한 것이다. 게다가 너희들이 이미 성장하여 집안일을 맡길 수 있으니, 내가 다시 무엇을 염려하겠는가."

라 하였다.

이듬해 3월 1일에 정공의 묘소 왼쪽에 부장(祔葬)하였다.

아! 부부(夫婦)의 윤리는 남녀가 있은 때로부터 시작되었다. 부녀자의 숙덕(淑德)과 정절(貞節)로 역사의 기록에 빛나는 것이 얼마나 많겠는가! 그렇지만 숙인과 같이 부모와 시부모에게는 효성과 공경을 다하고 집안을 화목하게 했으며 부부가 반평생 해로하여 자녀를 많이 낳았는데도 끝내 자결하여 죽음을 자기 집에 돌아가는 듯이 평안히 여긴 사람은 고금에 몇이나 있었겠는가! 부녀자의 덕은 비록 유순한 데에 있는 것이지만, 정절을 세워 이름을 후세에 전하는 것은 모두 정렬(貞烈)의 힘이다. 저 골짜기에서 스스로 목매어 죽고 초가집에서 목숨을 끊는 것은 단지 여항(閭巷)의 작은 일일 뿐이니 천하와 국가에 무슨 상관이 있기에 역대의 임금들이 반드시 정문(旌門)을 세워 포장(襃獎)하고 역사에서는 반드시 입전(立傳)하여 이름을 드날렸는가. 참으로 인도(人道)의 대절(大節)이 오직 삼강(三綱)에 있고 이 삼강은 부식(扶植)하고 권장하여 그만둘 수 없는 것이기 때문이다. 이런 까닭에 사론(士論)이 다 함께 일어나 숙인의 일을 관부(官府)에 아뢰었으나 덕(德)을 아는 이가 드물어 곧바로 시행하지 못하여 숙인의 훌륭한 절의가 인멸하여 드러나지 못하게 하였으니, 어찌

세도(世道)를 위해 탄식하지 않을 수 있겠는가.

나는 정공과 한 마을에 살면서 사귄 정이 깊어 공의 집안일을 매우 자세히 아는 터라, 숙인의 평소 훌륭한 행실을 익히 들어서 알고 있다. 이에 나는 공의 행장(行狀)을 쓰고 또 숙인의 사적의 전말을 기록하여 공의 행장 끝에 첨부하니, 유자정(劉子政)과 같은 사람이 이 글을 가지고 고찰하기 바란다.

淑人趙氏, 故成均司成鄭公諱廣運之配也. 趙氏系出白川, 高麗兵部尙書銀川君忠武公文冑之後, 宣廟朝名臣吏曹參議號稼軒庭堅之五世孫也. 進士諱成漢·參奉諱明善·通德郎諱元規, 卽其三世. 而妣草溪鄭氏, 通德郎諱周冑之女也. 淑人生于明陵乙酉十一月二十九日, 卒于戊寅十二月二十二日, 壽五十四. 淑人貞固之操·孝順之行, 自弄瓦異凡兒, 四歲失恃, 哀慕號痛, 久而不忘. 通德公歎曰: "兒之篤性, 至此哉!" 憐其幼而無依也, 躬自鞠育. 稍長, 授以『女誡』·『三綱行實』等書, 能通曉而誦習之, 兼執絲麻愈勤. 通德公以無子, 連娶, 連喪耦. 淑人在室, 凡三事繼妣, 再服其喪, 生養死哀, 不違其則. 通德公撫其背曰: "事親甚難, 而事繼母爲尤難, 汝以一稚女而能之乎?" 嘗託于人曰: "吾有女, 十男不易也." 及移天而歸于公, 以所以行于家者行之, 事舅姑事夫, 一以孝敬, 尤致誠於祭祀之節, 至於滌盥微事, 必躬自爲之. 友兄弟敦宗族, 無違公意, 姊妹妯娌之間, 怡怡如也. 公喜飮酒好賓客, 窮族之無依者, 多歸仰哺, 淑人供接無怠, 不以有無煩公, 公亦樂施之不已焉. 公嘗奉使柵門[20]而還, 重感寒疾, 屢朔危劇. 淑人日夜禱天請代, 及公

病良已. 而淑人積勞成疾, 幾危而蘇. 公嘗知淑人性度堅貞, 至此告之曰: "婦人殉節, 其道不一. 值危亂之際, 捨命全身者, 其當然者也. 有以青孀無托而死者, 其或然者也. 有子有女, 當守家業而爲一切之行者, 其不當然者也." 蓋諷之也. 庚午, 承繼妣訃, 壬申, 丁尊舅憂, 年當衰暮而執禮愈謹, 事繼姑, 尤盡其誠. 公之兄弟三人, 而公其伯也. 姑或爲仲季所奉, 往而旋卽歸曰: "誰非吾子吾婦, 而不如此家之安於吾心也." 誠意素孚, 不欲少離而然矣. 家眷羣聚而計活窘束, 諸子或有言及規利者. 淑人輒色不豫曰: "利欲如火, 不戢將自焚. 敗名瀘身, 恒由於斯. 人家子弟, 當以孝謹文學立名. 利云乎哉!" 丙子冬, 公疾革, 淑人知疾不可爲, 謂公曰: "請以死從." 及屬纊之際, 淑人卽欲自裁, 爲羣子女所扶持而不得, 則曰: "三年之內, 莫非死日." 擧聲號絶, 良久而甦. 淑人時年五十二, 溢米不入口, 身不脫衰絰, 尸衾尸席, 常寢藉之曰: "死便幷此以埋." 蓬首垢面, 號哭三年不絶聲. 又曰: "一縷未絶, 則盡我心者, 其在祀乎?" 朝夕上食, 朔望奠需, 必躬執供具, 三年無一日解. 至祥前三日, 復飲藥自倒, 傍人急投解藥救之. 淑人遂慰解羣子女曰: "欲死者有不忍也. 今當爲汝曹以生." 自此言語擧止, 漸復常度, 日久而家人信之也. 祥後十五日, 淑人乘無人, 入側室, 久不出. 家人覓之, 昏倒嘔吐, 毒氣逼人, 雖進解毒之藥而已無及矣, 三子鳳祚又血指灌之而不得救. 必欲從死, 三縊而三被人解, 蓋其篤性有自也. 斂時衣帶中得遺書, 皆勸戒子女之語, 其末道從死之意曰: "必欲無負初心, 且汝輩已長, 家事有托, 我復何顧耶?" 以明年三月朔祔公墓左. 噫! 夫婦之倫, 自有男女而始. 其淑德

있었다. 우리나라와 중국 상인들이 이곳에서 通商하였다. 『萬機要覽 財用編 柵門後市』

貞節, 光于紀載者何限? 如淑人盡孝敬, 宜室家, 偕老半世, 子女成列, 而終
能自靖, 視死如歸, 古今有幾人乎哉? 婦人之德, 雖在於柔順, 立節垂名, 咸
資於貞烈. 彼自經于溝瀆之中, 辦命于茅屋之下者, 特一委巷細事, 何關於
天下國家, 而世主必旌閭而褒之, 歷史必立傳而揚之乎? 誠以人道之大節,
惟在於三綱, 而扶植勸勵, 有不容已者矣. 是以, 士論羣起, 籲聞官府, 而知
德者鮮, 不卽施行, 使幽光潛德, 掩湮而不彰, 豈不爲世道歎哉? 余與公里
閈情深, 知公家塾事最審, 淑人之平日懿行, 聞之稔矣. 余卽狀公之行, 又採
淑人始終, 附其末, 庶幾有如劉子政[21]者將取以考焉耳.

<hr />

21 劉子政 : 子政은 漢나라 때 劉向의 자로 『列女傳』을 썼다. 여기서는 부인의
정절에 기려 傳을 쓸 사람을 뜻한다.

4. 봉정대부 수 군기시부정 오휴당 안공 행장
奉正大夫守軍器寺副正五休堂安公行狀 기묘년(1759, 48세)

우리 안씨(安氏)는 본관이 광주(廣州)이다. 중세(中世)에 영남(嶺南)에 이주하여 영남에서 이름난 분이 많았으니, 중랑장(中郎將) 휘 국주(國柱)와 휘 국주의 아들 생원(生員) 휘 강(岡)과 휘 강의 증손 사간(司諫) 휘 구(購)와 휘 구의 손자 옥천선생(玉川先生) 휘 여경(餘慶)과 휘 여경의 아들 정랑(正郎) 휘 숙(璹) 및 손자 휘 동만(東巒)·상한(翔漢)이 그 분들이다.

중랑장공(中郎將公) 부자는 고려가 망하자 절의(節義)를 지켰으며, 사간공은 조정에 벼슬하면서 청백하였으며, 옥천공은 예학(禮學)에 밝았고 관산서원(冠山書院)에 배향되었으며, 정랑공은 혼조(昏朝 광해조) 때에 벼슬하지 않았으며, 동만공은 의병(義兵)을 일으켜 국난(國難)에 달려갔으니, 아, 훌륭하여라! 빛나는 시례(詩禮)의 가문이로다.

성호(星湖) 이선생(李先生)이 사간공과 정랑공의 묘지(墓誌)를 썼고『옥천집(玉川集)』의 서문(序文)을 썼으며, 나도 동만공의 행장을 썼다. 종인(宗人) 경현(景賢)씨가 그의 5대조 오휴공(五休公)의 유사(遺事)를 가지고 왔으니, 오휴공은 바로 사간공의 봉사(奉祀) 현손이요, 옥천공의 재종질이며, 정랑공의 형이고 동만공의 백부이다.

공은 휘가 신(珸)이고 자는 대지(待之)이다. 어릴 때 부친을 여의었다. 24세 때에 임진왜란(壬辰倭亂)이 발발하자 같은 고을 사람인 병사(兵使) 김태허(金太虛)의 막하(幕下)에 들어가서 계획하여 도운 일이 매우 많았다. 난리가 평정되자 조정이 그 공훈을 인정하여 군기시부정(軍器寺副正)에 제수하였다. 그러나 공은 부임하지 않고 밀양(密陽)의 고향에 돌아와서 명리(名利)를 초개(草芥)처럼 여기며 경전(經傳)에 전심하였다. 『소학(小學)』과 『심경(心經)』을 매우 좋아하여 위기지학(爲己之學)에 힘썼다.

당시는 막 왜란을 겪은 터라 의문(儀文)이 잔결(殘缺)하였다. 공은 『주자가례(朱子家禮)』에 우리나라 유현(儒賢)들의 말을 참고하여 질(質)과 문(文)을 적절히 조화하여 『가례부췌(家禮附贅)』6권을 저술하였다. 지평(持平) 이신(李申)·문숙공(文肅公) 변계량(卞季良)·문충공(文忠公) 김종직(金宗直)·우졸자(迂拙子) 박한주(朴漢柱)·송계(松溪) 신계성(申季誠)은 이 고장의 고덕선생(古德先生)이었는데, 시대가 멀어지고 언행이 인몰하기에 공이 「오현전(五賢傳)」을 지어 표장(表章)하였다. 우리나라와 중국의 자음(字音)을 구별하고 방언(方言)으로 주석을 달아 『자해(字解)』2권을 지었다. 그 저술이 모두 사문(斯文)에 우익(羽翼)이 되지 공언(空言)이 되지 않는 것이 이와 같았다.

만년에는 『주역(周易)』을 좋아하여 소강절(邵康節)의 역학(易學)에 밝았다. 작게는 12벽괘(僻卦)를 추연(推衍)하되 1월은 30분(分), 1기(氣)는 15분으로 나누어 음(陰)과 양(陽)의 기운이 오르내리며 추위와 더위가 나아가고 물러나는 뜻을 밝혔으며, 크게는 12회(會)를 추연하되 60년을 1주(周)로 삼고 180주를 1회로 삼아 1회를 1월에 해당시키고 반회를 1기에 해당시켜 치란득실(治亂得失)과 음양소장(陰陽消長)의 이치를 밝혀 일가(一家)의 설을 이루었다.

오한(聱漢) 손기양(孫起陽)·간송(澗松) 조임도(趙任道)·조경

(釣耕) 장문익(蔣文益)은 모두 영남에서 명망이 높은 학자이다. 공은 이들과 사우(師友)가 되어 나이가 많아질수록 학문은 더욱 깊어지고 덕(德)은 더욱 높아졌다. 공은 거주하는 곳의 성만(星巒)에 정자를 짓고 현판을 오휴당(五休堂)이라 하였으니, 대대 분수를 편안하게 여기고 만족할 줄을 안다는 뜻을 취한 것이다. 특히 인륜에 돈독하였으니, 여러 조카들을 친아들처럼 보살피면서 재산을 나누어 주어 그들의 군색한 형편을 도와주었고, 정랑공과는 형제간에 우애가 깊었고 게다가 붕우처럼 서로 책려(責勵)하는 이익이 있었다. 정랑공이 급제하여 벼슬에 나갔을 때 성화(聲華)가 성대하였다. 공이 늘 출처(出處)의 도리로 정랑공을 규간(規諫)하니 사람들이 말하기를, "정랑공이 혼조(昏朝) 때 절의를 온전히 지킬 수 있었던 것은 공의 도움이 있었기 때문이다."라 하였다. 공은 젊었을 때 옥천공에게 수학하였고 만년에는 정한강(鄭寒岡 정구(鄭逑)), 장여헌(張旅軒 장현광(張顯光))의 문하에 들어가서 듣지 못한 바를 더욱더 들어 알게 되었으니, 학문의 연원이 있었던 것이다.

참봉 휘 영(嶸) · 생원 휘 수연(守淵) · 증참판(贈參判) 휘 광소(光紹)가 공의 증조 · 조부 · 부친 삼대이다. 모친 철성 이씨(鐵城李氏)는 증참의(贈參議) 이교(李郊)의 따님이요, 좌상(左相) 이원(李原)의 5대손이다. 공은 융경(隆慶) 기사년(1569, 선조2)에 태어났고 숭정(崇禎) 갑신(1644) 후 5년 무자년(1648, 인조26) 6월 5일에 별세하였으니, 향년 80세이다. 모월 모일에 금포(金浦) 선영(先塋)의 자좌(子坐)의 둔덕에 안장하였다.

전배(前配) 담양이씨(潭陽李氏)는 참봉 이염(李恬)의 따님이고, 후배(後配) 연일정씨(延日鄭氏)는 첨사(僉使) 정기남(鄭奇男)의 따님이다. 모두 공의 묘소에 합장하였다.

예전에 지은 행장을 살펴보건대,

"공은 성품이 진순(眞淳)하고 기국(器局)이 굉심(宏深)하였으며, 몸가짐은 박직(樸直)하여 겉치레를 일삼지 않았다. 집안에서는 몸가짐은 근신(謹愼)하고 행실은 돈독(敦篤)하며 오로지 검약하였다. 종일 단정히 앉아 있기만 하여 하는 바가 없는 것 같았지만, 선조(先祖)를 받드는 일에는 정성과 공경을 다하였다.

막 임진왜란이 일어났을 때 정랑공과 함께 영천(永川)으로 피난 갔다. 어느 날 밤 꿈에 사간공(司諫公)이 와서 발로 차 깨우며 말하기를, '왜적이 나의 무덤을 팠으니, 너는 급히 가서 구하라.'라고 하였다. 공이 놀라 깨어나 정랑공과 함께 밤에 달려갔더니, 과연 사간공의 묘소가 도굴되어 체백(體魄)이 드러나 있었다. 이에 공이 목이 쉬도록 통곡하고 다시 염습하여 흙을 덮어 봉분을 쌓았다. 당시 이 일을 들은 사람들은 모두 공의 효성에 탄복하였다.

공은 향리에서는 오로지 함묵(緘默)하고 시속에 따라 굴신(屈伸)하여 유별난 행동을 하지 않았으니, 사람들을 접할 때 다들 공을 좋아하였다. 때로 마을에 나가면 사람들이 서로 자리를 마련하고 기다리며 말하기를, '오휴공께서 오신다.'라고 하였다."

하였다. 이는 모두 당시에 목격한 사실을 기록한 것이니, 여기서 공의 평소 행실을 알 수 있다.

공은 세 아들을 두었으니, 종한(宗漢)·유한(維漢)·준한(俊漢)은 모두 정씨(鄭氏) 소생이다. 측실(側室) 소생 두 아들은 충한(忠漢)·운한(雲漢)이다. 충한은 무만호(武萬戶)이다. 종한은 1남 1녀를 두었고, 유한은 5남 2녀를 두었고, 준한은 3남 4녀를 두었다. 충한은 4남 3녀를 두었고, 운한은 1녀를 두었다. 지금 내외의 자손이 번성하여 100여 명이다.

경현(景賢)씨가 종인(宗人)의 정의(情誼)로 나를 신뢰하는 것이 과중(過重)하여 일찍이 『가례부췌(家禮附贅)』를 가지고 와서 나에게 교정을 부탁했는데, 이제 또 나에게 공의 행장을 받아 성호선생(星湖先生)께 묘지명(墓誌銘)을 청하고자 한다. 내가 사양하지 못하고 삼가 이상과 같이 찬술한다. 종인 후학(後學) 정복(鼎福)은 삼가 행장을 쓴다.

吾安貫于廣, 而中移嶺, 嶺多聞人. 中郞將諱國柱及其子生員諱崗及其曾孫司諫諱覿及其三世玉川先生諱餘慶及其一世二世正郞諱・東欒諱翔漢是已. 中郞父子, 國亡守志, 司諫立朝淸白, 玉川明于禮學, 享冠山, 正郞不染昏朝, 東欒彰義赴難. 嗚呼! 盛矣, 彬彬乎詩禮之家也. 星湖李先生嘗誌司諫正郞墓, 序『玉川集』, 愚亦狀東欒之行矣. 宗人景賢氏持其五世祖五休公遺事而來, 公卽司諫之承祀玄孫, 而玉川從祖兄之子, 正郞之兄, 東欒之世父也. 公諱玒, 字待之, 少孤. 年二十四, 當執徐漆齒[22]之亂, 從鄕人金兵使太虛幕中, 贊畫裨益弘多, 亂定, 朝廷紀功, 授軍器寺副正. 不赴, 歸密城鄕梓, 土苴名利, 究心經傳, 篤好『小學』・『心經』, 肆力於爲己之學. 時, 新經倭創, 儀文殘缺, 就『文公家禮』, 參以東儒之說, 適質文之宜, 爲『家禮附贅』

---

22 執徐漆齒 : 執徐는 古甲子에서 辰에 해당하니, 干支에 辰이 들어간 해를 가리킨다. 漆齒는 치아를 검게 물들이는 것으로, 옛날 倭人의 풍습이었다. 즉 壬辰倭亂을 가리킨다.

六卷. 李持平申·卞文肅季良·金文忠宗直·朴迂拙漢柱·申松溪季誠, 爲鄉之古德先生, 而世遠言湮, 撰「五賢傳」, 表章之. 辨東華二音, 註以方言, 爲『字解』二卷, 其著述皆羽翼斯文, 而不爲空言如是. 晚喜『易』, 悟邵氏之學, 小而推十二辟卦, 一月三十分, 一氣十五分, 以明二氣升降寒暑進退之義; 大而推十二會, 積六十年爲一周, 百八十周爲一會, 以一會當一月, 半會當一氣, 以明治亂得失陰陽消長之理, 自成一家之言. 孫聱漢起陽·趙潤松任道·蔣釣耕文益, 皆嶺望也. 公與之師友之, 年益高, 學益深德益卲. 搆亭于所居之星巒, 扁以五休, 盖取安分知足之義也. 尤篤於人倫, 撫諸侄同己子, 析産以瞻其窘, 與正郎公怡怡湛樂之餘, 兼有切偲之益. 正郎公釋褐登仕, 聲華藹鬱. 公每規以出處進退之道, 人謂正郎公之全節昏朝, 公之力與有助焉. 公少受業于玉川, 晚遊寒岡·旅軒之門, 益聞其所不聞, 盖其淵源有自也. 參奉諱嶸·生員諱守淵·贈參判諱光紹, 於公爲曾祖祖父三世. 母鐵城李氏, 贈參議郊之女, 左相原之五代孫也. 公以隆慶己巳生, 崇禎甲申後五歲戊子六月五日卒, 享年八十. 某月日, 葬于所居金浦先塋子坐之原. 前配潭陽李氏, 參奉恬之女, 後配延日鄭氏, 僉使奇男之女, 并合葬公墓. 按舊狀曰:"公性質眞淳, 器宇宏深, 持身務樸直, 不事文餙, 居家謹身篤行, 一意儉約, 終日端坐, 若無所爲, 而其於奉先之事, 盡其誠敬. 壬亂初, 與正郎公避兵永川, 夜夢司諫公來蹴以起之曰:'倭掘我塋, 汝當急救.'公驚覺, 遂與正郎公乘夜奔赴, 則司諫公宅兆, 果爲發掘, 體魄露置. 公失聲痛哭而改斂, 負土成墳, 一時聞者, 皆歎公之誠孝焉. 其於處鄉, 惟事緘默, 屈伸循俗, 未嘗爲崖異之行, 待人接物, 咸得其歡心, 有時杖屨一出, 爭設席以待曰:'五休公來矣.'"此皆當時目擊記實之言, 可以知公之平生矣. 公有子三人, 曰宗漢·維漢·俊漢, 皆鄭氏出. 側室二子, 曰忠漢·雲漢, 忠漢武萬戶. 宗漢一子一女, 維漢五子二女, 俊漢三子四女, 忠漢四子三女, 雲漢一女. 卽今內外子孫蕃衍百餘人. 景賢氏以宗人之誼, 信我過重, 嘗持『家禮附贅』, 求校於余, 今又請其狀, 將欲求銘于星湖先生. 余不可以辭, 謹撰次如右. 宗人後學鼎福謹狀.

5. 효자 안공 행장

孝子安公行狀 정해년(1767, 56세)

공은 휘가 거집(巨楫)이고 자가 대재(大哉)이며, 본관은 광주(廣州)이니, 고려 태조(太祖)의 공신(功臣)인 대장군(大將軍) 휘 방걸(邦傑)의 후손이다. 아조(我朝)에 들어와 휘 성(省)은 벼슬이 좌참찬이고 증시(贈諡)가 사간공(思簡公)이며, 헌릉조(獻陵朝 태종) 때 청백리(淸白吏)로 뽑혔다. 휘 용(容)은 벼슬이 관찰사로 목릉조(穆陵朝 선조) 때 성적(聲蹟)이 드러났다. 관찰사로부터 4대를 내려와서 휘 익경(益慶)·휘 적(樀)·휘 세덕(世德)이 있으니, 바로 공의 증조·조부·부친으로, 모두 은거하고 벼슬하지 않았다. 모친 동양 신씨(東陽申氏)는 휘 여량(汝亮)의 따님으로, 명릉(明陵) 갑신년(1704, 숙종30) 8월 17일에 해서(海西) 금천군(金川郡)의 향리의 자택에서 공을 낳았다.

공은 어릴 때부터 타고난 자품이 순수했고 효성이 남달랐다. 10세 때 부친상을 당하자 울부짖으며 가슴을 치다가 땅에 쓰러져 마치 숨이 끊어질듯하면서 말하기를,

"우리 아버지께서 겨우 열세 살일 때 할아버지께서 세상을 떠나셨고, 지금 나는 겨우 열 살에 또 친상(親喪)을 당하였으니, 하늘이 우리 부자에게 화액(禍厄)을 내리는 것이 어쩌면 이토록 혹독하단 말인가?"

라 하고, 종일토록 호곡(號哭)하였으니, 이 어찌 범상한 아이가 할 수 있는 일이겠는가. 집상(執喪)하는 것이 어른과 같았고, 모친을

모시며 날마다 그 곁을 떠나지 않았다. 성장해서는 모친을 봉양함에 사랑과 공경이 모두 지극하여 집이 가난하다고 해서 혹시라도 음식이 부족한 적이 없었다. 늘 말하기를,

"부모를 섬기는 도리는 양지(養志)가 우선이다."

라 하였고, 또 말하기를,

"색난(色難) 두 글자를 특히 명심해야 한다."

라 하였다. 이런 까닭에 평상시에 얼굴빛이 온화하고 기운이 공순(恭順)하여 한 번도 분노하는 모습이나 태만한 태도를 보인 적이 없었으며, 벗을 사귀고 고을 사람을 대할 때 한결같이 온화하고 공경하니, 고을 사람들이 칭송하여 공이 사는 마을을 이름하여 '효자촌(孝子村)'이 불렀다. 이는 모두 순덕(順德)인 효(孝)가 그렇게 되도록 한 것이다.

정사년(1737, 영조13) 봄에 모친이 괴질(怪疾)에 걸리니 의원이 "약이 없다."고 하였다. 공이 손가락에 피를 내어 모친의 입에 흘려 넣으니, 곧바로 회생하였다. 모친이 산 물고기를 먹고 싶어 하였는데, 당시는 심한 가뭄이 들어 하천과 못이 모두 말라 있었다. 공이 울면서 시냇가를 따라 다니다가 뜻하지 않게 작은 도랑 속에서 한 자가 넘는 잉어 다섯 마리를 잡아 가지고 돌아와 모친에게 올렸다. 공의 당숙 세겸(世謙)이 그 일을 보고 찬탄하며 말하기를, "우리 집안의 왕상(王祥)이다."라 하였다. 임술년(1742, 영조18) 가을에 모친이 등에 종기를 앓아 병세가 또 매우 위중하였다. 공이 밤낮으로 고름을 빨아내었더니 10여일이 지나자 병이 나았다. 계해년(1743, 영조19)에는 모친이 또 독한 돌림병에 걸렸는데, 당시 냉제(冷劑)를 복용한 사람은 대부분 죽었다. 공은 감히 냉제를 쓰지 못하고 슬피 울며 어찌할 줄

모르다가 맨 땅에 서서 하늘에 기도하였다. 그 때 정신이 황홀한 중에 말소리가 들리기를, "속약(俗藥)을 복용해야 한다."라고 하였다. 이에 서둘러 몇 그릇을 올리자 즉시 효험을 보았으니, 이웃사람들이 경탄하였다.

무진년(1748, 영조24) 겨울에 모친이 천수(天壽)를 누리고 세상을 떠나니, 공은 애훼(哀毀)가 예제(禮制)에 지나쳐 거의 상례를 치르지 못하고 죽을 뻔하였다. 3년 동안 한 번도 웃지 않았고 함부로 출입하지 않았으며 질대(絰帶)를 벗지 않고 상장(喪葬)의 모든 절차를 오로지 예법에 따랐다. 그리고 장사를 지낸 뒤에는 아침저녁으로 묘소에 가서 곡하고 돌아와 궤연(几筵)에 상식(上食)하였는데, 비바람이 칠 때나 춥고 더울 때에도 조금도 거른 적이 없었다. 공의 두 아들이 너무 고생하여 병이 날까 염려하여 때때로 울면서 말리니, 공이 말하기를,

"내 나이 벌써 쉰 살이고 너희들도 성장하였으니, 죽어도 무슨 여한이 있겠느냐. 더구나 지금 아무 병도 없는데 어떻게 태만하여 내 부모님의 망극한 은혜를 잊을 수 있느냐. 게다가 뜻이 지극하면 성의가 도달하고, 성의가 도달하면 기운이 순조로우며, 기운이 순조로우면 병이 나지 않는 법이다. 질병이 나는 것은 대부분 억지로 하기 때문이다. 나는 억지로 하는 사람이 아니니, 너희들이 무엇을 걱정하느냐?"

하고는 따르지 않았다. 공은 수척한 모습이 목숨을 보전할 수 없을 듯 같았지만 끝내 상을 마쳤고 또한 병도 나지 않았으니, 사람들이 모두 기이하게 여겼다. 공은 복제(服制)를 마친 뒤로는 집안일을 끊어버리고 말하기를,

"어찌 먹고 사는 일로 내 마음을 속박할 수 있으리오."

라 하였다. 그러나 명절 및 기일(忌日)을 만나면 반드시 며칠 전에 제물을 미리 장만하여 정성을 다하여 제사를 지내면서 말하기를,

"부모가 세상을 떠나신 뒤로 나의 마음을 다할 수 있는 것은 오직 제사 뿐이다. 이 일에 정성을 다하지 않으면 어찌 사람이라 하겠는가."

라 하였다. 노년에 몸이 매우 아플 때에도 기일 며칠 전에는 소식(素食)하였다. 아! 부모에 대해서는 생존할 때 봉양하고 질병이 있을 때 걱정하며, 상사에 슬퍼하고 제사에 공경하였으니, 공은 이러한 일에 있어서 유감이 없었다고 할 만하다.

임오년(1762, 영조38) 12월 18일에 병으로 세상을 떠나니, 향년 59세이다. 임종할 때 두 아들에게 이르기를,

"범사(凡事)에 생각하지 않으면 거짓이 많게 마련이니, 부모를 섬김에는 효도할 것을 생각하며, 제사를 지냄에는 정성스러울 것을 생각하며, 임금을 섬김에는 충성할 것을 생각하며, 어른을 모심에는 공경할 것을 생각하며, 붕우와 사귐에는 신의가 있을 것을 생각하며, 집안에 있을 때는 화목할 것을 생각하며, 일을 할 때는 인내할 것을 생각해야 한다. 너희들은 늘 이 일곱 가지 생각할 것에 힘을 써야 하니, 이렇게만 하면 된다."

라 하고, 제사를 받들고 선조의 분묘를 보살피는 일을 신신당부하였을 뿐 다른 일은 언급하지 않았으니, 군자(君子)의 정종(正終)이라 할 만하다.

이듬해 2월 모일에 송도(松都) 금사동(金寺洞) 자좌(子坐)의 둔덕에 안장하였으니, 선산(先山)이다.

전배(前配) 진주 유씨(晋州柳氏)는 휘 이흥(以興)의 따님으로, 공의 집에 시집와서 효성과 공경이 모두 지극하였으니, 시어머니가 말하기를, "우리 새 며느리보다 더 나를 효성으로 봉양하는 사람은 없다."라고 하였다. 2남 1녀를 낳았고, 공보다 33년 먼저 세상을 떠났다. 후배(後配) 고성 이씨(固城李氏)는 휘 준(峻)의 따님으로, 또한 공보다 23년 먼저 죽었고 자녀가 없다. 장남 홍정(弘鼎)은 인천 채씨(仁川蔡氏) 주방(柱邦)의 따님을 아내로 맞아 2남 2녀를 낳았고 일찍 죽었다. 차남 홍태(弘泰)는 요산 이씨(遼山李氏) 만중(萬重)의 따님을 아내로 맞아 2남 1녀를 낳았다. 자녀들은 모두 어리다. 딸은 동양(東陽) 신시호(申時虎)에게 출가했고 일찍 죽어 자녀가 없다. 이것이 행장의 대략이다.

『효경(孝經)』에 "대저 효(孝)는 하늘의 상경(常經)이요, 땅의 의리요, 사람의 행실이다."라 하였는데, 전(傳)에 "천지에 충만하고 사해(四海)에 유행하는 것은 오직 효일 따름이다."라고 하였다. 공은 백행(百行)의 근원인 효에 이와 같았으니, 그 나머지는 알 수 있을 것이다. 그러나 끝내 곤궁한 선비로 초야(草野)에서 일생을 마쳤고 정려(旌閭)의 은전(恩典)도 받지 못했으니, 어찌 세도(世道)를 위해 개탄하지 않을 수 있겠는가. 비상한 덕(德)을 가진 사람은 반드시 비상한 상서(祥瑞)가 있으며 비상한 행실이 있는 사람은 반드시 비상한 이적(異蹟)이 있는 법이니, 하늘과 사람은 하나의 이치라 사람의 정성이 지극하면 하늘이 감응(感應)하는 것은 반드시 있는 일이다. 왕상(王祥)이 겨울에 얼음 위에서 울자 두 마리의 잉어가 뛰어나온 일과 맹종(孟宗)이 겨울에 대밭에 가서 울자 죽순이 돋아난 일을 주자(朱子)가 무엇 때문에 『소학(小學)』에 썼겠으며 사관(史官)이 무엇 때문에 선현전(先賢傳)에 기록했겠는가. 추강(秋江) 남효온(南孝溫)은 정직한 선비이다. 그가 징군(徵君 징사(徵士)의 존칭) 경연(慶延)이 겨울에 물고기를 잡고 신감채(辛甘菜)를 얻은 일을 매우 상세히 기록하였으니, 이 어찌 괴이한 이야기라 하여 기록한 것이겠는가. 만약 이러한 일을 의심한다면 이는 꽉 막힌 좁은 소견이다.

공의 효성이 하늘을 감격시킨 일은 옛 사람의 행실에 부끄럽지 않으니, 이는 일가 사람들이 말할 뿐만 아니라 친척들도 모두 말하고 고을 사람도 모두 말하며, 선비들의 정문(呈文)과 친지들의 만시(挽詩)를 보더라도 분명한 사실이니, 아, 기이한 일이로다!

홍태(弘泰)씨가 선친의 덕행이 드러나지 못한 것을 애통하게 여기고, 종인(宗人)의 정의(情誼)가 있다 하여, 가장(家狀)을 가지고 수백 리의 길을 걸어 나를 찾아와서 행장을 지어 주기를 청하였다. 나는 그 가장(家狀)을 받아 읽고 감탄한 나머지 문장을 잘하지 못한다는 이유로 사양하지 못했으니, 또한 친족을 친애(親愛)하는 뜻이기도 하다.

公諱巨楫, 字大哉, 籍廣州, 麗祖功臣大將軍諱邦傑之後. 入我朝有諱省, 官左參贊, 贈諡思簡公, 獻陵朝選淸白. 有諱容, 官觀察使, 穆陵朝著聲蹟. 觀察使四世而有諱益慶·諱楠·諱世德, 卽公曾祖祖考也, 皆隱居不顯. 妣東陽申氏, 諱汝亮之女, 以明陵甲申八月十七日生公于海西金川郡之鄉庄. 公自幼天姿純淑, 孝性絶人. 十歲丁外艱, 號擗仆地, 若將隕絶曰: "我先考年僅十三而王考違世, 今我纔十歲而又罹巨創. 天之降割我兩世, 何其酷耶!" 號哭終日, 此豈凡兒所能哉? 執喪如成人, 奉侍母夫人, 日不離其側, 及長, 奉養之節, 愛敬備至, 不以家貧而甘旨或闕. 常曰: "事親之道, 養志爲先."

又曰: "色難[23]二字, 尤當佩服." 是以, 平居色和氣順, 未嘗有忿戾之容·惰慢之態. 交朋友, 處鄉黨, 一於和敬, 村居上下翕然稱頌, 名其居曰孝子村, 此莫非順德之使然也. 丁巳春, 母夫人嬰奇疾, 醫云無藥. 公血指以灌, 便能回甦. 思食生魚, 時亢旱, 川澤盡涸. 公泣循溪側, 忽於小溝中, 得鯉盈尺者五而歸供之. 公之堂叔世謙見之嗟歎曰: "吾家王祥.[24]" 壬戌秋, 母夫人又病背疽甚重, 公晝夜吮之, 殆過一旬, 病亦良已. 癸亥, 又患毒癘, 時用涼劑者多殞, 公不敢輕試, 悲號罔措, 露立禱天, 慌惚之間, 如有所聞曰: "宜用俗藥." 於是, 趣進數器, 奏效如響, 鄉鄰驚歎. 戊辰冬, 母夫人以天年終, 公哀毀踰節, 幾不勝喪, 三年之內, 一不見齒, 不妄出入, 不脫経帶, 喪庀諸節, 一循禮度. 葬後朝夕哭墓, 歸奠几筵, 雖風雨寒暑, 無或小忽. 公之兩子恐其勤勞致病, 時時泣諫. 公曰: "吾年已知命, 汝輩長成, 死亦何恨? 況今無疾, 其敢怠忽, 忘我罔涯之大德乎? 且志至則誠到, 誠到則氣順, 氣順則疾病不能生. 疾病之生, 多在于勉強. 余非勉強者, 汝何憂焉?" 遂不從. 累然之狀, 若不能保, 而以至終喪, 亦不生病, 人皆異之. 公閱制以後, 斷置家事曰: "豈以口腹累吾心哉?" 然而每當時節薦獻及忌日, 必先期供辦, 以盡如在之誠曰: "親歿而盡吾心者, 惟在于祭祀. 此而不謹, 其曰爲人乎?" 雖在垂老篤

23　色難: 『論語』 「爲政」에 나오는 孔子의 말로, 그 뜻은 "자식이 즐거운 얼굴색으로 부모를 봉양하는 것이 어렵다."와 "부모의 안색을 잘 살펴서 봉양을 잘하는 것이 어렵다."의 두 가지 說이 있다.

24　王祥: 晉나라 때 효자이다. 추운 겨울날에 어머니가 生魚를 먹고 싶어 하자, 왕상이 꽁꽁 얼어붙은 강에 가서 웃옷을 벗고 얼음 위에 드러누워 얼음이 녹기를 기다리니, 갑자기 얼음이 저절로 깨지면서 잉어 두 마리가 뛰어나오기에 그 잉어를 가지고 어머니를 봉양했다. 『晉書 권33 王祥傳』

疾之中, 先忌行素, 一如平日. 噫! 生養病憂, 喪哀祭敬, 公可謂無憾于是
矣. 壬午十二月十八日以疾卒, 得年五十九. 臨終顧二子曰:"凡事不思則多
妄, 事親思孝, 祭祀思誠, 事君思忠, 待長老思敬, 與朋友思信, 居家思和,
處事思忍. 汝輩當常用力于此七思字, 足矣."又申申付囑于奉祀修墓之事而
言不及他, 可謂君子之正終也. 翌年二月某日, 葬于松都金寺洞子坐之原,
從先兆也. 前配晉州柳氏, 諱以興之女, 歸于公家, 孝敬兼至. 母夫人謂公
曰:"孝養我無如我新婦."生二男一女, 先公三十三年而卒. 後配固城李氏,
諱垓之女, 亦先公二十三年而卒, 無育. 長弘鼎娶仁川蔡杜邦女, 生二男二
女, 早卒. 次弘泰娶遼山李萬重女, 生二男一女, 并幼. 女適東陽申時虎, 早
逝無後. 此其大槩也. 經曰:"夫孝天之經, 地之義, 人之行也."傳曰:"塞天
地而橫四海, 惟孝而已."公於百行之源, 能如是焉, 則餘可知矣. 終焉窮爲
匹士, 淪沒草萊, 而棹楔之典, 亦不得行焉, 豈不爲世道一慨也哉! 有非常
之德者, 必有非常之瑞, 有非常之行者, 必致非常之異, 天人一理, 誠格感
通, 必有之事也. 王祥之躍鯉・孟宗之泣笋[25], 朱子何爲而著之于『小學』,
良史何爲而紀之於正傳乎? 南秋江孝溫, 正直之士也. 其叙慶徵君延獲魚泣
笋事甚詳[26], 此豈語怪而然哉? 若以是疑焉, 則拘曲之見也. 若公孝感之格

---

25 孟宗之泣笋 : 孟宗은 중국 삼국시대 오나라 江夏 사람이다. 그의 어머니가
　　죽순을 즐겨 먹었는데 한겨울에 죽순이 먹고 싶다고 하였다. 맹종이 대숲에
　　들어가 슬피 울자 눈 속에서 죽순이 돋아났다. 『三國志 卷48 吳書 孫晧傳
　　孟仁註』

26 秋江……甚詳 : 南孝溫의 『秋江集』 권7 「雜著 冷話」에 "慶徵君은 휘가 延이고
　　자는 大有이며, 본관이 淸州이다. 겨울철에 아버지가 병들어 생선회를 먹고
　　싶어 하였다. 徵君이 얼음을 깨고 그물을 쳤으나 고기를 잡지 못하자, 울며
　　말하기를 '옛사람은 얼음을 두드려 고기를 얻었거늘 지금 나는 그물을 쳐놓고

天, 無愧古人, 此非但一家之人言之, 親戚言之, 鄕黨言之, 觀多士之呈文·
知舊之挽詩, 有不誣者矣. 吁其異哉! 弘泰氏痛先德之不彰, 以余有宗人之誼,
持家狀, 徒步數百里而來請狀文. 余受讀感歎, 不以不文辭, 亦親之之意也.

도 잡지 못하니, 정성이 하늘을 감동시키지 못하기 때문이다.'라 하고, 두건과
버선을 벗고 맨 몸으로 얼음 구멍에 하룻밤을 지나도록 서 있다가 검은 잉어를
잡았으며, 아버지가 또 辛甘草를 먹고 싶어 하기에 징군이 눈물을 흘리자
신감초가 갑자기 돋아나기에 가지고 집으로 돌아가 아버지께 드시게 했더니,
아버지의 병이 나았다.〔慶徵君諱延, 字大有, 淸州人. 冬月父病, 嘗欲食魚膾.
君鑿氷置網, 不得魚. 泣曰: '古人叩氷而得魚. 今吾置網而不得, 誠感固矣. 赤
脫巾襪, 立氷穴經一夜, 得烏鯉. 父又欲食辛甘菜, 君泣而菜忽生. 歸而食其父,
父病愈.〕"라 하였다.

6. 선비 공인 이씨 행장

先妣恭人李氏行狀 경인년(1770, 59세)

선비(先妣) 이씨의 세계(世系)는 선원(璿源)에서 나왔으니, 헌릉(獻陵 태조)의 별자(別子) 효령대군(孝寧大君) 정효공(靖孝公) 휘 보(補)의 후손이다. 효령대군이 보성군(寶城君) 휘 합(岲)을 낳았고, 보성군은 율원군(栗原君) 적개공신(敵愾功臣) 환양공(桓襄公) 휘 종(倧)을 낳았고, 율원군은 여양군(呂陽君) 휘 자겸(子謙)을 낳았고, 여양군은 용강현령(龍岡縣令) 증이조판서(贈吏曹判書) 전성군(全城君) 휘 대(薱)를 낳았고, 전성군은 충훈경력(忠勳慶曆) 증공조참의(贈工曹參議) 휘 박(樸)을 낳았다. 참의는 아들이 없어 형 수안군수(遂安郡守) 휘 노(櫓)의 아들 규빈(奎賓)으로 후사를 삼았다. 이 분은 벼슬이 창녕현감(昌寧縣監)·증호조참판(贈戶曹參判)이다. 호조참판은 죽산부사(竹山府使) 동지중추부사(同知中樞府事) 휘 척(滌)을 낳았다. 이 분은 무용(武勇)으로 이름났으며 성품이 강의(剛毅)하여 대절(大節)이 있었지만 훈상(勳相) 김류(金瑬)의 비위를 거슬러 높은 관직에 오르지 못했다. 정축년(1637, 인조15) 이후 세상일을 사절(謝絶)한 채 집안에서 지내다가 세상을 떠났으니, 선비에게 고조가 된다. 증조 휘 상원(尙元)은 금부도사(禁府都事)이다. 조부 휘 영한(榮漢)은 성균진사(成均進士)로, 문장을 잘하고 글씨를 잘 썼으며 고상한 행실이 있었다. 부친 휘 익령(益齡)은 성품이 너그럽고 온화하여 베풀기를 좋아하였으며, 은거하고 벼슬하지 않았다. 모친 청송 심씨(淸松沈氏)는 첨추(僉樞) 휘 유준(儒俊)

의 따님이고 동돈녕(同敦寧) 휘 봉원(逢源)의 후손으로, 사리에 밝고 성품이 침후(沈厚)하여 부덕(婦德)을 갖추었다.

선비(先妣)는 숙묘(肅廟) 갑술년(1694, 숙종20) 윤5월 6일 진시(辰時)에 한성(漢城)에서 태어났다. 타고난 자질이 총명하고 영오(穎悟)하여 첫돌이 막 지나자 말을 하였으며, 여종 둘이 마주 서서 절구질할 때 숫자를 세며 서로 놀이하는 것을 보고 선비가 그대로 따라하면서 하나에서 열까지 차례로 틀리지 않게 세었다. 곁에 있던 사람이 우연히 그런 것이 아닐까 여겨 여러 번 시켜 보았더니 처음과 같이 숫자를 잘 세었다. 6세 때 언문(諺文)을 알았고, 7, 8세 때에는 어른을 대신하여 편지를 썼는데, 한훤(寒暄) 인사 외에 정회(情懷)를 서술하고 일을 논하는 것이 각각 격식에 맞았다. 여공(女工)도 잘하여 다른 사람보다 곱절이나 민첩하였다. 9세 때 외조부의 상(喪)을 당해서는 애훼(哀毁)가 예제(禮制)에 지나쳤다. 호상(護喪)하는 사람이 선비의 나이가 어리다 하여 상복을 짓지 않았더니 선비가 상복을 지어달라고 간청하여 상복을 입고 조석곡(朝夕哭)에 예법대로 참여하니, 보는 사람들이 모두 감탄하였다.

17세 때 우리 선군(先君)에게 시집온 이후로 시부모를 섬김에 혹시라도 잘못하는 일이 없었다. 동틀 무렵에 세수하고 머리를 빗고 반드시 아침밥을 차렸다. 시부모가 편찮을 때에는 반드시 약을 손수 달이고 음식을 반드시 손수 지었으며 밤낮으로 곁에서 시병하여 병이 나은 뒤에야 그만두었다. 조부가 선비의 재기(才器)를 인정하고 사랑하여 큰 일이든 작은 일이든 모두 상의하였고, 벼슬에 나아가고 물러나는 일 같은 것은 부인들이 알 다가 아닌데도 반드시 선비에게 물었다. 조모는 성품이 본래 준엄하여 좀처럼 남을 칭찬하지 않았는데, 선비는 힘써 효성과 공경을 다해 시종 태만하지 않았다. 조모가 만년에 병석에 누워 있어 대소변을 받아 내었다. 선비는 조모의 속옷을 직접 빨이 다른 사람에게 더러운 모습을 보이지 않으니, 조모가 그 성의에 감동하여 말하기를,

"나는 너의 효성이 이렇게까지 지극할 줄은 몰랐다."

라 하였다.

집안 형편이 본래 넉넉하지 못했는데 선군이 손님을 좋아하고 남에게 베풀기를 좋아하였다. 선비는 반드시 남편의 뜻을 받들어 따르고 난색을 보이지 않았다. 불초의 친구들이 찾아오면 반드시 음식을 대접하며 말하기를,

"옛날에 어떤 부인은 머리털을 잘라 술과 안주를 마련하고 앉는
풀 자리를 썰어 말에게 먹이기까지 하면서 아들의 벗을 대접한 사
람이 있었으니, 나는 그 부인을 흠모한다."

라 하였다.

자녀들을 기를 때는 몹시 애중(愛重)했지만 의방(義方)이 분명하여 어릴 때부터 법도로써 가르치셨다. 그 중에서도 더욱더 의리(義利)의 분변(分辨)에 신중할 것을 특히 강조하며 말하기를,

"무릇 자기를 이롭게 하려는 마음은 사람이면 누구나 잘 아는 것이
다. 그런데 하물며 부모 된 사람이 이익으로 유도하여 자식의 욕심
만 키워 준다면 그 폐해가 장차 어떠하겠는가?"

라 하였다. 이런 까닭에 우리 형제들은 감히 사사로이 재산을 쌓아 둔 적이 없었다.

남을 대할 때는 진솔하여 가식이 없었고, 자신을 해치려는 사람일지라도 반드시 정성을 다해 대우하였다. 조모의 친정 얼속(孽屬) 중

과부로 지내며 의탁할 데 없는 사람이 우리 집에 와서 살았다. 그 사람은 평소 수다스러워 선비가 난처한 상황을 누차 당하였다. 그러나 훗날 그 사람이 또 오자 선비가 아무 내색 없이 대하니, 그 사람이 감복하였다. 무주(茂朱)에서 이사 올 때에는 마을의 할미 몇 사람이 떠나오는 선비의 손을 부여잡고 차마 이별하지 못해 눈물을 흘리며 하염없이 울었다. 노복(奴僕)을 거느릴 때는 은혜와 위엄을 아울러 보이되 반드시 굶주림과 추위를 걱정해주었기 때문에 그들이 모두 외경(畏敬)하고 복종하였다. 이웃에 양식이 떨어져 급난(急難)한 사람이 있으면 힘닿는 데까지 구제해 주었고, 저녁 지을 쌀을 모두 털어 주면서도 조금도 아까워하는 마음을 갖지 않았다. 그러나 성품이 청렴하고 개결하여 한 가지도 남에게 요구한 적이 없었으니, 채소·과일 같은 하찮은 물품조차도 가볍게 받지 않았다. 이 때문에 사람들이 옳지 않은 일로 부탁하는 일이 없었다. 이익을 탐내어 의리를 잊어버린 채 시세에 붙좇는 사람이 있다는 말을 들으면 마치 자신이 더럽혀질 것처럼 부끄럽게 여겼다. 인가(人家)의 부녀자가 돈놀이를 하여 10분의 1의 이자를 받아먹는 것을 보면 반드시 공척(攻斥)하여 경계하기를,

"부녀자의 행실은 잘못하는 것도 없으며 잘하는 것도 없고 단지 술과 음식 만드는 것만 일삼아야 하거늘, 재물을 잘 증식시킨다는 것으로 이름나면 이 어찌 규중 부녀자의 좋은 평판이겠는가."
라 하였다.

우리나라 풍속은 본래 부녀자들은 글을 배우지 못하도록 했기 때문에 선비도 글을 배우지는 못했다. 그러나 선비는 총명이 절등(絶等)하였고, 어릴 때부터 옛날 사적을 보기를 좋아하여, 중국의 상고시대

로부터 황명(皇明)시대까지, 우리나라 고려 말부터 근세에 이르기까지 나라의 치란(治亂)과 사람의 현부(賢否)를 모두 훤히 알았다. 언문 소설에 이르러서는 무려 수백 사람이 지은 것인데도 한번 보기만 하면 모두 기억하여 종신토록 잊지 않았다. 만년에는 늘 말하기를,

"소설은 모두가 거짓으로 꾸며서 만들어낸 이야기라 하나도 진실한 것이 없고, 또한 사람의 마음을 사특한 데 빠지게 하니, 보아서는 안 된다."

라 하였다. 그리고 늘 며느리와 딸들에게 훈계하기를,

"부인의 나쁜 덕은 질투와 시기가 으뜸이다. 질투와 시기가 지나치면 못하는 짓이 없게 되어 끝내 남편에게 누를 끼치게 되니, 조심하지 않아서야 되겠느냐?"

라 하였다. 검소한 생활을 편안하게 여겨 의복은 반드시 헤지지 않고 깨끗한 것을 입으면서 말하기를,

"지금 세상 여인의 의복은 소매가 좁고 옅은 녹색이다. 이는 요즘의 유행이라 하지만 이러한 옷은 좋지 못한 옷에 가까우니, 본받아서는 안 된다."

라 하였다. 그리고 평소에 앞일을 미리 내다 보는 식견이 있어 일의 시비를 말하면 후일에 모두 그대로 맞았다.

우리 외조모의 산소가 금천(衿川)에 있다. 외숙이 멀리 영광(靈光)에 사는 터라 제때 성묘하지 못하고 묘제(墓祭)도 대개 지내지 못했다. 선비는 늘 애통해하며 말하시기를,

"여자가 출가했다 하더라도 자신을 낳아 주신 부모의 은혜를 어찌 잊을 수 있겠는가."

라 하였으며, 절사(節祀)를 지낼 때면 반드시 눈물을 흘리며 슬퍼하

고, 우리 형제들을 시켜 수시로 성묘하게 하였다.

송파(松坡)에 사는 이모는 선비에게 막내인데 일찍 과수가 되어 매우 가난하였다. 선비는 때때로 그 이모를 보살펴 주되 집안 형편을 생각하지 않고 성심(誠心)을 다하였다. 이에 이모가 감격하여 말하기를,

"언니의 돈독한 우애는 남들이 미칠 수 없다."

라 하였다. 외숙이 약간의 전답을 나눠주려 하니, 선비가 말하기를,

"다른 사람에게는 그렇게 하고 나에게는 분배하지 말라. 기어이 나누어 주고자 한다면 그 몫을 금천(衿川)의 묘전(墓田)으로 떼어 놓도록 하라."

라 하고, 끝내 받지 않았다.

선비는 기품이 본시 강건하여 질병이 없었는데, 여러 차례 출산할 때 조섭을 제대로 하지 못하여 중년 이후에는 병증이 늘 나타났다. 무진년(1718, 숙종44) 겨울에 풍허증(風虛症)이 발생하여 약으로 치료하였으나 효험이 없었고 20년 동안 지속되었다. 정해년(1767, 영조43) 윤7월 1일에 우연히 돌림병인 이질(痢疾)에 감염되어 8월 5일 묘시(卯時)에 세상을 떠나니, 향년 74세이다.

선비는 14세 때인 정해년(1707, 숙종33)에 마진(麻疹)을 앓아 열이 심하여 혼절한 적이 있었다. 그 때 마치 어떤 사람이 큰 소리로 "이 아이는 다음 정해년에 죽을 것이다."라고 말하는 듯하였고, 얼마 안 되어 정신이 들었다. 무신년(1728, 영조4) 겨울, 꿈속에서 귀신이 사람 수명의 길고 짧음을 말하는 것을 보고 선비가 "나의 수명은 얼마인가?"라고 묻자, 귀신이 74세라고 답하였다. 선비가 꿈을 깨고 그 얘기를 해주었다. 당시 선비의 나이가 어려 앞으로 살날이 매우 먼데

다가 세상 사람들이 70세를 희수(稀壽)라 하기 때문에 나는 그 말을 듣고 매우 기뻐하였다.

그러나 세월이 물처럼 흘러 정해년이 점점 다가오자 걱정스럽고 두려운 마음이 밤낮으로 끊이지 않았는데 끝내 이 해에 세상을 떠났으니, 사람의 수명은 과연 미리 정해진 것인가. 병이 위독할 때 약을 드리면 손을 저어 말리며 말하기를,

"수명은 약으로 연장시킬 수 없는 것이다. 나의 수명이 이미 족하니
어찌 약을 먹을 필요가 있겠느냐?"

라 하였다. 이 때 송파(松坡)의 이모가 와서 병간호를 했다. 선비는 기력이 매우 약했지만 정신은 맑아 간혹 이모와 담소하고 농담도 하면서 조금도 죽음을 슬퍼하는 기색이 없었다. 대개 선비는 어릴 때부터 천성이 초매(超邁)하여 세속 부녀자들의 잗달고 좁은 습성이 없었으며, 높은 식견(識見)과 바른 지행(志行)은 실로 옛날 여사(女士)의 풍모가 있었다. 그러므로 임종할 때에도 이와 같이 조용할 수 있었던 것이다.

선비는 자매들 중에 셋째인데, 외조부가 딸들 중에서 선비를 가장 사랑하였다. 외조부의 꿈에 네 개의 달이 함께 떠올랐는데, 그 중 세 번째 달이 매우 빛났고 나머지는 모두 흐렸다. 꿈을 깨고 외조모에게 말하기를,

"달은 여자의 상징이다. 내가 네 딸을 두었고 꿈이 또 이러하니,
이는 셋째 딸이 필시 귀하게 될 징조이다."

라 하였다. 그 후 다른 딸들은 모두 곤궁하고 과수가 되었다. 외조모가 만년에 선비에게 이르기를,

"옛날 너의 아버님의 꿈은 아마도 너의 심덕(心德)이 그 달과 닮았

기 때문일 것이다."

라 하였다.

이 해 10월 7일에 선군(先君)의 묘소에 부장(祔葬)하려고 하였더니 그 광중(壙中)에 물이 찼기에, 선영(先塋) 안 자좌(子坐)의 둔덕에 옮겨 합장하였다. 상중(喪中)이라 경황이 없어 미처 좋은 땅을 고르지도 못하고 거의 임시로 가매장한 것과 같았으니, 너무도 절통(切痛)하다.

선비는 3남 4녀를 두었다. 장남은 바로 불초 정복(鼎福)이니 감찰(監察)이고 창녕(昌寧) 성순(成純)의 딸을 아내로 맞았다. 둘째는 딸인데 어려서 죽었고, 셋째는 딸인데 동복(同福) 오석신(吳錫信)에게 출가하였다. 차남 재득(再得)은 어려서 영특하고 총명했으나 5세에 죽었고, 그 다음 두 딸도 모두 요절하였다. 막내아들 정록(鼎祿)은 무안(務安) 박사정(朴思正)의 딸을 아내로 맞았다. 나는 1남 1녀를 두었다.

아들 경증(景曾)은 생원(生員)으로 파평(坡平) 윤동열(尹東說)의 딸을 아내로 맞아 1남 3녀를 낳았다. 후취는 밀양(密陽) 박지종(朴志宗)의 딸로, 1녀를 낳았다. 그 딸은 영가(永嘉) 권일신(權日身)에게 출가하여 3남을 낳았는데 모두 어리다. 정록은 2남 3녀를 낳았다. 아들 경연(景淵)은 광주(廣州) 이명복(李命復)의 딸을 아내로 맞았고, 나머지는 모두 어리다. 오석신은 1남 1녀를 낳았다. 아들 순(珣)은 연안(延安) 이세연(李世延)의 딸을 아내로 맞았다.

나는 어릴 때부터 병치레가 잦았는데, 선비가 갖은 고생을 다하며 길러준 덕분에 이렇게 성장할 수 있었다. 못난 불초가 잘 봉양하지 못하여 선비로 하여금 일생 동안 곤궁하게 살게 하였을 뿐 한 가지 일도 마음을 위로해 줄만한 것이 없었다. 요행으로 음사(蔭仕)하여 적은 녹봉을 받아 거의 영양(榮養)할 가망이 있었는데, 이내 또 병으로 벼슬을 그만두어 늘 자식의 병을 걱정하도록 하고 말았다. 효성으로 봉양하지도 못했는데 갑자기 선비의 상(喪)을 당하고 말았으니 아, 어찌 차마 말하리오! 나는 병세가 바야흐로 심하니, 만약 갑자기 죽어 선비의 아름다운 행실을 기록하지 못하게 된다면, 이는 나의 불효를 가중하는 것이다. 이에 감히 이상과 같이 선비의 사실을 대략 기술하여 입언(立言)할 군자(君子)에게 알려 주어 채택하기를 기다린다. 경인년(1770, 영조46) 4월 26일 불초자 정복은 피눈물을 흘리며 삼가 행장을 쓴다.

先妣李氏, 系出璿源, 獻陵別子孝寧大君靖孝公諱補之後. 大君生寶城君諱㝫, 寶城生栗原君敵愾功臣桓襄公諱悰, 栗原生呂陽君諱子謙, 呂陽生龍岡縣令贈吏曹判書全城君諱薽, 全城生忠勳經歷贈工曹參議諱樸. 參議無子, 以兄逐安郡守諱櫓子奎賓爲後, 官昌寧縣監·贈戶曹參判. 參判生竹山府使同知中樞府事諱滌, 以武勇顯, 剛毅有大節, 忭勳相金塗, 宦不達. 丁丑後, 杜門謝世以卒, 於先妣爲高祖. 曾祖諱尙元, 禁府都事, 祖諱榮漢, 成均進士, 能文善書, 有高行. 考諱益齡, 性寬和好施與, 隱德不仕. 妣靑松沈氏, 僉樞諱儒俊之女, 同敦寧諱逢源之後, 通達沉厚, 婦德克備. 先妣以肅廟甲戌閏五月初六日壬申辰時生于漢城, 禀質明秀聰悟, 甫晬能言, 見僮婢對柎, 計數以相戲, 先妣效之, 自一至十, 歷數不差, 傍人以爲偶然, 累試如初. 六歲, 通國音諺文, 七八歲, 代長者爲書, 寒暄外叙情論事, 各得其宜, 女工精巧瞻敏兼人. 九歲, 丁外王考憂, 哀毁踰節, 護喪者以其年幼不製衰, 先妣懇乞製服, 朝夕哭參如禮, 觀者無不感歎. 年十七, 歸于我先君, 入門以後, 承

事舅姑, 罔或有違. 昧爽盥櫛, 必供晨羞. 如値不安節, 藥必手煎, 食必親
餁, 晝夜侍候, 疾已復初. 王考器重之, 事無大小, 無不與議, 至如仕宦進退
之節, 有非婦人所可知者, 必詢問之. 祖妣素嚴峻, 不少假人, 先妣務隆孝
敬, 終始不怠, 祖妣暮境寢疾, 便旋須人, 先妣至親濯裙褕, 不以褻穢示人,
祖妣感其誠意曰: "予不知汝誠孝之至此也." 家業素狹, 先君喜客好施, 必奉
承無難意. 不肯儕類若至, 則亦必具羞曰: "古有截髮剉坐薦而待子友者, 吾
竊慕之." 鞠養子女, 雖甚愛重, 義方斬然, 自幼稚敎以法度. 尤令致謹於義
利之分曰: "凡利己之心, 人皆不敎而能, 況爲父母者導之以利, 徒長慾心,
弊將奈何!" 是以, 不肖輩不敢有私蓄. 待人接物, 絶去畦畛, 不事表襮, 雖
欲害我者, 必盡誠遇之. 祖妣私親孽屬, 有孀居無依者, 來住我家, 其人素多
口, 先妣累値難安之端. 而後日復來, 先妣遇之不以色, 其人感服. 自茂朱遷
居時, 里媼數人, 攀行不忍別, 涕泣不已. 御奴僕, 恩威兼行, 必軫其飢寒,
故莫不畏服. 隣里有急難者, 隨力周救, 雖傾夕貯而與之, 不以爲懷. 然而性
廉潔淸介, 未嘗一事求人, 至如蔬果微物, 不輕受焉. 是以, 人不敢以非義干
之. 聞人有嗜利忘義, 趨勢附時, 恥若浼己. 見人家婦女有取利逐什一者, 必
斥之以爲戒曰: "婦女之行, 無非無儀, 惟酒食是事[27], 如以殖貨名, 豈閨閫
美聲耶?" 東俗雅不使婦女學文, 故先妣雖不學習文字, 而聰明絶人, 自幼好

---

27 無非……是事 : 非는 잘못하는 것이고, 儀는 잘하는 것이다. 『詩經』「小雅
斯干」에 "여자를 낳아서는 방바닥에 잠재우고 포대기로 덮어 주며, 길쌈 도구
를 갖고 놀게 하니, 잘못하는 일도 없고 잘하는 일도 없는지라, 오직 술과
밥을 알아서 하여 부모님께 걱정을 끼치지 않으리라.〔乃生女子, 載寢之地.
載衣之裼, 載弄之瓦. 無非無儀, 唯酒食是議, 無父母詒罹.〕"라 한 데서 온 말이
다. 즉 여자는 順從을 도리로 삼아 여자가 할 일만 해야 한다는 말이다.

觀古事, 中國自上古至皇明, 東方自麗末至近世, 國之治亂・人之賢邪, 無不淹貫. 至於諺傳小說, 無慮累百家, 一覽輒記, 終身不忘. 晚來常曰:"小說家流, 皆假做立說, 無一眞者, 亦足以溺人心術, 不可觀也." 常誡婦女輩曰:"婦人悖德, 妬忌爲首. 妬忌之至, 至於無所不爲, 而終使貽累於丈夫, 可不愼哉!" 安於儉素, 衣服必取完潔曰:"今世衣度, 狹袖淺綠色, 稱曰時體, 此近服妖, 不可效也." 雅有鑑識, 論事是非, 後皆有驗, 我外祖妣墓在衿川, 舅氏居靈光, 不能以時省墓, 而墓祀多闕, 先妣每痛之曰:"女子雖出嫁, 生我之恩, 豈可忘也?" 每當節祀, 必掩泣懷痛, 使不肖輩隨時省掃. 姨母於先妣爲季, 而居松坡, 早寡貧甚. 先妣以時周急, 不計家之有無而盡心焉. 姨母感之曰:"姊氏友愛之篤, 人所難及." 舅氏欲分若干田業, 先妣曰:"他則可矣, 無以我爲也. 若必欲分, 斥此爲衿川墓田, 可也." 終不受焉. 先妣氣禀素强無疾病, 而累産失攝, 中年以後, 疾症常見. 自戊辰冬, 得風虛之疾, 藥治無驗, 彌留至二十年, 而丁亥閏七月朔, 偶感輪行下墜之疾, 八月初五日丙寅卯時卒逝, 壽七十四. 先妣年十四歲丁亥, 患麻疹, 熱盛昏窒, 若有人高聲言:"是兒當以後丁亥死." 未幾而甦. 戊申冬, 夢有鬼物能言人壽夭, 先妣試問余壽幾何, 答云七十四, 先妣覺而言之. 其時先妣年少, 前途甚遠, 而世人以七十爲稀壽, 故不肖聞甚喜之. 歲月如流, 漸迫此歲, 憂懼之懷, 夙宵不已, 竟以是年而卒. 人之壽命, 果有前定而然耶? 疾革, 進藥則搖手止之曰:"命不可以藥延, 壽已足矣, 何必爲也?" 時, 松坡姨母來視疾, 雖氣力綿綴, 而神識不昧, 間與談笑, 雜以詼諧, 少無怛化之意. 盖其自幼天性超邁, 無世俗婦女瑣細隘陋之習, 而見識之高・志行之正, 實有古女士之風, 故正終之際, 能從容如此. 先妣於行居三, 外王考諸女中最愛之, 嘗夢四月並出, 而居第三者光明輝耀, 餘皆昏翳. 覺而語外王母曰:"月女象也. 我有四女, 而夢又如是, 是三女必貴也." 後諸女皆窮寡, 外王母晚來嘗謂先妣曰:"昔歲之夢, 盖以汝心德似之也."以是年十月初七日, 將祔先君墓, 舊壙水患, 移奉合窆于先塋局內子坐之原. 臨喪倉卒, 未暇擇地, 殆同權厝, 痛迫尤切. 有三男四女, 男長卽不肖鼎福監察, 娶昌寧成純女. 次女幼亡. 次適同福吳錫信. 次男再得幼穎慧, 五歲而歿. 次二女幷夭. 季鼎祿娶務安朴思正女. 不肖有一子一女. 子景曾生員, 娶坡平尹東說女, 生一男三女. 後娶密陽朴志宗女, 生一女. 女適永嘉權日身, 生三子幷幼. 鼎祿生二子三女, 子景淵娶廣州李命復女, 餘幷幼. 吳錫信生一男一女, 男珣娶延安李世延女. 鼎福幼多疾病, 被先妣辛勤鞠養, 至于成立. 而不肖無狀, 不能服勤致養, 使先妣一生窮窘, 無一事可以慰安, 倖竊蔭仕, 沾得斗祿, 庶有榮養之望, 旋又癱廢, 長貽惟疾之憂. 至情未伸, 遽罹終天之慟. 嗚呼! 尙忍言哉! 鼎福病症方劇, 若致奄忽, 使先妣懿德無紀, 是重吾不孝也. 茲敢畧述事實如右, 以告于立言之君子, 聽其採擇焉. 庚寅四月二十六日, 不肖子鼎福泣血謹狀.

7. 처사 정군 행장

處士鄭君行狀 계사년(1773, 62세)

정군(鄭君)은 휘가 육(堉)이고 자가 후지(厚之)이며, 보계(譜系)는
수양(首楊)에서 나왔다. 시조 휘 숙(肅)은 고려조에 벼슬하여 전리
정랑(典理正郎)이 되었고, 12세손 휘 역(易)이 아조(我朝)에 들어
와 벼슬이 좌찬성(左贊成) 증영의정(贈領議政)이고 시호는 정도공
(貞度公)이다. 이로부터 동지중추(同知中樞) 휘 충석(忠碩)·호조
참의 휘 침(忱)·철원부사(鐵原府使) 휘 연경(延慶)을 거쳐 국자진
사(國子進士) 휘 희검(希儉)에 이르러서는 연산군의 난정(亂政)에
선류(善類)가 죽임을 당하는 때를 만났다. 그 백씨 허암선생(虛菴先
生) 휘 희량(希良)은 난세를 피하여 은둔하였고 진사공(進士公)은
과거를 그만두고 시주(詩酒)를 즐기면서 호를 계양어은(桂陽漁隱)
이라 하였다. 진사공의 아들과 손자는 모두 문과(文科)에 급제하여
벼슬하였다.

진사공의 증손 휘 문부(文孚)는 문장과 재간(才幹)이 있었고 선묘
(宣廟)를 섬겼다. 임진년(1592, 선조25)에 왜적(倭賊)이 북관(北關)
을 함락했을 때 반민(叛民) 국경인(鞠景仁) 등이 두 왕자(王子)와
재신(宰臣)들을 잡아 적에게 항복했는데, 공이 평사(評事)로서 의병
을 일으켜 토벌하였으니, 이 사실이 국승(國乘)에 실려 있다. 관직은
병조참판이었으며, 인조(仁祖) 무진년(1628, 인조6) 옥사(獄事)에
억울한 죄로 화액(禍厄)을 당했다. 후일에 신설(伸雪)되어 좌찬성에
추증되었고, 시호는 충의공(忠毅公)이다. 그 아들 휘 대륭(大隆)은

부친이 비명에 죽은 것을 슬퍼하여 영남의 진주(晉州)에 은거하며 종신토록 출사하지 않았으니, 바로 군의 고조이다.

증조 휘 유계(有禊)와 조부 휘 구(構)는 모두 문행(文行)과 의기(義氣)로 이름났으나 과거에 응시하지 않았으니 유계(遺戒)를 따른 것이다. 부친 휘 상점(相點), 호 불우헌(不憂軒)은 뛰어난 재주가 있었고 지조가 간결(簡潔)하여 사우(士友)들의 추중을 받았다. 모친 안동 권씨(安東權氏)는 통덕랑(通德郎) 수창(壽昌)의 따님이고 목사(牧使) 우형(宇亨)의 손녀로, 현숙하여 부덕(婦德)이 있었다. 우리 명릉(明陵) 무술년(1718, 숙종44) 5월 23일에 진주(晉州) 동쪽 용암리(龍巖里)에서 군을 낳았다.

군은 어릴 때부터 총명하고 과묵하여 함부로 말하고 웃지 않았으니, 식자(識者)들이 큰 인물이 될 줄 알았다. 부친 불우공(不憂公)은 성품이 엄격하고 법도가 있어 바른 도리로 자제를 가르쳤다. 군은 어릴 때 가정에서 교육을 받았고 조금 성장해서는 모친의 형부인 치재(耻齋) 조선적(曺善迪)에게 수학하였다. 조공(曺公)은 일찍부터 문학으로 세상에 이름났으니, 바로 지산선생(芝山先生 조호익(曺好益))의 후손으로, 대대로 문헌(文獻)이 있는 집안이다. 군은 문장 외에 위기지학(爲己之學)이 있다는 것을 듣고, 세상의 번화한 명리(名利)에는 욕심이 없었다.

군은 타고난 성품이 효성스럽고 우애로웠다. 어릴 때 놀면서도 날마다 부모님의 곁에서 떠나지 않았고, 온화하고 공순한 모습으로 부모의 뜻에 맞추려고 힘썼으며, 큰 형 모(某)와 같이 글을 배우다가 형이 매를 맞으면 끌어안고 울면서 차마 서로 놓지 못하였으니, 천성이 지극히 독실했던 것이다. 학문을 성취하고는 행실을 더욱더 가다듬어 부모를 섬기고 형제들을 대하는 데에 한결같이 도리를 따르니, 부모는 "이 아들이 나를 잘 섬긴다."라 하였고, 형제들은 말하기를, "이 형님, 이 아우가 참으로 나를 사랑한다."라 하여 가문에 화기가 가득하였으니, 이 어찌 음성과 용모로써 할 수 있는 것이겠는가.

맏형이 일찍 세상을 떠나자 군이 둘째형으로서 아우들을 거느렸다. 형제들의 성격과 호오(好惡)에 취향이 제각각 다른 점이 없지 않았지만, 군이 잘 살펴 헤아리고 조화하여 모든 형제가 제각각 화목할 수 있었다. 늘 『시경(詩經)』「사간장(斯干章)」을 들어 말하면서 아우들에게 면려(勉勵)하기를,

"집안 형제들의 정의(情誼)가 괴리되는 것은 늘 재물이 많고 적음을 서로 비교하고 부녀자들이 서로 다투는 데서 연유하니, 이런 미세한 데서 일어나 잘못은 산더미처럼 쌓인다. 형제가 우애로우면 천륜(天倫)의 정이 절로 발생하고 형제가 서로 이익을 꾀하지 않으면 자신에게 있던 사심(私心)이 얼음 녹듯이 풀어질 것이다."

라 하였다. 이로 말미암아 온 집안사람이 그 간절한 정성에 감동하여 모두 가르침을 따랐다. 이러한 마음을 미루어 남을 접할 때에도 한결같이 정성으로 대하고 교격(矯激)한 행동과 겉치레의 꾸민 적이 없었다. 그러나 자신의 몸가짐이 장경(莊敬)하고 의론이 준결(峻潔)하여 만약 이치에 어긋나고 강상(綱常)을 어지럽히는 일이 있으면 통렬히 변척(辨斥)하여 마지않았다. 이로 말미암아 행실에 흠이 있는 사람들은 군을 두려워하였다.

세상 사람들은 과거(科擧)를 중시하여 구두(句讀)를 뗄 줄 알면 곧바로 시문(時文)을 짓는 공부를 하여 벼슬길에 진출하는 계제(階梯)로 삼았다. 군은 재주가 초절(超絶)하고 문장이 화섬(華贍)하였

고 비록 간혹 과문을 익혔지만 이를 중시하지는 않았으며, 날마다 공맹(孔孟)과 정주(程朱)의 저술을 읽고 사색하여 그 지취(旨趣)를 힘써 궁구하였다. 그리하여 남들이 읽기 어려운 심오한 뜻과 난삽한 글귀를 능숙하게 분석하고 해석하여 그 귀취(歸趣)를 밝히되 무엇보다 실천을 중시하였다. 그리고 사서(史書)들을 두루 통달하여 무릇 고금의 성패와 인물의 현부(賢否)로부터 전장(典章)·제도(制度) 및 역대 나라들의 영토의 분합(分合)에 이르기까지도 모두 연구하여 눈으로 본 듯 자세히 말하는 것이 마치 손바닥을 들여다보듯이 분명하였으니, 듣는 이들이 귀를 세웠다.

병자년(1756, 영조32) 봄에 모친상을 당하여 애훼(哀毁)가 예제(禮制)에 지나쳐 거의 목숨을 잃을 뻔하였다. 정해년(1767, 영조43) 여름에 부친상을 당했을 때에는 널을 부여잡고 슬피 호곡(號哭)하는 것이 앞의 모친상과 꼭 같았으며, 장례 시기를 놓쳐 다섯 달 동안 여막(廬幕)의 거적자리에서 지내는 동안 무더위와 습기는 밖에서 침노하고 슬픔은 안으로 몸을 손상하여 병이 나고 말았다. 병세가 위독한 때에도 내외의 분별을 엄격히 지켜 부녀자는 가까이 오지 못하게 하였다. 복(服)을 마친 지 겨우 1년 만에 운명하니, 경인년(1770, 영조46) 9월 24일로 향년 53세이다. 그 해 모월 모일에 모지(某地) 모좌(某坐)의 둔덕에 안장하였다.

군이 운명하자 원근의 공을 아는 사람이건 공을 모르는 사람이건 모두 슬퍼하고 안타까워하며 말하기를, "선인(善人)이 죽었다."라 하였고, 사림에서는 조정에 표장(表狀)을 올려 선행을 정표(旌表)하자는 의논이 있었다.

군은 일찍이 『맹자』의 "남이 알아주지 않아도 자족하여 욕심이 없

어.〔人不知亦囂囂〕"라는 말을 취하여 거처하는 집에 '역효당(亦囂堂)'
란 편액을 걸었다. 그리고 또 후한(後漢) 때 일사(逸士) 초선(焦先)의
'과우려(瓜牛廬)'의 뜻을 취하고 부연해서 설(說)을 지어 자황(自況)
하기를,

"과우(瓜牛 달팽이)는 제 껍질을 지고서 몸을 숨기고 안정(安靜)하
게 사니, 이 어찌 밖으로 이익을 꾀하는 것을 끊고 마음을 오롯이
모아 안으로 만족하여 분수를 따르고 자신을 편안케 하는 방법이
아니겠는가. 나는 오직 견개(狷介)한 성품을 보전하여 자신의 행실
을 염결(廉潔)하게 지키고자 한다. 그렇지만 남에게 말할 만한 것
은 없고, 또한 남이 알아주기를 바라지도 않는다. 차라리 나 자신을
거두어 은거하여 일신이나 선(善)하게 살며 남모르게 덕(德)을 닦
음으로써 천년 뒤에 남이 알아주기를 기다리니, 과우는 실로 내가
취할 바이다."

라 하여 그 설이 모두 6, 7백 자나 된다. 여기서 군의 뜻을 알 수
있다. 돌이켜보건대, 오늘날 세교(世敎)가 쇠락하여 선행이 드러나
지 못하는 탓에 군으로 하여금 과우처럼 자신을 감추고 싶도록 하
였으니, 또한 세태의 변화를 살필 수 있을 뿐만 아니라 천추에 지사
(志士)들로 하여금 눈물 흘리게 한다.

군이 일찍이 학자들에게 말하기를,

"천도(天道)는 하나일 뿐이다. 후유(後儒)들의 조예에 천심(淺深)
이 있고 식견에 편정(偏正)이 있으니 대도(大道)가 분열하여 그
설(說)이 여러 갈래로 나뉜 것이다. 더구나 우리나라는 당론이 횡
행하여 붕당을 나누어 서로 각립(角立)하여 저마다 자기 스승을
높이고 자기편이 아닌 사람을 배척하니, 이는 붕당이지 학문이 아

니다."

라 하였다. 이런 까닭에 그의 학문은 오로지 고정(考亭)과 도산(陶山)을 준칙(準則)으로 삼으면서 자기가 좋아하는 편을 편애하지 않았고 또 상대편에게 굽히지도 않았으니, 학문이 돈독하고 식견이 밝지 못하다면 이럴 수 있겠는가. 또한 일찍이 말하기를,

"선비가 학문하는 것은 세교(世敎)를 부식(扶植)하는 일을 자기 임무로 삼고자 하는 것이다."

라 하였으니, 그 뜻이 매우 커서 한 고을의 선사(善士)가 되는 데 그치려고 하지 않았던 것이다. 애석하게도 곤궁한 필부(匹夫)로 암혈(巖穴)에서 일생을 마치고 세교를 부식했다고 말할 만한 사실이 없다. 그러나 그의 평생을 살펴보면 교화가 가정에서 이루어졌다고 이를 만하니, 대소의 차이는 있지만 무슨 한스럽게 여길 것이 있겠는가!

　군의 조부·부친 2대는 우리 조부·부친 2대와 대대로 교분이 돈독하였다. 나는 어릴 때부터 장년에 이르기까지 어른들을 모시면서 보았더니, 우리 양가 어른들이 만나 이야기할 때에는 매우 화락하여 겉치레를 버리고 진심을 토로하였다. 대화하면 견해가 서로 맞아 어긋난 적이 없었다. 그래서 나는 마음속으로 기뻐하면서 이르기를, "이는 과연 옛 사람이 이른바 '막역지교(莫逆之交)'이다."라 하였다. 나와 군은 세교(世交)를 갖기로 마음에 다짐하여 서로 허여하였다. 그러나 서울과 영남은 거리가 멀리 떨어져 한 번도 양대의 어른들처럼 한 자리에 모여 앉아 담소하며 회포를 푼 적이 없었다. 나는 이것을 평생의 유감으로 여겼다. 그런데 다행히 군의 아우로 자가 미보(美甫)인 사람이 여러 차례 나를 찾아왔기에 나는 미보를 아우처럼 대하

고 미보는 나를 형처럼 여겨, 내가 군에게 말하고 싶었던 것을 미보에게 모두 말하였다.

금년 여름에 미보가 또 나를 찾아왔다. 이 때 미보는 군의 행장 초본을 베껴 오고 또 평소에 직접 보고 기억한 사실들을 상세히 들어 나에게 얘기한 다음 말하기를,

"나는 형님보다 7세 아래인데, 형님과 함께 산 지 40여 년 동안 한 번도 형님의 옳지 못한 점을 본 적이 없으니, 우리 형님은 과연 선인(善人)입니다. 선인인데 후세에 행적이 전해지지 않아서야 되겠습니까?"

라 하였다. 미보는 근후(謹厚)한 사람이니 그의 말이 과장이 없을 터이기에 차마 끝까지 사양하지 못하고, 가장(家狀)과 미보의 말을 근거로 삼아 이상과 같이 대략 기록하여 양가 자손들의 긍식(矜式)을 삼는다.

군은 한산(韓山) 이맹화(李孟和)의 따님을 아내로 맞았으니, 목은 선생(牧隱先生)의 후손이고 목사(牧使) 이희년(李喜年)의 증손이다. 4남 1녀를 낳았다. 장남 진의(鎭毅)는 전의(全義) 이광국(李光國)의 딸을 아내로 맞아 1남 2녀를 낳았다. 둘째 탁의(鐸毅)는 숙부 근(瑾)의 후사가 되었으니, 근이 곧 미보이다. 탁의는 완산(完山) 이의로(李宜老)의 딸을 아내로 맞아 3남 1녀를 낳았고, 일찍 죽었다. 셋째 강의(鋼毅)는 재령(載寧) 이수(李琇)의 딸을 아내로 맞았다. 막내아들은 아직 관례를 치르지 않았다. 딸은 밀양(密陽) 박지원(朴之源)에게 출가하였다.

鄭君諱坥, 字厚之, 系出首陽. 鼻祖諱肅, 仕高麗, 爲典理正郞. 十二世諱易, 始入我朝, 官左贊成・贈領議政, 諡貞度公. 自是歷同知中樞諱忠碩・戶曹參議諱忱・鐵原府使諱延慶, 至國子進士諱希儉, 值燕山政亂, 善類芟夷, 伯氏虛菴先生諱希良, 葅世遯藏, 公亦廢擧, 以觴詠自娛, 號桂陽漁隱. 後兩世皆以文科顯仕. 曾孫諱文孛, 有文章才幹, 事宣廟. 壬辰倭陷北關, 叛民鞠景仁等, 執兩王子諸宰以降賊. 公以評事倡義討平之, 事載國乘. 官止兵曹參判, 仁祖戊辰獄, 橫罹搆禍, 後伸理, 贈左贊成・諡忠毅公. 子諱大隆, 痛父非命, 隱於嶺南之晉州, 終身不出, 卽君之高祖也. 曾祖諱有禊, 祖諱構, 幷以文行氣義著稱, 而不應公車, 遵遺戒也. 考諱相點, 號不憂軒, 有逸才, 志操簡潔, 士友推重焉. 妣安東權氏, 通德郎壽昌之女, 牧使宇亨之孫, 賢淑有婦德. 以我明陵戊戌五月二十三日辛未生君於州東龍巖里. 君自在童穉, 聰悟沉默, 不妄言笑, 識者知其爲德器. 不憂公性嚴有法度, 義方甚飭. 君幼襲庭敎, 稍長, 受業于先妣之私耻齋曹公善迪, 曹公早以文學名世, 卽芝山先生之後也, 有家庭文獻之傳. 君於文藝之外, 得聞有爲己之學, 視世之勢利紛華, 泊如也. 性孝友, 幼時遊戲, 日不離親, 愉色惋容, 務適親意, 與伯兄某同學, 兄若受扑, 抱持泣涕, 不忍相捨. 盖其篤性天至也. 學旣有成, 行益加修, 事父母處兄弟, 一循天則, 父母曰: "是善事我." 兄弟曰: "是眞愛我." 門庭之內, 和氣瀜洩, 是豈可以聲音笑貌爲哉? 伯兄早逝, 君以次長率羣弟, 性情好惡之間, 不無剛柔酸醎之異趣, 而君斟酌調劑, 各得其宜. 常擧「斯干」詩以勖羣弟曰: "人家兄弟情義之乖亂, 恒由於貨財之饒乏・婦女之爭競, 事起微細, 過積丘山. 式相好矣, 則天倫之情, 油然而生矣; 無相猶矣, 則有我之私, 渙然而釋矣." 由是, 一家感其誠懇, 莫不率敎. 推而至於待人接物, 一意誠款, 無矯激之行・表裏之餙. 然莊敬自持, 議論峻潔, 如有違理亂常之事, 必痛辨不已. 由是, 玷行者畏之. 世人重科名, 稍解句讀, 輒做時文, 爲媒進之堦. 君才分超絶, 文藻華瞻, 雖間習擧業, 而不以此爲

重, 日取鄒魯濂洛諸書, 俯讀仰思, 務窮其旨, 奧義艱辭, 人所難讀者, 無不
刃迎縷解, 發其歸趣, 要以實踐爲主. 旁通諸史, 凡古今成敗人物臧否, 以至
典章制度地勢分合, 無不究心, 口陳指畫, 如視諸掌, 聽者聳耳. 丙子春, 丁
內艱, 哀毁踰禮, 幾不得保. 丁亥夏, 遭外艱, 攀擗哀號, 一如前喪, 而襄禮
愆期, 五朔苫凷, 蒸溽外鑠, 悲疚內損, 因以成疾. 雖在病困沉篤之際, 嚴內
外之分, 不使婦人近前. 服闋纔周一歲而殁, 卽庚寅九月二十四日也, 享年
五十三. 用其年某月日, 葬于某地某坐之原. 君之殁也, 遠近知不知, 皆哀而
惜之曰: "善人亡矣." 士林表狀, 有旌行之議. 君常取『鄒書』人不知亦囂囂[28]
之語, 扁其堂曰亦囂, 又取後漢逸士焦先瓜牛廬[29]之義, 演之爲說以自況曰:
"瓜牛之負殼藏形, 安靜以處. 豈非所以絶意外營, 專心內足, 循分而自安者
乎? 惟全狷介之性, 粗欲潔身持行, 而旣莫可語人, 又不欲求知. 寧卷而懷
之, 獨善[30]潛脩, 以俟千載之遇不遇. 瓜牛實吾所取也." 其言凡六七百言,
此可以觀君之志也. 顧今世敎衰落, 善行不彰, 使君求欲爲瓜牛, 亦足以觀

---

28 人不知亦囂囂 : 맹자가 "남이 알아주더라도 자족하여 욕심이 없으며 남이 알
아주지 못하더라도 자족하여 욕심이 없어야 한다.〔人知之, 亦囂囂; 人不知,
亦囂囂.〕"라 하였다. 『孟子 盡心上』

29 焦先瓜牛廬 : 瓜牛는 蝸牛와 같은 말로 달팽이이다. 삼국시대 魏나라 隱士
焦先이 달팽이 껍질처럼 작고 둥근 오두막을 짓고 살면서, 외출할 때마다
부녀자가 있는지 살펴보고 부녀자들이 지나갈 때까지 몸을 숨기고 기다렸다
가 나가곤 했다는 고사가 있다. 『三國志 권11 魏書 管寧傳 宋裴松之注』

30 獨善 :『孟子』「盡心上」에 "곤궁해지면 자기의 몸 하나만이라도 선하게 하고,
뜻을 펴게 되면 온 천하 사람들을 아울러 선하게 한다.〔窮則獨善其身 達則兼
善天下〕"한 데서 온 말로, 세상에 나가서 벼슬하지 않고 은거하여 학문에
전념함을 뜻한다.

世變而淚志士於千秋也. 君嘗語學者曰: "天道一而已. 後儒之造詣有淺深,
見識有偏正. 於是而大道分裂, 二三其說. 況我東黨議橫流, 分朋角勝, 各尊
所師, 排擯異己, 是黨也非學也." 是以, 其學一以考亭·陶山爲準則, 不阿
所好, 無所撓屈, 非學之篤而見之明, 能若是乎? 亦嘗曰: "士之爲學, 要以
扶植世敎爲己任." 蓋其志甚大, 不欲爲一鄉之善士而止也. 惜其窮爲匹夫,
泯沒巖穴, 無扶植世敎之可言, 而考其平生, 可謂敎成於家也. 雖有大小之
分而顧何恨哉! 君之祖考兩世, 與吾祖考兩世, 世篤交情. 余自幼及壯, 傍
侍竊覬, 當其會唔之際, 懽忻如也, 削邊幅而露天眞, 言出而兩無違. 余私心
悅之曰: "是果古所謂莫逆之交也." 余與君惟以世交心期相許而已. 但畿嶺
隔離, 未曾一與盍簪論懷, 如兩世爲也. 以是爲平生之憾, 而幸而君之弟美
甫字者, 嘗屢過余, 余弟畜美甫, 美甫兄視余, 余欲與君言者, 於美甫幾盡之
矣. 今夏, 美甫又過余, 錄君狀草, 又詳擧平日耳目之所覩記而爲余言之曰:
"吾少兄七歲, 與之居四十餘年, 未嘗見有不是處, 吾兄果善人. 善人而無傳,
可乎? 美甫謹厚人也, 宜其辭無溢, 不忍終辭, 謹據家狀及美甫語, 畧錄如
右, 以爲兩家子孫之所矜式焉. 君娶韓山李孟和女, 牧隱先生之後, 牧使喜
年之曾孫. 生四男一女, 男長鎭毅娶全義李光國女, 生一男二女. 次鐸毅出
爲叔父瑾後, 瑾卽美甫也. 娶完山李宜老女, 生三男一女, 早歿. 次鋼毅娶載
寧李琇女. 季男未冠. 女適密陽朴之源.

8. 병절교위 부사과 증공조참의 덕암 이공 행장

秉節校尉副司果贈工曹參議德巖李公行狀 계사년(1773, 62세)

공은 휘가 석경(碩慶)이고 자는 여길(汝吉)이며 호는 덕암(德巖)이다. 시조 휘 총언(恩言)이 신라 말엽에 벽진군(碧珍郡)을 지키고 있으면서 그의 아들 영(永)을 보내 고려와 우호를 맺었다. 이에 태조가 그를 본부(本府)의 장군(將軍)에 제수하고, 그의 아들 영에게 대광(大匡) 사도(思道)의 딸을 아내로 삼아 주어 존중하고 총애하였다. 그 후 벽진으로 관향을 삼았으니, 벽진은 지금의 성주(星州)이다.

대대로 귀현(貴顯)하였는데, 고려 말엽에 대장군(大將軍) 휘 성간(成幹)과 그의 백씨 산화선생(山花先生) 휘 견간(堅幹)이 특히 세상에 이름났다.

고조 휘 약동(約東)은 지중추부사(知中樞府事)이고 호는 노촌(老村)이며 문행(文行)이 있고 사록(史錄)에 염근(廉謹)하다고 일컬었으며 시호는 평정공(平靖公)이다. 일찍이 제주목사(濟州牧使)로 있을 때 한 가지 물건도 손대지 않고, 돌아올 때 손에 들고 있던 채찍을 성의 문루에 걸어놓으며 "이것도 관물(官物)이다."라 하였다. 배를 타고 바다를 건너오다가 풍랑을 만나자 명령하기를, "어느 누가 장물(臟物)을 숨겨 가지고 와서 신명(神明)을 노엽게 하는가?"라 하고, 한 비장(裨將)이 감추어 가지고 온 갑옷을 찾아내어 바다 속에 던지게 하였다. 제주 백성들이 그의 청렴한 덕에 감동하여 채찍을 성문의 돌에 새기고 갑옷을 던진 바다를 '투갑(投甲)'이라 이름하였다. 공이 금산(金山)에 우거하였기 때문에 사림(士林)이 경렴서원(景濂書院)

에 배향하였다.

증조 휘 승원(承元)은 통정대부(通政大夫)로서 선전관(宣傳官)을 겸대(兼帶)하였다. 조부 휘 유온(有溫)은 통정대부 이천부사(利川府使)인데, 역시 이간(吏幹 행정 능력)으로 일컬어졌다. 부친 휘 엄(儼)은 전설사별좌(典設司別坐) 증호조참판(贈戶曹參判)이다. 모친 증정부인(贈貞夫人) 밀양 박씨(密陽朴氏)는 승의부위(承義副尉) 박충미(朴充美)의 따님이다.

공은 가정(嘉靖) 계묘년(1543, 중종38) 모월(某月) 모일(某日)에 영산현(靈山縣) 동쪽 온정리(溫井里)에서 태어났다. 성장해서는 풍모가 웅장하고 도량이 심후하여 멀리서 바라보아도 덕인(德人)임을 알 수 있었다. 병인년(1566, 명종21)에 모친상을 당하여 복제(服制)를 마치도록 시묘(侍墓)하였고 3년 동안 내실에 들어가지 않았다. 이후로 사우(士友)들이 다 함께 경복(敬服)하였다. 공은 평소 경술(經術)로 자처하지 않았지만, 교유한 벗으로 예곡(禮谷) 곽율(郭赳)·대암(大菴) 박성(朴惺)·간송(澗松) 조임도(趙任道)·오한(聱漢) 손기양(孫起陽)·대구(大丘) 안희(安憙)·창랑(滄浪) 안극가(安克稼) 같은 이들은 모두 지방의 선사(善士)들이었으며, 한강(寒岡) 정선생(鄭先生)은 공과 동갑으로 일찍부터 금란지교(金蘭之交)를 맺었다. 공이 막내아우 후경(厚慶)과 맏아들 도자(道孜)로 하여금 정선생에게 수업 받도록 하면서 면려(勉勵)하기를,

"후경은 호매(豪邁)하니 검속해야 하고, 도자는 노둔(魯鈍)하니 면려(勉勵)해야 한다."

라 하였다. 두 공이 학문을 성취하자 또 명성이 실정보다 지나치지 않도록 당부하였다. 두 공은 안으로는 부형의 교훈을 받고 밖으로

는 어진 스승의 가르침을 받아 마침내 대유(大儒)가 되었으니, 한강 문하의 유현(儒賢)을 일컬을 때는 반드시 외재(畏齋)와 복재(復齋)를 손꼽아 말한다. 외재와 복재는 두 공의 호이다.

공은 낙동현(洛東縣) 덕암산(德巖山) 아래에 집을 짓고 살면서 칩거하여 남들과 왕래하지 않고, 오직 부모를 봉양하고 독서하는 것으로 일을 삼았다. 일찍이 시를 짓기를,

세도는 본래 촉도처럼 험난하나니
출문이 어찌 두문의 한가로움 만하랴
문밖에 시속의 일일랑 듣지 않고
그저 한가로이 나는 산새만 보노라

世道由來蜀道難 出門何似杜門閒 門外不聞時俗事 但看山鳥倦飛還

라 하였으니, 여기서 공의 지향(志向)을 알 수 있다.

임진왜란 때 공은 생각하기를, 영산(靈山)은 사방으로 통하는 요충지에 있으니 여기에 눌러 앉아 있으면서 요행으로 화를 피할 수는 없다고 여겨 부친 참판공을 모시고 종족들을 모아 낙동강을 건너 거창(居昌)으로 피난하였다. 고향에 미련을 가지고 멀리 피난하지 않은 고을 사람들은 모두 도륙을 당하였으나 공의 문중은 온전하였다. 계사년(1593, 선조26)에 강릉(江陵)으로 들어갔으니, 이때 한강(寒岡) 정선생이 강릉부사로 있었다. 당시 부친 참판공의 연세가 여든이 넘었다. 공이 직접 가마채를 잡고 부친을 곁에서 부축하며 도로에 떠돌고 영해(領海)를 전전하는 때에도 반드시 부친의 잠자리를 보살피고

음식을 제때에 올리니, 가는 곳마다 백성들이 공의 효성에 감동하여 서로 앞을 다투어 음식을 가져다 주었다.

병신년(1596, 선조29)에 적의 형세가 약간 주춤하자 부친을 모시고 향리로 돌아왔다. 명(明)나라 군사가 자주 왕래하여 마을이 소란하기에 현풍현(玄風縣) 가태산(嘉泰山) 아래에 가서 임시로 우거(寓居)하였다.

정유년(1597, 선조30) 봄에 왜적의 난리가 다시 발발하였다. 망우당(忘憂堂) 곽공(郭公) 재우(再祐)가 명을 받고 석문(石門)에서 군사를 일으켜 화왕산성(火旺山城)을 수축하여 방어할 계책을 세웠다. 화왕산은 공이 우거하는 곳과 가까웠기에 공이 자제를 데리고 왕래하며 군사의 일을 의논하였다. 얼마 뒤 부친상을 당했다. 적의 기세가 매우 치성하였으므로 궤연(几筵)을 모시고 다시 관동(關東)으로 갔다. 그 후 기해년(1599, 선조32) 봄에 고향으로 돌아와 6월에 복제(服制)를 마치고 고을의 서쪽에 있는 냉천정(冷泉亭) 아래에 이주하였다.

난리를 겪은 끝에 생계가 매우 어려워 맏아들 복재공(復齋公)이 행상(行商)을 하여 봉양하였다. 공은 궁핍한 생활을 편안히 여기며, 작은 서재를 짓고 매화와 국화를 심어 놓고서 그 곳에서 그대로 일생을 마칠 작정을 하였다. 늘 '낙천안분(樂天安分)' 넉 자로 자제들을 경계하고 권면하니, 가족들이 그 교화를 따라 가난을 걱정하지 않았다.

막내아우 외재공(畏齋公)이 예전에 음성현감(陰城縣監)으로 있을 재임할 때 공이 평정공(平靖公)이 채찍을 성의 문루에 걸고 갑옷을 바다에 던진 일을 인용하여 편지를 보내어 일깨우기를,

"집안이 가난한 것을 염려하지 말고 낮은 관직에 있으면 스스로 오만하지 말 것이며, 우리 청백(淸白)했던 우리 선조의 교훈을 힘

써 생각하라."

라 하였다. 외재공도 형님을 생각하여 오직 근신(謹愼)하고 경계한
말을 따라 태만하지 않았다.

숭정(崇禎) 무진년(1628, 인조6) 6월 19일에 정침(正寢)에서 고종
(考終)하니 향년 86세이다. 통정대부 공조참의에 추증되었다.

배위(配位) 증숙부인(贈淑夫人) 진주하씨(晉州河氏)는 우후(虞
候) 함(艦)의 따님으로, 공보다 두 살 위이다. 공보다 14년 먼저 별세
하여 덕암산 선영의 자좌(子坐)의 둔덕에 안장하였는데, 공이 세상을
떠났을 때에 이르러 합장(合葬)하였다. 3남 2녀를 낳았다. 장남은
바로 복재공이고, 차남 도유(道由)는 통정대부이고, 셋째 도일(道一)
은 가선대부이다. 장녀는 곽충영(郭忠英)에게 출가하여 1남 양형(揚
馨)을 낳았고, 차녀는 정지형(鄭之亨)에게 출가하여 1남 육(毓)을
낳았다. 복재공은 1남 1녀를 두었다. 아들은 흡(潝)이고 딸은 이익형
(李益亨)에게 출가하였다. 측실(側室)이 4남 4녀를 낳았다. 아들은
즙(濈)・연(漣)・진(津)・한(澣)이고, 딸들은 유원(柳源)・이석
(李晰)・박빈(朴玭)・전집중(全執中)에게 각각 출가하였다. 도유는
4남 2녀를 낳았다. 아들은 담(澹)・연(演)・윤(潤)・정(淳)이다. 장
녀는 처사(處士) 황협(黃悏)에게 출가하였으니, 황협은 호가 독오당
(獨梧堂)이다. 차녀는 이태형(李泰亨)에게 출가하였다. 공이 생존할
때 내외 자손이 이미 50여 명이었다.

공은 효성과 우애가 돈독하여 부모를 섬김에 사랑과 공경이 모두
지극했고 상사(喪事)와 제사에 반드시 예(禮)를 따랐다. 둘째 아우
숭경(崇慶)이 난리가 막 일어났을 때 역질에 걸려 죽어 임시로 거창
(居昌)에 매장하였다. 난리가 막 진정되어 행인들이 아직 다니지 못

했는데, 공은 위험을 무릅쓰고 가서 아우의 유해를 거두어 고향에 반장(返葬)하였다. 출가한 자매들 중 후사가 없이 죽은 이들에게는 토지를 나누어 주어 그 남편의 족인(族人)으로 하여금 제사를 지내도록 하였다. 종족과 돈목(敦睦)하여 궁핍한 사람을 구휼하는 데 심력(心力)을 다하였으며, 문중의 길사와 흉사의 비용을 모두 공의 힘으로 마련하였다. 이러한 것들은 모두 공에게는 대수롭지 않은 일이었지만, 고을 사람들이 지금까지도 칭송해 마지않는다.

정선생이 일찍이 공과 더불어 며칠 동안 학문을 강론하고 탄식하기를,

"나는 여길(汝吉)을 근후(謹厚)한 사람으로만 알고 있었는데, 그의 재주와 식견이 이토록 대단할 줄은 몰랐다. 참으로 낭묘(廊廟)에 오를 인재로다. 다만 세상에 쓰이려 하지 않는 것이 한스럽다."

하였고, 외재공도 말하기를,

"우리 형님의 성대한 덕(德)과 큰 국량은 좀처럼 쉽게 엿보아 알 수 없다."

라 하였다.

아! 공의 재덕(才德)이 이러한데도 감추고 세상에 나가지 않았으며, 전란으로 상전벽해(桑田碧海)가 될 때 세상 밖에 은거하여 신명(身命)을 홀로 보전하였으니, 참으로 이른바 옛날의 일민(逸民)과 같은 부류로다!

공의 평소의 언행과 저술은 산실하여 수습하지 못하였다. 이제 공의 6대손 모(某)가 가승(家乘)과 공의 외증손 성계조(成繼祖)가 기록한 당시 제현(諸賢)의 만제문(輓祭文)을 합하여 한 책을 만들어 가지고 와서 행장을 지어 주기를 청하기에, 삼가 그 책에 의거하여 이상과

같이 찬술한다.

公諱碩慶, 字汝吉, 號德巖. 始祖諱恩言, 新羅之季, 保碧珍郡, 遣其子永,
通好高麗. 太祖拜本郡將軍, 妻永以大匡思道女, 尊寵之. 後因以碧珍爲貫,
碧珍今星州也. 歷世貴顯, 麗末有大將軍諱成幹及其伯山花先生堅幹, 尤有
名於世. 高祖諱約東, 知中樞府事, 號老村, 有文行, 史稱廉謹, 諡平靖公.
嘗爲濟州牧使, 一塵不染, 歸時解手鞭掛城門樓曰: "是亦官物也." 及渡海遇
風, 乃下令曰: "誰匿贓物, 致警神明?" 覈得一禅藏甲, 遂命投海中. 濟人感
其淸德, 刻鞭門石, 亦以投甲名其水. 寓居金山, 故士林享景濂書院. 曾祖諱
承元, 通政兼宣傳. 祖諱有溫, 通政·利川府使, 亦以吏幹稱. 考諱儼, 典設
司別坐·贈戶曹參判. 妣贈貞夫人·密陽朴氏, 承義副尉充美之女. 公以嘉
靖癸卯某月日生于靈山縣東溫井里, 及長, 儀貌瑰偉, 宇量沉厚, 望之知其
爲有德人也. 丙寅遭內艱, 廬墓終制, 三年不入內. 自是士友翕然敬服. 平居
雖不以經術自居, 而所與遊若郭禮谷䞭·朴大菴惺·趙澗松任道·孫鰲漢起
陽·安大丘熹·安滄浪克稼, 皆鄕邦之善士也. 寒岡鄭先生與公同庚, 早結
金蘭. 公令季弟厚慶·長子道孜受業, 勖之曰: "厚也豪邁, 宜檢束; 孜也魯
鈍, 宜磨勵." 及二公學成, 又以聲聞過情爲戒. 二公內承父兄之訓, 外襲賢
師之敎, 卒成大儒, 崗門稱賢, 必推畏·復, 二公齋號也. 公結廬洛東德巖山
下, 閉門却掃, 惟以養親讀書爲事, 嘗有詩曰: "世道由來蜀道難, 出門何似
杜門閒? 門外不聞時俗事, 但看山鳥倦飛還." 此可以觀其志也. 壬辰倭亂,
公謂靈居四達之衝, 不可以苟安倖免, 奉參判公, 糾宗族渡江, 避兵于居昌.
鄕人之戀居不遠避者, 皆被屠滅, 而公門得全. 癸巳, 轉入江陵, 盖鄭先生時
爲府伯也. 參判公年逾大耋, 公親執轎杠, 左右扶將, 流離道路, 間關嶺海,
而必調其寒燠, 時其食飮, 所至土人感其誠孝, 競以物餽. 丙申寇稍弱, 奉親

還鄉, 天兵往來, 閭井騷然, 僦居玄風嘉泰山下. 丁酉春, 賊釁復啓, 忘憂郭
公再祐受命治兵于石門, 火旺繕築, 爲備禦計, 與公寓相近, 公率子弟, 往來
議兵事. 尋丁外艱, 賊勢大熾, 奉几筵, 更赴關東. 己亥春返故山, 六月服
闋, 移寓縣西冷泉亭下. 亂離之餘, 生理蕭然, 復齋公行商供養, 公處之晏
如, 築小齋, 種梅蒔菊, 爲終焉之計. 常以樂天安分四字, 戒勸子弟, 家人從
化, 不以貧窶爲憂. 畏齋公嘗爲陰城縣監, 公引平靖公鞭甲事, 貽書諭之曰:
"無以家貧爲念, 官卑自傲, 勉思淸白之訓也." 畏齋亦思公惟謹, 遵戒不怠.
崇禎戊辰六月十九日, 考終于正寢, 壽八十六, 贈通政大夫工曹參議. 配贈
淑夫人晉州河氏, 虞候艦之女, 長於公二歲, 先公十四歲而沒, 葬德巖先塋
子坐原, 至是公卒, 合窆焉. 生三男二女, 男長卽復齋, 次道由通政, 次道一
嘉善, 女適郭忠英, 生一子揚馨, 次適鄭之亨, 生一子毓. 復齋一子一女, 子
瀚, 女適李益亨, 側室四子四女, 子溉・漣・津・澣, 女適柳源・李晰・朴
玭・全執中. 道由四子二女, 子澹・演・潤・淳, 女適處士黃悏, 號獨梧堂,
次適李泰亨. 公在時內外子孫, 已五十餘人. 公篤於孝友, 事親愛敬俱至, 喪
祭必以禮. 仲弟崇慶, 亂初遘癘歿, 權葬于居昌. 亂甫定, 行旅猶阻, 公冒險
返葬. 姊妹之無嗣者, 分給田土, 使其夫屬奉祀. 敦睦宗族, 賑乏周急如不
及, 一門吉凶之需, 皆倚公而辦. 此皆公之疏節, 而鄕人至今有誦言不置者.
鄭先生嘗與公講論數日, 歎曰: "吾知汝吉爲謹厚人, 不覺才識至此, 眞廊廟
器也. 但恨不肯爲世用耳." 畏齋亦曰: "吾兄盛德弘量, 未易窺測也." 噫! 公
之才德如是, 而卷懷不出, 滄桑局外, 身命獨全, 眞所謂古之逸民者流歟!
公平日言行文字, 散佚不收. 今公六代孫某就家乘及公外曾孫成繼祖所錄當
時諸賢輓祭文, 合爲一篇以求狀, 謹依而撰次如右.

9. 숭록대부 행 지중추부사 수촌 유공 행장

崇祿大夫行知中樞府事秀村柳公行狀 병신년(1776, 65세)

공은 휘가 발(發)이고 자는 백흥(伯興)이며, 성은 유씨(柳氏)이고 수촌(秀村)은 그 호이다. 그 선대는 문화(文化) 사람이다. 증조 휘 형원(馨遠)은 증호조참의(贈戶曹參議) 겸찬선(兼贊善)이고, 조부 휘 하(昰)는 동궁위수(東宮衛率) 증호조참판(贈戶曹參判)고, 부친 휘 응린(應麟)은 증호조판서(贈戶曹判書)이니, 공의 관작이 높아졌기 때문에 3대가 추증의 영광을 받은 것이다. 유씨는 유서가 오랜 성씨이다. 시조 휘 차달(車達)은 고려 태조(太祖)를 도와 그 공훈으로 대승(大丞)에 제수되었다. 그 후로 400여 년 동안 관작이 이어졌다. 본조(本朝)에 들어와 휘 관(寬)은 우의정으로 우리 영릉(英陵 세종)을 보좌하여 태평성대를 이루었으니, 호는 하정(夏亭)이고 시호는 문간(文簡)이며 청덕(淸德)으로 명성이 드러났다. 문간공이 형조판서 휘 계문(季聞)을 낳았으니, 시호는 안숙(安肅)이다. 또 7대를 지나 휘 흠(欽)은 관직이 검열(檢閱)이니, 바로 공의 고조이다.

증조 찬선공(贊善公)은 총예(聰睿)한 자품으로 뜻을 돈독히 가다듬고 학문에 힘썼으나 시운이 좋지 못한 때를 만난 탓에 성균관에 오르는 데 그치고 후일에 호남의 연해(沿海) 고을에 가서 은거하며 스스로 저서(著書)를 즐거움으로 삼았으니, 세상 사람이 반계선생(磻溪先生)이라 일컫는다. 그 저서 중『반계수록(磻溪隨錄)』은 왕정(王政)의 대체를 논한 것으로서 바로 성인(聖人)이 세상을 경륜하는 도구이니, 대행조(大行朝) 경인년(1770, 영조46)에 영남 감영(監營)

에서 간행하도록 하였다. 선생은 당론(黨論)이 횡행한 뒤에 태어났는데도 피차의 어느 당파 사람들을 막론하고 모두 '반계! 반계!'하고 일컬었으며, 부안(扶安)의 동림서원(東林書院)에 배향되기에 이르렀으니, 그 어짊을 알 수 있다.

공은 우리 명릉(明陵) 계해년(1683, 숙종9) 7월 3일 오시(午時)에 광주(廣州) 갈산(葛山)의 외가에서 태어났다. 어릴 때부터 행동이 보통 아이들과 달랐으므로 조부 참판공이 기특하게 여기며 말하기를,

"이 아이는 장차 우리 가문을 창대(昌大)하게 할 것이다."

라 하였다.

모친 증정부인(贈貞夫人) 밀양 박씨(密陽朴氏)는 내시교관(內寺教官) 증이조참판(贈吏曹參判) 해(瀣)의 따님으로, 경사(經史)를 읽었으며, 성품이 엄격하고 법도가 있어 공을 훈육할 때 반드시 바른 도리로 가르쳤다. 공은 시례가(詩禮家)에 태어났고 게다가 모친의 교훈을 받아 뜻을 가다듬고 글을 읽었다. 참판 송곡(松谷) 이서우(李瑞雨)가 공이 지은 정문(程文)을 보고 칭찬하며 말하기를,

"반계가 참으로 훌륭한 후손을 두었다."

라 하였다.

경진년(1700, 숙종26)에 모친상을 당하여 애훼(哀毁)가 예제(禮制)에 지나쳤으며, 무술년(1718, 숙종44)에 부친 판서공이 부안(扶安)에서 세상을 떠나자 공은 천리 먼 길을 밤낮을 가리지 않고 달려가서 가슴을 치며 슬피 울부짖다가 거의 목숨을 잃을 뻔했다. 마침내 부친의 영구(靈柩)를 모시고 과천(果川)에 와서 반장(返葬)하고 이어 그 지역에 거주하였다. 복제를 마치고 나서 과거(科擧)를 그만두려고 하였으나 계비(繼妣) 이부인(李夫人)이 옳지 않다고 말하였으

므로 공이 마지못해 그 분부를 따라 드디어 계묘년 사마시(司馬試)에 합격하였다.

공은 명조(名祖)의 후손으로 가문의 명성을 이어 지켜서 명성이 자자하였다. 전조(銓曹)의 재신(宰臣) 중 지론이 공정한 사람이 여러 번 공을 침랑(寢郎)에 의망(擬望)하였으나, 공은 벼슬을 마음에 두지 않았다.

무진년(1748, 영조24)에 계비의 상(喪)을 당했다. 이 때 공의 나이가 일흔에 가까웠는데도 3년을 하루같이 몸소 곡읍(哭泣)하고 제전(祭奠)을 올렸다. 갑술년(1754, 영조30)에 온릉참봉(溫陵參奉)에 제수되었고, 병자년(1756, 영조32) 6월에 선공감봉사(繕工監奉事)로 승진하였다.

정축년(1757, 영조33) 10월에 종묘서직장(宗廟署直長)에 승진하였다. 정성왕후(貞聖王后 영조(英祖)의 비)의 우주(虞主 우제(虞祭) 때 사용한 신주)를 매안(埋安)할 때 공이 그 일을 감독하였는데, 태묘(太廟) 북쪽 뜰 땅 속에서 반 자쯤 되는 옥 한 조각을 캐내어 손으로 닦고 보니 '성역조호천종사극소부전열내(聖亦造乎天縱肆克紹夫前烈乃)'의 13자로 자획(字畫)이 손상되지 않고 완연(完然)하였다. 공은 이것이 선조(先朝)의 옥책(玉冊)일 것이라 여기고 열성조(列聖朝)의 시책(諡冊)을 찾아보았더니, 과연 인종(仁宗) 세실(世室)의 시책(諡冊)이었다.

임진왜란이 끝난 뒤 다른 열성들의 시책은 다시 만들었지만 유독 인종의 시책만은 미쳐 만들 겨를이 없었다. 이에 공은 놀라움과 슬픔을 금치 못하여 제조(提調)에게 말하여 상에게 올리니, 상이 슬퍼하여 속히 도감(都監)을 설치하고 다시 만들어 봉안(奉安)하도록 하였

다. 그리고 하교하기를,

"64세의 임금이 친히 써서 다시 새겼고 75세의 신하가 찾아내었으니, 참으로 기이한 일이다."

라 하고, 명하여 공을 6품으로 승진시켰다.

무인년(1758, 영조34)에 사옹원주부(司饔院主簿)로 승진하였고, 얼마 뒤 경릉령(敬陵令)으로 옮겼다. 기묘년(1759, 영조35)에 상이 능소(陵所)에 거둥할 때 공이 능관(陵官)으로서 전도(前導)하면서 걸음이 빨랐다. 이에 상이 나이를 묻고 이르기를, "강건하구나!"라 하였다. 또 이르기를, "반계(磻溪)의 후손이 오래도록 낮은 관직에 있다니, 애석하다!"라 하였다. 이 해 겨울에 상이 친정(親政)하였는데, 공을 말망(末望)으로 사재감첨정(司宰監僉正)에 승진시켰고 또 말망으로 좌수운판관(左水運判官)에 제수하였다. 상이 어느 관직의 녹봉이 더 많고 적으며 품계가 더 높고 낮은지를 하문하고 하루 사이에 두 차례 말망에 낙점(落點)하였으니, 이는 각별한 은수(恩數)이다.

신사년(1761, 영조37)에 임기가 차서 향리로 돌아왔다. 임오년(1762, 영조38)에 나이가 80세라 하여 통정대부로 승진되었고, 겨울에 오위장(五衛將)에 제수되었다.

이듬해 계미년(1763, 영조39) 원조(元朝)에 상이 경복궁에 나아가 즉위한 지 40년의 하례를 받고 우로(優老)의 은전(恩典)을 시행하면서 공을 가선대부에 승진시키고 그대로 본직을 띠게 하였다. 공은 직소(直所)에 있을 때 늘 독서를 그치지 않았다. 삼월 삼짓날에 지은 시구에,

붉은 꽃 푸른 버들은 삼월 삼짓날이요

흰 머리털 늙은 얼굴은 여든한 살 노인일세

紅花綠柳三三節 白髮蒼顔九九翁

라 하니, 정원(政院)의 관리들이 이 시구를 전송(傳誦)하였다. 이
때에 상의 전좌(殿座)가 빈번하니, 시위(侍衛)하는 신하들이 모두
권태로워 하였다. 그러나 공은 장전(帳前)에 우뚝 서서 조금도 비스
듬히 서거나 기대어 서지 않으니, 상이 늘 돌아보고 칭찬하였다. 갑
신년(1764, 영조40)에 동지중추부사(同知中樞府事)에 제수되었고,
병술년(1766, 영조42)에 가의대부(嘉義大夫)로 승진되었다.

기축년(1769, 영조45)에 지금 참의(參議)인 계씨(季氏) 훈(薰)이
대관(臺官)으로서 입시(入侍)하니, 상이 공의 정력이 아직도 강건한
지 묻고 곧바로 입시하도록 명하고는 양전(兩詮) 이조(吏曹)와 병조
(兵曹)에 하유(下諭)하기를,

 "이번에 『반계수록』을 간행하니, 의당 그의 후손을 우선으로 녹용
 (錄用)해야 한다."
라 하였다. 당시 오위장(五衛將) 한 자리만 비어 있었으므로 공을
그 자리에 제수하고는 장전(帳前)에서 사은(謝恩)하도록 하였고,
이어 시립(侍立)하여 대궐에 머물도록 하였다. 경인년(1770, 영조
46)에 자헌대부(資憲大夫)에 승진하였다. 4월에 상이 공을 입시(入
侍)하게 하고 음식과 기거(起居)가 어떠한지를 하문하고는 특교(特
敎)로 정헌대부(正憲大夫)에 승진시키고 즉석에서 지중추부사(知中
樞府事)에 제수하였다. 또 하교하기를,

 "이 노인의 아들 명위(明渭)가 경인년 과거에 급제하였으니, 다시

등용하는 명을 내려야 한다. 내가 오늘 이들 부자의 관직을 동시에 제수하려고 한다."

라 하고, 즉시 제릉참봉(齊陵參奉)에 제수한 다음 이어 음식을 하사하고 액례(掖隷)로 하여금 남은 음식을 공의 아들에게 주도록 하였다. 그리고 공의 증조·조부·부친 3대에 증직을 내리는 일도 이 날 거행하도록 하니, 매우 드문 은명(恩命)이라 사람들이 모두 부러워하였다.

임진년(1772, 영조48) 겨울에 지사(知事) 이제암(李齊嵒)·판서(判書) 심각(沈珏)·판서 남태제(南泰齊)·판서 심성진(沈星鎭)·판서 이익정(李益炡)·승지 황준(黃晙)·승지 이규응(李奎應)·참의(參議) 홍양보(洪亮輔)·동의금(同義禁) 홍성(洪晟)·좌윤(左尹) 이광익(李光瀷)·승지 김조윤(金朝潤)·사간(司諫) 이수일(李秀逸) 제공(諸公)과 함께 공의 집에서 노인회(老人會)를 열었다. 이 때에 채공(蔡公) 제공(濟恭)이 호조판서로 있고 공의 계씨(季氏)가 홍주목사(洪州牧使)로 있으면서 모두 잔치의 물품을 부조하였다. 풍악을 함께 연주하며 종일토록 한껏 즐기고 자리를 파하였다. 공이 시를 지어 기쁨을 기록하니 진신(縉紳) 및 사우(士友)들이 그 시에 화답하였다. 계사년(1773, 영조49) 봄에 상이 기로사(耆老社)의 신하를 통하여 이 일을 듣고 공을 부르게 하니, 정원(政院)의 관리가 잇따라 와서 독촉하였다. 이에 공이 집경당(集慶堂)에 입시(入侍)하자 상의 은유(恩諭)가 정중하였으며, 또 저술하는 책과 읽는 책이 무엇인지 하문하고, 전일에 송독한 글을 외우도록 하였다. 이에 공이 꿇어앉아 『시경(詩經)』「억계장(抑戒章)」을 외웠는데 음성이 맑고 우렁찼다. 상이 이르기를,

"기이하다! 아들이 필시 따라왔을 터이니, 들이도록 하라."
라 하고, 이어 어느 관직에 있는지를 하문하였다. 시신(侍臣)이 제
용감봉사(濟用監奉事)라고 대답하니 즉시 6품으로 승진시키라고 명
하는 한편, 탁지(度支 호조)에 명하여 쌀·고기·옷감 등의 물품을
공의 집에 실어 보내도록 하였다. 이 해에는 공의 나이가 91세가 되
었다 하여 숭정대부(崇政大夫)에 승진시켰고, 4월에 상이 진연(進
宴)한 뒤에 또 대궐에서 양로연(養老宴)을 베풀었다. 공이 대궐에
들어가 양로연에 참여하고 머리에 잠화(簪花)를 꽂고 돌아왔다. 그
리고 상이 어제(御製)에 화답한 시 3구(句)를 인쇄해 반사(頒賜)하
여 집에 보관하게 하라고 명하였다.

6월에 포천군수(抱川郡守)로 부임하는 아들을 따라갔다. 갑오년
(1774, 영조50)에 숭록대부(崇祿大夫)로 승진하였다. 을미년(1775,
영조51) 봄에 아들 포천군(抱川君)의 어린 손자가 동몽(童蒙)으로
『소학(小學)』을 시강(侍講)하였다. 상이 공의 안부를 묻고 내국(內
局)으로 하여금 인삼(人蔘) 1량을 올리게 하여 어수(御手)로 직접
주며 이르기를,

"돌아가 너의 할아버지에게 드려서 달여 마시도록 하라."
라 하고, 특명으로 아이를 호위하여 보내게 하였다.

4월에 공의 둘째 손자 회(誨)가 전강(殿講)에 급제하였다. 상이
승지에게 명하여 '신래 불림〔呼新來〕'을 하여 얼굴에 먹칠을 하게 하
고는, 하교하기를,

"이 모습으로 돌아가 너의 할아버지를 뵈어라."
라 하고, 또 하교하기를,

"100세 노인의 손자가 과거에 급제하였으니, 또한 특이한 일이다.

그의 할아버지에게 옷감을 하사하여 나의 마음을 표하라."
라 하였다. 그리고 또 회(誨)를 5월 정시(庭試)에 직부(直赴)하게
하도록 명하였으니, 이는 국조(國朝)에 처음 있는 일이었다. 전후
의 은총과 영광이 겹쳤으므로 공이 감격하고 황공한 나머지 송도
(頌禱)하는 정성이 읊은 시에 넘쳤다. 계사년(1773, 영조49) 입춘
(立春)에 춘축시(春祝詩) 한 수를 써서 문미(門楣)에 붙였다.

구십일 세의 봄을 새로 맞으니
태평성대의 은총을 흠뻑 입었어라
우매한 충정 늘 대궐 향해 축도하노니
억만년 길이길이 성수가 무강하시길

新逢九十一年春 恩波沐浴太平春 愚衷每向重宸祝 聖壽無疆億萬春

이듬해 입춘에는 구십일(九十一)의 일(一)자를 이(二) 자로 고치고
그 이듬해에는 삼(三) 자로 고쳐, 연이어 이 시를 걸었다. 을미년
(1775, 영조51) 8월에 미질(微疾)이 있다가 6일 신사(辛巳)에 정침
(正寢)에서 고종(考終)하니 향년 93세이다. 조야(朝野)에서 모두
말하기를, "대로(大老)가 서거(逝去)하였다."라고 하였다. 이 해 10
월 29일 계묘(癸卯)에 죽산부(竹山府) 용천(湧泉)의 건좌(乾坐)의
둔덕에 안장하였으니 바로 반계선생(磻溪先生)의 묘소 앞이다.

공은 도량이 넓고 체구가 컸으며 마음가짐과 처사(處事)가 자연스
러운 본심에서 우러났고 남을 대하는 것이 자세가 성신(誠信)에 나왔
으니, 공을 아는 사람이든 공을 모르는 사람이든 모두 공을 후덕한

장자(長者)로 추숭하였다.

어릴 때부터 부모에게 효순(孝順)하였고 성장해서는 부모의 안색과 뜻을 순종하여 일 없이 부모의 곁을 떠나지 않았다. 모친이 고질(痼疾) 때문에 머리를 빗지 못하여 머리에 서캐가 많으니, 공이 자신의 머리에 마유(麻油)를 발라 서캐를 자신의 머리에 옮겨 붙게 하였다. 이에 모친이 탄복하며 말하기를, "우리 아들이 서캐를 옮긴 효성이야말로 왕상(王祥)이 얼음 속에서 잉어를 잡은 일이나 맹종(孟宗)이 눈 속에서 죽순을 캔 일도 이보다 더하지 않을 것이다."라고 하였다. 후일에 계비(繼妣)를 섬길 때에도 효성이 이와 다르지 않으니 계비가 평안하게 여겨 자기 소생이 아닌 줄도 잊었다.

공은 상례(喪禮)와 제례(祭禮)에 특히 정성을 다하여, 전후로 거상(居喪)에서 애척(哀戚)과 예제(禮制)가 모두 극진하였으며 연로하였다는 이유로 예절을 빠뜨리는 일은 조금도 없었다. 제사 지낼 때는 반드시 먼저 의복을 세탁하고 몸을 깨끗이 씻은 다음 옷을 갈아입고 새벽까지 꿇어앉아 정성과 공경을 다하였다. 여러 선대 선영(先塋)들의 석물(石物)도 모두 힘을 다하여 마련하였고, 가묘(家廟)에 배알하는 예절도 계사년(1773, 영조49) 원조(元朝)까지도 행하였으니, 돈독한 효성은 천성으로 그러했던 것이다.

부모가 세상을 떠난 뒤로는 어린 누이와 아우를 마치 부모가 보살피듯이 사랑하고 길러주었다. 계씨(季氏)에게는 책려(責勵)와 교계(敎戒)가 매우 지성스럽고 간절하였다. 계씨가 두 번의 수령직과 한 번의 역승(驛丞) 자리를 맡아 나갔을 때 편지로 문안하면서 물품을 함께 보내왔는데, 그 때마다 공이 반드시 경계하기를,

"나로 인하여 너의 관직에 누를 끼치지 말도록 할 것이며, 우리

선조 하정공(夏亭公)을 본받으라."

라 하였다. 종족과 돈목(敦睦)하여, 촌수가 멀고 미천한 사람들도 모두 맞이하여 정성껏 대우해 주었다. 이런 까닭에 도성 안의 유씨(柳氏)들은 반드시 공의 집을 찾아오게 마련이었고 모두들 공을 좋아하였다.

양친을 여읜 뒤로 생계가 쇠락하여 선영(先塋) 아래에서 살면서 농사를 지어, 일하는 노복들과 고락을 함께하였으며, 간혹 끼니를 잇지 못할 때가 있어도 공은 편안하게 여겼다. 늘 가인(家人)들에게 말하기를,

"하늘이 사람을 내면서 저마다 자기 일을 부여했으니, 어찌 편안히 앉아서 놀고 먹을 수 있겠는가. 너희들은 밤낮으로 부지런히 노력해야지 태만하지 말라."

라 하였다.

평소에 일찍 일어나 세수하고 머리를 빗은 다음 종일 단정히 꿇어앉아 있고 게으른 모습을 보이지 않았다. 사람은 장유(長幼)를 막론하고 정성스럽게 대접하였으며, 남의 선(善)을 드러내기 좋아하고 남의 잘못을 말하지 않았으며, 친구들에게 실없는 농담을 하지 않았고 노하여 꾸짖는 말을 노복들에게 하지 않았다.

어떤 사람이 여종을 매질하며 매우 노하여 갖은 험한 욕설을 내뱉는 것을 보고는 돌아와서 시를 지어 자신을 경계하였다. 일찍이 급박한 말과 안색을 경계하기를, "일에는 도움이 없고 마음에 누가 됨은 크다."라고 하였다. 이런 까닭에 너그럽고 자애하는 마음으로 사람들을 두루 사랑하니 사람들이 모두 공을 따르기를 좋아하였다.

관사(官司)에 재임할 때에는 이예(吏隷 아전과 관노)들을 성심으로

대우하고 또한 반드시 예법으로 인도하였으며, 부모를 섬기고 윗사람을 공경하는 의리로 더욱더 간곡히 타일렀다. 대개 근래 관장(官長)들은 모두 아랫사람에게 형장(刑杖)을 쳐서 위세를 세우고 사람의 도리로써 부리지 않으니, 상하 간에 서로 불신한 지가 오래였다. 이때에 이르러 이예들이 처음으로 공의 훈계하는 말을 듣고는 모두 감복하였다.

온릉참봉(溫陵參奉)으로 있을 때 순찰사(巡察使)가 봉심(奉審)하러 오자 인천(仁川) 관아에서 음식을 마련해 가지고 왔다. 이 때 날씨가 추운데다 비바람이 몰아쳐 사람들이 모두 노지(露地)에 서서 비에 젖은 채 떨고 있느라 행색이 말이 아니었다. 공이 급히 모닥불을 피워 쪼이게 하는 한편 집사청(執事廳)에 모여 앉게 한 뒤 죽을 끓여 먹었다. 인천 사람들이 공의 은덕을 감사하게 여겨 그 후 한 꾸러미의 생선을 보냈는데, 공은 웃으며 한 마리만 받고 돌려보냈다.

일찍이 선영 아래에 살 때 천둥이 치고 소낙비가 쏟아지는 한밤중에 상여를 멘 일행이 마을에 들어왔다. 마을 사람들이 상여가 마을에 들어오는 것은 세속에서 꺼리는 일이라 매우 놀라 쫓아내려고 하였다. 공이 보니 일행이 모두 비에 흠뻑 젖은 채 추위에 떨어 입에서 말도 나오지 못하기에 마을 사람들을 말리고 그들을 따뜻한 방에 들여 보살펴주었다. 이튿날 아침 그들이 모두 손을 모아 감사하다고 인사하며 떠나갔다. 그 후 5년이 지나 공이 성안에서 피우(避寓)할 때 마침 대문을 마주한 집에서 어떤 사람이 늘 와서 술과 음식을 보내주고 부족한 물품을 대주는 것을 보았다. 공이 이상하게 여겨 물었더니 그 사람이 지난날 상여를 멘 일행 중 하나였다. 이는 비록 작은 일이지만, 평소에 사람을 사랑하고 구제하는 공의 마음을 알 수 있다.

만년에 벼슬길에 오르니 일흔이 넘은 나이였는데도, 직책을 맡아 공무를 수행할 때 성심을 다하고 해이(解弛)하지 않았다. 능침(陵寢)의 참봉으로 재임할 때에는 제향(祭享)이 있으면 반드시 목욕재계하고 술과 담배도 끊었으며, 집사 및 노복들도 모두 깨끗이 세탁한 옷을 입혀 되도록이면 정결하게 하였다. 능침의 기일(忌日)에는 3일 동안 소찬(素饌)을 먹으니, 동료가 과도하다고 하였으나 공은 따르지 않았다.

수운판관(水運判官)으로 재임한 지 3년 동안 조선(漕船)이 침몰된 재난이 없었고, 7읍(邑)의 색리(色吏)들이 궐점(闕點)하면 종이를 바치도록 한 규정을 혁파하였으니, 송덕비(頌德碑)를 세우기까지 하였다. 수운판관의 송덕비가 세워진 것은 예전에 없던 일이다.

공은 평소 성품이 검소하여 음식은 배고프지만 않으면 되었고 의복은 몸만 가리면 되었으며, 좋은 음식과 화려한 의복은 한 번도 입과 몸에 가까이한 적이 없었다. 공직(供職)할 때에는 관복이며 말과 하인이 형편없이 초라했는데도 아랑곳하지 않았으며, 늘 스스로 청백(淸白)에 힘썼고 녹봉은 형제와 친지 중 궁핍한 사람들에게 주었다.

젊을 때에는 독서를 좋아하여 경사(經史) 외에도 백가(百家)를 두루 섭렵하였고, 과문(科文)의 각체(各體)도 붓을 들면 곧바로 지었으며 필법(筆法)도 힘차고 근엄하였다. 그러나 늘 겸손하여 자기 재덕(才德)을 감추었고 사람들에게 자랑하는 마음이 없었다. 일찍이 사고(私稿)의 전면에 '평생의 소원이 따스하게 입고 배부르게 먹는 데에 있지 않다.〔平生志願不在溫飽〕'고 하였으니, 스스로 기약하는 바가 얕지 않음이 이와 같았다.

평소에 늘 송독(誦讀)하는 글은 『시경(詩經)』・『서경(書經)』・『주역(周易)』「계사전(繫辭傳)」·『중용(中庸)』·『대학(大學)』·『소학 (小學)』·「경재잠(敬齋箴)」·주렴계(周濂溪)의 「태극도설(太極圖 說)」·「서명(西銘)」 등이었다. 이러한 글들을 매일 밤마다 윤송(輪 誦)하여 늙을 때까지 그만두지 않았다.

늘 말하기를, "반계(磻溪) 선조의 저술은 비록 많지만, 그 훌륭한 덕행이 세상에 알려지지 못한 채 인몰(湮沒)하여 후세에 전해지지 않는다면, 후손이 있다고 할 수 있겠는가."라 하고, 유서(遺書)를 정 돈하고 손수 정사(精寫)하기를 아흔의 나이에 이르러서도 조금도 게 을리 하지 않았다. 『반계수록(磻溪隨錄)』은 여러 본(本)이 유포되어 끝내 주상께 알려져 간행되기에 이르렀으니, 이러한 일은 공의 순일 하고 독실한 지성이 아니었다면 가능하였겠는가.

배위(配位) 증정경부인(贈貞敬夫人) 창평이씨(昌平李氏)는 통덕 랑(通德郎) 하석(夏錫)의 따님이고 첨정(僉正) 담(壜)의 손녀로, 부 덕(婦德)과 내행(內行)이 있어 좋은 배필로 부부가 해로하였다. 공보 다 14년 먼저 별세하였고, 과천(果川)의 선영(先塋) 아래에 안장하였 다. 2남을 두었다. 장남 명위(明渭)는 바로 포천군(抱川君)이다. 차 남 광위(光渭)는 계씨(季氏)의 후사가 되어 3남을 두었고, 일찍 죽었 다. 광위의 3남 중 장남 순(詢)은 진사(進士)이고, 둘째 회(誨)는 주서(注書)이고, 셋째 경(警)은 유학(儒學)을 공부하였다. 포천군은 아들이 없어 순을 후사로 삼았다. 순은 2남 3녀를 낳았다. 장남은 운상(運祥)이고, 둘째는 어리다. 두 딸은 오승해(吳昇解)·정한동 (鄭漢東)에게 각각 출가하였고, 막내딸은 어리다. 회는 3남 1녀를 낳았다. 장남은 운홍(運弘)이고, 나머지는 어리다. 경은 2녀를 두었 는데, 모두 어리다.

공은 이미 덕(德)을 닦고 선(善)을 쌓아 90여 세의 장수를 누렸으며, 훌륭한 자제가 뜰에 가득하고 과거에 잇따라 급제하였다. 『시경(詩經)』에 "그 덕이 어긋나지 아니하니 장수의 복을 누리리라."라 하였으니, 공의 여경(餘慶)은 장차 끝없이 이어지리라.

나는 공에게 지우(知遇)를 입은 것이 매우 깊고, 또한 포천군과 젊을 때부터 서로 친하였다. 포천군이 내가 본래 근졸(謹拙)하여 과도한 칭찬을 하지 않는다는 것을 알고서 가장(家狀)을 가지고 와 부탁하기에 문장을 잘하지 못한다는 이유로 사양하지 못하고, 이상과 같이 찬술하여 공이 평소에 나를 알아준 의리에 조금이나마 보답하고자 한다.

公諱發, 字伯興, 姓柳氏, 秀村其號也. 其先文化人, 曾祖諱馨遠, 贈戶曹參議兼贊善, 祖諱昰, 官東宮衛率, 贈戶曹參判, 考諱應麟, 贈戶曹判書, 用公貴, 追榮三世. 柳氏遠有代序. 始祖諱車達, 佐高麗太祖, 以功拜大丞. 自後四百餘年, 蟬聯承慶. 入本朝, 有諱寬, 官右議政, 佐我英陵致太平, 號夏亭, 謚文簡, 以清德著. 文簡生刑曹判書諱季聞, 謚安肅, 又七世而至諱愁, 官檢閱, 卽公之高祖也. 贊善公以明睿之姿, 篤志力學, 値世不辰, 登上庠, 後歸隱于湖南之海壩, 著書以自樂, 世稱磻溪先生. 其書有『隨錄』者, 論王政之大端, 卽聖人經世之具也. 大行朝庚寅, 命嶺營刊布. 先生生于黨議橫流之後, 而人無彼我, 皆曰磻溪磻溪, 至享于扶安之東林書院, 其賢可知也. 公以我明陵癸亥七月初三日午時生于廣州之葛山外宅, 自幼動止異凡兒, 參判公奇愛之曰: "此兒將大吾門矣." 先妣贈貞夫人密陽朴氏, 內寺敎官贈吏曹參判漈之女也. 通書史, 性嚴有法度, 敎公必以義方. 公出於詩禮之家, 而又奉母訓, 刻意勖書. 松谷李參判瑞雨見公程文, 嘉奬之曰: "磻溪儘有後

矣." 庚辰丁內艱, 哀毀逾節, 戊戌判書公喪, 出於扶安, 公千里戴星, 哀號擗
踊, 幾乎滅性, 遂返葬于果川而因居焉. 服闋, 欲廢擧, 繼妣李夫人謂之不
然, 公黽勉奉敎, 遂中癸卯司馬. 公以名祖之後, 繼守家聲, 聲聞藹然. 銓宰
之秉公者, 頻擬寢郎, 而公不以爲意也. 戊辰丁繼妣憂, 時公年迫七耋, 而哭
泣祭奠, 躬行不廢, 三年如一日. 甲戌除溫陵參奉, 丙子六月陞繕工監奉事,
丁丑十月陞宗廟署直長. 貞聖王后虞主埋安時公董役, 太廟北階上土中, 得
半尺許玉片, 手自拂拭而視之, 則有'聖亦造乎天縱肆克紹夫前烈乃'十三字,
字刻宛然. 公意其先朝玉冊, 遂考列聖玉冊, 果是仁宗室謚冊. 壬辰倭亂後
改脩謚冊, 而獨未遑於仁廟. 公不勝驚痛, 言於提調, 獻于上. 上感愴, 亟設
都監, 改造奉安, 下敎曰: "六十四歲君親寫重刻, 七十五歲臣得之, 誠異事
也." 命公陞六. 戊寅陞司饔院主簿, 尋移敬陵令. 己卯上幸陵, 公以陵司前
導, 步履捷疾. 上問其年紀, 曰: "矍鑠哉!" 且曰: "磻溪之後而久屈, 可惜."
是年冬親政, 以末擬陞司宰監僉正, 又以末擬除左水運判官. 上下詢官况之
厚薄·職秩之華否, 一日間再點末擬, 異數也. 辛巳瓜歸. 壬午以年八十陞
通政, 冬授五衛將. 翌年元朝, 上御景福宮, 受卽阼四十年賀禮, 行優老典,
陞嘉善, 仍帶本職. 在直中, 常讀書不輟, 當上巳日, 有'紅花綠柳三三節, 白
髮蒼顔九九翁'之句, 院吏傳誦焉. 時, 殿座煩數, 侍衛之臣, 無不倦怠. 而公
必屹立帳前, 不少跛倚. 上每顧而稱之. 甲申除同知中樞, 丙戌陞嘉義. 己丑
季氏今參議薰以臺官入侍, 上問公精力强健, 卽命入侍, 諭兩銓曰: "今刊『
隨錄』, 宜先錄其後孫." 時只有五衛將一窠, 遂除之, 命帳前謝恩, 仍命侍立
留闕中. 庚寅陞資憲, 四月命入侍, 俯詢飮啖起居之節, 特敎陞正憲, 卽席除
知中樞. 又下敎曰: "此老之子明渭, 旣擢庚寅科, 再有調用之命, 予欲於今
日, 同除其父子職." 卽除齊陵參奉, 仍賜饌, 使掖隷給餘饌於其子. 公之三
代贈職, 亦於當日擧行, 恩命曠絶, 人皆聳觀. 壬辰冬與李知事齊嵒·沈判

書毅・南判書泰齊・沈判書星鎭・李判書益炡・黃承旨晙・李承旨奎應・洪參議亮輔・洪同義禁晟・李左尹光瀷・金承旨朝潤・李司諫秀逸諸公, 設老人會於家. 蔡公濟恭時判度支, 李氏出牧洪州, 俱助宴需. 絲竹並奏, 終日盡歡而罷. 公作詩以志喜, 縉紳士友爭和之. 癸巳春上仍耆社臣聞之, 命召公, 院吏催促, 絡繹於道, 入侍集慶堂, 恩諭鄭重, 又詢寫冊誦書之勤, 命誦前日所誦之文. 公跪誦抑戒, 音韻淸壯. 上教曰: "奇異哉! 其子必隨來, 命召入." 仍問何官, 侍臣以濟用監奉事對, 卽命陞六, 又命度支, 輸送米肉衣資. 是年, 以年九十一, 陞崇政, 四月進宴後, 又設養老宴于闕內. 公入參, 簪花而歸. 因上命饋進御製三句, 印頒藏于家. 六月隨子之官抱川, 甲午陞崇祿. 乙未春抱川君小孫, 以童蒙侍講『小學』. 上問公諸節, 命內局進人參一兩, 御手親授曰: "歸傳爾祖, 使之煎飮." 特命護兒出送. 四月公第二孫誨殿講及第, 上命內翰呼新來[31]墨其面, 教曰: "以此歸見汝祖." 又教曰: "百歲老人之孫登科亦異事. 其祖特賜衣資, 以表予意." 又命誨直赴五月庭試, 此亦國朝以來始有之事. 前後恩榮稠疊, 公感激惶懍, 頌禱之誠, 溢於吟咏. 癸巳春祝, 手書一絶付門楣曰: "新逢九十一年春, 恩波沐浴太平春. 愚衷每向重宸祝, 聖壽無疆億萬春." 翌年春, 只改九十一之一字曰二, 又翌年, 改

---

31 呼新來 : '신래 불림'이라고 하는 일종의 新參禮이다. 唱榜하는 자리에서 先進들은 새 급제자인 新來들에게 '신래 불림〔呼新來〕'이라 신고식을 치르게 하는데, 악대를 동원하여 음악을 연주하고 두 사람이 신래의 양 팔을 붙잡고 북소리에 맞추어 앞으로 당겼다가 뒤로 끄는 것을 되풀이하다가 얼굴에 먹칠을 하며 장난하는 것이다. 이를 거부하면 말채찍으로 함부로 때리기도 하고 급제를 축하하여 거리를 행진하는 遊街도 하지 못하게 하였다. 墨戲進退 또는 墨猪라고도 한다.

日三, 連以此詩揭之. 乙未八月, 有微恙, 初六日辛巳, 考終于正寢, 享年九
十三. 朝野莫不曰: "大老逝矣." 以其年十月二十九日癸卯葬于竹山府湧泉
之乾坐原, 卽磻溪先生墓前也. 公宇量深弘, 姿幹瑰偉, 處心行事, 由於自
然, 待人接物, 出於誠信, 知與不知, 咸推爲厚德長者. 自在幼穉, 孝於父
母, 旣長, 承顔順志, 無故不離側. 先妣嘗沈疾廢梳, 蟣蝨爲苦, 公自塗麻油
於頭, 承接以移之, 先妣歎曰: "吾兒移蝨之誠, 氷鯉雪笋, 不是過也." 後事
繼妣, 誠孝不貳, 繼妣安之, 亦忘其爲非己出也. 尤致謹於喪祭, 前後居喪,
戚易俱盡, 不以老而少虧於禮. 祭祀必先澣濯澡潔, 達曉危坐, 務盡誠敬, 累
世先塋石物, 皆竭力營辦, 謁廟之禮, 至癸巳元朝而猶行. 盖其篤性天植然
也. 親沒之後, 諸妹孤弱, 季氏年幼, 撫愛鞠育, 一如父母之視之也. 其於季
氏, 策勵敎戒, 誠懇備至. 季氏出典二邑一郵, 書問有副以物者. 公必戒之
曰: "毋以我累爾政, 當以夏亭公爲準則也." 敦睦宗族, 雖踈遠卑微者, 皆延
接而款遇之. 是以, 國中姓柳者, 必以公家爲歸而皆得其歡心. 孤露以後, 生
理剝落, 守廬楸下, 勤於稼穡, 與用事僮僕同甘苦, 有時豉糗不繼, 而公處之
怡然. 每謂家人曰: "天之生人, 各有其業. 豈可安坐而求食乎? 爾輩宜夙夜
勤孜, 無以惰慢爲也." 平居必早起盥櫛, 終日端跪, 未見有惰容. 待人無長
少, 接之惟謹, 喜揚人之善而不言人過, 諢俚之言, 不及於儕輩, 呵叱之聲,
不加於僕隷. 見人有笞婢盛怒而語不擇發者, 歸而作詩以自警. 嘗以疾言遽
色爲戒曰: "無益於事而有累於心, 大矣." 是以, 寬裕慈良, 一視泛愛, 人皆
樂爲之用. 其在官司, 待吏隷以誠心, 而亦必導以禮法, 尤眷眷於事親敬長
之義. 盖近來官長, 皆以刑杖立威, 不以人道使之, 而上下之不相信, 久矣.
至是, 挩聞公訓戒之語, 無不感服. 在溫陵時, 巡使奉審, 仁川廚供來到.
時, 天寒風雨, 人皆露立凍濕, 無人色. 公急命爇火以溫之, 令安頓于執事
廳, 作粥以飮之. 仁人德公, 後以一苞魚獻之, 公笑受一尾而還之. 嘗在楸

下, 夜深雷雨中, 有喪行入來, 村人以俗忌大驚, 將逐之. 公視之, 一行皆通身沾濕寒凜, 不能出聲, 遂禁止村人, 使入處溫室以救之. 翌朝, 皆攢頌而去. 後五年, 公避寓城內, 適見對門家, 有人常來餽酒饌, 資其所乏. 公怪問之, 盖前日喪行人也. 此雖微事, 而公之平日愛人濟物之心, 可以見矣. 晚歲登仕, 年踰七旬, 奉公莅職, 一心不懈. 其在陵寢, 如逢祭享, 必齋沐, 斷酒屏烟草, 執事僕隷, 皆令澣衣, 務盡潔精. 忌辰則必三日疏食, 僚員或以爲過, 公不從. 掌水運三歲, 無臭載之患, 罷七邑色吏闕點捧紙之規, 至立碑而頌之. 運官之有碑, 古所無也. 雅性儉素, 食止救饑, 衣取蔽體, 旨美之羞・華鮮之服, 未嘗近於口體. 供職時, 袍帶騎率, 至不成樣而有不恤也, 每以淸白自勵, 官俸必歸之諸房及親知之窮乏者. 少好讀書, 經史之外, 該貫百家, 科體各文, 揮毫立草, 筆法亦遒勁謹嚴, 而常謙謙韜晦, 無夸衒之意. 常題私稿前面曰: "平生志願, 不在溫飽." 其自期之不淺, 有如此者. 平日常誦者, 『詩』・『書』・『易繫』・『庸』・『學』・『小學』・「敬齋箴」・「濂溪圖說」・「西銘」等書, 每夜輪誦, 至老不廢. 常曰: "磻溪先祖著述雖多, 而幽光潛德, 湮而無傳, 則其曰有後乎?" 整頓遺書, 手自繕寫, 至於九耋之年而無少懈, 『隨錄』則流布累本, 竟能達于天聰, 至於刊行, 此非公之至誠純篤, 能如是乎? 配贈貞敬夫人昌平李氏, 通德郞夏錫之女, 僉正壿之孫也. 有婦德內行, 媲美偕老, 先公十四年而卒, 葬于果川先塋下. 有二子, 長明渭卽抱川君, 次光渭出後季氏, 有三子而早沒. 長詢進士, 次誨注書, 次譏治儒學. 抱川君無子, 取詢爲嗣. 詢生二男三女, 男長運祥, 次幼, 女適吳昇海・鄭漢東, 次幼. 誨生三男一女, 男長運弘, 餘幼. 譏有二女, 皆幼. 公旣德修善積, 享有大耋, 蘭玉盈庭, 科甲聯翩. 『詩』云: "其德不爽, 壽考維祺." 公之餘慶, 將無涯矣. 鼎福受知最深, 又與抱川君少相善也. 抱川君知鼎福素謹拙無溢辭, 乃以家狀托之, 不敢以不文辭, 撰次如右, 欲以少酬公平日知遇之義耳.

10. 교관 돈암 김공 행장

教官遯菴金公行狀 기해년(1779, 68세)

공은 휘가 중영(重榮)이고 자는 현경(顯卿)이며, 돈암(遯菴)은 그 호이다. 신라 말엽에 왕자 흥광(興光)이 나라가 망할 줄 알고 광산(光山)에 은둔하였으니, 이 분이 광산김씨(光山金氏)의 시조이다. 그 자손들이 고려에 벼슬하였다. 12대손이 평장사(平章事)였으므로 사람들이 그 마을을 평장동(平章洞)이라 하였다. 국초(國初)에 도관찰사(都觀察使) 약채(若采)가 있었고, 성종(成宗) 때 좌찬성 광성군(光城君) 겸광(謙光)이 있었으니, 공에게 9대조, 6대조가 된다.

증조는 증승지(贈承旨) 휘 익충(益忠)은 독실한 행실이 있었다. 친상(親喪)을 당하여 구성(駒城)의 선영(先塋) 아래에서 여막을 짓고 시묘(侍墓)하다가 끝내 거상(居喪) 중에 운명하였다. 마을 사람들이 그가 시묘하던 곳을 '음허(窨墟)'라고 부르니, 금령(金嶺)에서 서쪽으로 5리 떨어진 곳에 있다. 지금의 운곡(雲谷)이 바로 그곳이다.

조부 증참판(贈參判) 휘 경량(景亮)은 명묘(明廟) 을사년(1545, 명종 즉위년)에 과거 공부를 버리고 서울을 떠나 운곡에 와서 우거(寓居)하여 시를 읊으며 스스로 즐기면서 일생을 마쳤다. 부친 사복시주부(司僕侍主簿) 휘 신길(愼吉)은, 미수(眉叟) 허 선생(許先生)이 쓴 묘지(墓誌)에 "성품이 효성스러워, 그 부친 참판공이 병으로 숨이 끊어지자 손가락에 피를 내어 입에 흘려 넣었고, 참판공이 세상을 떠나자 모친을 지성으로 섬겼다. 성품이 강직하여 시배(時輩)들에게 미움을 받자 관직을 버리고 다시 출사하지 않았으며, 자호(自號)를 '시은

(市隱)'이라 하였다."라 하였다. 모친 문화유씨(文化柳氏)는 도정(都正) 희성(希成)의 따님이다.

공은 만력(萬曆) 정미년(1607, 선조40) 2월 2일에 태어났다. 천품(天稟)이 순근(淳謹)하고 질직(質直)하였으며, 부모를 섬김에 뜻을 어기는 일이 없으니, 부친 시은공(市隱公)이 매우 사랑하였다. 18세 때 송도(松都)에 사는 정랑(正郎) 김정후(金正厚)가 문학이 뛰어나고 후진을 양성한다는 말을 듣고 책상자를 지고 찾아가서 『소학(小學)』을 배웠다. 밤낮으로 부지런히 공부하며, 의심나는 부분은 질문하여 반드시 뜻을 환히 알고야 말았다. 이에 김공이 탄식하여 말하기를,

"내가 많은 사람을 가르쳤지만, 이 사람처럼 독실하게 학문을 좋아하는 사람은 지금 처음 보았다."

라 하였다. 공이 문행(文行)이 빨리 진취한 것은 『소학』에서 시작되었다.

공의 장인 정공(鄭公) 이제(以濟)가 광주(廣州)의 석림촌(石林村)에 살았는데, 공이 처가에 있을 때가 많았다. 이때에 미수 허선생도 우천(牛川)에 살았다. 정공이 공에게 말하기를,

"허모(許某)는 일찍이 대유(大儒)의 문하에 들어가 군자의 도(道)를 들은 사람이다. 그의 학문으로 말하면 정주(程朱)를 사범(師範)으로 삼았고 그의 문장을 논한다면 선진고문(先秦古文)을 따랐으니, 지금 시대에 이 사람을 버리고 누구를 의지하겠는가. 옛사람은 천리 먼 곳으로 스승을 찾아간 이도 있었다. 이제 지척의 거리에 있으니, 너는 이 분을 스승으로 삼아라."

라 하였다. 공이 이 말을 듣고서 좋아하니, 시은공이 그 뜻을 알고 공과 막내아들 부영(阜榮)으로 하여금 허선생을 찾아가 배우게 하

였다. 허선생이 지은 시은공의 묘지문에 "곤궁한 내가 시례(詩禮)와 백가서(百家書)를 읽을 줄 알아 부지런히 노력하며 기한(飢寒)을 잊고 나태하지 않았더니, 두 아들이 나를 찾아와 종유(從遊)하였다."라 한 것이 바로 이 일을 말한 것이다. 공이 스승의 문하에 있을 때 허선생이 공의 지조를 가상하게 여겨 도의(道義)로 면려(勉勵)하였으며, 시(詩)·서(書)를 가르치고 예(禮)·악(樂)을 강론하였다. 허선생이 늘 말하기를, "김모(金某)는 나의 벗이다."라 하였다. 이사겸(李思謙)은 미수(眉叟) 문하의 고제(高弟)이니, 공과 서로 친한 사이였다. 공이 그와 함께 속리산(俗離山)에 들어가 3년 동안 강독(講讀)하고 돌아왔는데, 이때부터 문견(聞見)이 더욱 넓어지고 문예(文藝)가 크게 진보하였다.

병자년(1636, 인조14)에 부친 시은공이 운곡에서 세상을 떠나자 공은 광주(廣州)로부터 분상(奔喪)하여 물 한 잔도 마시지 않은 것이 나흘이었고 죽을 먹으며 곡읍(哭泣)하느라 훼척(毁瘠)하여 몸을 일으키지도 못하였다. 선영(先塋)에 반장(返葬)하고는 무덤가에 여막(廬幕)을 짓고 아침저녁으로 묘소에 올라가 곡읍하기를 3년 동안 하루도 쉬지 않으니, 사람들이 효자의 선행이라 하였다. 그리고 8년 뒤에 조모의 병환이 위독하자 공이 손가락의 피를 내어 입에 흘려넣었고, 상(喪)을 당해서는 승중(承重)의 자최삼년(齊衰三年) 복(服)을 입었으며, 죽을 먹고 애절하게 곡읍하니, 보는 사람들이 감탄하였다.

효종(孝宗)이 명예가 있는 선비를 불러 기용하려 할 때 공이 천거를 받아 두 차례 교관(教官)에 제수되었다. 공은 연로한 모친을 봉양하기 위해 소명을 받고 출사(出仕)했다가 다섯 달만에 뜻에 맞지 않은 일이 있기에 벼슬을 버리고 돌아와 서원(西原)의 남쪽에 집을 짓고 살았다. 이 지역은 임천(林泉) 경치가 아름답기에 동네를 '비지동(賁趾洞)'라 하고 집을 '돈암(遯菴)'이라 하고서 분잡한 세상을 멀리한 채 그대로 일생을 마치고자 하였다. 새벽에 일어나 가묘(家廟)에 배알하고 당(堂)에 올라 모친의 안부를 물은 다음 문을 닫고 독서하였으며, 때로는 심의(深衣)를 입고 치포건(緇布巾)을 쓴 채 수석(水石) 사이에 한가로이 거닐었다. 일찍이 시를 지었다.

절로 문밖에 찾아오는 사람 없으니
어느 곳에 인간세상 시비 있으리오

自然門外無車馬 何處人間有是非

신축년(1661, 현종2)에 계씨(季氏)가 장연현감(長連縣監)으로 부임하자 공이 모친을 모시고 따라갔다. 이듬해 모친상을 당하자 또 손가락의 피를 내어 입에 흘려 넣었으며, 상구(喪柩)를 모시고 고향에 돌아와 시은공의 묘소 왼쪽에 부장(祔葬)하였다. 거상(居喪)은 부친상 때와 똑같이 하였으니, 몸이 수척하여 뼈만 남아 거의 목숨을 보전하지 못할 뻔했다.

숙종(肅宗) 초에 국시(國是)가 크게 바로잡혀 허선생이 조정에 들어가 우상(右相)에 제수되니, 공에게 벼슬을 하라고 권하는 사람이 많았다. 그러나 공은 풍수(風樹)의 슬픔을 품은 데다 기력이 쇠약하다는 이유로 끝내 벼슬하려 하지 않았다.

임술년(1682, 숙종8) 2월 13일에 정침(正寢)에서 고종(考終)하니,

향년 76세이다. 연천(漣川)에 부음을 알리니, 이때 허선생이 병석에 있은 지 벌써 여러 날이었는데도 매우 슬프게 곡하고 손수 만사(輓辭)를 지어 보냈다. 그 만사에,

"슬프다! 현경(顯卿)이여. 선량한 사람이 복이 없어 노덕(老德)이 세상을 떠났구나. 효우(孝友)의 행실과 충애(忠愛)의 인덕은 오로지 옛 사람과 같았네. 직도(直道)를 좋아하여 이로써 자신을 지켰고 자기 뜻을 굽혀 남을 따르지 않았어라. 남에게 아첨하지 않았고 남을 무시하지도 않았으며, 부귀를 탐내지 않았고 빈천을 걱정하지 않았네. 성품이 염정(恬靜)하여 장수를 누렸으니, 이것이 천도(天道)가 덕 있는 사람을 좋아하여 베푼 보답일 것이다. 살아서는 마음이 느긋했고 죽어서는 편안할 터이니, 영달과 명리의 즐거움을 또 어찌 부러워하리오. 나는 아흔 살 늙은이로 세상에 남아 있고 또 좋은 벗을 잃었으니, 외롭고 쓸쓸한 몸 슬픔의 한숨을 쉬며 눈물을 줄줄 흘린다네."

라 하였으니, 이 만사가 공의 평생을 모두 말한 것이라 하겠다.

당시 모 재상(우암 송시열)이 조정의 권병(權柄)을 잡은 채 기세를 부리고 그의 무리들이 그를 높이 떠받드니, 화복(禍福)과 영욕(榮辱)이 모두 그의 손 안에 있었다. 그런데도 공은 그와 아예 상종하지 않았다. 이에 허 선생이 늘 칭찬하여 말하기를,

"김모(金某)는 송모(宋某)와 사는 곳이 가깝고 외척의 친분이 있는데도 그를 만나지도 않고 그와 말하지도 않았으며, 또한 해를 입지도 않았다. 이처럼 난처한 곳에서 잘 처신하였으니, 군자(君子)라 이를 만하다."

라 하였다.

공은 어릴 때부터 부형을 매우 사랑하여 간혹 꾸지람을 받더라도 말과 안색에 드러내지 않고 더욱 무릎에 가까이 다가갔으며, 밖에 나가 놀다가 좋은 음식을 얻으면 품속에 넣어가지고 와서 드렸다. 부모가 생존할 때에는 봉양을 다하였고 병환이 들었을 때에는 근심을 다해 구완하였으며, 상사(喪事)에는 슬픔을 다하였고 제사에는 공경을 다하였다. 계씨와의 우애가 돈독하였고, 종족과 벗들을 대할 때는 오로지 성신(誠信)을 다하였기에 공을 좋아하지 않는 사람이 없었다. 이러한 행실은 굳이 억지로 힘쓰지 않아도 절로 예도(禮度)에 맞았으니, 그 효제(孝悌)가 마음속에서 우러나 화순(和順)한 덕이 밖으로 드러난 것이었다.

배위(配位) 유인(孺人) 진주정씨(晋州鄭氏)는 부덕(婦德)을 잘 갖추어 시부모를 섬기고 자녀를 가르치며 노비를 거느리는 것이 모두 법도에 맞았으며, 게다가 집안일을 다스리는 데에 부지런하였으니, 공이 외지에 가서 독서할 때 집안일을 걱정하지 않아도 되었다. 공이 세상을 떠났을 때 유인의 나이가 여든에 가까웠는데도 장례 전까지 죽을 먹었고, 소상(小祥) 때까지 채소와 과일을 먹지 않았으며, 새벽과 밤에 가묘(家廟)에 배알하는 일을 죽을 때까지 그만두지 않았으니, 군자의 배필이라 할 만하다. 공보다 4년 후인 을축년 6월 25일에 세상을 떠나니, 향년 78세이다. 공을 처음에 비지산(賁趾山)에 안장했다가, 유인이 세상을 떠난 뒤에 옮겨 부친 시은공의 묘소 오른쪽에 부부를 합장하였다.

1남 3녀를 낳았다. 아들 구연(九衍)은 증대사헌(贈大司憲)이고, 세 딸은 이인(李鏻)·진사 김만진(金萬禛)·진사 이대징(李大徵)에게 각각 출가하였다. 구연은 1남 2녀를 두었다. 아들은 진성(振聲)이고,

두 딸은 이사경(李思敬)·한극흠(韓克欽)에게 각각 출가하였다. 첩이 낳은 아들은 진명(振鳴)이다. 이인은 3남을 두었으니 천보(天溥)·광보(光溥)·명보(明溥)이다. 김만진은 3남 2녀를 두었으니 아들은 일관(一貫)·일현(一顯)·일최(一最)이고, 두 딸은 정우주(鄭祐周)·진사 송유보(宋儒溥)에게 각각 출가하였다. 이대징은 1남 1녀를 두었으니 아들은 면(㳚)이고, 딸은 황침(黃琛)에게 출가하였다.

公諱重榮, 字顯卿, 遯菴其號也. 新羅末, 王子興光知國將亡, 遯于光山, 此爲光金之始. 子孫仕高麗, 十二世平章, 人稱其里曰平章洞. 國初有都觀察使若采, 成宗朝有左贊成光城君謙光, 於公爲九世六世祖. 曾祖贈承旨諱益忠, 有篤行, 丁憂 結廬于駒城塹下, 竟以孝殞. 鄕人名其居爲窆墟, 在金嶺西五里, 今之雲谷是也. 祖贈參判諱景亮, 明廟乙巳, 棄擧業, 自京來寓雲谷, 嘯咏自娛以終其身. 考司僕寺主簿諱愼吉, 眉叟許先生誌其墓, 性孝, 參判公病絶, 血指以灌口, 旣孤, 事母有至誠, 以直道見忤於時, 棄官不復仕, 自號市隱. 妣文化柳氏, 都正希成之女也. 公生于萬曆丁未二月二日, 天姿淳謹質魯, 事親無違志, 市隱公愛重之. 年十八, 聞松都金正郎正厚有文學, 造就後進, 負笈從之, 受『小學』, 夙夜勤業, 難疑質問, 必須通透而後已. 金公歎曰: "吾敎人多矣, 篤實好學, 今始見也." 公文行之驟進, 自『小學』始焉. 公外舅鄭公以濟居于廣州之石林村, 公多在甥舘. 時, 許先生亦寓牛川, 鄭公謂公曰: "許某早遊大儒之門, 得聞君子之道. 語其學則師範程朱, 論其文則步趨先秦. 當今之世, 捨此誰歸? 古人有千里從師者, 今在咫尺之地, 汝其師之." 公樂聞之, 市隱公知其意, 使公及季子皐榮從學焉. 市隱公誌文有曰: "有窮者許某能讀詩禮百家書矻矻, 忘飢寒不怠誠. 二子從之遊."云者, 是也. 公在師門, 先生嘉其志操, 勉以道義, 敎詩書, 講禮樂. 先生常曰: "金某吾友也. 李公思謙, 眉門高弟也, 與公交驩. 公與之入俗離山, 講讀三年而歸, 自是聞見益廣而文藝超達. 丙子市隱公在雲谷喪出, 公自廣州奔喪, 勺水不入口者四日, 啜粥哭泣, 毁瘠不能起. 返葬先塋, 因結廬, 朝夕上墓哭泣, 終三年未嘗一日廢, 人曰孝子之善行也. 後八年, 王母病劇, 公斷指, 及喪, 承重齊衰三年, 饘粥之啜, 哭泣之哀, 見者感歎. 孝宗將召用名譽士, 公被薦, 再爲敎官. 公以親老應命, 居五月, 意有不合, 棄官而歸, 卜築於西原之南. 居有林泉之勝, 名其洞曰賁趾, 顏其室曰遯菴, 謝絶世紛, 若將終身, 晨興謁廟, 上堂起居之餘, 杜門讀書, 時或深衣緇巾, 倘佯於水石之間. 嘗有詩曰: "自然門外無車馬, 何處人間有是非?" 辛丑季氏出宰長連, 公奉板輿隨行. 翌年丁內艱時, 又斷指, 奉櫬返祔葬于市隱公墓左. 居憂之節, 一如前喪, 羸毁骨立, 幾不得保. 肅宗初, 國是大定, 許先生入拜右揆, 人多勸之仕, 而公以痛纏風樹, 精力衰耗, 竟不肯焉. 壬戌二月十三日, 考終于正寢, 享年七十六. 告訃漣上, 許先生寢疾已有日矣, 哭之慟, 手製誄章以送之, 其詞曰: "吁嗟乎顯卿, 良善無祿, 老德亡矣. 孝友之積, 忠愛之仁, 一出於古人. 好直道自守, 不枉己而循物. 不詔不傲, 不求不憂. 恬靜壽考, 此天道好德之報. 其生也寬, 其歸也安, 又何羨乎榮名利達之多懼? 以我耋老後死, 又失良友, 踽踽凄凄, 欷歔涕泗, 汎如瀾如." 此詞可以盖公之平生矣. 時有某宰當國用事, 一邊人推以爲重, 禍福榮辱, 在其掌握, 而公絶不相從. 許先生常稱之曰: "某也與某居相近, 有戚誼, 而不見不語, 亦不被其害. 其善處難處之間, 可謂君子人也." 公自在孩提, 篤愛父兄, 或被譴責, 不形言色, 益近膝下, 或出遊得甘旨, 必懷而進之. 生致其養, 病致其憂, 喪致其哀, 祭致其敬, 與季氏友愛篤, 遇宗族接賓友, 一以誠信, 無不得其懽心, 不待勉强而自合禮度. 盖其孝悌根於心而和順發於外也. 配孺人晉州鄭氏, 婦德克備, 事舅姑, 敎子女, 御婢僕, 各盡其則, 且勤於治家, 公嘗讀書在外, 而無內顧

之憂. 公之卒也, 孺人年旣耄耋, 而葬前啜粥, 朞不食荣果, 晨昏謁廟, 至歿
不廢, 可謂君子之配也. 後公四年乙丑六月二十五日卒, 壽七十八. 公初葬
于蕡趾山, 孺人喪後, 遷窆合葬于市隱公墓右. 生一男三女, 男九衍贈大憲,
女適李鏆・進士金萬禛・進士李大徵. 九衍有一子二女, 子振聲, 女適李思
敬・韓克欽. 妾子振鳴. 李鏆有三子, 天溥・光溥・明溥. 金萬禛有三子二
女, 子一貫・一顯・一最, 女適鄭祐周・進士宋儒溥. 李大徵有一子一女,
子泗, 女適黃琛.

11. 처사 안공 행장

處士安公行狀 기해년(1779, 68세)

공은 휘가 명담(命聃)이고 자는 이로(耳老)이며 호는 관수재(觀水齋)이다. 안씨(安氏)는 세계(世系)가 광주(廣州)에서 나왔으니, 고려 태조 때 대장군(大將軍) 휘 방걸(邦傑)이 비조(鼻祖)이다. 중세에 시어사(侍御史) 휘 수(綏)에 이르러 영남의 함안(咸安)에 이주하였고, 5대를 지나 참판(參判) 휘 엄경(淹慶)에 이르니, 이 분이 곧 단종(端宗)의 충신인 감사(監司) 완경(完慶)의 형이다. 참판이 예안현감(禮安縣監) 휘 억수(億壽)를 낳았다. 이 분이 또 밀양(密陽)에 이주하였으니, 대개 이 분의 둘째 아들인 만호(萬戶) 휘 여효(汝孝)가 밀양부에 사는 직제학(直提學) 유효천(柳孝川)의 딸을 아내로 맞았기에 따라가 살게 되었던 것이다. 이리하여 마침내 밀양 사람이 되었으니, 공에게 9대조이다. 증조는 휘가 광익(光翼)이고, 조부는 휘가 응석(應錫)이며, 부친은 휘가 한정(漢鼎)이다. 모친 김해허씨(金海許氏)는 시형(時亨)의 따님이다.

우리 숙종대왕 갑술년(1694, 숙종20) 1월 9일에 공이 태어났다. 공은 어릴 때 성품이 호매(豪邁)하여 기개가 있었고, 독서할 때는 날마다 수천 자의 글을 외웠다. 성장해서는 『좌전(左傳)』과 『사기(史記)』를 매우 좋아하였고 문장을 지을 때는 기격(氣格)을 중시하고 오로지 과문(科文)의 형식에 맞추지는 않았다. 청천(靑泉) 신유한(申維翰)은 평소에 문장으로 자부하였는데 공의 글을 칭찬하기를, "이 사람은 앞으로 세상에 명성을 크게 떨칠 것이다."라 하였고, 주서(注

書) 이명기(李命耆)도 말하기를, "강변의 갈대밭 속에서 이처럼 세상에 드문 뛰어난 문장을 보게 될 줄은 생각지도 못했다."라고 하였다.

약관 때부터 연이어 향시(鄕試)에 합격하여 명성이 자자하니, 영남의 글을 짓는 선비들이 모두 추중하며 장래에 큰 인물이 될 것으로 기대하였다. 칠곡(漆谷)의 상사(上舍) 이세옥(李世鈺)은 공의 오랜 친구였다. 공은 그의 대상(大祥)이 다가왔다는 말을 듣고 제문을 지어 가지고 가다가 예림(禮林)에 있는 종제(從弟) 집에서 자다가 그날 밤에 갑자기 죽었다. 이 때가 바로 정사년(1737, 영조13) 2월 6일이니 향년 44세이다. 부음이 들리자 원근의 공을 아는 사람이든 공을 모르는 사람이든 모두 탄식하고 슬퍼하며 말하기를, "애석하도다! 안모(安某)가 장수하지 못했으니, 과연 천도(天道)는 알기 어려운 것이다."라고 하였다. 그 해 5월에 상남(上南) 소음산(召音山) 동쪽 기슭 임좌(壬坐)의 둔덕에 안장하였다.

공은 성품이 효성스럽고 우애로워 부모를 섬김에 부모가 근심을 잊었고 형제와 지낼 때는 형제들이 자기를 잊고 한 몸처럼 여겼다. 그리고 벗과 교제할 때에는 피아(彼我)를 다 잊고 성심을 다했으니, 집안사람들로부터 고을 사람들에 이르기까지 입을 모아 칭찬하였다. 공은 지극한 효성이 있었다. 무술년(1718, 숙종44)에 선부군(先府君)의 병세가 위급하자 공과 중씨(仲氏)가 모두 손가락을 잘라 피를 내었는데, 곡천(谷川) 김상정(金尙鼎)이 이 말을 듣고 옳지 않다고 하였다. 그러나 이는 그렇지 않은 점이 있다. 선유(先儒)가 부모가 준 신체를 훼손하는 것을 죄라고 하였다. 그러나 어버이의 병세가 위급하고 대신 죽게 해 달라고 기도하려 해도 그렇게 할 겨를이 없을 때 아무런 약도 없으면 손가락의 피를 내어 목숨을 구한 사람이 옛날에

도 많았으니, 효자의 마음은 다른 것을 생각할 겨를이 없는 것이다. 이는 비록 성인(聖人)이 허여한 것은 아니지만, 또한 배척해서도 안 된다. 이에 앞서 정해년(1707, 숙종33)에 공의 누님이 모친의 병환에 손가락의 피를 내어 회생시켰으니, 고을에서 효성을 말할 경우에는 반드시 공의 집을 으뜸으로 꼽았다.

공의 넷째 아우가 고질을 앓아 약을 쓰다가 재력이 모자라 전토(田土)를 떼어 팔아야 할 지경에 이르렀다. 공은 아우에게 그 전토를 끝내 팔지 못하게 하며 말하기를, "가령 불행한 일이 있게 되면, 제부(弟婦)가 무엇을 의지하여 살아가겠느냐?"라 하였다. 의원이 말하기를, "원기를 보충하는 데에는 태의(胎衣)보다 더 좋은 약이 없다. 많이 써야 하는데 개인의 힘으로는 마련할 수 없다."라고 하니, 공이 힘을 다해 여러 곳에서 구하여 아우의 병을 치유하였다.

영성군(靈城君) 박문수(朴文秀)가 이 때 암행어사(暗行御史)로 밀양부(密陽府)에 들어왔다가 이 사실을 듣고 감탄해 마지않으며 말하기를, "지금 세상의 사람이 아니다."라고 하였다. 송와처사(松窩處士) 안명하(安命夏)는 공에게 삼종형(三從兄)인데, 서로 우애가 친형제와 같았다. 그가 말하기를,

"모(某)는 매우 큰 주량이 있었지만 한 번도 술주정을 한 적이 없었고, 출중한 용력(勇力)을 지녔지만 한 번도 객기를 부린 적이 없었다. 문사(文士)는 치산(治産)에 어두운 법인데 또 힘써 농사지어 아우들을 굶주리지 않게 하였으니, 그의 지조와 재간은 다른 사람이 따를 수 없다."

라 하였다. 고을에 사는 모(某)는 성격이 본시 도도하여 좀처럼 남을 칭찬하지 않았으나 말이 공에 미치면 말하기를,

"천둥 벼락이 떨어져도 정신을 잃지 않을 사람은 오직 안모(安某)
뿐이다."

라 하였으니, 공이 사람들에게 추중(推重)을 받는 것이 이와 같았
다.

공은 젊었을 때부터 학문에 힘써 산사(山寺)에서 독서할 때에는
밤에도 눈을 붙이지 않았고 잠이 오면 책상에 기대어 잠시 쉬기만
하니, 수행 정진하는 노승도 스스로 따를 수 없다 하였다. 저술이
매우 많았으나 대부분 산실되고 약간 편만 집안에 남아 있었는데 나
중에 화재를 당하여 그마저도 보전하지 못했으니, 애석하도다!

공의 초취(初娶)는 창녕(昌寧) 성익세(成翼世)의 따님인데, 미처
시댁에 와서 사당에 배알하지 못하고 죽었기에 그의 고향인 매산촌
(梅山村) 뒤에 안장하였다. 후취는 팔거(八莒) 도만정(都萬鼎)의 따
님으로, 공보다 25년 후인 신사년(1761, 영조37) 12월 9일에 세상을
떠났으니 향년 62세이고, 김해군(金海郡) 장항동(獐項洞)의 자좌(子
坐)의 둔덕에 안장하였다. 1남 2녀를 낳았으니, 아들은 인갑(仁甲)이
고, 두 딸은 박건(朴饘)·여제해(呂齊海)에게 각각 출가하였다.

나는 공에게 종인(宗人)의 정의(情誼)가 있다. 기억하건대, 지난
을사년(1725, 영조1)에 조부께서 울산(蔚山)의 수령으로 계실 때 공
이 과책문(科策文)을 소매 속에 넣어가지고 와서 배알하니, 조부께서
매우 칭찬하셨다. 그 때 나는 어린 아이로서 곁에 모시고 있었는데,
비록 지각은 없었지만 공을 보니 수염이 아름답고 담론을 잘하며 풍
모가 시원스러웠기에 걸출한 인물인 줄 대략 알았다.

올해 정랑(正郎) 안경점(安景漸)이 공의 언행을 기록하여 사람을
시켜 보내며 이르기를, "이러한 분은 행장이 없어서는 안 된다."라

하기에 삼가 받아서 읽어보니 그 풍류(風流)·문채(文采)가 어제 일처럼 완연히 떠올랐다. 지난날을 생각하니 감개가 더욱 많기에 이상과 같이 찬술하여 입언(立言)하는 군자(君子)가 채택하기를 기다린다.

公諱命聊, 字耳老, 號觀水齋. 安氏系出廣州, 麗祖時大將軍諱邦傑, 其鼻祖也. 中世至侍御史諱綏, 徙居嶺南之咸安, 歷五世至參判諱淹慶, 卽端宗忠臣監司完慶之兄也. 參判生禮安縣監諱億壽, 又徙密陽. 盖其第二子萬戶諱汝孝娶府居直提學柳孝川之女, 故隨而居焉, 遂爲密人, 於公爲九世祖也. 曾祖諱光翼, 祖諱應錫, 考諱漢鼎. 妣金海許氏, 時亨之女. 我肅宗甲戌正月九日公生, 幼豪爽有氣槩, 讀書日誦數千言, 及長, 篤好左氏太史公書, 爲文尚氣格, 不專爲功令程式. 申靑泉維翰雅以文章自許, 見公文稱賞曰: "此子其將大鳴于世." 李注書命耆亦曰: "不意江沿菰蘆中, 聞此曠世之希音也." 自弱冠連中鄕解, 聲名藹菀, 嶺中績文之士, 莫不推許, 皆以遠到期之. 漆谷李上舍世鈺, 公之素交也. 公聞其終祥已屆, 操文將赴, 宿禮林堂弟家, 是夜暴卒, 卽丁巳二月六日也, 得年四十四. 訃出, 遠近知不知, 皆齎咨嗟悼曰: "惜哉! 某之無命, 果天道之難諶也." 用其年五月, 葬于上南召音山東麓壬坐原. 公性孝友, 事父母, 父母忘其憂, 處兄弟, 兄弟忘其已, 交際之間, 物我兩盡. 自家庭至州閭, 一口稱善. 公有篤性, 戊戌, 先府君疾革, 公與仲氏皆斷指, 金谷川尙鼎聞而非之, 此亦有不然者矣. 先儒以毁肢體爲罪, 然當親病危急, 請代不得之際, 無藥可救, 而血指救命, 古多其人, 則孝子之心, 無暇顧他. 此雖非聖人之所許, 而亦不可以斥也. 曾在丁亥歲, 公之姊氏血指於母夫人之病, 因得回甦, 鄕黨稱孝, 必以公家爲首. 公之第四弟有沈痼疾, 藥餌力詘, 至斥田土, 而終不使弟賣其田曰: "設有不幸, 弟婦何託?" 醫言:

“補益莫如河車, 當多用而非私力所辦.” 公竭力旁求以救之. 朴靈城文秀時
以繡衣入府聞之, 嘉歎不已曰:“非今世人也.” 松窩處士命夏於公爲三從兄,
而情愛無間於同氣. 嘗曰:“某也有無量之飮而未嘗爲酒困, 有超乘之勇而未
嘗見任氣. 文士濶於治産, 而又能力田, 使諸弟無飢. 志操才幹, 非人所及
也. 鄕人某素簡亢小許可, 語及公, 輒曰震霆之下, 能不隕穫者, 惟某而已.”
其見重於人如此. 公自少力學, 讀書山寺, 夜不交睫, 睡至倚案暫休, 雖精進
老宿, 自以爲不及. 著述甚富, 多散佚, 若干篇藏于家, 後値回祿, 亦不得保
焉, 惜也. 公初娶昌寧成翼世女, 未及廟見而沒, 葬於其鄕梅山村後. 後娶八
莒都萬鼎女, 後公二十五年辛巳十二月初九日卒, 享年六十二, 葬于金海獐
項洞子坐原. 生一男二女, 男仁甲, 女適朴𩜁・呂齊海. 鼎福於公有宗誼. 記
昔乙巳歲, 王父宰蔚山, 公袖程策來謁, 王父亟稱之. 余以童子侍側, 雖未有
知, 而竊覸公美髭髯善談論, 風韻洒洒, 槩知其爲磊落人也. 今年, 安正郎景
漸錄公言行, 專人投示曰:“是不可以無狀.” 敬受而讀之, 風流文采, 宛如昨
日. 撫念疇曩, 感慨彌多, 論撰如右, 以俟知言君子採擇焉.

행장

行狀

1. 처사 불우헌 정공 행장

處士不憂軒鄭公行狀 갑진년(1784, 73세)

공은 휘가 상점(相點)이고 자는 중여(仲與)이며, 본관은 수양(首陽)이니, 고려 때 시중(侍中) 휘 숙(肅)의 후손이다. 아조에 들어와 휘 역(易)은 태조(太祖)·태종(太宗)을 섬겨 벼슬이 좌찬성(左贊成) 증영의정(贈領議政)에 이르렀고 시호는 정도공(貞度公)이니, 바로 공의 11대조이다. 4대를 지나 진사로서 이조 참판(吏曹參判)에 추증된 휘 희검(希儉)은 백씨(伯氏) 허암선생(虛菴先生) 희량(希良)과 함께 수학하였다. 연산군(燕山君)의 난정(亂政)을 만나 허암이 은둔하자, 참판공도 과거(科擧)를 그만두고 시를 읊고 술을 마시며 스스로 즐기면서 호를 계양어은(桂陽漁隱)이라 하였으니, 세상 사람이 그의 절의를 높이 일컬었다. 또 3대를 지나 휘 문부(文孚)는 호가 농포(農圃)이고 문무(文武)의 재능을 겸비하였다. 선조조(宣祖朝) 임진왜란 때 북평사(北評事)로 의병을 일으켜 토적(土賊)을 주벌하고 왜적을 몰아냈으니, 그 일이 국승(國乘)에 기록되어 있다. 벼슬은 병조참판이었고, 인조(仁祖) 갑자년(1624, 인조2)에 시안(詩案)에 연루되어 무함을 받아 화를 당했다. 후일에 비록 신원(伸寃)되어 이상(貳相 좌찬성(左贊成))에 추증되고 '충의(忠毅)'라는 시호를 받았으나 사람들이 지금까지도 그 일을 슬퍼한다. 이분이 공에게 고조가 된다.

고려 때부터 농포공(農圃公)에 이르기까지 상하 수백 년 동안 대대로 잠영(簪纓)이 이어졌으니 실로 우리 동방의 저성(著姓)이다. 증조 휘 대륭(大隆)은 증좌승지(贈左承旨)이고 효성이 지극하여 가화(家禍)를 당한 이후로 애통한 마음을 품은 채 백씨(伯氏) 진사공(進士公) 모(某)와 함께 남쪽으로 내려와 진양(晉陽)에 살면서 세상 사람과 왕래하지 않았다. 그 후로 자손들이 그 고장에 그대로 눌러 살았다. 조부는 휘 유인(有禋)이고 부친 휘 구(構), 호 노정헌(露頂軒)인데 지조와 기개가 있었고 문장을 좋아했으며, 성품이 고결하고 남에게 베풀기를 좋아하였다. 이 3대가 모두 은거하며 출사하지 않았으니 선조의 유지(遺志)을 따른 것이다. 모친 청주 한씨(淸州韓氏)는 통덕랑(通德郎) 석운(碩運)의 따님이고 현감(縣監) 시중(時重)의 손녀로서 현숙하여 부덕(婦德)이 있었다. 명릉(明陵 숙종의 능호) 계유년(1693, 숙종19) 11월 17일에 고을의 동쪽에 있는 용암리(龍巖里)의 집에서 공을 낳았다.

공은 어릴 때 총명하여 기억력이 좋았다. 7, 8세 때에 글을 지으면 사람들을 놀라게 할 만한 구절이 많았다. 11세 때 동짓날에 지은 시에,

북두성 자루가 막 임계 사이로 돌아오니
하늘의 한 양기가 땅 속에서 생겨나누나

斗柄初回壬癸間 天陽一氣地中生

라 하니, 부친 노정공(露頂公)이 기특하게 여겨 말하기를, "이 아이는 이학(理學)을 연구하는 선비가 될 것이다."라 하였고, 사람들은 정씨(鄭氏)의 가문을 다시 일으킬 것이라 하였다.

12세 때에 경사(經史)를 두루 읽었다. 얼마 안 되어 알 수 없는

병에 걸려 근 10년이 지나서야 병이 약간 회복되었다. 그러나 조금 나았다고 하여 안심할 수 없기에 과거(科擧)를 그만두고 단지 독서하고 수양하면서 세상의 명리(名利)와 부귀에는 아예 모르는 것처럼 욕심이 없었다.

성품이 효성스럽고 우애로웠다. 부모의 뜻을 받들어 어기지 않았으며, 상사(喪事)와 제사에 예(禮)를 다하였다. 임자년(1732, 영조8)에 부친 노정공이 관찰사(觀察使)에게 미움을 받아 체포되어 달성(達城)의 관저에서 운명했다. 공은 슬픔이 깊어 종신토록 달성 땅을 밟지 않았다. 먼 곳에 시집간 누이가 있었는데 차마 오래 떨어져 있지 못하여 자주 찾아가 보는 일을 늙을 때까지 그만두지 않았으며, 서제(庶弟)도 사랑하여 친아우처럼 보살피고 사랑하였다.

예법으로 가정을 다스려 규문(閨門)이 엄숙하여 내외의 분별과 장유(長幼)의 질서가 반듯하였다. 자손이 많았는데 바른 도리로 가르치고 조금도 너그러운 안색이나 말로 대하지 않으니 모두 가르침을 따르고 잘못을 저지르지 않았다. 그리하여 고을에서 자제를 가르치는 사람들은 모두 공의 집안을 모범으로 삼았다.

사람을 대할 때는 관홍(寬弘)하고 탄솔(坦率)하여 폐부를 훤히 드러내 내보였다. 찾아오는 손님과 벗들이 걸핏하면 백여 명이나 되었지만 만나는 사람마다 친절하게 접대하니, 모두 공을 좋아하였다. 당론(黨論)이 횡행하여 사람들이 각자 편견을 가졌지만 공은 모두 의리에 따라 절충하여 말하고 자신의 호오(好惡)에 따라 어느 한쪽을 비판하거나 편들지 않았으며, 사람들의 과실을 말한 적이 없었다. 이런 까닭에 사람들이 모두 공을 사랑하고 존경하였다.

곤궁한 사람을 구제함에는 은혜와 의리가 모두 극진하였다. 한 한

가지 좋은 재예(才藝)를 가지고 있으면서도 자립하지 못하는 사람을 데려와 양육하기도 하고 지도하여 성취시키기도 하였으니, 그런 사람이 한둘이 아니었다. 일찍이 외가의 눈먼 종이 먼 길을 걸식하며 찾아왔기에 공이 불쌍히 여기고 점치는 법을 가르쳐 주어 그로 하여금 점을 쳐 스스로 생활할 수 있게 하였으며, 자신의 어린 종이 실명하였을 때도 역시 그에게 점치는 법을 가르쳐 주었다. 남을 구제하는 인자한 마음은 미천하다고 하여 버리지 않았으니, 이는 군자의 마음 씀이다.

공은 평소 성품이 염결(廉潔)하여 손으로는 돈을 만지지 않고 입으로는 재물을 말하지 않아 불의(不義)한 재물은 지푸라기 하나도 취하지 않으려는 마음이 있었다.

함안(咸安)에 한 거찰(巨刹)이 있으니, 선비들이 학업을 익히는 곳이었다. 이 절을 통영(統營)에 역속(役屬)하려 하니, 중들이 크게 두려워한 나머지 공이 통제사(統制使)와 친밀하다는 말을 듣고 공에게 한 번 요청하였고 공이 한 마디 해주어 일이 잘 해결되었다. 이에 중들이 공이 힘써 준 것을 은혜롭게 여겨 100꿰미 돈을 가져와 사례하였다. 공은 웃으며 돈을 되돌려 보냈고, 이후로 아들들에게 다시는 이 절에 가서 공부하지 말라고 경계하였다.

일찍이 말을 사서 수년 동안 기르며 타다가 가족이 다시 본전을 받고 판 적이 있었다. 공이 그 사실을 알고 가인(家人)에게 말하기를, "수년 동안 타고 다니다가 어떻게 본전을 받고 팔 수 있겠는가."라 하고는, 말을 산 사람을 뒤쫓아가 다시 값을 깎아 차액을 돌려주자 그 사람이 놀라 감사하고 돌아갔다. 혹자가 이 일을 과중(過中)하다고 하니, 공이 "비록 과중(過中)하다고 하지만 이렇게 하지 않으면

내 마음이 편안치 않다."라 하였다.

공이 평소 좋아한 것은 오직 책이었다. 누가 책을 가지고 있다고 하는 말을 들으면 혹 구매하여 두기도 하고 혹 빌려서 베껴 두기도 하여 장서(藏書)가 수천 권이 되었다. 처가에 서책이 많았으나, 끝내 한 권도 빌려오지 않았으며, 아들들에게 말하기를, "이는 내가 혐의를 피해야 할 바이다."라 하였다.

부친 노정공이 본시 글씨를 잘 썼는데, 일찍이 어떤 사람에게서 조송설(趙松雪 조맹부(趙孟頫)의 호)의 서첩(書帖)을 빌려와 미처 돌려주지 못한 채 세상을 떠났다. 그리고 그 서첩의 주인도 자손이 없이 죽었다. 이에 공은 그 사람에게 촌수가 먼 일가가 있다는 말을 듣고 그 서첩을 가지고 가서 돌려주었다. 집에 소장하던 한호(韓濩)의 서첩을 매제(妹弟) 송군(宋君)이 매우 좋아했기에 공이 주려고 마음먹은 지 오래였는데, 송군이 죽자 공이 제문에 그 뜻을 말하고 매제의 집에 보내주었다. 이러한 것들은 모두 작은 일이지만 누구나 할 수 있는 것은 아니다.

공은 병을 조섭하며 한가롭게 지낼 때에도 병세가 심할 때가 아니면 하루도 서책을 손에서 놓은 적이 없었다. 사람들과 담론할 때에는 고금의 사적(事跡)을 인용하고 경사(經史)를 두루 출입하였으며, 심지어 백가(百家)·패사(稗史)·잡설(雜說)에 이르기까지도 두루 알지 못하는 것이 없었다. 그래서 사람들과 이야기할 때 말이 흥미진진하여 끊어지지 않았기에, 문학하는 선비들이 많이 종유하여 방문 밖에는 신발이 늘 가득하였다. 비록 과문(科文)은 익히지 않았지만 박람하여 학식이 많아 시문(詩文)을 지으면 문리가 정밀하여, 일찍이 학사(學士) 오원(吳瑗)의 칭찬을 받았으니, 오원은 바로 공의 외척으로서 절친한 사이였다. 공은 인륜에 돈독(敦篤)하여 몸가짐이 엄정하였으니, 어릴 때 정자(程子)가 "짐승보다도 못하다."라고 주공숙(周恭叔)을 꾸짖은 대목을 읽고는 그 말을 종신토록 마음에 새기고 아내 외의 여색을 돌아보지 않아 마치 처자처럼 깨끗하게 몸을 단속하였다. 그 청백하고 고결한 조행(操行)과 화평하고 인자한 마음은 타고 난 성품이 그러한 것이었지만 모두 독서하여 실천한 데서 나온 것이었다. 공은 비록 학자로 자처하지는 않았지만 그 고상한 행실은 당대의 학자라 일컬어지는 사람들도 방불(髣髴)할 수 없었다. 공은 사람들을 두루 사랑했고 교유가 넓었지만 마음으로 서로 허여한 벗은 몇 사람에 불과하였으니, 우리 선군(先君)이 그 중 한 분이다.

병환이 위독할 때 자손들이 둘러앉아 우니, 공이 제지하며 말하기를,

"그러지 말라. 내가 계유년에 태어났으니, 오늘이 있을 줄 알았다. 사생(死生)은 평상한 이치이니 슬퍼할 것이 없다."

라 하며 전혀 죽음을 슬퍼하는 기색이 없었고, 정침(正寢)에서 고종(考終)하였으니 바로 정해년(1767, 영조4) 4월 7일이고, 향년 75세이다. 부음(訃音)이 들리자 원근(遠近)에서 애석해하며 말하기를, "남주(南州)의 고사(高士)가 세상을 떠났다."라고 하였고, 장사 지내는 날에는 몇 군(郡)의 사람들이 모두 왔으며, 그 해 7월 모일에 영봉산(靈鳳山) 묘좌(卯坐)의 둔덕에 안장하였다.

유고(遺稿) 2권이 있다. 그리고 『시송(詩誦)』 2편이 있으니, 임자년(1732, 영조8) 부친이 체포되어 황망한 중에 자신의 정력이 어떠한지 시험해 보고자 하여 고금의 시율(詩律)을 암기하면서 간간이 자신의 비평을 넣었고 노년에 또 추가하여 완성한 것이다. 전후 각 1편이

모두 외우고 기억해서 기록한 것이다. 아들들이 그『시송』을 가져와 원본과 대조해 보니 한 자도 틀린 곳이 없었다. 공의 총명이 남들보다 월등히 뛰어난 것이 이와 같았다.

배위(配位) 안동권씨(安東權氏)는 통덕랑(通德郎) 수창(壽昌)의 따님이고 문과에 급제하고 목사(牧使) 우형(宇亨)의 손녀로, 현숙하고 화순하여 시가에 들어와 부덕(婦德)에 어긋난 적이 없었다. 시부모를 섬기고 남편을 공경하며 자녀를 가르치고 비복을 거느리는 것이 모두 법도에 맞았고, 인자한 은택이 이웃 사람들에게 미쳐 지금까지 사람들이 칭송한다. 공의 집은 본시 요족(饒足)했으나 중년에 쇠락하였다. 부인이 어려운 살림살이를 맡아 힘써 일하고 작은 일까지 빈틈없이 보살펴 공으로 하여금 집안 살림에 대한 걱정이 없게 하였고 공도 집안 형편을 물은 적이 없었으니, 사람들이 말하기를, "공이 훌륭한 인물이 된 데에는 부인의 내조가 있었다."라고들 하였다.

부인은 갑술년(1694, 숙종20) 12월 28일에 태어나 병자년(1756, 영조32) 1월 27일에 세상을 떠났다. 처음에 영봉산 을좌(乙坐)의 둔덕에 임시로 매장했다가 병신년(1776, 영조52) 2월에 묘터가 좋지 못하다고 하여 고을의 서쪽에 있는 마동(馬洞) 경좌(庚坐)의 둔덕에 이장하였다.

7남 2녀를 낳았다. 장남 단(壇)은 일찍 죽었고, 둘째 육(堉)은 문행(文行)이 있어 사우(士友)들의 추중을 받았는데 공이 죽고 나서 애훼(哀毁)가 지나친 나머지 상복을 벗자마자 죽었다. 셋째 아들은 훈(壎)이다. 넷째 아들 근(墐)은 숙부 상림(相臨)의 후사로 나갔다. 다섯째 아들은 기(埼)이다. 장녀는 박인혁(朴仁赫)에게 출가하였다. 여섯째 아들은 전(塼)이다. 차녀는 강간(姜程)에게 출가하였다. 일곱

째 아들은 식(㙫)이다.

단은 분성(盆城) 허구(許榘)의 딸을 아내로 맞아 1남 현의(鉉毅)를 낳았다. 육은 한산(韓山) 이맹화(李孟和)의 딸을 아내로 맞아 4남 1녀를 낳았다. 아들은 진의(鎭毅)·탁의(鐸毅)·강의(鋼毅)·찬의(鑽毅)이고, 사위는 박지원(朴之源)이다. 훈은 진양(晉陽) 하한장(河漢章)의 딸을 아내로 맞아 3남 1녀를 낳았다. 아들은 명의(銘毅)·굉의(鈜毅)·황의(鎤毅)이고 사위는 권무중(權懋中)이다. 측실(側室)이 2남 1녀를 낳았으니, 사위는 박우상(朴羽祥)이고 두 아들은 어리다. 근은 초취(初娶)는 함양(咸陽) 여선함(呂善涵)의 딸로 아들이 없고, 재취(再娶)는 완산(完山) 최보천(崔普天)의 딸로 1녀를 두었으나 아직 출가하지 않았다. 그래서 근은 형의 아들 탁의를 후사로 삼았는데 일찍 죽었고, 서자(庶子)·서녀(庶女)가 각각 둘이니 아들은 약의(鑰毅)·경의(鏡毅)이고 사위는 이단중(李端中)·손은역(孫恩繹)이다. 기는 함안(咸安) 조희팽(趙希彭)의 딸을 아내로 맞아 2남 2녀를 낳았으니 아들 한 명은 감의(鑑毅)이고 한 명은 어리며, 사위는 권경(權�)·하석규(河錫圭)이다. 박인혁은 2남 4녀를 낳았으니, 아들은 형천(馨天)이고 사위는 이종운(李宗運)·권태중(權泰中)이며 나머지는 어리다. 전은 진양(晉陽) 강필주(姜弼周)의 딸을 아내로 맞았는데 아들이 없어 형의 아들 황의를 후사로 삼았다. 강간은 1남 3녀를 낳았으니 아들은 사현(師顯)이고 사위는 윤석보(尹碩輔)이며, 나머지는 어리다. 식(埴)은 진양 하덕원(河德遠)의 딸을 아내로 맞아 3남 1녀를 낳았으니 아들은 연의(鍊毅)이고 나머지는 모두 어리다. 공의 친손·외손·증손·현손은 모두 80여 명이다.

나는 내가 어릴 때 본 모습이 늘 기억나곤 한다. 노정공(露頂公)과 우리 조부가 서로 만나면 반가워하고 공과 우리 선군이 서로 만나면 반가워하여, 서로 만나기만 하면 흔연히 담소하며 마음이 상통하여 누가 주인이고 누가 손님인지 알 수 없을 정도였다. 이제 공의 넷째 아들 근(墐)이 가장(家狀)을 써서 그의 아우 기(垍)에게 주고 천리의 먼 길을 보내와 나에게 이르기를,

"우리 집의 일이 바로 공의 집의 일이니, 공이 우리 양가의 교분을 생각한다면 선친의 덕행을 기록하는 글은 공이 아니고 누가 쓸 수 있겠소?"

라 하였다. 근씨·기씨 형제와 나는 선대의 세의(世誼)를 이어 몸은 천리를 떨어져 있어도 마음은 상통하였으니, 당대에 문장을 잘하는 거공(鉅公)이 없지 않은데도 굳이 나에게 행장을 받으려는 것은 그 뜻이 여기에 있다. 내가 비록 몽매하고 고루하여 문장을 잘하지 못할 뿐 아니라 이제 여든의 나이라 재주가 줄고 문사(文思)도 고갈하여 참으로 이 일을 맡을 수는 없으나 의리상 감히 사양할 수 없기에 삼가 이상과 같이 서술한다.

公諱相點, 字仲與, 首陽人, 高麗侍中諱肅之後. 入我朝, 有諱易事太祖·太宗, 官至左贊成·贈領議政, 諡貞度公, 卽公之十一世祖也. 四世至進士贈吏曹參判諱希儉, 與伯氏虛菴先生希良同學. 値燕山政亂, 虛菴遜世, 公亦廢擧, 詩酒自娛, 號桂陽漁隱, 世高其節. 又三世至諱文字號農圃, 有文武全才. 宣祖壬辰, 以北評事倡義起兵, 誅土賊, 逐倭寇, 事在國乘, 官兵曹參判, 仁祖甲子, 坐詩案被誣罹禍. 後雖伸理, 贈貳相, 諡忠毅, 而人至今悲之, 於公爲高祖. 自麗至農圃公, 上下累百載, 世襲簪笏, 寔東國之著姓也. 曾祖諱大隆, 贈左承旨, 性至孝, 自罹家禍, 抱痛含恤, 與伯氏進士公某南奔晉陽, 不與世相通問, 子孫仍居焉. 祖諱有禋, 考諱構, 號露頂軒, 有志槩, 尙文辭, 性高簡, 喜施與. 三代皆隱德不出, 遵先志也. 妣淸州韓氏, 通德郞 碩運女, 縣監時重孫也. 賢有婦德, 以明陵癸酉十一月十七日生公於州東龍 巖里第. 公幼聰敏善記誦, 甫齠齔, 作句多驚人語. 十一歲冬至有詩曰: "斗 柄初回壬癸間, 天陽一氣地中生." 露頂公奇之曰: "兒當爲窮理之儒." 人謂 必能再立鄭氏. 十二通經史, 尋嬰奇疾, 幾十年後, 疾稍平復, 而有少愈之 戒[32], 因謝公車, 惟以讀書頤養爲務, 視世之名利紛華, 泊然若無知也. 性孝 友, 養志無違, 喪祭以禮. 壬子歲, 露頂公見忤於梟司, 至於被逮, 因卒於達 城邸舍. 公痛深, 終身不踐達城之地. 有妹遠適, 不忍久離, 源源省視, 到老 不替, 撫愛庶弟如敵己. 以禮範家, 閨門肅穆, 內外之別, 長幼之分, 截如 也. 子孫衆多, 敎以義方, 不少假以色辭, 皆能遵承不愆. 鄕黨之敎子弟者, 必指公家爲準則. 待人之際, 寬弘坦易, 洞見心腑, 賓友之往來者, 動以百 數, 隨遇款接, 無不得其歡心. 黨論橫流, 各執偏見, 而公皆折衷義理, 不以 私好惡低仰, 未嘗言人過失. 以是, 人皆愛而敬之. 賙恤窮困, 恩義兼至. 凡 有一藝之可取而不能自振者, 或畜養, 或指導而成就之者, 非一二數. 嘗有 外家嬖奴轉乞來謁, 公憐之, 敎以占繇, 使之賣卜自活, 有小僕失明, 敎亦如 之. 其仁恕濟物之心, 不以賤惡而棄斥之, 寔君子之用心也. 素性廉潔, 手不 接錢貝, 口不談貨利, 恒有一介不取之意. 咸安有巨刹, 卽諸子肄業之所, 將 役屬於統營. 寺僧大懼, 聞公與統帥親密, 要公一語, 事得解. 寺僧德之, 以

32 少愈之戒 : 漢나라 劉向의 『說苑』 「敬愼」에 "관직은 뜻을 이루었을 때 태만해
지고, 병은 조금 나았을 때 덧나게 되며, 화는 게으름에서 생겨나고, 효는
처자 때문에 쇠해진다. 이 네 가지를 잘 살펴서 시종일관 신중해야 한다.〔官怠於
宦成, 病加於少愈, 禍生於懈惰 孝衰於妻子. 察此四者, 愼終如始.〕"라 하였다.

百緡錢爲禮, 公笑而却之, 自後戒諸子勿復居業于其寺. 又嘗買馬畜之數年, 家人復賣受本直. 公知之, 語家人曰: "服乘數歲, 豈有受本直之理? 追買馬者, 還減價授之." 其人驚謝而去. 人或以此爲過中, 則公曰: "雖曰過中, 我心不安也." 公平生嗜好惟在書籍, 聞人有書, 或購而置之, 或借而傳錄, 藏書幾千卷, 而聘家多畜書, 終不一借, 語諸子曰: "此吾所以避嫌處也." 露頂公素善書, 嘗借人趙松雪帖, 未及還而棄世, 帖主亦歿而無嗣. 公聞其有疎族, 袖其帖而往歸之. 家有韓濩帖, 妹婿宋君嘗愛玩不已, 公欲贈而心之久矣, 宋君歿, 祭文道其意而遺之. 此等事皆屬微細, 而非人人可能也. 公養疾居閑, 非甚病, 書未嘗一日去手. 與人談論, 援據古今, 出入經史, 至於百家稗乘雜說, 無不淹貫. 與人語, 亹亹不休, 文學之士, 多從之遊, 而戶外之屨常滿矣. 雖不從事於功令之文, 而博覽多積, 發爲詩文, 詞理精到, 嘗爲吳學士瑗所稱賞, 吳卽公戚屬之親切者也. 公篤於人倫, 持身嚴整, 幼讀程子責周恭叔禽獸不若[33]之語, 而終身佩服, 無房外之色, 修飭如處子焉. 其淸高絶俗之操・寬和慈良之心, 雖天稟使然, 而率皆得之於讀書體行中出來矣. 公雖不以學自居, 其制行之高, 非當世所稱學者之所能髣髴也. 公雖泛愛博交, 而心期相許者, 不過若而人, 而我先君其一也. 迫疾革, 子孫環侍涕泣, 公止之曰: "無以爲也. 我生癸酉, 知有今日. 死生常理, 不足爲悲." 了無怛

---

33 程子……不若 : 恭叔은 伊川 程頤의 門人 周行己의 字이다. 그는 평소에 몸가짐이 매우 嚴正하여 방 안 단정히 앉아 창밖을 내다보지도 않았다. 그런데 하루는 술자리에서 한 기녀가 마음에 들어서 가까이하면서 "이는 의리에 문제가 되지는 않을 듯하다.〔此似不害義.〕"라 하였다. 후에 伊川이 이 말을 듣고 "이는 금수만도 못한 짓이다. 어찌 의리에 문제되지 않을 수 있겠는가.〔此禽獸不若也, 豈得不害義理?〕"라 하였다. 『二程外書 권12』

化之意, 考終於正寢, 卽丁亥四月七日也, 享年七十五. 訃聞, 遠邇嗟惜曰: "南州高士亡矣." 靷窆之日, 數郡畢至, 用其年七月某甲葬于靈鳳山之卯坐原. 有遺稿二卷, 又有『詩誦』二篇, 嘗於壬子歲憂遑中, 欲驗精力, 暗記古今詩律而間施評騭, 暮年又足成之, 前後各一篇, 皆誦憶而得者也. 諸子退考本文, 無一字錯, 聰明之絶人, 有如此者. 配安東權氏, 通德郎壽昌女, 文牧使宇亨孫, 賢淑和婉, 入門無違德, 事舅姑敬君子, 誨子女御婢僕, 咸中法則, 仁惠之澤, 及於鄰里, 至今稱誦. 公家素饒, 中歲剝落. 夫人勤苦拮据, 綜理微密, 使公無內顧之憂, 而公亦未嘗問有無費. 人謂公之賢, 夫人亦與有助焉. 生于甲戌十二月二十八日卒于丙子正月二十七日. 初權厝于靈鳳山乙坐, 丙申二月以宅兆不吉遷窆于州西馬洞庚坐原. 生七男二女, 男長壇早歿, 次埔有文行, 爲士友推詡, 公歿後過毀致疾, 纔服闋而歿. 次壎, 次壜出後叔父相臨, 次坦. 女長適朴仁赫, 次男㙒, 次女適姜秤, 次男㙒. 壇娶盆城許榘女, 生一子鉉毅. 埔娶韓山李孟和女, 生四子一女, 子鎭毅·鐸毅·鋼毅·鑽毅, 壻朴之源. 壎娶晉陽河漢章女, 生三子一女, 子銘毅·鉉毅·鋧毅, 壻權懋中. 側室二子一女, 婿朴羽祥, 餘幼. 壜初娶咸陽呂善涵女, 無子, 再娶完山崔普天女, 有一女, 未笄. 以兄子鐸毅爲嗣, 早逝, 庶子女各二, 鈴毅·鏡毅, 李端中·孫恩繹. 坦娶咸安趙希彭女, 生二子二女, 子鑑毅, 婿權燦·河錫圭, 一子幼. 朴仁赫生二子四女, 子馨天, 婿李宗運·權泰中, 餘未行. 㙒娶晉陽姜弼周女, 無子, 取兄子鋧毅爲嗣. 姜秤一子三女, 子師顯, 婿尹碩輔, 餘幼. 娶晉陽河德遠女, 生三子一女, 子鍊毅, 餘幼. 內外曾玄八十餘人. 鼎福常憶幼少時見露頂公與我王考相遇驩如也, 公與我先君相遇驩如也. 相遇之際, 色笑款恰, 誠意交孚, 不知誰是主而誰是客也. 今公之第四胤壜修家狀, 授其弟坦, 走千里而謁鼎福曰: "我家事卽公家事, 公若能念我兩家交誼, 則先人撰德之文, 舍公而誰?" 壜·坦氏之與鼎福世修先

義, 靈犀一點, 隔千里而相照, 非無當世文章鉅公, 而必受狀於鼎福者, 意有
在也. 鼎福雖昧陋無文, 而今在耋期之年, 才退思渴, 誠不足以當此, 然義不
敢辭, 謹序如右.

2. 자헌대부 지중추부사 추곡 김공 행장

資憲大夫知中樞府事秋谷金公行狀 갑진년(1784, 73세)

공은 휘가 정현(鼎鉉)이고 자가 중길(重吉)이며 호가 추곡(秋谷)
또는 송림(松林)이며, 본관은 경주(慶州)로 신라의 국성(國姓)이
다. 시조 인관(仁琯)은 고려조에 벼슬하여 태자태사(太子太師)에
이르렀다. 몇 대를 지나 휘 자수(自粹), 호 상촌(桑村)은 벼슬이 형
조판서이고, 충효의 절의가 있어 왕조가 바뀌는 즈음에 끝내 순절
하였다. 이 분의 손자 휘 영유(永濡)는 좌리공신(佐理功臣)으로 벼
슬이 대사헌에 이르렀고 시호는 공평(恭平)이다. 공평공의 손자 휘
세필(世弼)은 벼슬이 이조참판 증이조판서(贈吏曹判書)이고 시호가
문간(文簡)이다. 이 분이 바로 기묘명현(己卯名賢)의 한 분으로서
세상 사람들이 십청헌선생(十淸軒先生)이라 일컫는 분이니, 바로
공의 고조이다. 증조 휘 구(礭)는 사직서참봉(社稷署參奉) 증좌승
지(贈左承旨)이고, 조부 휘 선경(善慶)은 군자감판관(軍資監判官)
증호조참판(贈戶曹參判)이고, 부친 휘 순(峋)은 생원(生員) 증병조
판서(贈兵曹判書)이다. 모친 청주한씨(淸州韓氏)는 부호군(副護軍)
휘 광윤(匡胤)의 따님으로, 만력(萬曆) 신묘년(1591, 선조24) 7월
26일에 공을 낳았다.

공은 타고난 자품이 특출하여 약관도 되기 전에 명성이 크게 알려
졌고, 계축년에 증광생원시(增廣生員試)에 합격하였다. 당시 광해군
(光海君)의 정치가 혼란하여 이륜(彝倫)이 두절(斁絶)되었다. 공의
외숙인 한옥(韓玉)은 북당(北黨) 한찬남(韓纘男)의 재종질로 한찬남

과는 심력(心力)을 같이하는 자였다. 그가 공을 자기 편에 끌어들고
자 하여 편지를 보내 공을 유인하였다. 이에 공이 당시(唐詩)의 "석양
이 매우 아름답지만 단지 황혼에 가까울 뿐이네.〔夕陽無限好 只是近
黃昏〕"란 구절을 인용하여 답하고는 모습을 감추고 칩거한 채 장옥(場
屋)에 나아가지 않다가 인조반정(仁祖反正) 이후에 비로소 세상에
나와 과거에 응시, 경오년(1630, 인조8)의 별시문과(別試文科)에 급
제하였다. 그러나 시속에 따라 부앙(俯仰)하여 청현직(淸顯職)에 오
르려 하지 않고 단지 부모를 봉양하기 위하여 낮은 벼슬에 종사하여
다섯 고을의 수령을 역임하였을 뿐이었다. 부모가 세상을 떠난 이후
로는 더욱 벼슬할 마음이 없어져서 통례원통례(通禮院通禮)로 재임
하다가 병을 핑계대어 사직하고 향리로 돌아왔다. 향리의 친구들과
백향산(白香山)의 고사를 본떠 기로계(耆老契)를 만드니, 풍기군수
(豊基郡守) 정증(鄭䎒)은 문장이 뛰어난 선비로 그 서문을 쓰기를,

"송림(松林) 김선생(金先生)은 군자다운 사람이요, 대부(大夫) 중
에 어진 분이다. 과거에 급제한 후 세 조정에 걸쳐 벼슬하였고,
우도(牛刀)를 조금 쓰자 다섯 고을에 구비(口碑)가 전해졌네."

라고 하였으니, 공이 당시에 추중(推重)을 받은 것이 이와 같았다.

후일에 우로(優老)의 은전(恩典)으로 다시 중추부(中樞府)에 들어
가 첨지중추부사(僉知中樞府事)·동지중추부사(同知中樞府事)가 되
었고 벼슬이 한성부우윤(漢城府右尹)에 이르렀다.

숙종 을묘년(1675, 숙종 원년)에 허미수선생(許眉叟先生)이 전조
(銓曹)의 판서로 있으면서 공을 대사헌에 의망(擬望)하였으나 정사
(政事)의 격식에 위배된다 하여 낙점 받지 못하였고, 직질(職秩)이
지중추부사(知中樞府事)에 올랐다.

이 해 8월 27일에 세상을 떠나니, 향년 85세이다. 부음(訃音)이 들리자 조정이 규례에 따라 예관(禮官)을 보내 치제(致祭)하였다. 그 제문에,

경은 순수하고 성실한 성품에
그 자질은 곧고도 청백하였네
지난날 광해군의 혼조를 만나
시국이 혼탁한 것을 슬퍼하여
벼슬길에 나아가길 단념하여
과장에 발길이 닿지 않았으니
황혼에 가깝다는 한 구절은
외숙의 간담을 떨어지게 하였지
세상이 바뀌어 다시 새로워지자
과거에 급제하여 이름을 떨쳤지만
낭서의 낮은 지위에 머물면서
높은 관직을 바라지 않았네
다섯 고을 수령을 거치면서
정치에 오로지 청렴하였으니
돌아올 때 전대가 텅 비었고
집안에는 양식도 부족하였어라
시골에서 지낼 생각을 하고서
만년에 홍로의 벼슬 사임하고는
한가롭게 지내는 노경에
함양하며 스스로 즐겼어라

나이가 높고 덕이 높으니

여러 차례 은수가 내려졌으니

연이어 세 품계를 승진하여

추부의 높은 지위에 올랐고

내가 즉위한 때에 이르러

특별한 은전을 거듭 내렸어라

경월에 아직 오르지 못했건만

수성이 갑자기 어두워졌어라

작위는 덕에 걸맞지 않았고

우로의 은총도 내리지 못했으니

기로의 신하를 회상하면

내 마음 더욱 슬프구려

예관을 보내 제사를 드리니

이 고례를 따르는 것이네

영령이 만약 앎이 있다면

이 제수를 흠향하시라

惟卿醇慤之性 貞白其質 曩際昏朝 恫時混濁

念絶宦達 跡謝科場 黃昏一語 膽破渭陽

天地重新 金榜名闈 低首郎署 不要華顯

五邑分竹 政淸惟一 歸橐蕭然 家無甔石

郊扉計存³⁴ 晩辭鴻臚 優閑暮境 頤養自娛

年高德邵 荐加恩數 連超三級 位峻樞府

逮予嗣服 別典玆申 卿月³⁵未升 壽星遽淪

爵不稱德 恩隔優老 緬懷耆舊 心焉增悼
遣官設祭 式遵古禮 靈如不昧 歆此籩簋

하였다. 모월 모일에 광주(廣州) 추령(秋嶺) 임좌(壬坐)의 둔덕에
안장하였다.

배위(配位) 정부인(貞夫人) 나주 정씨(羅州丁氏)는 감찰(監察) 언
규(彦珪)의 따님으로 부덕(婦德)이 있어 규문(閨門)이 화목하니, 마
을 사람들이 칭찬하였다. 계사년(1593, 선조26)에 태어났고 신유년
(1681, 숙종7) 2월 7일에 세상을 떠났으니, 향년 89세이고, 공의 묘에
부장(祔葬)하였다. 3남 1녀를 두었다. 장남은 방(滂)이고, 둘째는 만
(滿)이고, 셋째는 관(灌)이며, 딸은 김영희(金永熙)에게 출가하였
다. 측실(側室)에 3남 3녀를 두었다. 장남은 황(潢)이다. 둘째 온(薀)
은 문과(文科)에 급제하여 음성 현감(陰城縣監)이 되었고, 셋째 영
(渶)은 진사(進士)이다. 사위는 황덕창(黃德昌)·김윤휘(金胤輝)·
첨지(僉知) 이우창(李宇昌)이다. 방(滂)은 3남을 두었으니, 재기(載
基)·재후(載厚)·재풍(載豊)이고, 만(滿)과 관(灌)은 모두 자손이
없다. 증손·현손은 많아 다 기록할 수 없다.

----

34 郊扉計存 : 郊扉는 교외에 있는 집으로 은거하는 곳을 뜻한다. 杜甫의 「春日江
村」에 "교비로 물러나 살려는 만년 계책을 가졌고, 막부에선 무능하여 인재들
에게 부끄러워라.〔郊扉存晩計 幕府愧蕘材〕"라 하였다.

35 卿月 :『書經』「洪範」에 "왕은 해를 살피고 고급 관원은 달을 살피고 하급
관리는 날을 살핀다.〔王省惟歲, 卿士惟月, 師尹惟日.〕"라 한 데서 온 말로
판서나 재상과 같은 높은 벼슬아치를 뜻한다.

공은 가정에서는 효우의 행실이 있었고 관직에 있을 때에는 청백(清白)한 지조를 지켰다. 혼조(昏朝)에는 벼슬하지 않았고 성명(聖明)의 시대에는 높은 관직을 바라지 않아 전야(田野)에 한가히 은거하면서 담박(淡泊)하여 세상에 속박되지 않았다. 집안은 텅 비어 양식이 자주 떨어졌으나 편안히 여겼으며, 종일토록 단정히 앉아 기상이 청백하고 고결하니, 당시 사람들이 그 고절(苦節)을 일컬어 "나약한 자를 진작하고 탐욕스러운 자를 청렴하게 할 만하다."라 하였다.

그런데 가장(家狀)이 산실되고 고증할 문헌(文獻)도 없어 언행의 사실과 관직의 경력을 상고할 수 없었다. 다행히 사제문(賜祭文)이 남아 있어 공의 평생을 알 수 있다. 공이 세상을 떠난 지 60년이 지나 공론이 일제히 일어나 충주(忠州)의 말마촌(秣馬村)에 사당을 세우고 제향하였다. 후일에 조정이 별사(別祠)를 세우지 말라는 금령(禁令)을 내려 훼철(毁撤)하였으니, 사림이 애석하게 여긴다.

公諱鼎鉉, 字重吉, 號秋谷, 亦號松林, 慶州人, 新羅宗姓也. 始祖仁琯仕高麗, 官太子太師. 歷世至諱自粹號桑村, 官刑曹判書, 有忠孝大節, 革命之際, 竟以殉節. 孫諱永濡, 參佐理勳, 官大司憲, 諡恭平. 恭平孫諱世弼, 官吏曹參判・贈吏判, 諡文簡, 是爲己卯名賢, 世所稱十淸軒先生, 卽公之高祖. 曾祖諱磩, 社稷參奉・贈左承旨. 祖諱善慶, 軍資監判官・贈戶曹參判. 考諱峋, 生員・贈兵曹判書. 妣淸州韓氏, 副護軍諱匡胤女, 以萬曆辛卯七月二十六日生公. 公生質秀異, 年未弱冠, 華聞大播, 癸丑中增廣生員. 時, 光海政亂, 彝倫斁絶. 公之舅名玉者, 卽北黨纘男之再從侄, 而與之同心力者也, 欲鉤致公, 貽書誘之. 公擧唐詩夕陽無限好只是近黃昏之句以答之, 因息影杜門, 不就場屋. 靖社後始出而應擧, 登庚午別試文科, 不喜隨俗俯仰要以華顯, 而爲親奉檄[36], 歷典五邑. 親歿後益無宦情, 以通禮謝病歸鄉, 與鄉里知舊, 爲耆老契, 以倣香山故事.[37] 鄭豐基翻文章士也, 爲之序曰: "松林金先生, 君子哉若人, 大夫之賢者. 名題鴈塔, 奉手板於三朝, 才試牛刀[38], 傳口碑於五邑." 其見重於時如此. 後以優老之典, 再入樞府, 爲僉知·同知, 官漢城右尹. 肅宗乙卯眉叟許先生判銓曹, 擬公都憲, 以違於政格不行, 晉秩爲知中樞. 是歲八月二十七日卒, 壽八十五. 訃聞, 朝廷依例遣禮官致祭, 其文曰: "惟卿醇愨之性, 貞白其質. 曩際昏朝, 恫時混濁, 念絶宦達, 跡謝科場. 黃昏一語, 膽破渭陽. 天地重新, 金榜名闈. 低首郎署, 不要華顯. 五邑分竹, 政淸惟一. 歸橐蕭然, 家無甔石. 郊扉計存, 晚辭鴻臚. 優閑暮境, 頤養自娛. 年高德卲, 荐加恩數. 連超三級, 位峻樞府. 逮予嗣服, 別典玆申. 卿月未升, 壽星遽淪. 爵不稱德, 恩隔優老. 緬懷耆舊, 心焉增悼. 遣官設祭, 式遵古禮. 靈如不昧, 歆此簿簋." 以某月日葬于廣州秋嶺壬坐原. 配貞夫人羅州丁氏, 監察彦珪之女, 有婦德, 閨門雍睦, 鄉鄰稱歎,

---

36 奉檄 : 부모를 봉양하기 위해 마지못해 관직을 받는 것이다. 後漢 때 毛義가 가난하여 노모를 봉양하기 어려웠는데, 효행이 널리 알려져 수령에 제수하는 檄文이 오자 기뻐하여 받들었고, 후일 노모가 세상을 떠나자 벼슬을 그만두었다는 고사에서 온 말이다. 『後漢書 권39 趙淳于江劉周趙列傳序』

37 香山故事 : 唐나라 白居易가 刑部尙書로 致仕하고 香山에 살면서 自號를 香山居士라 하였고, 여덟 명의 노인들과 함께 九老會를 결성하여 늘 서로 왕래하면서 풍류를 즐겼다. 이를 香山九老會라 한다. 『舊唐書 권166 白居易傳』

38 牛刀 : 공자가 제자 子游가 다스리는 고을인 武城에 가서 弦歌 소리를 듣고 빙그레 웃으며 "닭을 잡는 데 어찌 소 잡는 칼을 쓰리오?〔割鷄, 焉用牛刀?〕"라 한 데서 온 말이다. 본래는 작은 고을을 다스리는 데에 큰 道를 굳이 사용할 필요가 있겠느냐는 뜻인데, 고을을 다스리기에 넉넉한 재능을 뜻하는 말로 쓰인다. 『論語 陽貨』

生于癸巳, 卒于辛酉二月七日, 壽八十九, 祔葬公墓. 有三男一女, 男長浹,
次滿, 次灌, 女適金永熙. 側室三男三女, 長潢, 次蘊文科陰城縣監, 次溴進
士, 壻黃德昌・金胤輝・僉知李宇昌. 浹三男, 載基・載厚・載豐. 滿・灌
皆無後. 曾玄孫繁不能記. 公居家有孝友之行, 莅官勵淸白之操, 不染跡於
昏亂之朝, 不求進於聖明之世, 高臥田間, 澹然無累. 雖家徒四壁, 甔石屢
空, 而處之晏如, 終日端坐, 氣像淸高, 時稱苦節足以立懦而廉頑[39]也. 家狀
散逸, 文獻無徵, 言行事實, 仕宦履歷, 無可考信, 幸有御賜祭文, 可以知公
之平生矣. 公歿後六十年, 公議齊發, 建祠于忠州之秣馬村而俎豆之, 後有
朝家別祠之禁而撤之, 士林惜之.

---

39 立懦而廉頑 : 맹자가 "伯夷의 風度를 들은 자는 완악한 사람은 청렴해지고,
나약한 사람은 뜻을 세운다.〔聞伯夷之風者, 頑夫廉, 懦夫有立志.〕"라 하였다.
『孟子 萬章下』

3. 소남선생 윤공 행장

邵南先生尹公行狀 을사년(1785, 74세)

선생은 성이 윤씨(尹氏)이고 휘가 동규(東奎)이며, 자가 유장(幼章)이고 본관은 파평(坡平)이니, 고려 초기 태사(太師) 신달(莘達)의 후손이요 문숙공(文肅公) 관(瓘)의 24대손이다. 아조(我朝)에 들어와 광묘(光廟 세조) 때 국구(國舅)인 파평부원군(坡平府院君) 번(璠)과 정릉(靖陵 중종) 때 국구인 파평부원군 지임(之任)이 특히 현달한 분이다. 우리나라의 대성(大姓)을 말할 때 반드시 파평 윤씨를 으뜸으로 꼽는다. 증조는 충의위(忠義衛) 휘 명겸(鳴謙)이고, 조부는 통덕랑(通德郎) 휘 성수(聖壽)이며, 부친은 생원(生員) 휘 취망(就望)이다. 생원공(生員公)이 현감 전주(全州) 이찬(李纘)의 딸을 아내로 맞아 후사가 없었고, 통덕랑 덕수(德水) 이성(李晟)의 딸을 후취로 맞아 명릉(明陵) 을해년(1695, 숙종21) 11월 25일에 선생을 낳았다.

선생은 어릴 때부터 영특하여 비범하였고, 겨우 말을 배울 무렵에 주흥사(周興嗣)의 『천자문(千字文)』을 배워 종횡으로 송독(誦讀)함에 한 자도 틀리지 않았다. 9세 때 부친을 여의었다. 모친 이부인(李夫人)이 바른 도리로 교육하였고 몇 해가 지나지 않아 문리가 빨리 진보하였다. 일찍이 종조부의 집에서 『퇴계집(退溪集)』을 보고 매우 좋아하여 탐독하느라 차마 손에서 놓지 못하니 종조부가 보고 기특하게 여겨 원질(原帙)을 주었으니, 학문의 기초가 어렸을 때에 이미 닦였던 것이다.

성호(星湖) 이선생(李先生)은 우리나라에 도학(道學)이 끊어진 뒤에 태어나 경기 지방에서 강학(講學)하였다. 선생이 맨 먼저 성호선생에게 문학(問學)하였으니, 선생의 나이 17세 때인 신묘년(1711, 숙종37)이었다. 성호선생이 선생의 지조가 견정(堅貞)하고 견해가 명석한 것을 사랑하여 말하기를,

"오도(吾道)를 맡길 곳이 있도다."

라고 하였다.

선생은 처음에는 과거 공부를 하다가 곧 그만두고 오로지 학문에 뜻을 두었다. 그리하여 경성(京城) 용산방(龍山坊)에서 소성(邵城)의 도남촌(道南村)으로 이주해서 날마다 책을 읽고 이치를 궁구하느라 세간에 다시 무슨 즐거움이 있는지 몰랐다.

선생은 성품이 효우(孝友)하였다. 조모 한씨(韓氏)와 모친을 모시면서 공양(供養)에 태만하지 않았다. 막내아우 동진(東震)은 재학(才學)이 있었고 역시 성호선생의 문하에서 수업하였는데 불행하게도 일찍 죽으니, 선생이 종신토록 몹시 슬퍼하였다. 일찍이 선생이 나에게 말하기를,

"내 아우가 살아 있다면 오도(吾道)가 몹시 외로운 지경에 이르지는 않을 것이다."

라 하였으니, 그 아우가 어떤 인물인지 또한 알 만하다.

거상(居喪)할 때는 오로지 예교(禮敎)를 준행하여 모친상과 조모 한부인(韓夫人)의 승중상(承重喪) 때 석 달 동안 죽을 먹었고, 3년 동안 소식(蔬食)하고 상복을 벗지 않으며 시종 태만하지 않았으니, 군자가 거상을 잘했다고 하였다.

집안은 본래 청빈(淸貧)하였고 만년에는 더욱 쇠락하여 몇 칸의

초가집은 비바람도 가리지 못할 정도였고 10여 명의 식구는 먹을 양식이 부족했다. 그런데도 남에게 가난을 말한 적이 없었으며, 사람들이 위로하여 물으면 대답하기를,

"이는 천명(天命)이다. 이를 벗어나려고 하면 천명을 알지 못하는 것이다."

라 하고 분수에 따라 견디고 살아가면서 편안하게 여겼다.

장남의 상(喪) 때 염(斂)에는 묵은 솜을 쓰고 멱악(幎幄 시신의 얼굴을 덮는 천)은 검은 베를 썼으며, 대렴(大斂)에는 포교(布絞)를 하지 않고 상여는 말로 끌었으며, 명정(銘旌)은 요[茵]에다 놓아두고 공포(功布)는 관(棺)이 빈궁(殯宮)에서 나온 뒤로는 쓰지 않았으며, 혼거(魂車)는 거두어 치워두고 삽(翣)은 식장(飾墙)에 세워 유황(帷幌)에 매달았다. 이는 비록 검소한 집에서 소략하게 치르는 예(禮)로 그렇게 한 것이지만, 실로 예의(禮意)에 맞다.

제사에 특히 정성을 다하였다. 교하(交河)와 와동(瓦洞)은 두 국구(國舅)의 분묘가 있고 여러 대(代)의 선영이 있는 곳이니, 선생이 종족들과 시제(時祭)를 지내는 예(禮)를 강정(講定)하고 해마다 자신이 직접 가서 제전(祭奠)을 올리고 이튿날에는 종족을 모아 화목을 다졌다. 이를 길이 준행할 정례(定例)로 삼았다.

만년에는 다시 용산(龍山)의 구리(舊里)에 가서 우거(寓居)하였는데, 마을 앞에 큰 강이 흘러 강산의 경치가 매우 아름다웠다. 선생은 때때로 지팡이를 짚고 거닐기도 하여 '무우(舞雩)에서 바람을 쐬고 시를 읊으며 돌아오는 뜻'이 있었으니, 수레와 사람이 번잡한 저자거리에 살면서도 조금도 속진(俗塵)에 물들지 않아 맑은 풍모가 쇄락(灑落)하였다. 아침저녁으로 일어나 앉아 성현의 글을 외면서 즐거워

세상 근심을 잊은 채 그대로 일생을 마치려는 뜻이 있었다.

계사년(1773, 영조49) 6, 7월 사이에 복통과 설사가 있었다. 이때 선생의 나이 79세였다. 병석에 누운 지 달포가 지나도록 침석에서도 『맹자(孟子)』를 반복해 숙독하였다. '군자가 도(道)로 깊이 나아간다.'는 대목에 이르러 곁에 있는 사람에게 말하기를,

"학문하는 방도는 마땅히 이와 같아야 한다."

라고 하였다. 병이 위중할 때 문인(門人) 이제임(李齊任)이 묻기를,

"학문의 공부 중에 종신토록 실행할 만한 것이 있습니까?"

라 하니, 선생이 말하기를,

"경(敬)으로 안을 곧게 하고 의(義)로 밖을 반듯하게 하며, 널리 배우고 뜻을 독실히 하며, 절실히 묻고 가까이 생각하며, 예로 행하고 겸손하게 드러내는 것이다. 이 밖에 다른 것은 없다."

라 하였다. 그리고 퇴계(退溪)의 「자명(自銘)」을 외고 말하기를,

"이 글은 실로 내가 평소에 존모(尊慕)해온 바이다."

라 하였다.

자손이 유교(遺敎)를 청하자, 선생이 답하기를,

"나는 평생에 입고 먹는 문제를 남에게 구차하게 말한 적이 없으니, 스스로 귀신에게 물어봐도 의심할 것이 없다고 여긴다. 너희들은 기억하라."

라 하였다. 이 때 판서 채제공(蔡濟恭)이 선생의 병이 위독하다는 말을 듣고 사람을 시켜 약간의 인삼을 보내왔다. 선생이 말하기를,

"나는 한 번도 이것을 먹은 적이 없다. 그리고 생사가 어찌 이것을 먹고 안 먹느냐에 달려 있겠는가? 보내준 뜻은 감사하지만 먹고 싶지 않다."

라 하고 되돌려 보냈다. 사수(辭受)의 도리를 지켜 비록 역책(易簣)할 때에도 의리에 따라 처신하는 것이 이와 같았다. 끝내 8월 7일에 정침(正寢)에서 별세하였다. 임종할 때에도 정신이 또렷하여 조금도 혼란하지 않았으니, 군자의 정종(正終)이라 할 만하다. 이 해 10월 9일에 도남촌(道南村) 술좌(戌坐)의 둔덕에 안장하였다. 유명(遺命)으로 명정(銘旌)에 '소남촌인(邵南村人)'이라 쓰라고 하였다. 학자들은 '소남선생(邵南先生)'이라 일컫는다.

배위(配位) 전주이씨(全州李氏)는 부친은 제인(齊仁)이고, 파곡(坡谷) 성중(誠中)의 6대손이다. 성품이 유순하여 부덕(婦德)이 있었고, 선생보다 25년 먼저 세상을 떠났다. 2남 2녀를 두었다. 장남은 광로(光魯)이고, 차남은 광연(光淵)이다. 광연은 중부(仲父) 동기(東箕)의 후사가 되었다. 청주(淸州) 한형도(韓亨道)·은진(恩津) 송광익(宋光益)이 두 사위이다. 광로는 신(愼)·위(愇) 두 아들을 두었고, 광연은 후사가 없다.

선생은 어린 나이에 학문에 뜻을 두어 도(道)를 지닌 스승의 문하에 들어갔다. 이 때 성호선생의 문하에 재주가 걸출한 선비는 있었지만, 절문근사(切問近思)하고 독지역행(篤志力行)하는 학자로 말하면 오직 선생 한 사람 뿐이었다. 갑자년(1744, 영조20)에 성호선생이 병이 위중할 때 선생을 불러 유언으로 도(道)를 전하는 책임을 맡겼으니, 이로써 보건대, 사제(師弟) 간에 전수(傳授)한 중한 뜻을 알 수 있다.

병인년(1746, 영조22)에 내가 성호선생을 배알했더니, 성호선생이 당대의 인물을 말하면서,

"송(宋)나라 때 선비들이 '윤화정(尹和靖)은 육경(六經)의 말을 자

기 말 외우듯이 한다.'고 칭찬하였는데, 오늘날 윤모(尹某)는 참으로 이 말에 부끄럽지 않다."

라 하였고, 또 말하기를,

"양웅(揚雄)의『태현경(太玄經)』을 아는 선비가 몇이나 되겠는가? 원본은 세상 사람들이 이해하기 어렵다는 평판이 있는데, 윤모는 한 번 보고서 환히 알고 그 뜻을 밝혔다. 지금 시대에 이치를 궁리(窮理)의 학문으로는 그를 앞서는 사람이 없다."

라 하였다. 그 당시 순수(醇叟 이맹휴(李孟休)의 자)가 시좌(侍坐)하고 있었다. 그도 나에게 말하기를,

"윤장(尹丈)은 주렴계(周濂溪)·정명도(程明道)와 같은 기상이 있다."

라고 하기에 나는 그 말을 듣고 마음속으로 유념해 두었다.

이듬해 나는 도남(道南)의 혼석(昏席)에 사람들이 많아 떠들썩한 중에서 처음으로 선생을 뵈었다. 바라보니 선생은 풍모가 단중(端重)하고 언어가 자상하였으며 웃는 얼굴이 친근하게 느껴져 온화한 기운이 사람에게 다가왔으니, 한 번 보고서도 성덕군자(成德君子)임을 알 수 있었다.

우리 동방의 사칠이기설(四七理氣說)은 실로『주자어류(朱子語類)』에 있는 구절을 퇴계선생이「천명도설(天命圖設)」의 서문에 기재한 데서 비롯한다. 기고봉(奇高峯)이 '사단(四端)과 칠정(七情)을 리(理)와 기(氣)에 각각 분속(分屬)한 것'을 의심하여 퇴계와 서신을 왕복하며 논변하다가 마침내 자기의 주장이 틀렸다는 것을 깨달아 견해가 합일하였다. 그 후 이율곡(李栗谷)이 도리어 기고봉의 논설을 주장하여 그 설이 매우 많았다. 이로 인하여 퇴계의 설을 주장하는

사람은 율곡은 리와 기를 하나로 보는 병통이 있다 하고, 율곡의 설을 주장하는 사람은 퇴계는 리와 기가 호발(互發)한다고 보는 병통이 있다 하였다. 이에 각자 글을 지어 서로 배척하여 큰 의론이 되었다. 그래서 조금이라도 학문을 한다는 사람은 자기 심성을 도야하는 실학(實學)을 버리고 먼저 이 이기설(理氣說)을 두뇌로 삼아 논쟁이 끝날 기약이 없게 되었다. 성호선생이 학자들의 학술이 어긋나게 될까 것을 걱정하여 『사칠신편(四七新編)』을 저술하였다. 그 내용에,

"사단·칠정의 개념은 인심(人心)·도심(道心)과 실상은 같고 명칭만 다르다. 그러나 후인들은 합하면 하나인 줄을 모르기 때문에 혼륜(渾淪)과 선일변(善一邊)이란 말에 구애되어 사단·칠정과 인심·도심을 둘로 나누어 보는 폐단이 있게 되었다."

라고 하였다. 선생이 『사칠신편』을 받아 보고서,

"이 책은 통투(通透)하고 쇄락(灑落)하여 분명하게 이치를 밝혀 놓았으니, 다시 논평할 여지가 없다."

라 하였다.

후일에 문인인 상사(上舍) 신후담(愼後耼)이,

"지각(知覺)의 기(氣)와 형기(形氣)의 기, 이 두 '기(氣)' 자는 같지 않다."

라 하고, 또,

"공리(公理) 상의 칠정과 인심은 또한 도심(道心)이다."

라 하여 공희노(公喜怒)는 리발(理發)이라는 설을 주장하자, 성호 선생이 그 설을 따라 다시 「신편중발(新編重跋)」을 지었다. 이에 선생이 변설(辨說)하기를,

"마음은 본시 형기에 따라 발하는 것이 있지만, 『중용(中庸)』 서문

에서 말한 형기 같은 경우는 이 형기가 아니면 이 지각(知覺)도 없는 것이다. 따라서 형기란 말은 활간(活看)해야 한다. 성인(聖人)의 마음은 순전히 천리(天理)이기 때문에 희노가 절로 절도에 맞지만, 그 상모(象貌)를 찾아보면 아무래도 형기에 속할 뿐이다. 장남헌(張南軒)은 '의리에서 나오는 노(怒)는 리발(理發)이라 하니 진실로 불가할 것이 없지만, 그 근본을 미루어 나누어 말하면 기(氣)로부터 발한다는 사실은 그대로 변함이 없다.'라 하였으니, 이 말이 바꿀 수 없는 정론이다."

라 하니, 성호선생이 즉시 「신편중발(新編重跋)」을 지워버리고 쓰지 않았다.

선생은 일찍이 말하기를,

"사칠이기변(四七理氣辨)은 젊을 때부터 조금 알았지만 그래도 통효(通曉)하지는 못했기에 침잠하여 반복해 연구해서 내 마음 속에 일어나는 감정의 공(公)·사(私)의 사이에서 체험해 온 지가 50여 년이 지난 뒤에야 조리가 명료하여 의혹이 없어지게 되었다."

라 하였고, 또 말하기를,

"성인(聖人)이 사람을 가르치는 것은 아래로 인사(人事)를 배워 위로 천리(天理)를 알게 하는 데 불과하다. 인사를 배우는 공부는 하지 않은 채 천리를 아는 공부를 먼저 하면 자신에게 무슨 이익이 있겠는가. 단지 사단(四端)이 발할 때 확충하고, 칠정(七情)이 발할 때 절중(節中)할 따름이다."

라 하였다.

정산(貞山) 이경협(李景協)은 신후담의 설을 힘써 주장하였는데 선생은 자신의 주장을 시종 굽히지 않았다. 선생은 역책(易簀)할 때

자손들에게 말하기를,

"나의 사칠설(四七說)은 『사칠신편』과 서로 뜻을 발명(發明)하는
것이니, 후세에 반드시 아는 사람이 있을 것이다."

라 하였으니, 자신의 주장을 독신(篤信)하는 것이 이와 같았다.

가정 안에서는 의범(儀範)이 정제(整齊)하여 마치 사람이 없는 것
처럼 조용하고 숙연(肅然)하였으며, 남을 접할 때는 화기(和氣)와
공경(恭敬)이 모두 지극하여 손님과 친지들이 모두 좋아하였다.

성호선생의 강석에서 명의(名義)를 토론할 때 스승과 견해가 같더
라도 구차히 같은 주장을 한 것이 아니요, 스승과 견해가 다르더라도
구차히 다른 주장을 한 것이 아니라 힘써 바른 이치를 찾고자 한 것이
었다. 이에 성호선생이 선생의 견해를 허심탄회하게 받아들이며 가상
히 여긴 적이 많았다. 스승을 섬길 때는 마치 효자가 부모를 섬기는
것과 같았다. 신미년(1751, 영조27) 가을에 성호선생의 병환이 위중
할 때 내가 가서 문병하였다. 당시 선생이 시병(侍病)하면서 약제를
올리는 일을 몸소 보살폈고 심지어 코와 가래, 대소변을 받아낼 때에
도 자신이 직접 부축하며 공경과 정성을 다하고 밤새도록 의복을 벗
지 않았다. 이와 같이 시병한 지 여러 날이었는데도 선생은 조금도
귀찮은 기색을 보이지 않았다. 내가 이에 선생의 성의(誠意)가 천성
에서 우러난 것임을 더욱 알았고, 또한 스승과 어른을 섬기는 도리를
알 수 있었다.

선생은 사람을 가르칠 때 반드시 『소학(小學)』을 기본으로 삼아
차서에 따라 배우도록 하니, 아동들도 모두 배읍(拜揖)과 진퇴(進退)
의 예절을 알았다. 재주의 고하(高下)에 따라 가르치는 방법이 달랐
지만, 대체로 자신을 반성하고 스스로 터득하도록 하는 것을 위주로

하였다. 그러므로 말하기를,

"옛 사람은 반드시 위기지학(爲己之學)을 하였으니 명선(明善)·
성신(誠身) 둘 중에 하나라도 빠지면 학문이 아니다. 반드시 공부
를 조금씩 쌓아가고 번거로움을 견디며 고생을 참아 세월이 갈수록
돈독(敦篤)해야만 사물을 응수(應酬)함이 이치에 맞아 쾌활한 경
계(境界)를 보게 될 것이다."

라 하고, 또 말하기를,

"학문을 하는 방법은 『주자서(朱子書)』에 다 갖추어져 있다. 문인
(門人) 제자들과 문답하면서 사람의 병통에 따라 통렬한 가르침을
주었으니, 후인들이 증세에 맞추어 치료하는 약이 모두 이 책 속에
있다. 독자들은 자신에게 알맞은 가르침을 찾아서 실행해야 한다."

라 하였고, 또 말하기를,

"퇴계는 주자(朱子)를 잘 배운 분이다. 온유하고 겸손한 중에 벽립천
인(壁立千仞)의 기상이 있으니, 퇴계는 바로 우리 동방의 주자요 백
세(百世)의 사범(師範)이다. 후학들은 퇴계를 사표로 삼아야 한다."

라고 하였다.

세상의 학자들 중 자품이 낮은 자는 전주(箋注)의 학문에 빠져 고
구(考究)하는 것만 일삼아 오로지 세속에 수응(酬應)하는 것을 능사
로 여기며, 자품이 높은 자는 신기한 논설을 좋아하여 별도로 문장을
만들어 오직 남을 이기려고 한다. 선생은 이 두 가지를 모두 병통으로
여겨 말하기를,

"이와 같이 학문하면 비록 위기지학(爲己之學)이라 하더라도 모두
위인지학(爲人之學)이니, 과연 무슨 이익이 있겠는가?"

라 하였다. 그리고 사람들에게 독서법(讀書法)을 가르치기를,

"익숙히 읽고 상세히 완미하여 본의(本意)를 알고자 힘써야 한다. 글을 읽어가다 보면 의심나는 곳이 없을 수 없으니, 의심나면 반드시 기록해 두었다가 후일에 다시 살펴보아 자신의 학문의 진보 여부를 점쳐 보아야 한다. 무엇하러 구태여 많은 문사(文辭)를 찾고 모아서 단락마다 입설(立說)해야만 실학(實學)이라 하겠는가. 고인(古人)의 말을 따르면 진실로 공부에 힘을 덜 들이게 되니, 자신의 견해로 억측하여 다른 주장을 세워서는 안 된다. 만약 책을 저술하여 후세에 남기려고 하면 마음이 밖으로 달려가게 되니, 위기지학이 아니다. 고인의 책도 다 읽을 수 없거늘 자신이 지은 책을 어디에 쓰리오."

라 하였다.

이런 까닭에 선생은 후세에 전할 저술이 없고,『지의(志疑)』몇 권이 있다. 그리고 경서들에 대해서는 모두 설(說)을 지었다.『서경(書經)』「우공(禹貢)」에 대해서는 별도로『산천연혁고(山川沿革考)』가 있고,『주역(周易)』에 대해서는「계사설(繫辭說)」이 있고,『춘추(春秋)』에 대해서는「불개월변(不改月辨)」·「제희공설(躋僖公說)」이 있고,『주례(周禮)』에 대해서는「종률합변의(鍾律合變疑)」·「선궁구변동이변(旋宮九變同異辨)」이 있다.

만년에는『의례(儀禮)』를 연구하는 데 특히 힘을 쏟았다.『의례』는 주(註)·소(疏)가 너무 많아 학자들이 다 읽어 볼 수 없는 데다 주·소의 내용에 상호 모순되는 곳이 많으며,『속통해(續通解)』에서 주·소를 취사(取捨)한 것도 소루(疏漏)한 점이 있다고 여겨 이를 정리하려고 하였으나 미처 하지 못하고 말았다. 그리고『가례(家禮)』에 대해서는「편차선후변(編次先後辨)」이 있다.

이상의 변(辨)·설(說)은 모두 바꿀 수 없는 정론(定論)이라 하겠다.

『가례』의 「편차선후변」에 대해서는 나도 선생과 토론한 적이 있는데 의견이 합일하지는 못했다. 이제 선생이 세상을 떠났으니, 아, 슬프다!

선생은 경서에 두루 통달하였지만, 끽긴(喫緊)하게 힘써 공부한 것은 오로지 사서(四書)에 있었다. 선생은 늘 말하기를,

"성학(聖學)의 공부로는 사서보다 나은 것이 없으니, 다반(茶飯)처럼 읽어 체험하는 공부를 한 순간도 간단(間斷)이 없도록 해야 한다."

라고 하였다.

이런 까닭에 선생의 학문은 경(敬)·의(義)를 함께 지켜 안과 밖을 아울러 함양하여 위의(威儀)와 거동의 법칙이 70년 동안 하루 같았으며, 개결한 지조와 고상한 절개는 참으로 부귀와 빈천에 마음이 동요하지 않는 기풍이 있었다. 당론(黨論)이 횡행하는 시대에도 진실한 학문을 말할 때는 사람들이 다 선생을 추중했으니, 이 어찌 공연히 그러하였겠는가.

선생은 늘 우리 동방 사람들이 우리 동방의 사적에는 유독 어두운 것을 개탄하고 사서(史書)들을 참고하여 자수(貲水)·열수(洌水)·패수(浿水)·대수(帶水)를 고증한 『사수변(四水辨)』을 지었으며, 그리고 상위(象緯)·역법(曆法)·지리(地理)·강역(疆域)과 의방(醫方)의 소문(素問)·운기(運氣)와 산수(算數)의 개방(開方)·염우(廉隅)에 이르러서도 연구하지 않은 것이 없었다. 계사년(1773, 영조49) 여름에는 나에게 편지를 보내 말하기를,

"『태현경(太玄經)』과 『한서(漢書)』「오행지의(五行志疑)」와 「하

도(河圖)」·「낙서(洛書)」에 관한 설은 후대의 구양공(歐陽公 구양수(歐陽脩))의 말에서 나온 것이니, 더 상량(商量)해 보아야 할 듯하다. 주렴계(周濂溪)의 「태극도설(太極圖說)」도 『태현경』「현리(玄攡)」의 도습(蹈襲)한 것이다."

라 하였고, 또 이르기를,

"하도·낙서의 본수(本數), 선천(先天)의 괘기(卦氣), 경방(京房)의 벽괘(僻卦)와 감여술가(堪輿術家)의 분금(分金)·성도(星度)·납갑(納甲) 등은 모두 『태현경』에서 나온 것이니, 생각컨대 양웅(揚雄)·엄장(嚴莊)·경방(京房)의 제자들이 저마다 전수받은 바가 있었고, 또 오계(五季) 시대에 이르러서는 마의상자(麻衣相者)·진도남(陳圖南) 같은 사람들이 서로 전수받아 그렇게 된 듯하다."

라고 하였다. 나는 우매하여 미처 답장을 올리지 못했으나, 그 말이 착착 맞았으니, 전인(前人)이 발명하지 못한 것을 발명했다고 이를 만하다. 아, 성대하도다!

유고(遺稿) 몇 권이 집에 소장되어 있다.

선생이 세상을 떠난 이후로 선비들의 학술이 날로 분열하였다. 이제 선생이 몰세(沒世)한 지도 13년이 지나니, 대의(大義)가 어긋나고 미언(微言)이 끊어졌다. 이른바 천주학(天主學)이란 것은 실로 불씨(佛氏)의 하승(下乘)으로 가장 하열한 것인데 지금 세상의 재주와 학문을 자부하는 이들이 많이 그 속에 빠져들어 서양이 중국보다 더 높아지게 하고 마두(瑪竇)가 중니(仲尼)보다 더 훌륭해지게 하면서 "참된 학문이 여기에 있다."라고 한다. 선비의 추향(趨向)이 바르지 못하고 사람의 마음이 사욕(私慾)에 빠져드는 것이 이 지경에까지 이르러 구제하여 바로잡을 수 없게 되었다. 이에 나는 선생의 덕을 더욱 사모하는 한편 우리 사문(師門)이 전수한 공맹(孔孟)·정주(程朱)의 바른 가르침을 저버릴까 두렵다.

선생의 손자 신(愼)이 선생의 언행(言行)이 오랜 세월이 지나 민멸하는 것을 슬퍼하고, 내가 선생에게 동문의 후배가 되고 선생에게 지우(知遇)를 받은 지 근 30년이라 선생의 사적을 아는 사람으로는 나만한 이가 없다고 여겨 나에게 행장을 받아 작자(作者)에게 묘지명(墓誌銘)을 청하고자 하였다. 내가 비록 문장을 잘하지는 못하지만 감히 사양하지 못하여 대략 권귀언(權龜彦)이 기술한 원장(原狀)에 의거하고 아울러 평소 내가 듣고 본 사실을 서술하여 행장을 기록한다. 내가 비록 못난 사람이지만 어찌 감히 선생의 덕을 손상할 수 있겠는가. 삼가 이상과 같이 갖추어 기록하여 작자가 채택하기를 기다린다.

先生姓尹氏, 諱東奎, 字幼章, 坡平人, 麗初太師莘達之後, 文肅公瓘之二十四世孫也. 入我朝, 有光廟國舅坡平府院君璠·靖陵國舅坡平府院君之任, 卽其尤顯者也. 東方大姓, 必推坡尹爲首. 曾祖忠義衛諱鳴謙, 祖通德郎諱聖壽, 考生員諱就望. 生員公娶縣監全州李纂女, 無後, 後娶通德郎德水李晟女, 以明陵乙亥十一月二十五日生先生. 幼穎悟不凡, 甫學語, 受周興嗣『千字文』, 縱橫誦讀, 不一字錯. 九歲而孤, 李夫人敎養有方, 不數歲, 文理驟進. 嘗於族祖家, 見『退溪集』而悅之玩繹, 不忍釋手. 族祖見而奇之, 遂以原秩歸之. 學問根基, 已兆於幼少之時矣. 星湖李先生生于東方絶學之餘, 講道於畿甸, 先生首先問學, 卽歲辛卯, 而先生之年十七矣. 李先生愛其志操之堅貞·見解之明悟曰: "吾道有托矣." 先生初業公車, 旋去之, 一意爲學. 自京城之龍山坊, 移邵城之道南村, 日讀書窮理, 不知世間復有何樂. 性孝友, 奉祖妣韓夫人及先妣, 供養無怠, 季弟東震有才學, 亦受業于星門, 不幸早歿. 先生終身悲慟, 嘗謂鼎福曰: "吾弟若在, 此道不至甚孤." 其人亦可知也. 居喪之制, 一遵禮敎, 先妣之喪及承重韓夫人之憂, 三月啜粥, 三年疏食, 不脫絰帶, 終始不怠, 君子謂之善居喪也. 家素淸貧, 晚益剝落, 數間茅茨, 風雨不庇, 十數人口, 簞瓢不給, 而未嘗對人說貧, 人若問慰, 則曰: "是命也. 若圖免則是不知命也." 隨分捱過, 處之裕如. 長子之喪, 斂用舊綿, 帳幄用皁, 大斂去絞[40], 駕轝以馬, 取銘置茵, 功布[41]出宮不用, 卷置魂車, 翣[42]依髐墻, 懸於帷幌. 雖出於儉室沽野之禮而實合禮意也. 尤致謹於享先之節, 交河·瓦洞, 卽兩國舅衣冠之藏, 而累世先塋在焉. 先生與諸族講定歲祭之禮, 歲必躬進奠拜, 翌日族會, 以叙敦睦之誼, 永爲定例焉. 晚年復寓龍山舊里, 前臨大江, 江山絶勝. 先生或時杖屨逍遙, 有風雩詠歸[43]之意. 雖

---

40 絞 : 小斂이나 大斂 때 옷을 다 입힌 뒤 시신을 단단하게 고정하기 위해 묶는 끈이다. 베로 만들고 가로는 3폭, 세로는 1폭 길이이며, 그 끝을 갈라 나누어서 묶을 수 있도록 한다. 布絞라 한다. 『家禮 喪禮 成服』

41 功布 : 棺을 묻기 전에 관 위의 먼지를 털고 닦는 데 쓰는 삼베 헝겊이다. 이 때 쓰이는 베는 大功이라는 굵은 베를 쓰기도 하지만 약간 고운 베를 쓰기도 한다. 발인하는 날에 잿물로 빤 석 자 길이의 베를 준비해 두었다가 발인할 때 銘旌과 함께 靈輿 뒤, 상여 앞에 세우고 가면서 상여의 길잡이 역할을 한다.

42 翣 : 發靷할 때 상여의 앞뒤에 세우고 가는 것으로 죽은 사람의 영혼을 좋은 곳으로 인도해 달라는 염원을 담고 있다. 너비가 3자, 높이가 2자 4치 되는 판자에 畫布를 입히고, 5자 되는 자루를 달고 깃털로 장식한 祭具로 모양이 부채와 같다. 상여가 나갈 때에는 수레를 가리고 槨에 넣을 때에는 널을 가린다. 『禮記 檀弓上』

居廛軌利市之鄉, 一塵不染, 淸風洒然, 朝夕興居, 誦詠謨訓, 樂而忘憂[44],
有終焉之志. 癸巳夏秋間, 有痞泄之症, 時先生年七十九. 寢疾月餘, 宛轉床
席, 而熟復孟子一帙, 至‘深造之道[45]’一章, 謂在傍者曰: “學問之道, 當如是
矣.” 疾革, 門人李齊任問: “學問之工, 有可以終身行之者乎?” 先生曰: “敬
以直內, 義以方外[46], 博學篤志, 切問近思[47], 禮行遜出.[48] 此外無他.” 且誦

---

43 風雩詠歸 : 孔子의 제자 曾點이 자신의 뜻을 말하라는 공자의 말에, “늦은 봄
에 봄옷이 이루어지면 어른 대여섯 사람, 동자 예닐곱 사람과 함께 기수에
목욕하고 무우에서 바람을 쐬고 시를 읊으면서 돌아오겠다.〔莫春者, 春服旣
成; 冠者五六人, 童子六七人, 浴乎沂, 風乎舞雩, 詠而歸.〕”고 한 것을 인용하
였다. 『論語 先進』

44 樂而忘憂 : 孔子가 “발분하여 음식을 먹는 것도 잊고 즐거워서 근심도 잊은
채 늙어 가는 줄도 알지 못한다.〔發憤忘食, 樂而忘憂, 不知老之將至.〕”라 하
였다. 『論語 述而』

45 深造之道 : 孟子가 “군자가 학문의 방도에 따라 깊이 나아가는 것은 자득하고
자 해서이니, 자득하면 거기에 처함이 편안하고, 처함이 편안하면 자뢰함이
깊고, 자뢰함이 깊으면 좌우에서 취함에 그 근원을 만나게 된다.〔君子深造之
以道, 欲其自得之也. 自得之, 則居之安; 居之安, 則資之深, 資之深, 則取之左
右逢其原.〕”라 한 대목을 가리킨다. 『孟子 離婁下』

46 敬以……方外 : 『周易』 「坤卦 文言」에 나온다.

47 博學……近思 : 切問近思는 자신에 관한 근본적인 문제를 절실히 묻고 현실에
가깝게 생각하는 것이다. 『論語』 「子張」에, “널리 배우고 뜻을 돈독히 하며
절실하게 묻고 가깝게 생각하면 仁이 그 가운데 있다.〔博學而篤志, 切問而近
思, 則仁在其中矣.〕” 하였다.

48 禮行遜出 : 공자가 “군자는 義로써 바탕을 삼고, 禮로써 행하고, 겸손으로 표
출하고 信으로 완성하니, 군자로다!〔君子義以爲質, 禮以行之, 孫以出之, 信
以成之. 君子哉!〕”라 하였다. 『論語 衛靈公』

退溪「自銘」而語之曰："此實吾平生所慕也."子孫請遺敎, 先生答曰："吾平生不以衣食苟於人, 自謂質鬼神而無疑. 汝曹識之."時, 蔡判書濟恭聞先生疾劇, 送人蔘若干, 先生曰："吾未嘗嘗此. 且死生豈關於此乎? 意雖可感而不欲服也."命還之. 辭受之節, 雖在易簀之際, 而處義如此. 竟以八月七日卒于正寢, 臨歿而精爽瞭然, 分毫不錯, 可謂君子之正終也. 用是年十月初九日葬于道南村戌坐原. 遺命書銘以邵南村人, 學者稱爲邵南先生. 配全州李氏, 考齊仁, 坡谷誠中之六世孫也. 婉順有婦德, 先先生二十五年而歿. 有二子二女, 男長光魯, 次光淵. 光淵出系仲父東箕. 淸州韓亨道・恩津宋光益二壻也. 光魯二子愼・悼, 光淵無后. 先生妙歲志學, 得歸有道. 此時, 星門才傑之士, 雖有其人, 而語其切問近思篤志力行, 則惟先生一人而已. 甲子歲李先生疾劇, 招先生, 授以治命, 付以傳道之責. 以此觀之, 師弟傳授之重, 可知已. 丙寅歲, 鼎福謁李先生, 先生語當世人物曰："宋儒稱和靖尹子六經之言, 如誦己言.[49] 今之尹某, 誠無愧斯言矣."又曰："楊雄『太玄』[50], 明儒幾何? 原本世稱難解, 而某也一見洞曉, 發其指歸. 今世窮理之學, 莫之先也."時, 醇叟侍坐, 亦語余曰："某丈有濂溪・明道氣像."鼎福聞而心之. 翌年, 始拜先生於道南婚席稠廣喧聒之中, 瞻其威儀端重, 言辭詳穩, 色

---

49 宋儒……己言 : 和靖 尹子는 北宋의 학자 和靖 尹焞을 가리킨다. 그의 門人이 쓴「和靖贊」에 "六經의 글이 귀에 익숙하고 마음에 터득되어 자기의 말을 외우는 것 같았다.〔六經之編, 耳順心得, 如誦己言.〕"라 하였다.『宋名臣言行錄 外集 권9』

50 楊雄『太玄』: 揚雄은 後漢 때의 학자이다. 그가 지은『太玄經』은 모두 10권인데『주역』을 본떠서 저술한 것으로 난해하기로 이름났다. 그 篇名을『주역』과 비교해 보면, 卦를 玄首, 爻를 玄贊, 象을 玄測, 文言을 玄文, 繫辭 上傳과 下傳을 각각 玄攡와 玄瑩, 說卦를 玄數, 序卦를 玄衝, 雜卦를 玄錯이라 하였다.

笑可掬, 和氣襲人, 一見可知爲成德君子矣. 東方四七理氣之說, 實本於『朱子語類』, 退溪先生取載於「天命圖」, 奇高峯疑四七之分屬理氣, 與退溪往復難辨, 末乃悟其非而歸一. 後來李栗谷反主高峯之論, 其說至多. 因是而主退溪者謂栗谷有理氣爲一之病, 主栗谷者謂退溪有理氣互發之病, 各立文字, 兩相詆排, 便成一大議論. 稍名爲學者, 姑舍爲己實學, 而必先以此爲頭顱, 究竟無期. 李先生憂其學術之差, 著『四七新編』, 謂四七名義與人心道心, 同實異名, 而後人不知合而爲一, 故拘於渾淪善一邊之語而有歧貳之弊. 先生承授以爲: "此書通透灑落, 八字打開, 無可改評矣." 李先生後因門人愼上舍後聃知覺之氣·形氣之氣, 兩氣字不同, 及公理上七情人心亦道心, 遂有公喜怒理發[51]之說. 李先生從之, 復作「新編重跋」. 先生辨之曰: "心固有因形氣發者, 若『中庸』序所謂形氣者, 非此形氣則無此知覺矣. 故形氣字當活看. 聖人之心, 純是天理, 故喜怒自然中節, 求其貌象, 終歸於形氣而已.

<hr>

51 公喜怒理發 : 李滉과 四七論辨을 마치면서 奇大升은 자신의 견해를 정리한 「四端七情後說」과 「四端七情總論」을 보내는데 여기서 그는 退溪의 互發說에는 긍정한다. 그러나 『中庸』에서 온 천하에 공통되는 도, 즉 達道로 규정한 喜怒哀樂과 舜임금·孔子·孟子와 같은 성인의 희노애락은 칠정에 속하는 것이지만 사단과 다르지 않은데 이를 氣發이라 할 수 있겠느냐고 반박한다. 奇大升의 「四端七情後說」에서 "'맹자의 기쁨, 舜의 노여움, 공자의 사랑과 즐거움은 氣가 理에 순응하여 발하여 터럭만한 장애도 없었다.', '사단과 칠정이 각각 所從來가 있다.'는 등의 말은 모두 온당치 못하다고 생각합니다. 대저 發하여 모두 절도에 맞는 것을 和라고 하니, 和는 바로 이른바 達道입니다. 만약 보내온 서찰의 말씀대로라면 달도를 '氣가 發한 것'이라 할 수 있겠습니까?〔來書謂'孟子之喜, 舜之怒, 孔子之愛與樂, 是氣之順理而發, 無一毫有碍, 及各有所從來'等語, 皆覺未安. 夫發皆中節, 謂之和; 和卽所謂達道也. 若果如來說, 則達道亦可謂是氣之發乎?〕"라 하였다. 『兩先生四七理氣往復書』

南軒謂:‘義理之怒, 謂之理發, 固無不可, 而推其本而分說, 則其自氣發者固自若也.’此言不可易也."李先生卽抹去「重跋」而不用焉. 先生嘗曰:"四七理氣之辨, 自少粗解, 猶未洞曉, 沉潛反復, 體驗於吾心公私之間者, 五十餘年而後, 條理瞭然不迷."又曰:"聖人敎人, 不過下學而上達, 未及下學而先事上達, 其於自己分上, 有何所益? 但當識其四端之發而擴充之, 七情之發而節中之而已."貞山李景協力主愼說, 先生終始不撓, 及其易簀之際, 謂子孫曰:"吾四七說, 與『新編』相發明, 後必有知之者."其篤信有如此者. 閨門之內, 儀範斬斬, 肅穆如無人, 接人之際, 和敬備至, 賓旅故舊, 莫不欣慕. 函丈講問, 討論名義, 同不苟同, 異不苟異, 務歸義理之正, 而李先生多虛受而嘉尙之. 承事師門, 若孝子之事父母. 辛未秋, 李先生疾病, 鼎福往省之. 時, 先生侍疾, 藥餌之屬, 必親檢視, 至於涕唾便旋之際, 躬自扶將, 洞洞屬屬, 達夜不解衣帶者累日, 而少無怠忽之意. 鼎福於是益知先生之誠意出於天植, 而有以知事師事長之道矣. 敎人, 必以『小學』爲基本, 循序以進, 雖齠齔小兒, 皆知拜揖進退之節, 隨才高下, 誘掖不同, 而大率以反躬自得爲主, 故其言曰:"古人學必爲己, 明善·誠身二者, 闕一非學也. 必銖累寸積, 耐煩忍苦, 愈久愈篤, 然後可以酬事當理, 而庶見快活之境."又曰:"爲學之方, 備在『朱書』. 門弟問答, 隨人針砭. 後人待症之藥, 皆在於此. 讀者宜求襯己之敎而行之."又曰:"退溪善學朱子, 溫柔謙退之中, 自有壁立千仞之意. 此是東方之朱子, 百世之師範. 後學當以退溪爲準."世之學者, 卑者溺於箋注之間而專事考究, 惟以酬俗爲能, 高者流於新奇之論而別立言語, 惟以務勝爲意. 先生兩病之曰:"如是爲學, 雖曰爲己, 皆是爲人, 果何益哉?"誨人讀法曰:"熟讀詳味, 務求本意. 讀去讀來, 不能無疑, 疑必箚記, 以占吾學之進退. 豈必廣採傍求, 段段立說然後爲實學耶? 循古人之說, 固已省力, 不可以己見臆揣而立異也. 苟欲著書傳後, 心已外馳, 非爲己之學也. 古人書猶不能盡讀, 更安用吾書? 是以, 無文辭之可傳, 而略有『志疑』
數卷. 於諸經皆有說, 而「禹貢」則別有『山川沿革考』, 『易』有「繫辭說」, 春
秋有「不改月辨」·「躋禧公說」, 『周禮』有「鍾律合變疑」·「旋宮九變同異辨」.
晚年尤致力於『儀禮』, 以其註疏浩汗, 學者未易究竟, 疏與註多有矛盾, 『續
通解』去取亦有疎漏, 欲爲梳刷而未及焉. 『家禮』有「編次先後辨」, 無非不
易之訓. 但「家禮辨」, 鼎福亦與有聞焉, 有未能歸一者, 而先生已易簀, 嗚呼
痛哉! 先生雖博通羣經, 而喫緊用力, 專在四書. 常曰: "聖學工夫, 無過四
子, 當如日用之茶飯, 體驗之工, 不可一刻有間也." 以是, 其爲學也, 敬義夾
持, 內外交養, 威儀容止之則, 七十年如一日, 而廉介之操·高尙之節, 眞
有富貴不淫貧賤不移[52]之風焉. 雖在黨議橫流之世, 而語其實學, 則人皆推
重於先生, 此豈徒然哉? 常歎東人專昧東事, 參考諸史, 有嵎夷淟帶四水辨,
至如象緯曆法·地理疆域, 醫方之素問運氣·籌數之開方廉隅, 靡不究覈.
癸巳夏, 又賜鼎福書, 論: "『太玄』及『漢書』「五行志疑」·「河圖」「洛書」之
說, 出於後世歐公之言, 似合商量; 「濂溪圖」亦襲「玄攤」之文." 又言: "河洛
本數·先天卦氣[53]·京房辟卦[54]·堪輿術家分金星度納甲[55]之類, 皆出於『太

---

52 富貴……不移 : 맹자가 "천하의 넓은 집에 거처하며, 천하의 바른 자리에 서
며, 천하의 큰 道를 행하여, 뜻을 얻으면 백성들과 함께 도를 행하고 뜻을
얻지 못하면 홀로 그 도를 행하여, 부귀가 마음을 방탕하게 하지 못하며 빈천
이 절개를 옮기지 못하며 위무가 지조를 굽히지 못하니, 이를 대장부라 이른
다.〔居天下之廣居, 立天下之正位, 行天下之大道, 得志與民由之, 不得志獨行
其道, 富貴不能淫, 貧賤不能移, 威武不能屈. 此之謂大丈夫.〕"라 하였다. 『孟
子 滕文公下』

53 卦氣 : 『周易』의 64卦를 氣와 候에 분배하여 길흉을 점치는 방법으로 卦氣占
驗이라고 한다.

玄』, 意者楊雄・嚴莊・京房之徒, 各有所傳, 至于五季之時, 若麻衣[56]・圖
南[57]之徒, 私相傳付而然也." 鼎福愚昧, 未及仰復, 而其言鑿鑿可徵, 可謂
發前人之未發者也. 於乎盛哉! 有遺稿若干卷藏于家. 樑頹以後, 士學日歧,
而先生之歿, 今又十三歲矣, 大義乖而微言絶. 有所謂天學者, 實佛氏之下
乘最劣者, 而今世之以才學自許者, 多入其中, 使西土尊於華夏, 瑪竇賢於
仲尼, 謂眞學在是. 士趨之失正・人心之陷溺, 一至於此, 而不能救而正之.
鼎福於此益慕先生之德, 而亦恐負我師門傳授孔孟程朱之正訓耳. 先生之孫

---

54 京房辟卦 : 京房은 漢나라 元帝 때의 학자로 焦延壽에게 배워 『周易』에 조예
가 깊어서 『周易』의 이치를 부연하여 점치는 방법과 재변의 徵驗을 설명한
『易傳』3권을 남겼는데, 이를 『京房易傳』이라 한다. 자연의 현상을 보고 미래
를 점치는 것으로 元帝의 총애를 받다가 權臣 石顯의 모함을 받아 41세 때
처형되었다. 『漢書 권75 京房傳』64괘 중에서 기준이 되는 乾卦와 坤卦에서
각각 5개의 卦가 파생하니, 건괘와 곤괘를 합치면 12개 辟卦가 된다. 이를
12개월에 배치하여 각각 한 달의 主로 삼았으니, 사람으로 말하면 임금과
같다고 하여 임금 '辟'자를 쓴 것이다. 1월은 泰卦, 2월은 大壯卦, 3월은 夬卦,
4월은 乾卦, 5월은 姤卦, 6월은 遯卦, 7월은 否卦, 8월은 觀卦, 9월은 剝卦,
10월은 坤卦, 11월은 復卦, 12월은 臨卦에 해당한다.

55 納甲 : 天干을 八卦에 나누어 分屬하는 방법이다. 乾卦에는 甲・壬을, 坤卦에
는 乙・癸를, 震卦에는 庚을, 巽卦에는 辛을, 坎卦에는 戊를, 離卦에는 己를,
艮卦에는 丙을, 兌卦에는 丁을 각각 분속한다. 漢나라 때 학자 京房의 『京氏易
傳』에서 나왔다고 한다.

56 麻衣 : 宋나라 때 觀相의 대가였던 麻衣相者이다. 麻衣道者라고도 한다. 『麻
衣相書』를 지었다 한다.

57 圖南 : 宋나라 때 道士 陳摶의 자이다. 그는 호는 希夷先生이며, 40여 년 동안
華山 雲臺觀에 은거하였는데, 한번 잠자면 100여 일 동안 일어나지 않았다고
한다. 『宋史 권457 隱逸列傳上 陳摶』

慎, 痛先生言行久而泯也, 謂鼎福於先生, 爲同門後進, 而受知於先生, 幾三十年, 知先生事, 莫如鼎福, 使爲狀以請銘於作者. 鼎福雖不文, 義不敢辭, 畧依權斯文龜彦所記原狀, 兼叙平日聞見以記之. 鼎福雖無似, 豈敢以溢辭浼先生之德哉! 謹具如右, 以俟採擇焉.

4. 통정대부 종성도호부사 백화재 황공 행장

通政大夫鍾城都護府使白華齋黃公行狀 을사년(1785, 74세)

백화재(白華齋) 황공(黃公)은 휘가 익재(翼再)이고 자가 재수(再
叟)이니, 신라 때 시중(侍中) 휘 경(瓊)의 후손이다. 고려 명종(明
宗) 때 전중감(殿中監) 휘 공유(公有)가 이의방(李義方)의 난리를
피하여 장수현(長水縣)에 와서 살았고, 장수가 드디어 관향이 되었
다. 국조(國朝)에 들어와 익성공(翼成公) 휘 희(喜)는 장상(將相)
의 덕업(德業)을 겸비한 분으로 우리나라에서 으뜸이었으니, 공에
게 10대조이다. 익성공의 둘째 아들 전첨(典籤) 휘 보신(保身)이 상
주(尙州)에 처음 와서 살았고, 자손이 그대로 눌러 살았다. 전첨의
증손 이조참판 휘 효헌(孝獻)은 문장과 절행(節行)으로 당시에 이
름났으니, 공은 그 6대손이다. 증조 휘 즙(緝)은 의주부윤(義州府
尹)이고, 6도(道)의 절도사(節度使)를 역임하였으며, 족제(族弟)
생원(生員) 휘 면(緬)의 아들인 통덕랑 휘 재윤(載胤)을 후사로 삼
았다. 통덕랑이 증좌승지(贈左承旨) 휘 진하(鎭夏)를 낳았고, 휘 진
하가 상산(商山) 김진익(金震釴)의 딸을 아내로 맞아 명릉(明陵 숙
종의 능호) 임술년(1682, 숙종8) 정월 28일에 상주(尙州) 중모리(中
牟里) 구택(舊宅)에서 공을 낳았다. 분만하던 날 밤 모친의 꿈에 익
성공(翼成公)이 "아이가 태어났느냐?"고 잇달아 두 번 물었기 때문
에 아명(兒名)을 익재(翼再)라 하였고, 성장해서도 이 이름을 그대
로 썼다.

공은 2세 때에 모친을 여의고 7세 때 부친을 여의었으며, 몸이 수척

하고 병치레가 많았기 때문에 공부할 시기를 놓쳤다. 11세가 되어서야 학업을 시작했는데 부지런히 공부하여 몇 년 안 되어 문리가 빨리 트여『통감(通鑑)』·『사략(史略)』및 칠서(七書)를 읽었다.

임오년(1702, 숙종28) 식년시(式年試)에 급제하여 괴원(槐院)에 선발되어 들어가 권지부정자(權知副正字)에 보임되었고, 차서에 따라 승진하여 저작(著作)·박사(博士)가 되었다. 을유년(1705, 숙종31)에 봉상시직장(奉常寺直長)을 겸임하였고, 이윽고 성균관전적(成均館典籍)에 승진하였고, 예조좌랑(禮曹佐郎)으로 옮겼다. 이듬해 병술년에 병조좌랑으로 전직(轉職)하고 9월에 평안도도사(平安道都事)에 제수되었다.

서도(西道)는 본디 기생이 많아 화류관(花柳關)이라 불리는 터라 관장(官長)들 중에는 기생과 어울려 노느라 근신(謹愼)하지 않는 이들이 전후로 이어졌다. 공은 나이가 젊은데도 "젊을 때에는 여색을 경계해야 한다."는 공자(孔子)의 훈계를 엄히 지켜 기생들을 일절 물리쳐 멀리 하였다. 순강(巡講)할 때 어느 고을의 수령이 이름난 미모의 기녀를 단장시켜 수청을 들게 하였는데 공이 돌아보지도 않으니, 그 기녀는 공의 풍모를 사모한 나머지 상사병으로 죽었다. 누차 고을을 맡았으나 끝내 기생을 가까이 하지 않았으니, 그 고상한 조행(操行)이 이와 같았다.

정해년(1707, 숙종33) 6월에 임기가 차서 서울로 돌아왔고 7월에 충청도도사(忠淸道都事)에 제수되었다. 충청도에 부임하여 고시(考試)를 관장할 때 친지들의 청탁하는 서찰이 많이 와 쌓였는데, 공은 늘 정직하고 공평하게 일을 처리하리라 스스로 다짐한 터라 그 서찰들을 모두 불에 태웠다. 이에 비방하는 말이 많이 일어났지만 막상

방(榜)이 나붙자 선발한 것이 정당하니, 인사(人士)들이 모두 칭송하였다. 얼마 안 되어 파직되었다가 무자년(1708, 숙종34) 겨울에 다시 예조(禮曹)의 낭관(郎官)이 되었는가.

이듬해 봄에 외직으로 나가 전라도도사(全羅道都事)가 되었고 규례에 따라 조선(漕船)을 관장하였다. 조선이 경창(京倉)에 들어오면 고용인들이 조선의 미곡(米穀)을 몰래 훔치고 창리(倉吏)들은 개량(槪量)을 공평하지 못하게 해놓고 도리어 부족한 수량을 조졸(漕卒)들에게 떠맡기니, 조졸들 중에 이 때문에 파산한 사람도 많았다. 공은 평소 이러한 폐단을 알고 있던 터라 창관(倉官)과 약속하고 엄히 방금(防禁)하여 이 두 가지의 폐단을 모두 혁파하니, 조졸들이 매우 기뻐하였다. 감영(監營)에 돌아와서는 조운(漕運)의 이해(利害)를 조목조목 열거하여 상에게 아뢰고, 그 조목을 포창(浦倉)에 게시(揭示)하여 범하는 자는 형벌로 금지하도록 하였으니, 해읍(海邑)의 백성들이 오늘날까지 그 은택을 입고 있다. 겨울에 체직되어 돌아왔고, 경인년(1701, 숙종36)에 병조(兵曹)의 낭관에 다시 제수되었다.

신묘년(1702, 숙종37)에 무안현감(務安縣監)으로 부임했다. 여러 해에 걸쳐 연이어 흉년이 든 터라 부임한 초기에 맨 먼저 고을의 어진 사대부들을 방문하여 구황책(救荒策)을 강구하였고, 여항(閭巷)을 돌아다니며 자신이 몸소 백성들을 위무(慰撫)하는 한편 쌀을 나누어 주고 죽(粥)을 먹여주는 은혜를 빠짐없이 고루 베푸니, 온 고을 수천 호(戶) 중에 한 사람도 굶어죽은 사람이 없었다. 이에 고과(考課)가 열읍(列邑) 중에서 제일이었다. 어사 홍석보(洪錫輔)가 이 사실을 표창하여 아뢰니, 준직(準職)을 제수하라는 명이 있었고, 나주(羅州)의 조운판관(漕運判官)을 겸임하였다.

국법에 기한에 맞추어 짐을 실어 보냈는데 운송하는 도중에 파선 (破船)한 경우에는 그 죄가 사공에게만 그치고 그렇지 않으면 해당 관원들을 모두 문책하게 되어 있었다. 시한(時限)을 넘겼고 게다가 부안(扶安) 해상에서 파선하는 사고가 발생하였다. 당시 부안군수 (扶安郡守)는 본래 공과 친한 사이라 공이 죄를 받을까 염려하여 그 일을 사실대로 보고하지 않았다. 이에 공이 말하기를, "양심을 속이고 죄를 모면하는 것은 내가 부끄럽게 여기는 바이다."라 하고, 즉시 사 실대로 자수하여 자신을 논핵(論劾)하였는데, 때마침 사령(赦令)이 있어 일이 무마되었다. 공이 처사(處事)에 구차하지 않은 것이 대개 이와 같았다.

공은 일찍이 말하기를, "백성을 다스리는 데는 교화(敎化)가 우선 이니, 교화는 반드시 학교를 세우는 것으로부터 시작해야 한다."라 하고, 자신의 녹봉을 희사하여 학재(學齋)를 설치하고 선비들을 모아 공부를 시키되 경비를 마련할 전지(田地)를 두고 급사(給使)로 쓸 사람을 두는 한편 휴일에는 학재에 가서 종일토록 강설하되 무엇보다 실행을 우선하였다. 그 후 승평(昇平)에 재임할 때는 향림서숙(香林 書塾)을 설립하였고 기성(箕城)에 재임할 때는 양사재(養士齋)를 건 립하였으니, 부임하는 고을마다 사풍(士風)이 크게 변하였다.

나주현감으로 재임한 지 5년 동안 온갖 폐단들을 다 제거했고, 을 미년(1715, 숙종41)에 해임되어 향리로 돌아왔다.

이듬해 병신년에 공은 순천부사(順天府使)에 부임하여 또 주자(朱 子)의 사창법(社倉法)을 따라 시행하여 불의(不意)의 사태에 대비하 였다. 이 제도를 후임 수령이 없애니, 고을 백성들이 몹시 안타깝게 여겼다. 무술년(1718, 숙종44) 겨울에 임기가 차서 돌아왔고, 신축년

(1721, 경종1)에 다시 전적(典籍)에 제수되었고 이듬해 임인년에 종부시정(宗簿寺正)에 제수되었는데, 모두 병으로 부임하지 않았다.

계묘년(1723, 경종3)에 성균관사예(成均館司藝)에 제수되었고 군자감정(軍資監正)으로 전직되었고, 6월에 사헌부 장령에 제수되었다가 곧바로 체직되었다. 8월에 영광군수(靈光郡守)에 제수되었고, 을사년(1725, 영조1)에 파직되어 향리로 돌아왔다. 공의 재주와 식견은 무슨 일이든 해낼 수 있었지만 특히 백성을 다스리는 일을 잘하였다. 세 번 수령이 된 것이 모두 호남(湖南) 고을이었는데, 호남 사람은 교활하고 한악(悍惡)하여 다스리기 어려운 곳이었다. 공은 성심(誠心)으로 인도하되 관용(寬容)과 위엄(威嚴)을 적절히 쓰고, 작은 일도 모두 자신이 빈틈없이 처리하여 터럭만큼도 빠뜨리지 않으니, 범처럼 날뛰는 아전들이 두려워 복종하였고 여우처럼 교활한 백성들이 길들여져 순종하였다. 공이 고을을 떠나가자 백성들이 공의 공덕을 비석에 새겨 추모하였다.

무신년(1728, 영조4)에 통정대부(通政大夫)에 승진하고 종성부사(鍾城府使)가 되었다. 공은 관직을 떠난 지 몇 년 뒤에 다시 기용되니 은명(恩命)에 감격하여 즉시 길을 떠나 충원(忠原)에 도착하니 청주(淸州)의 역적 이인좌(李麟佐)가 변란을 일으켰다는 소문이 들리기에 길을 돌아 관동(關東)을 지나 지평현(砥平縣)에 이르렀다. 이 때 오공(吳公) 명항(命恒)을 도순무사(都巡撫使)에 임명되고 박공(朴公) 사수(師洙)는 영남안무사(嶺南安撫使)에 임명되어 남쪽으로 내려가는 중이었다. 박공은 평소 공의 재기(才器)를 잘 아는 사람이라 길에서 공을 만나자 크게 기뻐하고 장계(狀啓)로 공을 추천하여 함께 갔다. 안동(安東)에 도착하자 공에게 소모사(召募使)에 제수한다는 명을 내렸다. 공이 명을 받고 달려가 고을에 격문(檄文)을 보내어 충의(忠義)로써 권유하니, 사민(士民)이 크게 호응하였다. 얼마 지나지 않아 역적이 토벌되었기에 소모사의 일을 그만두었다. 그러나 정찰하는 사람들을 널리 배치하고 적의 정세를 정탐해서 도순무사와 안무사에게 비밀리에 보고함으로써 요해지를 지켜 막고 적의 세력을 위축시키는 데는 공이 계획하여 조치한 일이 많았다. 이로 말미암아 오공(吳公)과 박공(朴公)이 공을 더욱 인정하였다. 역적이 토평(討平)되자 복명(復命)하고 이어서 가자(加資)한 데 사은하였다.

당시 역적이 영남에서 일어났기 때문에 영남 사람 중에 무함을 받은 사람이 많았고, 공의 이름도 역적의 공초(供招)에 나왔으나 공은 본래 모르는 일이었다. 이러한 사실을 상이 살펴 알고 불문에 부쳤지만 공의 입장에서는 황공하고 불안하여 석고대죄(席藁待罪)하였다. 이 때 오공 및 영남 어사(御史) 이공(李公) 종성(宗城)이 입시(入侍)하여 공에게는 공로만 있고 죄가 없는 정상을 힘써 아뢰니, 상이 이르기를, "황모(黃某)의 일은 적도(賊徒)가 이미 무함한 일이라고 자복하였으니, 이미 죄를 깨끗이 벗었다. 대명(待命)하지 말라."라 하고는 해조(該曹)로 하여금 이전대로 조용(調用)하도록 하고, 이어 원종공신(原從功臣) 1등으로 녹훈(錄勳)하였다.

공은 군함(軍銜)을 띠고서 서울에서 몇 달 동안 머물다가 휴가를 받아 향리로 돌아갔다. 이때부터 공은 칩거한 채 빈객을 사절하고 고향에서 일생을 마치려고 작정하였다. 이듬해 겨울에 조정에서 군함을 띠고 향리에 가 있는 것을 금지하는 명을 내렸다. 이에 목사(牧使) 이정숙(李廷熽)이 공의 가동(家僮)을 잡아 수금(囚禁)하고 상경(上京)할 것을 몹시 다그쳤다. 경술년(1730, 영조6) 3월 20일에 비로소 공이 길을 떠나면서 본관(本官)에게 정장(呈狀)하여 가동을 풀어줄 것을 청하고 길에 올라 서울에 들어왔다.

이 때 무고(巫蠱)의 옥사가 일어났다. 흉적(凶賊) 박도창(朴道昌)의 종 만익(萬益)이 남의 사주를 받아 입을 막으려고 박도창을 독살(毒殺)하였는데, 만익이 거짓말로 끌어넣어 연루된 사람이 많았다. 만익이 말하기를, "3월 20일에 저들이 도창을 독살할 것을 모의할 때 광주(廣州) 세교(細橋)에 거주하는 황순천(黃順天)도 좌중에 참여하였는데 그의 이름은 알지 못한다."라 하였으니, 순천은 바로 공의 13년 전 관함(官啣)이다. 공은 그 후 내외의 벼슬을 역임하였고 또한 광주에는 잠시도 거주한 적이 없었으니, 만익의 말이 거짓임은 분명하며, 그가 말한 3월 20일은 공이 향리에서 상경(上京)하러 길을 떠난 날이었다. 그런데도 위관(委官)이 이러한 사실을 살피지 못하고 공을 잡아다 금부(禁府)에서 가두어 대질할 것을 청했고, 금부가 조사하여 결국 거짓으로 밝혀지니, 상이 특별히 석방하라고 명하였다.

대개 공은 우익이 없고 외로운 처지라 비록 재주가 뛰어나 선발되었지만, 추향(趨向)이 다른 무리들이 취모멱자(吹毛覓疵)하는 일이 많았다. 전후로 수령으로 재임할 때는 상관(上官)이 흠을 찾으려고 온갖 짓을 다하였으나 끝내 흠을 찾지 못하고 미침내 치적을 표장하여 조정에 보고하기까지 하였으니, 공이 현능(賢能)하다는 것을 알 수 있다. 이 때에 문사랑(問事郞) 조명익(趙明翼)이 묵은 원한을 품고 기필코 공을 해치고자 하여 죄목을 꾸며대며 캐물었는데, 공의 변대(辨對)가 분명하고 증거가 틀림없어 그의 계책이 이루어지지 못했다. 한 달이 지난 뒤에 그가 대신(臺臣) 박필균(朴弼均), 이수항(李壽沆)을 사주하여 공을 유배시킬 것을 청하도록 하니, 모두 "갑자기 석방할 수 없다."라고 아뢰었으나, 상이 윤허하지 않았다. 조명익이 언관(言官)이 되어서는 또 공을 국문(鞠問)할 것을 청했는데, 상이 윤허하지 않았다. 그 후 헌납(獻納) 서명행(徐命珩)이 사실을 입증할 근거가 없다는 이유로 정계(停啓)하여 사건이 해결되었다. 그러나 상이 대간(臺諫)의 말을 어기기 어려워 마침내 공을 귀성(龜城)에 유배시켰으니, 상의 뜻은 아니었다. 공은 태연히 길을 떠났고, 배소(配所)에 있은 지 7년 동안 문 밖에 한 발자국도 나가지 않은 채 날마다 성리서(性理書)를 앞에 놓고 잠심(潛心)하여 연구하며 천명(天命)을 편안하게 여겨 자신이 천리 밖 관새(關塞)에 와 있는 줄도 모르는 듯 태연하였다.

병진년(1736, 영조12)에 동궁(東宮)의 책례(冊禮)로 인하여 사면되어 돌아왔다. 무오년(1738, 영조14)에 직첩을 주어 서용(敍用)하라는 명이 내렸으나 방면한 지 얼마 안 되었다는 이유로 저지하는 자가 있어 시행되지 못하였다. 이후로 세념(世念)을 접고 단지 농사를 지으며 학문을 연구하는 일로 유유자적하였다.

평소 산수(山水)를 좋아하여 주계(朱溪)의 산수가 아름답다는 말을 듣고 면성(綿城)에서 주계로 가서 집을 짓고 살면서「귀거래사(歸去來辭)」를 차작(次作)한 글을 지어 벽에 붙여놓고 스스로 즐겼다. 다시 숭선(嵩善)으로 이주했다가 만년에는 선산(先山) 아래에 작은 서재를 짓고 '백화재(白華齋)'라는 편액을 걸었으니, 그 지역 산 이름과 『시경(詩經)』의 생시(笙詩)인 「백화(白華)」의 뜻을 취한 것이다. 뜰에 화초와 대나무를 심었으며 장서가 수천 권이었다. 벼슬에 나갈 때 외에는 장구(杖屨)가 이 산재(山齋)를 떠나지 않았다. 좋은 날 경치가 아름다울 때에는 마음 맞는 사람과 함께 수석(水石)이 좋은 곳에 노닐면서 술잔을 나누고 시를 읊었으며, 시사(時事)를 말하는 사람이 있으면 못들은 체하였다.

불행하게도 골육(骨肉)이 일찍 죽으니, 공은 비록 명운(命運)으로 돌려 마음을 달랬으나 이 때문에 숙질(宿疾)이 깊어졌다. 역책(易簀)하기 전날 밤에도 빈객들을 접대하고 편지에 답장을 쓰는 것이 평상시와 같았다. 이튿날 아침에 병세가 갑자기 위독해져 수봉(壽峯)의 신재(新齋)에서 고종(考終)하였으니, 바로 정묘년(1747, 영조23) 12월 3일이다. 부음을 들은 사대부들이 모두 슬퍼하며 눈물을 흘렸고, 와서 조문하는 친지와 빈객들이 매우 슬프게 곡하였다. 이듬해 3월에 옥천(沃川) 환산(環山) 묘향(卯向)의 둔덕에 안장하였으니, 공이 터를 잡아 아들을 안장한 곳이다.

배위(配位) 숙부인(淑夫人) 청송심씨(靑松沈氏)는 동지중추부사(同知中樞府事) 휘 종(棕)의 따님으로, 성품이 유순하여 부덕(婦德)이 있었고 모든 거동이 부군의 뜻에 어긋남이 없었다. 공보다 몇 년 먼저 태어났고 공보다 9년 뒤인 을해년(1755, 영조31) 모월 모일에 세상을 떠났으며, 공의 묘소에 부장(祔葬)하였다가 그 후 묘소의 터가 좋지 못하다 하여 중모현(中牟縣) 풍우정(風雩亭) 건좌(乾坐)의 둔덕에 모두 이장하였다.

1남 1녀를 두었다. 아들 종간(宗榦)은 문장과 행실이 있었고, 현감 광산(光山) 김동준(金東俊)의 딸을 아내로 맞았는데, 후사가 없다. 계자(繼子) 욱중(勖重)은 어질고 효성스러우며 재주가 있었고, 군수 고령(高靈) 신박(申溥)의 딸을 아내로 맞았으나 또 후사가 없었다. 이 아들과 손자 2대(代)가 모두 공보다 먼저 죽었기 때문에 공의 상사(喪事) 때 부인 신씨(申氏)가 공의 재종(再從)의 아들 태희(泰熙)로 후사(後嗣)를 삼아 대신하여 승중복(承重服)을 입게 하였다. 공의 딸은 풍산(豊山) 홍중희(洪重熙)에게 출가하여 1남 수보(壽輔)를 두었으니, 그는 진사로서 문명(文名)이 있었으나 역시 일찍 죽었다.

아! 화락한 군자에게는 하늘이 복록을 내리는 법이거늘, 공은 훌륭한 재주와 덕행을 지녔는데도 하늘이 복을 내린 것이 이러하여 자손이 번창하지 못했으니, 운명이로다! 태희는 진사 안동(安東) 권순(權淳)의 딸을 아내로 맞아 1남 1녀를 낳았다. 아들 석로(錫老)는 진양(晉陽) 정종로(鄭宗魯)의 딸을 아내로 맞았으니, 정종로는 바로 우복(愚伏)선생의 봉사손(奉祀孫)이다. 딸은 풍양(豊壤) 조계연(趙桂然)에게 출가하였으니, 그는 지금 헌납(獻納)인 석목(錫穆)의 아들이다.

공은 풍모가 단정하고 정결하며 성질이 정명(精明)하고 강직하여 보는 사람은 누구나 사랑하고 대기(大器)로 인정하지 않는 이가 없었다. 내행(內行)에 독실하여 형제와 효우(孝友)하고 친족과 돈목(敦睦)한 것이 천성에서 나왔다. 평생에 부모의 얼굴을 알지 못하는 것을 지극한 슬픔으로 여겨 기일(忌日)을 만나면 반드시 목욕재계하고 밤을 지새우며 자신이 직접 제물을 올리고 슬퍼하기를 처음 상(喪)을 당했을 때처럼 하였다. 매양 생일을 만나면 자제들이 주안상을 차려도 물리치고 들지 않으며 종일 슬픈 기색을 띠었다. 그리고 중부(仲父)·계부(季父)를 섬김에 정성과 효성이 모두 지극하였다. 중부(仲父)의 상(喪)이 났을 때 공은 승평(昇平) 수령으로 재임하고 있던 중 부음(訃音)을 듣고는 그날로 달려와 곡하였고, 적소(謫所)에 있을 때에도 계부(季父)의 봄가을 의복을 마련해 보내기를 집에 있을 때처럼 하였으며, 진귀한 음식을 얻으면 반드시 인편을 찾아서 아무리 거리가 멀거나 상황이 어려워도 어김없이 보냈으니, 그 지극한 효성은 다른 사람들이 따라갈 수 없는 것이었다.

종매(從妹)가 일찍 과부가 되어 살림이 가난하니, 공이 그 가솔을 데려다 자기의 소생처럼 자녀를 양육하였으며 시기를 놓치지 않고 장가들이고 시집보냈다. 공은 의리를 중시하고 재물을 가볍게 여겨 가난하고 궁핍한 사람들을 구제해 줄 때 자신의 심력(心力)을 다하였으니, 종족과 친지들이 모두 공을 든든히 믿고 의지하였다. 한 족인(族人)이 세력을 지닌 자에게 빌붙어 공을 해치려고 하였으나 공은 모른 체하면서 정의(情誼)를 조금도 변치 않았고, 그 사람이 죽자 자신이 직접 염습(殮襲)해 주고 조금도 나쁜 기색을 드러내지 않으니, 사람들이 모두 감탄하였다.

늘 말하기를, "사당의 신주를 체천하면 선조를 추모하는 정성이 소원해지고 복(服)이 다하면 친족과 돈목하는 정의가 끊어진다."라 하고, '봉선계(奉先契)'와 '돈서계(敦敍契)' 두 계(契)를 설치하여 제전(祭田)을 마련하고 재실을 건립하였다. 그리고 10월 상순(上旬)에 9대조 이하 선조들에게 세향(歲享)을 올리는 규례를 정하는 한편 여가가 있는 날에는 종족들을 모으고 환담을 나누게 하였다. 이러한 일들은 모두 당연한 예법(禮法)이지만 세상 사람들이 실행하기는 어려운 것이다.

몸가짐은 자신을 검속(檢束)하는 것이 매우 엄격하였다. 평소에 일찍 일어나 세수하고 머리빗은 다음 의관을 반드시 정제(整齊)하고 궤안(几案)을 반드시 정돈하였으며, 한가롭게 혼자 있을 때에도 게으른 모습을 보인 적이 없었다. 집안을 다스릴 때는 형편을 적절히 헤아려 길흉사(吉凶事)에 들 비용을 미리 마련해 두었고, 접빈객(接賓客)과 제사에 드는 비용도 모두 별도로 준비해두어 일에 임박하여 군색

할 걱정이 없도록 하였다. 가정 안에서는 위엄과 사랑이 아울러 지극하니 노복들은 힘써 일하였으며, 숙연하고 화목하여 다투는 소리가 나지 않았다. 환곡과 세금은 하호(下戶)들보다 먼저 납부하였다. 만년에는 생활이 가난하였는데도 단지 이택(利澤)이 남에게 미치도록 하려고만 생각하였다. 공이 세상을 떠난 뒤 집안에 있던 상자를 열어 보았더니, 단지 심의(深衣)와 낡은 조복(朝服) 한 벌씩만 남아 있었으니, 사람들이 이에 더욱 공이 여느 사람보다 한층 뛰어나다는 것을 알았다.

공은 시문(詩文)이 평담(平淡)하고 조창(條暢)하여 붓을 잡으면 곧바로 지었는데도 조리가 순탄하고 사정에 적절하니, 평소에 글을 잘한다고 이름난 사람도 스스로 자신보다 낫다고 인정하였다. 아직 난고(亂藁)로 남아 있고 아직 출간하지 못했다. 적소(謫所)에 있을 때 지은 『운결록(隕結錄)』·『자명록(自明錄)』·『서행일록(西行日錄)』이 집에 소장되어 있다.

일찍이 『퇴계집(退溪集)』에 주묵(朱墨)으로 표시하여 절요(節要)를 만들고자 하였으나 완성하지 못하니, 학자들이 애석하게 여겼다. 공의 9촌 조카 전적(典籍) 침(沈)이 공의 유사(遺事)를 지었다. 그 내용에,

"일찍이 공이 소모사(召募使)로 일할 때 따라다니면서 보니, 기무(機務)를 처리하는 재주와 기국(器局)은 장상(將相)이 될 수도 있었다. 만년에 전야에 물러나 은둔할 때 산림경제(山林經濟 저술을 뜻함.)가 경술(經術)에 근본을 두고 인륜(人倫)에 독실한 것 아님이 없었으니, 만약 공이 낭묘(廊廟)에 앉아 재상이 되었다면 백성들에게 혜택을 입히고 세상 사람들에게 모범이 되는 것이 필시 고

인(古人)보다 크게 못하지 않았을 터이다. 그런데 시대와 함께 소
멸하여 뜻을 품은 채 세상을 떠나고 말았으니, 후인으로서 유한(遺
恨)이 없을 수 없다."
라 하였으니, 보는 이들이 실록(實錄)이라 하였다.

　　공의 부인은 나의 모친과 내종(內從)간이라 내가 어릴 때부터 공의
언행을 익히 들었고, 나의 머리를 쓰다듬어 사랑해주신 은혜를 입었
다. 지금 황태희(黃泰熙)가 유사(遺事)를 가지고 와서 행장을 지어
주기를 부탁하였다. 나는 문장이 서툰데다 늙고 병들어 공의 성덕(盛
德)을 잘 모사할 수 없다. 그러나 옛일을 회상하니 자신도 모르게
슬픈 감회가 일기에 유사의 내용을 개괄(槪括)하여 글을 짓고 내가
듣고 본 일들을 보충해 둠으로써 병필(秉筆)하는 이가 채택하기를
기다린다.

白華齋黃公諱翼再, 字再曳, 新羅侍中諱瓊之後. 高麗明宗時, 有殿中監諱
公有避李義方難, 居長水縣, 遂爲貫鄕. 入國朝, 有翼成公諱喜, 將相德業,
冠冕吾東, 於公爲十世祖. 翼成仲子典籤諱保身, 始居尙州, 子孫因居焉. 典
籤曾孫吏曹參判諱孝獻, 以文章節行, 著名當世, 公其六世孫也. 曾祖諱緝,
義州府尹, 歷六道節度使, 取族弟生員諱緬之子通德郎諱載胤爲後. 通德生
贈左承旨諱鎭夏, 娶商山金震釱女, 以明陵壬戌正月二十八日生公於州之中
牟里舊第. 分娩之夕, 母夫人夢翼成公連問兒生乎者再, 故乳名翼再, 長而
仍之. 公二歲失恃, 七歲而孤, 淸羸多疾, 因以失學. 十一歲, 始入學, 習業
不怠, 不數年, 文理驟達, 通二史七書. 壬午擢式年第, 選入槐院, 補權知副
正字, 序遷著作博士. 乙酉兼奉常直長, 尋陞成均典籍, 移禮曹佐郎. 丙戌轉
兵曹佐郎, 九月除平安都事. 西路素多聲妓, 號爲花柳關, 爲官者狎遊不謹,

前後相望. 公年雖少, 嘗嚴在色之戒[58], 一切麾斥. 巡講時, 某邑倅餉名姝薦枕, 公不之顧, 妓慕公風儀, 傷懷而死. 累典郡邑, 終始不染, 制行之高, 有如此者. 丁亥六月, 秩滿還京, 七月除忠淸都事. 掌考試, 知舊竿尺雲委, 公常以繩直準平自期, 幷付于火. 謗言蝟興, 及榜出, 簡擇明允, 人士翕然稱頌. 未幾罷. 戊子冬, 再郎春官, 翌年春, 出爲全羅都事, 例管漕船. 漕入京倉, 雇人輩之從中偸竊, 倉吏之斛量不平, 反責逋於漕卒, 漕卒之以此破産者多. 公素知其弊, 與倉官約, 嚴其防禁, 二弊俱革, 漕人大說. 及還營, 條列漕運利害, 稟告上, 使揭諸浦倉, 犯者有禁, 海民至今賴之. 冬遞還. 庚寅, 再除騎省郎. 辛卯, 爲務安縣監, 遇荐饑, 下車之初, 首訪境內之賢士大夫, 講究荒政, 出入閭巷, 躬自巡撫, 分米饋粥, 鴉鳩均一, 闔境數千戶, 無一捐瘠, 課最諸邑. 御史洪錫輔褒聞, 有準職[59]除授之命, 兼管羅州漕運. 國法, 及期裝載而船破者, 罪止篙工, 否則責該官. 時已過限, 船又破於扶安海上, 扶安守素善公, 恐公獲罪, 不以實報. 公曰: "欺心免罪, 吾所恥也." 卽首實自劾, 會有赦事得已. 其臨事不苟, 多類是. 公嘗言: "治民, 敎化爲先, 而必自興學始." 捐廩置齋, 會士肄業, 供億有田, 給使有人, 暇日到齋, 終日講說, 務以實行爲先. 後於昇平, 立香林書塾, 筬城建養士齋, 所至士風丕變. 在邑五年, 百弊俱祛, 乙未解歸. 丙申, 除順天府使, 又依朱子社倉法,

---

58 在色之戒 : 孔子가 "군자는 세 가지 경계가 있으니, 어릴 때에는 혈기가 안정되지 못하므로 경계함이 여색에 있고, 장성해서는 혈기가 한창 강하므로 경계함이 다툼에 있고 늙음에 미쳐서는 혈기가 이미 쇠했으므로 경계함이 얻음에 있다.〔君子有三戒. 少之時, 血氣未定, 戒之在色; 及其壯也, 血氣方剛, 戒之在鬪; 及其老也, 血氣旣衰, 戒之在得.〕"한 데서 온 말이다. 『論語 季氏』

59 准職 : 堂下官으로서 가장 높은 벼슬인 堂下正三品이다.

以爲不虞之備, 後來者罷之, 邑人恨之. 戊戌冬瓜歸, 辛丑復拜典籍, 壬寅爲宗簿正, 皆病不赴. 癸卯除成均司藝, 遷軍資正, 六月爲司憲掌令, 旋遞, 八月, 爲靈光郡守, 乙巳罷還. 公之才調見識, 無施不可, 而尤長於治民, 三佩銅章, 皆在湖南, 南俗猾悍難治. 公誠心誘導, 寬猛得宜, 綜理微密, 秋毫不遺. 吏之虎翼者懾伏, 民之狐黠者擾馴, 及去, 鑄銅刻石, 立碑追思. 戊申, 陞通政, 爲鍾城府使. 公起廢於累年之後, 感激恩命, 卽爲發行到忠原, 聞清州賊報, 迤路由關東抵砥平縣. 時, 吳公命恒爲都巡撫使, 朴公師洙爲嶺南安撫使南下, 朴素知公才器, 遇之大喜, 啓薦公與之俱行. 到安東, 有召募使之命, 公受命奔馳, 檄告列邑, 勉以忠義, 士民風動, 未幾賊就勦, 罷召募. 而若其廣布耳目, 偵探賊情, 密報兩使, 把截要害, 使賊勢窘蹙, 公之區畫多焉. 由是, 二公益器之. 賊平復命, 因謝加資. 時, 賊起嶺南, 故嶺人多被誣, 公名亦出賊招, 而公之素昧也. 上察知置不問, 公情地惶蹙, 席藁竢命. 時, 吳公及嶺南御史李公宗城入侍, 力言公有功無罪狀. 上曰:"某事賊旣自服其誣, 則已在淸脫之中. 勿待命."令該曹依舊調用, 因錄原從勳一等. 公以軍卿留京數月暇歸. 自是, 杜門謝客, 爲畢命松楸之計. 翌冬, 朝有軍卿在鄕之禁, 邑牧李廷熽囚僮促行甚刻. 庚戌三月二十日, 公始發行, 呈本官請放家僮, 遂登程入京. 時, 巫蠱獄起, 凶賊道昌奴萬益被喉, 欲滅口, 毒殺道昌, 而誣引株連者多. 其言曰:"三月二十日, 渠輩謀毒道昌時, 廣州細橋黃順天參座而名不知."順天卽公十三年前官銜. 而其後歷任內外, 且無暫住廣州之事, 則其誣罔難掩, 又所謂三月二十日, 卽公自鄕發行之日也. 委官不察, 請拿公就理置對, 王府行査, 事歸虛謊, 上命特放之. 盖公以孤子之身, 雖以才選, 而異趣之吹索亦多. 前後作宰, 上官捃摭無不至, 終不能得, 竟以褒聞, 則公之賢, 可知已. 至是問郎趙明翼挾宿憾, 必欲甘心, 盤詰構問, 公辨對詳明, 辭證不錯, 其計不售矣. 踰月後喉臺臣朴弼均・李壽沆請竄, 皆以不可

遽釋爲言, 不允. 及明翼爲言官, 又請鞫, 不允. 後獻納徐命珩以事實之無據
停啓, 事雖得解, 上重違臺言, 竟配龜城, 非上意也. 公迫然就道, 在配七
年, 不出庭外一步, 日取性理書, 潛心硏究, 安於義命, 不知身在關塞千里之
外而恬如也. 丙辰因東宮冊禮赦還. 戊午有給牒叙用之命, 而以蒙放未久格
不行. 自是, 世念輴冥, 惟以明農課學自適. 性雅好山水, 聞朱溪山水之佳,
自綿城歸, 築室居之, 次「歸去來辭」, 揭壁以自娛. 復移嵩善, 晚結小齋于松
楸下, 顔以白華, 取山名與笙詩[60]之義也. 栽花種竹, 藏書數千卷, 宦遊之
外, 杖屨不離山齋. 良辰美景, 與會心人, 徜徉於水石之間, 命酒賦詩, 有言
及時事者, 若無聞也. 不幸骨肉凋喪, 雖委命理遣, 而宿恙沉綿. 易簀前夕,
猶能酬接賓客, 答應簡牘如常. 翌朝忽劇, 考終于壽峯新齋, 卽丁卯十二月
三日也. 士大夫聞者, 莫不齎咨涕洟, 親賓來哭者哭甚哀. 明年三月, 窆于沃
川之環山卯向, 公所占葬子之地也. 配淑夫人靑松沈氏, 同樞諱棕女, 婉順
有婦德, 一動一靜, 無違夫子, 生先公幾年, 後公九年乙亥某月某日卒, 葬祔
公墓, 後以宅兆不利, 幷遷于中牟之風雩亭乾坐. 有一男一女, 男宗斡有文
行, 娶縣監光山金東俊女, 無后. 繼子勛重亦賢孝有才藻, 娶郡守高靈申霈
女, 又無后. 兩世皆先公而歿, 及公之喪, 申氏取其夫之再從子泰熙, 承重代
服. 女適豊山洪重熙, 一子壽輔進士, 以文名, 亦早逝. 嗚呼! 豈弟君子, 福
祿攸降, 以公之才之德, 天之所以福之者如是, 子姓不蕃, 其命矣夫! 泰熙
娶進士安東權淳女, 生一子一女. 子錫老娶晉陽鄭宗魯女, 卽愚伏先生之承

---

60 笙詩 : 『詩經 小雅』 중「南陔」「白華」「華黍」「由庚」「崇丘」「由儀」6편은
篇名만 남아 있고 가사는 없다. 朱熹가 『詩集傳』에서 이 6편을 笙詩라 하였다.
생시는 가사는 없고 생황으로 곡조만 연주하는 일종의 연주곡이다. 『毛序』에
"「白華」는 효자의 결백을 노래한 것이다."라 하였다.

祀孫也. 女適豊壤趙桂然, 今獻納錫穆之子. 公風標端潔, 質性精剛, 見者無
不愛而器之. 篤於內行, 孝友敦睦, 出於天性. 平生以不識親顔爲至痛, 遇忌
日, 必齋沐達宵, 躬執奠需, 悲哀如始喪, 每値生朝, 子弟設酌, 却之不御,
含恤終日. 事仲季父, 誠孝備至. 仲父之喪, 公時任昇平, 聞訃卽日奔哭, 在
謫時備送季父春秋衣服, 如在家時, 若得珍羞, 必討信便, 不以地遠計艱而
少間. 其不匱之孝[61], 非人可及也. 有從妹早寡而貧, 公撫育之, 撫其子女如
己出, 婚嫁不失時. 重義輕財, 賑貧恤窮, 如恐不及, 宗族知舊, 皆倚以爲
重. 有一族人附勢而欲害公, 公若不知, 情好無替, 及其死也, 躬紀殯殮, 少
無形跡之意, 人皆稱歎. 常謂廟遷而追遠之誠踈, 服盡而敦親之誼絶, 遂置
奉先敦叙兩契, 置祭田建齋舍. 十月上旬, 定九代以下歲享之規, 又以暇日
聚族叙歡, 此皆禮法之當然, 而世人之難行者也. 其持身也, 律己甚嚴, 平居
早起盥櫛, 衣帶必飭, 几案必整, 雖燕私, 未嘗有倦怠之容. 其治家也, 裁度
有無, 吉凶之需, 先事預辦, 賓祭之用, 亦皆別備, 無臨時窘束之患. 家庭之
內, 威愛兼至, 僮僕效力, 肅穆無聲. 糧稅之入, 必先下戶[62], 晚歲居貧, 而
惟以利澤之及人爲意. 其歿也發舊篋, 惟深衣弊朝衣各一, 人皆於是乎益知
公之加人一等也. 公詩文平淡條暢, 操筆立成, 怡然理順, 切於事情, 素號能
文者, 自以爲不及, 在亂藁未出. 被謫時有『隕結錄』·『自明錄』·『西行日

---

61 不匱之孝: 『詩經』「大雅 旣醉」에, "효자가 다하지 않으니 길이 너에게 선을
주리로다.〔孝子不匱, 永錫爾類.〕"라 한 데서 온 말이다.

62 下戶: 국가에서 賦役을 均平하게 하기 위해 나눈 民戶 등급 중의 하나이다.
조선 초기에도 家戶 내의 人丁 수에 따라 대·중·소 戶로 나누고, 경작하는
田結의 수에 따라 대·중·소·殘·殘殘 호로 나누었다. 그러나 대개 田宅과
資産에 따라 上·中·下 戶로 나누었다. 『世宗實錄 27年 8月 24日』

錄』藏於家. 嘗就『退溪集』, 朱墨標識爲節要而未果焉, 學者惜之. 公族子典籍沉撰公遺事, 有曰: "嘗從公召募節下, 觀其密勿才局, 可將可相. 而晩廢田間, 山林經濟, 莫非根於經術, 篤於人倫, 苟使坐廊廟秉國勻, 其澤物範世, 未必多讓於古人, 而與世抹摋, 齎志而歿, 後死者不能無遺恨." 見者以爲實錄. 公之夫人, 於鼎福先妣爲內從, 故鼎福自幼習聞公之言行, 亦嘗蒙撫頂之恩. 今者黃生泰熙持公遺事, 屬以爲狀. 余辭拙而老且病, 無以模寫盛德. 旋念舊事, 不覺愴感, 就遺事礨括成文, 而補以耳目所得, 以竢秉筆者採擇焉.

5. 성균관 진사 부사 선생 성공 행장

成均館進士浮査先生成公行狀 을사년(1785, 74세)

공은 성이 성씨(成氏)이고 휘가 여신(汝信)이며 자가 공실(公實)이고 본관은 창녕(昌寧)이다. 원조(遠祖) 휘 송국(松國)이 고려에 벼슬하여 문하시중(門下侍中)에 이르렀고, 이후 7대를 거치는 동안 높은 관작이 이어졌다. 휘 경(脛)에 이르러서는 아조(我朝)에 들어와 현감(縣監)을 지냈다. 현감은 휘 자량(自諒)을 낳았으니, 좌사간(左司諫)이다. 사간이 휘 우(佑)를 낳았으니, 장흥고부사(長興庫副使)이다. 이 분이 처음으로 진주(晉州)에 이주하였으니, 공에게 고조가 된다. 증조 휘 안중(安重)은 승문원 교리(承文院校理)이고, 조부 휘 일휴(日休), 호 무심옹(無心翁)은 증호조참판(贈戶曹參判)이다. 부친 휘 두년(斗年)은 성품이 효우(孝友)하였고, 천거를 받아 경기전참봉(慶基殿參奉)에 제수되었는데 취임하지 않았으며, 증한성부우윤(贈漢城府右尹)이다. 초계변씨(草溪卞氏) 충순위(忠順衛) 원종(元宗)의 따님을 아내로 맞아 아들 세 사람을 두었다. 장남 여충(汝忠)은 원종공신(原從功臣)에 녹훈되었으니, 위 2대가 증직을 받은 것은 이 때문이었다. 차남 여효(汝孝)는 임진왜란 때 향교(鄕校)의 오성(五聖)의 위판(位板)을 모시고 진양성(晉陽城)에 들어갔다가 성이 함락되자 위판을 안은 채 죽었다. 공은 형제 중 막내로, 가정(嘉靖) 병오년(1546, 명종1) 정월 1일 자시(子時)에 진주 대여면(代如面) 귀동촌(龜洞村)에서 태어났다.

공은 태어날 때부터 영특하고 안광(眼光)이 사람을 쏘았다. 무심공이 기뻐하여 이르기를, "훗날 우리 가문을 크게 일으킬 사람은 필시 이 아이일 것이다."라 하였다. 조금 성장해서는 마치 성인(成人)처럼 정중하였다.

8세 때 조계(槽溪) 신점(申霑)에게 가서 수학하였다. 신공(申公)은 바로 문충공(文忠公) 숙주(叔舟)의 증손으로서 공에게 이모부가 되며, 은거하여 강학(講學)하고 있었기 때문에 공이 스승으로 섬겼던 것이다. 13, 4세에 이르러 경전(經傳)을 모두 읽었고 과문(科文)의 각체(各體)도 다 잘 지으니, 신공이 늘 칭찬하여 말하기를, "앞날의 성취는 내가 미칠 수 없을 것이다."라 하였다.

경신년(1560, 명종15)에 약포(藥圃) 정공(鄭公) 탁(琢)이 본주(本州)의 교수(敎授)로 왔기에 공이 가서 『서경(書經)』을 배웠다. 정공이 크게 칭찬하며 훌륭한 스승에게 찾아가 학문을 배우도록 권하였다.

계해년(1563, 명종18) 봄에 귀암(龜巖) 이공(李公) 정(楨)에게 예물을 가지고 찾아가 뵈니, 이공이 국가의 훌륭한 인물이 될 것으로 허여하고 『근사록(近思錄)』을 가르쳐 주며 위기지학(爲己之學)을 권면하였다.

가을에 방백(方伯)이 순행하며 과시(課試)를 보일 때 「운학부(雲鶴賦)」를 지어 장원을 차지하다. 그 부(賦)에,

도팽택이 심양으로 돌아가니
구름은 무심히 골짜기에서 피어오르고
이적선이 동정호를 바라보니
학은 물이 끝나는 곳에서 보이지 않네

陶彭澤歸去潯陽 無心出岫 李謫仙西望洞庭 水盡不見

라는 한 구절이 있으니, 방백이 무릎을 치며 탄복하기를, "불세출
(不世出)의 문장이로다!"라 하였다.

이듬해 봄에 향시의 생원·진사 양시(兩試)에 합격하니, 이로부터
명성이 온 도내(道內)를 떨쳤다.

무진년(1568, 선조1)에 감사(監司) 정임당(鄭林塘) 유길(惟吉)과
진주목사(晉州牧使) 최송정(崔松亭) 응룡(應龍)이 인근 고을의 유생
(儒生) 10명을 뽑아 단속사(斷俗寺)에서 회접(會接)하였는데, 공이
그 접장(接長)이었다. 이에 앞서 휴정(休靜)이 『삼가귀감(三家龜鑑)』
이란 책을 지었는데, 유가(儒家)를 끝에 두었고, 또 불상(佛像)을
조성하였으니 사천왕(四天王)이라 하고 그 형상이 몹시 괴위(怪偉)
하였다. 공이 분노하여 말하기를, "이 중이 우리 도를 몹시 업신여기
는구나."라 하고, 접중(接中)이 인쇄한 책을 가져다 찢어버리고, 중들
을 시켜 불상을 헐고 책판을 불태우게 하였다. 남명(南冥)선생이 이
말을 듣고, "말세의 인물들은 간혹 젊었을 때에는 기개가 높다가도
점차 연숙(軟熟)해지고, 후생들은 매사에 되도록이면 적당히 조정하
려 하니, 어떻게 진취(進就)할 수 있겠는가. 공자께서 광간(狂簡)한
사람을 취하셨던 것이 바로 이 때문이었다."라 하였다. 이튿날 공이
남명선생을 배알(拜謁)하니 선생이 맞아 들여 매우 다정하게 이야기
하였다. 조금 지나서 수우당(守愚堂) 최공(崔公) 영경(永慶)이 왔다.
선생이 공을 가리키며 불상을 헐어버린 일을 말하니 최공이 옷깃을
여미고 일어나 경의를 표하였다. 공이 그대로 머물면서 『서경(書經)』
의 의심나는 뜻을 질문하였더니, 선생이 칭찬하여 말하기를, "이미

독실한 경지에 이르렀다."라고 하였다.

집에 돌아오자 부친 우윤공이 병석에 누워 있었다. 공은 정성을 다하여 구료(救療)하느라 애태우고 걱정한 나머지 음식을 목에 넘기지 못했고 옷의 띠를 풀 겨를이 없었다. 우윤공이 운명하자 시신을 부여잡고 울부짖으며 가슴을 치고 발을 구르던 끝에 기절했다가 다시 소생하였고, 밤낮으로 곡하는 소리가 끊이지 않았다. 전작(奠酌)의 제기(祭器)는 자신이 직접 살피고 씻었으며 주방의 종들에게 맡기지 않았다. 장사를 지낸 다음 여막(廬幕)에서 시묘(侍墓)하는 일은 백씨(伯氏)·중씨(仲氏)와 약속하기를, 중씨는 집에 돌아가 모친을 모시고 제사를 대신 지내고 공과 백씨는 시묘하기로 하였다. 공은 모친에게 문안드릴 때와 삭망(朔望) 및 명절에 제전(祭奠)을 올리는 때 외에는 여막에서 나오지 않고 최질(衰経)을 벗지 않았으며, 아침저녁으로 보리죽만 먹었다. 상례(喪禮)와 제례(祭禮)는 한결같이 주자(朱子)의 『가례(家禮)』에 따르되 귀암(龜巖)이 시묘할 때 정해둔 절문(節文)을 참작하였다.

신미년(1571, 선조4) 봄에 복(服)이 끝났다. 7월에 또 모친상을 당하여 애훼(哀毁)가 예제(禮制)에 지나친 것이 부친상 때와 같았다. 장사를 지내고 시묘할 때 공이 백씨에게 말하기를, "어머니의 체백(體魄)이 쓸쓸한 산중에 계시니 차마 버려두고 갈 수 없습니다. 그렇지만 반혼(返魂)하지 않은 채 수묘(守墓)하면 이는 체백만을 중시하고 신혼(神魂)을 경시하는 것이니, 예(禮)가 아닙니다. 형님은 제사를 주관하는 장자이시니 의당 신주를 모시고 반혼하시어 제사를 주관하셔야 합니다."라 하고 공이 중씨와 함께 시묘하였다.

임진년(1592, 선조25) 여름에 가솔을 데리고 진주(晉州) 지역으로

피난하였다. 이듬해 계사년에 진양성(晉陽城)이 함락될 때 중씨가
죽자, 공이 유해를 찾아 안장하고 갑오년에 집에 돌아왔다. 정유년
(1597, 선조30)에 왜적(倭賊)이 다시 침입하자 금릉(金陵)에 피난했
다가 기해년(1599, 선조32)에 향리로 돌아왔다. 임인년(1602, 선조
35)에 이종영(李宗榮) 희인(希仁), 이대약(李大約) 선수(善守)와 계
서약(雞黍約契)을 맺고 매년 3월 보름과 9월 보름에 윤번으로 돌아가
면서 서로 방문하기로 하였는데, 정동계(鄭桐溪) 온(蘊)도 와서 참석
하였다. 공이 이 계의 서문을 지었으니, 곧 옛 사람이 진솔회(眞率會)
를 열었던 뜻이다.

공이 평소에 교유한 사람들은 모두 당대의 명사(名士)들이었다.
사람들과 교제할 때는 은정과 의리가 모두 지극하여, 부당하게 어려
운 일을 당한 사람을 보면 자신이 그 일을 당한 것처럼 여기고 반드시
나서서 구제하였다. 늘 수우당(守愚堂)이 원통하게 죽은 일을 애통하
게 여겨 동계(桐溪) 등 제공(諸公)과 함께 대궐에 규혼(叫閽)하여
신원(伸冤)하였다. 공은 평소 의병장(義兵將) 김공(金公) 덕령(德
齡)의 충용(忠勇)을 인정했다. 김공이 도망한 군졸을 죽인 일로 수금
된 적이 있는데 공이 그를 대신해 글을 지어 체찰사(體察使) 이공(李
公) 원익(元翼)에게 그의 억울한 정상을 변론하는 한편, 진양(晉陽)
의 유생(儒生)들에게 권하여 정문(呈文)하여 신구(伸救)하도록 권하
였다. 그리고 김공의 이름이 역적 이몽양(李夢陽)의 공초(供招)에
나와 체포되었을 때 공이 진사 문홍운(文弘運)과 함께 소장(疏章)을
올려 억울한 정상을 변론하였으나 구원하지 못하고 말았으니, 공이
이 일을 종신토록 한스럽게 여겼다.

후일에 동계가 국사(國事)를 의론한 일 때문에 장차 불측(不測)한

화(禍)를 당하게 되자, 공이 탄식하여 말하기를, "오늘날 강상(綱常)의 책임을 질 사람은 이 사람이니, 어찌 가만히 좌시(坐視)할 수 있겠는가."라 하고, 오사호(吳思湖) 장(長)·이설학(李雪壑) 대기(大期)와 함께 소장을 올려 신구(伸救)하였는데, 소장이 상에게 올라가지 못한 채 돌아왔다. 공이 의로운 일을 하는 데 용감한 것이 이와 같았다.

기유년(1609, 광해군1)에 생원시(生員試)·진사시(進士試)에 모두 합격하였다. 일찍이 부친 우윤공이 임종할 때 공에게 이르기를, "나는 독신으로 부모를 봉양해야 했기 때문에 이른 나이에 과거공부를 그만두어 입신양명(立身揚名)할 길을 잃었다. 너는 모름지기 노력하여 내가 죽었다고 하여 해이하지 말라."라 하기에 공이 울면서 그 명을 받았다. 그리하여 경학(經學)을 강습하는 여가에 과거 공부에도 부지런히 힘써 늙을 때까지 그만두지 않았다. 전후로 초시(初試)에 합격한 것이 24번이었는데, 이 때에 이르러 비로소 소성(小成)하였다. 계축년(1613, 광해군5)에 동당시(東堂試)에 장원하여 서울로 갔으나 세도(世道)가 혼란한 것을 보고 마침내 과장에 들어가지 않고 돌아왔다. 이로부터는 세상에 나가지 않고 은거하기로 작정하였다.

임진왜란을 겪은 이후로 선비들이 학문할 줄 몰랐다. 이에 공은 사문(斯文)을 흥기하는 것을 자신의 임무로 삼았다. 병진년(1616, 광해군8) 봄에 자신이 거주하는 금산리(琴山里)에서 『여씨향약(呂氏鄕約)』과 퇴계(退溪)의 동약(洞約)을 본뜨고 약간 다듬어 동약을 만들어 시행하는 한편, 옛날 소학(小學)·대학(大學)의 규례에 의거하여 양몽재(養蒙齋)·지학재(志學齋)를 설립하고 고을의 후생들로 하여금 나이에 따라 나누어 거처하며 공부하게 하였다. 하공(河公)

진(溍)·조공(趙公) 겸(璡)·한공(韓公) 몽일(夢逸) 등 몇 사람들이
믿고 따르며 일을 도와 10년도 못 가서 문풍(文風)이 크게 진작하고
과거에 오른 사람도 있었다. 처음에는 비난하는 말이 시끄럽더니 나
중에는 원근(遠近)의 사람들이 모두 따랐다.

남명선생이 일찍이 고금의 예(禮)를 참작하여 혼례·상례를 제정
했는데, 임진란을 겪은 뒤 그 예가 없어지고 다시 불씨(佛氏)의 법을
따랐다. 이에 공이 말하기를, "선생이 혼례·상례에서 세속의 고배상
(高排床)을 따르지 않으니, 당시 사대부가(士大夫家)에서 따른 사람
이 많았다. 지금에 와서는 그렇지 못하여 구습(舊習)을 그대로 따르
고 있다. 혼례에 고배상을 차리는 것은 그래도 혹 세속을 따를 수
있지만, 초상·장례·소상(小祥)·대상(大祥)·담제(禫祭)에도 모
두 고배상을 차리고 심지어 빈객들이 술을 달라고 하여 어울려 노는
것은 매우 터무니없는 일이다."라 하고, 동지들과 함께 남명의 구례
(舊禮)를 회복하니, 이로부터 풍습이 약간 변하였다.

공은 부친의 뜻을 따라 과거 공부를 하였지만 자신을 검속(檢束)하
는 데 엄격하여 잠시도 소홀한 적이 없었다. 거주하는 곳에 부사정(浮
査亭)을 짓고 이로써 자신의 호를 삼았고, 또 양직당(養直堂)을 건립
하고 명(銘)을 지었다. 그 명에,

양직당 북쪽에 천 줄기 대나무는
그 속은 비었고 그 마디는 곧아라
더위를 물리치고 눈서리를 이기니
군자가 이를 취하여 본보기를 삼지
나의 천성 실천하고 나의 본성 회복하니

잘 수양하는 방도는 직(直)과 경(敬)이라
늘 이 명을 보면서 스스로 경계하노라

堂之北千竿竹 其心空其節直 却炎暑排霜雪 君子以取爲則
踐吾形[63]復吾性 善其養直而敬 常顧諟用自警

라 하였다. 그리고 창가의 벽에다 '직방대(直方大)'라는 세 글자를
크게 써놓고 풀이하기를,

"무엇을 직(直)이라 하는가? 마음을 정직하게 하는 것이다. 무엇을
방(方)이라 하는가? 일을 방정하게 하는 것이다. 무엇을 대(大)라
하는가? 도량을 크게 하는 것이다. 마음이 정직하지 못하면 사특하
게 되며, 일이 방정하지 못하면 부정(不正)하게 되며, 도량이 크지
못하면 협소해진다. 사특·부정·협소는 군자(君子)가 하지 않는
것이다. 정직하게 되는 공부는 '경(敬)'에 있고, 방정하게 되는 공
부는 '의(義)'에 있고, 도량을 크게 하는 공부는 '성(誠)'에 있다.
마음이 전일하여 다른 곳으로 가지 않으면 이것이 '경(敬)'이니 마
음의 주재이며, 일을 판단함이 마땅하면 이것이 '의(義)'이니 일의
주재이며, 진실하여 거짓이 없으면 이것이 '성(誠)'이니 일신의 주
재이다. 마음의 주재가 있고 일의 주재가 있고 일신의 주재가 있으

---

63 踐吾形 : 하늘로부터 받은 나의 天性을 그대로 실천하는 것이다. 『孟子』「盡
心上」에 "형색은 천성이니, 오직 성인이라야 형색을 그대로 실천할 수 있다.
〔形色, 天性也. 惟聖人然後, 可以踐形.〕라 한 데서 온 말이다.

면 행동이 군색하고 사특한 길로 들어설 우려가 없게 된다. 그러므로 이를 써서 나 자신을 경각하노라!"
라고 하였다.

또 자손들을 위하여 부사정(浮查亭) 동쪽에 네 칸 집을 짓고 지은사(知恩舍)라 명명하였으니, 이는 고인(古人)이 "자식을 가르쳐 보고서야 비로소 부모의 은혜를 알게 된다."라고 한 말을 취한 것이다. 동쪽 방의 편액을 이고재(二顧齋)라 하였으니 이는 『중용』의 '말은 행실을 돌아보고 행실은 말을 돌아본다.〔言顧行, 行顧言.〕'고 한 말의 뜻을 취한 것이며, 서쪽 방의 편액을 사유재(四有齋)라 하였으니 이는 장횡거(張橫渠)가 '낮에는 하는 바가 있고 밤에는 터득하는 것이 있고 눈 깜빡하는 사이에도 기르는 바가 있고 숨 쉬는 사이에도 보존하는 바가 있다.〔晝有爲, 宵有得, 瞬有養, 息有存.〕'라는 말의 뜻을 취한 것이며, 중간의 두 칸을 삼어당(三於堂)이라 하였으니 이는 '부모에게 효도하고 어른에게 공순하고 벗에게 신의가 있다.〔孝於親, 弟於長, 信於朋友.〕'라 뜻을 취한 것이다. 시를 짓기를,

부사정 북쪽에는 지은사요
이고재 서쪽에는 사유재라
날로 삼어당에서 부지런히 힘쓰면
학문을 성취하는 데 계제가 되리라

浮查亭北知恩舍 二顧齋西四有齋 日向三於勤着力 升堂入室[64]可成堦

라 하였다.

또 「만오잠(晚悟箴)」을 지어 벽에 붙이고 「성성잠(惺惺箴)」을 지어 자손들에게 주었으며, 또 「동현찬(東賢贊)」을 지어 앙모하는 뜻을 담았고 『사우록(師友錄)』을 지어 강마(講磨)의 즐거움을 드러냈으니, '학문하는 데 독실하여 부지런히 노력하여 죽은 뒤에야 그만둔다'고 한 것은 공을 두고 한 말일 터이다.

공은 벼슬길에 나가는 데 뜻을 두지 않고 20년 동안 한가롭게 살면서 덕성(德性)을 함양하였다. 만년에 수직(壽職)으로 통정대부의 자계(資階)를 받았다.

숭정(崇禎) 임신년(1632, 인조10) 11월 1일에 부사정에서 고종(考終)하였으니, 향년 87세이다. 고종하기 하루 전에 약간의 감기 기운이 있었는데, 공이 자손들에게 이르기를, "남명선생이 임종할 때 안팎이 안정(安靜)하도록 경계하였으니, 군자의 정종(正終)은 응당 이와 같아야 한다."라고 하였다. 이 날 아침 일찍 일어나 목욕하고 가묘(家廟)에 배알한 다음 집안의 내외 사람들을 불러 일일이 묻고 나서 천천히 말하기를, "각자 너희들의 처소에 돌아가라."라 한 다음 자리를 바르게 펴게 하고 누워서 편안히 운명하였으니, 매우 기이한 일이다. 이듬해 1월에 진주(晉州) 북쪽 감암산(紺巖山) 오향(午向)의 둔덕에 안장했으니, 치명(治命)을 따른 것이다.

공은 풍채가 준위(俊偉)하고 기국이 심후하여 급한 말과 안색이

---

64 升堂入室 : 공자가 제자 子路에 대해 "당에는 올랐으나 아직 실에는 들어가지 못했다.[升堂矣, 未入於室也]"라 한 데서 온 말로 학문의 깊은 경지에 들어가는 것을 뜻한다. 『論語 先進』

없었으며 아무리 창졸간에 다급한 상황을 만나도 당황한 적이 없었으니, 공이 가는 곳마다 사람들이 모두 존경하고 두려워하여 떠드는 소리가 없이 조용하였다. 젊은 나이에 귀암(龜巖)의 강석(講席)에 있을 때 귀암이 공의 강론이 정명(精明)하다고 칭찬하였으나 공은 스스로 만족하는 마음이 없었다. 귀암이 말하기를, "성군(成君)은 은덕군자(隱德君子)이다."라고 하였다.

타고난 성품이 매우 효성스러워서 어릴 때부터 효아(孝兒)로 일컬어졌다. 평소에 부모의 뜻을 잘 받들고 순종하여 봉양이 지극하였고, 양친의 상(喪)을 당하여 도합 6년 동안 시묘(侍墓)하였다. 그리고 선친의 기일(忌日)이 다가오면 제삿날 7일 전에 대청과 뜰을 청소하였고, 제삿날에는 자신이 직접 제기를 씻고 제수를 점검하여 힘써 정결하게 하였으며, 제사를 모실 때에는 눈물을 흘리며 슬피 울어 주위 사람들도 따라 슬퍼하였으며, 제사를 지낸 지 3일이 지나서야 평소의 침소로 돌아왔다. 나이가 여든이 넘어서도 그렇게 하였다.

백씨·중씨와 우애가 매우 돈독하여, 낮에는 한 자리에 앉고 밤에는 한 이불을 덮으면서 매우 다정하여 화기가 가득하였다. 두 형이 먼저 세상을 떠났는데, 중형은 아들이 없어 공이 중형의 제사를 지냈다. 두 형의 기일(忌日)을 만나면 매양 선친의 제사 때처럼 재계하고 정결하게 하였으며, 종일 슬퍼하여 흐르는 눈물을 금치 못하였다. 늘 아들에게 말하기를, "제사는 정성과 공경이 무엇보다 중요하니, 진실로 정성스럽고 공경스럽지 못하면, 어떻게 신명(神明)과 접할 수 있겠는가? 이것이 바로 7일 동안 산재(散齋)하고 3일 동안 치재(致齋)하는 법을 둔 까닭이다. 제물(祭物)로 말하자면 풍족한 것이 중요한 게 아니니, 진실로 정성을 다해 정결하지 않으면 비록 풍족하더라도 어찌 흠향하겠는가. 이것이 고인이 '제사는 집안 형편에 맞추어야 한다'고 훈계한 까닭이다." 하였다.

평소에 날마다 새벽에 일어나 가묘(家廟)에 배알하고 서재에 물러나와서 책상을 마주하여 단정히 앉아 옛 서책을 열람하면서 빈객을 대하듯 엄숙하였다. 홀로 있을 때에는 손을 맞잡고 무릎을 모아 태만한 모습을 보이지 않았으나 손님이 왔을 때에는 혹 평좌(平坐)하여 승검(繩檢)이 없는 듯한 모습을 보였으니, 대개 공은 자신을 애써 감추어 학자로 자처하지 않으려 했던 것이다.

가정에서는 사람들에게 노하고 꾸짖는 말을 하지 않았고 매질을 하지 않았지만 사람들이 절로 두려워하며 복종하였으며, 잘못이 있으면 자상한 말로 타일러 스스로 고치도록 하니, 집안의 위아래 사람들이 모두 숙연하고 화목하여 도리에 어긋나는 일을 하지 않았다. 늘 집안사람들에게 경계하기를, "인가(人家)에서 무엇보다 우선 힘써야 할 일은 공부(公賦)와 제수(祭需)이다. 자신이 먹고 살아가는 일은 어려운 것이 아니니, 공부는 하호(下戶)보다 먼저 수납(輸納)해야 하고, 양식이 떨어졌더라도 제수에 손을 대서는 안 된다."라 하였다.

공은 일찍이 남명(南冥)·귀암(龜巖)의 문하에 들어가서 경(敬)·의(義)와 효제충신(孝悌忠信)의 가르침을 듣고 말하기를, "두 분 선생의 말은 다르지만 실상은 같다. 효제충신은 경·의가 아니면 실행하지 못하고 경·의는 효제충신이 아니면 확립할 수 없다. 이는 일상생활을 벗어나지 않으니, 내 마음의 당연한 바를 다하는 것일 뿐이다."라 하고, 종신토록 복습(服習)하여 자신을 수양하고 남을 가르치는 일에 모두 이를 우선하였다. 공은 경전(經傳)을 널리 연구하고 백가(百家)의 서적에도 두루 통달하였으나 그래도 오히려 부족하다고 여겨 30세 이후에는 쌍계사(雙溪寺)에 들어가서 경서(經書)와『심경(心經)』・『근사록(近思錄)』등 성리서(性理書)를 반복해 읽으면서, 발분망식(發憤忘食)하여 3년 동안 전심(專心)하여 연구하고 돌아왔다. 이후로 지난날 의심스럽고 알 수 없던 것들이 얼음이 녹듯이 풀려 환히 알게 되었다. 그러나 공은 이를 사람들에게 과시하지 않았으며, 함께 말할 만한 사람을 만났을 때에는 매우 진지하게 토론하여 천리(天理)와 인사(人事), 천인성명(天人性命)의 이치와 의리(義利)・공사(公私)의 구분을 환히 분석하여 말하니, 흥미진진하여 듣는 사람들이 귀를 기울였다.

어떤 사람이 성리설(性理說)을 물으니. 공이 말하기를,

"학문은 자신이 해야 할 도리를 다해야 하니, 이렇게 오래도록 실천해가면 위로 상달(上達)하여 천리(天理)를 아는 경지에 도달하기 어렵지 않다. 하학(下學)하여 인사(人事)를 배우지도 않고 대뜸 위로 천리를 알고자 하면 마음이 고원(高遠)한 데로 달려가 아래로 인사를 배운 것까지도 잃어버리게 된다. 성인(聖人)이 사람을 가르칠 때 차서(次序)에 따라 점차 진보하도록 한 것이 이 때문이었다. 자신의 마음을 속이고 다른 사람을 속여서 인작(人爵)을 훔치는 것은 바로 하늘을 훔치는 것이니, 후일에 반드시 재앙이 있게 마련이다."

라 하였다. 또 학자들에게 이르기를,

"모름지기 많은 글을 읽은 연후에 번다한 지식을 수렴하여 간략한 데로 나아가고, 자신에 돌이켜 간약(簡約)한 곳에 나아가야 한다. 이것이 맹자가 말한 '널리 배우고 상세히 설명하는 것은 자신에 돌이켜 요약(要約)함을 말하고자 해서이다.'라고 한 것이다."

라 하였고, 또 이르기를,

"예(禮)는 사람에게 있어 큰 것이다. 사람이 금수(禽獸)와 다른
것은 예로써 절도를 삼기 때문이다."

라 하였고, 또 이르기를,

"자식이 부모를 섬김에는 자기 마음을 다할 뿐이다. 문왕(文王)이
부친의 음식을 살핀 일과 자로(子路)가 먼 곳에서 쌀을 지고 온
일은 모두 자식의 직분에 당연한 도리이다. 얼음 구멍에서 잉어가
뛰어나온 왕상(王祥)의 일과 겨울에 죽순이 돋아난 맹종(孟宗)의
일은 자식이 마음을 다하자 하늘이 감응(感應)하여 생긴 결과이다.
무엇하러 굳이 이러한 이적(異蹟)을 바랄 필요가 있겠는가. 어버이
를 섬기는 도리는 그 방도가 무궁하다. 그러므로 부모를 섬기기를
증자(曾子)와 같이 하면 지극하다고 할 만한데도 맹자는 '가(可)하
다.'라고만 한 것이다."

라 하였고, 또 이르기를,

"학문을 하면서 부귀와 영달을 좋아하고 나쁜 옷과 나쁜 음식을
싫어하는 사람은 뜻이 확립되지 못하여 끝내 성취하는 바가 없을
것이다."

라 하였고, 또 이르기를,

"사람의 마음을 방탕하게 하고 목숨을 해치는 것으로는 주색(酒色)
만한 것이 없다. 주욕(酒慾)은 그래도 절제할 수 있지만 색욕(色
慾)은 더욱 심하니, 학자는 여색을 삼가기를 마치 도적을 피하는
것처럼 해야 큰 일을 할 수 있다. 이를 경계하지 않으면 나머지는
볼 것이 없다."

라 하였다. 일찍이 말하기를,

"선비의 포부는 지극히 커서 우주 안의 허다한 일들을 모두 알아야
하니, 산수(算數)·군진(軍陣)·의약(醫藥)·천문(天文)·지리
(地理) 등까지도 모두 연구해야 한다. 그러나 자신의 학력(學力)이
부족하면서 대뜸 이러한 데 마음을 두고자 하면 의지(意志)가 분산
하여 학업이 전일하지 못하게 된다. 재능만 있고 덕이 없는 것을
두고 소강절(邵康節)은 '단지 간웅(奸雄)을 기를 뿐이다.'라 하였으
니, 의리를 알지 못하고 부화(浮華)한 문장에 전심하면 그 폐단이
마찬가지이다."

라 하였다.

공은 사람을 접할 때 성의를 쏟고 규각(圭角)을 드러내지 않았으나
선을 좋아하고 악을 미워하는 마음은 천성에서 나와 반드시 현우(賢
愚)와 정사(正邪)를 가려서 사람을 사귀었다. 정능(鄭稜)이란 자는
정인홍(鄭仁弘)의 손자인데, 이위경(李偉卿)과 함께 임강정(臨江亭)
에 놀러왔다가 누차 공의 아들들에게 함께 뱃놀이를 하자고 요청하였
다. 공이 아들들에게 이르기를,

"저들의 집안은 위세와 권력이 매우 대단하니, 선비 된 사람은 권문
(權門)의 자제와 교유해서는 안 된다. 게다가 내가 정능의 사람됨
을 보니 겉모습은 공순한 것 같지만 속마음은 실제로 흉악한 자이
니, 교유해서는 안 된다."

라고 하니, 아들들이 모두 감히 가지 못했다. 그 후 듣건대 인목대
비(仁穆大妃)를 폐위하길 청하는 흉소(凶疏)를 올릴 계책을 이 뱃
놀이를 할 때 결정했다고 한다. 공의 사람을 알아보는 감식안(鑑識
眼)이 밝기가 또 이와 같았다.

이 때에 광해군이 실정(失政)하고 정인홍이 국정을 맡았으니, 한

번 도계(桃蹊)에 들어가기만 하면 모두 좋은 벼슬에 올랐다. 공은
정인홍과 함께 남명(南冥)을 사사(師事)하였고 진주(晉州)와 합천
(陜川)이 모두 강우(江右) 지역인데다 공의 부자(父子)의 명성이 당
시에 알려졌는데도 끝내 낮은 벼슬 한 자리도 받지 못했으니, 공의
맑은 지조와 높은 기개를 더욱 잘 알 수 있다. 공은 젊을 때 경세제민
(經世濟民)의 뜻을 지니고 있었으나 펼치지 못하였기에 늘 옛날에
명군(明君)·양신(良臣)의 제우(際遇)를 보면 감개(感慨)하였다. 모
문룡(毛文龍)이 가도(椵島)에 와서 주둔할 때 공이 이미 걱정하여
시를 지어 탄식하였으니, 강호(江湖)에 있으면서도 나라를 걱정하는
마음을 늘 잊지 못했던 것이다.

결신(潔身)하여 고상하게 은거하고 지조를 굽혀 벼슬길에 오르려
는 뜻을 갖지 않았으니, 공과 같은 이는 『주역(周易)』에서 말한 '비돈
(肥遯)'의 뜻대로 사는 사람이라 할 만하다. 공은 일찍이 말하기를,
"향거이선(鄕擧里選)의 제도가 없어져 후대에는 오로지 과목(科
目)만으로 인재를 뽑기 때문에, 명경과(明經科)에 응시하는 자들
은 단지 입으로 외우는 데만 힘쓸 뿐 체험하고 실천하지 못하며,
제술과(製述科)에 응시하는 자들은 부화(浮華)한 문장만 일삼을
뿐 국가를 경영하는 원대한 계책을 알지 못하니, 이 때문에 인재가
옛날만 못하다. 경박하고 부화(浮華)한 무리가 날로 조정에 진출하
여 임금의 덕이 이루어지지 못하고 조정이 바르지 못하며 백성들이
불안한 까닭이 실로 여기에서 말미암는다."
라고 하니, 식자들이 근본을 아는 말이라고 하였다.

일찍이 「아유가(我有歌)」5장(章)을 지어 자신의 뜻을 드러내 보
였다. 또 「섭빈사(鑷鬢詞)」를 지었는데 그 서문에,

"옹(翁)은 일찍이 직(稷)·설(契) 같은 인물이 되고자 하였으나 직·설 같은 사람이 되지 못하였고, 만년에는 소선(少仙)이라 자칭 하였으나 진짜 신선이 되지도 못한 채 그저 흰 머리털이나 족집게 로 뽑으면서 아이들의 웃음거리만 되고 있으니, 참으로 가소롭도 다. 그런데 공자(孔子)는 70세에 마음이 하고 싶은 바를 따라도 법도를 넘지 않았다. 옹은 용렬한 사람이니 어떻게 성인처럼 되기 를 스스로 기약할 수 있겠는가? 법도를 넘지 않을 수는 없으나 경치가 좋은 산수(山水)에 일신을 풀어놓고 내 하고 싶은 대로 노 닐고 있으니, 이는 거의 내 마음이 하고 싶은 바를 따르는 데 가깝 다고 하겠다."

라 하였다.

공은 평소 산수를 유람하는 취미가 있어 젊을 때는 서울에 살면서 삼각산(三角山) 백운대(白雲臺)에 올랐고, 중년에는 충원(忠原)에 가서 계족산(鷄足山)에 올랐다. 노년에는 동해(東海) 가를 지나면서 여러 고을을 두루 유람하였다. 예컨대 동도(東都 경주)에 가서는 봉 황대(鳳凰臺)에 오르고 포석정(鮑石亭)·월성(月城)·계림(鷄林) 등 고적을 찾아가 구경하였고, 세 번이나 방장산(方丈山)에 노닐며 천왕봉(天王峯)에 올랐다. 계해년(1623, 인조1) 가을, 공의 나이 78 세일 때 또 방장산에 유람하여 상봉(上峯)에 올랐고 유산시(遊山詩) 186구(句)를 지었다. 그 시는 구양수(歐陽脩)의『여산고(廬山高)』와 한창려(韓昌黎)의「남산(南山)」시를 본뜬 것으로서 시구(詩句)가 청신(淸新)하고 장려(壯麗)하여 사람들이 전송(傳誦)하여 인구(人 口)에 회자(膾炙)된다.

공의 외손서(外孫婿)인 안공(安公) 창한(彰漢)의 아들 시진(時進)

이 공에게 수업하였다. 그가 임신년에 공이 역책(易簀)하던 해에 학문하는 요령(要領)을 물었더니, 공이 18조목을 불러 주고 「침상단편(枕上斷編)」이라고 이름하였다. 그 내용은 이기(理氣)의 근원과 심성(心性)의 분계(分界)로부터 학문하는 공부에 이르기까지 분명히 분석하고 조목조목 열거한 것으로서 모두 후학에게 절실한 것이었다. 여든이 넘은 고령에도 정력이 이러하였으니, 만약 평소에 참으로 학문을 쌓고 조존(操存)한 실질이 없었다면 이러할 수 있었겠는가.

공은 젊을 때부터 문장에 주력하였으며 재기(才氣)가 출중하였다. 때로는 산사(山寺)에서, 때로는 학사(學舍)에서 칩거하며 글을 섭렵한 것이 40여 년이었다. 특히 좌구명(左丘明)・유종원(柳宗元)・한퇴지(韓退之)・구양수(歐陽脩)의 저서를 힘써 읽어, 글을 지을 때 구상해 두지 않아도 미리 지어 둔 것처럼 써내려갔으며, 기고(奇高)한 것을 숭상하지 않고 오직 이치가 통창(通暢)한 것을 중시하였다. 필법(筆法)은 기세가 굳세고 기건(奇健)하기로 당세에 으뜸이었다. 젊어서 쌍계사(雙溪寺)에 있을 때 칡뿌리로 반석 위에 글씨를 써서 서법을 익혔기 때문에 필획이 철삭(鐵索)과 같아 당세의 글씨를 잘 쓴다는 사람들도 모두 공에게 미치지 못하였다.

만년에 초서(草書)와 예서(隷書)로『천자문(千字文)』을 써서 집에 간직해 두니, 사람들이 모두 보배로 여긴다. 공의 언행(言行)과 시문(詩文)을 정사문(鄭斯文) 시남(是南)이 모아서 권질(卷帙)을 만들었으나 불행하게도 화재를 만나 모두 재가 되고 말았다. 지금은 단지 유고(遺稿) 3권만 남아 있고, 또 편찬한『진양지(晉陽誌)』가 있다.

배위(配位) 밀양박씨(密陽朴氏)는 만호(萬戶) 사신(士信)의 딸이고 병조판서 증좌의정(贈左議政) 익(翊)의 6대손이다. 성품이 엄격하여 법도가 있었으며, 공보다 6년 먼저 세상을 떠났고 본주(本州) 송곡(松谷)에 안장하였다. 5남 2녀를 낳았다. 장남 박(鎛)은 진사이고 선마(洗馬) 이흘(李屹)의 딸을 아내로 맞아 4남 1녀를 낳았으니, 아들은 한영(瀚永)·해영(瀣永)·낙영(洛永)·제영(濟永)이고 사위는 안몽진(安夢禛)이다. 둘째 용(鏞)은 조광현(趙光玹)의 딸을 아내로 맞아 3남을 낳았으니, 우후(虞候) 수영(洙永)·통사랑(通仕郎) 사영(泗永)·문영(汶永)이다. 셋째 횡(鐄)은 유제(柳霽)의 딸을 아내로 맞아 2남을 낳았으니, 창영(浯永)·무공랑(務功郎) 호영(灝永)이다. 넷째 순(錞)은 진사 박민(朴敏)의 딸을 아내로 맞아 2남을 낳았으니, 원영(源永)·진사 치영(治永)이다. 다섯째 황(鎤)은 직장(直長) 하경(河瓊)의 딸을 아내로 맞아 3남을 낳았으니, 기영(沂永)·운영(澐永)·만영(滿永)이다. 장녀는 이윤(李玧)에게 출가하여 딸을 낳았으니, 사위는 안창한(安彰漢)이고, 둘째 딸은 동지(同知) 최설(崔渫)에게 출가하였다. 지금 6대, 7대 이르러 내외 자손이 매우 많다.

오호라! 공은 무재(茂才)·석덕(碩德)을 지니고서도 끝내 암혈(巖穴)에서 늙고 몸이 죽어 지하에 들어가고 유적(遺跡)이 민몰(泯沒)한 지 150여 년이 지났다. 하늘이 이러한 사람을 세상에 내었으나 보답하는 이치는 끝내 알 수 없으니, 선(善)을 하는 사람을 무엇으로 권면(勸勉)하리오!

공이 세상을 떠나고 80여 년이 지난 뒤 사림(士林)이 추모하여 향사(鄕社)하는 의식을 거행하여 임천사(臨川祠)에서 제향하였다.

공의 6대손 동망(東望)이 가장(家狀)·연보(年譜) 및 유집(遺集)을 가지고 그의 사형(舍兄) 동익(東益) 및 족질(族姪) 사렴(師濂)의 뜻으로 와서 행장을 지어주기를 청하였다. 내가 참으로 문장을 잘하지 못하니, 어찌 감히 선배의 덕행을 기록하는 행장을 쓸 수 있으리오. 더구나 여든에 가까운 나이로 죽을 날이 가까운 터에 무슨 정력으로 이 일을 할 수 있겠는가. 동망씨가 간절히 청하여 마지않으면서 말하기를, "천리 길을 찾아온 것은 실로 뜻을 둔 데가 있어서이니, 원컨대 유의해 주십시오."라 하였다. 정복이 다시 생각해보건대 이는 사실을 기록하는 것에 불과하니, 문장을 잘하고 못하는 것이 무슨 상관이겠는가. 이에 가장 및 연보와 본집(本集)을 가지고 오로지 그 내용에 따라 개괄(槪括)하고 증손(增損)하노라니, 나도 모르게 글이 길어졌다. 공의 언행이 많이 민몰하였기 때문에 굳이 상세히 기록하고자 하다 보니 그렇게 하지 않을 수 없었다.

公姓成, 諱汝信, 字公實, 昌寧人. 遠祖諱松國仕高麗, 官門下侍中, 歷七世貴顯. 至諱踁, 入我朝官縣監; 縣監生諱自諒, 官左司諫; 司諫生諱佑, 官長興庫副使, 始居晉州, 於公爲高祖. 曾祖諱安重, 官承文院校理. 祖諱日休, 號無心翁, 贈戶曹參判. 考諱斗年性孝友, 薦除慶基殿參奉, 不就, 贈漢城右尹, 娶草溪卜氏忠順衛元宗女, 有子三人. 伯汝忠錄原從勳, 兩代推恩以此也. 仲汝孝壬辰亂奉五聖位板, 入晉陽城, 城陷, 抱板而死之. 公其季也, 以嘉靖丙午正月初一日子時生于晉州代如面之龜洞村. 生而岐嶷, 眼彩暎人. 無心公喜曰: "他日大吾門者, 必此兒也." 稍長, 靜重若成人. 八歲就申槽溪霈受學, 申公卽文忠公叔舟之曾孫, 於公爲姨母夫, 隱居講學, 故公從師焉. 年至十三四, 盡讀經傳, 程文各體, 無不能焉. 申公每稱之曰: "前頭成就, 非吾所及." 庚申, 藥圃鄭公琢爲本州敎授, 往受『尙書』, 鄭公大加稱賞, 勸令就師講學. 癸亥春執贄往謁龜巖李公楨, 李公許以國器, 授以『近思錄』, 勉爲己之學. 秋, 方伯巡課試,「雲鶴賦」居魁, 有"陶彭澤歸去潯陽, 無心出岫; 李謫仙西望洞庭, 水盡不見"之句. 方伯擊節歎曰: "不世出之文章." 翌年春中鄉解兩試. 由是, 名譽振一道. 戊辰監司鄭林塘惟吉與州牧崔松亭應龍, 選近邑儒生十人, 會接于斷俗寺, 公其首也. 先是, 僧休靜撰『三家龜鑑』, 以儒家置之末, 且造佛像, 名曰四天王, 形甚怪偉. 公忿然曰: "此髡之侮吾道, 甚矣." 取接中之印其書者裂之, 命僧徒毀佛像, 焚其板. 南冥先生聞之曰: "末世人物, 雖或少時激昂, 漸就軟熟, 後生輩百事務爲調適, 何以進就? 夫子之取狂簡者[65]此也." 翌日, 公拜謁于先生, 先生迎入語甚款. 俄而守愚堂崔公永慶來, 先生指公而語毀佛事, 崔公斂衽而起敬. 公因留質『尙書』疑義, 先生稱之曰: "已造篤實地頭." 及歸, 右尹公寢疾, 公殫誠救療, 焦遑憂慮, 食不能下咽, 衣不暇解帶. 逮至屬纊, 攀號擗踊, 絶而復甦, 晝夜哭不絶聲. 奠酌之器, 躬自監滌, 不委廚奴. 及葬, 守墓居廬, 與伯仲定約, 仲氏歸家奉母攝祀, 公及伯氏守墓. 省母及朔望節薦外, 不出廬門, 不脫衰絰, 朝夕唯啜牟屑粥. 喪祭之節, 一依朱文公『家禮』, 參以龜巖居廬時節文而行之. 辛未春服闋, 七月又丁內艱, 哀毀踰禮, 一如前喪. 葬後居廬, 公謂伯氏曰: "親之體魄, 託在空山, 雖不忍捨去, 若不返魂而守墓, 則是重體魄而輕神魂, 非禮也. 伯氏主鬯, 當奉主返魂主祀事." 於是公與仲氏居廬. 壬辰夏挈眷避亂于境內. 癸巳晉陽城陷, 仲氏死焉, 公尋遺骸葬之, 甲午還家. 丁酉, 倭再搶, 避亂于金陵, 己亥還鄉. 壬寅與李宗榮希仁・李大約善守爲鷄黍約[66],

----

65 夫子之取狂簡者 : 孔子가 "중도를 행하는 사람을 얻어서 함께하지 못할 바에는 반드시 광자나 견자와 함께할 것이다. 광자는 진취적이고 견자는 절조를 지키면서 하지 않는 바가 있다.〔不得中行而與之 必也狂狷乎! 狂者進取, 狷者有所不爲也.〕"라 하였다. 『論語 子路』

66 鷄黍約 : 鷄黍는 닭을 잡고 기장밥 지어 손님을 접대하는 것이다. 여기서는

每歲春秋兩季之望, 輪回相訪, 鄭桐溪蘊亦來參焉. 公爲之序, 卽古人眞率
會[67]之意也. 公平生交遊, 皆一代名勝. 交際之間, 恩義兼至, 見其有非理遭
難者, 若己遇之, 必挺身救拔. 常痛守愚之冤, 與桐溪諸公叫閽得伸. 公素許
金義將德齡忠勇, 嘗殺逃卒被囚, 公代金作書, 訟冤于體察使李公元翼, 又
勸晉陽儒生呈文以伸之. 及其出賊招被拿也, 公與文進士弘運·齋疏訟冤不
得, 公終身恨之. 後來桐溪言事, 禍將不測, 公歎曰:"當今任綱常之責者此
人也, 其可坐視乎?"與吳思湖長, 李雪壑大期抗章伸救, 未徹而歸. 其勇於
爲義如此. 己酉俱中生進試. 先是右尹公臨歿語公曰:"余以獨身養親, 早年
廢擧, 失於顯揚之道. 汝須努力, 不以吾死而有懈." 公泣而受命, 講學之暇,
勤於擧業, 至老不休. 前後發解二十四, 至是始小成焉. 癸丑魁東堂試赴京,
見世道昏亂, 遂不入試而歸, 自是, 長往之計決矣. 自經龍蛇之亂, 士不知

벗들끼리 서로 찾아가 만나기한 약속을 말한다. 漢나라 때 范式은 자가 巨卿이
고 山陽 사람이다. 張邵는 자가 元伯이고 汝南 사람이다. 이 두 사람은 太學에
서 함께 공부하면서 우정이 매우 두터웠다. 두 사람이 이별할 때 범식이 장소
에게 "2년 뒤 돌아올 때 그대의 집에 들르겠다."라고 하였다. 꼭 2년째가 되는
날인 9월 15일에 장소가 닭을 잡고 기장밥을 짓고 범식을 기다리니 그 부모가
웃으며 "산양은 여기서 천 리나 멀리 떨어진 곳인데, 그가 어찌 꼭 올 수 있겠
느냐."라고 하였다. 이에 장소가 "범식은 신의 있는 선비이니, 약속 기한을
어기지 않을 것입니다."라고 하였는데, 범식이 과연 왔다고 한다. 『後漢書
권81 獨行列傳 范式』

67 眞率會 : 宋나라 때 司馬光이 벼슬에서 은퇴하여 洛陽에 살 때 司馬旦·席汝
言·王尙恭·楚建中·王謹言·宋叔達 등 일곱 사람으로 결성한 모임이다.
연령은 65세부터 78세까지이며, 元豐 6년(1083) 3월 26일에 최초의 모임을
가졌는데, 술은 다섯 순배를 넘지 않고 음식도 다섯 가지를 넘지 않도록 검소
한 모임을 추구하였다고 한다. 『古今事文類聚 前集 권45 樂生部 洛陽耆英』

學, 公以興起斯文爲己任. 丙辰春, 就所居琴山里, 倣呂氏鄉約·退溪洞約,
略加損益而行之, 又依古小學大學之規, 立養蒙·志學二齋, 使鄉里後生,
隨其長幼, 分處肄業. 河公溍·趙公璉·韓公夢逸等若而人, 信從而協贊之,
不出十年, 文風丕振, 至登科甲. 始也譏誚喧騰, 而終焉遠近趨風云. 南冥先
生嘗酌古參今, 定爲婚喪之禮, 亂後禮廢, 復用浮屠法. 公曰: "先生於婚喪,
不從俗設高排果床**68**, 一時士夫家, 多有化之者. 今又不然, 因循舊習. 婚禮
排床, 猶或從俗, 至於喪葬祥禫, 亦皆排床, 或至賓客索酒團欒, 甚無謂也."
與同志復南冥舊禮. 由是, 習俗少變. 公克遵先志, 雖從事擧業, 而自治之
嚴, 未嘗須臾放忽. 所居之地, 築浮查亭, 自以爲號, 又立養直堂, 有銘曰:
"堂之北千竿竹, 其心空其節直. 卻炎暑排霜雪, 君子以取爲則. 踐吾形復吾
性, 善其養直而敬, 常顧諟用自警." 又於窓壁間, 大書直方大**69**三字, 解曰:
"何謂直? 心要直. 何謂方? 事要方. 何謂大? 量欲大. 心不直則邪, 事不方
則曲, 量不大則隘. 邪也曲也隘也, 君子不爲. 直之工在敬, 方之工在義, 大
之工在誠. 主一無適則敬, 爲心之主矣; 裁度得宜則義, 爲事之主矣; 眞實
無妄則誠, 爲身之主矣. 心有主, 事有主, 身有主, 則無窘步曲徑之患. 故書
之以自警." 又爲子孫, 建四間屋於浮查亭東, 名以知恩舍, 取古人敎子方知

---

68 高排果床 : 과일, 떡, 과자 등 음식을 보기 좋게 높이 괴어 쌓아 올린 큰 상으로
　　잔치상이다. 통상 高排床이라 한다.

69 直方大 : 『周易』「坤卦 文言」에 "直은 바름이요, 方은 의로움이다. 군자가 敬
　　하여 안을 곧게 하고 의로워 밖을 방정하게 해서 敬과 義가 확립되면 덕이
　　외롭지 않나니, 곧고 방정하고 크기 때문에 익히지 않아도 이롭지 않음이
　　없다.〔直其正也, 方其義也. 君子敬以直內, 義以方外, 敬義立而德不孤. 直方
　　大, 不習, 无不利.〕"라 하였다

父母恩之語也. 扁東室曰二顧齋, 取言顧行行顧言[70]之義; 西室曰四有齋, 取晝有爲宵有得瞬有養息有存[71]之義, 中二間曰三於堂, 卽孝於親弟於長信於朋友/之義也. 有詩曰: "浮查亭北知恩舍, 二顧齋西四有齋. 日向三於勤着力, 升堂入室可成培." 又作「晚悟箴」, 書壁上, 作「惺惺箴」, 以遺子孫, 又作「東賢贊」, 以寓景慕之意, 作「師友錄」, 以著講磨之樂. 其篤於爲學, 俛焉孜孜, 斃而後已者, 公之謂也. 公絶意進取, 優遊養閒二十年, 晚以壽職除通政資. 以崇禎壬申十一月初一日考終于浮查亭, 享年八十七. 前一日有微感, 謂子孫曰: "南冥先生臨終, 戒內外安靜, 君子正終, 當如此." 是日早起澡沐謁家廟, 召家中內外, 一一見問訖, 徐曰: "各歸爾所." 令正席就寢, 恬然而逝, 尤可異哉! 明年正月, 葬于州北紺巖山午向原, 從治命也. 公風儀秀偉, 器量深厚, 無疾言遽色, 雖値倉卒驚擾之際, 未嘗失度, 所至人皆敬畏, 寂無喧哄. 少在龜巖講席, 龜巖稱其講討精明, 而公無自足之心. 龜巖曰: "成君隱德君子也." 天性至孝, 自幼有孝兒之稱. 平居曲意承順, 忠養備至, 及丁二艱, 廬墓六年. 每遇先忌, 前期七日, 洒掃堂庭, 當祀日, 躬自滌器, 點檢饌需, 務以精潔, 將事之時, 悲慕涕泣, 哀動傍人, 三日而復寢, 年踰八十猶然. 與伯仲友愛甚篤, 晝則聯床, 夜則共衾, 怡怡愉愉, 和氣藹然. 兩兄先

---

70 言顧行行顧言 : 『中庸章句』13장에 "떳떳한 덕을 행하고 떳떳한 말을 신중히 하여, 행실에 부족한 점이 있으면 감히 힘쓰지 않음이 없고, 말을 더해야 할 것이 남아 있어도 감히 다하지 아니하여, 말할 때는 나의 행실을 돌아보아 삼가고, 행할 때는 나의 말을 생각하여 힘쓰야 할 것이니, 이렇게 하면 군자가 어찌 독실해지지 않겠는가.〔庸德之行, 庸言之謹, 有所不足, 不敢不勉, 有餘, 不敢盡, 言顧行, 行顧言. 君子胡不慥慥爾?〕"라 한 데서 온 말이다.

71 晝有……有存 : 宋나라 때 학자 橫渠 張載의 『正蒙』「有德」에 나온다.

歿, 而仲兄無子, 公奉其祀. 每值兩兄忌日, 齋戒誠潔, 一如先忌, 悲哀終
日, 涕不自禁. 常語諸子曰: "祭以誠敬爲先, 苟不誠敬, 奚以交神? 此七戒
三齋之所以設也. 至於祭物, 不在豐約, 苟非誠潔, 雖豐焉享? 此古人所以
著稱家之訓也." 日常晨起謁廟, 退處書室, 對案危坐, 披閱古書, 儼若對賓,
獨居則拱手斂膝, 不施惰容, 客至則或平坐, 若無繩檢, 蓋公務自韜晦, 不以
學者之名自居也. 家庭之間, 怒罵不及, 捶撻不行, 而人自畏服, 有過則必諄
諄教諭, 使之自改, 家中上下肅穆, 無違事. 常戒家人曰: "人家最先着力,
惟在公賦與祭需也. 若夫自食不難也, 賦稅必先下戶而輸之, 雖或乏絶, 而
不犯祭需." 公早遊南冥 · 龜巖之門, 得聞敬義與孝悌忠信之訓而曰: "兩先
生言異而實同. 孝悌忠信, 非敬義不行, 敬義非孝悌忠信不立, 是不越乎日
用行事間, 盡吾心之所當然而已." 遂終身服習, 自脩教人, 皆以此爲先. 公
旣博究經傳, 傍通百家, 而猶以爲不足, 三十後又入雙溪寺, 復讀經書及『心
經』·『近思錄』性理等書, 發憤忘食, 專心研究, 三歲而歸. 自是前日之疑晦
者, 渙然氷釋, 而未嘗夸衒于人, 及遇可與言者, 講討亹亹, 天人性命之義 ·
義利公私之分, 洞然剖析, 聽者忘倦. 或問性理之說, 則曰: "爲學當盡在我
之道, 積習之久, 上達不難到也. 不能下學而遽欲上求, 則志騖高遠, 幷與所
學者失之矣. 聖門教人, 必以循序而漸進者此也. 若其欺內欺外, 以盜人爵,
乃盜天也, 後必有蓄焉." 又謂學者曰: "須博觀, 然後斂煩就簡, 反躬造約,
此孟子所謂'博學而詳說之, 將以反說約.[72]'者也." 又曰: "禮之於人, 大矣.
人之所以異於禽獸者, 以禮爲之節也." 又曰: "子之事親, 盡吾心而已矣. 文
王之視膳[73] · 子路之負米[74], 是皆子職之當然者也. 若夫魚之躍氷[75] · 筍之

---

72 孟子……說約:『孟子』「離婁下」에 나온다.

冬生⁷⁶, 盡心所感而致者也, 何必冀其異乎? 事親之道, 其方無窮, 故事親若曾子則可謂至矣, 孟子猶曰可也.⁷⁷" 又曰: "學而慕富貴利達, 惡惡衣惡食者, 志不立而終無所就." 又曰: "蕩心伐性, 無如酒色. 酒慾猶可制, 色慾尤甚, 學者須愼色如避寇, 然後方可有爲. 此而不戒, 餘無足觀." 嘗曰: "士之抱負至大, 宇宙間許多事, 不可不知, 至於籌數兵陣醫藥天文地理, 亦可盡究. 然學力不立, 遽欲留心於此, 則志荒而業不專矣. 有才無德, 邵子謂徒長奸雄.⁷⁸ 不識義理而專心浮詞, 其弊亦然. 公於接人之際, 誠意灌注, 圭角不

---

73 文王之視膳 : 周나라 文王이 世子로 있었을 때 부친 王季의 식사를 살폈던 일이다. 『禮記』「文王世子」에 "식사를 올릴 때는 반드시 찬지 더운지 살폈고, 식사를 물리면 얼마나 드셨는지 물었다.〔食上, 必在視寒暖之節; 食下, 問所膳.〕"라 하였다.

74 子路之負米 : 공자의 제자 子路는 젊을 때 매우 가난하게 살면서도 어버이를 위해서 100리 밖에서 쌀을 구해 등에 지고 가서 봉양하였다. 『孔子家語 致思』

75 魚之躍氷 : 얼음이 깨지고 잉어가 뛰어나온 것이다. 孟宗은 중국 삼국시대 오나라 江夏 사람이다. 그의 어머니가 죽순을 즐겨 먹었는데 한겨울에 죽순이 먹고 싶다고 하였다. 맹종이 대숲에 들어가 슬피 울자 눈 속에서 죽순이 돋아났다. 『三國志 권48 吳書 孫晧傳 孟仁註』

76 筍之冬生 : 눈 내린 겨울에 죽순이 돋아난 것이다. 王祥은 晉나라 때 효자이다. 추운 겨울날에 어머니가 生魚를 먹고 싶어 하자, 왕상이 꽁꽁 얼어붙은 강에 가서 웃옷을 벗고 얼음 위에 드러누워 얼음이 녹기를 기다리니, 갑자기 얼음이 저절로 깨지면서 잉어 두 마리가 뛰어나오기에 그 잉어를 가지고 어머니를 봉양했다. 『晉書 권33 王祥傳』

77 事親……可也 : 曾子는 공자의 제자 중에서도 효성이 뛰어나기로 일컬어진다. 孟子가 "증자는 부모의 뜻을 받들어 섬겼다고 할 수 있으니, 부모를 섬기기를 증자와 같이 하는 것이 가하다.〔若曾子, 則可謂養志也, 事親若曾子者可也.〕"라 하였다. 『孟子 離婁上』

露, 而好善惡惡, 出於天植, 必辨其賢愚邪正而交之. 鄭稜者仁弘之孫也, 與
李偉卿遊臨江亭, 累要公之諸子同舟. 公謂諸子曰: "彼家威權甚盛, 爲士者
不可與權門子弟遊. 且吾觀稜之爲人, 貌若恭而心實凶狠, 不可從遊." 諸子
皆不敢往. 後聞凶疏之謀, 定於此遊云. 公之明於知人, 又如此. 此時, 光海
失政, 仁弘當國, 人之一躡桃蹊⁷⁹者, 皆躋膴仕. 而公與仁弘, 同師南冥, 晉
陜俱是江右, 而公之父子聲譽, 著於一時, 終無一命之霑, 則公之淸操氣節,
於此益見矣. 公少有經濟之志而未得展布, 每觀古人明良之遇, 感慨繼之.
毛文龍之來鎭椵島, 公已憂之, 作詩歎之. 雖處江湖, 而憂國之心, 眷眷不
已. 潔身高蹈, 未嘗有枉尺直尋⁸⁰之意, 如公者可謂得『大易』肥遯⁸¹之義者
也. 嘗曰: "自鄕擧里選⁸²之法廢, 而後世專以科目取人, 明經者徒務口誦而

---

78 邵子謂徒長奸雄 : 邵子는 北宋의 학자 邵雍를 가리킨다. 그의 자는 堯夫이고
시호는 康節이다. 上蔡 謝良佐가 "堯夫의 易數를 邢七이 배우고자 하니, 요부
가 가르쳐 주려 하지 않으면서 말하기를 '한갓 간웅만 기를 뿐이다.〔徒長姦
雄.〕'라 하였다."라 하였다. 『宋名臣言行錄 外集 권5』

79 桃蹊 :『史記』「李將軍列傳」의 論에 나오는 俗語인 "복숭아 오얏이 말이 없으
나 그 아래 절로 오솔길이 생긴다.〔桃李不言, 下自成蹊.〕"에서 온 말로 여기서
는 權門으로 들어가는 길을 뜻한다.

80 枉尺直尋 : 맹자가 "한 자를 굽혀서 한 길을 편다는 것은 利로써 말한 것이니,
만약 이로써 한다면 한 길을 굽혀서 한 자를 펴더라도 그것이 이롭다면 하겠는
가.〔且夫枉尺而直尋者, 以利言也. 如以利, 則枉尋直尺而利, 亦可爲與?〕" 하
였다. 『孟子 滕文公下』

81 『大易』肥遯(돈) : 은거하며 여유롭게 사는 것이다. 『周易』「遯卦 上九」에 "여
유 있는 은둔이니 이롭지 않음이 없다.〔肥遯無不利〕"라는 말이 나온다.

82 鄕擧里選 : 周나라 때 鄕마다 鄕大夫를 두고 鄕三物, 즉 六德·六行·六藝로
인재를 가르치고 3년 만에 성적이 우수한 사람을 선발하여 중앙 정부로 올려

不能體驗踐實, 製述者專事浮華而不知經國遠猷. 此人才之不及於古, 而輕薄浮靡之徒, 日進於朝, 君德所以不成, 朝廷所以不正, 生民所以不安, 職此之由也." 識者以爲知本之論. 嘗作「我有歌」五章以示意, 又有「鑷鬢詞」, 其序曰: "翁嘗以稷契自比, 而稷契做未得, 晚年自稱少仙, 而眞仙亦未成. 鑷鬢只招兒輩之笑, 良可笑也. 然聖人七十, 從心所欲, 不踰矩. 翁庸人也, 安敢以聖人自期. 雖未能不踰矩, 自放於佳山勝水, 從所欲而遊之, 則庶幾於從心矣." 公雅有山水之趣, 少時遊京師, 登三角山白雲臺, 中年遊忠原, 登鷄足山, 臨老過東海, 遍觀諸邑, 如東都登鳳凰臺, 訪鮑石亭・月城鷄林古蹟, 三遊方丈山, 登天王峯. 癸亥秋, 公年七十八, 又遊方丈登上峯, 作游山詩一百八十六句, 效歐陽公「廬山高」[83]・韓昌黎「南山詩」[84], 句語淸壯, 傳誦膾炙云. 公外孫堉安公彰漢之子時進受業於公, 及壬申易簀之歲, 請問爲學之要, 公口呼十八條, 名曰枕上斷編. 自理氣之原心性之分, 至於學問之工, 明析條列, 皆切於後學者. 耄耋之年, 精力至此, 苟非平日眞積之力操存之實, 能如是乎? 公自少肆力於文章, 才氣出人, 或山寺或學舍, 閉戶涉獵者, 四十餘年, 尤致力於左・柳・韓・歐等書, 爲文未嘗留意, 如寫宿搆, 不尙奇高, 惟以理勝爲主. 筆法遒勁奇健, 冠一世. 盖少時在雙溪寺, 以葛筆習

보내는 제도이다. 『周禮 地官 大司徒』

83 歐陽公「廬山高」: 宋나라 때 歐陽脩가 벼슬을 버리고 廬山의 남쪽으로 옮겨 가는 劉渙의 절개를 높이 찬미하여 지은 장편시로 李白의 「蜀道難」과 비견되는 걸작으로 일컬어진다. 『古文眞寶前集 권7』

84 韓昌黎「南山詩」: 唐나라 때 韓愈가 終南山에 올라가 빼어난 경치를 묘사한 시이다. 장편 五言古詩로 文勢가 매우 雄健하여 杜甫의 「北征」과 쌍벽을 이루는 걸작으로 일컬어진다. 『韓昌黎集 卷1』

於盤石上, 故畫如鐵索, 當世能筆者, 皆莫能及. 晚年以草隷書千字文, 藏于家, 人皆寶玩. 公之言行詩文, 鄭斯文是南裒集成帙, 不幸失火, 擧入灰燼, 只有遺稿三卷, 又撰『晉陽誌』. 配密陽朴氏, 萬戶士信之女, 兵曹判書贈左議政翊之六代孫也. 性嚴有法度, 先公六年而歿, 葬于本州松谷. 生五男二女, 長曰鑄進士, 娶洗馬李屹女, 生四男一女, 瀚永・瀞永・洛永・濟永, 壻安夢禎. 次曰鏽, 娶趙光玹女, 生三男, 洙永虞候・泗永通仕郞・汶永. 次曰鏜, 娶柳霽女, 生二男, 渭永・灝永務功郞. 次曰錞, 娶進士朴敏女, 生二子, 源永・治永進士. 次曰銳, 娶直長河瓊女, 生三子, 沂永・澐永・滿永. 女長適李玩. 生女壻安彰漢, 次適同知崔渫. 今至六世七世, 內外子孫無慮幾多人. 嗚呼! 公以茂才碩德, 終老巖穴, 殉身入地, 遺跡泯沒, 今且百五十有餘年矣. 天旣生此人, 而報施之理, 竟無所徵, 爲善者何勸焉? 公歿後七紀餘, 而士林追慕, 擧祭社之儀, 享于臨川祠. 公之六代孫東望袖家狀年譜及遺集, 以其舍伯東益・族侄師濂之意, 來請狀文. 余誠不文, 何敢與論於先輩狀德之文? 而況在耄耋垂死之中, 有何精力可以及此乎? 東望氏懇乞不已, 且曰: "千里委來, 意實有在. 願乞留意焉." 鼎福旋竊思之, 此不過記事而已, 則文不文何論? 遂取家狀及年譜本集, 一從其辭, 檃括而增損之, 不覺其言之長. 盖公之言行多泯, 故必欲其詳, 不得不然耳.

6. 순국한 증공조참의 송공 행장

死事贈工曹參議宋公行狀 을사년(1785, 74세)

공은 휘가 빈(賓)이고 자는 사신(士信)이며 본관은 청주(淸州)이다. 5대조 사성(司成) 휘 승은(承殷)이 처음으로 영남의 김해(金海)로 와서 거주하였다. 고조 참군(參軍) 숙형(淑亨)은 영망(令望)이 있었고 탁영(濯纓) 김일손(金馹孫)과 친한 벗이었다. 증조는 생원 유선(由善)이고, 조부는 절제사(節制使) 경(經)이다. 부친 절제사(節制使) 창(昌)이 분성김씨(盆城金氏)를 아내로 맞았으니, 진사 태석(泰碩)의 따님으로, 가정(嘉靖) 임인년(1542, 중종37)에 김해부(金海府) 서쪽 하계리(下界里) 자택에서 공을 낳았다.

공은 어릴 때부터 자품이 뛰어나 범상한 아이들과 달랐다. 8세 때 글을 읽기 시작하고 얼마 안 되어 문리(文理)가 빠르게 진보하였고, 간혹 지은 연구(聯句)에 사람을 놀라게 하는 구절이 있었다. 같은 또래의 아이들과 마을 앞 시내에 가서 물고기를 잡고 있을 때 장사꾼 몇 사람이 사인(士人)의 차림을 한 채 강가에 이르러 말에서 내려 공을 부르면서 반말로 '너'라고 하대하니, 공은 입을 다물고 대답하지 않았다. 장사꾼들이 냇가에서 점심을 먹으면서 공을 부르기를 "너도 와서 먹어라."라 하니, 공이 분노하여 말하기를, "너희들의 거동을 보니 장사꾼들이 분명한데 장사꾼으로서 감히 사대부에게 너라고 할 수 있는가?" 하였다. 그리고 그물을 걷어 올리며 말하기를, "너희들이 나를 하찮게 보는 것은 필시 이것 때문일 것이다." 하고 그물을 불태워 버렸다. 장사꾼들 중 연장자 한 사람이 나와 절하며 말하기를, "동자의 기상이 비범하니 필시 귀인이 될 것입니다." 하고, 사죄한 다음 떠났다.

또 10여 세 나이로 우슬암(牛膝菴)에서 독서할 때이다. 한 초동(樵童)이 까마귀를 잡았다. 공이 그 아이에게 말하기를, "이 새는 어미에게 먹이를 먹여 은혜를 보답하는 새로서 옛 사람이 '새 중의 증삼(曾參)이다.'라고 하였으니, 차마 죽일 수 있겠는가?" 하고, 그 아이에게 까마귀를 달라고 하여 놓아주니, 듣는 이들이 기특하게 여겼다.

효성과 우애는 천성에서 우러났다. 부모를 섬김에 온화한 안색으로 뜻을 잘 받들어 섬기는 것이 지극하였고 오로지 『소학(小學)』의 도리를 따랐다. 형제가 여섯인데 공은 둘째로서 형을 공경하고 아우를 사랑하여 형제간이 화락하니, 마을 사람들이 경복(敬服)하였다.

성장해서는 효제(孝悌)를 실천하는 여가에 과거 공부를 하여 향시(鄕試)에 다섯 번 합격하였으나 예부(禮部)의 복시(覆試)에 연이어 낙방하였다. 그러나 이로써 문장의 명성이 알려졌다. 공은 좋은 재능을 지니고도 끝내 과거에 급제하지 못하자 과거 공부를 그만두고 스스로 학문을 닦았다. 성품이 강개(慷慨)하여 대절(大節)이 있었고 일을 만나면 과단(果斷)하여 주저하지 않으니 사람들이 모두 일이 있으면 공에게 와서 질정(質定)하였다.

공은 일찍이 웅천(熊川) 수령과 친분이 있어 그를 찾아갔다. 그때 약탈을 일삼는 왜적(倭賊)들이 그 고을에 쳐들어왔다. 본관 수령은 그 소식을 듣고 매우 놀라 얼굴빛이 변하였다. 공이 말하기를, "허허실실(虛虛實實)이 병가(兵家)의 실정이다. 이는 한 때의 약탈에 불과하니 인심을 가볍게 동요시켜서는 안 된다. 성문(城門)을 활짝 열어 놓고 동요하지 않으면 적이 필시 의심하여 떠날 것이다."

라고 하였다. 수령이 생각해 보니 창졸간에 적을 막을 계책이 없었다. 그래서 공의 말대로 하였더니, 적들이 과연 감히 들어오지 못하고 물러갔다. 이로 말미암아 공은 지략(智略)으로도 알려졌다.

만력(萬曆) 임진년(1592)은 바로 우리 선묘(宣廟) 재위 지 25년이되는 해이다. 이 해 5월에 왜적이 대거 침략하여, 13일에 상륙하여부산성(釜山城)을 함락하니 첨사(僉使) 정발(鄭撥)이 전사하였고, 15일에 왜적이 동래성(東萊城)을 함락하니 부사(府使) 송상현(宋象賢)이 전사하였다. 김해(金海)는 동래와 지척 거리였다. 김해부사서예원(徐禮元)은 본래 겁이 많아 큰 일을 할 수 없는 자라 어찌 할줄을 몰랐다. 공이 온 고을에서 명망이 있는 사람이라는 말을 듣고함께 일을 의논하자고 공을 불렀다. 이 때 공은 집에서 변란이 일어났다는 소식을 들었고, 장남 정백(廷伯)은 팔성사(八聖寺)에서 독서하고 있었다. 공이 가서 장남을 만나 말하기를,

"내가 벼슬하지 못한 선비지만 평생의 뜻은 오직 나라를 위하는데 있다. 이제 국가의 변란이 이와 같으니, 나는 응당 본관 수령과생사를 함께 할 것이다. 네가 따라 죽을 의리는 없으니, 아버지는충성에 죽고 자식은 효(孝)를 온전히 지키는 것이 옳다. 너는 급히집으로 돌아가 너의 어미와 아우를 데리고 멀리 피란하여 선대(先代)의 혈맥을 보존하도록 하라."

라 하였다. 정백이 울면서 소매를 잡고 함께 따르려고 하였으나 공이 끝내 듣지 않으며 말하기를,

"충(忠)·효(孝)는 양전(兩全)하기 어렵다. 나는 충성하고 너는 효도하면 이 어찌 양전하는 것이 아니겠느냐?"

라 하고, 소매를 자르고는 뒤도 돌아보지 않고 떠나갔다. 서예원이

공을 만나보고 매우 기뻐하여 중군(中軍)의 직임을 맡기며 말하기를,

"국가의 변란이 이러한 상황이니, 문(文)과 무(武)를 어찌 따지리
오? 그대는 사류(士流)이지만 이 고을의 인망이 그대보다 나은 사
람이 없으니, 이 직임을 누가 맡을 수 있겠는가?"

라 하니, 공이 사양하지 못하고 그 직임을 받았다. 이에 장졸들을
모아서 훈시하기를,

"국가를 위하여 한 번 죽는 것은 신자(臣子)의 분수이다. 지금 왜적
의 변란이 이러한 상황에 이르렀으니, 적을 맞이하여 항복하겠는
가? 나라를 위하여 한 번 죽겠는가? 더구나 이 김해부(金海府)는
바로 적이 침입하는 길목의 요충(要衝)이니, 참으로 장순(張巡)의
수양(睢陽)과 같다. 이 김해부를 사수하지 못하면 영남이 적에게
함락되고 영남이 함락되면 국가가 없게 될 것이다. 죽기는 똑같은
것이니, 차라리 국가에 목숨 바쳐 죽을지언정 어찌 차마 적에게
항복하여 살아서는 수치를 품고 죽어서는 자손들에게 부끄러운 조
상이 되겠는가?"

라 하니, 장졸들이 모두 명령을 따르겠다고 하였다. 이에 공이 같은
고을의 벗인 이대형(李大亨)·김득기(金得器)를 뽑아 성문을 나누
어 지키게 하고 이인지(李麟趾)에게 군량을 조달하게 함으로써 사
수(死守)할 계책을 세웠다.

며칠이 지나자 적군이 와서 성을 포위하였다. 공이 밤중에 수백
명의 군사를 거느리고 성을 나가 적의 수급(首級) 수백 개를 베니
적이 도망쳤다. 추격하여 죽도(竹島)에 이르니, 얼마 뒤 적선(賊船)
이 바다를 덮으며 오기에 공은 성에 들어와 수비하였다. 이 때 밖으로
는 구원병이 끊겼고 안으로는 군량이 떨어진 상황에서 적과 밤낮으로

대치하고 있었다.

서예원이 성을 지킬 수 없을 줄 알고 북문(北門)을 열어 도망치려고 하였다. 공이 목소리를 높여 말하기를,

"성주(城主)가 나라의 두터운 은혜를 받아 한 지방을 맡고 있으면서 이처럼 국난(國難)의 때를 당하여 나라의 은혜에 보답할 것을 생각하지는 않고 도리어 경솔히 거취(去就)하여 인심을 흩어지게하니, 유독 마음에 부끄럽지 않소!"

하니, 서예원이 감히 떠나가지 못했다.

19일 밤에 적군이 들판의 보리를 베어 가지고 와서 성 아래에 쌓아 참호(塹壕)를 메우고 쳐들어오니, 그 형세를 감당할 수 없어 성이 마침내 함락되었다. 서예원이 북문으로 도망쳐 진주성(晉州城)으로 가니, 주장(主將)이 없어 사졸들이 와해하였다. 공이 사졸들을 독려하여 홀로 전투하니, 적들의 칼날이 가까이 다가오고 화살이 고슴도치 털처럼 날아왔다. 적군들이 투항하라고 소리치자 공이 분노하여 큰 소리로 꾸짖으며 남은 군졸을 독려하여 거느리고 싸움을 그만두지 않다가 적의 창에 찔려 죽으니, 바로 이 달 20일이었다. 이 일을 부하 양업손(梁業孫)이란 사람이 직접 목격하고 전하였으니, 아! 장렬하도다. 공의 충렬(忠烈)이 마침내 조정에 알려져 병난이 끝난 뒤에 공에게 공조참의(工曹參議)를 추증하였다.

공의 배위는 안동(安東) 권윤(權崙)의 따님으로, 2남 2녀를 낳았다. 장남 정백(廷伯)은 진사로, 높은 조행(操行)이 있어 광해조(光海朝)에 북당(北黨)이 집권할 때 벼슬하지 않았다. 정동계(鄭桐溪) 온(蘊)이 지은 만사(挽辭)에,

북풍에 마음이 변하지 않은 이는
남쪽 지방에 한 사람만이 있었네

北風心不變 南國一人存

라는 구절이 있다. 4남 1녀를 두었으니, 아들은 제현(齊賢)·제성
(齊聖)·제문(齊文)·제원(齊元)이고 딸은 정희점(鄭喜漸)에게 출
가하였다. 차남 정남(廷男)은 2녀를 두었으니 곽홍전(郭弘塡)·곽
홍곤(郭弘坤)에게 각각 출가하였고, 형의 아들 제성을 후사로 삼았
다. 두 딸은 참봉 조원해(曺元海)·참봉 안후개(安後凱)에게 각각
출가하였다.

　공은 전몰(戰歿)하여 시신을 찾아서 장사 지낼 수 없었기 때문에
자손들이 해마다 선묘(先墓)의 곁에서 제사를 지낸다. 배위의 묘소는
아무 곳에 있다고 한다.

　공이 세상을 떠난 지 117년이 지난 무자년(1708, 숙종34)에, 임진
년에 순절(殉節)한 충무공(忠武公) 이순신(李舜臣)의 후손인 부사
(府使) 이봉상(李鳳祥)이 주지(州誌)를 열람하다가 공의 사적(事跡)
을 보고 개연(慨然)히 감동하여 사림(士林)들에게 권하여 사당을 건
립하여 충렬사(忠烈祠)라 명명하고 공을 제향하도록 하였으니, 이는
바로 초(楚)나라의 굴원(屈原)이 「국상(國殤)」을 지은 뜻이다. 내가
「국상」을 읽어보니,

예리한 창을 잡고 무소가죽 갑옷 입고
양쪽 수레가 부딪치자 접전을 벌이누나

操吳戈兮被犀甲　車錯轂兮短兵接

라고 한 대목은 양쪽이 서로 병기를 잡고 육박하여 싸우는 광경을
말한 것이고,

수레바퀴 땅에 묻히고 네 마리 말 죽어 뒤엉켜도
옥으로 장식한 북채를 쥐고 북을 쳐서 울리는구나

霾兩輪兮縶四馬　援玉枹兮擊鳴鼓

라 한 대목은 자기 일신을 잊고 나라에 목숨을 바치는 충성을 말하
였고,

장검을 허리에 차고 좋은 활을 잡았으니
머리가 떨어져도 마음은 두려워하지 않아라

帶長劍兮挾秦弓　首雖離兮心不懲

라 한 대목은 죽음을 고향에 돌아가는 것처럼 편안히 여기는 것을
말하였고,

몸은 이미 죽었으나 혼령은 살아있으니
혼백이 굳세어 귀신의 우두머리가 되었어라

身旣死兮神以靈 魂魄毅兮爲鬼雄

라고 한 대목은 아름다운 넋이 오래도록 남아 있는 것을 말하였다.
초(楚)나라 사람이 국가가 침략을 당하는 것을 중대한 수치로 여겨
국난(國難)에 달려간 것이 이처럼 절실하였다. 그러므로 종당에는
"초나라에 세 집만 남아 있어도 진(秦)나라를 멸망시킬 수 있다."라
한 말이 참으로 이 때문이다.

당시 왜적이 한창 쳐들어 올 때 지난날 삼포(三浦)와 오도(五島)가
한 때 노략질을 당한 것과는 같지 않았다. 온 나라의 군사를 다 동원하
여 쳐들어오는 기세는 실로 천지를 뒤덮어 엎을 듯했으니, 이 어찌
안일한 태평시대에 훈련하지 않은 군사와 견고하지 못한 성으로 저
왜적을 막을 수 있었겠는가. 더구나 당시 주장(主將)이 도망쳐 인심
이 이미 와해하였고 향읍(鄕邑)의 문무(文武) 장리(將吏)들이 모두
쥐새끼처럼 도망쳐버린 상황에서 공은 백면서생(白面書生)으로서 피
눈물을 흘리며 나라에 몸을 바쳐 죽으면서도 후회할 줄 몰랐으니,
이는 일월(日月)과 빛을 다툰다고 이를 만하다.

이 때 이대형(李大亨)·김득기(金得器)도 공을 따라 죽었다. 이후
에 충의(忠義)의 선비들이 연이어 일어나 왜적이 끝내 패망하여 돌아
갔으니, 이는 국상(國殤)의 영령의 끼친 공렬이다.

공론이 민멸(泯滅)하지 않아 조정에서 공에게 관직을 추증하여 표
창하는 일이 있었고 후임 수령이 사당을 건립하는 일이 있었으니,
아, 아름답도다!

영종조(英宗朝)에 각도(各道)의 서원(書院) 중 함부로 설립한 것
은 연한을 두어서 철폐하라는 명령을 내리니, 이 때 공의 사당도 철폐

의 대상에 들고 말았으나 실은 연한을 벗어난 것이었다. 금상(今上) 계묘년(1783, 정조7)에 본읍(本邑)의 사론(士論)이 다시 일어나 도백(道伯) 및 어사(御使)에게 정장(呈狀)하여 끝내 다시 건립하였다.

공의 후손 태증(泰增)이 진주목사(晉州牧使) 이규년(李奎年)이 지은 장문(狀文)을 가지고 와서 다시 나에게 행장을 지어주기를 청하였다. 이에 당시의 사실을 두루 찾아서 대략을 서술하여 김해(金海) 사림들에게 질정을 구하는 한편 병필(秉筆)하는 이가 채택하기를 기다린다.

公諱賓, 字士信, 淸州人也. 五世祖司成諱承殷, 始居嶺南之金海, 高祖參軍淑亨有令望, 與金濯纓駟孫相友善. 曾祖生員由善, 祖節制使經. 考節制使昌, 娶盆城金氏, 進士泰碩女, 以嘉靖壬寅, 生公于府西下界里第. 公奇邁異凡兒. 八歲入學未幾, 而文理驟達, 間有聯句, 有驚人語. 嘗與同伴小兒, 獵魚前川, 有賈客數人, 扮作士夫樣, 至川上下馬, 招公而爾汝之, 公嘿不答. 客仍午飯, 招公曰: "爾來食之." 公忿然曰: "觀汝行止, 商賈也. 商賈而敢爾汝士夫乎?" 遂擧網而言曰: "汝之鄙夷我, 必以此物也." 遂燒之. 中有年長一人就拜曰: "童子之氣像不凡, 必作貴人也." 致謝而去. 又十餘歲, 讀書牛膝菴, 有樵童捕烏, 公謂之曰: "是烏也能反哺, 古人謂之烏中之曾參, 忍殺乎?" 取而放之, 聞者奇之. 孝友之性, 根於天植, 事親色養俱至, 一遵『小學』之道. 兄弟六人, 公居其二, 敬兄友弟, 怡怡如也, 鄕鄰敬服焉. 及長, 餘力業功令, 五解鄕試, 連屈春部, 而遂以文詞聞. 公懷抱利器, 竟未有售, 因廢業自修. 而性慷慨有大節, 臨事勇斷不疑, 人皆就質焉. 公嘗與爲熊川守者有舊, 公往訪焉. 時有倭賊之侵掠者入界, 本倅聞之失色. 公曰: "虛虛實實, 兵之情也. 此不過一時寇掠, 則不可輕擾人心. 當大開城門而不動, 賊必疑而去." 倅亦思之, 倉卒禦無策, 遂如公言, 賊果不敢入而退. 由是, 公又以智畧聞. 萬曆壬辰, 卽我宣廟在宥之二十五年也. 是歲五月, 倭奴大擧東搶, 十三日下陸陷釜山, 僉使鄭撥死之, 十五日陷東萊, 府使宋象賢死之. 金海之於萊府咫尺也, 本倅徐禮元素怯懦無能爲, 罔知攸措. 聞公爲一邑之望, 請與議事. 時, 公在家聞變, 而長子廷伯在八聖寺讀書. 公往見曰: "我雖不命之士, 平生之志, 惟在爲國而已. 今國亂如此, 我當與本倅, 同其死生. 汝從死無義, 父死於忠, 子全於孝, 可也. 汝急還家, 與母及弟遠避, 以存先世一脉, 可也." 廷伯泣挽袖與之從, 公竟不聽曰: "忠孝有難兩全, 而我忠汝孝, 豈不兩全乎?" 斷袖不顧而去. 禮元見公大喜, 委以中軍之任曰: "國亂如此, 文武何論? 君雖士流, 此邑人望, 無過於君, 則此任孰能當之?" 公辭不得而受之, 乃聚將士而誓之曰: "爲國一死, 臣子之分也. 今寇亂至此, 其將迎降乎? 其將爲國一死乎? 況此府卽賊路要衝, 儘若張巡之睢陽.[85] 無此府則無嶺南, 無嶺南則無國家矣. 死等爾, 寧死於國, 豈忍降於賊, 生而抱羞, 死而爲子孫之慼德乎?" 於是而衆皆曰惟命. 乃拔擢鄉友李大亨·金得器, 分守城門, 李麟趾調軍粮, 爲死守計. 居數日, 賊來圍城, 公夜率數百人, 出城斬數百級, 賊遁去. 追至竹島, 俄而賊船蔽洋而至, 公入城繕守. 時, 援兵外絶, 資粮內匱, 晝夜相持. 禮元知不能守, 欲開北門遁走. 公抗言曰: "城主受國厚恩, 任一方之任, 而當此危亂之際, 不思所以報國, 而輕其去就, 使人心離散, 獨不愧於心乎?" 禮元不敢去. 十九日夜, 賊刈野麥, 堆積城下, 塡壕而

---

85 張巡之睢陽 : 唐나라 때 安祿山의 반란이 일어나 長安과 洛陽이 적에게 함락되었다. 御史中丞 張巡이 睢陽太守 許遠과 함께 睢陽城을 지키면서 적과 싸우다가 양식이 떨어져 성이 함락되자 장렬하게 節死하였다. 『舊唐書 권187 張巡傳』

入, 勢不能當, 城遂陷. 禮元從北門遁, 向晉州城, 無主將, 士卒瓦解. 公勵
士獨戰, 兇鋒危逼, 矢鎗蝟集. 而賊呼投降, 公憤罵大呼, 督舉餘卒, 戰不
已, 仍被鎗而死, 卽是月二十日也. 部下梁業孫者, 目睹而傳其事, 嗚呼烈
哉! 公竟以忠烈聞, 亂後贈公工曹參議. 公配安東權崙之女, 生二男二女.
男長廷伯進士, 有高行, 光海朝, 不爲北黨所染. 鄭桐溪薀之挽, 有北風心不
變南國一人存之句. 有四男一女, 男齊賢・齊聖・齊文・齊元, 女適鄭喜漸.
次廷男二女, 適郭弘垓・郭弘坤, 兄子齊聖出后. 女適參奉曺元海・參奉安
後凱. 公歿而衣冠之葬, 亦未克焉, 子孫歲祠于先墓之側. 配墓在某所云. 後
百十有七年戊子, 府使李鳳祥, 卽壬辰殉節臣忠武公舜臣之後, 閱州誌, 見
公事迹, 慨然興感, 勸士林建祠, 名曰忠烈以享公, 卽楚人「國殤」[86]之義也.
余誦「國殤」之詞, 有曰: "操吳戈兮被犀甲, 車錯轂兮短兵接." 言其兵鋒之危
迫也; "霾兩輪兮縶四馬, 援玉枹兮擊鳴鼓." 言其忘身而殉國也; "帶長劍兮
挾秦弓, 首雖離兮心不懲." 言其視死如歸也; 身旣死兮神以靈, 魂魄毅兮爲
鬼雄." 言其英魂長留也. 楚人之重國恥赴國難, 若是其切, 故其終也, 雖三
戶亡秦[87], 誠以此也. 方賊之來也, 非若向時三浦五島一時鈔掠寇盜之比也,
舉國來赴, 實有滔[88]天捲地之勢. 是豈昇平恬嬉之餘, 以不鍊之卒不完之城

---

86 「國殤」: 전국시대 屈原이 지은 「九歌」 중 한 편이다. 國殤은 나라를 위해
　　　죽은 사람을 말한다.

87 雖三戶亡秦 : 전국시대 때 秦나라가 楚나라 懷王을 속여서 초청하고 억류하여
　　　결국 죽이니, 초나라 사람들이 秦나라에 대한 원한이 사무쳤다. 楚나라 陰陽
　　　家 南公이 "초나라에 세 집만 남아 있어도 진나라를 멸망시킬 나라는 반드시
　　　초나라일 것이다.〔楚雖三戶, 亡秦必楚也.〕"라 하였다. 과연 후일에 초나라
　　　項羽가 三戶津을 건너 진나라를 멸망시켰다. 『史記 권7 項羽本紀』

88 滔 : 저본에는 蹈자로 되어 있는데 오자로 판단하여 고쳤다.

而能當之乎? 況是時主將逃遁, 人心已解, 鄕邑之文武將吏, 率皆鼠竄. 公以白面書生, 沬血飮泣, 橫身殉國而不知悔, 此可謂與日月爭光矣. 李大亨・金得器亦從而死之, 後來忠義之士, 接跡而起, 賊終敗亡而歸, 則國殤英魂之餘烈也. 公論不泯, 朝家有襃贈之節, 後倅有建祠之擧, 於乎猗哉! 英宗朝有諸道書院冒濫者, 限年毁撤之令, 時公祠混入焉, 實限外也. 今上癸卯, 本邑士論復起, 呈于道伯及繡衣, 遂改建焉. 公之後孫泰增持李晉州奎年狀文, 更求狀于鼎福, 遂旁求當日事實, 序次其梗槩, 用以求正于金官之士林, 而俟秉筆者採擇焉.

7. 선교랑 증사헌부지평 파록 황공 행장

宣教郎贈司憲府持平巴麓黃公行狀 병오년(1786, 75세)

공은 휘가 여구(汝耉)이고 자는 인로(仁老)이며 본관은 창원(昌原)
이다. 원조(遠祖) 충준(忠俊)이 고려에 벼슬하여 시중(侍中)에 이
르렀다. 3대를 지나 거정(居正)은 아조(我朝)에 들어와 개국공신
(開國功臣)에 들고 벼슬이 형조판서에 이르렀으니, 공에게 9대조가
된다.

증조 휘 도(璹)는 돈녕부도정(敦寧府都正)이다. 선묘(宣廟) 계사
년(1593, 선조26)에 대가(大駕)가 영유현(永柔縣)에 머물 때 공이
현령으로서 정성을 다하여 모시니, 상이 가상하게 여겨 유소보결(流
蘇寶結)과 화각채필(畵角彩筆)을 하사하였으니, 지금까지 집에 전해
진다. 조부 휘 재중(在中)은 김포현령(金浦縣令)이고, 부친 휘 집
(潗)은 홍천현감(洪川縣監)이다.

모친 청송심씨(靑松沈氏)는 판관(判官) 제겸(悌謙)의 따님이고 부
원군(府院君) 강(鋼)의 손녀로, 인조(仁祖) 기묘년(1639, 인조17)에
정려(旌閭)를 하사받았다. 청송심씨는 종족이 번성하고 높은 관작이
이어졌다. 판관의 형 의겸(義謙)이 국정을 맡아 용사(用事)하면서
처남인 현감공이 사림의 인망을 받고 있는 것을 보고는 기필코 자기
편으로 끌어들이고자 하였다. 현감공이 조금도 뜻을 굽히지 않으니,
이로 말미암아 청론(淸論)이 현감공을 추중(推重)하였다.

공은 만력(萬曆) 무신년(1608, 선종41) 5월 2일에 태어났다. 천품
(天稟)이 남달리 뛰어나고 효성과 우애가 있었다. 부모를 부지런히

섬기고 양지(養志)하여 뜻을 어긴 적이 없으니, 현감공이 기특하게 여겨 사랑하며 말할 때마다 효자라고 일컬었다. 성장해서는 독실한 뜻으로 학문에 힘썼다. 책을 읽다가 고인(古人)의 효도와 의리에 관한 대목에 이르면 어김없이 책을 덮고 눈물을 닦으며 말하기를, "선비는 기절(氣節)을 중시해야 한다."라고 하니, 보는 사람도 따라서 격앙(激昂)하지 않는 이가 없었다. 약관의 나이를 지나서는 행의(行誼)로 이름이 알려져 여러 차례 천섬(薦剡 지방 수령의 추천장)에 올랐다.

을해년(1635, 인조13)에 현감공이 홍산(鴻山)의 농장에 있을 때 모친상을 당하여 상중(喪中)에 세상을 떠나니, 공이 상구(喪柩)를 잡고 가슴을 치고 울부짖으며 슬픔으로 자신을 지탱하지 못했고 집상(執喪)이 예제(禮制)에 지나치니, 모친이 걱정하여 울면서 말하기를, "너의 집이 본시 효성으로 알려졌지만, 부자 모두가 상중에 죽으면 이는 예(禮)에 지나친 것이다. 이 노모를 생각하지 않는단 말이냐?"라고 하니, 공이 감읍(感泣)하여 명을 받았다. 양천(陽川)의 선산에 귀장(歸葬)하고 이어 모친을 모시면서 부친의 묘소 아래에서 시묘(侍墓)하였다.

당시 오랑캐가 쳐들어온다는 경보(警報)가 있어 인심이 흉흉하였다. 공이 모친을 모시고 다시 홍산의 고향으로 돌아가려고 하다가 차마 묘소의 곁을 멀리 떠날 수 없어 머뭇거리며 결정하지 못했다.

이듬해 12월에 오랑캐 군대가 대거 침입하니 열군(列郡)이 걷잡을 수 없이 무너졌다. 상이 황급히 남한산성(南漢山城)으로 들어갔고 대신들은 종묘·사직의 신주를 모시고 강도(江都)로 피란하였다. 사람들이 모두 공에게 남쪽으로 내려갈 것을 권하니, 공이 말하기를, "내가 비록 벼슬에 오르지는 못했으나 임금이 외로운 성 안에 계시

고 친상(親喪)을 다 마치지 못한데다 분묘가 이곳에 있으니, 내가
장차 어디로 가리오? 종묘·사직이 있는 곳이 진실로 내가 죽을
곳이다."

라 하고, 온 가솔을 데리고 강화(江華)에 들어가 마니산(摩尼山) 서
쪽 기슭에 우거하였다. 공이 벗들과 약속하기를,

"이와 같이 사는 것은 죽음을 피하는 사람에 불과하니, 반드시 산다
는 보장이라도 있겠는가? 이곳에는 피란 온 사람들이 많다. 나는
상복을 입은 사람이고 전투는 내가 잘할 수 있는 일이 아니지만,
서로 단결한다면 국가를 위하는 계책이 이보다 나은 것이 없을 것
이다. 제군(諸君)들은 어찌 서로 힘쓰지 않겠는가?"

라 하니, 사람들이 옳다고 하였다. 이에 피란 온 사우(士友) 및 서
민(庶民), 노복(奴僕)들을 소집하여 약간의 사람을 모아 군대를 편
성하여 나루를 지키고 요해지(要害地)를 점거함으로써 적의 목을
베거나 생포한 바가 많았다. 이에 피란 온 사람들이 많이 와서 하나
부대를 이루어 '황모(黃某)의 군대'라고 일컬었으니, 이는 그 계획
이 공에게서 나왔기 때문이었다.

당시 검찰사(檢察使) 김경징(金慶徵)은 바로 원훈(元勳) 김류(金
瑬)의 아들로 교만하여 스스로 잘난 체하였고, 부사(副使) 이민구(李
敏求)는 일개 문인(文人)이었다. 이들은 말하기를, "강화는 대강(大
江)이 가로 막고 있는 천험(天險)의 요새이니 걱정할 것이 없다."고
하며 밤낮으로 연회를 즐기고 군사(軍事)는 도외시했다. 공이 분개하
여 상복을 입은 채 그 막하(幕下)로 가서 소리를 높여 말하기를,

"지금이 어떠한 시기인데 공들은 날마다 술을 마시고 연회를 열면
서 군무(軍務)를 걱정하지 않는단 말인가. 예로부터 국가가 위급하

게 되고 신자(臣子)가 목숨을 보전한 경우는 없었다."
라 하고, 이어 의병(義兵)에게 무기와 화약을 지급할 것을 청하면서
말과 함께 눈물이 쏟아졌다. 경징 등은 불쾌하게 여기며 말하기를,
"그대는 지나치게 염려하고 있다."라 하였다. 공이 어찌할 수 없음
을 알고 집으로 돌아와 모친에게 사실을 말하니, 모친이 웃으며 말
하기를,

"이는 스스로 알아서 하면 된다."
라 하였다. 이로부터 모친은 최질(衰絰)을 벗지 않고 단단히 묶은
채 집에 전해 오는 선대의 글들을 묶어서 수습하여 따로 보관하였
다. 공이 그 뜻을 알고 밤낮으로 곁에 모시고 있었다.

얼마 안 되어 오랑캐가 강을 건너와 강화성이 장차 함락될 지경이
라 의병이 진영을 마니산 아래에 옮겼다. 오랑캐의 기병(騎兵)이 수
없이 몰려와 그들의 칼날이 닿는 데마다 피가 흘러 길바닥을 덮었다.
공은 의병과 힘을 다하여 방어하였지만 병력이 훨씬 적고 강약의 형
세가 달랐다. 이에 공이 눈물을 흘리며 의병들에게 말하기를,

"우리가 국가를 위하여 이 일을 하고 있으니 끝내 국가를 위하여
한번 죽을 뿐이다. 부질없이 죽는 것은 국가에 아무런 이익이 없으
니, 수영(水營)에 가 있으면서 3도(道)에 격문(檄文)을 보내어 의
병을 소집한 다음 동쪽으로 가서 근왕(勤王)하는 편이 낫다."
라 하니, 의병들이 명령대로 따르겠다고 하였다. 이에 공이 모친 및
가솔들을 데리고 의병을 이동하는데, 미처 배를 출발하기도 전에
오랑캐의 군대가 갑자기 몰려왔다. 모친이 사태가 위급한 줄 알고
갑자기 물속에 뛰어들자 공이 다급한 소리로 크게 울부짖으며 바다
에 따라 들어가 죽었으니, 바로 정축년(1637, 인조15) 정월 25일이

었고 이 때 공의 나이 30세이다.

함께 따라 죽은 사람은 별좌(別坐) 유춘(兪橒)의 아내와 금구 현령
(金溝縣令) 조견소(趙見素)의 아내 및 딸이었고, 공의 어린 아우 흥호
(興戶)와 출가하지 않은 누이도 물에 빠져 함께 죽었다. 그리고 3일이
지난 뒤 득운(得雲)이란 종이 얼음 속에서 누이의 시신을 찾아냈는데
그 때까지 죽지 않고 있다가 다시 살아나서 후일에 충현공(忠顯公)
이돈오(李惇五)의 아들 후성(后晟)에게 출가하였다. 공의 한 가문에
순절(殉節)한 사람이 이처럼 많으니, 어쩌면 천지의 순강(純鋼)하고
정직한 기운이 공의 일문(一門)에만 몰렸기 때문에 그러한 것이 아니
겠는가. 아, 장렬하여라! 숙종(肅宗) 을묘년(1675, 숙종1)에 정려(旌
閭)를 하사하고 영조(英祖) 기사년(1749, 영조25)에 공에게 지평(持
平)을 증직하였다.

공의 전배(前配) 증숙인(贈淑人) 청송심씨(靑松沈氏)는 심지하(沈
之河)의 딸로 일찍 죽었고 후사가 없으며, 역촌(驛村)의 술좌(戌坐)
의 둔덕에 안장하였다. 후배(後配) 증숙인 양천허씨(陽川許氏)는 증
이조판서(贈吏曹判書) 요(窯)의 딸이고 악록(嶽麓) 성(筬)의 손녀이
고 초당(草堂) 엽(曄)의 증손녀로, 시례(詩禮)의 가문에 태어나 부덕
(婦德)을 잘 갖추었다. 공이 순절하던 날 아침에 첫돌이 지난 아이를
업고 의창군(義昌君 선조(宣祖)의 서자(庶子) 이광(李珖))이 우거(寓居)
하는 집으로 갔으니, 군부인(君夫人)이 바로 숙인의 고모이고 숙인의
어머니 이씨(李氏)가 그 집에 함께 있었기 때문이었다. 궁노(宮奴)가
배를 대어 기다리고 있을 때 오랑캐의 군대가 갑자기 들이닥치자,
이씨가 숙인을 데리고 같이 배를 타고 교동(喬洞)으로 가서 화를 면할
수 있었다.

난리가 막 진정되자 숙인이 몸소 공이 죽은 전쟁터에 가 보았다. 늙은 여종 몇 사람과 고을 사람 중 얼음 속에 숨어 죽지 않은 사람이 당시의 상황을 자세히 말하였다. 숙인은 밤낮으로 울부짖으며 갯벌을 걷고 물속을 헤매면서 하늘과 신명에게 기도하였고, 사람들을 모집하여 표류하는 시신들 속에서 공과 가족들을 찾아내게 하되 자신이 바느질한 옷과 지니고 있는 패물이 맞는지를 가지고 식별하였다. 7일이 지나서야 심부인(沈夫人)과 공의 시신을 찾아내었는데, 얼굴 모습이 산 모습과 같았고 최질(衰絰)을 묶은 것이 그대로였다. 숙인이 직접 염(斂)하고 관(棺)에 넣어 양천(陽川) 남산역(南山驛) 해좌(亥坐)의 둔덕에 반장(返葬)하였다. 숙인이 공의 시신을 찾을 때 피란 온 사람들 중 자기 부모의 시신을 찾은 사람이 많았고, 자손이 없는 시신은 숙인이 집을 팔고 재물을 모아 묻어주었으니, 아, 어질도다! 이것이 어찌 부인이 할 수 있는 일이겠는가.

숙인은 공보다 2살 아래이고 공보다 28년 뒤에 세상을 떠났으니 바로 현종(顯宗) 갑진년(1664, 현종5) 3월 27일이다. 공의 묘소에 부장(祔葬)하였다. 숙종(肅宗) 을묘년(1675, 숙종1) 정려(旌閭)를 내렸다.

1남 의(鏸)를 두었다. 의는 화변을 겪은 이후로 지극한 슬픔이 마음에 있어 종신토록 서쪽으로 중국 땅을 향해 앉지 않았고, 명나라가 망한 해인 갑신년 이후의 책력은 보지 않았으며, 아들들에게 과거(科擧)를 보지 말게 하고 손자 대에 이르러서야 응시하도록 하였다. 아들이 다섯이니, 우일(遇一)・우청(遇淸)・우성(遇聖)・우천(遇千)・우서(遇瑞)이고, 딸이 여섯이니 윤협(尹協)・이명설(李命卨)・이세익(李世翼)・윤봉기(尹鳳紀)・이기령(李箕齡)・조형망(趙亨望)에게 각각 출가하였다. 우일은 3남을 두었으니 섬(暹)·정(晸)·민(旻)이고, 2녀는 권세연(權世衍)·허식(許湜)에게 각각 출가하였다. 우청은 2남을 두었으니 호(昦)·정(晶)이고, 딸은 이진백(李震白)에게 출가하였다. 우성은 3남을 두었으니 진사(進士) 최(最)·담(曇)·무과(武科)에 급제한 만(曼)이고, 4녀는 이지영(李之英)·권돈(權擊)·박사원(朴思遠)·유형기(柳逈基)에게 각각 출가하였다. 우천은 2남을 두었으니 욱(昱)·진사 흡(晷)이고, 딸은 이규(李邽)에게 출가하였다. 우서는 5남을 두었으니 문과에 급제하고 벼슬이 현감(縣監)인 빈(贇)·문과에 급제한 면(冕)·인(亃)·윤(尹)·성(晟)이다. 외손 및 증손, 현손은 매우 많아 다 기록하지 못한다.

『주역(周易)』에 "사람의 도리를 일컬어 인(仁)과 의(義)다."라 하였으니, 인은 어버이에게 효도하는 것보다 더 큰 것이 없고 의는 임금에게 충성하는 것보다 더 중한 것이 없다. 이제 공이 충효를 실천하여 죽음을 보기를 고향에 돌아가는 것처럼 편안히 여긴 것을 보면 인의의 도리를 다한 이라 할 만하다. 세교(世敎)가 쇠퇴한 이후로 인의의 도리가 밝지 못하고 충효의 행실이 드물어, 어버이를 잊고 임금을 등지는 자들이 온 세상에 가득하다. 아! 누구인들 인자(人子)가 아니며, 누구인들 인신(人臣)이 아니리오. 공의 유풍을 들으면, 나약한 사람이 뜻을 세우게 되는 것이 백이(伯夷) 뿐만이 아닐 것이다. 또한 병필(秉筆)하는 군자(君子)가 기록해주기를 바라는 바이다. 그러므로 가장(家狀)에서 뽑아 삼가 이상과 같이 기록한다.

公諱汝喬, 字仁老, 其先昌原人. 遠祖忠俊, 仕高麗官侍中, 三世至居正, 入我朝, 參開國勳, 官刑曹判書, 於公爲九世祖. 曾祖諱璿, 敦寧府都正, 宣廟癸巳, 駕駐永柔, 公以縣令殫誠供御. 上嘉之, 賜流蘇寶結・畫角彩筆, 至今傳于家. 祖諱在中, 金浦縣令, 考諱溁, 洪川縣監. 妣青松沈氏, 判官悌謙之女, 府院君鋼之孫, 仁祖己卯, 賜旌閭. 沈氏族盛而貴, 判官兄義謙當國用事, 觀縣監公有士林之望, 必欲鉤致之. 公不少撓, 由是, 清議重之. 公以萬曆戊申五月二日生. 天姿秀異, 性孝友, 左右服勤[89], 養志無違, 縣監公奇愛之, 言必稱孝子. 及長, 篤志力學, 讀書至古人孝義等處, 必廢書而掩泣曰: "士當以氣節爲先." 觀者無不爲之激昂. 年踰弱冠, 以行誼聞, 屢登薦剡[90]. 乙亥縣監公在鴻山庄所, 丁內艱, 不勝喪而卒. 公攀號擗踊, 哀不自持, 執制踰禮, 母夫人憂之, 泣而語曰: "汝家素以孝稱, 若兩世皆以喪斃, 則此於禮過矣. 且獨不念爲老母地乎?" 公感泣受命, 歸葬于陽川先隴, 因奉母夫人, 廬于墓下. 時有虜警, 人心洶懼, 公將奉母, 復歸鴻鄉, 而不忍遠離墓側, 盤桓未定. 翌年十二月, 虜大擧東搶, 列郡瓦解. 上蒼黃入南漢, 大臣奉廟社, 避于江都. 人皆勸公南下, 公曰: "我雖不在一命之列, 君上在孤城, 親喪未闋而墳墓在此, 吾將安歸? 廟社所在, 固吾死所也. 盡室入江華, 寓於摩尼山西麓. 與友人約曰: "如是而生, 不過爲逃死之人, 生亦可必乎? 此中避亂人士多矣. 我則被衰, 金革之事, 非我所能, 自相團結, 爲國爲家計, 無過於

---

89 左右服勤:『禮記 檀弓』에 "어버이를 섬기되 숨김은 있고 범함은 없으며 좌우로 나아가 봉양함이 일정한 方所가 없으며 죽을 때에 이르기까지 부지런히 일하여 3년 동안 居喪을 지극히 한다.〔事親, 有隱而無犯, 左右就養無方, 服勤至死, 致喪三年.〕"라 한 데서 온 말이다.

90 薦剡(섬): 지방관이 사람의 才能과 장점을 기록하여 추천하는 공문이다. 剡은 원래 秦漢시대에 會稽君에 속한 현인데, 그곳에서 종이가 생산되었다. 옛날에는 그 剡紙에 추천하는 글을 적었던 데서 薦剡이란 말이 생겼다.

此者. 諸君盍相與勉之哉?" 僉曰諾. 於是, 招聚避亂士友及鄉人奴僕, 得若干人, 編爲行伍, 守津口據要害, 多所斬獲. 避亂者多歸之, 奄成一軍人, 謂之黃某軍, 以其謀出於公故也. 時, 檢察使金慶徵, 卽元勳瑬之子, 驕傲自重, 副使李敏求是一箇文人, 謂以長江天塹, 不足爲憂, 日夜耽樂, 置軍事於度外. 公憤然曳衰, 卽其帳下, 厲聲謂之曰:"此何時也, 而公等日縱酒高會, 不恤軍務? 自古未有國危而臣子得全者也." 因請兵器火藥給義軍, 言淚俱發. 慶徵等不悅曰:"君過慮矣." 公知不可爲, 歸告母夫人, 夫人笑曰:"此當自辦而已." 自是, 不脫衰絰而緊束之, 收拾傳家文字, 別置之. 公知其意, 日夜侍側. 無何虜渡江, 城且陷矣. 義軍移陣於摩尼山下, 虜騎充斥, 兵鋒所及, 血流被道. 公與義軍盡力守禦, 大小不敵, 强弱殊勢. 公洒泣而謂義軍曰:"吾儕爲國辦此事, 終當爲國辦一死. 徒死無益, 不如往依水營, 移檄三道, 收集義旅, 東歸覲王之爲愈也." 衆曰:"唯命之從. 公遂奉母夫人及家眷移軍, 未及發船, 虜兵奄至. 母夫人知事急, 忽躍投水中, 公疾聲長慟, 從而赴海死, 卽丁丑正月二十五日也, 公時年三十. 從而死者, 別坐兪㯖妻·金溝縣令趙見素妻及一女, 幼弟興戶·少妹之未嫁者, 亦赴水同死. 後三日, 奴得雲於氷澌間得其屍, 猶不死, 因以得生, 後適忠顯公李惇五子后晟. 公一門殉節, 如是之多, 豈非天地純剛正直之氣, 萃於公之一門而然耶? 嗚呼烈哉! 肅宗乙卯旌閭, 英宗己巳, 贈持平. 前配贈淑人, 靑松沈之河女, 早卒無后, 葬驛村戌坐原. 后配贈淑人陽川許氏, 贈吏判窯之女, 嶽麓筬之孫, 草堂曄之曾孫, 生乎詩禮之家, 婦德克備. 公殉節日, 朝負周歲晬兒, 往義昌君寓所, 君夫人卽淑人姑母, 而母李氏同在故也. 宮奴艤船而待, 虜兵猝逼, 李氏携淑人同載往喬桐, 得免焉. 亂甫定, 淑人躬往戰所, 老婢數人及鄉人之匿氷裏得不死者, 詳傳其事. 淑人晨夕叫號, 泥步水行, 禱天祈神, 募人撈搜於積屍漂流之中, 辨以手裁之衣縫, 驗以所佩之物件. 越七日, 鉤得沈夫人

及公屍, 顔貌如生, 衰経糾結依舊. 躬自斂柩, 返葬于陽川南山驛亥坐原. 淑
人之搜公屍也, 避亂人之得其親屍者多, 或無子孫之屍, 則淑人賣宅斂財而
瘞之. 嗚呼賢哉! 此豈婦人之所能也乎? 淑人少公二歲, 後公二十八歲而卒,
卽顯廟甲辰三月二十七日也. 葬祔公墓. 肅宗乙卯旋閭. 有一子鑀, 禍變以
後, 至慟在心, 終身不西面坐, 不見甲申後曆日, 令諸子廢擧, 至孫許赴. 子
男五人, 遇一・遇清・遇聖・遇千・遇瑞; 女子子六人, 適尹恊・李命高・
李世翼・尹鳳紀・李箕齡・趙亨望. 遇一三子暹・㝡・旻. 二女適權世衍・
許湜. 遇清二子昊・晶, 女適李震白. 遇聖三子, 最進士・曇・曼武科, 四女
適李之英・權擎・朴思遠・柳逈基. 遇千二子昱・㫛進士, 女適李玿. 遇瑞
五子, 贒文縣監・冕文科・㬇・㫝・晟. 外孫及曾玄孫煩不錄. 『易』稱立人
之道曰仁與義, 仁莫大於孝親, 義莫重於忠君. 今觀公蹈忠與孝, 視死如歸,
可謂盡仁義之道者也. 自世教衰, 仁義之道不明, 忠孝之行罕聞, 忘親背君
者, 滔滔然也. 噫! 孰非人子, 孰非人臣? 聞公之風, 懦夫立志, 非獨伯夷
也. 亦冀秉筆君子有所庶幾, 故掇採家狀, 謹錄如右.

행 장
行狀

1. 고 시강원 필선 증찬성 운계 정공 행장
故侍講院弼善贈贊成雲溪鄭公行狀

공은 휘(諱)가 뇌경(雷卿)이고 자(字)는 진백(震伯)이며, 호(號)는 운계(雲溪)이고 본관은 온양(溫陽)이다. 시조(始祖) 보천(普天)은 고려조에 은청광록대부(銀靑光祿大夫) 호부상서(戶部尙書)이고, 시호(諡號)는 정희공(貞禧公)이다. 이로부터 고려와 아조(我朝) 양대를 거치면서 잠영(簪纓)이 이어졌다.

고조 순붕(順朋)은 우리 중종(中宗)과 명종(明宗) 두 임금을 섬겨 벼슬이 좌의정에 이르렀고, 증조 휘 담(磏)은 호가 십죽헌(十竹軒)으로 벼슬이 경기도사(京畿都事)이며, 북창(北窓) 렴(磏)의 아우이고 고옥(古玉) 작(碏)의 형이다.

조부 휘 지겸(之謙)은 성균진사(成均進士)이고, 일찍이 과거 공부를 그만두고 향리에 은거하여 지조(志操)를 지켰다. 부친 휘 환(晥)은 성균생원(成均生員)이고 일찍 죽었다. 모친 연산서씨(連山徐氏)는 증병조참판(贈兵曹參判) 주(澍)의 따님이다.

공은 만력(萬曆) 무신년(1608, 선조41) 7월 4일에 태어나서 두 살 때 부친을 여의고 외가에서 자랐다. 어릴 때부터 성인(成人)과 같은 기도(氣度)가 있었다. 성장해서는 이모부 기평군(杞平君) 유백증(兪伯曾)에게 글을 배워 문사가 날로 진보하여 약관의 나이에 이름을 사림(士林)에 떨쳤다. 성품은 충효하고 강개하여, 대절(大節)이 많았다.

경오년(1630, 인조8) 10월에 황자(皇子) 탄생을 축하하는 별시(別試)에 장원으로 급제하였다. 이 때 김북저(金北渚) 류(瑬)와 장계곡

(張谿谷) 유(維)가 고관(考官)으로서 좋은 인재를 얻은 것을 매우 기뻐하였다. 장원으로 예승(例陞)하여 성균관전적(成均館典籍)이 되었고 얼마 뒤에 공조·예조 2조(曹)의 좌랑(佐郞)으로 옮겼다.

북저 김공(金公)이 예조판서로 있으면서 모종의 일로 공과 함께 북도(北道)로 갔다. 함경도 관찰사 윤공(尹公) 의립(毅立)이 공을 보고 국가의 인재라고 칭찬하였다. 이에 김공이 조정으로 돌아와서 공을 자주 칭찬하였다.

학곡(鶴谷) 홍서봉(洪瑞鳳)이 이 때 이조판서로 있으면서 역시 공의 사람됨을 알아보고 즉시 사간원정언(司諫院正言)으로 자리를 옮겨 주었다. 공이 선대의 허물이 있다는 이유로 자핵(自劾)하니, 조정이 이를 허락하지 않았고 시론(時論)도 공을 칭찬하였다. 이어 사헌부지평(司憲府持平)·시강원사서(侍講院司書)·병조좌랑(兵曹佐郞)을 차례로 거치고 곧바로 홍문관에 들어가 수찬(修撰)·교리(校理)가 되었다. 사헌부와 홍문관에 있을 때는 논사(論事)에 풍도(風度)가 있었다.

병자년(1636, 인조14) 봄에 차자(箚剳)를 올려 화의(和議)의 잘못을 논하였다. 이 해 겨울에 청나라 군대가 갑자기 쳐들어와 인조(仁祖)가 남한산성(南漢山城)에 들어갔는데, 공이 교리로서 호종(扈從)하였다. 이듬해 정축년 봄에 세자와 대군이 볼모로 잡혀 청나라로 끌려가자 종관(從官)들이 대개 따라가지 않으려고 도모하였다. 공은 개연히 따라가겠다고 자청하니, 상이 가상히 여겼다.

공은 세자시강원문학(世子侍講院文學)으로서 세자를 수행하면서 일행의 전곡(錢穀)의 수입과 지출을 맡았다. 세자가 사사로이 청하는 전곡이 있어도 응당 써야 할 것이 아니면, 공은 안 된다고 반대하였

다. 동료들 중 혹 몸가짐이 근신(謹愼)하지 못한 사람이 있으면 공이
조금도 용서치 않고 엄히 꾸짖었다. 한 재신(宰臣)이 뇌물을 바치고
서 오랑캐와 친하게 지내거늘 공이 침을 뱉으면서 비루하게 여겼다.
이 때문에 사람들에게 미움을 받았다.

이 해 겨울에 부왕(父王)에게 문안(問安)하는 일로 본국 조정으로
돌아왔다가 이듬해 봄에 다시 청(淸)나라로 가 세자에게 복명하였다.
기묘년(1639, 인조17) 봄에 필선(弼善)으로 승진하였고, 얼마 안 되
어 역적 정명수(鄭命壽)의 모함에 걸려들었다.

정명수는 은산(殷山)의 관노(官奴)로 무오년(1618, 광해군10) 건
주(建州)의 전투에서 우리나라 천예(賤隸) 김돌이(金突伊)와 함께
청나라에 포로로 잡혀간 자인데, 성품이 교활하였다. 병자년에 조선
말을 안다는 이유로 우리나라로 나왔다. 그 후로 더욱 청나라의 존총
(尊寵)을 받아 우리 국사(國事)를 도맡아 관할하면서, 임금을 능멸하
고 사대부를 욕보이는 등 우리나라에 해독을 끼치는 일이라면 팔을
걷어붙이고 나섰다. 이에 온 나라 사람들이 모두 이를 갈면서도 감히
말하지 못하고 있었다. 그런데 마침 청나라 사람이, 정명수 등이 우리
나라를 침학(侵虐)한 실상을 고발(告發)하니 청나라 황제가 노하여
그를 죽이고자 하였다.

공이 이 사실을 듣고 이 기회를 틈타 정명수를 죽이려고 하였다.
이 때 심양(瀋陽) 관소(館所)의 요속(僚屬)과 빈객(賓客)으로는 재
신(宰臣) 박노(朴簥)·신득연(申得淵), 보덕(輔德) 박계영(朴啓榮),
필선(弼善) 신유(申濡), 문학(文學) 공(公), 사서(司書) 김종일(金宗
一)·정지화(鄭知和) 등 관료들이 모두 이 모의에 참여하였는데, 공
이 스스로 이 모의를 주도하였다. 이 해 정월에 김종일과 상의하기를,

"하리(下吏)들 중 충근(忠謹)하여 이 일을 맡을 만한 사람으로는 강효원(姜孝元)보다 나은 이가 없다."

라 하고, 사람들이 동좌(同坐)한 자리에서 강효원을 불러 이르기를,

"정명수와 김돌이 두 역적이 하는 짓은 네가 알고 있을 것이다. 청나라 역관 하사담(河士淡)도 그를 제거하고자 한다. 이제 일이 발각되어 청나라 황제가 정명수를 죽이고자 하니, 이 기회를 놓칠 수 없다. 이 두 역적을 제거하면 우리 국세(國勢)가 높아지고 진헌(進獻)에도 폐단이 없게 될 것이다. 예전에 대간(大諫) 박황(朴潢)과 필선 민응협(閔應協)이 이곳에 있을 때 무오년에 포로로 잡혀 왔던 김애수(金愛守)와 심천로(沈天老) 등을 시켜 청나라 형부(刑部)에 정문(呈文)을 바치려고 하다가 바치지 못하였다. 그 당시에 작성한 정문이 지금 심천로의 처소에 있다. 요즈음 두 역적의 방자한 짓이 더욱 심하여 진헌하는 배와 감을 각 1000개씩 훔쳐 착복하였고, 최상국(崔相國)이 올 때 가지고 온 은자(銀子) 200냥과 역관(譯官) 최득남(崔得男)이 싸 가지고 온 은화(銀貨) 7바리[駄]를 몰수하여 약탈하였다. 그 실상에 관한 문서가 모두 그곳에 있으니, 이는 그를 죽일 수 있는 죄안(罪案)이다. 너는 심천로 등과 함께 정문하여 그의 간악한 실상을 고발하되, 청나라 관원이 캐물으면, 너는 '시강원 관료가 알고 있다.'라고만 대답하라. 만약 캐묻는 일이 있으면 우리 두 사람이 사실대로 말할 터이니, 너는 염려하지 말라."

라 하였다. 강효원이 드디어 개연(慨然)히 명을 따랐다.

며칠 후 심천로 등이 청나라 형부에 정문(呈文)을 바치니, 청나라 관원이 시강원의 관료들을 급히 불러들였고, 김종일이 나아갔다. 청

나라 관원이 정문 중의 사안을 캐물으니, 김종일이 말하기를,

"시강원 관료들은 관장하고 있는 일이 각각 달라서 사서(司書)는
예방(禮房)의 일을 맡고 있고, 문학(文學)은 호방(戶房)의 일을
맡고 있으니, 물화(物貨)의 출입은 문학이 알고 있다."

라 하였다. 이에 청나라 관원이 공을 불러 캐묻기에 공이 사실대로
답하였고, 또 강효원을 불러 캐물으니 강효원도 공이 말한 대로 대
답하였다. 그 후로도 청나라 관원이 여러 차례 불러 조사하면서 캐
물었으나 대답이 한결같았다. 그 사실을 증명할 만한 문서가 공의
처소에 있었는데, 두 역적이 그 사실을 알고 재신 박노를 사주하여
그 문서를 불태우게 하였다. 이 때에 이르러 청나라 관원이 증빙할
만한 문서가 있느냐고 물으니, 공이 불태울 때의 상황을 말하기를,

"재신 박노(朴簜)가 동좌(同坐)하여 불태웠다."

라 하였다. 박노는 공에게 유감을 품고 있던 터라 이 틈을 타 공을
중상(中傷)하려고 하였다. 이에 청나라 관원이 불러 캐물으니, 대
답하기를,

"그런 일이 없었다. 그가 한 말은 모두 거짓이니, 두 역관을 해치고
자 해서 그런 말을 한 데 불과하다."

라 하였다. 청나라 관원이 즉시 박노를 석방하고 공과 강효원을 옥
에 구금한 다음, 우리나라에 자문(咨文)을 보내어 이 일에 대해 캐
물었다. 상은 처음에는 공을 구원해주려고 하였다. 그런데 박노가
치계(馳啓)하기를,

"본국이 엄사(嚴辭)로 죄를 줄 것을 청하면 일이 혹 풀릴 수 있지만,
만약 신구(伸救)하려고 하면 단지 청나라의 노여움만 촉발시킬 것
입니다."

라 하였고, 재상 최명길(崔鳴吉)도 박노의 말을 옳다고 하니, 상이 그의 말에 따라 그런 일이 없다고 회자(回咨)하였다. 남을 모해(謀害)한 자는 그 죄가 사형에 해당하는지라 청나라 관원이 사율(死律)로 판결하려 하자, 세자가 "많은 사람을 끌어들이면 다 죽이지는 못할 것이다."라 하여, 공으로 하여금 많은 사람을 끌어들여 화를 늦추라고 하였다. 그러나 공이 그 말에 따르지 않고 홀로 죄를 떠맡았다.

장차 처형하려 할 때 재신이 대속(代贖)하자고 청하니, 정명수가 발끈 화를 내면서 말하기를,

"그러면 정운계와 강효원이 장차 살아 돌아갈 것이 아닌가?"

라 하였다. 세자가 친히 청나라 관부에 나아가 대속하기를 청하려고 하여 막 출발하려는데, 정명수가 뛰어와서는 길을 막고 소리치기를,

"내 머리를 자른 뒤에 갈 수 있습니다."

라 하였다. 사서(司書) 정지화(鄭知和)가 곁에 있다가 말하기를,

"어떤 놈인데 감히 이와 같이 하는가?"

라 하니, 정명수가 노하여 말하기를,

"내가 누군지 물어 무엇 하려느냐? 나는 정명수다."

라 하면서 정지화를 주먹으로 마구 때려 정지화의 갓끈이 끊어지고 옷고름이 풀어졌다. 세자가 공으로 하여금 독약(毒藥)을 마셔 자진하라고 하면서 문학(文學) 신유(申濡)로 하여금 독약을 구해 주게 하였는데, 독약이 적어서 죽지 못하였다. 공이 강효원과 옥문(獄門)을 나서 말에 오르자, 재자관(賫咨官) 이응징(李應徵)과 선전관(宣傳官) 정윤길(鄭胤吉)이 압송해 갔다. 두 역적이 다그쳐 바람처럼

급히 압송하는 수레를 몰아 서문(西門) 밖으로 나가 처형하는 곳에 이르러 막 참수(斬首)하려고 하는데, 이응징(李應徵)이 강력히 반대하기를,

"조령(朝令)에 사대부는 교형(絞刑)에 처하게 되어 있으니, 마땅히 본국의 법을 따라야 한다."

라 하니, 드디어 그 말에 따라 교형에 처하였다. 강효원은 공과 함께 죽을 때 재신을 욕하면서 한 마디도 자신에 대해 변명하지 않았으니, 훌륭하도다! 심천로도 마침내 참수되었으니, 바로 4월 18일이었다. 이 날 하늘의 해는 흐리고 음산한 바람이 세차게 부니, 보고 있던 오랑캐들조차도 모두 혀를 끌끌 차고 칭찬하면서 눈물을 흘렸다. 박노가 두 역적에게 시신(屍身)을 거두게 해달라고 요청하였으나 허락하지 않았는데, 용골대(龍骨大)와 마부태(馬夫太)가 비로소 허락하였다. 이에 선전관 박형(朴泂)과 질자(質子) 이열(李悅) 및 공의 가노(家奴)가 시신을 수습하였다. 공이 옥에 갇혀 있는 동안에 시를 읊은 것이 많이 있다. 세상에 율시 2수가 전해진다.

예로부터 사람은 누구나 다 죽게 마련이니
목숨의 길고 짧음은 인력으로 어찌할 수 없지
삼십이 년이라 지난 세월이 한바탕 꿈이니
수천 리 밖 타국에서 외로운 명정 돌아가누나
죽는 날에도 우국의 눈물 줄줄 흘리노니
살아서는 부모님 봉양을 하지 못하였구나
변방 땅에 이로부터 우는 두견새 있어
남쪽 가는 기러기 좇아 한양을 지나가리

일찍이 벼슬길에 올라나 밝은 임금 섬겼으니
옥당이며 금난의 벼슬은 분수에 넘는 성은일세
운명 기구하니 성은을 보답할 뜻 이룰 수 있으랴
성품이 광달하니 앙화의 문에 들어감이 제격일세
봄이 오니 만물은 모두 생기가 돌건만
창해 천리 밖에서 넋은 돌아가지 못하누나
노모와 고아는 그래도 부탁할 곳 있으니
제현들은 마침내 일신을 반드시 보존하리

賢愚終古同歸盡　脩短元非力所營　三十二年成一夢　數千里外返孤旌
死日尙流憂國淚　生時亦闕慰親誠　關山自此啼鵑在　倘逐南鴻過漢城
早離蓬蓽奉明君　玉署金鑾分外恩　命薄可成圖效志　性狂宜入禍殃門
靑春百物皆生意　滄海千里未返魂　老母孤兒猶有托　諸賢終必一□存[91]

처형될 때 붓을 달라고 하여 다음과 같은 시를 썼다.

삼량이 지난날 요하 가에서 죽었으니-삼량은 세 양신(良臣)으로 삼학사
(三學士)를 가리킨다.-
변방 땅서 떠도는 넋 이웃이 있으리
지금 진백을 불러 새로 짝을 이루리니-공의 자(字)가 진백(震伯)이다.-
우리 함께 영위 찾아 주인으로 삼으세

---

91 諸賢終必一□存 : 한 글자가 빠져 있는데 身자로 추측하여 번역하였다.

三良昔死遼河濱-三良指三學士.[92]- 關塞浮雲鬼有隣[93]

今招阿震添新件-公字震伯.- 共訪令威作主人[94]

또 부채에 쓰기를,

비록 곽자의(郭子儀)의 해를 꿰뚫는 충성을 품었으나

일찍이 그만한 복이 없었고

마침내 이임보(李林甫)의 언월(偃月)의 계책에 걸려들었으니,

누가 그 원통함을 구해 주리오

雖懷子儀貫日之忠 曾無其福[95] 竟墮林甫偃月之計[96] 孰拯其寃

---

92 三學士 : 병자호란 때 강화를 반대하다 斥和臣으로 몰려 청나라에 끌려가 죽은 洪翼漢·尹集·吳達濟를 가리키는 말이다.

93 關塞浮雲鬼有隣 : 이 부분이 『燃藜室記述』 권26 「仁朝朝 故事本末」에는 "변방 땅에 떠도는 꿈속의 넋 이웃이 있으리.〔關塞浮遊夢有隣〕"로 되어 있다.

94 關塞……主人 : 令威는 丁令威이다. 晉나라 陶潛의 『搜神後記』에 "丁令威는 본래 遼東 사람으로 靈虛山에서 도를 배워 신선이 되었다. 그 후 학으로 변해 요동으로 돌아가 성문의 華表柱에 앉았다. 소년들이 활을 들고 쏘려고 하자 학이 공중으로 날아가 선회하면서 말하기를 '새여, 새여! 정영위로다. 집 떠난 지 천년 만에 비로소 돌아왔네. 성곽은 옛날 그대로나 사람들은 옛날 사람이 아니로구나. 어찌하여 신선술을 배우지 않고 무덤만 즐비한가.'라 하고 허공으로 날아가 버렸다."라 하였다. 즉 이제 자신이 죽으면 먼저 죽은 삼학사가 자신을 불러 함께 신선의 세계로 갈 것이라는 뜻이다.

95 雖懷……其福 : 청나라의 침략을 막지 못하였음을 말한다. 郭子儀는 唐나라 때 명장으로 安史의 난리를 평정하는 데 가장 큰 공로를 세웠으며, 吐蕃과

라 하였다. 말하는 것이 평소와 같이 조용하고 침착하였고, 자리를 깔라고 하고서 동쪽을 향하여 임금과 부모에게 각각 두 번씩 절하였으니, 여기에서 공이 평소의 소양(素養)을 알 수가 있다. 소현세자(昭顯世子)와 봉림대군(鳳林大君)이 몹시 불쌍히 여기며 옷을 벗어서 시신을 염습(斂)하고 전(奠)을 차려 제사하였다. 부음(訃音)이 본국에 이르자 평소 공을 아는 사람이건 공을 알지 못하는 사람이건 흐느껴 울지 않는 사람이 없었다.

6월에 내관(內官) 박지영(朴枝榮)에게 명하여 강효원의 시신과 함께 반구(返柩)하도록 하고, 이듬해 8월에 장례를 지냈다. 장사에 필요한 물품은 모두 조정에서 돌보아 주었으며, 특별히 광주(廣州) 경안(慶安)에 있는 금지(禁地)인 성묘(成廟)의 태봉(胎峯) 아래 자좌(子坐)의 자리를 하사하였다. 처음에는 도승지(都承旨)를 추증하고 다시 이조참판을 추증하였으며, 공의 집에 월름(月廩)을 지급하도록 하였다.

효묘(孝廟 효종)는 각별히 애도하였고, 일찍이 한 공주(公主)를 지

回紇의 잦은 침입을 막아 20여 년 동안 국가의 안위를 떠맡았다. 벼슬이 中書令에 이르고 汾陽郡王에 封해져 부귀영화를 극도로 누렸으면서도 생시와 사후에 아무 일 없이 榮寵을 끝까지 입었다. 그의 傳에 "부귀와 장수를 누렸고 살아서는 존경을, 죽어서는 애도함을 끝까지 입어서 신하의 도리에 조금도 결점이 없었다."라 하였으며, 게다가 자손들이 많아 인사를 올리면 누구인지 잘 알지 못하고 그저 턱을 끄덕거렸다 한다.『新唐書 권137 郭子儀列傳』

96 林甫偃月之計 : 林甫는 唐나라 때 간신 李林甫이다. 偃月은 이임보의 堂名이다. 이임보는 大臣을 중상모략할 때면 반드시 이 언월당에 들어가서 계략을 생각해냈다고 한다.『四朝聞見錄 岳侯追封』.

정하여 공의 집과 혼인을 시키려는 뜻을 보였는데, 후일에 그 공주가 요절하고 말았다. 영종(英宗) 계유년(1753, 영조29)에 찬성(贊成)을 추증하였다.

공의 부인 파평윤씨(坡平尹氏)는 의금부경력(義禁府經歷) 윤상형(尹商衡)의 따님으로 아들 하나를 두었으니, 유악(維岳)이다. 공이 해를 당할 때 유악은 나이 겨우 8세였다. 효종(孝宗) 임진년(1652, 효종3) 가을에 진사시(進士試)에 장원(壯元)으로 뽑히자, 상이 불러들여서 보고는 이르기를,

"이 아이가 이처럼 장성하였구나."

라 하고, 얼굴을 들라고 명하였다. 유악이 얼굴을 들자, 상이 이르기를,

"너의 모습이 너의 아버지를 퍽 닮았구나. 너는 더욱 힘써 여기에 그치지 말고 원대한 데 이르도록 하라."

라 하고, 이어 승지 이일상(李一相)에게 이르기를,

"이 아이의 아버지는 자기 몸을 돌보지 않고 나라를 위하다가 불측(不測)한 화(禍)를 당하였으나 사람들이 구제하지 못하였다. 나 또한 힘이 약해 구해주지 못했으니, 어찌하리오!"

라 하면서, 눈물을 흘렸다. 또 승지에게 명하기를,

"조정이 이 집에 늠록(廩祿)을 끊지 않고 지급하도록 하라."

라 하고, 또 이르기를,

"고아가 된 아들과 과부가 된 아내가 살아가기가 필시 어려울 터이니, 해조(該曹)에 말하여 내가 하사하는 물품을 제급(題給)하게 하라."

라 하고는, 드디어 호피(虎皮) 1장, 백금(白金) 1백 냥, 쌀 10석, 포

10필, 종이 2속(束), 붓 5자루, 먹 5자루를 하사하였으며, 이어 술과 음식을 하사하였다. 이 사실을 들은 사람들은 감격하여 탄식하지 않는 이가 없었고, 심지어 눈물을 흘리는 이도 있었다. 이듬해 유악을 특별히 헌릉참봉(獻陵參奉)에 제수하였다.

현종(顯宗) 정미년(1667, 현종8)에 공의 모친 서부인(徐夫人)이 죽자 장구(葬具)와 제수(祭羞)를 지급해 주도록 명하였다.

이와 같이 세 조정에 걸쳐 돌보아 준 은전(恩典)이 지극하고도 극진하였으니, 공은 이에 유감이 없을 것이다.

슬프다! 당시의 일은 몹시 개탄스러운 점이 있다. 박노는 비록 자기 말을 번복하였다 하더라도 다른 관료들은 모두 그 모의에 참여하였거늘 어찌하여 공이 죽게 되는 것을 그대로 서서 본 채 구원하지 않았단 말인가. 세자가 공에게 많은 사람을 끌어들이라고 명했는데도 공은 그 말에 따르지 않고 스스로 죄를 떠맡았으니, 참으로 어질도다!

관료들이 청나라 관아로 가서 공의 말이 사실임을 입증하지 못하였던 것은 무엇 때문인가? 게다가 청나라 사람들도 우리 조정에 자문을 보내면서 두 역적을 의심하였었다. 그런데 박노가 막상 치계(馳啓)할 즈음에 시강원에 있던 많은 사람들이 한 마디도 하지 않은 것은 또한 어째서인가? 당시 우리 조정은 응당 회자(回咨)에서,

"두 역적은 모두 본국의 천예(賤隷)로 임금을 배반하여 도리어 물어뜯고 본국을 침해한 것이 끝이 없다. 다만 이들이 대국(大國)에서 일을 하고 있기 때문에 진문(陳聞)하고 싶어도 쥐새끼 한 마리 잡으려다가 그릇을 깰 우려가 있기에 그렇게 하지 못하였다. 지금 이 회자에서 모두 말하겠다."

라 하고, 그들의 간사하고 탐욕스러운 작태를 다 말한 다음 또 이러

한 내용을 청나라 황제에게 진주(陳奏)했어야 했다. 그렇게 했다면, 두 역적의 머리가 오래지 않아 심양(瀋陽)의 저자거리에 내걸렸을 것이다.

최상(崔相 재상 최명길)은 이런 의리를 알지 못한 채 오로지 아첨하고 굴종하면서 박노와 부화뇌동하여 마침내 충성스럽고 어진 신하로 하여금 그 해독(害毒)을 입게 하고 말았으니, 어찌 통한(痛恨)할 일이 아니겠는가!

대저 예로부터 약소한 나라는 대국을 섬기는 일이 없을 수 없었다. 이러한 때에는 매번 간사한 자들이 적에게 빌붙어 본국을 협박하는 경우가 많았으니, 송(宋)나라가 남도(南渡)한 이후와 우리나라 고려 말엽의 일을 보면 알 수 있다. 나라를 다스리는 이들은 평상시에 마땅히 따로 하나의 법을 만들기를,

"본국 사람으로 적의 위세를 믿고 본국을 해치는 자는 먼저 본인을 참수한 뒤 그의 종족(宗族)들을 처형하고, 조상들의 묘를 파헤친 다음 사유를 갖추어서 대국에 보고한다."

라고 하여야 할 것이다. 이렇게 하면, 조금은 못된 짓을 못하게 할 수 있을 것이다. 천하 사람들이 악(惡)을 미워하는 마음은 다 같으니, 대국(大國)을 다스리는 사람일지라도 어찌 반적(叛賊)을 용서해 주어 다른 나라의 인심을 잃는 짓을 할 수 있겠는가. 그런데 매양 이와 같이 하지 못하고 한갓 아부하고 굴종하기만 해왔으니, 참으로 통탄할 노릇이다. 국사를 도모하는 이들은 응당 경계로 삼아야 할 것이다.

강효원은 작은 하리(下吏)로서 능히 죽음을 각오하고 쟁집(爭執)하면서 조금도 굽히지 않았으니, 당시의 시강원 관료들과 비교해 보

면 현우(賢愚)가 과연 어떠한가! 고산(孤山 윤선도(尹善道))은 말하기
를,

"사대부가 하리만 못했으니, 어찌 부끄럽지 않겠는가."
라 하였고, 우암(尤菴 송시열(宋時烈))은 말하기를,

"저 금나라 오랑캐를 마음속으로 섬기는 자는 개도 그 사람의 고기
를 먹지 않을 것이다."
라 하였고, 동명(東溟 정두경(鄭斗卿))은 말하기를,

"한 재신이 정명수의 심복이 되어 임금을 억누르고 역적을 도왔으
니, 후세 사람들의 붓과 혀를 어떻게 덮어 가릴 수 있겠는가?"
라 하였다.

유악은 후일에 병오년(1666, 현종7) 문과(文科)에 급제하여 벼슬
이 판서에 이르렀으며, 사충(思忠)·사효(思孝) 두 아들을 두었다.
사충은 진사이고, 사효는 급제하였다.

강효원은 죽을 때 나이 37세였다. 인조(仁祖)가 그의 죽음을 슬퍼
하여 좋은 땅을 가려서 안장(安葬)하게 하는 한편 그의 어미와 아내에
게 월름(月廩)으로 쌀 6말, 조기〔石魚〕 3속(束)을 종신토록 지급하게
하였으며, 어미와 아내의 장사 때에는 관(官)이 장례를 치르는 데
필요한 물품을 지급해 주었다. 강효원은 후정(厚精)·이정(二精) 두
아들을 두었으니, 이들은 모두 사천(私賤)이었다. 상이 유사(有司)에
게 명하여 공천(公賤) 2명으로 후정과 그의 아들 차석(次碩)을 대속
해 주었다. 그 후에 강효원에게 판결사(判決事)를 추증하였다.

진사공(進士公)의 증손 이원(履元)이 그의 내종(內從) 한군(韓君)
경탁(儆鐸)과 함께 나에게 와서 공의 행장을 지어 달라고 청하였다.
공의 집안은 세화(世禍)에 걸려 고아와 과부로 집안이 이어져 온 탓에

문헌(文獻)이 모두 산일하여 전해지는 것이 없다. 이제 단지 윤고산 (尹孤山) 선도(善道)·송우암(宋尤菴) 시열(時烈)·정동명(鄭東溟) 두경(斗卿) 세 분이 찬술한 비명(碑銘) 및 강효원의 가장(家狀)에 의거하고 신빙할 만한 야사(野史)의 기록을 두루 찾아내고서 병든 몸으로 애써 붓을 잡고 글을 지어 병필(秉筆)하는 사람이 채택해 주기 를 기다린다.

금상(今上) 13년인 기유년(1789, 정조13) 9월 하한(下澣)에 첨지중 추부사(僉知中樞府事) 한산(漢山) 안정복(安鼎福)은 삼가 찬술한다.

公諱雷卿, 字震伯, 號雲溪, 其先溫陽人. 鼻祖普天, 麗朝銀青光祿大夫戶部 尚書, 謚貞禧公. 自後跨歷兩代, 簪紱蟬聯. 高祖順朋, 事我中·明兩朝, 官 左議政. 曾祖諱礂, 號十竹軒, 官京畿都事, 北窓礂之弟, 古玉碏之兄也. 祖 諱之謙, 成均進士, 早棄擧業, 隱居守志. 考諱晥, 成均生員, 早歿. 妣連山 徐氏, 贈兵曹參判澍之女. 公以萬曆戊申七月初四日生, 二歲失怙, 養於外 家, 髫齡, 有成人氣度. 及長, 受學于姨叔杞平君兪伯曾, 文辭日進, 弱冠, 名騰士林. 性忠孝慷慨, 多大節. 庚午十月, 以皇子誕生別試壯元. 時, 金北 渚瑬·張谿谷維爲考官, 大喜得人. 壯元例陞參爲成均館典籍, 尋遷工禮二 曹佐郎. 北渚爲宗伯, 以事與公往北道, 北伯尹公毅立見公稱國器. 金公還 朝亟稱公. 洪鶴谷瑞鳳時掌東銓, 亦知公爲人, 卽遷司諫院正言. 公以有先 累[97]自劾, 朝廷不許, 時論多之. 轉拜司憲府持平·侍講院司書·兵曹佐郎,

---

[97] 先累 : 선조인 鄭順朋이 明宗 때 尹元衡에게 아부하여 尹任·柳灌·柳仁淑 등을 죽인 을사사화와 良才驛 壁書事件을 빙자하여 鳳城君·李若氷 등을 죽

旋入玉堂, 爲脩撰・校理, 其在臺署, 論事有風裁. 丙子春, 箚論和議之非.
冬, 淸兵猝至, 仁祖入南漢, 公以校理扈從. 丁丑春, 世子大君被質北行, 從
官多謀避, 公慨然請行, 上嘉之. 以文學行, 掌行中錢穀收支, 世子有私請,
而非出於應用者, 公輒執不可. 同僚或有律身不謹者, 公戒責不少饒, 一宰
臣有黷貨與虜眤者, 公唾鄙之, 以是見忤於人. 冬, 以問安還朝, 明春復命.
己卯春, 陞弼善, 未幾爲鄭賊命壽所陷. 命壽者殷山官奴也. 戊午建州之
役[98], 與本國賤隷金突伊, 被攎於淸人, 性狡黠. 丙子以解方言出來, 後益尊
寵, 專管我國事, 凌轢君上, 罵辱縉紳, 凡所以害本國者, 攘臂擔當. 一國切
齒不敢言. 會淸人發命壽等侵虐本國狀, 淸帝怒欲殺之. 公聞之, 乘此機欲
圖之. 時, 瀋館僚屬賓客, 宰臣朴簹・申得淵, 輔德朴啓榮, 弼善申濡, 公爲
文學, 司書金宗一・鄭知和諸僚, 皆與其謀, 而公自主張. 是歲正月, 與宗一
相議言:"下吏中忠謹可任事者, 無過於姜孝元." 同坐招孝元謂之曰:"鄭命
壽・金突伊二賊所爲, 汝所知也. 淸譯河士淡亦欲除之. 今事發, 淸帝欲誅
之, 機不可失. 除此二賊, 則國勢尊而進獻無弊矣. 前日大諫朴潢・弼善閔
應協在此時, 使戊午被攎人金愛守沈天老等, 欲呈文于淸刑部未果, 而呈文
今在天老所. 近日二賊縱恣尤甚, 偸食進獻梨柿各千個, 崔相國來時銀子二

인 丁未士禍를 말한다.

98 建州之役 : 明나라가 後金의 建州를 공격할 때 조선이 응원하기 위하여 派兵
하여 전투한 일을 말한다. 이 때 姜弘立을 五道都元帥로 삼아 2만 명의 군사를
거느리고 출정하게 하였는데, 전세가 불리하자 강홍립이 적군에게 항복하였
다. 정명수는 이 때 포로로 잡혀 갔다가 청나라 말을 배워 우리나라의 사정을
밀고하였고, 병자호란 때는 청나라의 譯官으로 조선에 와서 갖은 행패를 다
부렸다.

百兩及譯官崔得男賣來銀貨七馱, 沒數攘奪. 文書皆在此, 亦可殺之罪也. 汝與天老等呈文, 發其姦狀, 淸官有問, 汝對以侍講院官員知之. 若有問, 吾兩人當直言之, 汝勿爲慮."孝元遂慨然聽命, 數日後天老等呈文于淸刑部, 淸官急招講院官, 金宗一進去. 淸官問呈文中事, 宗一曰:"院官所掌各異, 司書掌禮房, 文學掌戶房, 貨物出入, 文學知之."遂招問公, 公以實對, 又招問孝元, 孝元對如公言. 自後淸官累次查問, 所答如一, 而可迹文書在公所, 二賊知之, 囑朴焚之. 至是淸官問可據文書, 公言被焚狀曰:"宰臣朴簹同坐焚之."簹積忤於公, 思欲中傷之, 及淸官招問, 答曰:"無是事也. 所言皆妄. 是不過欲害兩譯而然也."淸官卽釋, 拘公及孝元于獄, 移咨我國, 問其事. 上初欲救解, 馳啓言:"本國嚴辭請罪, 則事或可解, 若伸救則祗益其怒."宰相崔鳴吉以其言爲是, 上從之, 回咨言別無此事. 謀害之人罪當死, 淸官遂斷以死律, 世子以爲人衆不可盡殺, 令公廣引, 冀紓其禍, 而公不從, 獨當之. 將刑, 宰臣請贖, 命壽勃然曰:"然則鄭某姜孝元, 其將生還乎?"世子將親造請贖, 駕出, 命壽跳來遮道哮喝曰:"斷吾頭後可進."司書鄭知和在傍曰:"此何人, 敢如是?"命壽怒曰:"問我何爲? 我是鄭命壽."拳打知和, 冠纓絶衣紐解. 世子欲令飮藥自盡, 令文學申濡求藥, 毒微無驗. 公與孝元出獄門上馬, 賫咨官李應徵 · 宣傳官鄭胤吉押去, 二賊驅逼如風, 出西門外, 至刑所, 將斬, 應徵力爭曰:"朝令處絞, 當用本國之法."遂從之. 孝元與公幷命死時, 豕罵宰臣, 無一言自辨, 賢矣哉! 天老竟斬, 卽四月十八日也. 是日天日無色, 陰風大作, 雖胡人見之者, 無不嘖嘖稱賞而垂泣焉. 朴請于二賊收屍, 不許, 龍 · 馬始許. 宣傳官朴洞質子李悅及公家奴收屍. 公在獄多吟咏, 世傳二律曰:"賢愚終古同歸盡, 脩短元非力所營. 三十二年成一夢, 數千里外返孤旌. 死日尙流憂國淚, 生時亦闕慰親誠. 關山自此啼鵑在, 倘逐南鴻過漢城."又曰:"早離蓬蓽奉明君, 玉署金鑾分外恩. 命薄可成圖效志? 性狂宜入禍殃門. 靑春百物皆生意, 滄海千里未返魂. 老母孤兒猶有托, 諸賢終必一-一字缺-存." 臨刑, 索筆題詩曰: "三良昔死遼河濱,-三良指三學士.- 關塞浮雲鬼有鄰. 今招阿震添新伴,-公字震伯.- 共訪令威作主人."又題扇面曰: "雖懷子儀貫日之忠, 曾無其福; 竟墮林甫偃月之計, 孰拯其寃?"辭氣從容如平日, 令布席, 東向拜君親各再拜. 此可以知公平日之所養矣. 世子大君大加憫惻, 解衣以斂, 設奠以祭. 訃至本國, 無賢愚知不知, 莫不哽咽. 六月, 命內官朴枝榮, 幷與孝元返轊, 明年八月, 行葬禮, 皆自朝家顧護, 特賜廣州慶安成廟胎峯禁地子坐原. 初贈都承旨, 再贈吏曹參判, 月廩其家. 孝廟別加哀傷, 嘗指一公主, 示婚姻意, 後竟夭云. 英宗癸酉, 贈贊成. 公配坡平尹氏, 義禁府經歷商衡之女, 有一子曰維岳. 公遇害時, 維岳年甫八歲. 孝宗壬辰秋, 擢進士壯元, 上引見曰: "此兒若是其長成哉?"命擧顏. 擧顏, 上曰: "汝形頗似乃父. 汝其勉旃, 毋止於此, 期於遠大."仍謂承旨李一相曰: "此兒父不顧身爲國, 禍至不測, 人莫之救, 予亦力微不得救, 奈何!"爲之垂涕. 又命承旨曰: "自朝家廩祿無絕爲也."又曰: "孤兒寡妻生計必難, 言該曹題給予惠." 遂賜虎皮一張·白金百兩·米十石·布十疋·紙二束·筆五柄·墨五笏, 仍饋酒食. 聞者莫不感歎, 至有垂淚者. 明年, 特除維岳獻陵參奉. 顯宗丁未, 公姊徐夫人歿, 命給葬具祭需. 三朝隱恤之典, 至矣盡矣. 公於是可以無憾矣. 噫! 當日之事, 有十分慨恨者, 朴雖反其說, 諸僚皆與其謀, 則豈可立視其死而不之救乎? 世子旣命公廣引諸人, 公之不從而自當, 則信賢矣. 諸僚之不能進去, 以實公言, 何也? 淸人移咨, 亦疑二賊, 而及馳啓之際, 滿院諸人, 無一言亦何也? 朝廷回咨, 亦當曰: "二賊皆是本國賤隷, 背君反噬, 侵害本國, 罔有其紀. 但以用事于大國, 故雖欲陳聞而有投鼠忌器之嫌, 今於回咨, 當盡言之." 遂盡發其奸臟, 又以此意陳奏于淸帝, 則二賊之頭, 當不日而懸藩市矣. 崔相不知此義, 惟以詔屈爲事, 與簀和付, 竟使忠良之臣, 被其毒螫, 豈不痛哉! 大抵自古弱小之國, 不得不有皮幣之事, 而當此之時, 每有奸佞之徒, 附敵而脅本國者多, 觀於宋南渡後‧我麗末事, 可知矣. 爲國者平時當別立一法曰: "以本國人挾敵勢而害本國者, 當先斬其人, 戮其宗族, 掘其祖墓, 具由奏聞于大國"云, 亦可少戢. 而天下之惡一也, 爲大國者, 亦豈容貸叛賊而失一國之心哉? 每每不能如是, 而徒以媕婀脂韋爲能, 誠可歎也. 謀國者當以爲戒. 姜孝元以幺麽小吏, 能辦死爭執, 不少屈, 則其視當時院官, 賢愚何如哉? 孤山曰: "簪裾不如吏胥, 寧不愧乎?" 尤菴曰: "彼心金者, 狗不食其餘." 東溟曰: "有一宰爲命壽心腹, 抑君助賊. 後人之筆舌, 其可掩乎?" 維岳後丙午文科, 官至判書. 二子思忠‧思孝, 思忠進士, 思孝及第. 孝元死時年三十七, 仁祖悶惻其死, 命擇地安葬, 給母妻月廩米六斗‧石魚三束, 以終其身. 母妻之葬, 皆官給喪需. 有二子厚精‧二精, 私賤也. 上命有司, 以公賤二口, 贖厚精及其子次碩. 後贈孝元判決事. 進士公之曾孫履元, 與其內從韓君徽鐸來請公狀. 公家中罹世禍, 孤寡相傳, 文獻散逸無傳. 今只據尹孤山善道‧宋尤菴時烈‧鄭東溟斗卿三家所撰碑銘及姜吏家狀, 傍搜野乘之可以傳信者, 强疾屬筆, 湊合成文, 以待秉筆者採擇焉. 時, 上之十三年己酉九月下澣, 僉知中樞府事漢山安鼎福謹撰.

2. 흡곡현령 독좌와 김공 행장

歙谷縣令獨坐窩金公行狀 기유년(1789, 78세)

공은 휘가 광악(光岳)이고, 자는 동첨(東瞻) 또는 수이(秀而)이며, 성은 김씨(金氏)이고 본관은 월성(月城)이니, 신라(新羅)의 종성(宗姓)이다. 고려 예종(睿宗) 때 태자태사(太子太師) 인관(仁琯)이 비로소 현달(顯達)하여 잠영(簪纓)이 대대로 이어졌다.

공민왕(恭愍王) 때 관찰사 휘 자수(自粹), 호 상촌(桑村)이 있었으니, 아조(我朝)에 들어와 형조판서(刑曹判書)에 제수되었으나 나아가지 않고 자정(自靖)하였다. 그 2대 후에 대사헌(大司憲) 영유(永濡)가 있었다. 또 2대 후에 형조판서 세필(世弼)은 호가 십청헌(十淸軒)이고 시호(諡號)는 문간공(文簡公)으로 기묘명현(己卯名賢)이니 공에게는 7대조가 된다. 병조 낭관(郎官) 휘 시현(時鉉)・진사 휘 빈(彬)・문행(文行)이 있는 정상(鼎相)이 곧 공의 증조・조부・부친 3대이다.

모친 전주이씨(全州李氏)는 부사(府使) 이적(李葕)의 따님이고 효령대군(孝寧大君) 이보(李補)의 후손으로, 온화하고 자혜(慈惠)로워 부덕(婦德)이 있었다.

공은 명릉(明陵) 갑술년(1694, 숙종20) 2월 2일에 여주(驪州)의 오리산(五里山)에서 출생하였다.

공은 어릴 때부터 영수(穎秀)하여 보통 아이들과 달랐다. 조금 성장해서는 장중(莊重)하여 기도(器度)가 있으니, 사람들이 감히 어린 아이라고 해서 함부로 대하지 못하였다.

공은 일찍이 닭을 기른 적이 있었다. 선군(先君)이 이를 보고는 완물상지(玩物喪志)하지 말라고 경계하니, 그만두고 닭을 기르지 않았다.

10세에 글을 배우기 시작하여, 밤낮으로 부지런히 공부하였다. 글을 읽을 때는 반드시 백 번 내지 천 번을 읽고서야 그만두니, 얼마 안 되어 대의(大義)에 통탈하였다. 이어서 경사(經史)와 백가(百家)의 서적을 섭렵하였지만 벼슬길에 나아가는 것은 탐탁찮게 여겼다. 그러나 집안이 가난하고 부모가 연로한 까닭에 간간이 과문(科文)을 익혀 각체(各體)에 다 정숙(精熟)하여 응시하면 반드시 합격하였다.

병오년(1726, 영조2)에 사마시(司馬試)에 합격하되 생원시(生員試)에 장원(壯元)하였고, 계축년(1733, 영조9) 알성문과(謁聖文科)에 급제하여 명성이 자자하였다. 영상(領相) 김흥경(金興慶)이 동종(同宗)이라 하여 자기편에 끌어들이려고 하니, 공이 불응(不應)하였다. 승문원(承文院)에 보임(補任)되었다가 사헌부감찰(司憲府監察)로 옮겨졌다. 이듬해 갑인년에 황산도찰방(黃山道察訪)이 되었고, 임기가 차자 내직으로 들어와 낭서(郎署)가 되었다가, 작은 일로 파직되었다. 정사년(1737, 영조13)에 황해도도사(黃海道都事)가 되었다. 이듬해 무오년에 현릉령(顯陵令)이 되었고 체직(遞職)되어 돌아온 뒤 여러 해 동안 가거(家居)하였다.

무진년(1748, 영조24)에 판서 서종급(徐宗伋)이 충청도관찰사로 있다가 조정으로 들어와 이조판서가 되었다. 그가 사람들에게 말하기를, "내가 호서(湖西)에서 인재 한 사람을 얻었으니, 바로 김광악(金光岳)이다. 국가가 응당 크게 써야 하지만, 들건대 집이 몹시 가난하고 노친(老親)이 계시다고 하니, 반드시 먼저 한 고을을 맡겨서 효자(孝子)의 마음을 위로하여야 한다."

라 하고, 드디어 흡곡현령(歙谷縣令)으로 삼았다.

흡곡현령으로 재임한 지 5년 만에 향리로 돌아와 다시 가거(家居)하다가 영종(英宗) 기묘년(1759, 영조35) 12월 16일에 공주(公州) 선영(先塋) 아래에 있는 이곡(梨谷)의 정침(正寢)에서 세상을 떠나니, 향년 66세이다. 장사를 간략하게 치르라는 유명(遺命)이 있었다. 이듬해 모월 모일에 공주(公州) 애치산(艾峙山) 을좌(乙坐)의 자리에 안장하였으니, 선영이다.

배위(配位) 횡성조씨(橫城趙氏)는 통덕랑(通德郞) 영걸(英傑)의 따님으로 아들 하나를 두었고, 묘소는 충주(忠州) 원형리(元亨里)에 있다. 재취(再娶) 풍천임씨(豊川任氏)는 통덕랑(通德郞) 이규(以逵)의 따님으로 세 딸을 두었다. 삼취(三娶) 고령신씨(高靈申氏)는 구(構)의 따님으로 자녀가 없다. 두 부인의 묘소는 공의 묘소와 같은 을좌(乙坐)의 둔덕에 있다.

아들 명구(命耉)는 통덕랑이고, 사위는 진사 신임권(申任權)·권상점(權尙點)·신석록(申錫祿)이다. 명구의 세 아들은 태진(台鎭)·성진(星鎭)·익진(翼鎭)이고, 두 딸은 이영진(李永晉)·이관연(李觀延)에게 각각 출가하였다. 태진의 두 아들은 종우(宗雨)·시우(施雨)이며, 두 딸 중 장녀 진사 유익검(柳益儉)에게 출가하였고 차녀는 아직 출가하지 않았다. 성진은 아들이 없어 시우를 후사(後嗣)로 삼았다. 익진은 1남 3녀인데, 모두 어리다.

공은 덕성(德性)이 인후(仁厚)하고 지조(志操)가 확고하였다. 위기지학(爲己之學)에 힘쓰고 배운 것을 실행에 옮겨 그 사친(事親)·돈족(敦族)·거관(居官)·접인(接人)의 범절이 모두 한 세상의 모범이 될 만하였다. 효우(孝友)의 성품은 천성에서 우러나 아직 어려서 지각이 없을 때에도 부모를 섬기는 데 사랑과 공경이 모두 지극하여 가르치지 않아도 효성을 다할 줄 알았으니, 사람들이 반드시 '김효자 (金孝子)'라 일컬었다.

14세에 부친상을 당해서는 곡읍의 애척(哀戚)과 거상(居喪)의 절차를 오로지 예법에 따르니, 보는 이들이 감탄하였다. 선군(先君)의 병이 위중할 때 앵두를 먹고 싶어 하였는데, 앵두가 날 철이 아니라 구해 드리지 못한 것을 공은 늘 슬퍼하였다. 그 후로는 공은 앵두를 보기만 하면 눈물을 흘렸고 종신토록 앵두를 먹지 않았다. 책상 위에 늘 『삼강행실도(三綱行實圖)』를 두고 읽다가 '고어풍수(皐魚風樹)' 대목에 이르면, 책을 덮고 흐느껴 울지 않은 적이 없었다.

복(服)을 마치자 곧바로 조부상을 당하였다. 공은 중부(仲父)・계부(季父)와 함께 거처하면서 예법대로 수제(守制)하였다. 그 후 전지(田地)와 집을 두 숙부에게 모두 넘겨주고 여주(驪州)로부터 모친을 모시고 부여(扶餘)의 외가(外家)로 의지하며 살았으니, 이는 모친의 마음을 위로하기 위한 것이었다.

집안이 쇠락(衰落)한 탓에 비천한 일도 많이 하여, 몸소 농사를 짓고 돗자리를 짜서 모친을 봉양하였다. 자신은 조악(粗惡)한 음식을 먹으면서도 모친에게 올리는 음식은 부잣집보다도 더 좋았으며, 밖에 나갔다가 좋은 음식을 얻으면 반드시 가지고 와 모친에게 드렸다. 얼굴빛을 부드럽게 해 날마다 곁에서 모친을 모셨으며, 모친이 남에게 무엇을 주고 싶어 하면 그 뜻을 받들어 따르지 않는 것이 없었다. 그리하여 좋은 음식은 노인을 모시고 사는 한 마을의 사람들에게 나누어 주었으니, 또한 석류(錫類)의 의리이다.

혹 손님이 와서 함께 잠을 자야 할 때는 모친이 연로하여 곁을 떠날 수 없다고 말하니, 손님이 혼자서 자더라도 혐의쩍게 여기지 않았다.

현릉령(顯陵令)으로 있을 때 이모집이 능 근처에 있었다. 공은 모친을 이모집에 모셔 놓고 아침저녁으로 음식을 보살폈다. 황산도찰방(黃山道察訪)에 제수되었을 때 모친 곁을 떠나 먼 곳으로 가서 벼슬하게 되자, 사람과 말을 나누어 보내 고모와 숙모들을 모시고 와서 모친과 함께 단란하게 모여 살도록 함으로써 모친의 마음을 기쁘게 하였다.

흡곡현령(歙谷縣令)으로 부임할 때 모친의 연세가 이미 일흔이라 가마로 모시고 갔는데, 10여 리쯤 가면 반드시 말에서 내려 문후(問候)하였으며, 날씨가 조금이라도 좋지 못하면 행차를 멈추고 가지 않았다. 이에 관속들이 가지고 간 양식이 다 떨어졌으나 감히 원망하는 마음을 품지 못한 채 말하기를,

"원님의 부모를 모시고 가는 행차를 여러 번 따라다녔으나 우리 원님처럼 효성스러운 분은 처음 본다."

라 하였다.

늘 공사(公事)로 감영(監營)에 가면서 금강산을 누차 지나쳤으나, 5년 동안에 한 번도 산에 올라가지 않았다. 이는 대개 오랫동안 모친 곁을 떠나기 어려워 그렇게 했던 것이다.

혼정신성(昏定晨省)하면서 자신이 몸소 이부자리를 깔고 개었으며, 혹 모친이 설사병을 앓으면 대변을 자신이 몸소 치우고 다른 사람에게 시키지 않았다. 자신이 노년에 이르러서도 늘 그렇게 하였다. 모친이 일찍이 돌림병에 걸려 병세가 위독하였다. 공이 똥을 맛보니 똥이 달았다. 이에 병세가 위중하다는 것을 알고 가슴을 치고 울부짖

으면서 밤낮으로 자신을 대신 죽게 해달라고 하늘에 기도하였으며, 손가락을 잘라 피를 내어 모친에게 먹여서 마침내 병을 낫게 했다. 하늘이 효성에 감응한 결과가 과연 이와 같았다.

을해년(1755, 영조31)에 모친이 83세의 고령으로 반년 동안 병석에 누워 있었다. 공은 여섯 달 동안 옷의 띠를 풀지 않은 채 시병(侍病)하면서 병을 치료할 수 있다면 무슨 일이든 하지 않은 것이 없었다. 모친상을 당해서는 애훼(哀毀)하지 않을 나이인 예순을 넘었는데도 아침저녁으로 죽을 먹었으며, 장사를 지내고 나서는 묘소 곁에 여막(旅幕)을 짓고 살면서 묘소로 올라가 슬프게 곡하였다. 혹 병들어 자신이 몸소 전(奠)을 올리지 못할 때는 반드시 몸에 최복(衰服)을 걸치고 베개에 엎드려 곡하였다. 상제(喪制)를 마친 뒤 몸이 수척해진 나머지 병들어 천수(天壽)를 다 누리지 못하였으니, 애석하도다!

공은 그 효사(孝思)를 미루어 넓혀서, 선조를 받드는 일에 정성과 공경을 다하였다. 제사에는 미리 제수(祭需)를 준비해 두어 임시(臨時)에 군급(窘急)할 우려가 없도록 하였다. 제삿날에는 특별히 명의(明衣)를 입고 직접 제사 음식을 살펴보았으며, 공경하는 마음으로 제사를 지내 마치 혼령이 앞에 계신 것처럼 모시는 정성을 다하였다. 혹 멀리 출타하여 제사에 참여하지 못할 때는 머무는 숙소에서 반드시 의관을 정제(整齊)하고 밤새도록 단정히 꿇어앉아 있었다.

공의 선조인 십청헌(十淸軒)의 유문(遺文)이 남아 있는 것이 없었다. 공이 흩어져 있는 유문들을 수집하고 재물을 모아 판각(板刻)하였으며, 또 종인(宗人)들과 함께 시호(諡號)와 증직(贈職)을 내려줄 것을 상청(上請)하였으니, 선조를 위하는 일에 정성과 뜻을 다하는 것이 이와 같았다.

종족(宗族)을 사랑하여 가까운 친족으로부터 먼 족인(族人)에 이르기까지 두루 다 보살펴 주었다. 늘 중부(仲父)·계부(季父)와 멀리 떨어져 사는 것을 한스럽게 여기고 사모(思慕)한 나머지 눈물을 흘리기까지 하였으며, 옷과 음식을 가지고 봄가을로 찾아가 문안하였다. 고을 수령으로 있을 때는 중부·계부를 임소(任所)에 모시고 가서 부친을 섬기듯이 받들어 공봉(供奉)하고 혼정신성(昏定晨省)하였다.

종제(從弟) 병조 낭관(郞官) 광신(光藎)이 어릴 때 모친을 잃자 공이 양육하여 성취시켰다. 과부가 된 숙모와 아버지를 여읜 사촌 누이들의 아이들을 모두 일실(一室)에 모아 놓고 봉양하고 양육하였다. 일찍이 말하기를,

"군자(君子)의 도는 부부(夫婦)에게서 시작한다."

라 하면서, 부인과 서로 손님을 대하듯이 공경하고 출입할 때에는 서로 절하여 집안이 엄숙하면서 화목하였다.

남을 대할 때는 겸손하고 공손하여 성의(誠意)가 넘쳤고, 곤궁하고 위급한 사람을 보살펴 줄 때에는 마음과 힘을 다하였다. 남과 사귈 때는 세월이 오래 지나도 공경하였으며, 일찍이 남의 허물을 말한 적이 없었고 남의 좋은 점을 칭찬하기를 좋아하였다. 친구의 부음을 들으면 밥을 먹을 때 반드시 고기를 먹지 않았고, 다른 사람을 조문하면 그 날은 잔치 자리에 참여하지 않았다. 자신이 사용하는 옷이나 기물은 친지들과 함께 써서 낡고 헤져도 서운하게 여기지 않았다.

공은 당론(黨論)이 횡행하던 세상에 살면서도 조행(操行)이 단정하여 시속(時俗)에 따라 부앙(俯仰)하지 않았으며, 자신의 재능을 잘 감추어서 명예로 자처하지 않았다. 그래서 비록 당파(黨派)가 다른 사람일지라도 말이 공에게 미치면 반드시 "선인(善人)이다."라고

하였고, 다른 말을 하는 사람이 없었다. 아랫사람을 부릴 때는 힘써 인서(仁恕)를 다하고 은혜와 위엄을 병행하였으며, 중후(重厚)하고 간묵(簡默)하여 웃는 얼굴과 좋은 말을 하지 않아도 사람들이 스스로 외복(畏服)하였다.

관직에 있을 때이다. 황산도찰방(黃山道察訪)으로 있을 때 마침 흉년이 들어 역호(驛戶)가 피폐하니, 공은 공물(貢物)의 절반을 감면해 주었고, 몹시 궁핍한 자는 모두 다 탕감해 주었으며, 죽은 시신들을 끌어 모아 묻어주었다. 또 종자곡(種子穀)을 나누어 주고 양식을 도와주어 농민들이 제때에 농사지을 수 있게 해 주는 한편 녹봉(祿俸)을 덜어내어 소 100여 마리를 사서 각 역(驛)에 나누어 주어 농사를 짓도록 권장하였다. 이에 3년 만에 흩어졌던 백성들이 모두 되돌아와 백성들이 크게 소생하였다. 또 농한기(農閑期) 때 백성들을 모아놓고 인륜(人倫)을 말해 주면 혹 감격하여 눈물을 흘리는 사람도 있었다. 체직(遞職)되어서 향리로 돌아갈 때 아전이 관고(官庫)에 있는 쓰고 남은 돈을 가지고 와서 바치니, 공이 이를 받지 않았다. 역민(驛民)들이 송덕비(頌德碑)를 세워 공의 은혜를 칭송하였으며, 나중에 공이 세상을 떠나자 특별히 부의(賻儀)를 보내 잊지 못하는 뜻을 표하였다.

황해도도사(黃海道都事)로 있을 때 과시(科試)를 관장하였는데, 그 지방 선비들의 습속이 좋지 못하여 과장(科場)에서 소란이 일어나는 경우가 흔히 있었다. 그래서 종전에 시관(試官)들은 반드시 군졸의 호위를 받으며 길을 벽제(辟除)하고 과장을 출입하였다. 아전이 전례(前例)를 고하니, 공은 "상관없다."라 하고는 호위 군졸을 모두 물리치고 천천히 나아가니, 선비들이 숙연하여 두 손을 모으고 서 있었다. 공은 일찍이 과거의 법도가 공정하지 않은 것을 통탄하였다. 이런 까닭에 뇌물을 금지하고 오직 문장만으로 인재를 뽑으니, 사론(士論)이 흡족하게 여겼다.

이 때 장련(長連)에 황당선(荒唐船)이 들어온 일로 말미암아 무고하게 붙잡혀 와 구금(拘禁)된 사람이 수십 명이었다. 이들을 여러 달 동안 고신(拷訊)하였지만 단서를 찾아내지 못하였고, 이 때문에 관찰사가 면직되었다. 이에 도사(都事)로 하여금 복주(覆奏)하게 하니, 공이 한 번 심문하고 곧바로 무고한 죄를 밝혀내고 사유를 갖추어 보고하여 죄수들을 석방하니, 칭송하는 소리가 도로에 넘쳤다.

공이 흡곡현령(歙谷縣令)으로 있을 때 정사를 다스리는 것은 한결같이 황산도찰방으로 있을 때와 같되, 이익은 일으키고 폐해는 제거하여 먼 장래를 위한 계책을 세워 일했다. 특히 학문을 숭상하고 학교를 일으키는 데 힘써 사민(士民)을 타일러 서당(書堂)을 세우고 훈장(訓長)을 두어 어린 학생들을 가르치도록 하였다. 고을 안의 제생(諸生)들을 모아 놓고 3등(等)으로 나누어 달마다 두 차례 강론하게 하고는, 몸소 서당에 가서 공부를 권면하고 혹 상을 내려 장려하였다. 또 향교(鄕校)를 중수하고 재복(齋服)을 개비(改備)해 둔 다음 방(榜)을 내걸어 효유(曉諭)하여 백성들로 하여금 예양(禮讓)의 기풍과 학문(學問)의 방도를 알도록 하였다. 또 노인을 우대하는 뜻을 미루어 넓혀서 고을 안의 노인들에게 사시(四時)로 문안하고, 혹 잔치를 베풀어 음식을 대접하기도 하였다. 부모에게 효성을 다하는 사람을 탐문하고 그러한 사람이 있으면 불러서 접견(接見)하고 예우하니, 이에 백성들이 용동(聳動)하여 흥기하였다.

공은 비록 학문으로 자처하지는 않았지만, 독실하게 힘을 쓰고 근면하게 마음을 써서 오래 공부를 함에 따라 조예가 깊어져서 성명(性命)의 정미(精微)한 이치에 깊이 연구하여 남김없이 통투(通透)하였다. 일찍이 말하기를,

"군자가 입덕(立德)하는 것은 자신에 달려 있으니, 고원(高遠)하여 실행하기 어려운 것이 아니다. 그 중에서 큰 것은 충(忠)과 효(孝)일 따름이니, 참으로 여기에 힘쓴다면 거의 다 이룬 셈이다."

라 하였으니, 공은 하학상달(下學上達)한 군자라고 할 만하다.

중년 이후로는 세도(世道)를 어찌할 수 없다는 것을 알고 향리에 물러나 그대로 일생을 마칠 듯하였다. 집 동쪽에 조그만 산이 하나 있었으니, 이름이 독좌산(獨坐山)이다. 공은 이를 자신의 호로 삼고 독좌와기(獨坐窩記)를 지어 자신의 뜻을 담았다. 평소에는 반드시 아침 일찍 가묘(家廟)에 배알하고 물러나와 글을 읽었다.『중용(中庸)』·『심경(心經)』·『근사록(近思錄)』·『대학연의(大學衍義)』·『주서(朱書)』등을 반복 순환하여 읽는 한편 근세 사람들의 아름다운 행실을 모아 책을 만들어『문견록(聞見錄)』이란 이름을 붙이고 늘 이를 보면서 찬탄하였다.

자제를 가르칠 때는 과거공부에 급급하지 않고, 반드시 실행을 가지고 자상하게 말하였다. 시율(詩律)에는 일찍이 뜻을 두지 않았으나, 읊은 시가 충담(沖澹)하여 아취가 있었으며, 다른 사람에게 준 서찰과 다른 사람을 대신해서 쓴 소장(疏章) 역시 문장이 지극히 섬부(贍富)하고 미려하였다. 자제들이 이 글들을 베끼고자 하면 말하기를,

"긴요한 것이 아니니, 너희는 그렇게 하지 마라."

라 하였으니, 또한 행실에 힘쓰고 부화(浮華)한 문장을 중시하지 않

아 문장을 가지고 스스로 만족하지 않는 뜻을 볼 수 있다.

한 마을에 사는 사람으로 참판을 지낸 귀옹(龜翁) 정참판(鄭參判) 언충(彦忠)과 처사(處士) 정구암(鄭鷗巖) 언각(彦覺)이 있었다. 공은 이들과 벗으로 사귀며 도의(道義)로 강마(講磨)하고 이기설(理氣說)을 토론하며 서로 공경하고 해학(諧謔)을 하지 않으니, 사람들이 '군자지교(君子之交)'라 하였다.

당시 호우(湖右)의 사대부 중 좋은 평판을 받는 사람이 셋 있었으니, 공과 참의(參議) 김변광(金汴光)과 교리(校理) 권세숙(權世橚)이었다. 그 중에서 충신(忠信)과 독행(篤行)으로는 공을 으뜸으로 쳤다. 귀옹(龜翁)이 지은 공의 제문(祭文)에,

"공은 충신(忠信)한 자질을 가지고 학문으로 보완하였다. 그러므로 이를 몸과 마음에 두면 실덕(實德)이 되고, 부모를 섬기는 데 두면 지효(至孝)가 되고, 종족(宗族)을 대하는 데 두면 지목(至睦)이 되고, 붕우와 사귀는 데 두면 지신(至信)이 되고, 관직을 맡고 백성을 다스리는 데 두면 지성(至誠)이 되었다. 혹자는 말하기를, '공은 덕은 넉넉하나 재주는 부족하다.'라 하는데, 이는 공을 알지 못한 것이다. 전(傳)에 이르기를, '천하 국가를 다스리는 데 구경(九經)이 있으니, 이를 실행하는 것은 하나이다.'라 하였으니, 그 하나는 성(誠)이다. 공은 성신(誠信)을 근본을 삼았으니, 천하 국가를 다스리는 데 무슨 어려움이 있겠는가. 그러므로 좌우(左右)와 대소(大小) 어느 자리를 맡아도 직책을 마땅히 잘 수행할 수 있었을 것이다. 도(道)를 바르게 하고 의(義)를 밝히며 충신(忠信)하고 간독(懇篤)하니 경연(經筵)에 마땅하며, 마음이 거울처럼 밝고 저울처럼 공평하여 대공무사(大公無私)하니 전형(銓衡)에 마땅하

며, 총괄하는 능력이 치밀하여 크고 작은 일을 빠뜨리지 않으니 조정 관원에 마땅하며, 백성들을 자식처럼 사랑하고 관직의 일을 자기 집 일처럼 여겼으니 지방 수령(守令)에 마땅하다. 그런데도 공을 시험해 보지 않았기 때문에 사람들이 믿지 못하는 것이다. 그러나 형제에게 효우(孝友)한 것도 이 또한 정사(政事)를 하는 것이니, 집안에서 정사하는 것을 보고 천하 국가의 정사를 어떻게 할지는 미루어서 알 수가 있다."

라 하였으며, 이부솔(李副率) 교년(喬年)도 이르기를,

"공의 생애를 보면, 종족은 그 효성을 일컫고, 향당(鄕黨)은 그 어짊을 일컫고, 이민(吏民)은 그 은혜를 고마워하였으며, 공이 세상을 떠나자 종족과 향당이 모두 '향선생(鄕先生)이니 제사를 모셔야 한다.'고 하였으며, 공이 그 복을 누리지 못하고 그의 재주를 다펴지 못한 것은 운명일 것이다."

라 하였다. 이 두 사람은 자기가 좋아하는 사람이라 하여 좋은 말을 하는 사람들이 아니고 자기 눈으로 본 것을 그대로 말하였으니, 사람들이 모두 실록(實錄)이라 하였다. 정승지(鄭承旨) 언섬(彦暹)이 일찍이 나에게 말하기를,

"내가 한원(翰院 예문관(藝文館))에 들어가 사초(史草)를 쓸 때 김장(金丈) 광악(光岳)이 운명한 것을 '졸(卒)'이라고 썼으니, 나에게 영광이다."

라 하였다.

아! 사람들이 재덕(才德)을 다 갖추지 못한 지 오래이다. 공의 재덕으로 무슨 직책인들 맡지 못하리오. 그런데도 마침내 재덕을 펴지 못하였으니, 이는 시세(時勢)인가 운명인가! 세상에 좋은 사관(史

官)이 있으면, 공의 문학(文學)은 『유림전(儒林傳)』에 넣을 수 있고,
공의 덕행(德行)은 『효우전(孝友傳)』에 넣을 수 있고, 공의 고절(苦
節)은 『탁행전(卓行傳)』에 넣을 수 있을 것이다. 한 몸으로 중선(衆
善)을 다 갖추었으니, 공과 같은 이는 세상에 드문 인걸이다.

공의 상(喪)이 났을 때 한 마을 100여 호가 모두 성복(成服) 전에
행소(行素)했다고 하니, 이는 시켜서 그렇게 한 것이겠는가. 그 후
호서(湖西) 유림(儒林)이 통문을 돌려 사당(祠堂)을 세우고 정려문
(旌閭門)을 세우자는 의논이 있었으니, 비록 조정에 보고하지는 않았
지만, 역시 공론(公論)이 민멸하지 않았다는 것을 알 수 있다.

나는 일찍부터 공의 명성을 듣고 늘 한번 뵙고 싶은 바람이 있었으
나, 그럴 기회를 얻지 못하였다. 이제 그의 증손 종우(宗雨)가 정지평
(鄭持平) 인(汇)이 쓴 장초(狀草)와 이부솔(李副率) 교년(喬年)이 기
록한 유사(遺事)를 가지고 나에게 와 행장을 써주기를 청하였으니,
어찌 감히 사양할 수 있겠는가. 병들고 노쇠한 몸이라 정신이 흐려
글을 짓기가 어렵기에 삼가 가지고 온 두 글에 의거하여 대략 서술하
다 보니 나도 모르게 글이 많아졌으니, 이는 공의 언행이 혹시라도
누락될까 안타까워한 나머지 그렇게 된 것이다.

기유년(1789, 정조13) 2월 상현(上弦)에 한산(漢山) 안정복(安鼎
福)은 삼가 행장을 쓴다.

公諱光岳, 字東瞻, 一曰秀而, 姓金氏, 月城人, 新羅宗姓也. 自高麗睿宗太
子太師仁琯始顯, 簪紱世襲. 恭愍王時, 有觀察使自粹號桑村, 革鼎後, 除刑
判, 不就, 因自靖焉. 後二世, 有大憲永濡, 又二世刑判世弼, 號十淸軒, 諡
文簡, 爲己卯名賢, 於公爲七代祖. 兵郎諱時鉉·諱彬進士·諱鼎相有文行,

卽公之三世也. 妣全州李氏, 府使芶女, 孝寧大君補之後, 溫惠有婦德. 公以明陵甲戌二月二日生于驪州之五里山, 穎秀異凡兒. 稍長, 莊重有器度, 人不敢以小兒易之. 嘗畜鷄, 先君見而戒之以玩物喪志[99], 遂撤不爲. 十歲就學, 晝夜勤篤, 讀必千百遍而止, 未幾通大義. 因博涉經史百家, 不屑進取, 而以家貧親老, 間習程文, 各體精熟, 擧必中選. 丙午, 登司馬兩試, 生員壯元. 癸丑謁聖文科, 聲名籍甚. 金領相興慶以同宗欲鉤致之, 不應. 遷入槐院, 遷司憲府監察. 甲寅爲黃山道察訪, 及瓜, 入爲郞署, 以微事罷. 丁巳爲黃海道都事, 戊午爲顯陵令, 遞歸後家食累年. 戊辰, 徐判書宗伋自湖西伯入秉東銓, 語人曰: "吾於湖西得一人, 乃金某也. 國家當大用, 聞其貧甚, 有老親, 必先試一縣, 以慰孝子之心." 遂爲歙谷縣令. 居五年而歸, 仍復家食, 以英宗己卯十二月十六日卒于公州楸下梨谷之正寢, 享年六十六. 遺命薄斂. 翌年某月日, 葬于公州艾峙山乙坐原, 從先兆也. 配橫城趙氏, 通德郞英傑女, 有一子, 墓在忠州元亨里. 再室豊川任氏, 通德郞以逵女, 有三女, 三室高靈申氏構女, 無育. 二夫人墓, 並公墓同岡乙坐. 子命耆通德郞, 女壻申任權進士·權尙點·申錫祿. 命耆三子, 台鎭·星鎭·翼鎭. 二女適李永晉·李觀延. 台鎭二子宗雨·施雨. 二女一適柳益儉進士, 一未行. 星鎭無子, 取施雨爲后. 翼鎭一子三女, 皆幼. 公德性仁厚, 志操堅確, 致力於爲己之學, 發之於行, 其事親敦族居官接人之節, 皆可爲一世之模楷. 孝友之性, 根於天植, 幼未有知, 而其於事親, 愛敬備至, 不敎而能, 人必稱金孝子. 十

---

99 玩物喪志: 『書經 旅獒』에 "사람을 하찮게 여기면 德을 잃고 물건을 玩賞하면 뜻을 잃는다.〔玩人喪德, 玩物喪志.〕"라 한 데서 온 말로 사물에 마음이 팔려 心志를 잃는 것이다.

四丁外艱, 哭泣之哀‧居喪之節, 一循禮度, 觀者嗟歎. 先君疾革, 思櫻桃, 以不時未進, 公常茹痛, 後見櫻桃必泣, 終身不食. 案上常置『三綱行實』, 讀至皐魚風樹[100]之語, 未嘗不掩卷吞聲. 服纔闋, 遭王考喪, 與仲季父同居, 守制如禮. 後盡以田廬歸于二叔父, 奉母夫人, 自驪州往依于扶餘外家, 欲以慰慈意也. 家業剝落, 多能鄙事, 躬稼織席以養親. 身不厭糟糠, 而瀡瀡之供, 侈於富家, 出外得美味, 必袖而進之, 愉色婉容, 日侍左右, 親意有欲與者, 則靡不奉承, 甘毳分于鄕里之有老親者, 亦錫類[101]之義也. 或客至當宿, 則以親老不得離爲辭, 客雖獨寢而不以爲嫌也. 爲寢郞時, 姨母家在陵傍, 奉母夫人來寓, 朝夕視盤供. 爲郵官時, 離側遠宦, 遂分遣人馬, 邀致諸姑母叔母, 與母夫人咸聚團歡, 以慰悅之. 赴歙邑時, 親年已七耋, 奉板輿行, 行到十餘里, 必下馬問候, 風日少不佳, 輒留止. 官隷齋竭, 不敢懷怨曰: "奉親之行, 多矣. 刱見我侯之誠." 常以公事造營門, 累過楓岳, 而五載之間, 一不登覽, 蓋難於曠省而然也. 晨昏定省, 捲設寢簟, 必親爲之, 或患泄, 親自除溷, 不使人代, 至老不撤. 母夫人嘗遘癘疾甚, 公嘗糞甛䑛, 推胸哭泣, 晝夜祝天, 割指灌血, 遂獲痊安. 孝感之致, 果如是矣. 乙亥, 母夫人年八十三, 寢疾半載, 公衣不解帶者六朔, 憂遑救療, 無所不至. 及遭大故, 年踰不

***

100 皐魚風樹 : 춘추시대 때 孔子가 길을 가는데 皐魚란 사람이 슬피 울고 있기에 까닭을 물었더니, "나무는 고요하고자 하여도 바람이 그치지 않고 자식이 봉양하고 싶어도 어버이는 기다려 주지 않는다.〔樹欲靜而風不止, 子欲養而親不待也.〕"라 하고 서서 울다가 말라 죽었다는 고사이다. 『韓詩外傳 권9』

101 錫類 : 『詩經』「大雅 旣醉」에 "효자가 다하지 않으니 길이 너에게 복을 주리로다.〔孝子不匱, 永錫爾類.〕"라 한 데서 온 말이다. 여기서는 老親을 모시는 사람에게 좋은 음식을 나누어 주는 것이 또한 효자에게 복을 내려주는 이치가 된다는 뜻으로 말하였다.

毀[102], 朝夕啜粥, 及葬, 廬於墓側, 上墓哀號, 或病不躬奠, 必加衰於身, 伏
枕而哭. 喪畢而羸毀成疾, 壽不享年, 惜哉! 推[103]其孝思, 奉先盡其誠敬,
預辦祭需, 無臨時窘急之患, 祭日別着明衣[104], 躬檢饌品, 夔夔將事, 致如
在之誠.[105] 或遠出不與祭, 則於所館, 必正衣冠, 達宵危坐. 十淸軒遺文無
存, 公搜輯斷爛, 鳩財剞劂, 又與宗人上請延諡贈職, 其於爲先之事, 殫竭誠
意如此. 仁愛宗族, 自近及遠, 無不周遍, 恒以遠離仲季父爲恨, 思慕或至流
涕, 裁衣裹饌, 春秋省候. 作宰時陪往, 供奉定省, 如事父焉. 從弟騎郎光藎
幼失所恃, 公敎育至于成就. 寡叔母及諸妹之孤, 咸聚一室而奉養鞠育之,
常曰: "君子之道, 造端乎夫婦.[106]" 與內子相敬如賓, 出入相拜, 閨門雍穆如
也. 其於接人, 謙謹恭遜, 誠意款款, 周窮恤急, 如不及焉. 與人交, 久而能
敬, 未嘗言人之過, 好揚人之善. 聞親友之喪, 食必舍肉, 吊人則不與宴會.
服用之物, 與親知共, 弊而無憾焉. 公生于黨論之世, 操履端確, 不隨俗俯
仰, 善韜晦, 不以名譽自居. 雖異趣之人語及公, 必曰善人, 人無異辭. 御下

---

102 年踰不毀 : 『禮記 曲禮上』에 "거상의 예는 60세인 사람은 哀毀하지 않고,
70세인 사람은 다만 최마복을 입을 뿐 술을 마시고 고기를 먹으며 집안에서
거처한다.〔居喪之禮, 六十不毀, 七十唯衰麻在身, 飮酒食肉, 處於內.〕"라 한
데서 온 말로 60세를 넘었음을 말한다.

103 推 : 저본에는 追자로 되어 있는데 오자로 판단하여 고쳤다.

104 明衣 : 제사를 지낼 때 齋戒하기 위해 목욕한 다음에 입는 속옷이다.

105 如在之誠 : 『論語 八佾』에서 孔子에 대해 "제사를 지내실 때는 조상이 앞에
계신 것처럼 하셨으며, 신에게 제사할 때는 신이 앞에 계신 것처럼 하셨다.
〔祭如在, 祭神如神在.〕"라 한 데서 온 말로 제사에 정성과 공경을 다함을
뜻한다.

106 君子……夫婦 : 『中庸章句』 12章에 보인다.

則務盡仁恕而恩威幷行, 簡重嚴默, 不以色辭假人而人自畏服. 居官則在嶺郵値歲侵, 驛戶彫弊, 蠲貢過半, 窮甚者悉減之, 餓而瘳之, 給種助糧, 使農民不失時, 又出俸錢, 買牛百餘頭, 散給各驛以勸耕. 三年之內, 流逋咸集, 民大蘇焉. 於農隙聚民人, 陳說人倫, 或有感激流涕者. 遞歸, 吏以官庫贏錢來納, 公却之. 驛民立石頌惠, 及公之喪, 別致賻以表不忘之意. 其在海幕掌試, 士習不靖, 多致鬧場, 故前日試官必戒道而行. 吏以前例告, 公曰: "無傷也." 屛衛卒徐行, 多士肅然拱立. 公嘗痛試道不公, 故關節不行, 惟文是取, 士論洽然. 時, 長連有荒唐船[107], 無辜收繫者數十人, 累月栲訊, 不得端緖, 以此方伯坐免. 使亞使覆奏, 公一問立卞, 具聞釋囚, 頌聲載路. 其在歙谷, 治政一如黃山, 而興利除害, 爲永遠計, 尤以崇學興敎爲務, 諭士民建書堂置訓長, 以敎蒙士, 聚境內諸生, 分三等, 逐月再講, 躬莅勸課, 或賞賜以獎勵焉. 重修校宮, 改置齋服, 揭榜曉諭, 使知夫禮讓之風・學問之方. 又推老老之意, 邑中耆老, 四時存問, 或設宴以饋之. 探問孝親者, 招見而禮之, 民多聳動而興起焉. 公雖不以學問自居, 而惴惴爲力, 孜孜爲心, 用功久而造詣深, 其於性命精微之蘊, 無不探賾透徹. 嘗曰: "君子立德, 在於吾身, 非高遠難行. 而其大者忠與孝而已, 苟於此勉, 思[108]過半矣." 公可謂下學上達之君子矣. 中歲以後, 知世道之難爲, 屛跡丘園, 若將終身. 舍東有小山, 名曰獨坐. 公取以爲號, 作窩記以寓意. 平居必蚤謁家廟, 退而讀書, 若『中庸』・『心經』・『近思錄』・『大學衍義』・『朱書』等書, 重複循環, 又裒集近

---

107 荒唐船 : 조선 중기 이후 우리나라의 연해에 출몰하던 소속불명의 외국 배를 일컫는 말이다. 異樣船이라고도 한다.

108 思 : 저본에는 斯자로 되어 있는데, 오자로 판단하여 고쳤다.

世人嘉行, 名曰『聞見錄』, 常目嘉歎. 訓誨子弟, 不汲汲於科曰, 而必諄諄以
實行. 其於詩律, 未嘗經意, 而所詠沖淡有趣味, 其於與人書札代人疏章, 亦
莫不盡其贍美. 子弟欲騰出, 則曰: "且漫. 毋爾爲也." 亦可見務實行畧文華
而不自滿足意也. 同社有龜翁鄭參判彦忠·鷗巖鄭處士彦覺, 公與之友善,
道義相劘, 理氣相辨, 而相敬無諧謔, 人謂之君子之交也. 時, 湖右縉紳有令
名者三, 公及金參議沔光·權校理世榘, 而忠信篤行, 推公爲首. 龜翁祭公
文, 有曰: "公以忠信之質, 輔之以學問, 故措之身心則爲實德, 事父母則爲
至孝, 處宗族則爲至睦, 與朋友則爲至信, 居官莅民則爲至誠. 或曰: '公德
有餘而才不足', 是不知公也. 傳曰: '爲天下國家, 有九經, 所以行之者一
也.[109]' 一者誠也. 公以誠信爲本, 則於天下國家, 何有焉? 故宜左宜右, 宜
大宜小. 其正道明誼[110], 忠信懇篤, 宜經筵; 其鑑空衡平, 大公無私, 宜銓
衡; 其綜理微密, 細大不遺, 宜百執事; 其愛民如子, 居官如家, 宜字牧. 不
試, 故人未之信, 而惟孝友于兄弟, 是亦爲政[111]. 以爲政于家者, 可推之天下

---

109 傳曰……一也 : 『中庸長句』20章에 나온다. 九經은 자신의 몸을 닦는 것[修
身]·어진 이를 존중하는 것[尊賢]·어버이를 친애하는 것[親親]·대신을
공경하는 것[敬大臣]·신하들의 뜻을 體察하는 것[體群臣]·백성을 사랑
하는 것[子庶民]·백공을 오게 하는 것[來百工]·먼 지역 사람을 회유하는
것[柔遠人]·제후들을 감싸 주는 것[懷諸侯]이다.

110 正道明誼 : 漢나라 때 학자 董仲舒가 "仁者는 그 誼를 바르게 하고 그 이익을
도모하지 않으며, 그 도를 밝히고 그 공로를 따지지 않는다.[仁人者, 正其誼,
不謀其利, 明其道, 不計其功.]"라 한 데서 온 말이다.『前漢書 권56 董仲舒傳』
『近思錄 권2 爲學之要』

111 惟孝……爲政 : 孔子가 『書經』에 孝를 말하였다. '효도하며 형제간에 우애
하여 정사에 베푼다.'라 하였으니, 이 또한 政事를 하는 것이니, 어찌 벼슬해
서 정치를 하는 것만 政事이겠는가.[『書』云: '孝乎! 惟孝. 友于兄弟, 施於有

國家矣."李副學喬年亦曰:"觀公之生, 宗族稱孝, 鄕黨稱仁, 吏民懷惠, 歿而宗族鄕黨咸曰: '鄕先生, 可祭也.' 公之不食其福, 不施其才, 命也夫!"之二人, 非阿好者也, 目見而言之, 人皆謂之實錄. 鄭承旨彦遑嘗謂鼎福曰: "吾入翰院草史, 於金丈某書卒, 於我光榮. 噫! 才德之不兩全, 久矣. 以公之才之德, 何試不可? 而竟未展布, 時耶命耶? 世有良史, 則公之文學, 可以入『儒林傳』, 公之德行, 可以入『孝友傳』, 公之苦節, 可以入『卓行傳』. 以一身而備衆善, 如公者盖是間世一人. 聞公之喪, 同里百餘戶, 皆行素[112]於成服前, 是孰使之然哉? 其後湖西士林發文, 有建祠旌閭之議, 雖未上聞, 亦可見公議之不泯也. 鼎福夙聞公名, 恒有執鞭之願而不可得. 今其曾孫宗雨持鄭持平汇狀草及李副率所記遺事, 來請狀文, 其敢辭諸? 疾病昏耄, 難於屬辭, 謹取二文, 略加裁正, 而不覺辭繁, 盖惜公之言行, 或有遺漏而然也. 己酉二月上弦, 漢山安鼎福謹狀.

政.' 是亦爲政, 奚其爲政?]"라 하였다. 『論語 爲政』

112 行素 : 喪中에 고기나 고기가 든 음식을 먹지 않고 茶食하는 것이다.

3. 고 정헌대부 이조판서 호봉 송공 행장
故正憲大夫吏曹判書壺峯宋公行狀

공의 성은 송씨(宋氏)이고 휘는 언신(言愼)이며, 자는 과우(寡尤)이고 호는 호봉(壺峯)이다. 선조는 호남(湖南) 여량군(礪良郡) 사람이니, 시조(始祖)는 진사 유익(惟翊)이다. 3대를 지나 정렬공(貞烈公) 송례(松禮)에 이르러서는 원종(元宗)을 섬겨 임유무(林惟茂)를 주살하였으며, 벼슬이 도첨의중찬(都僉議中贊)에 이르렀다. 그의 아들 양의공(良毅公) 빈(玢)은 벼슬이 첨의중찬(僉議中贊)이고, 손자 정가공(正嘉公) 서(瑞)는 벼슬이 첨의정승(僉議政丞)이다. 이 3대가 모두 공신에 책봉되고 재상에 제수되었다. 정가공은 공에게 9대조가 된다. 그 후로 잠영(簪纓)이 대대로 이어져 동한(東韓)의 대족(大族)이 되었다.

증조 휘 수(壽)는 정주목사(定州牧使) 증병조참판(贈兵曹參判)이고, 조부 말경(末璟)은 양천현령(陽川縣令) 증이조참판(贈吏曹參判)이고, 부친 률(崒)은 종성부사(鍾城府使) 증좌찬성(贈左贊成)이다.

모친 증정경부인(贈貞敬夫人) 거창 신씨(居昌愼氏)는 좌참찬(左參贊) 시복(時復)의 따님으로, 부덕(婦德)이 있었고 선묘조(宣廟朝)에 효행(孝行)으로 정려(旌閭)를 받았다.

공은 가정(嘉靖) 임인년(1542, 중종37) 5월 20일에 태어났는데, 천생(天生)으로 자품이 남달리 뛰어났다. 9세 때 『대학(大學)』을 배우면서 문리(文理)가 빨리 진보하였다. 당시 요승(妖僧) 보우(普雨)가 좌도(左道)로 사람들의 마음을 현혹하니, 조정 및 태학생(太學生)

들이 모두 그의 죄상(罪狀)을 논열(論列)하였다. 겨우 9세인 공이 이러한 일이 적힌 조지(朝紙)를 보고 분노하여 눈물을 흘리면서 조지를 찢어버리니, 사람들이 모두 기특(奇特)하게 여겼다.

11세 때 양천공(陽川公)이 승회(承誨)는 이름을 지어주니, 공이 무릎을 꿇고 말하기를,

"어머니께서 저를 낳아 주시고 할머니께서 저를 길러 주셔서 은혜가 모두 망극하니, 두 분의 성씨(姓氏)를 가지고 이름을 삼아 종신토록 은혜를 잊지 않고자 합니다."

라 하니, 양천공이 아주 기특하게 여겨서 이름을 허신(許愼)이라고 지었다. 이는 할머니의 성씨가 허씨(許氏)였기 때문이다. 그 후에는 허(許) 자에서 오(午)를 빼고 언(言)만 남겨 두고서 말하기를,

"이름을 돌아보고 이름을 지은 뜻을 생각할 것이다."

라 하였다.

12세 때 『맹자(孟子)』와 『시전(詩傳)』을 배우고 비로소 오언(五言)·칠언(七言) 시를 짓기 시작하였는데, 시어(詩語)가 번번이 사람을 놀라게 하였다.

14세에 고부(古賦)와 논(論)·책(策)을 지었다. 15세에는 경사(經史)에 두루 통달하고 날로 문사(文辭)가 섬부(贍富)해졌다. 겨우 약관(弱冠)의 나이에 소장(疏狀)을 지어 불교를 배척하고 보우(普雨)를 주살할 것을 청하려 하다가 결행하지 못했다.

공은 일찍부터 문사(文詞) 외에 위기지학(爲己之學)이 있다는 것을 알고는 유미암(柳眉菴) 희춘(希春)·허초당(許草堂) 엽(曄)·노소재(盧蘇齋) 수신(守愼)의 문하에서 수학하였고, 퇴계(退溪) 이선생(李先生)을 사사(師事)하였다.

퇴계선생은 기절(氣節)이 헌걸차고 격앙(激昂)하다고 공을 허여하는 한편 손지(遜志)하는 공부 및 박문약례(博文約禮)·충신독경(忠信篤敬)의 교훈으로써 권면하였으니, 퇴계선생의 공에 대한 기대가 이미 얕지 않았다.

정묘년(1567, 명종22), 사마시에 합격하여 성균관(成均館)에서 오래 공부하면서 명성이 크게 알려졌다. 정축년(1577, 선조10) 가을, 알성문과(謁聖文科)에 급제하고 선발되어 승문원(承文院)에 들어갔다. 이듬해 무인년 여름에 예문관에 들어갔고, 8월에 승정원으로 전보되어 주서(注書)가 되었다. 기묘년(1579, 선조12)에 자문점마(咨文點馬)로서 사명(使命)을 받들고 관서(關西) 지방에 갔으며, 여름에 감찰(監察)로 승진하였다.

경진년(1580, 선조13) 봄에 예조좌랑이 되었고, 마침내 사간원 정언(正言)이 되어 차자를 올려서 서익(徐益)의 죄상을 논하였으며, 얼마 뒤에 체차되어 군직(軍職)으로 옮겼다. 가을에 병조정랑으로 승진하였고, 또 정언이 되어 청양군(靑陽君) 심의겸(沈義謙)을 탄핵하여 파면시켰다. 얼마 뒤에 정언에서 체직되어 병조낭관에 제수되었고, 또 헌납(獻納)이 되었다가 체차되어 직강(直講)이 되었다. 병술년(1586, 선조19) 봄에 순무어사(巡撫御史)로 사명(使命)을 받들고 호남(湖南) 지방에 갔으며, 겨울에 옥당(玉堂) 관원으로 선발되어 부수찬(副修撰)이 되었다.

이듬해 정해년 봄에 체차되어 전적(典籍)이 되었다가 다시 수찬이 되었으며, 겨울에 장령(掌令)으로 승배(陞拜)하였고, 체차되어 사예(司藝)가 되었다. 무자년(1588, 선조21) 봄에 구황어사(救荒御史)로 사명을 받들고 경기(京畿) 일대를 돌아보다가 병으로 체차되어 향리로 돌아왔다. 여름에 홍문관교리(弘文館校理)가 되었고, 체차되어 사예(司藝)가 되었다. 얼마 뒤 사간(司諫)으로 승진하였으나 병으로 나가서 사은(謝恩)하지 못하고 체차되어 사예가 되었다. 겨울에 사성(司成)으로 승진하였다가 같은 날에 도로 수찬(修撰)이 되었다.

기축년(1589, 선조22) 여름에 체차되어 전적(典籍)·직강(直講)이 되었으며, 재상어사(災傷御史)로 사명을 받들고 영남(嶺南)으로 갔다가 돌아와서 홍문관교리가 되었다. 이 해 겨울에 모종의 일로 파직되었다.

경인년(1590, 선조23)에 또 정역(鄭逆)의 옥사(獄事)로 당시의 사류(士類)들이 많이 구금되었다. 공도 이 사건에 연좌되어 파직되었다. 이듬해 신묘년 가을에 특별히 승진하여 사성(司成)에 서배(敍拜)되고 비국낭청(備局郎廳)을 겸대하였고, 도로 홍문관교리가 되었다. 겨울에 사헌부집의(司憲府執義)가 되었고, 동부승지(同副承旨)로 승진하였다. 이윽고 좌부승지(左副承旨)로 승진하였고 같은 날에 다시 도승지(都承旨)에 제수되었다.

임진년(1592, 선조25)에 재국(才局)이 있다고 하여 특별히 품계를 올려 평안도 관찰사에 제수되었다. 4월에 왜적이 쳐들어와 열진(列鎭)이 와해하여 전세가 매우 위급하니, 상이 도성을 떠났다. 5월 초에 왜적이 경성(京城)을 함락하였다. 이 때 상이 평양(平壤)에 진주(進駐)해 있었다. 이윽고 임진(臨津)이 함락되고 적들이 점점 육박해 들어왔다. 상이 성을 나가 적을 피하려고 하니 평양성 안이 크게 소란하였다. 좌의정 서애(西厓) 유공(柳公 유성룡(柳成龍))이 평양의 토관(土官) 중 나이가 많은 사람을 불러 이치로 타일렀고, 공이 또 앞장서 소란을 일으킨 자 3명을 적발하여 대동문(大同門) 안에서 참수하니,

이에 소란을 피우던 백성들이 모두 흩어졌다.

상이 평양에 있을 때 공은 온갖 어려운 일에 심신을 다하여 애를 쓴 나머지 머리털이 다 하얗게 세었다. 6월에 상이 용만(龍灣)에 진주하면서 친히 열성(列聖)의 어보(御寶) 60여 개를 공에게 넘겨주니, 공이 눈물을 흘리며 받아 끝까지 잘 보전하고 왜적이 물러간 뒤에 도로 바쳤다.

이 해 7월에 관찰사에서 체차되어 공조참판이 되고, 평안도순찰사(平安道巡察使)를 겸대하다가 함경도순찰사로 이배(移拜)되어 다시 북관(北關)으로 가서 군병들을 초집(招集)하여 기일을 약정하고 왜적을 토벌하려고 하였다. 그러나 당로자(當路者)의 뜻을 거스른 일로 백의종군(白衣從軍)의 죄를 받겠다가 자청하다가 이어서 원찬(遠竄)해 줄 것을 자청하여, 마침내 장연(長淵)에 유배되었다.

을미년(1595, 선조28) 봄에 은사(恩赦)를 받아 방환(放還)되었고, 얼마 뒤에 상호군 겸 도총부부총관(上護軍兼都摠府副摠管)에 서용(敍用)되었고, 외직(外職)으로 나가 강원도관찰사가 되었다. 병신년(1596, 선조29) 봄에 체차되어 군직(軍職)에 부쳐졌고 이 해 여름에 부총관(副摠管)을 겸대하였고, 다시 경기도관찰사로 나갔다. 가을에 체차되어 중추부사(中樞府事)에 제수되고, 총관(摠管)을 겸대하였다. 겨울에 형조참판이 되었다가 외직으로 나가 함경도관찰사가 되었다.

기해년(1599, 선조32) 4월에 모친상을 당하였고, 신축년(1601, 선조34) 여름에 복(服)을 마치자 곧바로 한성부우윤(漢城府右尹)·좌윤(左尹)이 되었다. 겨울에 총관(摠管)을 겸대하였고, 또 동지의금부사(同知義禁府事)를 겸대하였다.

임인년(1602, 선조35) 봄에 병조참판이 되었다가 공조판서에 특배

(特拜)되고 지의금부사(知義禁府事)를 겸대하였고, 예조판서로 전보되었다. 여름에 이조판서에 제수되어 지경연사(知經筵事)를 겸대하였다.

계묘년(1603, 선조36)에 체차되어 형조판서에 제수되어 지춘추관사(知春秋館事)를 겸대하고 또 동지성균관사(同知成均館事)를 겸대하였다. 다시 의정부좌참찬에 제수되어 지의금부사(知義禁府事)를 겸대하였고, 또 세자시강원좌빈객(世子侍講院左賓客)을 겸대하였으며, 얼마 뒤 사헌부대사헌에 제수되었다. 당시 태묘(太廟)를 중건했다. 공이 차자를 올려 고례(古禮)의 소목제도(昭穆制度)를 준행할 것을 청하였고 이 일로 체차되어 중추부(中樞府)에 부직(付職)되었다.

다시 대사헌에 제수되었다가 체차되어 지중추부사에 부직(付職)되었고 또 도총관(都摠管)을 겸대하였다. 겨울에 정헌대부(正憲大夫)로 승진하였다.

갑진년(1604, 선조37)에 다시 이조판서에 제수되었고, 이 해 가을 대사(大赦)할 때 죄를 받아 폐고(廢錮)된 사류(士類)들의 명단을 서계(書啓)할 것을 곧바로 주청한 일로 추고(推考)를 받고 체차되었다.

이 해에 공신들을 녹훈(錄勳)할 때 선묘(宣廟)가 수교(手敎)를 내려 "공이 열성(列聖)의 어보(御寶)들을 잘 보전하여 나로 하여금 구물(舊物)을 잃지 않게 하였으니, 공로가 종묘와 사직에 있다."라 하고 드디어 선무공신(宣武功臣) 2등에 녹훈(錄勳)하고 화상을 그리고 봉호(封號)를 정하고자 하였다. 이에 공은 훈명(勳名)이 선무공신(宣武功臣)에 맞지 않다는 이유로 간절히 사양하여 선무공신을 벗고, 단지 원종공신(原從功臣) 1등으로 녹훈되었다.

병오년(1606, 선조39) 가을에 지중추부사가 되었고, 이듬해 정미년 여름에 대사헌에 제수되었고, 7월에 체차되어 지중추부사가 되었다. 무신년(1608, 광해군 즉위년) 4월에 체차되어 상호군(上護軍)에 부직(付職)되었다.

선묘(宣廟)가 승하하자 원흉(元兇)이 정권을 잡고 죄명(罪名)을 날조하여 공을 원찬(遠竄)으로 논죄하였는데, 광해군(光海君)이 선묘의 원로대신이라 하여 방귀전리(放歸田里)하는 데 그쳤다. 또 경술년(1610, 광해군2) 여름에는 기자헌(奇自獻)이 자신을 배척한 유생의 상소가 공의 사주에서 나온 것이고 무함하여 공을 감옥에 가두었는데, 이내 석방되었다.

임자년(1612, 광해군4) 11월 15일에 광주(廣州) 반곡(盤谷)의 별서(別墅)에서 숙질(宿疾)으로 세상을 떠나니, 향년 71세이다. 12월에 광주 서음촌(西陰村) 산곡리(山谷里) 건좌(乾坐)의 둔덕에 부인과 합장하였으니, 선산(先山)이다.

무신년부터 계해년(1623, 인조 원년)까지 16년 동안 공의 이름이 죄적(罪籍)에 올라 원통한 마음을 품고도 신원(伸寃)하지 못하였다. 인조(仁祖)가 반정(反正)한 뒤 먼저 간흉(奸凶)을 제거하고 억울한 사람들을 다 신원시키면서 공의 관작(官爵)이 회복되었다. 시비(是非)가 100년이 못 되어 정정(正定)되었으니, 천도(天道)는 과연 속일 수 없는 것이다.

공이 이미 원종공신 1등으로 녹훈되었으니, 사후에 의당 포증(襃贈)의 은전(恩典)이 있어야 한다. 혼조(昏朝) 때에는 형세가 참으로 어쩔 수 없었지만, 반정한 뒤에도 단지 본직(本職)만 회복되고 증작(贈爵)은 없었으니, 또한 흠전(欠典)이다.

공은 충효(忠孝)하고 돈목(敦睦)하였으며, 박학하고 관의(寬毅)

하였다.

어버이를 섬길 때에는 아침저녁으로 안부를 살피는 것과 출타할 때 고하고 돌아와 뵙는 것을 어릴 때부터 노년에 이르기까지 한 번도 거른 적이 없었다. 상례(喪禮)·장례(葬禮)·제례(祭禮)는 오로지 주문공(朱文公)의 『가례(家禮)』를 준행하였다. 시묘(侍墓)하며 배묘(拜墓)하기를 비바람이 몰아쳐도 피하지 않았고 3년 동안 곡읍(哭泣)하여 제사지낼 때 까는 돗자리가 눈물에 다 젖었다.

임금을 섬길 때에는 조정에 서서 국사를 논함에 사기(辭氣)가 늠름하였으니, 임금이 비답(批答)에서 '만세정론(萬世正論)'이라고 칭찬하였고, 심지어 "맹호가 산에 있는 기세이다."라는 비유가 있기까지 하였다.

선묘(宣廟)의 지우(知遇)를 입은 지 거의 30년 동안 일심으로 나라를 몸을 바쳤고, 선묘가 승하한 뒤에는 초하루와 보름마다 멀리 선묘의 원릉(園陵)이 있는 곳을 향하여 절하기를 비가 오나 눈이 오나 거른 적이 없었다.

공은 포의(布衣)로 있을 때부터 조상을 받드는 일에 특히 정성을 다하였다. 시조(始祖) 이하 선영에 거의 다 비갈(碑碣)을 세우되, 몸소 글을 짓고 글씨를 써서 돌에 새겼다.

친척들과 돈목(敦睦)한 것으로 말하자면, 촌수(寸數)가 멀다 하여 차별을 두지 않았으며, 특히 종족(宗族)을 중시하여 지파(枝派)의 종친들을 두루 찾아서 손수 세보(世譜)를 만들었다.

임진왜란 때 흥양(興陽)에 살던 종족 중 서울에 와서 머물고 있는 사람이 많았다. 공은 이들을 모두 데리고 평양으로 가서 마침내 다 목숨을 보전할 수 있게 하였으며, 이들이 돌아갈 때는 재물을 후하게

주어 보냈다. 지금 거의 200년이 지났는데도 흥양에 사는 송씨들은 공의 자손을 만나면 반드시 말하기를,

"우리들이 오늘날까지 살아남아 세대를 이어갈 수 있는 것은 모두 호봉공(壺峯公)의 은덕이다."

라고들 한다.

공은 정학(正學)이 밝아지지 못할까 늘 걱정하였다. 사명을 받들고 영남(嶺南)에 갔다가 돌아와서는『퇴계집(退溪集)』을 간행하여 선비들의 추향(趨向)을 바르게 할 것을 주청하였다. 또 일찍이 선술(仙術)을 담론하는 곽재우(郭再祐)와 불교를 숭상하는 허균(許筠)을 치죄(治罪)하여 민심을 안정시킬 것을 주청하였으니, 여기에서 공의 학술이 바르다는 것을 알 수 있다. 만년에 교외에 물러나 살면서 스스로 호를 방암(放菴)이라 하고 일체 시사(時事)에 관여하지 않은 채 오직 스스로 화죽(花竹)과 서책(書冊)을 즐기고, 시골의 노인네들과 함께 담소하면서 여생을 마쳤다.

평생에 쓴 글이 도합 9권이었는데, 병자년의 난리 때 불행히도 모두 잃어버리고 단지 만년에 지은『성학지남(聖學指南)』한 책만 남아 있다.

배위(配位) 정부인(貞夫人) 청풍김씨(淸風金氏)는 증이조판서(贈吏曹判書) 사원(士元)의 따님으로, 공보다 5년 뒤인 정미년 3월 30일에 태어났고 기유년 5월 24일에 세상을 떠났으며, 이 해 8월에 공의 묘소에 부장(祔葬)하였다. 부인은 유순하고 정숙하였으며, 시부모를 효성으로 섬기고 제사를 정성으로 받들었으며, 서얼 소생을 자기 친자식처럼 보살폈으며, 동서와 친척들까지도 모두 부인을 좋아하였다.

부인은 슬하에 자식이 없어 기유년에 공의 단문친(祖免親)인 장령

(掌令) 승희(承禧)의 둘째 아들 준(駿)을 데려다 후사(後嗣)로 삼았
다. 준은 갑자년 문과(文科)에 장원으로 급제하여 벼슬이 부제학(副
提學)에 이르렀다. 측실 소생으로 1남 도생(道生)을 두었다. 도생은
현령 황구(黃鷗)의 딸을 아내로 맞았고, 부부가 모두 이미 세상을
떠났다.

부제학의 선취(先娶)는 양구현감(楊口縣監) 조윤지(曹胤祉)의 따
님으로 아들 하나를 두었으니, 문길(文吉)이다. 문길은 감찰(監察)이
다. 후취(後娶)는 증영의정(贈領議政) 김급(金汲)의 따님으로 4남 1
녀를 두었다. 장남 행길(行吉)은 문과에 급제하였고 도사(都事)이다.
차남은 충길(忠吉)이고, 삼남은 성길(性吉)이다. 사남 헌길(獻吉)은
문과에 급제하였고 학유(學諭)이다. 딸은 주부(主簿) 박지빈(朴之
斌)에게 출가하였다. 측실 소생으로 3남 1녀를 두었다. 장남은 여길
(餘吉)이고, 차남은 계길(啓吉)이다. 삼남 윤길(胤吉)은 문과에 급제
하였고 현감이다. 딸은 생원 심뉴(沈紐)에게 출가하였다.

내가 일찍이 공의 후손 휘성(徽成)의 집에서 『선묘어필첩(宣廟御
筆帖)』을 본 적이 있다. 꿇어앉아 두 손으로 그 어필첩을 받들고 경건
히 읽어보니, 아름다운 문장이 찬란하여 일월처럼 밝게 빛났다. 생각
해 보건대, 당시는 난리 때라 병무(兵務)가 한창 급박하여서 만기(萬
機)가 매우 번거로울 때였다. 그런데도 필획(筆劃)이 엄정하고 글자
마다 단정하여 털끝만치도 흘려 쓴 기상이 없었으니, 대성인(大聖人)
의 심학(心學)의 소양(素養)을 알 수 있었다. 게다가 그 사의(辭意)가
정중하였으며, 선묘가 공을 의지하고 비호하는 마음이 심후(深厚)하
여 마치 자애로운 아버지가 효성스런 아들에게 말하는 것과 같았다.
그리고 물품을 자주 하사하였으니, 하사받은 비단·지필묵·약환(藥

丸) 등이 전후로 일일이 셀 수 없이 많았다. 이와 같은 성군(聖君)에게 공이 권애(眷愛)를 받은 것이 또 이와 같이 무거웠으니, 공이 현능(賢能)하다는 것을 더욱 잘 알 수 있다.

애석하게도 연대가 오래 지나 유문(遺文)이 모두 흩어져 없어지고, 자손들이 궁폐(窮弊)한 탓에 공의 성덕(盛德)을 드러내어 천양(闡揚)하지 못하였다. 단지 공의 손자인 감찰공(監察公)이 기록한 짧은 장초(壯抄)에 의거하고 조금 가필하여 병필(秉筆)하는 군자(君子)에게 질정(質正)을 구한다.

公姓宋氏, 諱言愼, 字寡尤, 號壺峯. 其先湖南礪良郡人, 始祖進士惟翊, 三世而至貞烈公松禮, 事元宗誅林惟茂[113], 官都僉議中贊. 子良毅公玢, 僉議中贊, 孫正嘉公瑞, 僉議政丞, 三世俱策勳拜相, 正嘉公於公爲九代祖. 自後簪紱相傳, 爲東韓大族. 曾祖諱壽, 定州牧使·贈兵曹參判, 祖諱末璟, 陽川縣令·贈吏曹參判, 考諱崔, 鍾城府使·贈左贊成. 妣贈貞敬夫人居昌愼氏, 左參贊時復之女, 有婦德, 宣廟朝以孝行旌閭. 公以嘉靖壬寅五月二十日生, 生有異質. 九歲受『大學』而文理驟達. 時, 妖僧普雨[114]以左道惑亂人心, 朝

113　林惟茂 : 權臣 林衍의 아들이다. 이들 부자가 宦官 崔瑥·金鏡 등을 제거하고, 開京으로 환도하려는 元宗을 폐위하고 安慶公 淐을 즉위시켰다. 당시 세자로 있던 忠烈王이 이 사실을 元나라 世祖에게 고하자 몽고의 압력으로 원종은 복위되고 임연은 병사하고 임유무는 처형되었다.

114　普雨 : 명종 때의 승려로, 명종의 母后인 文定王后의 총애를 받아 僧科를 다시 만들고 度牒을 주어 불교를 부흥시켰다. 문정왕후가 죽은 뒤 儒臣들에 의해 제주도로 귀양갔다가 피살되었다.

廷及太學生皆論列罪狀. 公見朝紙, 憤泣裂去, 人皆異之. 十一歲陽川公命名曰承誨, 公跪進曰:"母氏生我, 祖母育我, 恩皆罔涯. 願以兩母姓氏爲名, 欲終身不忘." 陽川公大奇之, 遂名曰許愭, 祖母姓許故也. 後去午存言曰:"顧名思義." 十二受『孟子』·『詩傳』, 始作五七言詩, 語輒驚人. 十四作古賦論策, 十五博通經史, 詞翰日富, 纔弱冠, 將製疏闢佛, 請誅普雨, 不果. 公早知文詞外有爲己之學, 從遊柳眉菴希春·許草堂曄·盧蘇齋守愼之門, 而師事退溪李先生. 先生許以激昂軒輊, 而勉以遜志之工博文約禮忠信篤敬之訓, 其期待已不淺矣. 丁卯中司馬, 久遊泮宮, 名譽藹鬱. 丁丑秋登謁聖文科, 選入槐院. 戊寅夏入翰苑, 八月轉堂后爲注書. 己卯以咨文點馬, 奉使關西, 夏陞殿中. 庚辰春爲禮曹佐郎, 遂爲司諫院正言, 箚論徐益, 尋遞付軍職. 秋陞兵曹正郎, 又爲正言, 劾罷靑陽君沈義謙, 尋遞拜兵曹郎, 又爲獻納, 遞爲直講. 丙戌春以巡撫御史, 奉使湖南, 冬選玉堂, 爲副脩撰. 丁亥春遞爲典籍, 復爲修撰, 冬 陞拜掌令, 遞爲司藝. 戊子春以救荒御史, 奉使京畿, 以病遞還. 夏爲弘文館校理, 遞爲司藝, 俄陞司諫, 病未出謝, 遞爲司藝. 冬陞爲司成, 同日還爲脩撰. 己丑夏遞爲典籍·直講, 以災傷御史, 奉使嶺南, 還爲弘文館校理, 冬因事遞罷. 庚寅又因鄭逆之獄[115], 一時士類, 多被囚繫, 公亦以是坐罷. 辛卯秋特陞叙拜司成, 兼備局郎, 還爲弘文館校理. 冬爲司憲府執義, 陞拜同副承旨, 俄陞左副承旨, 同日又拜都承旨. 壬辰特以才局進秩, 拜平安道觀察使. 四月, 倭奴入寇, 列鎭瓦解, 兵鋒甚急, 上去

---

115 鄭逆之獄 : 鄭汝立의 逆獄으로, 己丑獄事라고도 한다. 이 옥사에 東人들이 많이 연루되어 동인들의 기세가 꺾이게 되었으며, 전라도를 反逆鄕이라 하여 西北人들과 함께 등용을 제한하게 되었다.

邳, 五月初, 賊陷京城. 上進駐平壤, 俄而臨津失守, 賊勢漸迫. 上欲出避,
城中大亂. 左議政西厓柳公招土官[116]年長者, 諭以義理, 公又摘發首唱者三
人, 斬于大同門內. 於是, 亂民皆散. 上之在平壤, 公盡瘁艱危, 鬚髮盡白.
六月, 上駐龍灣, 親授列聖御寶六十餘顆于公, 公涕泣拜受, 終始保完, 賊退
後乃納. 其年七月遞方伯, 爲工曹參判, 兼本道巡察使, 移拜咸鏡道巡察使,
轉向北關, 招集軍兵, 剋日討賊, 而爲當路所忤, 以白衣從軍請罪, 而繼請遠
竄, 遂配長淵. 乙未春蒙恩放還, 未幾, 叙付上護軍, 兼都揚府副揚管, 出爲
江原道觀察使. 丙午春, 遞付軍職, 其年夏, 兼副摠管, 出爲京畿道觀察使,
秋遞拜中樞兼揚管, 冬爲刑曹參判, 出爲咸鏡道觀察使. 己亥四月丁內艱,
辛丑夏服闋, 卽爲漢城府左右尹, 冬兼摠管, 又兼同知義禁府. 壬寅春, 爲兵
曹參判, 特拜工曹判書, 兼知義禁府, 轉拜禮曹判書. 夏拜吏曹判書, 兼知經
筵. 癸卯遞拜刑曹判書, 兼知春秋館, 又兼同知成均館事, 轉拜議政府左參
贊, 兼知義禁府事, 又兼世子左賓客, 俄拜司憲府大司憲. 時, 重建太廟, 公
手箚請遵古禮昭穆之制[117], 遞付中樞, 復拜大司憲, 遞付知中樞, 又兼都摠
管, 冬陞正憲. 甲辰又拜吏曹判書, 秋因大赦以罪廢士類直請書啓事推遞.
是年諸功臣勘錄時, 宣廟手敎, 以公善保列聖傳寶, 使予不失舊物, 功在廟
社, 遂錄於宣武[118]二等, 繪像定號, 而公以勳名不襯於宣武, 懇辭乃免, 只

---

116 土官 : 함경도와 평안도 지역의 토착민들을 회유하기 위하여 그 일대의 토착
민에게 주었던 관직이다.

117 昭穆之制 : 사당에 조상의 신주를 차례로 모시는 제도이다. 天子의 경우에는
7廟이니, 태조를 중앙에 모시고, 2世·4世·6世는 昭로 왼편에 모시고, 3
世·5世·7世는 穆으로 오른편에 모시니, 3소·3목이 된다. 제후는 5묘이니
2소·2목이고, 대부는 3묘이니 1소·1목이다. 『文獻通考 宗廟考』

錄於原從[119]一等. 丙午秋, 爲知中樞. 丁未夏, 拜大司憲, 七月, 遞爲知中樞. 戊申四月, 遞付上護軍. 及至宣廟賓天, 元凶[120]當國, 搆成罪名, 論以遠竄, 而光海以宣廟耆舊, 止於放歸田里. 又於庚戌夏, 奇自獻以儒生斥己之疏, 謂公指嗾, 誣陷縲絏[121], 旋被放釋. 壬子十一月十五日, 仍疾卒于廣州盤谷別墅, 享年七十一. 十二月葬于廣州西陰村山谷里乾坐, 與配墓同穴, 從先兆也. 自戊申至癸亥十六年間, 名在罪籍, 抱寃莫伸, 及仁祖反正, 首除奸凶, 群枉畢伸, 復公官爵, 是非不待百年而定, 天道果不誣矣. 公旣參原從一等, 則死後宜有褒贈之典, 而時當昏朝, 其勢固然, 改玉後, 只復本職, 無贈爵, 亦欠典也. 公忠孝敦睦, 博達寬毅, 至於事親, 則晨昏定省, 出反告面, 自少至老, 終始不懈. 喪葬祭禮, 一遵朱文公『家禮』, 居廬拜墓, 不避風雨, 三年哭泣, 祭席沾濕. 事君則立朝論事, 辭氣凜然, 聖批稱以萬世正論, 至有猛虎在山之譬, 受知宣廟, 殆三十年, 一心殉國, 宣廟賓天後, 每於朔

---

118 宣武功臣 : 임진왜란 때 공을 세운 武臣에게 준 勳號이다. 3등으로 나누어, 1등은 李舜臣·權慄·元均, 2등은 申點 등 5인, 3등은 鄭期遠 등 10인이다.

119 原從 : 국가나 왕실을 안정하는 데 공로가 있는 正功臣 외에 왕을 隨從한 공로가 있는 사람에게 주는 勳號이다

120 元兇 : 광해군 초에 정권을 잡은 大北의 李山海·李爾瞻·鄭仁弘 등을 가리킨다. 宋言愼은 柳永慶이 중심이 되는 小北에 속하였다.

121 奇自獻……縲絏 : 柳淳이 올린 소장에 "기자헌이 부친의 첩과 간음하였다." 라는 대목이 있었다. 이 해 4월에 기자헌이 임금에게 이에 대해 글을 올리니, 임금이 유순을 잡아 문초하게 하였다. 이에 유순이 두 차례의 刑訊을 받고는, "그 상소는 판서 宋言愼이 시켜서 한 것이다. 송언신이 상소의 초안을 써 가지고 왔다."라 하였기에 송언신을 감옥에 가두었다. 『燃藜室記述 권18 宣祖朝故事本末』

望, 遙拜園陵, 雖雨雪無闕. 公自在布衣時, 尤致勤於奉先之節, 始祖以下先塋, 幾盡立石, 自撰自書而刻之. 至於睦愛親戚, 無間疎遠, 而尤重宗族, 訪問枝派, 手成世譜. 壬亂時興陽宗人留京者多, 公率歸箕營, 畢竟得全, 厚賂而送之. 今幾二百年矣, 而興陽之宋, 若逢公子孫, 必曰: "我輩之得保今日, 傳世不替者, 皆壺峯公之恩也." 公常恐正學不明, 其奉使嶺南而還, 請刊『退溪集』, 以正士趨, 又嘗請治郭再祐談仙・許筠崇佛之罪, 以定民心. 此可以見公學術之正矣. 晚來屛居郊野, 自號放菴, 切不以時事相及, 唯以花竹圖書自娛, 村翁野老, 共得歡顏, 以終餘年. 平生所稿, 袞爲九卷, 丙子之亂, 不幸見失, 只保晚年所成『聖學指南』一書耳. 配貞夫人淸風金氏, 贈吏曹判書士元之女, 生後公五歲丁未三月三十日, 卒于己酉五月二十四日, 八月葬祔公墓. 夫人柔嘉貞靜, 事舅姑以孝, 奉祭祀以誠, 撫孽産如己出, 至於姻婭族黨, 咸得其歡. 夫人無育, 己酉取公祖免親[122]掌令承禧第二子駿爲後, 甲子文科壯元, 官副提學. 側室一男道生, 娶縣令黃鷗之女, 夫妻俱沒. 副學先娶楊口縣監曹胤祉之女, 生一男曰文吉監察, 後娶贈領議政金汲之女, 生四男一女, 長曰行吉, 文科都事, 次忠吉, 次性吉, 次獻吉文科學諭, 女適主簿朴之斌, 側室三男一女, 長曰餘吉, 次啓吉, 次胤吉文科縣監, 女適生員沈紐. 不佞嘗於公之後孫徽成家, 得見宣廟御筆帖, 跪奉莊玩, 金章爛然, 輝暎日月. 想其時則亂時也, 兵務方急, 萬機至煩, 而心畫方嚴, 字字整正, 無一毫老草氣, 大聖人心學之素養可知已. 且其辭旨鄭重, 倚庇深厚, 若慈父之詔孝子, 錫賚便蕃, 段帛紙筆藥丸之屬, 前後不可以一二數. 有如是之聖君, 而公之見顧之重又如是, 則公之賢益可知也. 惜其年代久遠, 遺文散佚, 子

孫窮弊, 無以發揚盛德. 只據公之孫監察公斷爛狀草而畧加刪潤, 求正于秉筆之君子焉爾.

4. 사헌부집의 증이조참의 만은 한공 행장

司憲府執義贈吏曹參議漫隱韓公行狀 경술년(1790, 79세)

공은 휘가 기(㙞)이고 자는 중징(仲澄)이며, 선조는 서원(西原) 사람이니, 시조 난(蘭)이 고려 태조(太祖)를 도와 삼한을 통일한 공훈으로 벼슬이 태위(太尉)에 이르고 후손을 창성하게 하였다. 그 후로 대대로 문벌이 혁혁하여 봉호(封號)를 받고 시호(諡號)를 받아 우리 동한(東韓)의 성족(盛族)이 되었다.

문경공(文敬公) 수(脩)는 호가 유항(柳巷)으로 문장과 도덕이 당대의 사표(師表)가 되었고, 그 아들 상경(尙敬)은 본조(本朝)에 들어와서 개국공신(開國功臣) 원훈(元勳)으로 벼슬이 영의정에 이르렀고, 시호는 문간공(文簡公)이다. 문간공의 손자 계희(繼禧)는 예종·성종 양조(兩朝)에 거듭 훈봉(勳封)되었고, 시호는 문정(文靖)이니, 공에게 6대조가 된다.

증조 성원(性源)은 문과에 급제하였고 부사(府使) 증지신사(贈知申事)이고, 조부 휘 의(檥)는 증이조참판(贈吏曹參判)이다. 부친 휘 형길(亨吉)은 문과에 급제하였고 병조참판이며 인묘조(仁廟朝)의 명신(名臣)이었으나 시운(時運)에 막혀 크게 현달하지 못하였다. 배위(配位) 연안이씨(延安李氏)는 연원부원군(延原府院君) 광정(光庭)의 따님로 네 아들을 두었으니, 공은 그 중 막내이다.

공은 만력(萬曆) 기미년(1619, 광해군11) 2월 14일에 태어났다. 공은 천생(天生)으로 자품이 남달리 뛰어나 어릴 때 놀기를 좋아하지 않고 성인(成人)과 같은 기도(器度)가 있으니, 부친 참판공이 기특하게 여겨 사랑하였다. 성장해서는 효우(孝友)가 돈독하고 학업에 근면하였다. 관설(觀雪 허후(許厚)의 호)과 미수(眉叟 허목(許穆)의 호) 두 선생의 문하에 들어가고 공부하니, 두 분 선생이 모두 크게 기대하였다. 일찍이 과거 공부를 그만두고 오로지 경전(經傳)을 읽는 데 전심(專心)하였다. 특히『중용(中庸)』을 많이 읽되 오로지 궁행(躬行)·실득(實得)에 주력하였다.

갑신년(1644, 인조22)에 부친상을 당해서는 집상(執喪)이 예제(禮制)에 지나쳤다. 매일 해시(亥時)에 저녁 곡(哭)을 하고 축시(丑時)에 아침 곡을 하였으며, 장사 지내기 전에는 죽을 먹었고 졸곡(卒哭) 때에야 거친 밥을 먹었으며, 3년 동안 시묘(侍墓)하면서 아침저녁으로 곡하고 무덤에 절하는 것을 비바람이 불어도 거른 적이 없었다. 양파공(陽坡公)이 효행(孝行)으로 공을 조정에 천거하여, 기해년(1659, 현종 즉위년)에 선릉참봉(宣陵參奉)에 제수되었다. 공은 모친에게 고하기를,

"천목(薦目)이 저의 실상에 맞지 않으니 감히 무턱대고 나아갈 수 없습니다."

라 하고는, 출사하지 않았다.

그 후 모친상을 당해서도 집상(執喪)이 부친상 때와 같았고 과도하게 애훼(哀毁)한 탓에 마침내 파리하게 여위는 병에 걸린 나머지 더욱 벼슬길에 뜻이 없어졌다.

을묘년(1675, 숙종 원년) 이후로 천거되어 남대(南臺)에 들어가 기미년(1679, 숙종5)에 이르기까지 지평(持平)이 된 것이 두 차례였고, 장령(掌令)이 된 것이 여섯 차례였고, 집의(執義)가 된 것이 두 차례였으며, 그 사이에 장악원정(掌樂院正)에 제수되었는데, 모두 출

사하지 않았다. 간간이 임금이 별유(別諭)를 내리기도 하였지만 단지 병을 핑계로 소장을 올리고 조정의 정사(政事)는 한 마디도 언급하지 않았다.

경신년의 변국(變局) 후 상신(相臣) 김수흥(金壽興)이 만안당(晩安堂) 이후정(李后定)과 공을 천거하면서 공에 대해서는 심지어 말하기를,

"전(前) 장악원정 한기(韓垍)는 평소에 명성이 있어 누차 이름이 천목(薦目)에 올랐으나 향리에 염퇴(斂退)하여 한 번도 출사하지 않았습니다. 그의 의론과 기개는 악착스러운 자들과는 다르니, 이런 사람은 특별히 포장(襃奬)하여 벼슬에 나오게 함으로써 말세의 시속(時俗)을 면려(勉勵)해야 합니다."

라 하여, 을축년(1685, 숙종11)부터 정묘년(1687, 숙종13)에 이르기까지 집의(執義)에 제수된 것이 여섯 차례였으나 공은 모두 출사하지 않았다. 공은 이해와 득실의 밖에서 염담(恬淡)하고 여탈(予奪)과 번복(飜覆)의 와중에 초연하였으니, 출처(出處)가 구차하지 않은 것이 이와 같았다. 그 잠덕(潛德)·유광(幽光)은 범부(凡夫)와 속사(俗士)들이 감히 엿보아 헤아릴 수 없다.

무진년(1688, 숙종14) 5월에 가인(家人)에게 상장(喪葬)에 필요한 물품을 갖추어 두게 하고 6월 4일 원주(原州)의 자택에서 미질(微疾)로 고종(考終)하였다. 그 해 8월 지평(砥平) 거단(巨檀)의 병좌(丙坐)의 둔덕에 안장하면서, 부인의 묘소와 합폄(合窆)하였다. 경오년(1690, 숙종16)에 상신(相臣)이 경연에서 아뢰어 이조참의에 추증되었다.

부인(夫人) 능성구씨(綾城具氏)는 참의 정(定)의 따님으로, 공보

다 한 해 먼저 세상을 떠났다. 2남 1녀를 두었으니, 장남 세겸(世謙)은 삼등현령(三登縣令)이고, 차남 세양(世讓)은 담양부사(潭陽府使)이며, 딸은 이정현(李鼎賢)에게 출가하였다.

공은 천품이 높은데다 수양이 깊어 평소 빠른 말과 급한 안색이 없었으며, 자제들을 가르치고 노복들을 거느릴 때는 자신이 모범을 보여 아랫사람들을 통솔하여 은혜와 위엄을 병행하니, 사람들이 모두 감복하였다.

임술년(1682, 숙종8)에 서울의 집을 떠나 원주(原州) 이호(梨湖)로 이주하였으니, 이곳은 바로 부친 참판공의 고향이다. 집이 몹시 청빈하여 농사지을 땅은 없고, 오직 꽃을 기르며 채마밭을 가꾸는 일로 즐거움을 삼았다. 조정이 공의 아들 중 한 사람을 가까운 고을의 수령에 제수하여 부모를 봉양할 수 있도록 하였다. 이에 장남이 청안현감(淸安縣監)이 되어 자주 음식을 가지고 와 문안을 올리니, 공이 말하기를,

"이 또한 임금이 내려주신 것이니, 나 혼자 먹을 수 없다."

라 하고, 반드시 이웃 사람들과 나누어 먹었다.

공은 세상의 변화한 명리를 보면 마치 자신이 더럽혀질 듯이 여겨 멀리하였다. 당로(當路)의 제공들이 모두 출사하기를 권하고, 백호(白湖) 윤공(尹公 윤휴(尹鑴))은 누차 서찰을 보내 벼슬하라고 권면하였지만 공은 조금도 마음이 움직이지 않았다. 남파(南坡) 홍공(洪公 홍우원(洪宇遠))은 바로 공의 이모부로, 벼슬살이하면서 공의 집에서 살았다. 그가 이조판서가 되자 공은 고양(高陽)에 있는 산소 아래로 피해 갔으니, 또한 혐의를 멀리하려는 뜻이었다.

백호(白湖)와 혼천(混泉) 이공(李公 이동규(李同揆))이 북벌(北伐)

의 의리를 주장하니, 공이 혼천에게 서찰을 보내 옳지 않다고 말하였다. 경신년(1680, 숙종6)의 화란(禍亂)에 미쳐 백호가 곤장을 맞고 북쪽 변경으로 유배를 가니, 공이 자제들을 보내 위문하였다. 백호의 답서(答書)에,

> "세도(世道)가 이 지경에 이르러서 죄망(罪網)이 사방에 펼쳐졌거늘 형만은 홀로 칩거한 채 병으로 신음하니, 끝내 우리들로 하여금 납배(納拜)하게 합니다."

라 하였다.

갑인년(1674, 숙종 즉위년) 이후 조정의 의논이 청론(淸論)과 탁론(濁論)으로 나뉘거늘 공이 남악(南岳) 권공(權公) 해(瑎)에게 당부하기를,

> "목금(目今)의 권세(權勢)는 청론이 탁론만 못하지만, 이후의 피해는 필시 탁론 쪽이 많을 것이다."

라 하였는데, 과연 그 말과 같이 되었다.

남악이 지은 공에 대한 만사(挽詞)에,

이 마음에 아직도 간절한 잠계 남아 있으니
일이 지난 뒤에 비로소 밝은 식견에 탄복한다오

心中尙記箴規切 事後方嘆識見明

라 하였다.

공은 젊을 때부터 독서를 좋아하였다. 중도에 몸이 수척해지는 병에 걸려 비록 마음껏 글을 읽지는 못했으나 종일 보고 있는 책은 모두

성리서(性理書)였다. 어떤 사람이 공에게 저술하라고 권하니, 공이 말하기를,

"경전(經傳)의 은미한 뜻은 선유(先儒)가 이미 밝혀 더할 나위 없다. 만약 그 중에서 찌꺼기를 주워 모으고 함부로 자기 견해를 덧붙이면, 또한 전도(顚倒)하고 모순되는 병폐가 없을 수 없다. 이 어찌 나의 얕은 소견으로 감히 할 수 있는 바이겠는가?"

라 하였다. 공이 일찍이 문인(門人) 감사(監司) 권흠(權歆)에게 이르기를,

"우리 동방의 사화(士禍)는 대부분 유술(儒術)에서 나왔으니, 이는 다른 이유가 아니다. 대개 학문은 부족한데 이름이 먼저 알려지고, 덕(德)은 높지 못한데 책임이 먼저 무거운 까닭에 자신의 행지(行止)는 제약을 받고 간사한 참언(讒言)은 그 틈을 타게 되는 것이니, 이 어찌 두려운 일이 아니겠는가! 지금 당론(黨論)이 셋으로 나뉘어 예론(禮論)이 점점 더 격렬하니, 필시 이는 사람들을 화(禍)에 빠뜨리는 함정이 될 것이다. 미옹(眉翁 허목(許穆))이 이러한 때 등용된 것은 매우 불행한 일이며, 설야(雪爺 허후(許厚))가 벼슬을 받지 못한 것은 다행한 일이다."

라 하였다.

공은 젊을 때 당호(堂號)를 '일휴(日休)'라 하였는데, 미수선생(眉叟先生)이 '만은(漫隱)'이라 새긴 낙관을 보내 주자 그대로 만은(漫隱)을 호로 삼았다.

아! 사군자(士君子)가 이 세상에 살면서 누군들 임금을 높이고 백성들을 보호하여 한 세상을 태평성대로 만들고 싶지 않으리오. 그러나 도(道)에는 오륭(汚隆)이 있고 때에는 이둔(利鈍)이 있는 법이다.

이런 까닭에 혹 세상에 나아가기도 하고 혹 물러나기도 하여 처신이 같지 않은 것이다.

숙묘조(肅廟朝) 갑인·을묘 연간에는 당론(黨論)이 횡행하여 서로 공격하였으며, 어린 임금이 임어(臨御)하고 귀척(貴戚)들이 조정에 가득하였으니, 도는 높지 못하고 때는 좋지 못하였다고 할 만하다. 그런데 향리에 살던 미천한 신하를 하루아침에 조정에 등용하여 정국을 장악하게 했으니, 이는 마땅히 군자가 눈을 밝게 뜨고 자세하게 살펴야 할 곳이다. 오래지 않아 금사(金沙)의 재학(才學)으로도 마침내 목숨을 잃었고, 연로(漣老)의 숙덕(宿德)으로도 궁색함을 면치 못하였으니, 진퇴의 어려움이 이와 같다. 그런데 공은 그런 시대를 살면서 조정의 소명이 누차 내려왔으나, 깊이 은거하여 출사하지 않음으로써 마침내 당대의 완인(完人)이 되었으니, 어찌 어질다 하지 않으랴!

연전에 한군(韓君) 병약(秉約)이 공의 유사(遺事)를 가지고 와서 나에게 행장(行狀)을 지어 달라고 청하였다. 나는 늙고 병들어 정신이 흐린 터라 미적거리다가 짓지 못하고 있던 차에 한군이 그만 운명하고 말았다. 이제 공의 승사손(承嗣孫) 영기(英耆)가 와서 또 청하니, 어찌 차마 사양할 수 있겠는가. 이에 삼가 이상과 같이 행장을 지어 병필(秉筆)하는 사람이 채택하기를 기다린다.

금상(今上) 14년 경술년(1790, 정조14) 2월 초하루 아침에 후학(後學) 한산(漢山) 안정복(安鼎福)은 삼가 행장을 쓴다.

公諱埏, 字仲澄, 其先西原人. 始祖蘭, 佐麗祖統合, 官太尉, 克昌厥後, 繼世輝爀, 有封有謚, 爲東韓盛族. 文敬公脩號柳巷, 文章道德, 師範一世. 子尙敬入本朝, 爲開國元勳, 官領相, 謚文簡. 文簡孫繼禧, 睿成兩朝, 再策勳

封, 謚文靖, 於公爲六代祖. 曾祖諱性源, 文府使·贈知申, 祖諱橫, 贈吏

參. 考諱亨吉, 文兵參, 爲仁廟名臣, 阨於時, 不大顯. 配延安李氏, 延原府

院君光庭女, 生四子, 公其季也. 公生于萬曆己未二月十四日, 生有異質, 弱

不好弄, 有成人器度, 參判公奇愛之. 及長, 敦孝友勤學業, 遊觀雪·眉叟兩

先生之門, 兩先生皆期許不淺. 早廢擧, 專意經傳, 而尤用力於『中庸』, 惟以

躬行實得爲務. 甲申遭外艱, 執制踰禮, 每亥時夕哭, 丑時朝哭, 未葬啜粥,

卒哭喫糲飯, 三年廬墓, 朝夕哭省, 風雨不避. 陽坡鄭公太和薦之於朝以孝

行, 己亥授宣陵參奉. 公入告大夫人曰: "薦目不似, 不敢冒出." 仍不仕. 後

丁內艱, 執喪如前, 過戚致毁, 竟成清臝之疾, 尤無進取之意. 乙卯以後, 薦

入南臺[123], 至于己未, 爲持平者二, 掌令者六, 執義者二, 間除掌樂正, 皆不

赴. 間有別諭[124], 但引疾上章, 無一言及於朝政. 庚申變局[125]後, 相臣金壽

興薦晚安堂李公后定及公, 至公有曰: "前正韓某, 素有聲譽, 屢登薦目, 而

斂退丘園, 竟不一出. 其論議氣槩, 有非齷齪者可擬. 如此人, 別爲褒進, 以

勵末俗." 自乙丑至丁卯, 連除執義者六, 皆不赴. 公恬然於利害得失之外,

超然於予奪翻覆之際, 出處之不苟如此, 其潛德幽光, 有非凡夫俗士所窺測

也. 戊辰五月, 命家人脩遠具, 六月初四日, 以微恙考終于原州寓舍. 八月葬

---

123 南臺 : 南行臺諫의 준말로 조선조에 山林의 선비 중 학문과 덕행이 뛰어난
　　사람을 과거 시험을 거치지 않고 곧바로 사헌부 掌令 또는 持平에 임명하는
　　것, 또는 그 사람을 말한다.

124 諭 : 저본에는 踰자로 되어 있는데 오자로 판단하여 고쳤다.

125 庚申變局 : 숙종 6년(1680)에 許積이 油幄을 남용한 사건으로 인해 일어난
　　庚申大黜陟을 말한다. 이 사건으로 허적을 비롯한 南人 일파가 축출되고,
　　金壽恒·金錫冑 등 西人 일파가 정권을 잡았다.

于砥平巨檀丙坐原, 與夫人墓合窆. 庚午相臣筵奏, 贈吏曹參議. 夫人綾城 具氏, 參議定之女, 先公一歲卒. 生二子一女, 男長世謙三登縣令, 次世讓潭 陽府使, 女適李鼎賢. 公天分旣高, 充養有素, 平居無疾言遽色, 敎子弟御奴 僕, 正己率下, 恩威幷行, 人皆感服. 壬戌捨京第, 卜居于原州梨湖, 卽參判 公桑梓鄉也. 家甚淸貧, 無田可耕, 惟以課花治圃爲娛. 朝家命除一子近邑, 爲榮養之地, 長胤爲淸安縣監, 頻以食物問安. 公曰: "此亦君賜也, 不可獨 食." 必分饋鄰里. 公視世之勢利紛華, 若將浼己, 當路諸公, 皆勸出仕, 白湖 尹公屢書勸勉, 公略不動念. 南坡洪公, 卽公姨母夫也. 旅宿之日, 寓於公 家, 及秉東銓, 公出避于高陽墓下, 亦遠嫌也. 白湖及混泉李公主北伐之義, 公貽書混泉, 言其不然. 及庚申之禍, 白湖受杖投畀, 公遺子弟慰問, 其答書 曰: "世道至此, 網羅四張, 而兄獨閉戶吟病, 終令吾輩納拜.[126]" 甲寅後朝議 分淸濁[127], 公嘗戒南岳權公瑎曰: "目今權勢, 淸不如濁, 而日後之害, 必偏 於濁." 果如其言. 故南岳挽有曰: "心中尙記箴規切, 事後方嘆識見明." 公少 好讀書, 中嬰羸疾, 雖未肆力, 而終日寓目, 皆性理書也. 或勸公著書, 公

---

126 納拜 : 後進이 再拜하고 尊丈이 앉아서 받는 禮로 매우 존경하는 사람에게
올리는 禮이다. 伊川 程頤가 "납배의 예는 德義가 있어 자기가 존경하는 자가
아니면 쉽게 하기 어렵다. 나는 평생 두 분에게만 납해하였다.〔納拜之禮,
不可容易. 非己所尊敬有德義服人者, 不可. 余平生只拜二人.〕라 하였다. 『二
程遺書 권22 上』

127 淸濁 : 숙종 때 孝宗의 妃 仁宣王后에 대한 趙大妃의 服制 문제로 남인이
세력을 잡고, 宋時烈을 비롯한 서인들의 죄를 논할 때 緩 · 急 두 파로 갈렸
다. 그 중에서 송시열을 극형에 처하자는 쪽을 淸論이라 하였으니 그 중심인
물은 許穆 · 權大運 · 洪宇遠 등이었고, 반대쪽을 濁論이라 하였으니 그 중심
인물은 許積이었다.

曰: "經傳微意, 先儒闡明, 旣無餘蘊矣. 若於其間, 採摭糠粃, 竊附己意, 亦不無顚倒矛盾之弊. 此豈余淺見所可敢哉?" 公嘗謂門人權監司歆曰: "我東士禍, 多出於儒術, 此無他, 盖緣學未至而名先播, 德未卲而責先重, 以致行止掣肘, 姦諛乘釁. 豈不懼哉? 卽今黨議三分, 禮論轉激, 必爲禍人之機陷. 眉翁之此時登庸甚不幸, 而雪爺之不遇幸也." 公少時堂號曰休, 眉叟先生刻圖書以漫隱送之, 仍以爲號. 噫! 士君子生斯世也, 誰不欲尊主庇民, 康濟一世? 而道有汚隆, 時有利鈍. 是以, 有或出或處之不同也. 當肅廟甲寅乙卯之際[128], 黨議橫流, 戈戟相尋, 少主臨御, 貴戚如林, 可謂道不隆而時不利矣. 以踈賤羈旅之臣, 一朝排其間而奪其局, 是宜君子明目審察處也. 未幾而以金沙之才學而竟殞其身, 漣老之宿德而未免窘步[129], 進退之難, 其如是夫! 公生于其時, 旋招屢下, 長往不歸, 竟爲一世之完人, 豈不賢哉! 年前韓君秉約以公遺事, 請狀于鼎福, 老病昏耄, 因循未果, 而韓君歿矣. 今公之承祀孫英耆來, 又申前請, 其忍辭諸? 謹據以爲狀如右, 以俟秉筆者採擇焉.

時, 上之十四年庚戌二月朔朝, 後學漢山安鼎福謹狀.

---

128 際 : 저본에는 除자로 되어 있는데 오자로 판단하여 고쳤다.

129 以金……窘步 : 金沙는 驪江의 이칭으로, 驪州 출생 尹鑴를 가리킨다. 漣老는 漣川 출생 許穆을 가리킨다. 윤휴는 庚申大黜陟 때 귀양 갔다가 許堅의 獄事에 연루되어 賜死되었고, 허목은 조정에서 축출되었다.

5. 자헌대부 호조판서 미옹 최공 행장

資憲大夫戶曹判書迷翁崔公行狀 신해년(1791, 80세)

공은 휘가 수(琇)이고 구휘(舊諱)는 관(瓘)이며, 자는 영중(瑩中)이고 호는 미옹(迷翁)이다. 그 선조는 강화(江華) 사람이다. 시조 익후(益厚)가 고려에 벼슬하여 관직이 사복소경(司僕少卿)이고, 평리(評理) 효장(孝章)·지도성사(知都省事) 광의(光義)·평장사(平章事) 근(瑾)·우복야(右僕射) 종수(宗秀)·보문각태학사(寶文閣太學士) 유(葵)·예부상서(禮部尙書) 백전(伯全)·판시사(判寺事) 홍(泓) 등 7대를 거쳐 8대 귀수(龜壽)에 이르러서는 아조(我朝)에 들어와 사복경(司僕卿)이 되었다. 병마사(兵馬使) 안우(安雨)·문의현령(文義縣令) 저(渚)를 거쳐서 사과(司果) 자윤(自潤)이 공의 고조이다.

증조 휘 호(灝)는 승문원판교(承文院判校) 증부제학(贈副提學)이고, 조부 휘 언순(彦純)은 거창현감(居昌縣監) 증좌승지(贈左承旨)이고, 부친 승세(承世)는 용강현령(龍岡縣令) 증이조판서(贈吏曹判書)이다. 이 3대의 증작(贈爵)은 모두 공이 높은 관작에 올랐기 때문이다. 모친 언양김씨(彦陽金氏)는 봉사(奉事) 공(第)의 따님이다.

공은 가정(嘉靖) 계해년(1563, 명종18) 6월 30일 병자일에 태어났다. 어릴 때부터 총명하여 겨우 4, 5세에 아이들과 놀 때 말하고 웃고 행동하는 것이 어른과 같았다. 게다가 식견(識見)이 과인(過人)했으며, 글 읽기를 좋아하여 7세 때 능히 시구(詩句)를 지었고 시어(詩語)가 청절(淸絶)하니, 사람들이 모두 기특하게 여겼다.

18세에 소재(蘇齋) 노상공(盧相公 노수신(盧守愼))을 배알하였다. 상공이 시사(時事)에 대해 말하다가 지난 해 조보(朝報)에 실린 긴요한 말을 기억하지 못하였다. 공이 그 자리에서 몇 줄을 외니, 상공이 몹시 탄복하며 말하기를,

"젊은이가 나라 일에 마음 쓰는 것이 이와 같으니, 훗날 재상이 될 그릇이다."

라 하였다.

만력(萬曆) 경인, 우리 선묘(宣廟) 23년(1590)에 갑과(甲科)로 급제하여 벼슬길에 올라 관례에 따라 사용원직장(司饔院直長)이 되었고, 이듬해 신묘년에 성균관전적(成均館典籍)으로 승진하였고, 얼마 뒤 형조좌랑으로 옮겼다.

임진년(1592, 선조25)에 병조좌랑에 제수되었다. 4월에 임진왜란이 일어나자 어가(御駕)를 호종(扈從)하여 평양(平壤)으로 갔다가, 부모가 늙고 두 아우가 어리다는 이유로 상소를 올리고 귀근(歸覲)하였다. 왜적이 물러가자 용만(龍灣 의주(義州))으로 달려갔다.

계사년(1593, 선조26)에 병조정랑·호조정랑에 차례로 제수되었다. 부모를 봉양하기 위해 외직(外職)을 자청하여 영광군수(靈光郡守)에 제수되었으나 시의(時議)가 조정에 머물러 두어야 한다고 하여 부임하지 못하였다.

이듬해 갑오년 봄에 송유진(宋儒眞)의 역옥(逆獄)이 일어나자 추국청문사랑(推鞫廳問事郎)이 되었다가 성균관사성(成均館司成)으로 승진하였고, 6월에 사간원헌납(司諫院獻納)으로 옮겼다. 이 때 총병(總兵) 고양겸(顧養謙)이 참장(參將) 호택(胡澤)을 시켜 우리나라의 대신에게 차자를 보내 우리나라로 하여금 왜국이 중국에 봉공(封貢)

하는 일을 중국 조정에 상주(上奏)하게 하였다. 묘당(廟堂)이 호택을 인견(引見)하고 의논이 일치하지 않았다. 공이 입시(入侍)하여 아뢰기를,

"지금 호참장(胡參將)은 우리나라의 복수하려는 대의(大義)는 돌아보지 않은 채 왜놈들이 봉공하는 일을 중국 조정에 상주하라고 협박하고 있으니, 어찌 통탄스럽지 않겠습니까. 무릇 일은 처음에 잘 도모하여야 하는 법입니다. 지금 만약 이러한 논의를 통렬히 끊어버리지 않으면, 중국 조정은 전란에 싫증이 난 지 오래라 필시 군사를 파견하여 구원하지 않을 터이니, 그 형세가 끝내 화의(和議)하는 쪽으로 귀착하고 말 것입니다. 사의(邪議)가 한 번 일어나면 파급이 작지 않으니, 처음을 제대로 살피지 않아 후환을 남겨서야 되겠습니까?"

라 하고, 또 아뢰기를,

"해평부원군(海平府院君) 윤근수(尹根壽)·호조판서 김명원(金命元)은 모두 경솔한 사람으로 스스로 신중하지 못하고, 호참장을 빈접(儐接)할 때 대의(大義)가 어디 있는지를 생각하지 않은 채 오로지 중국 장수의 뜻을 거스르지 않는 것만을 좋은 계책으로 여기고 왜놈을 봉작(封爵)해 주기를 청하는 것을 괴이하게 여기지 않았습니다. 그리하여 호참장을 빈접할 때 상도(常道)에 의거하고 정도를 지키는 의논을 쟁변(爭辨)할 때 아뢰지 않았으며 아부하고 굴종하는 태도를 수작(酬酌)하는 즈음에 보였습니다. 주본(奏本)을 올리는 막중한 일을 오로지 호참장의 지시만 따라 국시(國是)가 날로 흔들려 바로잡을 수 없게 되었으니, 청컨대 추고(推考)하소서."

라 하니, 상이 아뢴 대로 따랐다.

10월에 또 헌납(獻納)에 제수되었다. 이 때 대사헌 김우옹(金宇顒)·대사간 이기(李墍) 등이 정철(鄭澈)이 역옥(逆獄)을 날조하여 어진 선비를 무함해 죽인 죄를 논하니, 장령 이경함(李慶涵)·지평 조수익(趙壽益) 등이 이의를 제기하고 피혐(避嫌)하였다. 공이 아뢰기를,

"정철이 제 마음대로 무고한 사람을 죽여 만세의 공론(公論)에 지탄을 받는 것은 성상께서 이미 통촉하시고 온 나라 사람들이 모두 환히 알고 있으니, 단지 아직 죄를 주지 않았을 뿐입니다. 정철을 비호하는 자들은 정철을 구할 언설을 찾지 못하자, 혹자는 이런 사안을 논할 때가 아니라 하고, 혹자는 정철이 한 짓이 아니라 하면서 국시(國是)는 돌보지도 않은 채 소란만 피우고 있습니다. 무릇 공론(公論)은 국가의 원기(元氣)이니 하루라도 민멸(泯滅)해서는 안 됩니다. 지금 만약 시국이 위태롭다는 핑계로 공론을 막고 논의하지 않는다면, 이는 국가의 원기를 자르고 녹여서 없애는 데 가깝지 않겠습니까? 더구나 정철이 시세(時勢)를 타고 무함한 사람이 최영경(崔永慶) 한 사람만이 아닙니다. 오늘날에 이르러서는 그의 폐부(肺腑)가 모두 드러나 사람들의 눈을 가릴 수 없습니다. 지금 이경함 등은 말을 둘러대고 바꾸면서 나라가 소란으로 불안하게 될까 지나치게 염려하는데, 자신들이 스스로 소란을 일으켜 시끄럽지 못하게 되는 데 빠져드는 줄은 알지 못하고 있습니다. 이들을 체차(遞差)하소서."

라 하니, 상이 아뢴 대로 하였다.

11월에 사간원사간(司諫院司諫)에 제수되자 공은 승진이 너무 빠르다는 이유로 세 번 상소를 올려 고사(固辭)하였으나 상이 윤허하지

않았다. 경연에 입시하여 강(講)을 마치자 공이 아뢰기를,

"당금에 성상께서 밤낮으로 국사를 근심하시는 것과 묘당(廟堂)에서 국사를 주회(籌劃)하는 것이 극진하여 더할 나위 없으니, 연소한 소관(小官)이 어찌 감히 군더더기 말을 더 할 수 있겠습니까. 다만 지금 한갓 왜구(倭寇)만을 근심할 뿐 백성들의 원망에는 근심이 미치지 못하고 있으니, 신은 몹시 괴이하게 여깁니다.

성중(城中)의 상황으로 말하면, 백성들이 거의 다 죽어서 밥 짓는 연기가 끊어졌고 앙상한 백골이 뒹굴고 있으니 가슴 아프고 참혹한 정황은 차마 말하지 못하겠습니다. 외방의 상황으로 말하면, 세금을 과중하게 징수하여 백성들이 지극히 곤궁한 실정입니다.

예로부터 나라가 망하는 변고가 어느 시대인들 없었겠습니까. 그렇지만 사람이 거의 다 죽어 없어진 것이 오늘날과 같은 적이 어찌 있었겠습니까. 지금 만약 백성들의 원망을 풀어주지 않은 채 지난날의 전철을 다시 밟는다면, 신은 염려하건대 도적떼는 일시에 일어나고 천심(天心)은 보우(保佑)하지 않아, 왜적이 쳐들어오기도 전에 나라가 반드시 망할 것입니다.

근자에 성상께서 굶주린 백성들을 걱정하시어 어반미(語飯米 임금의 수라를 지을 쌀) 나누어 주어 진휼하기까지 하셨으니, 이 일을 보고 들은 사람이면 누군들 감격하지 않겠습니까. 그러나 백성을 사랑하는 명령은 비록 내렸지만, 백성을 사랑하는 실효는 아직 드러나지 않았으니, 신은 생각건대 백성들을 사랑하는 정성이 혹 진실하지 못해 그러한 것이 아닌가 합니다.

신은 듣건대, 경상도와 경기도 백성들의 모든 요역(徭役)은 다 견감(蠲減)하였지만 내수사(內需司) 노비의 신공(身貢)은 그대로

수납(收納)하도록 명하였다고 합니다. 내수사 노비도 왕의 백성이거늘 그들만 유독 은택을 입지 못하고 있으니, 또한 불쌍하지 않습니까. 더구나 이와 같은 물품은 비록 봉납(捧納)할지라도 응당 군수(軍需)로 써야 할 것이니, 이 어찌 임금의 사사로운 재화(財貨)를 모을 때이겠습니까?

신이 듣건대 지근(至近)한 대내(大內)에 좋은 말을 기르고 있다고 합니다. 신이 들은 말이 반드시 사실은 아니겠지만, 만약 이런 일이 실제로 있다면, 이 또한 성명(聖明)의 조정에서 하나의 개탄할 일이 될 것입니다. 마정(馬政)에는 원래 태복시(太僕寺)가 있거늘, 하필 이와 같이 말을 길러 완호(玩好)하는 데 가깝게 하는 것입니까.

위에서 좋아하는 바는 아래에서 반드시 따르는 법입니다. 지금은 응당 몸소 검약을 실천하여 솔선수범하심으로써 조정과 사방의 백성들로 하여금 따를 바를 알아 본받게 해야 할 것입니다. 전화(轉禍)의 기회가 오직 여기에 있으니, 이렇게 하시면 머지않아 국가를 회복할 수 있을 것입니다.

근자에 삼사(三司)가 올린 계사(啓辭)로 특별히 간신(奸臣)의 죄를 다스리니, 뭇사람들이 다들 통쾌하게 여겼습니다. 그리고 역옥(逆獄)이 일어났을 때 간신의 모함에 걸려든 사람들이 많이 원통하게 죽었으니, 이 어찌 단지 간신의 죄일 뿐이겠습니까? 성명(聖明)에 있어서도 지나친 거조가 없지 않았습니다.

종묘(宗廟)의 변고(變故)에 이르러서는, 시정(市井)의 백성들 중 원통하게 죽은 사람이 무수히 많았으며, 한 사람의 권속(眷屬)이 2, 3명에 이르더라도 모두 처형하였으니, 억울하고 원통한 심정이 극도에 이르렀습니다. 지금 의당 애통히 여긴다는 교서(敎書)를 내리되, '역옥 및 종묘의 변고는 혹 간신에게 속기도 하고, 혹 한때의 분노를 못 이겨 사람들의 목숨을 함부로 죽였으니, 이는 모두 나의 허물이다.'라고 하면, 죽은 사람들을 위로하고 산 사람들의 마음을 결속할 수 있을 것입니다. 삼가 바라옵건대, 잘 유념하여 속히 거행하소서.

신이 일찍이 듣건대, 정개청(鄭介淸)이란 사람은 식견은 퍽 고루하고 편벽한 듯하지만 독서를 좋아하고 유업(儒業)을 하는 사람이라고들 하였습니다. 신은 실로 그 사람을 한 번도 만난 적이 없으며, 그가 죄를 받게 된 연유도 알지 못합니다. 다만 듣건대 그의 아우 정태청(鄭太淸)이 지금까지도 행소(行素)하면서 말하기를, '조정이 만약 우리 형이 애매하게 죽었다는 사실을 알아준다면 내가 고기를 먹을 것이다.'라 한다고 합니다. 이는 지극한 통한에서 나온 말이니, 사람의 마음을 참담하게 합니다."

라 하니, 상이 이르기를,

"이 말이 참으로 옳으니, 내 마땅히 잘 유념하겠다. 사복시(司僕寺)에 마침 암말이 있어 다른 말들 속에서 키우기가 어려웠기 때문에 대내(大內)에서 기르도록 명했던 것이니, 어찌 딴 뜻이 있었겠는가?"

라 하고, 이튿날 그 말을 내보내라고 명하였다.

을미년(1595, 선조28)에 시강원보덕(侍講院輔德)·지제교(知製敎)에 제수되어 춘추관편수관(春秋館編修官)을 겸대하였다. 이듬해 병신년에 홍문관부교리(弘文館副校理)·지제교에 제수되고 경연시독관(經筵侍讀官)·춘추관기주관(春秋館記注官)·시강원보덕을 겸대하였다. 상이 오로지 동궁(東宮)의 보양(輔養)을 위하여, 공을 다른 자리로 천동(遷動)하지 못하게 하였다.

또 홍문관수찬으로 승진하였고 사헌부장령으로 옮겼으며, 또 내섬시정(內贍寺正)에 제수되었다. 가을에 부모를 봉양하기 위해 외직으로 나가기를 자청하여 부평부사(富平府使)에 제수되었다. 부평에 부임한 뒤 온 관아에 돌림병이 돌아 대부인(大夫人)의 병이 위독해져 숨이 끊어지자, 공이 손가락에 피를 내어 입에 흘려 넣으니 즉시 소생하였다.

정유년(1597, 선조30) 여름에 조선(漕船)이 인천 지역에서 파손하자, 인천부사(仁川府使)가 밤중에 사람들을 시켜 부평 경내로 부서진 배를 옮겨 놓았다. 공은 이 일로 파면되었으나 끝내 변론하지 않았다. 겨울에 사헌부집의(司憲府執義)ㆍ지제교에 제수되어 보덕을 겸대하였다.

무술년(1598, 선조31)에 동부승지(同副承旨)로 승진하였고 다섯 번 전직(轉職)하여 우승지(右承旨)가 되었고, 또 사간원대사간(司諫院大司諫)에 제수되었다. 이 때 형조판서(刑曹判書)로 있던 홍여순(洪汝淳)이 탐학하기에 공이 탄핵하니, 공론이 통쾌하게 여겼다. 김신국(金藎國)ㆍ남이공(南以恭) 등이 당파를 나누어 서애(西厓) 유상공(柳相公)을 공격하고 사류(士類)들을 간당(奸黨)이라고 지목하였는데, 공도 지목된 사람 중에 포함되었다. 공의 부친이 이 때 용강현령(龍岡縣令)으로 재임하고 있었다. 공이 근친(覲親)하러 가던 도중에 우승지에 제수되었으나 취임하지 않고 그대로 강서(江西)의 촌사(村舍)에 우거하였다.

기해년(1599, 선조32), 안주목사(安州牧使)에 제수되었다. 이 때 공의 부친이 이미 용강현령을 그만둔지라 공은 성서(城西)에 있는 사사(私舍)에 양친을 모셔두고 극진히 봉양하였다.

마침 중국 군대가 철수하는 때라 사명(使命)이 줄지어 왔으니, 공은 연로(沿路)의 고을을 맡고 있던 터라 갖가지 수응(酬應)해야 일이 매우 많았다. 인부와 말을 대고, 군량을 지급하고, 사신들을 접대하는 일로 매우 부산한데도 공은 안색과 음성도 동요하지 않은 채 능란하게 처리하니, 중국 장수들이 모두 좋아하였다.

한편 아침저녁으로 양친의 안부를 살피는 일을 비바람이 불어도 거른 적이 없었다. 백성들에게 농상(農桑)을 권장하고 백성들의 폐해를 제거하여 백성들을 마치 자기 자식처럼 지성으로 보살피니, 온 고을이 그 덕분에 안정되었다. 임기가 찰 무렵에 모종의 일로 파면되어 돌아가게 되자, 백성들이 은혜를 잊지 못하여 심지어는 눈물을 흘리며 말하기를,

"앞서는 이야(李爺)가 있었고 뒤에는 최야(崔爺)가 있었다."

하였으니, 이야는 바로 완평상공(完平相公 이원익(李元翼))이다. 백성들이 유애비(遺愛碑)를 세웠다.

신축년(1601, 선조34)에 양친을 모시고 서호(西湖)로 가서 살았다. 손님을 사절한 채 두문불출하고 오직 혼정신성(昏定晨省) 외에는 늘 한가로이 지낼 뿐 시사(時事)를 언급한 적이 없었다. 이로부터는 벼슬길에 뜻이 없어 임진강(臨津江) 상류에 작은 집을 지어 놓고 강호(江湖)에서 여생을 보낼 것처럼 하였으니, 이는 당론이 점차 횡행하는 때라 시사에 간섭하고 싶지 않아서 그러했을 터이다. 양양부사(襄陽府使) 김시헌(金時獻)에게 답한 편지에,

"거백옥(蘧伯玉)의 지비(知非)의 나이가 어느덧 다가오니, 전약수(錢若水)가 용퇴(勇退)한 뜻에 거의 미칠 수 있으리라."

라 하였다.

　임인년(1602, 선조35) 가을에 충주목사(忠州牧使)에 제수되었다. 이 때 유영경(柳永慶)이 정권을 잡고서 공론(公論)을 칭탁하여 공을 이조(吏曹)의 관직에 의망(擬望)하려 하였다. 공이 이 사실을 듣고는 한밤중에 이조참의(吏曹參議) 송순(宋淳)을 만나 외직으로 나가 부모를 봉양할 수 있게 해 주기를 청하였다. 공의 말이 매우 간절하기에 송순이 감격하여 허락하였다. 그래서 충주목사에 제수되었던 것이다.

　계묘년(1603, 선조36), 양전(量田)할 때 공이 친히 전무(田畝)에 가서 비리를 귀신처럼 적발하여 겸병(兼幷)을 억제하고 민결(民結)을 공평하게 처리하였다. 이에 충주의 백성들이 지금까지도 공을 부모처럼 사랑하고 존경하며, 유애비(遺愛碑)를 세웠다.

　갑진년(1604, 선조37)에 부친상을 당하였다. 병오년(1606, 선조39)에 복(服)을 마치자 병조참의에 제수되었다. 이듬해 정미년에 좌승지에 제수되었고, 얼마 뒤에 가자(加資)되어 전라도 관찰사에 제수되었다. 공은 전라도에 부임하자 곧 오리(汚吏) 이창후(李昌後)를 퇴출하고 민폐(民弊)를 일으키는 궁가(宮家)의 무리를 제거하였다. 정사는 먼저 백성들에게 관대하고 호강(豪强)한 자들을 위엄으로 제압하였다. 이에 수령들이 마음을 고치고 간리(奸吏)들이 손을 움츠려 온 도내가 깨끗하게 다스려지니, 백성들이 그 은혜에 감사하여 칭송하는 소리가 도로에 가득하였다. 계양역(桂陽驛) 앞에 철비(鐵碑)가 서 있으니, 대개 공을 깊이 사모(思慕)하고 훌륭한 정사를 기록한 것이다.

　무신년(1608, 선조41)에 임기가 차자 내직에 들어와 동지중추부사(同知中樞府事)에 제수되었고, 그 해 가을에 경상도관찰사에 제수되었다. 경상도로 내려간 지 오래지 않아 모친의 병환으로 인해 사직하여 체차되었다. 이듬해 기유년 봄에 형조참판에 제수되었고, 얼마 뒤에 사헌부대사헌으로 옮겼으며, 또 홍문관부제학에 제수되었다. 겨울에 평안도관찰사에 제수되었다. 공은 평안도에 부임하는 날로 기성(箕聖 기자(箕子))의 제사가 끊어진 것을 걱정하여 봉사(奉祀)할 후손을 세울 것을 계청(啓請)하니, 조정이 기자의 직손(直孫)을 숭인전감(崇仁殿監)으로 삼아 제사를 지내게 하였다.

당시 서쪽 변경이 평안하여 우려할 만한 변방의 흔단(釁端)은 없었으나, 건주(建州)의 노추(奴酋)가 수십 년 동안 양병(養兵)하고 있었다. 공이 유독 이를 걱정하여 말하기를,

"10년이 지나지 않아 반드시 서쪽 변경의 우환(憂患)이 있을 것이다."

라 하고, 친히 의주성(義州城)을 둘러보고 땅의 형세를 헤아려 본 다음 성터를 개정(改定)하고서 조정에 계문(啓聞)하여, 의주부윤(義州府尹) 이홍주(李弘胄)와 협력하여 성을 쌓게 해줄 것을 청하였다. 묘당의 의논이 일치하지 않았으나 백사(白沙) 이상공(李相公)과 한음(漢陰) 이상공(李相公)이 매우 수긍하여 힘써 찬동하였다. 이에 경술년(1610, 광해군2)에 성을 쌓는 공사를 시작하였다. 공은 성이 높지 않으면 쉽게 적이 침범하기 쉽고 돌이 크지 않으면 적이 함락하기 쉽다고 여겨, 큰 돌을 벌취(伐取)하고 성의 기초를 넓게 잡고서 역사(役事)를 엄히 감독하니, 쌓은 성이 견고하여 적이 함락할 수 없는 금성탕지(金城湯池)가 되었다.

신해년(1611, 광해군3) 봄, 성의 공사가 끝나기도 전에 임기가 차서 체직되었고, 이홍주도 뒤이어 체직되었다. 그 후로 평안도에 관찰

사로 온 이가 치지도외(置之度外)하고 이 의주에 부윤으로 온 이가
대수롭지 않게 여겨 전공(前功)을 모두 폐기하고 외면만 보기에 그럴
듯하게 보수하는 데 그치고 말았다. 정묘년(1627, 인조5)의 변란에
이르러 성이 함락되고 말았으니, 공의 나라를 위한 원대한 생각과
화란을 미리 아는 선견지명(先見之明)을 이 사실에서 더욱 잘 알 수
있다.

임자년(1612, 광해군4)에 동지중추부사에 제수되었고, 또 호조참
판에 제수되었다.

이듬해 계축년, 함경도관찰사에 제수되었다. 공은 산천의 험한 지
형을 순찰하고 성진산성(城津山城)을 수축(修築)하였으며, 영해(嶺
海)에서 수어(守禦)하기에 매우 좋은 지형을 찾고서 조정에 첨사(僉
使)를 두어 진(鎭)을 설치할 것을 계청(啓請)하였다.

을묘년(1615, 광해군7)에 임기가 차서 내직에 들어와 병조참판에
제수되었다. 이듬해 병진년에 호조참판에 제수되었고, 정사년(1617,
광해군9)에 호조판서로 승진하였다. 이듬해 무오년에 형조판서로 옮
겨 제수되었다.

병진년 이후로 이이첨(李爾瞻)이 폐모론(廢母論)을 주장하고 흉악
한 무리들이 조정에 가득하니, 공은 물러날 결심을 하고서 마지못해
직무를 수행하였으며 집에 돌아와서는 분노하여 탄식하고 천장을 우
러러 길게 한숨만 쉬었다. 호조판서로 승진하자 향리로 돌아가기로
결심하고 몇 달 사이에 사직하는 소장을 수십 차례 올렸으며, 밤낮으
로 걱정하고 고뇌하였다.

흉도(兇徒)들이 폐모론을 이미 결정한 다음 2월 11일 빈청(賓廳)에
서 회의하였다. 이 때 공은 한 번 죽기로 곧게 결심하여 주륙(誅戮)의

화가 닥쳐와도 받으리라 생각하고 있었다. 이 때 모친의 나이가 82세였다. 모친은 공이 정청(庭請)에 나가지 않으려 한다는 말을 듣고 불측(不測)한 화가 장차 닥쳐오리라 여겨 자신이 먼저 자결하여 아무 것도 모르고자 하였다. 이에 공은 이 난처한 변고를 만나 부득이 눈물을 삼키고 일어나 한 번 정청에 갔다가 물러나왔으니, 이 어찌 공의 뜻이었겠는가. 이튿날 즉시 사직소를 올려 체직되어 모친을 모시고 서호(西湖)로 물러나 쉬면서 4, 5년 동안 다시는 대궐문에 들어가지 않았다. 이에 광해군(光海君)이 심지어 "교외에서 쉬면서 나라 일을 남의 일처럼 본다."라고 꾸짖었다.

공의 벗 한교(韓嶠)는 정직한 선비이다. 그가 지은 시에,

변덕스런 비구름 속에서 구의산만 맑으니
세상사람 벗 사귀는 도리는 다 겉치레뿐일세
관중이 세 번 달아난 건 겁 많아서가 아니라
어머니가 계셨기 때문인 줄 포숙은 알았다네

覆雨翻雲晴九疑[130] 世間交道盡毛皮
仲之三北非爲怯 堂有慈親鮑叔知[131]

---

130 覆雨翻雲晴九疑 : '覆雨翻雲'은 杜甫의 「貧交行」에 "손을 뒤집으면 구름 일고 손을 엎으면 비가 내린다.〔翻手作雲覆手雨〕"란 구절을 연용한 것으로, 변덕이 심한 세상 사람들의 마음을 비유한 것이다. 九疑는 九疑山으로 舜임금의 무덤이 있는 곳이라 한다. 여기서는 先王의 선조의 陵인 穆陵이 있는 곳을 뜻한다. 즉 광해군의 혼란한 세상에서 맑은 곳은 오직 穆陵 뿐이라는 뜻이다.

라고 하니, 세상 사람들이 지기(知己)의 말이라고 하였다. 신유년 (1621, 광해군13) 가을에 모친상을 당하였고, 계해년(1623, 인조1) 겨울에 복(服)를 마쳤다.

갑자년(1624, 인조2)에 사직(司直)이 되었으니, 인묘(仁廟)가 반정(反正)한 이듬해였다. 공이 예궐(詣闕)하여 자신이 정청(庭請)에 참여하였다는 이유로 자핵(自劾)하여 죄를 청하니, 상이 죄로 여기지 않고 우악(優渥)한 비답을 내렸다. 겨울에 개성유수(開城留守)로 재임하던 중에 무고(誣告)를 받아 체차되었다. 상이 간특한 정상을 통촉(洞燭)하고 특명을 내려 억울한 죄를 풀어 주었다. 병인년(1626, 인조4)에 한성부판윤(漢城府判尹)에 제수되었다.

정묘년 호란(胡亂)이 일어났을 때 명을 받들고 동궁(東宮)을 호가(扈駕)하였다. 공은 병인년 여름부터 풍비증(風痺症)을 앓은 탓에 남하(南下)할 때에는 억지로 몸을 이끌고 근근이 배종(陪從)하고 돌아왔다.

무진년(1628, 인조6) 겨울에 공이 흉적(凶賊)의 무함에 빠졌다. 그러나 감귤(柑橘)을 반사(頒賜)하는 성은이 석고대죄(席藁待罪)하는 중에 내려왔고, 심문하지 말라는 전교를 이어서 내려 억울한 정상을 시원히 신설(伸雪)해주었다. 이에 공은 눈물을 흘리며 자식에게 말하기를,

---

131 仲之……叔知 : 『史記』 권62 「管晏傳」에, "管仲이 말하기를, '내가 일찍이 세 번 戰場에 나가 세 번 달아났는데, 鮑叔은 나를 보고 겁쟁이라고 하지 않았다. 나에게 노모가 계시다는 것을 알았기 때문이다. 나를 낳아 준 분은 부모이고 나를 알아준 이는 포숙이다.'라 하였다."라 하였다.

"부모님은 나를 낳아 주고 길러 주셨지만, 나를 죽을 처지에서 살아
나게 하지는 못하였다. 지금 이 성은(聖恩)은 부모님의 은혜보다
더 크다."
라 하였다.

기사년(1629, 인조7) 여름에 숙환(宿患)이 더욱 위중해져 은제(恩
除)를 받고도 사은숙배하지 못하였다. 이듬해 경오년 5월 3일 계미
(癸未)에 정침(正寢)에서 세상을 떠나니, 향년 68세이다. 8월 임신
(壬申)에 이천(利川) 치소(治所) 남쪽 송곡(松谷) 선영(先塋)의 경좌
(庚坐)의 둔덕에 귀장(歸葬)하였다. 상이 각별히 부의(賻儀)를 내리
도록 명하였다.

공은 성품과 자질이 초매(超邁)하였으며, 몸가짐이 침중하여 말수
가 적고 간묵(簡默)하였다. 자신을 단속하는 데는 엄정하고 남을 접
할 때는 관대하였으며, 관직을 맡거나 집안에 있을 때 모두 법식을
준수하였다. 성품이 지극히 효성스러워 어린 아이 때부터 부모의 명
을 오직 순종하였고 부모의 안색을 살펴 양지(養志)하고 부모의 뜻을
어긴 적이 없었으며, 부모가 생존하는 동안에는 사재(私財)를 모으지
않았다.

과거에 급제한 뒤 벼슬이 정경(正卿)에 이르러서는 추치(騶直 관리
에 주는 일종의 출장비)와 녹봉 및 외방에서 보내오는 물품을 모두 모친
에게 드려서 형제와 친척들에게 두루 나누어 주게 하고 자신은 전혀
간여(干與)하지 않았다. 제사에는 정성과 공경을 다하여 병이 심하지
않으면 반드시 몸소 제사에 참여하였다. 상(喪)을 당했을 때는 관곽
(棺槨)과 수의(壽衣)를 반드시 깨끗하고 좋은 것을 썼으며, 거상(居
喪) 중에는 애통하게 울고 일찍이 웃은 적이 없었다. 두 아우를 아끼

고 사랑하여 훈육을 게을리 하지 않았고, 과부가 된 누이를 보살펴 함께 살았다.

관직에 재임할 때는 국사(國事)에 마음을 두어 밤낮으로 해이하지 않았으며, 갖가지 많은 일들을 수응(酬應)했는데 수응하는 것이 번번이 적절하였다. 긴요한 공무가 있을 때는 밤잠을 잊고 고심해 생각한 다음 침상 위에서 공문을 기초(起草)해 촛불 아래에서 썼다. 번다한 사무를 처리할 때는 판결이 물 흐르는 것처럼 막힘이 없었고, 문장이 섬부(贍富)하고 민첩하여 거침없이 도도히 써내려갔다.

무술(1598, 선조31) 연간에 공이 은대(銀臺)에 있을 때에는 난리를 당한 때라 중국 장수를 접견하고 공문을 작성하는 일이 많아 시일이 부족할 지경이었다. 그런데도 공은 응대하고 주선하는 것이 신속하기가 마치 귀신과 같았으며, 할 일들을 미리 기록하지 않더라도 마음속에 기억해 두어 일에 따라 즉시 시행하되 백 가지 중 하나도 빠뜨리지 않았으니, 동료들이 모두 공의 능력에 탄복하였다.

공은 조수(操守)가 공정하여 악(惡)을 미워하고 선(善)을 좋아하여 사사로운 뜻을 가지지 않았다. 신경진(辛慶晉)이 『홍문록(弘文錄)』에 들지 못하자 공은 그가 글을 읽은 단정한 선비라는 이유로 힘껏 말해 다시 추천하였으며, 허균(許筠)이 한원(翰苑)에 추천되자 공은 그가 거상(居喪) 중에 근신하지 않았다는 이유로 논의를 주도하여 탄핵해서 파출(罷黜)하였다. 유희분(柳希奮)이 남이공(南以恭)으로 하여금 공의 뜻을 탐색해서 자기편으로 끌어들이려고 하니, 공이 정색하여 거절하고 꾸짖었다. 그 후로 공이 여러 차례 현직(顯職)에 의망(擬望)되었지만 그때마다 유희분이 몰래 방해하였다.

첨적(矗賊 이이첨(李爾瞻))이 용사(用事)하자 공은 그를 보기를 마치 독사처럼 보아 한 번도 그의 집에 가지 않았다. 이에 첨적이 분을 품고서 자신의 당인(黨人)을 사주하여 공을 모함하려 하였으나, 끝내 해치지 못하였다.

호조의 참판으로 있을 때, 판서로 있던 이충(李沖)이 매사를 공에게 물어 처리하고 감히 독단하지 않았다. 이충이 병들어 죽을 무렵 모종의 일로 공에게 사사로이 청탁하자, 공이 의리에 의거하여 거절하니, 이충이 탄식하여 말하기를,

"최수(崔琇)라는 사람은 끝내 사사로운 청탁을 할 수 없는 사람이다."

라 하였다. 또 병조(兵曹)에 참판으로 있을 때 판서가 도목정사(都目政事)를 앞두고 공에게 아는 사람이 있느냐고 물으니, 공이 아는 사람이 없다고 하였고, 한 해 동안 동석(同席)해 근무하면서도 끝내 한 사람도 천거하지 않으니, 판서가 경복(敬服)하였다.

평안도관찰사로 있을 때의 일이다. 윤훤(尹暄)이 정주목사(定州牧使)로 있었는데, 첩문(牒文)을 가지고 간 아전이 자기 집에 머무르느라 지체해 놓고는 죄를 면하려고 거짓으로 보고하기를, "순상(巡相)이 첩문을 찢어버렸습니다"라고 하였다. 이에 윤훤이 몹시 유감스럽게 여겼지만, 공은 끝내 그 일을 해명하지 않았다. 그 뒤 윤훤이 아전에게 속은 것을 알고는 탄복하며 말하기를, "내가 최공의 포용을 받은 지 오래이다"라 하였다.

벼슬을 그만두고 가거(家居)할 때는 한결같이 담박하여 치산(治産)을 일삼지 않았고, 재물에 욕심이 없어 집 안에 양식이 자주 떨어졌으나 공은 편안하였다. 그 맑은 지조는 늙어서도 더욱 독실했으니, 방 안에는 휘장이나 병풍 따위가 없었으며, 지붕과 문이 낡고 엉성하

였는데도 조금도 개의치 않았다.

공이 세상을 떠난 뒤에는 낡은 집 몇 칸뿐 쌀 한 섬 남아 있는 것이 없었으며, 염습할 수의(壽衣)도 없었고 빈소를 차릴 대청도 없었다. 조문(弔問)을 하러 들어온 친척과 손님들이 혀를 차면서 칭탄(稱歎)하기를,

"공의 맑은 지조는 관뚜껑을 덮은 뒤에 더욱 잘 알겠다."
라 하였다.

평소 한가한 날에는 잡기(雜技)를 하지 않았고, 가정에서 교육은 오로지 충효(忠孝)만을 가르쳤으며, 어두운 방에서 혼자 있을 때에도 방자하거나 나태한 태도를 보인 적이 없었다. 사람들과 말을 할 때에도 종일토록 농담한 적이 없었으며, 일찍이 여색(女色)을 언급한 적이 없었으니, 마음가짐과 몸가짐이 바르기가 이와 같았다.

계해년 이후 청명한 시대를 만나니, 상의 권애(眷愛)가 아주 융성하여 장차 공을 크게 쓰고자 하였다. 그러나 공은 노쇠하고 질병이 많았으며 게다가 공을 좋아하지 않는 자들이 배척하여, 나라를 살릴 큰 인재로 하여금 재능을 다 펴지 못하고 뜻을 품은 채 죽게 하고 말았으니, 사람들이 모두 애석하게 여겼다.

배위(配位) 정부인(貞夫人) 광주이씨(廣州李氏)는 군수 호약(好約)의 따님이고, 교리(校理) 탄수선생(灘叟先生) 연경(延慶)의 손녀로, 시례(詩禮)의 가정에서 태어나 현숙(賢淑)하다는 평판이 어릴 때부터 알려졌고, 사친(事親)과 봉제(奉祭)에 부도(婦道)를 다했건만, 불행히 일찍 세상을 떠났다.

1남 1녀를 낳았다. 아들은 시량(始量) 상례(相禮)이다. 딸은 신경(辛曔)에게 출가하였으니, 신경은 안동판관(安東判官)이다. 측실(側

室)에 4남 3녀를 낳았다. 장남 명량(明量)은 무과(武科)에 장원으로 급제하여 절충장군(折衝將軍)이 되었고, 그 다음은 위량(偉量)·진량(進量)·유량(裕量)이다. 딸은 파성수령(坡城守令) 이항(李沆)·김시종(金是宗)·화산감(華山監 안동부사(安東府使)) 이모(李某)에게 각각 출가하였다.

시량(始量)은 3남 4녀를 두었다. 아들은 성(晠)·명(晭)·해(晐)이고, 딸은 윤세헌(尹世獻)·황류(黃瘤)·신희(愼熹)에게 각각 출가하였다. 신경(辛暻)은 5남 2녀를 두었다. 아들은 의준(懿準)·의도(懿度)·의식(懿式)·의구(懿矩)·의방(懿方)이고, 딸은 신모(申某)에게 출가하였다.

아! 지금은 공이 세상을 떠난 지 160여 년이 되었다. 나는 어릴 때부터 공이 당대의 명신(名臣)이라는 말은 들었으나 공의 언행과 사실은 물어볼 곳이 없었다. 이제 공의 5대손 정열(廷說)이 와서 공의 행장을 지어주기를 청하였다. 그러나 문헌이 산일(散佚)하여 고증할 길이 없고, 단지 예전에 지은 가장(家狀)이 있지만 이 역시 찬출한 사람의 이름을 알 수 없다.

나는 늙고 정신이 흐려 감히 이 일을 맡을 수 없다고 고사(固辭)하였으나 끝까지 거절할 수 없었다. 이에 가장을 받아서 읽어 보니, 그 글에 '금상반정(今上反正)'이라는 넉 자가 있었으니, 그렇다면 가장을 찬술한 이는 바로 공과 같은 시대 사람이다. 같은 시대를 산 사람이 눈으로 보고 귀로 들은 것을 기록한 것이니, 이 글이 실록(實錄)임은 의심할 나위 없다. 이제 가장에 의거하고 조금 첨삭하여 이상과 같이 직서(直敍)한다. 태사(太史)가 이 글을 취해서 특서(特書)하고 태상시(太常寺)가 이 글을 상고하여 시호(諡號)를 내리고 금석에 기록하여 후세에 밝게 보이는 일은 당세(當世)의 입언(立言)하는 군자에게 있을 것이다.

금상(今上) 15년 신해년(1791, 정조15)에 가선대부(嘉善大夫) 동지중추부사(同知中樞府事) 광성군(廣成君) 한산(漢山) 안정복(安鼎福)은 삼가 찬술한다.

公諱琇, 舊諱瓛, 字瑩中, 號迷翁. 其先江華府人, 始祖益厚仕高麗, 官司僕少卿. 歷評理孝章・知都省事光義・平章事瑾・右僕射宗秀・寶文閣太學士蔡・禮部尙書伯全・判寺事泓凡七世, 八世至龜壽, 入我朝爲司僕卿. 歷兵馬使安雨・文義縣令渚, 司果自潤, 於公爲高祖. 曾祖諱灝, 承文院判校・贈副提學, 祖諱彦純, 居昌縣監, 贈左承旨, 考諱承世, 龍岡縣令, 贈吏曹判書. 三世贈爵, 皆以公貴也. 妣彦陽金氏, 奉事筇女. 公以嘉靖癸亥六月三十日丙子生, 聰明夙慧, 纔四五歲, 與群兒戲, 言笑動止如成人, 見識過人, 好讀書, 七歲能作詩句, 語淸絶, 人皆奇重之. 十八謁蘇齋盧相公, 相公語及時事, 因記得前年朝報上緊語, 忘未之誦. 公應口對數行, 相公瞿然深歎曰:"少年留心國事如此, 他日公輔器也." 萬曆庚寅我宣廟之二十三年, 釋褐以甲科, 例受司饔院直長, 辛卯, 陞成均館典籍, 俄遷刑曹佐郎. 壬辰拜兵曹佐郎. 四月倭亂, 扈駕到平壤, 以父母年老, 二弟幼弱, 陳疏省覲, 賊退, 馳赴龍灣. 癸巳除兵曹正郎・戶曹正郎, 爲養求外, 爲靈光郡守. 時議留之, 未得赴. 甲午春以宋儒眞逆獄宋儒眞逆獄宋儒眞逆獄[132], 推鞫問事郎廳, 陞

---

132 宋儒眞逆獄:宋儒眞은 충청도 鴻山 사람으로, 갑오년 봄에 吳允宗・金千壽 등과 함께 반란을 일으켰다가 참형당하였다.

拜成均館司成. 六月遷司諫院獻納. 時總兵顧養謙遣參將胡澤, 箚付本國大臣, 使我國請倭封貢事, 奏聞天朝. 廟堂引見, 論議不一. 公入侍啓曰:"今此胡參將不顧我國復讐之義, 脅要倭奴封貢之奏, 寧不痛心哉? 凡事謀之於始, 今若不痛絶此論, 天朝厭兵久矣. 必不肯發兵更救, 其勢終歸於和矣. 邪議一發, 所關非細, 可不察其始而慮其後乎?"且啓曰:"海平府院君尹根壽·戶曹判書金命元, 俱以輕率之人, 不自愼重, 儻接胡參將時, 不思大義之所在, 惟以無忤天將爲得策, 請封倭奴, 不以爲怪, 據經守正之論, 不聞於爭辨之際, 依阿曲從之態, 反形於酬酢之間. 上本莫重之事, 一聽其指揮, 國是日撓, 莫可扶正, 請推考."上依啓. 十月又拜獻納, 時大司憲金宇顒·大司諫李堅等, 論鄭澈鍛鍊逆獄搆殺賢士之罪, 掌令李慶涵·持平趙壽益立異避嫌. 公啓曰:"鄭澈之行胸臆殺無辜, 得罪於萬世公論, 聖鑑旣已洞屬, 國人莫不昭知, 特其罪未加耳. 護澈者求說不得, 或稱時非可論, 或謂非澈所爲, 不恤國是, 一何紛紜! 夫公論國家之元氣, 不容一日之或泯, 今若諉諸時危, 沮遏不論, 則不幾於斬伐消鑠而使之無乎? 況澈之乘時構枉者, 不獨崔永慶一人, 而至于今日, 肝肺盡露, 十目難掩. 李慶涵等遷就其辭, 過慮搔擾不靖, 而不知自陷於搔擾不靖之歸, 請遞差."上依啓. 十一月, 拜司諫院司諫, 以驟陞三疏固辭, 不允. 入侍經筵, 講畢, 公啓曰:"當今宵旰睿念, 廟堂籌度, 極盡無餘. 年少小官, 何敢更贅? 但今者徒以倭寇爲憂, 而至於民怨, 憂不及焉. 臣竊怪之. 以城中言之, 生齒都盡, 炊烟斷絶, 白骨峥嶸, 傷心慘目, 有難忍言, 以外方言之, 則徵斂煩重, 民困已極. 自古亡國之變, 何代無之? 豈有人消物盡, 若此之時乎? 今若不舒民怨, 猶踵前轍, 則臣恐群盜一時幷起, 天心亦不保佑, 不待倭寇而國必亡矣. 頃者自上軫念饑民, 至分御飯米而賑之. 瞻聆所及, 孰不感激? 然而愛民之令雖下, 愛民之效未著. 臣恐愛民之誠, 或未實而然也. 臣聞慶尙京畿凡徭役盡蠲減, 而內需奴婢身

貢, 仍命收納. 內需奴婢, 亦是王民, 獨不蒙惠, 不亦可矜乎? 況如此之物,
雖或捧之, 自當委之軍需, 此豈崇聚私貨之時乎? 臣聞大內至近之地, 畜養
善馬. 所聞之言, 未必皆實, 而若有是事, 亦一聖明朝可慨事也. 馬政自有太
僕, 何必如此而近於玩好? 上之所好, 下必從之, 今當躬先儉約, 以身帥之,
使朝廷四方知所從而則之. 轉禍之機, 實在於此, 而恢復不遠矣. 頃者以三
司啓辭, 特正奸臣之罪, 輿情莫不快之. 且逆獄時爲奸臣所陷, 人多冤死, 此
豈特奸臣之罪? 其在聖明, 亦不無過擧矣. 至於宗廟之變, 市井之民枉死者
無數, 一人之妻眷, 雖至二三, 幷皆孥戮, 冤枉極矣. 今當下哀痛之敎, 以爲
'逆獄及宗廟之變, 或見欺於奸臣, 或乘怒於一時, 濫殺人命, 是余之咎'云,
則足以慰悅幽明, 固結人心矣. 伏願體念而速行之. 臣嘗聞鄭介淸[133]之爲
人, 見識頗似固僻, 然好讀書業儒者云. 臣實未曾一見其人, 被罪之由, 亦所
未知, 但聞其弟太淸至今行素曰: "朝廷若知吾兄曖昧而死, 吾當食肉."云.
此至痛之言, 令人可慘也. 上曰: "此言極是. 予當體念, 司僕適有牝馬, 衆
馬之中, 難於喂養, 故命養之於內, 豈有他意?" 翌日命出其馬. 乙未拜侍講
院輔德 · 知製敎, 兼春秋館編修官. 丙申拜弘文館副校理 · 知製敎, 兼經筵
侍讀官 · 春秋館記注官 · 侍講院輔德, 上專爲輔養東宮, 勿令遷動. 又陞弘
文館修撰, 遷司憲府掌令, 又拜內贍寺正. 秋爲養乞郡, 除富平府使. 闈衙溝
瘻, 大夫人病革氣絶, 公血指灌之卽甦. 丁酉夏漕船敗于仁川地, 仁倅夜使

---

133 鄭介淸(1529~1590) : 자는 義伯이고 호는 困齋이며, 본관은 固城이다. 성
리학에 조예가 깊었고 만년에는 전라도 茂安에 輪巖精舍를 짓고 후진을 양성
하였다. 1589년 정여립 모반 사건에 연루되어 평안도 渭源으로 유배되었다
가 다시 같은 해 6월 함경도 慶源 阿山堡로 移配되어, 7월에 그곳에서 죽었
다. 저서에 『愚得錄』이 있다

人潛移敗船于富平境. 公坐罷而終不辨也. 冬拜司憲府執義·知製教, 兼輔
德. 戊戌陞拜同副承旨, 五轉爲右承旨, 又拜司諫院大司諫. 時, 刑判洪汝淳
貪縱, 公劾之, 公論快之. 金藎國·南以恭等分黨攻西崖柳相公, 指士類爲
奸黨, 公亦在指目中. 先大人時任龍岡, 公往覲, 中路除右承旨不就, 仍寓江
西村舍. 己亥除安州牧使. 時, 先大人已罷龍岡, 奉兩親于城西私舍, 榮養備
至. 適値天兵捲還, 使命絡繹, 身任路傍, 策應萬端, 責立夫馬, 支放糧餉,
酬酢之際, 甚其騷屑, 而不動聲氣, 游刃恢恢, 接待天將, 皆得歡心. 晨昏省
親, 不廢風雨, 勸民農桑, 剗民弊瘼, 至誠惻怛, 視民如子, 一境賴安. 秩將
滿, 以事罷歸, 民追思之不已, 至有涕泣曰: "前有李爺, 後有崔爺." 李爺卽
完平相公[134]也. 有遺愛碑. 辛丑奉親來寓西湖, 杜門謝客, 惟定省外, 一味
就閑, 未嘗談及時事. 自此無意於榮進, 卜小築於臨津上游, 若將終老於江
皐之間, 盖以黨議漸橫, 不欲干涉而然也. 答金襄陽時獻書曰: "蘧伯玉知非
之年[135], 倏焉而至, 錢若水勇退之志[136], 庶可及也." 壬寅秋拜忠州牧使,
時, 柳永慶當國, 外托公論, 將擬公吏部. 公聞之, 夜見銓參宋淳, 乞外求

---

134 完平相公 : 完平府院君인 梧里 李元翼을 가리킨다.

135 蘧伯玉知非之年 : 50세를 말한다. 蘧伯玉은 춘추시대 賢人으로, 50세 때에
지난 49년 간의 잘못을 알았다고 한다.『淮南子 原道訓』

136 錢若水勇退之志 : 벼슬길에서 용감하게 물러나고자 하는 뜻이다. 宋나라 때
錢若水가 道士 陳摶 찾아가니, 진단이 어떤 老僧과 함께 화롯가에 앉아 있었
다. 그 노승이 전약수를 한참 바라보고는 "급류 속에서 용감히 물러날 수
있는 사람이다.〔急流中勇退人也〕"라고 하였다. 후일에 과연 전약수는 벼슬
이 樞密副使에 이르렀는데, 40세 때 老親을 봉양해야 한다는 이유로 용감하
게 관직에서 물러났다. 이로 인해 관로(官路)가 한창 트인 때 용감하게 은퇴하
는 것을 '급류용퇴(急流勇退)'라고 일컫는다.『宋名臣言行錄前集 권2 錢若水』

養, 言甚懇迫, 淳感而許之, 有是除. 癸卯量田[137]時, 公親莅田畝, 摘伏如神, 抑制兼并, 民結均平. 忠民至今愛戴如父母, 有遺愛碑. 甲辰遭外艱. 丙午服闋, 拜兵曹參議. 丁未拜左承旨, 未幾加資, 拜全羅道觀察使. 公按道之初, 退出汚吏李昌後, 除去宮家作弊之徒, 政先寬民, 威制豪强. 守令革心, 奸吏斂手, 一道澄淸, 民愛其惠, 頌聲載道. 桂陽驛前有鐵碑, 盖思之深而識其異政也. 戊申秩滿, 入拜同知中樞府事, 秋拜慶尙道觀察使. 下界未久, 以大夫人病辭遞. 己酉春拜刑曹參判, 俄遷司憲府大司憲, 又拜弘文館副提學. 冬拜平安道觀察使, 下界之日, 愍箕聖廢祀, 啓請立後. 朝廷以箕子直孫爲崇仁監以俎豆之. 時, 西鄙晏然, 無邊釁可憂, 而建州奴酋[138]養兵數十年. 公獨憂之曰: "不出十年, 必爲西鄙患." 親審義州城, 相度形勢, 改定城基, 啓聞于朝, 與府尹李弘胄協力築城, 廟堂之議不一. 而白沙李相公・漢陰李相公深然之, 力贊其議. 庚戌起役, 公以爲城不高易犯, 石不大易陷, 伐取大石, 廣占城基, 嚴董其役, 築之堅固, 有金湯不拔之勢. 辛亥春城未訖功, 瓜熟而遞, 李弘胄亦隨而遞. 厥後按本道者, 置之度外, 莅本州者, 視爲尋常, 盡棄前功, 不過修飭外面, 以備觀瞻而已. 至丁卯之變[139]而城竟陷, 公之爲國遠慮, 未亂先見之明, 於此益驗矣. 壬子拜同知中樞府事, 又拜戶曹參判. 癸丑拜咸鏡道觀察使, 巡察山川險阻, 修築城津山城, 甚得嶺海守禦形勢之

137　量田 : 국가가 토지를 측량하는 일이다. 20년마다 한 번씩 실시하며 6등급으로 나누어 토지대장에 기록하였다. 『經國大典 戶典 量田』

138　建州奴酋 : 淸나라 태조 누르하치〔奴兒哈赤〕를 가리킨다. 그는 建州 일대를 통일하고 차츰 세력을 넓혀 1616년에 황제의 즉위하고 국호를 後金이라 하였다.

139　丁卯之變 : 정묘호란을 말한다. 정묘호란 때 후금의 貝勒 阿敏이 거느리는 군대의 공격을 받아 義州城이 함락되었다.

勝, 啓置僉使以設鎭. 乙卯秩滿, 入拜兵曹參判, 丙辰拜戶曹參判, 丁巳陞拜戶曹判書, 戊午移拜刑曹判書. 自丙辰以來, 李爾瞻主張廢母之論[140], 凶黨滿朝, 公心決退休, 黽勉隨行, 入室憤歎, 仰屋長吁. 逮陞戶判, 歸計已決, 數月內辭章累十, 日夜憂惱. 凶徒旣定廢母之論, 二月十一日, 會議賓廳. 公牢定一死, 自分誅殛之至, 而大夫人時年八十二, 聞公不進, 以爲禍將不測, 先欲自決而無知. 公遭此難處之變, 不得已飮泣而起, 一造庭[141]而退, 此豈公之志哉? 翌日卽呈疏辭遞, 奉親退休于西湖, 四五年不復入脩門. 光海至以'偃息郊坼, 視國事如秦瘠[142]'斥之. 友人韓嶠正直士也, 有詩曰: "覆雨翻雲晴九疑, 世間交道盡毛皮. 仲之三北非爲怯, 堂有慈親鮑叔知." 世以爲知己之語. 辛酉秋遭內艱, 癸亥冬服闋, 甲子拜司直, 仁廟反正之翌年也. 公詣闕, 以庭參自劾請罪, 上不以爲罪, 優答焉. 冬以開城留守受誣被逮, 上燭其奸, 特命昭釋. 丙寅, 拜漢城判尹. 丁卯胡亂, 承命扈駕東殿[143]. 公自丙寅

---

140 廢母之論 : 선조의 繼妃이며 永昌大君의 생모인 仁穆大妃를 폐위하여 西宮에 유폐시키자는 의논이다. 선조가 죽고 광해군이 즉위하자 광해군이 왕세자일 때 폐위하려 했던 小北의 柳永慶 일파가 몰락하고 大北의 정인홍 등이 득세하였다. 이에 광해군 5년(1613)에 대북의 흉계로 영창대군과 인목대비의 아버지인 金悌男은 주살되고 인목대비는 서궁에 유폐되었다.

141 庭 : 庭請의 준말이다. 국가에 중대한 일이 있을 때 세자 또는 議政이 百官을 거느리고 宮庭에 가서 啓稟하고 임금의 下敎를 기다리는 것이다. 啓事에 대해 임금이 윤허하지 않으면 처음에는 合辭를 하고, 다음으로 合司를 하고, 마지막으로 정청을 한다.

142 秦瘠 : 越視秦瘠의 준말이다. 춘추시대에 秦나라는 서북쪽에 있고 越나라는 동남쪽에 있어 거리가 매우 멀기 때문에 서로 관계가 疏遠하여 秦나라 사람이 살찌든 야위든 越나라 사람은 관심이 없다는 말이다.

143 東殿 : 동전은 세자를 뜻하는 말로 여기서는 昭顯世子를 가리킨다. 정묘호란

夏, 患風痺之疾, 南下之日, 扶曳途上, 堇堇陪還. 戊辰冬公陷凶賊之誣, 而
柑橘之頒, 及于席藁之中, 繼下勿問之教, 快賜申雪. 公泣謂子曰："父母能
生我育我, 不能使我在死而生, 是聖恩有踰於父母也." 己巳夏宿病加重, 承
恩除, 未能肅謝. 庚午五月初三日癸未, 卒于正寢, 壽六十八. 八月壬申, 歸
葬于利川治南松谷先塋庚坐之原. 上命別致賻. 公性質迢邁, 沉重自守, 簡
默寡言, 律己嚴正, 接人寬和, 莅官居家, 動遵法式. 性至孝, 自幼稚惟父母
是順, 承顏養志[144], 左右無違, 父母在堂, 不蓄私財. 決科以後, 官至正卿,
騶直祿俸及外方所遺, 盡獻慈闈, 請周給兄弟親戚而已不預焉. 祭祀致其誠
敬, 非病甚必躬行. 及遭艱, 棺槨衣衾, 必盡精美, 泣血悲哀, 未嘗見齒. 友
愛二弟, 訓誨不倦, 撫恤寡妹, 與之同居. 其居官, 留心國事, 夙夜匪懈, 左
右酬應, 應輒中機, 如有緊關公務, 忘寢苦思, 枕上起草, 取燭而書之, 剸煩
理劇, 剖決如流, 文詞贍敏, 下筆滔滔. 戊戌年間, 公在銀臺, 時當搶攘, 接
見天將, 文書紛紜, 日不暇給, 而應對周旋, 敏速如神, 擧行條件, 未曾先
記, 記在心上, 而隨事輒施, 百不一漏, 同僚皆服其能. 公操守公正, 嫉惡好
善, 不容私意. 辛慶晉見斥於『弘錄』[145], 公以其讀書端士, 力言還薦, 許筠

때 後金의 군대가 黃州에 이르자, 피난하여 仁祖는 江華島로 들어가고, 소현
세자는 全州로 갔다.

144 養志 : 어버이의 뜻을 봉양하는 것으로 진정한 효도를 뜻한다. 曾子가 그
　　아버지 曾晳을 봉양할 때 반드시 술과 고기를 밥상에 올렸으며, 상을 치울
　　때 증석에게 "누구에게 주시겠습니까?"라고 여쭙고, 증석이 "남은 것이 있느
　　냐?"라고 물으면 반드시 "있습니다."라고 대답하였는데, 이에 대해 맹자가
　　뜻을 봉양한 것이라 하였다. 『孟子 離婁上』

145 弘錄 : 弘文錄의 준말로 홍문관의 校理・修撰을 選任하는 것을 기록한 책자
　　이다. 교리・수찬을 선임할 때는 7품 이하의 홍문관 관원이 榜目을 조사하여

被薦翰苑, 公以其居喪不謹, 主論劾黜. 柳希奮使南以恭間探公意, 欲使附己, 公正色拒責之. 其後屢擬顯職, 而希奮輒陰沮之. 瞻賊用事, 公視若虺蜴, 不一至其門. 瞻賊懷憤, 嗾其黨欲陷公, 而卒莫之中. 其亞於地部也, 判書李冲每事必問, 不敢擅決. 冲病且死, 以事私囑公, 公據義斥之. 冲歎曰: "崔某爲人, 終不可以私干也." 其亞於西銓也. 判書臨政, 問所知之人, 公曰: "無所知也." 一年同席, 終無所擧. 判書敬服之. 其在西關也, 尹暄爲定州牧使, 持牒吏稽留其家, 欲免罪瞞告曰: "巡相裂破報狀." 暄大憾之, 公終無辨焉. 暄後知爲吏所欺, 歎服曰: "吾爲崔公所包容久矣." 居家一味淡泊, 不事産業, 絶意營求, 家徒四壁, 一瓢累空而晏如也. 氷蘗之操, 至老彌篤, 室無帷屏之屬, 屋無所障, 門無所掩, 而不以爲意也. 及公之喪, 破屋數間, 擔石無儲, 斂無衣衾, 殯無廳事. 親賓入弔者嘖嘖稱歎曰: "公之淸操, 盖棺益可知也." 平居暇日, 不設雜技, 家庭訓誨, 惟在忠孝, 暗室獨處, 無傲惰之容, 與人語終日無戲謔, 又未嘗談及女色. 其存心持己之正如此. 癸亥以後, 遭遇淸明, 上之眷注殊隆, 將大用而年衰多疾, 且爲不悅之徒所擠排, 使活國之手, 未盡展布, 齎志而歿. 人皆惜之. 貞夫人廣州李氏, 郡守好約之女, 灘叟先生校理延慶之孫, 家傳詩禮, 淑聞幼彰, 事親奉祭, 聿修婦道, 不幸早世. 生一男一女, 男始量相禮, 女適辛暻安東判官. 側室生四男三女, 男明量魁武科折衝, 次偉量·進量·裕量, 女坡城守沆·金是宗·華山監某. 始量三男四女, 男賦·晿·晐, 女尹世獻·黃瀏·愼熹. 暻五男二女, 男懿準·

선발할 만한 사람을 뽑고, 홍문관 副提學 이하 應敎 등이 여기에 圓點을 붙이게 한다. 이 원점 하나를 1점으로 가산하여 득점이 많은 후보자를 선임한다. 館錄·本館錄이라고도 한다.

懿度·懿式·懿矩·懿方, 女適申某. 噫! 今距公歿百六十餘年矣. 鼎福自
幼聞公爲一代名臣, 而言行事實, 無從考問. 公五代孫廷說來請狀公之文,
而文獻散佚無徵, 只有家狀舊草, 而又失撰人姓名. 鼎福老洫耄昏不敢當,
固辭不得, 受而讀之. 其文有今上反正四字, 卽公同時人也. 同時人而記耳
目之所聞見, 則其爲實錄無疑矣. 今依其狀, 略加裁定而直序之如右. 太史
取而特書, 太常考以易名, 紀諸金石而昭示方來, 在當世立言之君子焉. 時,
上之十五年辛亥, 嘉善大夫同知中樞府事廣成君漢山安鼎福謹撰.

6. 독행 남군 행장

篤行南君行狀 신해년(1791, 80세)

군(君)은 휘가 윤협(允協)이고 자가 경조(景祖)이며 본관은 의령(宜寧)이니, 나의 고우(故友) 존와처사(存窩處士) 혁(赫)의 장남이다. 세덕(世德)은 존와공(存窩公)의 묘지(墓誌)에 실려 있다. 모친은 청송(靑松) 심해조(沈海朝)의 따님이고, 문과에 급제하여 벼슬이 좌랑(佐郎)에 이른 한필(漢弼)의 증손녀이다.

군은 영종(英宗) 임술년(1742, 영조18) 6월 2일에 진위현(振威縣) 동천리(桐泉里)에서 태어났다.

공은 어릴 때부터 영특하여 행동거지가 보통 아이들과 달랐다. 6세 때 『소학(小學)』을 배우면서 일과를 막힘없이 줄줄 외웠다. 7세 때 글씨를 쓰는 것이 노성(老成)한 선비와 다름없으니, 사람들은 모두 기특하게 여기고 사랑하였다. 장성해서는 몸가짐을 다 『소학』의 법도대로 하였다.

을해년(1755, 영조31)에 부친상을 당하였고 게다가 큰 흉년이 들었다. 군은 종조(從祖) 잠와공(潛窩公)의 권유에 따라 취식(就食)하기 위해 공주(公州) 갈산(葛山) 선영(先塋) 아래로 이주하였다. 임인년(1782, 정조6)에 다시 모친을 모시고 동천리로 돌아왔다.

을사년(1785, 정조9)에 병들어 2월 29일에 세상을 떠나니, 향년 44세이다. 갈산은 선영 후록(後麓) 자좌(子坐)의 둔덕에 반장(返葬)하여 부인 하씨(河氏)의 묘소에 합부(合祔)하였다.

부인 하씨는 진주(晉州) 하달해(河達海)의 딸로 문효공(文孝公)

연(演)의 후손이며, 자식을 두지 못하였다. 후실은 교하(交河) 노덕하(盧德河)의 딸로 1남을 두었다. 그 아들은 군보다 5년 뒤에 12세로 요절하였다.

군의 장사를 지낸 이듬해에 군의 아우 윤성(允性)이 장초(狀草)를 가지고 와서 나에게 글을 지어 주기를 청하며 말하기를,

"우리 형님은 비록 필사(匹士)로 향리에서 곤궁하게 살다 죽었지만, 형님의 지행(志行)은 참으로 차마 인몰(湮沒)할 수 없는 것이 있습니다."

라 하고, 이어 손으로 얼굴을 가리고 눈물을 흘리면서 낱낱이 얘기하기를,

"우리 형님은 어릴 때부터 효자로 일컬어졌습니다. 후일에 편모(偏母)를 모실 때는 끼니를 잇기 어려운 형편이었습니다. 그런데도 형님은 색양(色養)하고 혼정신성(昏定晨省)하며 늘 자식의 직분을 힘써 수행하여 오직 어머님을 시봉하여 양지(養志)하는 데 힘썼습니다. 특히 제사에 정성을 다했습니다. 비록 제수(祭需)는 다 갖추지 못할지라도 신심(身心)을 다하여 제사를 모시는 데 정성을 다하였습니다."

라 하고, 또 말하기를,

"사람들이 누군들 형제가 없겠으며, 사람들이 누군들 우애롭지 않으랴마는, 우리 형님이 우애하는 도리는 옛 사람들에서 찾아보아도 그만한 사람이 드뭅니다. 저는 형님보다 여섯 살이 어려 나이 차이가 크지 않았는데도, 마치 어린아이처럼 보살펴 주었습니다. 저는 본래 약골이라 병치레가 잦았습니다. 계사년(1773, 영조49)에 독질(毒疾)에 걸려 거의 죽을 뻔 했습니다. 우리 형님이 밤낮으

로 간호하고 백방으로 구료(救療)하였습니다. 심지어 저의 똥을 맛보아 병세가 어떤지를 살폈으며, 더러워 먹기 힘든 약물은 형님이 먼저 맛보고 저에게 마시라고 권하였습니다. 그 덕분에 저의 병이 나을 수 있었습니다. 그 후에 또 뒷머리에 종기(腫氣)가 나 종독(腫毒)이 크게 발작한 적이 있습니다. 형님이 입으로 종기를 빨아 종독을 뽑아내서 종기가 나았습니다.

신축년(1781, 정조5)에 제가 몸이 파리해지는 병에 걸려 광주(廣州) 처가(妻家)에 누워 있었습니다. 형님이 그 소식을 듣고 호남(湖南) 땅에서 의원을 찾아 약방(藥方)을 받아 가지고 다시 서울에 들어와 약을 지어 가지고 와서 저에게 먹였습니다. 당시는 엄동설한이었는데도, 형님이 도보로 수천 리 길을 오갔으니, 보는 이들이 혀를 차며 칭찬했습니다. 제가 머리가 어지러운 현훈증(眩暈症)이 있었는데, 형님이 반드시 밤을 새워 머리를 안마하여 통증이 가라앉게 하고서야 그만두었습니다.

또 제가 혹 출입할 때는 형님이 반드시 저와 함께 가면서, 험한 곳을 지날 때는 넘어질까 걱정하고, 물을 건널 때에는 껴안거나 손을 잡고 건네주었으며, 객점에 도착하면 앉고 눕는 것을 부축해 주었고, 난폭한 사람을 만나면 가까이하지 말라고 당부하였으며, 일언일동(一言一動)과 기거음식(起居飲食)에 이르기까지 일찍이 심상(尋常)하게 보아 넘긴 적이 없었습니다.

혹 제가 산사(山寺)에 가서 공부할 때는 길 떠날 때 훈계하는 말고 안부를 묻는 편지에서 늘 병을 조심하고 행동을 삼가라고 신신당부하였으며, 형님이 혹 출타할 때에도 역시 그렇게 저를 훈계하는 글을 남겨 놓았습니다. 제가 형님에게 받은 크나큰 은덕은 이루 헤아릴 수 없이 많은데, 지금은 형님이 돌아가시고 말았으니, 어찌 애통하지 않겠습니까!"

라 하고, 또 말하기를,

"우리 형님이 일찍이 말하기를, '부귀는 하늘에 달려 있으니, 힘으로 얻을 수 없지만, 병이(秉彝)의 양지(良知)는 하늘이 나에게 준 것이다. 참으로 이를 확충한다면 현인(賢人)과 성인(聖人)의 경지에 어찌 이르지 못할 리 있겠는가. 효우(孝友)를 집안에서 실천하면 이 또한 정사(政事)를 하는 것이라고 공자(孔子)께서 이미 말씀하셨으니, 반드시 관직에 올라야만 정사를 하는 것은 아니다. 정사를 하는 도리는 효우보다 큰 것이 없다'라 하였고, 또 말하기를, '사람이 살아가는 것은 모두 정해진 분수가 있는 법이니, 결코 본분에 어기면서까지 구하기를 도모해서는 안 된다'고 하였으니, 형님의 말씀이 이와 같았습니다. 그러므로 재물을 구하거나 부모를 섬기고 자식을 기를 때 온 마음과 힘을 다하지 않은 적이 없었으나, 불의(不義)한 일이나 부정(不正)한 일은 일찍이 마음속으로 생각하여 한 적이 없었습니다. 그리고 일찍이 자로(子路)가 100리 밖에서 쌀을 지고 가서 부모를 봉양했다는 대목과 부모님 사후에 소를 잡아서 무덤에 제사하는 것이 생전에 닭과 돼지라도 잡아서 봉양해야 하는 것만 못하다는 말을 외면서 자신을 경계(警戒)하였습니다."

라 하고, 또 말하기를,

"우리 형님은 평소 성품이 희학(戲謔)을 좋아하지 않아 붕우들과 대화할 때도 사기(辭氣)가 화평하고 언어가 진실하여 오직 남에게 성의(誠意)를 다 쏟았습니다. 늘 말하기를, '나는 본래 지극히 곤궁

하고 아무 취할 점이 없는 사람이라 오직 성신(誠信)으로 남을
대해야 할 뿐이니, 어찌 희학하는 비패(鄙悖)한 말과 성실하지 못
한 태도로 다른 사람에게 잘 보이려 할 수 있겠는가?'라 하였고,
또 '말 한 마디 행동 하나라도 성경(誠敬) 두 글자에 어긋나면 내
마음에 부끄러움과 두려움이 오래 지나도 가시지 않는다'라 하였
습니다."

라 하였고, 또 말하기를,

"우리 형님은 기억력이 남보다 뛰어나 명경과(明經科) 공부를 하고
자 하였습니다. 그래서 먼저 『논어(論語)』를 읽으면서 잠심(潛心)
해 완미(玩味)하여 공문(孔門)의 심법(心法)에 계합(契合)하였습
니다. 이에 말하기를, '사람이 되는 도리는 이 한 책만 공부하면
된다.'라 하였습니다. 가업(家業)이 쇠락하여 부모를 봉양하고 자
식을 기르는 걱정으로 겨를이 없어 명경과 공부를 그만 두었지만
『논어』만은 만년에도 줄줄 외웠으며, 스스로 말하기를, '평생 득력
(得力)한 것이 오직 이 한 책에 있다.'라 하였습니다."

라 하였고, 또 말하기를,

"우리 형님은 품성이 온화하여 나와 남의 간격을 두지 않았습니다.
그래서 부모에게 불효하고 형제간에 우애롭지 못한 사람을 보면
마치 자신의 일처럼 근심하였습니다. 인근 마을에 아버지에게 불
순하면서 패악을 부려도 그 아버지조차 제어하지 못하는 자가 있었
습니다. 형님이 그 사람을 불쌍히 여겨 소일한다는 핑계로 날마다
그 집에 가서 고금의 효자·순손(順孫)들의 훌륭한 행실을 끌어와
말하며 칭도(稱道)하였고, 또 '효(孝)는 모든 행실의 근본이며, 이
세상에 옳지 않은 부모는 없다'는 등의 말로 반복하여 일깨워 주었

습니다. 이렇게 한 지 몇 달 만에 그 사람은 형님의 말이 귀에 스며들고 마음에 젖어들어 자신도 모르는 사이에 크게 깨우쳐서 종전의 못된 버릇을 다 없애고 마침내 효순(孝順)한 아들이 되었습니다. 그의 아버지가 감사하며 말하기를, '공은 아버지도 가르치지 못한 자식을 가르쳐서 우매한 자질을 변화시켰으니, 공은 덕으로 백성을 교화하는 분이라 할 만합니다'라 하였습니다.

이웃에 강포(强暴)한 사람이 있어 형제가 허구한 날 서로 때리고 싸웠습니다. 그의 모친도 눈물만 흘릴 뿐 막지 못하였으며, 마을 이웃도 공분(共憤)하면서도 두려워 감히 말하지 못하였습니다. 형님이 그 형제를 앞에 불러 놓고 『시경』의 '서로 사이좋게 지내며 서로 보복하는 일이 없도다.〔式相好, 無相猶.〕'라는 대목을 들어서 한나절 동안 되풀이해서 타이르니, 그 사람이 처음에는 승복하지 않다가 마침내 마음속으로 수긍하였습니다. 형님이 이에 그의 죄를 꾸짖고 어린아이를 시켜 작은 회초리를 들고 종아리를 치게 하니, 그 사람이 부끄러워하고 감사하였으며 물러 나와서는 사람들에게 말하기를, '아무 양반의 작은 회초리가 관가에서 치는 곤장보다 더 아프다'라 하였습니다. 우리 형님의 어진 마음이 다른 사람을 감화시킨 것이 이와 같았습니다."

라 하고, 또 말하기를,

"우리 형님은 늘 말하기를, '내가 불행하게도 나이 어릴 때 아버지를 여의었고, 게다가 스승에게 배운 바도 없다. 그렇지만 천성이 오직 다른 사람의 말을 듣기를 좋아하고 이해(利害)를 따지지 않으며, 이치에 맞는 말을 듣기를 좋아하여, 비록 큰 이익이 눈앞에 있다고 해도 이치에 어긋나는 일은 감히 하지 않았다. 이 공구(恐

懼)하는 생각이 바로 선(善)의 싹이 자라나는 것이다. 거백옥(蘧伯玉)은 나이 50세에 지난 49년간의 잘못을 알았고, 자로(子路)는 자신에게 잘못이 있다는 말을 들으면 기뻐하였으니, 내가 고인(古人)에는 전혀 미치지 못하지만, 이 두 가지 일만은 고인에게도 많이 양보하고 싶지 않다'라고 하였습니다. 이 때문에 형님은 아무리 어리석은 부녀자나 천한 종이라도 자기 잘못을 말해주면, 그 사람에게 즉시 사과하는 말을 하였습니다. 또 항상 '위무공(衛武公)은 나이가 많을수록 덕이 더욱더 높아졌다'라고 하는 말을 읽고 읊조리면서 감탄하였습니다. 이에 제가 그 까닭을 물으니, 답하기를, '이것은 자신의 허물을 지적해 주는 말을 듣기를 좋아하는 마음에서 나온 것이다. 덕(德)은 악(惡)을 고치는 것보다 더 큰 것이 없고, 악은 잘못을 그대로 계속하는 것보다 더 큰 것이 없다'라고 하였습니다. 우리 형님은 평소에 독서한 것을 몸과 마음에 체험하지 않음이 없었던 것이 이와 같았습니다."

라 하고, 또 말하기를,

"우리 형님이 일찍이 저에게 독서하는 법을 가르쳐 주기를, '독서할 때는 모름지기 마음을 비워야 제대로 글을 볼 수가 있다. 마음을 비우는 도리는 잡념을 제거하여 기운을 평온하게 하고 뜻을 전일하게 하는 것이니, 이렇게 한 뒤에야 글의 뜻을 알 수 있다. 독서하고 나면 사색하지 않아서는 안 되니, 고인(古人)의 말씀을 생각하여 자신에 비추어 보아 점검하여, 언행이 고인의 말씀에 어그러질까 두려워하고, 지업(志業)이 고인보다 못할까 두려워하며, 고인이 잘한 것은 본받고 잘못한 것은 그렇게 하지 않도록 조심해야 한다. 이와 같이 독서해야 비로소 크게 유익할 것이다. 그렇지 않으면 독서를 해도 이익이 없을 것이니, 무엇하러 굳이 다른 일들을 팽개치고 입술을 수고롭게 놀려 마침내 말만 잘하는 앵무새가 되고 말 필요가 있겠는가?'라 하였습니다. 우리 형님의 언행이 이 정도에 그치지 않지만, 그 대략을 모아서 글을 짓고 감히 집사(執事)께 품정(稟正)합니다."

라 하였다. 내가 그 가장(家狀)을 읽고 또 그의 말을 들어 보고 슬퍼하면서 말하기를,

"내가 경조(景祖)에 대해서는 어릴 때 그의 재주를 알아보고 머리를 쓰다듬으면서 사랑하였고, 장성해서는 그의 독실한 성품과 효순(孝順)한 성품을 보고 존경하였다. 이제 그의 아우의 말을 듣고 예전에 듣지 못한 바를 더 듣고 보니, 내가 평소에 생각했던 바와 다름이 없고, 터럭만큼도 과장이 없다. 그의 아우도 단정한 선비이니, 그의 말을 믿을 수 있을 것이다. 살아 있는 아우는 헛되이 칭찬하지 않고 죽은 형은 그 칭찬하는 말에 부끄럽지 않다고 할 만하다."

라 하였다.

아, 상(商)나라와 주(周)나라 이후로는 청숙(淸淑)한 기운이 흐려지자 영수(英秀)한 인재가 왕왕 요절하여, 착한 자에게 복을 주고 오래 살게 한다는 성인(聖人)의 말씀과 몹시 어긋나니, 이에 이르러서는 운명 탓으로 돌릴 수밖에 없다. 오호라! 운명인 것을 어이하리요? 이제 이상과 같이 행장을 대략 서술하니, 선(善)을 좋아하는 군자가 있으면 반드시 감동하여 마지않을 것이며, 사필(史筆)을 잡은 이가 보면 응당 탁행전(卓行傳)에 수록할 것이다.

금상(今上) 15년 신해년(1791, 정조5) 3월 보름에 한산기객(漢山畸客) 안정복(安鼎福)은 행장을 쓴다.

君諱允協, 字景祖, 宜寧人, 鼎福故友存窩處士赫之長子也. 世德在存窩公墓誌. 妣靑松沈海朝女, 文佐郎漢弼曾孫. 以英宗壬戌六月二日, 生于振威縣之桐泉里, 幼穎異, 擧止不類凡兒. 六歲學『小學』, 課誦無滯, 七歲作字, 無異老成, 人皆奇愛之. 及長, 律身必盡『小學』之道. 乙亥遭外艱, 歲且大荒, 從祖潛窩公勸移公州之葛山先塋下, 爲就食計. 壬寅奉慈堂還桐泉. 乙巳感疾, 二月二十九日終, 年纔四十四. 返葬于葛山先塋後麓子坐原, 祔河氏墓. 河氏晉州河達海女, 文孝公演之後, 無育. 後室交河盧德河女, 生一男, 後君五歲, 十二而夭. 旣葬之翌年, 君弟允性具狀草, 請余文之曰:"吾兄雖以匹士窮沒草萊, 而志行誠有不忍沒者." 仍掩淚而歷數之曰:"吾兄自幼以孝稱, 後事偏親, 雖菽水難繼, 而色養[146]定省, 左右服勤, 惟以承歡養志爲務. 尤謹於祭祀之節, 雖品數不備, 而殫竭身心, 致如在之誠." 又曰: "人誰無兄弟, 人孰不友愛, 而至於吾兄友愛之道, 求之古人, 亦罕其有者. 允性少於兄六歲, 年紀不甚相遠, 而保之如嬰兒. 允性素羸弱善病, 癸巳患毒疾幾死, 兄晝夜扶護, 百般救療, 至於嘗糞, 藥物之穢惡者, 先嘗以勸之, 病能回甦. 後又患腦後腫, 腫毒大肆, 兄口吮以拔其毒, 腫亦良已." 辛丑, 允性患羸病, 臥廣州妻家, 兄聞之, 尋醫於湖南地, 還入洛, 製藥而來饋之. 時當嚴冬, 徒步跋涉幾千里, 見者莫不嘖嘖歎賞. 允性有頭風眩暈之症, 兄必達夜摩擦, 痛定而止. 允性或有出入, 則兄必偕往, 歷險則慮其顚跌, 涉水則躬其抱携, 止店舍則護其坐臥, 遇暴客則誠其酬接, 至於一言一動起居飮食,

---

146 色養: 子夏가 孝를 묻자, 孔子가 '色難'이라 한 데서 온 말이다. 色難의 뜻은 "자식이 즐거운 얼굴색으로 부모를 봉양하는 것이 어렵다."와 "부모의 안색을 잘 살펴서 봉양을 잘 하는 것이 어렵다."의 두 가지 說이 있다. 『論語集註 爲政』

未嘗尋常看過. 或出接山寺, 則臨發之誡・探信之書, 每以愼疾謹行申申勉勅, 兄或出外, 則留誡亦然. 允性受兄莫大之恩, 更僕難盡, 今則已矣. 豈不哀痛哉!" 又曰: "吾兄嘗曰: '富貴在天, 不可力求, 至於秉彝之良知[147], 天賦於我者也. 苟能擴充, 則爲賢爲聖, 豈有閫域之可限哉? 孝友行於家, 則是亦爲政[148], 夫子已言之. 不必祿仕而後爲政, 爲政之道, 莫大於孝友.' 又曰: '一飮一啄[149], 皆有定分, 決不可違分營求.' 其言如此, 故凡於營求事育之際, 靡不盡心殫力, 而非義之事, 枉曲之求, 未嘗萌於心而發於事. 嘗誦百里負米[150] ・ 鷄豚逮存[151]之語以自警." 又曰: "吾兄素性, 不喜諧謔, 儕友酬酢,

----

147 秉彝之良知 : 秉彝는『詩經 大雅 烝民』에 "사람이 떳떳한 본성을 가진지라, 이 아름다운 덕을 좋아하도다.〔民之秉彝, 好是懿德.〕"라 한 데서 온 말로 사람의 天性을 뜻한다. 良知는 본연의 지혜로, 맹자가 "사람이 배우지 않고도 할 수 있는 것은 양능이고, 생각하지 않고도 아는 것은 양지이다.〔人之所不學而能者 其良能也. 所不慮而知者 其良知也.〕"한 데서 온 말이다.『孟子 盡心上』

148 孝友……爲政 : 주 111) '惟孝……爲政' 참조.

149 一飮一啄 :『莊子 養生主』에 "늪지대에 사는 꿩은 열 걸음 만에 한 번 쪼아먹고 백 걸음만에 한 번 물을 마시지만, 새장 속에서 길러지는 것을 원하지는 않으니, 그 이유는 비록 잘 먹어서 정신은 왕성해질지라도 자기 마음대로 살 수가 없기 때문이다.〔澤雉, 十步一啄, 百步一飮, 不蘄畜乎樊中, 神雖王, 不善也.〕"라 한 데서 온 말이다.

150 百里負米 : 공자의 제자 子路는 젊을 때 매우 가난하게 살면서도 어버이를 위해서 100리 밖에서 쌀을 구해 등에 지고 가서 봉양하였다.『孔子家語 致思』

151 鷄豚逮存 : 부모가 생존할 때 능력껏 봉양하는 것이다. 曾子가 "한번 가면 돌아올 수 없는 것이 부모이고 다 차면 더할 수 없는 것이 나이이다. 이런 까닭에 효자가 봉양하고자 하나 부모는 기다려 주지 않고 나무가 곧게 자라고 싶어 하지만 시간은 기다려 주지 않는다. 이런 까닭에 소를 잡아 무덤에

辭氣和平, 言語醇愨, 只是一端誠意灌注於人. 常言: '余本至窮無取之人, 惟當以誠信接人, 豈可以詼諧鄙悖之語・無實不誠之態取媚於人乎?'且曰: '一言一動, 若違於誠敬二字, 此心愧懼, 久而不已.'"又曰:"吾兄記性絶人, 欲治明經業, 先讀『論語』, 潛心玩繹, 妙契於孔門心法. 乃曰:'爲人之道, 治此一部足矣.'家業剝落, 不暇於事育之憂, 旋廢經工, 而至於『論語』, 至于晚來而誦討如流. 自云:'平生得力, 專在此書.'"又曰:"吾兄稟性和易, 物我無間, 見人有不孝不友者, 悶若在己. 近地有人不順於其父, 悖逆扞格, 其父不能制. 兄爲之悶然, 託以消遣, 日造其門, 必引古今孝子順孫卓異之行, 傳誦而稱道之, 又以孝爲百行之源[152]・無不是底父母[153]等語, 反復開釋. 如是數月, 其人耳濡心染, 不覺大惕悟, 頓去前習, 終爲克孝之子. 其父乃謝曰: '公能敎人不敎之子, 而變化愚迷之質, 公可謂以德化民者也.'鄰有悍民, 兄弟歐打, 無日不然. 其母流涕不能禁, 鄕鄰所共愼而畏不敢言. 兄召至前, 告以式相好無相猶[154]之語, 曉喩娓娓至半日, 其人初不服, 末乃有心是之意.

제사 지내는 것이 닭과 돼지로 살아 있는 부모를 봉양하는 것만 못한 것이다.〔往而不可還者親也. 至而不可加者年也. 是故, 孝子欲養而親不待也, 木欲直而時不待也. 是故, 椎牛而祭墓, 不如雞豚逮存親也.〕"라 하였다. 『韓詩外傳 권7』

152 孝爲百行之源:『童蒙先習』「總論」에 "사람의 행실이 이 오륜을 벗어나지 않고 효는 모든 행실의 근원이다.〔人之行, 不外乎此五者, 而唯孝爲百行之源.〕"라 하였다.

153 無不是底父母:北宋의 학자 羅從彦이 '瞽瞍가 기뻐하게 되자 천하의 父子 관계가 정해졌다.〔瞽瞍底豫而天下之爲父子者定〕'라는 대목을 논하기를, '다만 천하에 옳지 않은 부모가 없기 때문이다.〔只爲天下無不是底父母.〕'라 하였다. 『孟子集註 離婁上』『小學 嘉言』

兄於是責其罪, 使尺童執小笞撻之. 其人愧謝而退語人曰: ‘某兩班之小笞,
痛於官府之大杖.’云. 吾兄仁心之及於人, 有如此者.” 又曰: “吾兄嘗曰: ‘余
不幸早孤, 又無師受, 惟有一性好聽人言, 不計利害, 樂聞合於義理者, 雖大
利所在, 恐有悖理之事而不敢爲. 惟此恐懼之念, 盖爲善萌之藹然者也. 蘧
伯玉知四十九年之非[155], 子路聞有過則喜.[156] 余不及古人萬萬, 此二事亦不
多讓矣.’ 是以雖於夫婦之愚・僮隷之賤, 若言己過處, 則謝過之語, 發之如
響. 常讀衛武公年彌高德彌卲[157]之語, 諷詠歎賞. 允性問其故, 答曰: ‘此自
樂聞過中出來. 德莫大於改惡, 惡莫大於遂非.’ 吾兄平日讀書, 無不體驗於
身心者如此.” 又曰: “吾兄嘗敎允性以讀書之法曰: ‘讀書必須虛心, 可以專
治. 虛心之道, 除却雜念, 平氣一志, 然後可以領會. 旣讀不可不思, 思古訓
照檢自己身上, 言行懼違於古訓, 志業懼遜於古人, 古人之善者師之, 過者
誡之. 讀書如是, 方大有益. 不然則讀書無益, 何必抛衆務勞脣吻, 畢竟歸於

---

154 式相好無相猶 : 『詩經』「小雅 斯干」에 “형과 아우가 다 모여서, 서로 술잔을
  권하며 좋아하고, 서로 보복함이 없도다.〔兄及弟矣, 式相好矣, 無相猶矣.〕”
  라고 하였다.

155 蘧伯玉……之非 : 주 135)‘蘧伯玉知非之年’참조.

156 子路聞有過則喜 : 맹자가 “자로는 남이 자기에게 과오가 있음을 말해주면
  기뻐하였다.〔子路, 人告之以有過, 則喜.〕”라 하였다. 『孟子 公孫丑上』

157 衛武公……彌卲 : 『篁墩文集』 권19「訥菴記」에 보인다. 衛武公은 춘추시대
  에 衛나라 임금이다. 그는 나이 95세가 되었는데도 箴을 지어 자신을 警戒하
  였으며, 신하들에게 “내가 늙었다고 하여 버리지 말고 반드시 아침저녁으로
  공경히 하는 마음으로 나를 警戒하라.”라 하였고, 「抑」라는 시를 지어 樂官
  으로 하여금 날마다 곁에서 외우게 해서 자신을 일깨웠다고 한다. 『詩集傳
  大雅 抑』

能言之鸚鵡[158]乎?'吾兄之言行, 不止此, 而撫其大略爲文, 敢稟正于執事."

余讀其狀, 且聞其語而悲之曰: "余於景祖, 幼時見其才, 撫頂而愛之矣; 及壯, 見其篤性馴行而敬之矣. 今聞其弟之言, 益聞所不聞, 與余心之心之者無異, 無一毫溢辭. 其弟亦端士也, 宜其言之可信. 可謂生者不虛美, 死者無愧色也. 噫! 商周以降, 淸淑一澆, 而英秀之才往往夭閼, 與聖人福善仁壽之言, 刺謬甚焉, 到此不得不歸之命也. 嗚呼! 其於命何! 今畧序如右, 如有好善之君子, 必將興感之不已; 執史筆者見之, 亦當錄于卓行矣. 時, 上之十五年辛亥三月之望, 漢山畸客安鼎福狀.

---

158 能言之鸚鵡: 北宋의 학자 上蔡 謝良佐가 "근래 학자들은 말할 게 있겠는가. 말만 잘하는 것이 참으로 앵무새와 같다.〔邇來學者何足道? 能言眞如鸚鵡也.〕"라 하였다. 『上蔡語錄 권3』『心經 권4』

유사 遺事

7. 만경현령 순수 이공 유사
李萬頃醇叟遺事 임신년(1752, 41세)

군(君)은 이름은 맹휴(孟休)이고, 순수(醇叟)는 그의 자(字)이다. 본관은 여주(驪州)이니, 경헌공(敬憲公) 계손(繼孫)의 후손이고, 참판 매산(梅山) 하진(夏鎭)의 손자이고, 성호선생(星湖先生)의 아들이다. 성호선생이 경서(經書)의 질서(疾書)를 지었는데, 『맹자질서(孟子疾書)』를 막 짓기 시작할 때 군을 낳았으므로 군의 소자(少字)를 맹협(孟協)이라 했고 이름도 맹(孟) 자를 써서 지었다고 한다.

군은 어릴 때부터 명성이 일찍 알려졌고, 장성해서는 성예(聲譽)가 자자하였다. 내가 군을 흠모하여 한 번 만나보고 싶었지만 사는 곳이 서로 멀어 만나보지 못하였다.

병인년(1746, 영조22) 겨울에 비로소 성호선생을 배알하니, 이 때 군은 모친상을 당하여 만경(萬頃)의 임소(任所)에서 집으로 돌아와 있었다. 그러나 군이 거상(居喪) 중이라 서로 강론(講論)할 겨를은 없었고, 단지 한 차례 조문하고 돌아왔다.

정묘년(1747, 영조23)과 이듬해 무진년에 연이어 선생을 배알하였다. 그러나 어른을 곁에 모시고 있는 자리라 흉금을 터놓고 논의를 펴지 못하였고, 게다가 나는 친환(親患)이 있었기 때문에 하룻밤을 유숙하고 돌아왔다. 군과 이별할 때마다 몹시 서운하여 회포를 다 말하지 못하였지만 군과 나는 모두 성년(盛年)이라 반드시 훗날 서로 만날 기회가 있으리라 여겼다. 그런데 그 뜻을 이루지도 못했는데 군이 갑자기 죽고 말았으니, 아아, 애통하다!

무진년(1748, 영조24) 겨울, 내가 성호선생을 모시고 얘기하던 차에 내가 군에게 말하기를,

"무왕(武王)이 상(商)나라를 정벌하기 전에 이미 칭왕(稱王)했다는 사실은 의심할 나위 없다. 그런데 주(注)에는 모두 '사관(史官)들이 후일에 칭한 것이다.'라고 하였으니, 이는 필시 잘못 고찰한 것일 터이다. 그렇다면 『서경』「무성(武成)」에서는 어찌하여 '도(道)가 있는 이의 증손인 주나라 왕 발〔有道曾孫周王發〕'이라 하였겠는가?"

라 하니, 군이 내 말을 듣고 즉시 고열(考閱)해 보고는 기뻐하는 기색을 띠었다. 내가 남의 선(善)을 좋아하는 군의 마음에 탄복하였다.

이 때 한씨(韓氏) 사람이 그 자리에 있으면서 논설(論說)이 퍽 수다스러웠는데, 군은 그 사람과 말을 하면서 자못 성의를 다 하였다. 이 때 오래 내리던 눈이 그치고 하늘이 개어 달빛이 매우 좋았다. 내가 일어나 소변을 보러 나오니 군도 뒤따라 나와 서로 나란히 뜰을 거닐었다. 내가 군에게 말하기를,

"아까 그 사람의 말은 너무 수다스럽지 않은가? 이런 사람은 시류배(時流輩) 속에서 섞여 어울리면서 자기가 아는 것을 자랑하려 한다. 이제 여기저기서 주워들은 것을 가지고 자신을 드러내고자 하니, 이 사람을 어떻게 생각하는가? 나는 이런 사람을 많이 보았다."

라 하니, 군이 내 말뜻을 알아듣고 "과연 그렇다"라고 하였다. 남을

포용하는 군의 도량에 나는 탄복하였다.

당시는 퇴책(退柵)한 뒤라 사람들이 자못 북변(北邊)의 일을 근심하였다. 내가 말하기를,

"혹 불행한 일이 생기면 군은 거취를 어떻게 할 것인가?"

라 하니, 군은 말하기를,

"온태진(溫太眞)이 옷소매를 끊은 일은 오직 공명(功名)을 빨리 이루려는 마음에서 나온 것이다. 만약 후일에 이룬 바 없이 강북(江北)에서 지레 죽었으면, 반드시 비웃음을 받는 사람이 되었을 것이다. 나는 하찮은 소신(小臣)으로 대대로 임금의 포장(襃獎)을 받아 국록(國祿)을 먹었다. 어찌 국가를 우선하는 마음이 없겠는가? 그러나 명위(名位)가 낮아 국가에 있으나 마나한 존재이고, 게다가 나 홀로 노친을 봉양하고 있으니, 완급과 선후의 차이가 있을 듯하다."

라 하였다. 내가 군의 밝은 처사(處事)에 탄복하였다.

이와 같이 하룻밤 사이에 세 번 말하고 세 번 군에게 탄복하였다. 아, 애석하도다! 하늘이 그를 오래 살게 하여 내가 그와 오래도록 종유(從遊)할 수 있었다면, 그의 말에 탄복한 것이 몇 번일런지는 모를 것이며, 필시 서로 강마하는 이익이 있었을 것이다. 세상의 운기(運氣)가 좋지 못하여 갑자기 고인이 되고 말았으니, 우리들의 한이 어찌 끝이 있겠는가!

군이 저술한 경설(經說)과 예설(禮說)이 매우 많은데, 한스럽게도 나는 보지 못하였다. 그러나 사우(士友)들의 담론을 통하여 군의 설(說)을 들어보니, 모두 학문에 조예(造詣)가 깊은 것이었다. 군이 쓴 봉사(封事)의 유고(遺稿)가 무려 1만여 자인데, 모두 옛 제도에

근거하고 국가에 시급한 기무(機務)이니, 참으로 경세(經世)의 원대한 계책이다. 지금 경장(更張)할 때 그 중에서 한두 가지만 시행하면, 어찌 지금 이처럼 부산을 떨 필요가 있겠는가. 아, 애석하도다! 이 유고가 세상에 유전(流傳)하여 과거를 보는 자들이 표절하고 있으니, 참으로 가소로운 일이다. 그러나 이를 통해 군의 말이 시행된다면, 초(楚)나라 사람이 잃어버린 활은 결국 초나라 사람이 가지게 되는 셈이니, 어찌 한탄하겠는가! 내가 그 봉사(奉事)의 말미에 '가을 벌레가 하소연하는 소리를 그 누가 귀담아 들으리오. 한밤중에 삽살개가 사람을 보고 짖으면 꾸중만 더 들을 뿐입니다.〔秋蛩訴臆 有誰傾耳? 夜尨吠人, 適增詈口.〕'라는 대목을 읽고서, 군이 이 세상에 나가 일할 가망이 없는데도 말하기를 그치지 않았으니, 세상을 잊지 못하고 근심하는 마음이 간절하였다는 것을 알았다. 그래서 이 대목을 외면서 탄식하지 않은 적이 없었다. 내가 일찍이 군에게 말하기를,

"우리나라 사람들의 문헌은 거칠고 소략하여 상고할 수 없다. 전실(典實)한 것을 모아서 『해동문헌통고(海東文獻通考)』를 만들고 그 나머지 것을 모아 『해동사문류취(海東事文類聚)』를 만들어 부화한 것과 전실한 것을 모두 포괄하고, 작은 일과 큰 일을 모두 모아 놓으면 참으로 좋을 것이다. 군의 견해와 박식을 가지고 한 번 해 보지 않겠는가?"

라 하니, 군이 웃으면서 말하기를,

"내가 과연 이 일에 뜻을 두고 있지만 아직 실행에 옮기지 못하고 있네."

라 하였으니, 그의 집에 혹시 범례(凡例)와 초본(草本)이 있을지 모르겠다.

군은 숙종(肅宗) 계사년(1713, 숙종39)에 태어났고 을묘년(1735,
영조11)에 진사가 되었고, 임술년(1742, 영조18)에 정시(庭試)에서
장원급제하였으며, 벼슬은 만경현령(萬頃縣令)에 그쳤다. 무진년
(1748, 영조24)에 괴질(怪疾)에 걸려 4년 동안을 앓다가 신미년
(1751, 영조27) 5월 7일에 세상을 떠나니, 향년 39세이다. 그 해 9월
모일에 그의 집 뒤에 안장하였다.

당시 나는 의영고(義盈庫)에서 입직(入直)하고 있었다. 그 날 밤
꿈속에서 군이 붓을 잡고 마치 초록(鈔錄)하는 것처럼 글을 쓰고 있기
에 몇 마디 말을 나누었고, 꿈을 깨기도 전에 군은 훌쩍 떠나버렸다.
꿈을 깨고 나서 생각하니, 군이 죽은 날이 바로 그 날 새벽이었으니,
아, 기이한 일이다!

군의 언행 중 본받을 만한 것은 이미 수록한 가전(家傳)이 실려
있을 터이니, 눈으로 보고 귀로 들은 것만을 기록하여 평소에 애모하
던 마음을 담는다.

임신년(1752, 영조28) 중춘(仲春)에 정릉(靖陵)의 재사(齋舍)에
서 쓴다.

君名孟休, 醇叟其字也. 驪州人, 敬憲公繼孫之後, 參判號梅山夏鎭之孫, 星
湖先生之子也. 先生著『經書疾書』, 始工『鄒書』而君生, 故少字孟協, 而名
亦以孟云. 君自幼令聞夙彰, 及長, 聲譽藹鬱. 余艷慕, 願一識, 而有參商[159]

---

159 參商 : 서로 만나지 못하는 사이를 뜻하는 말이다. 參星은 동쪽 하늘에 있고
商星은 서쪽 하늘에 있으며, 각각 뜨고 지는 시각이 달라 영원히 서로 만날

之歡. 丙寅冬, 始謁于先生. 時, 君自萬頃任所, 丁內艱歸, 在憂服中, 未暇
講論, 只一吊而還. 丁卯戊辰, 連歲往謁先生, 而侍于長者之側, 不能竭叩緒
論, 且以親憂一宿而退. 臨別之際, 雖甚悵惘, 有未盡懷, 而君與余俱在盛
年, 每謂必有後日. 此意未遂, 而君遽大歸, 嗚呼痛哉! 戊辰冬, 余陪先生語
次, 余謂君曰: "武王伐商之前, 已稱王無疑, 注皆以爲史官之追稱, 此必欠
考. 然則「武成」篇, 何以曰有道曾孫周王發? 君聞之, 即考閱, 欣說有喜色.
余服君有樂善之心. 時, 有韓姓人在座, 論說頗煩絮, 君與之言, 頗盡意焉.
時, 積雪新霽, 月色正好, 余起而便旋, 君隨而出, 相與步于庭中. 余謂君
曰: "向者之言, 無乃煩乎? 此輩遨遊時流間, 欲以解事見能. 今皆欲掇拾遺
聞, 以爲自己之地. 此人未知如何, 而余見如此者多矣." 君悟曰: "果然矣."
余於是服君有容受之量. 時, 退柵[160]以後, 人頗以北爲憂. 余曰: "脫有不幸,
君之去就安在?" 君曰: "溫太眞絶裾事[161], 專是急功名之心也. 若無後來所
成, 而徑自斃於江北, 則必作可笑人矣. 余以塵芒小臣, 屢蒙天褒, 世食國

수가 없는 데에 유래한 말이다. 『春秋左傳 昭公元年』

160 退柵 : 영조 23년(1747)에 일어난 淸나라와의 국경 문제이다. 이 때 청나라
에서는 우리나라와의 국경 근방에 流民이 계속 모여들자, 이익을 노려 柵門
을 뒤로 물리고 莽牛哨에 設屯하였다. 『朝鮮王朝實錄 英祖 二十三年 十一月
辛亥』 莽牛哨는 芒牛峭로 표기하기도 한다.

161 溫太眞絶裾事 : 단호하게 결단하고 떠나는 것을 뜻한다. 太眞은 晉나라 溫嶠
(288~329)의 字이다. 『世說新語 尤悔』에, "온교가 처음 관직에 제수되자
劉司空이 벼슬에 나아가기를 권하였다. 온교의 모친 崔氏가 굳게 붙잡자
온교가 옷소매를 끊고 떠났다."라 하였다. 온교는 東晉 明帝 때 江州刺史가
되었다. 蘇峻이 반란하여 수도를 함락하자 온교는 勤王하고 반란군을 격파
하여 戰功을 세웠다. 『晉書 권67 溫嶠傳』

祿. 豈無先國家之心? 而名位卑微, 不關輕重, 且以獨身奉老親, 似有緩急先後之別矣."余於是服君有處事之審. 一宵之間, 三言而三服君, 惜乎! 天借其年, 從遊者久, 則未知所服者幾三言, 而必有蓬麻之益矣. 運氣不好, 遽作千古, 吾人之恨曷已? 君所著經禮說甚多, 而恨未之見, 以其流談於士友間者聞之, 皆深造語也. 所草封事遺稿萬餘言, 皆根據古制, 急於時務, 誠經世遠猷也. 當今日更張之時, 如施其一二, 則何必至此紛紛耶? 惜乎! 此本流傳於世, 爲擧業者所標竊, 誠可笑也. 然因此而使君言得行, 楚人失弓[162], 何歎焉? 余讀封事末:'秋蛩訴臆, 有誰傾耳, 夜狵吠人, 適增詈口'之句, 知君斯世無可爲之望而言之不已, 眷眷憂時之念切矣, 未嘗不誦而興唱也. 余嘗謂君曰:"東人文獻鹵莽, 使無以考徵. 取其典實者, 爲海東文獻通考, 以其餘爲海東事文類聚, 使華實幷擧, 巨細畢收, 則誠好矣. 以君之見解博識, 盍試爲之?"君笑曰:"余果留意斯事而未果."未知其家或有凡例草本在否也. 君以肅宗癸巳生, 乙卯進士, 壬戌庭策壯元, 官止萬頃縣令. 戊辰, 得奇疾, 彌留四載, 辛未五月七日卒, 年三十九. 其年九月日, 葬其家後. 時, 余入直義盈庫, 夢君執筆草書, 若鈔錄者然, 因與談數語. 未覺, 君已逝矣. 覺而思之, 君卽遠之期, 在其曉也. 吁亦異哉! 言行可法者, 必已有家傳, 而記此耳目所接者, 以寓平日愛慕之意焉. 壬申仲春, 書于靖寢齋舍.

---

162 楚人失弓 : 내가 잘하나 남이 잘하나 마찬가지라는 뜻이다. 『孔子家語 好生』에 "초나라 왕이 활을 잃었는데 초나라 사람이 얻었으니, 또 어디에서 찾으리오.〔楚王失弓, 楚人得之, 又何求之?〕"라 한 데서 온 말이다

8. 고 강원감사 증영의정 동원 정공 유사

故江原監司贈領議政東園丁公遺事 경술년(1790, 79세)

천지에 순강정직(純剛正直)한 기운이 있으니, 이 기운을 받아서 잘 기르는 사람은 군자(君子)가 되고 이 기운을 어지럽히는 사람은 소인(小人)이 된다. 그러므로 맹자(孟子)는 말하기를,

"나는 나의 호연지기(浩然之氣)를 잘 기른다. 곧음으로써 이 기운을 기르고 해침이 없으면, 이 기운이 천지 사이에 꽉 찬다. 참으로 천하의 넓은 거처에 거처하며 천하의 바른 길을 가면서, 나라를 다스리는 데 이 기운을 쓰고 사업을 하는 데 이 기운을 두면, 부귀(富貴)가 마음을 방탕하게 하지 못하고 위무(威武)도 뜻을 굽힐 수 없다. 그런 다음에라야 이 기운을 잘 기를 수 있으니, 이런 사람을 비로소 대장부라 한다."

라 하였으니, 동원(東園) 정공(丁公)과 같은 분은 거의 이러한 사람에 가깝다.

공은 휘(諱)가 호선(好善)이고 자(字)는 사우(士優)이니, 선조는 나주(羅州)의 압해현(押海縣) 사람이다. 공의 고조 월헌공(月軒公) 이하 4대가 모두 문과(文科)에 급제하여 대관(大官)에 올랐고, 석덕(碩德)과 중망(重望)으로 조정에서 존경을 받았다. 공의 형제 네 사람도 모두 석갈(釋褐)하여 번갈아 화현직(華顯職)에 올랐으니, 이렇게 번성한 문호는 세상에 드물다.

공은 강관(講官)이 되어 선묘(宣廟)의 포장(褒獎)을 크게 받았다. 광해군(光海君) 신해년(1611, 광해군3)에 장락궁(長樂宮)에서 헌수

(獻壽)하면서 기녀들을 많이 불러들여 풍악을 울리려 하자, 공이 응교(應敎)로 있으면서 진언하기를,

"어버이에게 효도하는 도리는 외관을 좋게 하는 데 있지 않으니, 그만두소서."

라 하였다. 그 말이 비록 시행되지는 않았지만 식자들이 옳다고 여겼다. 공은 오직 임금의 궐실(闕失)을 바로잡아 보좌하는 것으로 자신의 임무를 삼았고, 아부하는 뜻을 가진 적이 없었다. 공은 정도(正道)를 지키고 악한 자를 미워하여 소인을 용서한 적이 없었다. 황해도(黃海道)를 순안(巡按)할 적에 한 변장(邊將)이 공과 친한 사람에게 뇌물을 주어 공에게 자신을 위해 포계(襃啓)해 주길 청하였다. 공이 곤장을 치고 그 변장을 파출(罷黜)하니, 이로부터 뇌물을 수수하는 일이 없어졌다.

갑진년(1604, 선조37) 이후 임금의 총애를 받는 재상이 정권을 잡고 편당을 짓는 것이 습속이 되었다. 공은 이 때 전랑(銓郎)으로 있으면서 홀로 정론(正論)을 견지하면서 사심에 흔들리지 않으니, 눈을 흘기는 동료가 많았다.

영남(嶺南)을 안찰할 때에는 장계(狀啓)를 올려 탐오(貪汚)한 수령 정조(鄭造)·박광선(朴光先)을 파면시켰고, 사인(舍人)으로 있을 때에는 이익엽(李益燁)이 고풍(古風)을 땅에 떨어뜨리자 그의 아전에게 곤장을 쳤다.

영동(嶺東)을 안찰할 때는 장계를 올려 춘천부사(春川府使) 이원엽(李元燁)·양양현감(襄陽縣監) 신경우(申景遇)를 파출시켰으니, 이들은 모두 북당(北黨)의 흉얼(凶孼)들이었다. 이에 간사한 자들이 공을 중상(中傷)하고자 하였으나 뜻을 이루지 못하였으니, 이는 공의

조수(操守)가 바르기 때문에 아무리 간당(奸黨)이라 할지라도 어떻게 할 수가 없었던 것이다.

계축년(1613, 광해군5)에 무고(巫蠱)로 인한 옥사가 일어났다. 이때 성균관 유생 이위경(李偉卿)이 먼저 흉소(兇疏)를 올렸고, 장령 정조(鄭造)・윤인(尹認)이 올린 계사(啓辭)의 내용 또한 몹시 흉패하였다. 공은 전한(典翰)으로 있으면서 정조와 윤인을 논박하여 체직시켰는데, 헌납 유활(柳活)도 흉도들을 편들었다. 이에 공이 동료들과 함께 차자를 올려 아뢰기를,

"인륜의 변고(變故)에 처하여 막중한 일을 할 때에는 옛날의 성왕(聖王)들의 사례를 참고하고 대신 및 백료(百僚)들과 널리 의논하여, 임금을 허물이 없는 곳으로 나아가게 하고 후세에 모범으로 삼을 수 있도록 해야 하니, 그래야만 바뀔 수 없는 정론(定論)이 될 것입니다."

리 하였으니, 이는 공이 맨 먼저 건의한 것이다. 그 후로 유활과 정언(正言) 박홍도(朴弘道) 등이 다시 흉론(凶論)을 주장하자, 공이 응교(應敎) 오정(吳靖)・부교리 이민성(李民宬) 등과 함께 유활과 박홍도를 차자(箚子)로 논박하여 체직시켰다. 그 차자의 말이 준엄하여 흉모를 타파하는 한편 변고에 대처하는 도리를 곡진하게 말하였으니, 나라 안에 이 글을 전송(傳誦)하는 사람들도 있었다. 이런 까닭에 공이 안변부사(安邊府使)로 있을 때 인묘(仁廟)가 내린 교서(敎書)에,

"대의(大義)가 이미 어두워졌다가 그대 덕분에 밝아졌고, 정기(正氣)가 이미 죽었다가 그대 덕분에 살아났다. 오늘의 반정(反正)이 실로 그대의 힘에 바탕을 두어 일어날 수 있었다는 것을 그 누가

알겠는가?"

라 하였으니, 아! 성주(聖主)도 이미 공이 충직하여 사심이 없다는
것을 통촉하여 이처럼 총애하는 말을 한 것이었다.

아! 군자의 행실 중에는 충효(忠孝)보다 큰 것이 없다. 공의 효우
(孝友)는 천성에서 나왔다. 일찍 부모를 잃은 탓에 부모를 미처 봉양
하지 못한 것을 지극한 슬픔으로 여겨, 다른 사람의 수연(壽宴)에
가면, 집에 돌아와서 가인(家人)을 보고 슬퍼해마지 않았다. 형제와
자매 사이가 매우 우애롭고 화락하였다.

공의 선친 대사헌공(大司憲公)이 가산(嘉山)에서 객사(客死)하였
다. 공이 사명(使命)을 받들고 그 땅을 지나면서 종일 눈물을 흘리며
슬퍼하고 목이 메어 음식을 먹지 못하였다.

공은 이괄(李适)의 변란 때 체포되었다가 곧바로 풀려났다. 공이
감옥에서 나왔을 때 대가(大駕)가 남쪽을 순행하였다. 공은 이미 길
을 가느라 몹시 지친데다 수감되는 있는 중에 차가운 감옥에서 질곡
(桎梏)을 차고 고생한 나머지 건강을 해쳐 기력이 가물가물할 지경인
데도 병든 몸을 이끌고 어가를 수행하였다. 한밤중에 한강 나루를
건널 때 깨진 배 밑으로 물어 스며들자 한 배에 탔던 사람들이 모두
내렸다. 공이 말하기를,

"어가를 수행하는 신하가 일신의 안위를 어찌 생각하리오?"
라 하고, 홀로 배에서 내리지 않고 대가를 뒤따라갔다.

계유년(1633, 인조11)에 병세가 위중한데도 국사(國事)를 걱정하
여 자제들을 불러 입으로 불러 소장(疏章)을 받아쓰게 하였다. 그
소장에,

"심지(心志)를 안정하여 적을 토벌하는 데 전념하고, 성신(誠信)을

미루어 언로(言路)를 열고, 재물을 흩어서 민심을 얻으소서."
라 하였으니, 말이 매우 개절(凱切)하였다. 그 소장은 비록 올라가
지 못했지만, 숨을 거둘 무렵에도 임금을 잊지 못하는 뜻이 이와 같
았으니, 여기서 공의 충효의 대절(大節)을 알 수 있다.

공은 늘 강직하여 뜻을 굽히지 않은 탓에 누차 횡액을 만났다. 수안
군수(遂安郡守)로 재임하면서 시관(試官)이 된 적이 있었다. 이 때
김직재(金直哉)의 아들 백함(百緘)이 시장(試場) 안으로 들어서는
것을 보고는 꾸짖어 내쫓았다. 임자년(1612, 광해군4)에 김직재의
옥사(獄事)가 일어나자 백함이 묵은 원한을 품고 무고하여 공과 공의
아우 네 사람을 끌어들였다. 그래서 형제가 모두 체포되었다가 곧바
로 풀려났다.

갑자년(1624, 인조2)에 이괄(李适)의 역옥(逆獄)이 일어났을 때,
문회(文晦)가 유감을 품고 무고(誣告)하여 공이 체포되었다. 인천부
사(仁川府使)로 재임할 때에도 무고로 나포(拿捕)되었다가 그 다음
날 풀려나 임소(任所)로 돌아갔다.

이와 같이 공이 세 차례나 세화(世禍)에 걸려들었으나 끝내 소석
(昭釋)할 수 있었던 까닭은 다름이 아니라 공의 충의(忠義)와 정직을
상이 알았기 때문이었다.

이괄의 변란 때 공이 나포될 때 공을 잡으러 오는 금오랑(金吾郎)
이 병으로 집에서 하룻밤 더 머물고 왔다. 옥수(獄囚) 기자헌(奇自獻)
등 37인을 마구 죽인 일이 바로 하루 전에 있었다. 공은 금오랑이
하루 지체한 덕분에 화를 면할 수 있었으니, 사람들이 신명(神明)이
도운 것이라고 하였다. 완평(完平) 이공(李公 이원익(李元翼))과 수몽
(守夢) 정공(鄭公 정엽(鄭曄))은 "이는 평소 후덕(厚德)을 쌓은 데 대

한 보답이다."라고 하였다.

아! 무릇 사람의 생사는 운명이 있으니, 오직 나에게 있는 도리를 다할 뿐이다. 사람의 힘으로 어찌할 수 있겠는가!

공은 풍채가 옥같이 깨끗하였다. 말을 할 때부터 글을 읽기 시작했고 한 번 보면 곧바로 외웠으며, 13세 때 경사(經史)에 통달하여 대의를 알았다.

공은 일찍이 "학문의 근원은 사색(思索)에 있다."라 하고, 무릇 성현의 말씀은 오묘한 뜻을 깊이 연구하였다.

공의 학문이 실제 일에 드러난 것으로 말하면, 가정의 효우(孝友) 외에 종족(宗族)과 돈목하고 붕우에게 신의가 있었으며, 규문(閨門) 안에서는 은혜와 의리를 병행하였다. 자제들을 가르칠 때는 오로지 충효(忠孝)를 근본으로 삼고 성현의 길로 나아가는 향상(向上)의 공부로 면려하였으며 세상 사람들이 추구하는 명리에 급급하지 않았다. 공의 자제들도 어질어 문장과 행실로 이름났다.

공은 조정에 있을 때는 의로운 기색이 얼굴에 나타나 분육(賁育)도 빼앗지 못할 지조가 있었고, 고을을 다스릴 때는 부지런히 공무를 보고 백성들을 사랑하여 공황(龔黃)에 부끄럽지 않을 치적이 있었으니, 모두 학문의 힘이었다.

무진년(1628, 인조6)에 청풍군수(淸風郡守)로 재임할 때 정월 초하룻날 자제에게 명하여 달력에 쓰게 하기를,

"희노를 절제하며, 언어를 삼가며, 생각을 적게 하며, 음식을 담박하게 먹으며, 기욕(嗜慾)을 줄여야 하니, 이 다섯 가지는 양생(養生)의 요체이다. 공(公)·명(明)·신(信)과 자기를 단속함[約己]·백성에게 관대함[寬] 이 다섯 가지는 거관(居官)의 요체이다."

라 하였다.

공은 비록 확고하여 움직일 수 없는 지조가 있었지만 덕량(德量)이
혼후(渾厚)하여 은혜는 갚되 원수는 갚지 않았으며, 평소에는 과묵하
여 함부로 웃거나 말하지 않았다. 마음이 어질고 너그러워 천한 노복
들에게도 욕설을 한 적이 없으며, 미물인 벌레조차도 함부로 죽이지
않았다.

신해년(1611, 광해군3)에 고성군수(固城郡守)로 부임한 지 겨우
한 달 만에 체포되어 금부(禁府)에 수금된 적이 있었다. 아전들이
한악(悍惡)하여 공의 수발을 들 아권(衙眷 관아에 있는 수령의 친속)을
즉시 호송(護送)해 주지 않았다. 후일에 공이 이 도(道)의 관찰사가
왔을 때 고성군 사람들이 두려워 떨었다. 공이 순행(巡行)하다가 고
성에 이르러서 끝내 그 일을 추궁하지 않으니, 사람들이 모두 공의
도량에 탄복하였다.

조정에 있은 30년 동안 일찍이 승진하고자 애쓰는 마음이 없었으
며, 자신의 뜻과 맞지 않으면 곧바로 병을 핑계로 삼아 사퇴하였다.
비록 현요직(顯要職)에 있을지라도 문 앞에 사사로이 청탁하는 사람
이 없었으며, 성품이 남과 교유하기를 좋아하지 않아 권세(權勢)를
피하기를 마치 더러운 물건을 피하듯이 하였다. 선(善)과 의(義)를
좋아하는 마음은 지성(至誠)에서 우러나와 다른 사람에게 작은 장점
이라도 있으면 반드시 예모를 갖추고 칭찬하였다.

공은 조수(操守)가 늙을수록 더욱 돈독하였다. 중자(仲子)인 언원
(彦瑗)을 보내는 시에,

평생토록 지켜온 진실한 뜻이

곤궁하다 하여 어찌 꺾이리오

平生眞實意 豈爲窮所折

라는 구절이 있으니, 공의 평소 곧은 조행(操行)을 알 수 있다.

만년에는 늘 외사(外事)를 사절하고자 하여, 관직을 그만두면 곧바로 향리로 돌아와 심성을 함양(涵養)하는 데 뜻을 두었다. 상주(尙州) 수령으로 재임할 때는 공무를 보는 여가에 우복(愚伏 정경세(鄭經世)) · 창석(蒼石 이준(李埈)) 등과 도의(道義)의 벗이 되어 학문을 강마(講磨)하고, 산수를 유람하면서 창수(唱酬)한 시가 많으니, 고을 사람들이 이 시들을 전송(傳誦)한다.

글을 지을 때는 붓을 쥐면 그 자리에서 써내려가, 처음에 보면 그다지 생각하지 않고 짓는 것 같지만 다 짓고 나서 보면 글의 의미가 깊고 조리가 있었다. 특히 소차(疏箚)를 잘 지어 말은 완곡하되 이치는 정직하여 임금에게 아뢰는 말의 체모를 잃지 않았다. 그러나 공은 문장으로 자처하지 않아 글을 짓는 대로 버렸기 때문에 단지 유고(遺稿) 한 권만 집에 보관되어 있다.

공은 늘 스스로 청백(淸白)하게 살아 서울에서 관직을 맡고 돌아올 때에는 행낭(行囊)이 텅 비었고, 일곱 번 고을을 맡고 한 번 사신으로 중국에 갔다 왔으나 전답이 조금도 불어나지 않았다. 평소 성품이 검약하여 사치스러운 의복과 패물을 좋아하지 않았으며, 일찍이 의롭지 못한 재물을 다른 사람에게 받은 적이 없다. 공이 전부(銓部)에 있을 때 한 명관(名官)이 서로 돕는다는 명목으로 쌀가마니를 보내니, 공은 그의 사람됨을 하찮게 여겨 사양하고 받지 않았다.

고을 수령으로 재임할 때는 오로지 폐단을 없애고 백성들을 소생시키는 정사를 하니, 백성들이 모두 두려워하고 믿으면서 편안하게 여겼다.

상주(尙州)를 다스릴 때는 백성을 먼저 가르친 뒤에 벌을 주었다. 처음 부임했을 때 기로(耆老)들을 모아 놓고 그들과 약속하기를,

"영남은 본래 예의(禮義)의 고장이다. 지금 관리(官吏)로 온 자들은 자신이 불선(不善)한 짓을 하여 백성들의 원망을 들으면, '습속이 사나워 다스리기 어렵다.'라 하고, '토호(土豪)'라는 두 글자를 가지고 사민(士民)들이 불평하는 입을 막으려고 한다. 관리가 습속과 토호라는 측면만 가지고 백성들을 보면 백성들을 어떻게 권면하겠는가? 관리와 백성의 의리는 부자(父子)와 같으니, 나는 서로 충고하여 모두 유익하도록 하고 싶지, 서로 공격하여 해치고 싶지는 않다. 나에게 잘못한 정사가 있으면 부로(父老)들이 기탄없이 충고해 주기 바란다."

라 하였다.

과세(科稅)와 환곡을 거둘 때는 비록 상사(上司)가 하루가 급하게 독촉해도 반드시 민력(民力)에 따라 고루 배분함으로써 기한을 늦추어 고충을 덜어 주고자 하였다. 이에 백성들이 그 성의에 감동하여 기꺼운 마음으로 과세와 환곡을 내고 기한에 늦는 이가 한 사람도 없었으니, 이는 백성들을 보살피는 목민관(牧民官)이 본보기로 삼을 만한 것이다.

공이 재임할 때 치적(治績)이 높은 것은 공의 여사(餘事)일 뿐이다. 공은 본래 당대의 중망(重望)을 한 몸에 받고 있었으니, 진실로 묘당(廟堂)에 올라 경륜을 크게 폈어야 할 터인데, 직위가 재덕(才

德)에 걸맞지 않았으니, 애석하도다!

공은 융경(隆慶) 신미년(1571, 선조4)에 태어나서 숭정(崇禎) 계유년(1633, 인조11) 3월 12일에 세상을 떠났으니, 향년 63세이다. 용인(龍仁)의 포곡(蒲谷)에 안장하였다.

나는 어릴 때부터 선배들의 언행과 사적을 보기를 좋아하여 내 손으로 기록하여 책으로 만들었다. 일찍이 동원(東園) 정공(丁公)이 어질다는 말을 듣고 상세한 사실을 알고 싶었으나, 알지 못하여 한스럽게 여겼다. 근자에 공의 5대손 지영(志永) 사중(思仲)씨와 종유하면서 공의 사실을 알고 이상과 같이 기록하여 흠모하고 경앙하는 정성을 담는다.

아! 공의 아름다운 문학(文學)과 갖추어진 덕행(德行)과 바른 수립(樹立)은 고인(古人)들 중에서 찾아도 많이 볼 수 없을 것이다. 우복(愚伏)·창석(蒼石) 등 여러 선생들과 도의(道義)의 벗이 되었고, 경정(敬亭) 이공(李公 이민성(李民宬))과 조정에서 같이 일하며 막역한 교분이 있었으니, 응당 공을 향사(享祀)하는 의절(儀節)이 있어야 한다. 그런데 지금까지 100여 년이 지나도록 그 일을 실행에 옮기지 못했으니, 어찌 사문(斯文)의 수치가 아니겠는가.

경술년(1790, 정조14) 여름에 한산(漢山) 안정복(安鼎福)은 기록한다.

天地有純剛正直之氣, 稟是氣而養之者爲君子, 汩之者爲小人, 故孟子曰: "我善養吾浩然之氣. 以直養而無害, 則塞乎天地之間. 苟能居天下之廣居, 行天下之正路, 用之家邦, 措之事業, 富貴不能淫, 威武不能屈. 然後是氣也得其養, 而方可謂之丈夫.[163]" 夫若東園丁公, 其亦庶幾乎此矣. 公諱好善,字士優, 其先羅州之押海縣人. 自公之高祖月軒以下四世, 皆以文科登大官, 碩德重望, 羽儀朝端. 公兄弟四人, 亦皆釋褐, 迭踐華顯, 門戶之盛, 世所罕有. 公爲講官, 大爲宣廟所襃獎. 光海辛亥, 將獻壽長樂, 廣徵女樂. 公以應教進言曰: "孝親之道, 不在於觀美, 請罷之." 語雖不行, 識者韙之. 惟以補闕拾遺爲己任, 未嘗有阿好之意. 公守正嫉惡, 未嘗爲小人地. 其巡按海西, 有一邊將賂公所親, 請襃啓[164], 公杖黜之. 由是, 關節不行. 甲辰以後, 倖相當國, 黨比成習. 公爲銓郎, 獨持正論, 不以私撓, 同列多側目. 其按嶺南, 啓罷貪汚守令鄭造・朴光先, 其爲舍人, 以李益燁之墜落古風, 杖其吏. 其按嶺東, 啓黜春川府使李元燁・襄陽縣監申景遇, 皆北黨之凶孽也. 群奸思欲中傷而不得, 盖公所守之正, 而雖奸黨, 亦無奈何矣. 癸丑巫蠱獄[165]起, 館儒李偉卿首發凶疏, 掌令鄭造・訒啓語, 亦甚凶悖. 公爲典翰, 駁遞造・訒, 獻納柳活亦左袒於凶徒. 公與同僚上箚言: "處人倫之變, 爲莫重之擧, 參考古昔聖王, 廣議大臣百僚, 納君於無過, 可法於後世, 乃是不易之論." 此公首建議也. 後活及正言朴弘道等, 復唱凶論. 公與應教吳靖・副校理李民宬等, 駁遞活・弘道, 箚語凜峻, 打破凶謀, 曲盡處變之道. 國人至有傳誦者. 是以, 公爲安邊時, 仁廟教文, 有曰: "大義已晦, 賴爾而明; 正氣已喪,

---

163 孟子……丈夫:『孟子』「公孫丑上」과「滕文公下」에서 인용하되 '用之家邦, 措之事業'과 '然後是氣也得其養'을 작자가 더 넣고, 『孟子』본문에 '此之謂大丈夫'으로 되어 있는 것을 '而方可謂之丈夫'로 고쳤다.

164 襃啓: 도의 관찰사나 御史가 善政한 수령을 포상하도록 啓聞하는 것이다.

165 癸丑巫蠱獄: 광해군 5년(1613)에 大北派가 일으킨 옥사를 가리킨다. 이 해에 鳥嶺에서 잡힌 도둑 朴應犀・徐羊甲 일당을 심문하자, 그들이 仁穆大妃의 아버지 金悌男이 역모하였다고 무고하여 옥사가 일어났다. 이 옥사로 김제남은 賜死되고 永昌大君은 강화도에 幽閉되었다가 죽음을 당했다.

賴爾而壽. 誰知今日之反正, 實由基於爾力?" 噫! 聖主亦已矚公之忠直無
他, 而有此襃寵之語也. 嗚呼! 君子之行, 莫大於忠孝, 而公孝友出於天性.
早喪考妣以未及致養爲至痛, 或赴人壽席, 還對家人, 悽傷不已. 兄弟姊妹
之間, 怡怡湛樂. 先大憲[166]嘗客歿於嘉山, 公奉使過其地, 終日流涕, 悲咽
不食. 適變, 被逮旋釋. 及出獄, 大駕南巡. 公旣瘁於道路, 就拿之中, 又傷
於冷獄桎梏之餘, 氣息奄奄, 而扶曳隨駕, 夜渡漢津, 水入破船, 同舟者皆
下. 公曰: "隨駕之臣, 安危何擇?" 獨不下而追及焉. 癸酉病革, 猶以國事爲
憂, 呼子弟口占疏章曰: "定心志, 專意討賊, 推誠信以開言路, 散財貨以得
民心." 辭語剴切. 疏雖未果上, 而臨歿不忘君之意如此, 此可見公之忠孝大
節也. 公每以剛毅不屈, 累遭橫罹之厄. 在遂安爲試官, 見金直哉之子百諴
入試場, 斥黜之. 壬子直哉獄[167]起, 百諴啣宿怨, 誣引公昆弟四人, 同被逮
卽放. 甲子适獄, 文晦懷嫌, 誣告被逮, 在仁川, 亦以誣告被拿, 翌日還任.
凡三罹世禍, 終能昭釋, 此無他, 公之忠義正直, 爲上所知而然也. 適變就拿
時, 金吾郎病留一日而來, 獄囚奇自獻等三十七人亂誅之擧[168]在前日, 公得

166 先大憲 : 大司憲을 지낸 丁好善의 선친 丁胤福을 가리킨다. 정윤복이 大司憲
     이었기 때문에 이렇게 부른 것이다.
167 直哉獄 : 광해군 임자년(1612) 봄에 鳳山郡守 申慄이 도적 金濟世를 잡아
     심문하니, 김제세가 '김직재가 反逆을 도모하였다.'고 무고하였다. 黃海兵使
     柳公亮과 黃海監司 尹暄이 이 사실을 조정에 보고하고 김직재를 체포하여
     올려보냈다. 조정에서 김직재를 국문하니, 김직재가 '黃赫 등과 함께 음모를
     꾸며 順和君의 養子인 晉陵君 李泰慶을 임금으로 추대하려고 하였다.'고 자
     백하면서, 鄭經世 · 丁好善 · 崔有海 등 많은 사람을 끌어들였다. 무고임이
     밝혀져서 그 해 3월 10일에 정호선 등 26명을 석방하였다. 『燃藜室記述 卷19
     光海君故事本末 金直哉之獄』

免焉. 人以爲神明所扶. 完平李公·守夢鄭公曰:"此其平日厚德之報."噫!
凡人之生死, 有命存焉, 惟盡其在我之道而已. 豈可以人力而爲之哉? 公風
儀玉潔, 自能言始讀書, 一閱輒誦, 十三通經史識大義. 嘗謂學原於思, 凡聖
賢言語, 必務探賾奧旨. 其學之見於行事者, 家庭孝友之外, 睦於宗族, 信於
朋友, 閨門之內, 恩義幷行, 敎子弟, 一以忠孝爲本, 而勉之以向上工夫, 不
汲汲於世俗之所驚. 其諸子之賢, 亦以文行著稱. 在朝廷則義形于色, 有賁
育不奪[169]之操, 莅縣邑則勤事愛民, 有無愧龔黃[170]之績, 皆學之力也. 戊辰
在淸風, 嘗於履端之日, 命子弟書曆日上面曰:"節喜怒·愼言語·少思慮·
淡食飮·寡嗜欲, 五者, 養生之要. 公·明·信·約己·寬民, 五者, 居官
之要. 公雖有堅確不移之操, 以德量渾厚, 報德不報怨, 平居簡默, 不妄言
笑, 存心仁恕, 至於奴僕之賤, 未嘗詈罵, 虫豸之微, 亦不妄殺. 辛亥任固
城, 纔閱月而就拿, 吏習悍惡, 不卽護送衙眷. 及觀察本道, 郡人震恐, 公巡
到, 終不問, 人皆服其量. 立朝三十年, 曾無干進之意, 如有不合, 輒因疾辭

---

168 奇自獻……之擧 : 李适의 난이 일어났을 때 기자헌 외 37명이 이괄과 內應할
것이라는 誣告를 받아 함께 피살된 사건이 있었다.

169 賁育不奪 : 賁育은 戰國시대 齊나라의 용사인 孟賁과 周나라의 力士인 夏育
의 병칭이다. 맹분은 맨손으로 쇠뿔을 뽑았다고 하고, 하육은 1000鈞의 무게
를 들어 올렸다고 한다. 漢나라 汲黯의 節義를 칭송하여 "'분육이라 하더라
도 자신의 절조를 뺏을 수 없다'라 하였다.〔自謂賁育不能奪之矣.〕"라 하였
다. 『漢書 권50 汲黯傳』

170 龔黃 : 漢나라 循吏인 龔遂와 黃霸의 병칭이다. 공수는 자는 小卿이며, 벼슬
은 渤海太守를 거쳐 水衡都尉에 이르렀다. 황패는 자는 次公이며, 벼슬은
河南太守·潁川太守 등을 거쳐 丞相에 이르렀고 建成侯에 봉해졌다. 이들은
漢代의 대표적인 어진 지방 수령을 손꼽는다. 『漢書 권89 循吏傳』

退. 雖處顯要, 門無私謁, 性不喜交遊, 避權勢如臭穢. 樂善好義, 出於至誠, 人有片長, 必禮貌而獎與之. 操守之工, 晚而益篤. 嘗送仲子彦瑗詩有'平生眞實意, 豈爲窮所折?'之語, 可見公素履之貞. 暮年恒欲謝絶外事, 罷官輒歸田野, 以頤神養性爲意. 在尙州時, 簿領之暇, 與愚伏‧蒼石[171]諸老, 道義相磨, 逍遙水石間, 多有唱酬之詩, 邑人傳誦. 爲文, 操筆立就, 初若不經意, 而及其成篇, 皆雋永理達之言. 尤長於疏箚, 辭婉而理直, 不失告君之體. 然不以文翰自處, 隨作輒棄, 只有遺稿一卷藏于家. 公常以淸白自勵, 赴京而還, 槖中蕭然, 七莅郡邑, 一建使節, 尺土不廣. 素性儉約, 不以服玩爲累, 未嘗受人非義之物. 在銓部時, 有一名官以相資爲名而送米碩, 公薄其爲人, 謝不受. 其在郡邑, 惟以革弊蘇民爲政, 民皆畏信而便安之. 治尙州, 先敎而後罰. 始至, 聚耆老而與之約曰: "嶺南本禮義之鄕也. 今之爲吏者, 自以不善而爲民之所怨詈, 則曰: '俗悍而難治也.' 欲以土豪二字而防士民不齊之口. 吏以豪習而視民, 民何以爲勸? 吏民之義如父子, 吾但欲胥告以胥益, 不欲相敗而相傷耳. 吾有疵政, 願父老之不憚於告語也." 至於科糴之收, 雖上司催理日急, 必均調民力, 思以緩其期而紓其苦. 民感於忱意而樂輸之, 無一賦之後期者. 此可爲字牧者所柯則也. 然公之居官任職, 治行高等, 時

---

171 蒼石 : 李埈(1560~1635)의 호이다. 그는 자는 叔平이고 본관은 興陽이며 시호는 文簡이다. 柳成龍의 門人으로 임진왜란 때에는 의병을 일으켜 왜적과 싸웠다. 광해군 때 鄭仁弘과 뜻이 맞지 않아 벼슬을 버리고 고향으로 돌아갔고, 仁祖反正 후에 다시 등용되어 應敎‧司諫‧承旨‧大司諫‧副提學 등을 역임했다. 鄭經世와 더불어 유성룡의 學統을 이어받은 학자로 당시 學界의 중심이 되어 南人의 세력을 결집하고 여론을 주도하였다. 저서로 『蒼石集』이 있다.

公之餘事. 公素負一世重望, 固當端委廟堂, 以大厥施, 而位不稱德, 惜哉!
公生于隆慶辛未, 卒于崇禎癸酉三月十二日, 壽六十三, 葬于龍仁之蒲谷.
鼎福自少樂觀前輩言行事蹟, 手錄成編. 嘗聞東園丁公之賢, 欲得其詳而未
得爲恨, 近與公之五世孫志永思仲甫相從, 得見公事實, 類錄如右, 以寓慕
仰之忱焉. 噫! 公文學之懿·德行之備·樹立之正, 求之古人, 不多得焉.
與愚伏·蒼石諸先生, 爲道義之交, 與敬亭李公[172]立朝同事, 有莫逆之契,
則公當有俎豆腏享之節. 迨今百餘年而未果, 豈不爲斯文之羞吝也哉? 庚戌
夏漢山安鼎福識.

---

172 敬亭李公: 李民宬(1570~1629)의 호가 敬亭이다. 그는 자는 寬甫이고 본관
은 永川이다. 광해군 때 廢母論을 반대하다가 李爾瞻 등의 모함을 받아 삭직
되었다. 仁祖反正 후에 복직하여 司憲府掌令·刑曹參議를 역임하였다. 直言
으로 명성이 높았고 詩文과 글씨에 뛰어났다. 사신으로 명나라에 갔을 때
중국의 학사, 대부들과 수창한 시는 愛誦되어 중국 사람들이 그를 李謫仙이
라 불렀다고 한다. 저서로 『敬亭集』과 『朝天錄』이 있다.

9. 완귀 안공 유사
玩龜安公遺事

공은 휘가 증(崝)이고 자는 사겸(士謙)이며, 성은 안씨(安氏)이니,
시조는 고려 광주군(廣州君) 휘 방걸(邦傑)이다. 12대를 지나 휘 유
(綏)는 벼슬이 전중시어사(殿中侍御史)이니, 이 분이 공에게 10대
조가 된다. 이 분이 휘 지(祉)를 낳았으니, 이 분은 벼슬이 광록대
부(光祿大夫) 군기시판사(軍器寺判事) 상호군(上護軍)이다. 이 분
이 휘 수(壽)를 낳았으니, 이 분은 벼슬이 광정대부(匡靖大夫) 도평
의사사(都評議使司)다. 이 분이 휘 해(海)를 낳으니, 벼슬이 봉선대
부(奉善大夫) 침원서영(寢園署令)이고, 한림(翰林)으로 중국 사신
을 접반(接伴)하면서 예의(禮儀)와 문장(文章)으로 일컬어져 특별
히 제학(提學)에 제수되었다. 이분이 휘 기(器)를 낳았으니, 이 분
은 벼슬이 봉순대부(奉順大夫) 판전농시사(判典農寺事)이다. 이 분
이 휘 국주(國柱)를 낳았으니, 이 분은 벼슬이 중랑장(中郎將)이고
고려가 망하자 벼슬하지 않았다.

고조 휘 강(崗)은 역시 고려조(高麗朝)의 진사로 호가 기우자(騎牛
子)이고, 향리에 은거하니 세상에서는 사마처사(司馬處士)요, 율리
청풍(栗里淸風)이라 일컬었다. 증조 휘 숙량(叔良)은 세종조(世宗
朝)의 진사이고, 효행(孝行)으로 동궁시직(東宮侍直)에 제수되었다.
조부 휘 보문(普文)은 성종조(成宗朝)에 현량(賢良)으로 천거되어
사직서참봉(社稷署參奉)·통례원인의(通禮院引儀)에 제수되었다.
부친 휘 구(覯)는 호가 태만(苔巒)이고, 점필재선생(佔畢齋先生)

에게 수학하였다. 홍치(弘治) 갑인년(1494, 성종25)에 과거에 급제하였으나 연산조(燕山朝) 때 병을 핑계로 삼아 향리로 돌아가 미처 벼슬길에 나가지 않았기에 다행히 무오년(1498, 연산군4)의 사화(士禍)를 면하였다. 중종조(中宗朝) 때 특별히 사간원사간(司諫院司諫)에 제수되었다. 홍치 갑인년에 밀양(密陽)의 금포리(金浦里) 자택에서 공을 낳았다.

공은 천품이 영특하였고 어릴 때부터 독실한 뜻으로 호학(好學)하였고 덕기(德器)가 숙성(夙成)하여 남의 모범이 되었다. 가정(嘉靖) 경자년(1540, 중종35)에 사마시(司馬試)에 합격하여 형조좌랑(刑曹佐郎)이 되었고, 무신년(1548, 명종3)에 문과(文科)에 급제하여 사서(司書)·설서(說書)를 역임하였다. 공의 사적은 신재(愼齋) 주세붕(周世鵬)이 찬술한 비갈(碑碣)에서 그 대략을 알 수 있다. 그런데 이 비갈이 임진년에 왜적에게 파손되어 자세한 내용을 고찰할 수 없다. 지금의 비갈은 병와(瓶窩) 이형상(李衡祥)이 개찬(改撰)한 것이다. 애석하도다! 공의 유집(遺集)마저도 병화(兵火)에 불타 버리고 단지 남명(南冥) 조선생이 지은 사성시(四聲詩)와 아계(鵝溪) 이상국(李相國)이 지은 절구(絶句) 및 나의 선조 광계군(廣溪君)의 유묵(遺墨)이 남아 있을 뿐이니, 이를 통해 공의 평소 지행(志行)을 만분의 일이나마 상상해볼 수 있다.

광계군의 글에 대략,

"내가 낭료(郎僚)로서 형조(刑曹)의 여관(旅館)에서 좌랑공(佐郎公)을 몇 달 동안 가까이서 모신 적이 있다. 그 평소 언동(言動)을 보니, 입은 말을 내지 못할 듯하고 몸은 옷을 이기지 못할 듯했으며, 종일토록 무릎을 모아 위좌(危坐)한 채 경사(經史)를 강론하였다. 수기(修己)·치인(治人)이 무엇보다 스스로 힘써 공부하는 것이었고, 발걸음이 권귀(權貴)의 집에 한 번도 간 적이 없었으니, 참으로 군자로다!"

라 하였다. 아! 이 유묵은 흩어지고 남은 유고에서 뒤늦게 나와 비갈을 개찬(改撰)할 때 추록(追錄)하지 못하였다. 족인(族人) 경시(景時)가 이를 유감으로 여기고 내가 광계군의 후손이라 하여 나에게 그 사적을 기록해 주기를 청하였다. 내가 끝내 사양하지 못하여 손을 씻고서 유고를 경건히 받고 감히 종래에 집안에서 들어 안 것을 정리하고 선현들의 공의(公議)를 채록하였다.

공은 영양(永陽)의 호계(虎溪) 가에 집을 짓고 완귀정(玩龜亭)이란 편액(扁額)을 걸었다. 이는 장륙(藏六)의 뜻을 취한 것이니, 을사년의 사화(士禍)를 피했기 때문이다. 당시 사류(士類)들을 무함하여 일망타진하였으니, 공이 은둔했다가 다시 출사한 것은 바로 이금헌(李琴軒)이 도망하였다가 스스로 나타난 것과 같다. 이조판서(吏曹判書) 신독재(愼獨齋) 거관(居寬)과 사돈을 맺고 도의(道誼)의 벗이 되었다. 가정(嘉靖) 계축년(1553, 명종8)에 세상을 떠났다. 부인 영양최씨(永陽崔氏)는 도사(都事) 숙강(叔强)의 따님이다. 아들 종경(宗慶)은 헌릉참봉(獻陵參奉)이다. 참봉의 부인은 바로 신공(愼公)의 딸이다.

만약 공이 더 오래 살았더라면 지위가 그 덕에 걸맞았을 터인데, 운명이로다! 외람됨을 무릅쓰고 몇 마디 말을 덧붙여서 후세의 입언(立言)하는 군자를 기다린다.

후학(後學) 종인(宗人) 안정복(安鼎福)은 찬술한다.

公諱嶒, 字士謙, 姓安氏, 系出高麗廣州君諱邦傑. 十二代至諱綏, 官殿中侍御史, 是於公爲十代祖. 是生諱祉, 官光祿大夫軍器寺判事上護軍. 是生諱壽, 官匡靖大夫都評議使司. 是生諱海, 官奉善大夫寢園署令, 以翰林接華使, 稱禮儀文章, 特拜提學. 是生諱器, 官奉順大夫判典農寺事. 是生諱國柱, 官中郞將, 麗亡不仕. 高祖諱崗, 亦以麗朝進士, 號騎牛子, 混跡隴畝, 世稱: "司馬處士, 栗里淸風.[173]" 曾祖諱叔良, 世宗朝進士, 以孝行拜東宮侍直. 祖諱普文, 成宗朝擧賢良, 拜社稷參奉・通禮院引儀. 考諱觀, 號苔巒, 從佔畢齋先生學, 弘治甲寅登第, 燕山朝, 托疾歸鄕里, 未及筮仕, 幸免戊午之禍. 中廟朝特拜司諫院司諫, 弘治甲寅生公于密陽金浦里第. 公天姿穎悟, 自幼篤志好學, 德器成就, 爲人儀表. 嘉靖庚子中司馬, 補刑曹員外郞, 戊申登第歷司說兩書. 槧得於周愼齋撰碣中, 龍蛇爲倭寇所破剝落, 不可考其詳, 甁窩李衡祥改撰. 惜乎! 遺集又灰兵燹, 只有南冥曺先生「四聲詩」[174]・鵝溪李相國絶句及吾先祖廣溪君遺墨, 想像公平日志行之萬一. 廣溪君語畧曰: "余以郞寮拜佐郞公於秋曹旅館, 昵侍數月. 竊覵其動靜云爲, 口若不出言,

---

173 司馬……淸風 : 晉나라 宗室의 姓이 司馬이다. 司馬炎이 洛陽에 세운 나라가 西晉과 司馬睿가 建康에 세운 나라가 東晉이다. 晉나라가 망한 뒤에 벼슬하지 않고 栗里에 은거한 陶淵明에 비긴 것이다. 도연명은 저술한 글마다 반드시 年月을 기재하였는데 東晉 安帝의 연호인 義熙까지는 晉나라의 연호를 분명히 쓰고, 宋 武帝의 연호인 永初 이후는 연호를 쓰지 않고 干支만 씀으로써 자신이 진나라 신하임을 나타내었다. 그것은 그가 증조부 陶侃이 晉나라 때 재상을 지냈다는 이유로 후대에 몸을 굽히는 것을 수치로 여겼기 때문이다. 그래서 도연명을 세칭 靖節先生이라 불렀다. 『南史 권75 隱逸列傳』

174 南冥冥曺先生「四聲詩」: 四聲詩는 律詩이다. 『南冥集』本集에 「題玩龜亭」이란 제목의 칠언율시가 실려 있다.

身若不勝衣¹⁷⁵, 終日斂膝危坐, 講論經史, 修己治人, 最是自家下工地, 足跡一不到權貴之門, 儘君子人也." 噫! 是遺墨也. 晩始出於斷爛散藁中, 未及追錄於改撰時. 族人景時庸是憾, 以不肖爲廣溪君後孫, 要余以誌其事. 辭不獲, 盥手敬受, 敢推由來家庭聞知, 采實先賢公議. 盖公之卜築於永之陽虎溪上, 扁亭以玩龜, 其義取藏六¹⁷⁶, 葩乙巳禍故也. 于時, 文網¹⁷⁷乖打, 隱晦復仕, 便同李琴軒竄逃自見¹⁷⁸. 遂與吏判愼獨齋居寬¹⁷⁹結婚, 爲道誼交. 歲嘉靖癸丑卒. 配永陽崔氏, 都事叔强之女. 子宗慶獻陵參奉. 參奉配, 卽愼公女也. 若使公假年, 位稱其德, 命也夫! 捨猥僭, 附數語, 以俟後之立言君子云爾. 後學宗人鼎福撰.

175　口若……勝衣 : 몸가짐이 매우 恭謹하여 怯弱한 것처럼 보이고 말을 늘 謹愼하여 어눌한 것처럼 보일 정도라는 것이다. 周公이 부친 文王을 섬길 때에 너무도 공손하여 "몸은 옷을 이기지 못할 듯하고 말은 입 밖에 나오지 못할 듯했다.〔身若不勝衣, 言若不出口.〕"라고 하였다. 『淮南子 氾論』『小學 稽古』

176　藏六 : 거북의 異稱이다. 거북은 머리·꼬리·네 발 여섯 개를 거두어 등껍질 속에 감춘다. 여기서는 선비가 자신의 才德을 감추고 향리에 은거하는 것을 비유하였다.

177　網 : 저본에는 綱자로 되어 있는데, 오자로 판단하여 고쳤다.

178　李琴軒竄逃自見 : 琴軒은 李長坤의 호이다. 이장곤은 연산군 때 校理로 있다가 巨濟島로 귀양 갔다. 이장곤은 연산군이 자신을 죽일 것이라고 판단하여 咸興으로 도망갔다가 中宗反正이 일어나자 다시 조정으로 돌아와 벼슬이 兵曹判書에 이르렀다. 己卯八賢의 한 사람으로 일컬어진다.

179　愼獨齋居寬 : 愼居寬(1498~1564)의 호가 獨齋이다. 그는 자는 栗耳이고 본관은 居昌이며 시호는 恭簡이다.

부록

1. 순암선생 행장-황덕길-

順菴先生行狀-黃德吉-

선생은 휘(諱)는 정복(鼎福)이고, 자(字)는 백순(百順)이다. 성은
안씨(安氏)로 광주인(廣州人)이다. 시조 안방걸(安邦傑)이 고려에
벼슬하여 광주군(廣州君)에 봉(封)해지니, 자손들이 인하여 광주를
본관(本貫)으로 삼았다. 아조(我朝)에 들어와 좌참찬(左參贊) 성
(省)은 염리(廉吏)로 선발되었으며, 시호(諡號)는 사간(思簡)이다.
3대를 지나 호조판서 윤덕(潤德)에 이르면, 부원수(副元帥)로서 삼
포(三浦)의 왜노(倭奴)를 토벌하여 승리를 거두었으며, 시호는 익
헌(翼憲)이다. 또 3대를 지나 돈녕도정(敦寧都正) 황(滉)은 덕흥대
원군(德興大院君)의 사위로 호성공신(扈聖功臣)에 책봉(冊封)되었
으며, 증형조판서(贈刑曹判書) 광양군(廣陽君)이다. 또 2대를 지나
현감 시성(時聖)에 이르니, 선생에게 고조가 된다.

증조 신행(信行)은 빙고별검(氷庫別檢) 증사복시정(贈司僕寺正)
이다. 조부 서우(瑞羽)는 문학(文學)과 기절(氣節)로 청의(淸議)의
추중(推重)을 받았으나 일찍이 당류(黨流)의 방해와 배척으로 환로
(宦路)가 막혔으니, 식자들이 원우완인(元祐完人)에 비겼다. 관직은
울산부사(蔚山府使) 증예조참의(贈禮曹參議)이다. 부친 극(極)은 증
호조참판(贈戶曹參判) 광평군(廣平君)이며, 행의(行誼)로 사류(士
類)들에게 일컬어졌다. 모친 증정부인(贈貞夫人) 이씨(李氏)는 익령
(益齡)의 따님이고 효령대군(孝寧大君) 보(補)의 후손이다.

先生諱鼎福, 字百順, 姓安氏, 廣州人. 始祖邦傑, 仕高麗, 胙封於廣, 子孫因籍焉. 入我朝, 左參贊省, 選廉吏, 諡思簡. 歷三世至戶曹判書潤德, 以副元帥討三浦倭克之, 諡翼憲. 又三世敦寧都正滉, 德興大院君女壻也, 策扈聖勳, 贈刑曹判書廣陽君. 二世至縣監諱時聖, 於先生爲高祖. 曾祖諱信行, 氷庫別檢, 贈司僕寺正. 祖諱瑞羽, 文學氣節, 見重淸議, 嘗枳於黨流, 斥不用, 識者比之元祐完人[180], 官至蔚山府使, 贈禮曹參議. 考諱極, 贈戶曹參判廣平君, 以行誼稱於士類. 妣贈貞夫人李氏, 益齡之女, 孝寧大君補之後.

숙묘(肅廟) 임진년(1712, 숙종38) 12월 25일에 선생이 출생하였다. 선생은 천생(天生)으로 남다른 자질이 있어 어릴 때부터 영특하였다. 처음에 『소학(小學)』을 읽고 글뜻을 깨우쳐 번거롭게 가르칠 필요가 없었다. 이 때부터 매일 천백 자의 글을 기억하고 한 번만 글을 읽으면 곧바로 암송하였다.

13세 때 『서경』 '기삼백(朞三百)'의 주(註)를 보고 그 수리(數理)를 연역(演繹)하여 다음 해 달력을 만들었다.

----

180 元祐完人 : 北宋 때 강직하기로 이름난 劉安世(1048~1125)를 가리킨다. 元祐는 哲宗의 연호이다. 그는 司馬光의 舊法黨에 속하여 新法黨이 득세했을 때 오랫동안 귀양을 가고 갖은 박해를 받았다. 徽宗 때에 新法黨 梁師成이 집권하자 은둔하던 유안세에게 편지를 보내 자손을 위해서라도 관직에 나오라고 종용하였다. 유안세가 말하기를 "내가 자손을 위할 생각이 있었으면 이렇게 하지 않았을 것이다. 나는 30년 동안 조정의 權貴에게 한 줄의 글도 보낸 적이 없었다. 나는 元祐完人이 되어 사마광을 지하에서 뵙고자 한다." 라 하고는 그 편지를 돌려보내고 답장을 하지 않았다. 『宋史 권345 劉安世傳』 『宋名臣言行錄 後集 권12』 원우는 宋나라 哲宗의 연호이다.

조금 성장해서는 "선비가 한 가지 재예(才藝)로 이름을 이루어서는
안 된다."라 하고는 경사(經史)를 두루 읽고 제자백가(諸子百家)의
서책에 이르기까지 다 읽고 글뜻을 궁구하였다.

以肅廟壬辰十二月二十五日, 先生生. 生有異質, 幼而秀穎, 始讀小學書, 曉
文義, 不煩課敎. 自是, 日記千百言, 一過卽成誦. 十三歲, 見朞三百註, 演
其數, 造來歲曆. 少長嘗謂士不可以一藝成名, 遍覽經史, 旁及百家之流, 靡
不究其旨.

광주(廣州)의 덕곡(德谷)은 골짜기가 깊고 숲이 우거졌으며 산수
(山水)가 마을을 휘감아 도니, 은자(隱者)가 살 만한 곳이다. 게다
가 선대의 송추(松楸)가 있는 곳이라 선생은 드디어 이 마을에 터를
잡아 작은 집을 '菴' 자 모양으로 짓고 '순암(順菴)'이란 편액을 걸었
다. 이는 대개 '천하의 일은 오직 이치를 따르면 된다.〔天下之事, 惟
順理而已.〕'라는 뜻을 취한 것이다. 이후로는 과거 공부를 그만두고
오로지 고인(古人)의 학문에 전심(專心)하였다.

廣之德谷, 谷幽而林邃, 山水縈廻, 隱者可以盤旋, 且先代松楸地也. 先生遂
卜居搆小屋, 其制象菴字, 扁曰順菴, 盖取天下之事惟順理而已. 乃棄擧子
業, 專意古人之學.

영묘(英廟) 기사년(1749, 영조25)에 조정에서 선생의 이름을 듣고
천거하여 후릉참봉(厚陵參奉)에 제수하였는데 부임하지 않았다. 다
시 만녕전참봉(萬寧殿參奉)에 제수하자 비로소 나아가 사은(謝恩)

하였다.

신미년(1751, 영조27)에 의영고봉사(義盈庫奉事)로 승진하였다. 선생이 임기를 마치자 공인(貢人)들이 의영고 관사(官司)의 문에 거사비(去思碑)를 세웠으니, 세상 사람들이 경아문(京衙門)에서 예전에 없던 일이라고 하였다. 규례에 따라 정릉직장(靖陵直長)·귀후서별제(歸厚署別提)·사헌부감찰(司憲府監察)로 승진하였다.

갑술년(1754, 영조30)에 부친 참판공(參判公)의 상(喪)을 당하였다. 복(服)을 마친 뒤 가거(家居)한 지 거의 20년 동안 공부가 더욱 깊어졌고 저술이 점점 많아졌으며, 세상의 명리(名利)를 바라지 않고 유유자적하였다. 그 뒤에 제용감주부(濟用監主簿)·의금부도사(義禁府都事)에 누차 제수되었는데, 모두 병을 이유로 사양하였다.

英廟己巳, 朝廷聞先生名, 薦除厚陵參奉, 不赴, 復除萬寧殿參奉, 始出謝. 辛未, 陞義盈庫奉事, 貢人立去思碑于司門, 世稱京衙古未有也. 例陞靖陵直長·歸厚署別提·司憲府監察. 甲戌, 丁參判公憂, 服旣闋, 家居幾二十年, 造養益深, 著述漸富, 囂囂然自適也. 其後荐除濟用監主簿·義禁府都事, 皆以病辭.

임진년(1772, 영조48)에 익위사익찬(翊衛司翊贊)에 제수되자, 비로소 나아가 사은(謝恩)하였다. 이 때 정묘(正廟)는 저위(儲位)에 있었는데, 학문이 고명(高明)하여 진강(進講)하는 요관(僚官)들이 성의(聖意)에 부응하지 못하였다. 세자시강원빈객(世子侍講院賓客) 채제공(蔡濟恭)이 진언하기를,

"계방(桂坊 익위사의 별칭)은 박학(博學)한 선비이니, 고문(顧問)에

대비하게 하소서."

라 하였다. 『심경(心經)』을 강독하라고 명하였다. 선생이 아뢰기
를,

"『중용』 수장(首章)은 만세의 도학(道學)의 근원이니, 제왕(帝王)
이 천하를 다스리는 대법(大法)입니다. 그 중에서도 특히 '솔성(率
性)'한 구절이 가장 절실하고 긴요한 곳입니다. 계구(戒懼)하여
근본을 세우는 것은 존양(存養)의 일이요, 신독(愼獨)하여 기미를
살피는 것은 성찰(省察)의 일입니다. 천리(天理)를 확충하고 인욕
(人欲)을 알절(遏絶)하는 공부는 성정(性情)보다 더 긴절(緊切)한
것이 없기 때문에 이어 중화(中和)를 말한 것입니다. 중화란 것은
성정의 덕(德)입니다. 정(情)이 발하여 절도에 맞지 않으면 불화
(不和)하여 불선(不善)이 되니, 그러므로 이런 경우에는 반드시
극복하여 다스려야 합니다. 무릇 공부는 존양(存養)·성찰(省
察)·극치(克治) 이 세 가지에 지나지 않으니, 존양하여 성찰하고
성찰하여 극치하고 극치하여 다시 존양하여 끊임없이 순환하면서
잠시도 간단이 없어야 하니, 이것이 이른바 '솔성지도(率性之道)'
입니다."

라 하니, 동궁(東宮)이 칭찬하였다.

壬辰, 除翊衛司翊贊, 始出謝. 時, 正廟在儲位, 睿學高明, 進講僚官, 莫有
副聖意者. 賓客蔡濟恭進曰: "桂坊博學士, 請備顧問." 命講『心經』, 先生奏
曰: "『中庸』首章, 萬世道學之源, 帝王治天下之大法也. 率性一句, 尤爲要
切. 戒懼以立其本, 存養之事也; 愼獨以審其幾, 省察之事也. 擴充其天理,
遏絶其人欲, 則莫先於性情, 故繼言中和. 中和者, 性情之德也. 發不中節,

則不和而爲不善, 故須加克治之功. 凡工夫不過存養·省察·克治三者而已. 存而省, 省而克, 克而又存, 循環不已, 無一息之間斷, 是謂率性之道也." 東宮爲之稱賞.

선생이 또 진달하기를,

"고인(古人)이 말하기를, '아는 것이 어려운 것이 아니라 실행하는 것이 어렵다.'라 하였습니다. 서연(書筵)과 소대(召對)를 매일 열고 있으니, 군덕(君德)이 실로 이로 말미암아 성취될 것입니다. 그러나 강학(講學)만으로 그치면 체행(體行)에 미치지 못할까 염려됩니다. 일상생활의 언행을 돌아보아 체험이 어떠한가를 조찰(照察)해야 할 것입니다.

라 하니, 동궁이 이르기를,

"체행하기가 더욱 어렵다."

라 하였다. 선생이 이어 아뢰기를,

"제왕의 학문은 실로 문사(文辭)를 중시하지 않습니다. 『주역』에 '인문(人文)을 관찰하여 천하를 화성(化成)한다.'라 하였으니, 예악(禮樂)·형정(刑政)이 치평(治平)의 문장 아닌 것이 없습니다. 저하께서 만약 제왕의 문장에 마음을 두신다면 실로 신민(臣民)의 복일 것입니다."

라 하였다. 이 해 가을에 병으로 사직하고 향리로 돌아왔다.

先生復進曰: "古人云: '非知之艱, 行之惟艱.' 書筵召對, 輪日爲規, 君德寔由是成就. 然惟講學而止, 則恐未及體行, 顧日用云爲之間, 照察體驗之如何耳." 東宮曰: "體行爲尤難." 先生因奏曰: "帝王之學, 固不以文辭爲貴. 『易』

曰: '觀乎人文, 以化成天下.' 禮樂刑政, 無非治平之文也. 邸下若留心於帝
王之文章, 寔臣民之福矣." 是歲秋, 謝病歸.

계사년(1773, 영조49) 겨울에 위솔(衛率)에 제수되었다. 이듬해 봄,
서연(書筵)에 입참(入參)하여『성학집요(聖學輯要)』를 강독하였다.
"오만한 마음을 자라게 해서는 안 된다.〔傲不可長〕"는 절(節)에 이
르러 선생이 아뢰기를,

  "오만한 마음은 큰 흉덕(凶德)입니다. 이런 까닭에 네 가지 중 맨
  앞에 있는 것입니다. 진(秦)나라 이후로 군도(君道)는 날로 높아지
  고 신도(臣道)는 날로 낮아져서, 상하의 정의(情意)가 격조(隔阻)
  하였습니다. 이에 임금 된 이들은 늘 스스로 옳다고 여기는 병통이
  있어왔으니, 이는 모두 다 오만한 덕(德)입니다."
라 하니, 동궁이 얼굴빛을 고쳐 바로잡고 가납(嘉納)하였다. 동궁
이 묻기를,

  "퇴계(退溪)와 율곡(栗谷)의 이기설(理氣說)은 서로 다른데, 어느
  쪽이 옳은가?"
라 하니, 선생이 대답하기를,

  "율곡의 설은 바로 자득(自得)한 견해이고, 퇴계의 설은 주자(朱
  子)의 학설에 근본을 두어 연원(淵源)이 있습니다. 신은 퇴계의
  설을 따릅니다."
라 하였다.

癸巳冬, 除衛率. 翌年春, 入參書筵, 講『聖學輯要』, 至'傲不可長[181]'節, 先
生奏曰: "傲之爲凶德大矣. 是以, 居四者之先. 自秦以下, 君道日尊, 臣道

日卑, 上下之情意隔阻, 而爲人君者, 每有自聖之病, 皆傲德也." 東宮動容
嘉納之. 東宮問曰: "退溪・栗谷理氣說, 互有不同, 何者爲是?" 先生對曰:
"栗谷乃自得之見, 若退溪本於朱子, 有源委. 臣從退溪說."

동궁이 선생을 대할 때 예우(禮遇)가 다른 신하들과 달랐다. 이에
선생은 아는 것은 말하지 않는 것이 없었고 말을 말할 때는 뜻을 다
말하지 않음이 없었으며, 조용하고 완곡한 말투로 강론을 인하여
의리(義理)를 깨우쳤다. 동궁은 늘 자기를 비우고 선생에게 자문
(諮問)하였다. 이 해 가을에 사직하고 향리로 돌아왔다.

東宮待先生, 禮異諸臣. 先生知無不言, 言無不盡, 從容婉曲, 因講起義. 東
宮每虛己以諮之. 秋辭歸.

을미년(1775, 영조51)에 다시 익찬(翊贊)에 제수되었다. 12월에 동
궁이 대리청정(代理聽政)하면서 백관(百官)의 조참(朝參)을 받았
다. 이 때 선생은 시위(侍衛)에 입참(入參)하였고, 병으로 사직하고
향리로 돌아왔다.

乙未, 復除翊贊. 十二月, 東宮代理聽政, 受百官朝參. 先生入參侍衛, 因病

---

181 傲不可長 :『禮記』「曲禮」첫머리에 "오만한 마음을 자라게 해서는 안 되며,
 욕망을 풀어놓아서는 안 되며, 자기 뜻을 다 채워서는 안 되며, 즐거움을
 끝까지 다 누려서는 안 된다.〔傲不可長, 欲不可縱, 志不可滿, 樂不可極.〕"라
 하였다. 이 대목을 栗谷 李珥가『聖學輯要』에 수록하였다.

辭歸.

이듬해 병신년, 목천현감(木川縣監)에 제수되었다. 공은 부임하자 교화(教化)를 돈독히 하고, 기강(紀綱)을 바로잡고, 묵은 폐단을 제거하였다. 먼저 대명(大明) 태조황제(太祖皇帝)의 훈민육조(訓民六條)인 "부모에게 효순(孝順)하고, 웃어른을 존경하고, 이웃사람들과 화목하고, 자손들을 가르치고, 저마다 생업에 안주(安住)하고, 비위(非爲)를 저지르지 말라."로 약법(約法)을 삼고 아전과 백성들로 하여금 매월 초하루에 모여서 이를 읽게 하였으며, 혹 이를 따르지 않는 사람이 있으면 반드시 형벌로 다스렸다.

백성들에게 효유(曉諭)하여 권농(勸農)할 때에는 남녀가 좌우로 나뉘어서 일하여 서로 섞이지 없도록 하였다. 어떤 사람이 시행하기 어려울 것이라고 말하니, 선생이 말하기를,

"시행하여 습관이 되면 풍속이 절로 아름답게 될 것이다."

라 하였다.

丙申, 除木川縣監. 及上官, 敦教化正紀綱釐宿弊, 先以大明太祖皇帝訓民六條孝順父母·尊敬長上·和睦鄰里·教訓子孫·各安生理·無作非爲爲約式, 令吏民每月朔會讀約, 或有不率者, 必以刑齊之. 諭民勸農, 令耕耘者男女分左右, 勿使混雜. 或言其難行, 先生曰: "行而成習, 則俗自美矣."

그리고 사마소(司馬所)를 복원하여 고을 선비들을 모아 학업을 익히게 하였으며, 방역소(防役所)를 설치하여 편호(編戶)들의 부역을 견감하고 모두 늠봉(廩俸)을 지급하는 것으로 규례를 정하였다. 이

규례가 지금까지 이어져 와 읍규(邑規)가 되었다. 기해년(1779, 정조3)에 관직을 버리고 향리로 돌아가니, 백성들이 그 은혜를 잊지 못해 유애비(遺愛碑)를 세웠다.

遂復司馬所, 致邑士肄業, 設防役所, 蠲編戶侵役, 皆輸廩俸定條式, 至今傳爲邑規. 己亥, 棄官歸, 百姓追思之, 有遺愛碑.

정묘(正廟) 신축년(1781, 정조5)에 돈녕주부(敦寧主簿)에 제수되었는데, 상이 명하여 헌릉영(獻陵令)으로 고쳐 제수하였다. 이에 앞서 선생이 『동사강목(東史綱目)』을 찬술하였는데, 상이 명하여 한 본(本)을 등사해서 올리게 하고 선생으로 하여금 직재(直齋)에서 교정하여 내각(內閣)에 보관하게 하였다.

正廟辛丑, 除敦寧主簿, 命改獻陵令. 先是, 先生撰『東史綱目』. 上命謄進一本, 令先生校証於直齋, 藏內閣.

갑진년(1784, 정조8) 가을에 세자(世子)를 책봉하고 조정의 신하들에게 명해서 계방(桂坊)의 관원을 천거하게 하니, 선생이 익찬(翊贊)에 제수되었다. 선생은 사은(謝恩)한 후에 병을 이유로 사직하고 향리로 돌아왔다.

甲辰秋, 冊封世子, 命廷臣薦桂坊, 除翊贊, 謝恩後謝病歸.

기유년(1789, 정조13)에 서사(筮仕)한 지 40년이 된 관원에게 가자

(加資)하라는 명이 내려 선생은 관례에 따라 통정대부(通政大夫)로 승진하고 첨지중추부사에 제수되었다. 그 이듬해 경술년에 국가의 경사로 인해 전례에 따라 직질(職秩)이 올라 동지중추부사(同知中樞府事)에 제수되었으며, 광성군(廣成君)을 습봉(襲封)하였다.

己酉, 命筮仕四十年加資, 例陞通政, 除僉中樞. 庚戌, 以邦慶例陞秩, 除同中樞, 襲封廣成君.

신해년(1791, 정조15) 7월 계사(癸巳)에 정침(正寢)에서 졸(卒)하니, 향년 80세이다. 상례(喪禮)는 「송종록(送終錄)」에 정해 놓은 바를 따랐으니, 유명(遺命)이다. 부음이 들리자, 상이 전교(傳敎)하기를,

  "지난날 서연(書筵)에서 고문(顧問)할 때 계고(稽古)의 힘을 많이
  입었다. 이제 지금 졸하였다는 말을 들으니, 매우 애석하다."
라 하고, 특명을 내려 부의(賻儀)를 각별히 보내주게 하였다. 이 해 9월 병자(丙子)에 덕곡(德谷) 해좌(亥坐)의 둔덕에 안장하였다.

辛亥七月癸巳, 易簀于正寢, 享年八十. 喪禮用「送終錄」所定遺命也. 訃聞, 傳曰: "舊日冑筵, 顧問多藉稽古. 今聞卒逝, 殊用嗟惜." 特命別爲致賻. 九月丙子, 葬于德谷負亥之原.

금상(今上) 원년에 특별히 좌참찬(左參贊)을 추증하였다. 이 때 서학(西學)하는 무리들이 이미 주살된지라, 선생이 일찍이 사설(邪說)을 배격하여 학술(學術)이 오류를 바로잡았다고 대신(臺臣)이

아뢰어 이 명이 있었던 것이다.

今上元年. 特贈左參贊. 時, 西學黨旣誅, 臺臣奏先生嘗排邪說, 以正學術之謬, 有是命.

선생은 천자(天姿)가 온수(溫粹)하고 신채(神彩)가 정명(精明)하였으며, 도(道)로써 충양(充養)하여 덕기(德器)가 혼성(渾成)하였으며, 거동은 단아하고 말투가 온화하여 자연스러운 중에 절로 법도가 있는 듯하였다.

어릴 때부터 분연히 도(道)를 구하려는 뜻을 가졌다. 일찍이 『성리대전(性理大全)』을 보며 탐색하고 연구하여 많은 지식을 축적하느라 침식(寢食)을 잊기까지 하였다.

성호선생(星湖先生)이 퇴도(退陶) 이자(李子)의 학문을 사숙(私淑)하여 기전(畿甸)에서 강론한다는 말을 듣고 찾아가서 사사(師事)하였다. 성호선생이 선생을 한 번 보고 대기(大器)인 줄 알고 곧 자신이 알고 있는 성문(聖門)의 친절한 가르침을 말해 주었다.

先生天姿溫粹, 神彩精明, 充養以道, 德器渾成, 動止端雅, 辭氣和婉, 自然之中, 若有成法. 自少奮然有求道之志, 嘗見『性理大全』書, 探索紬繹, 多識以蓄之, 至忘其寢食焉. 聞星湖李先生私淑退陶李子之學, 講道於畿甸, 遂往師之. 李先生一見知其大器, 卽告以所聞聖門親切之旨.

성호선생이 일찍이 이자(李子)의 언행(言行)을 모아 편집해 놓고 미처 수정·윤색하지 못하였다. 성호선생이 선생으로 하여금 이 책을 증산(增刪)하게 하니, 선생이 『근사록(近思錄)』의 범례에 의거하여 찬정(撰定)하고 『이자수어(李子粹語)』란 이름 붙여 학문의 목표로 삼았다. 여기서 성호선생이 선생에게 도(道)를 전수한 은미한 뜻을 볼 수 있다 하겠다.

李先生嘗裒輯李子言行, 未及修潤, 令先生更爲增刪之, 乃定以近思錄例, 名之曰粹語, 以爲爲學之的. 盖見師門傳道之微意云.

당시에 문장과 학문에 뛰어난 선비들이 성호선생의 문하에 다 모여들었다. 독실(篤實)하기로 소남(邵南) 윤공(尹公) 같은 분과 정상(精詳)하기로 정산(貞山) 이공(李公) 같은 분들이 서로 의기투합하여 늘 함께 강론하고 서로 책선(責善)하였다. 혹 견해에 조금 서로 다르면 또한 반복 논변(論辨)하여 하나로 귀결되게 하였으니, 성대하게 건도(乾道)·순희(淳熙) 연간의 유풍(遺風)이 있었다.

當時文學之士, 咸萃李先生門下, 篤實如邵南尹公·精詳如貞山李公, 志同道合, 常以講論切偲爲事, 至或識見少異, 亦爲反覆論辨, 以一其歸, 蔚然有乾淳遺風.[182]

선생의 학문은 먼저 본원(本源)을 함양하되 특히 마음의 기미를 성

---

182 乾淳遺風 : 乾淳은 宋나라 孝宗의 乾道와 淳熙의 병칭이다. 이 시기에 朱熹·張栻·呂祖謙 등 학자가 활동하며 학문을 토론하였다

찰하는 데 정성을 다하였다. 학문사변(學問思辨)에 독실하고 시청언동(視聽言動)에 조심하여 박실(朴實)하고 평이하게 공부하였다. 그리하여 정미(精微)한 이치와 간약(簡約)한 경지에 이르러 밝고 드넓은 천도(天道)의 근원을 환히 보는 데 이르러서는 크게는 천지·음양의 운행과 작게는 조어(鳥魚)·동식물 등 품휘(品彙)와 멀리로는 고금의 치란(治亂)·인사(人事)의 변천과 가까이로는 은미한 성정(性情)과 일상생활의 동정(動靜)·어묵(語默)에 이르기까지, 우주 안 모든 사물의 소이연(所以然)의 이치와 소당연(所當然)의 법칙으로서 만 갈래로 다르면서 근본은 하나인 것을 해괄(該括)하고 관통하여 하나로 절충(折衷)하지 않은 것이 없었다.

先生爲學, 先涵養其本源, 尤致謹於省察之幾, 慥慥乎學問思辨[183], 兢兢乎視聽言動, 朴實地頭, 平平做去, 至其精義造約, 洞觀昭曠之原, 則大而天地陰陽之運, 細而飛潛動植之彙, 遠而古今治亂人事之變, 近而性情之微·日用動靜語默之著, 凡宇宙內事物所以然之理·所當然之則, 萬殊而一本者, 該攝洞貫, 無不得以折衷焉.

선생은 책에 있어서는 읽지 않는 것이 없지만 전공한 것은 『주자대전(朱子大全)』과 『주자어류(朱子語類)』 등 책이었다. 그 중에서도

---

183 學問思辨: 『中庸章句』 20章에 "널리 배우며, 자세히 물으며, 신중히 생각하며, 밝게 분변하며, 돈독히 실행하여야 한다.〔博學之, 審問之, 愼思之, 明辨之〕"라고 한 말을 축약한 것이다.

특히 『주자서절요(朱子書節要)』에 조예가 깊어, 평생토록 수용(受用)한 것이 이 책에서 발휘(發揮)하지 않은 것이 없었다. 일찍이 말하기를,

> "학자가 『주서(朱書)』를 읽어서 참으로 그 문 안에 들어갈 수 있으면, 천덕(天德)과 왕도(王道)의 전체(全體)·대용(大用)이 분명하게 그 안에 다 갖추어져 있을 것이다."

라 하였다. 또 『주자어류』의 전편(全編) 중에서 학문에 절실한 것을 뽑아 모아서 8책으로 만들고 이름을 『어류절요(語類節要)』라 하였다. 또 말하기를,

> "이 책은 주자(朱子) 문하의 『논어(論語)』이니, 『주자서절요』와 서로 표리(表裏)가 될 것이다."

라 하였다.

先生於書無所不讀, 專工在『朱子大全』·『語類』諸書, 而尤深於『節要』, 平生受用, 靡不自是書中發揮. 嘗言: "學者讀『朱書』, 苟能得其門而入, 則天德王道全體大用, 犁然畢具於其中矣." 又揀『語類』全編中切於學問者爲八冊, 名曰語類節要, 又謂: "是篇爲朱門之『論語』, 庶可與『書節要』相爲表裏."

선생은 특히 일상생활 중의 공부에 힘을 써서 「심잠(心箴)」·「구잠(口箴)」·「이잠(耳箴)」·「목잠(目箴)」·「수잠(手箴)」·「족잠(足箴)」의 육잠(六箴)과 「조명(朝銘)」·「주명(晝銘)」·「모명(暮銘)」·「야명(夜銘)」의 사명(四銘)을 지어 병풍과 벽에 새겨 놓았다. 그리고 또 '경직의방(敬直義方)' 네 글자를 목패(木牌)에 새겨 자리의 오른쪽에 걸어 놓았다. 선생이 병이 위중해졌을 때 시자(侍者)에게 명

하여 그 목패를 찾아다가 침석(寢席) 곁에 놓아두게 하였으니, 평소
에 어떠했는지를 알 수 있다.

先生尤用力於日用工程, 著心口耳目手足六箴·朝晝暮夜四銘, 銘諸障壁,
又刻敬直義方四字, 符揭座右, 及病革, 命侍者索置寢側, 其平日可知也.

집안에서는 부모를 섬김에 효성과 공경을 다하고 자제를 가르침에
예(禮)로써 이끌었다. 아우와 누이들이 이미 분가(分家)하였는데도
늘 사는 형편들을 헤아려 보살펴 주었으며, 친척과 인근 마을 사람
들 중에 혹시라도 곤궁한 사람이 있으면 반드시 힘이 닿는 대로 도
와주었다.
　생활은 소박하였고 늘 힘써 절검(節儉)하였다. 척박한 논밭 몇 마
지기에서 나는 소출이 적었으나 제사 지내고 손님을 접대하면서 궁핍
한 지경에 이르지 않은 것은 수입을 헤아려 지출하였기 때문이다.

居家, 事親盡誠敬, 教子弟 率以禮, 弟妹旣分居, 每稱其有無, 爲經理之,
親戚鄰比, 或有窮匱者, 必隨力賙恤之. 生事素薄, 常務爲節儉, 數頃石田,
歲入頗約, 而供祀禮賓, 不至窘乏者, 量入爲出也.

10대의 선영이 영장산(靈長山)의 남쪽에 있는데, 선생이 처음으로
제전(祭田)을 마련하고 선영 아래에 청사(廳事)를 건립하였다. 봄
가을로는 청사에서 제사를 지고, 10월 상일(上日)에는 조위(祧位)
에 합사(合祀)하였다. 또 선영 곁에 있는 후손이 없는 신위(神位)에
도 전(奠)을 차렸으며, 제사가 끝난 뒤에는 청사 앞에서 나이 차서

에 따라 앉아 음복하였다. 마침내 이렇게 하는 것이 정식(定式)이
되었다.

十世先塋, 在靈長山之南. 先生始營置祭田, 建廳事于塋下, 春秋將事於廳, 十
月上日, 合祀於祧位, 又設奠于旁塋無嗣之神, 祀訖, 燕毛於廳前, 遂爲定儀.
接人必有方, 少長各以其宜, 鄕鄰皆敬慕之, 一覩其儀範, 油然有敬服之心.

다른 사람을 접할 때는 반드시 법도가 있어 나이의 많고 적음에 따
라 적의(適宜)하게 대하였다. 이에 향리 사람들이 모두 경모(敬慕)
하여 한 번 선생의 의범(儀範)을 보면 경복(敬服)하는 마음이 뭉클
일어났다.

接人必有方, 少長各以其宜, 鄕鄰皆敬慕之, 一覩其儀範, 油然有敬服之心.

처음으로 덕곡사(德谷社)의 동약(洞約)을 결성하여 남전여씨(藍田
呂氏)의 고사(古事)를 준행하였고, 이택재(麗澤齋)를 건립하여 시
골의 학생들을 모은 다음 학약(學約)을 만들어 『소학(小學)』을 강
(講)하였으며, 해마다 향사례(鄕射禮)와 향음례(鄕飮禮)를 거행하
였다. 이에 겨우 몇 년이 지나자 향리의 풍속이 감화되었다.

始結德社洞約, 遵呂藍田古事, 建麗澤齋, 聚村學子, 設學約, 講『小學』, 歲
行鄕射鄕飮儀. 纔數年, 鄕俗化之.

일찍이 벼슬길에서 출처(出處)는 오로지 의리(義理)에 따랐으니, 의

리에 편안하면 아무리 소관(小官)이라 탐탁하지 않아도 말하기를,

"세상에 명색이 학자라는 이들이 반드시 제수하는 명에 응하지 않는 것을 고상하다고 여겨 한 관직을 사양하면 한 직질(職秩)이 오르곤 하니, 이는 겉으로는 염퇴(恬退)하는 듯하지만 속으로는 높은 관직에 빨리 오르고자 하는 것이다. 나는 그렇게 하는 것을 수치로 여긴다. 아무리 하찮은 미관말직(微官末職)이라도 오직 직분을 다 할 뿐이다."

라 하였다.

嘗於出處, 處之惟以義, 義之所安, 雖小官有所不屑曰: "世之以學名者, 必以不應除命爲高致, 辭一官而增一秩, 外似恬退, 內實躁進. 吾竊恥之. 雖抱關擊柝, 惟當盡其職而已."

관직에 재임할 때는 구차하게 벼슬에 머물려 하지 않아 뜻이 맞지 않으면 문득 몸을 거두어 속히 물러났다. 조정에 벼슬한 것은 내직(內職)으로는 양조(兩朝)의 계방직(桂坊職)이고, 외임으로는 호서(湖西)의 고을 수령을 한 차례 역임했으며, 그 나머지 관직은 한가한 관서의 산직(散職)을 역임하는 데 그쳤다. 이에 참으로 평소에 배운 바를 다 펼치기에 부족했으니, 선생의 경륜과 학문을 발휘하기 어려웠던 것이다.

만년에 이르러서는 초연히 초야로 물러나 마치 당세(當世)에 아무 뜻이 없는 것 같았다. 그러나 나라를 걱정하는 우국의 일념(一念)만은 항상 마음 속에 간절하여 관직에 있을 때나 향리로 물러나 살 때나 다르지 않았다.

及居官, 不爲苟容, 輒奉身亟退. 凡仕於朝, 內則兩朝桂坊, 外則一廛湖邑, 其他歷任閑曹散官而止, 固不可以展布所蘊, 則道其難行矣. 至晚年, 超然遠引, 若無意於當世. 然憂國一念, 常睠睠然, 不以用舍異也.

근세에 학술이 점차 쇠미해져 선비들이 가까이로는 훈고학(訓詁學)에 빠져들어 귀로 듣고는 곧바로 입으로 말하며, 멀리로는 신기한 학설에 빠져들어 상도(常道)에 어긋나니, 진실하게 실천하여 우리 유도(儒道)의 영역으로 나아가기에는 이미 모두 다 부족하였다.

　더욱 수준이 낮은 데 이르면, 하나는 문장학(文章學)이라 하고 하나는 공리학(功利學)이라 하니, 이는 그 말은 애초에 이치에 근본하지 않음이 없고 이치는 애초에 실사(實事)에 갖추어져 있지 않음이 없도록 추구(推究)하지 못하여 도(道)와의 거리가 더욱 멀다. 게다가 뒤를 이단(異端)의 학문이 일어났다.

近世學術漸衰, 爲士者近則溺於訓詁, 入耳而出口[184], 遠則流於新奇, 反道而倍經, 旣皆不足以眞實踐履, 能造吾儒之域. 至其愈下, 則一曰文章之學, 二曰功利之學, 旣未有推其言之未始不本於理, 理之未始不該於事, 而去道

184　入耳而出口 : 마음속으로 체득하려 하지 않고 들은 것을 곧장 남에게 말하여 자랑하는 얕은 학문으로,『荀子』「勸學」에 "소인이 공부하는 것을 보면, 귀로 듣고는 곧바로 입으로 내 놓는다. 입과 귀의 거리는 불과 네 치일 따름이니, 일곱 자나 되는 이 몸을 어떻게 아름답게 할 수가 있겠는가.〔小人之學也, 入乎耳出乎口. 口耳之間則四寸耳, 曷足以美七尺之軀哉.〕"라 한 데서 온 말이다.

益遠矣.[185] 又繼而異端者作.

선생은 늘 이러한 세상에서 사도(斯道)를 지키는 것을 자신의 임무로 여겼다. 그리하여 학문을 논할 때는 몸소 실행하고 마음에 자득(自得)하는 것을 종지(宗旨)로 삼으며 선유들의 학설을 따르고 지키는 것을 법문(法門)으로 삼았다. 그리하고 일을 논할 때는 털끝만한 차이에서 의리(義利)를 판별하고 천양지차의 간격에서 심적(心跡)을 판별하였다. 이단의 학설이 진리를 어지럽힐 경우에는 발본색원(拔本塞源)하여 반드시 바른 도리로 돌려놓고야 말았다. 이는 대개 세상을 근심하고 염려하는 마음이 심원(深遠)했기 때문이다.

先生常以斯世斯道之責爲己任, 論學則躬行心得爲宗旨, 循塗守轍爲法門, 論事則辨義利於毫釐之差, 判心跡於天壤之隔. 若異端之亂眞, 則亦爲拔本塞源, 必反經而後已. 蓋其憂之也深, 慮之也遠.

평소에 늘 하는 말은 반드시,

185 旣未……遠矣 : 朱熹가 친구 南軒 張栻에 대해 "熹嘗竊病聖門之學不傳而道術遂爲天下裂. 士之醇慤者拘於記誦, 其敏秀者衒於詞章, 旣皆不足以發明天理而見諸人事. 於是, 言理者歸於老佛, 而論事者騖於管商, 則於理事之正反, 皆有以病焉, 而去道益遠矣. 中間河洛之間, 先生君子得其不傳之緖而推明之. 然今不能百年而學者又失其指. 近歲乃幸得吾友敬夫焉, 而天下之士乃有以知理之未始不該於事而事之未始不根於理也."라 한 단락을 인용하였다. 『朱子大全 권89 右文殿修撰張公神道碑』

"공자(孔子) 문하에서 사람을 가르치는 도리는『논어』한 책에 갖추어져 있으니 하학(下學)의 공부에 실로 의거(依據)할 바가 있다. 비록 자공(子貢)과 같이 명민한 사람으로서도 성(性)과 천도(天道)는 공자로부터 들을 수가 없었다. 그런데 오늘날의 학자들은 하학의 실지(實地) 공부를 하찮게 여기고 한갓 성명(性命)과 이기(理氣)의 설(說)에만 마음을 쓰고 있다. 그러나 그들의 언행을 평소에 살펴보면 학문한 사람의 모양이 아니니, 이는 창기(倡妓)가 예(禮)를 외는 것과 무엇이 다르겠는가."
라 하였다.

其所雅言, 必曰："孔門敎人, 具於『論語』一書, 於下學實有依據. 雖以子貢之明敏, 性與天道, 不可得以聞也.[186] 今之學者不屑於下學實地, 徒役心於性命理氣之說, 夷考其言行, 未曾有爲學底貌樣, 與倡家之誦禮何異哉?"

성호선생이 일찍이 선생에게 이르기를,
"학문은 자득(自得)이 중요한 것이니, 꼭 선배들의 말에 얽매일 필요는 없다."
하니, 선생이 일어나서 대답하기를,
"나이 젊은 후생이 궁리(窮理)와 격물(格物)도 제대로 하지 못하고

---

186 雖以……聞也 : 子貢은 孔子의 제자 중에서 顔回 다음으로 총명하다는 평가를 받는다. 자공이 "夫子의 문장은 들을 수 있으나 부자께서 성과 천도를 말씀하시는 것은 듣지 못하였다.〔夫子之文章, 可得而聞也 ; 夫子之言性與天道, 不可得而聞也.〕"라 하였다. 『論語 公冶長』

의지와 사려도 확고하지 못하면서 약간의 소견이 생기면 곧바로 자기주장을 내세워, '고인(古人)도 몰랐다'라고 말하는 습성이 점차 자라면 이는 경박하고 부화(浮華)한 기상만 더할 뿐, 덕(德)을 쌓는 공부에는 도움이 되지 않을 것입니다."

하니, 성호 선생이 그 말을 듣고는 기뻐하면서 이르기를,

"신진배(新進輩)들의 증세에 맞는 약이 될 만다."

라 하였다.

李先生嘗謂先生曰: "學貴自得, 不必怎滯前人言議." 先生起而對曰: "後生少年, 窮格未到, 志慮未定, 而畧有所見, 便自執己意曰: '古人之所未知者.' 此習漸長, 徒益其輕浮躁淺之氣, 無益於進德之業." 李先生聞之喜曰: "可爲新進輩對症之劑."

성호선생이 『사칠신편(四七新編)』을 지어 퇴계(退溪) 이자(李子)의 이발기발론(理發氣發論)을 발명(發明)하면서 "'사단(四端)은 도심(道心)이고 칠정(七情)은 인심(人心)'이라고 한 퇴계의 설은 주자(朱子)가 마음으로 전한 요결(要訣)을 얻은 것이다. 그런데 후인들이 그 뜻을 모르고서 이론이 두 갈래로 나뉘는 폐단이 있게 되었다."라 하였다. 후일에 둔와(遯窩) 신공(愼公) 후담(後聃)이 주장하기를,

"'기가 따른다.[氣隨]'는 곳에서의 기는 마음에 속하고, '기가 발한다.[氣發]'는 곳에서의 기는 형기(形氣)에 속한다. 공정한 리(理)에서 나오는 칠정은 도심이 아닌 것이 없다."

라 하니, 성호선생이 『사칠신편』의 중발(重跋)을 쓰면서 이 설을

수록하였다. 이에 소남(邵南)이 극력 변석(辨釋)하자, 성호선생이 다시 중발을 삭제하였다.

李先生著『四七新編』, 發明李子理發氣發之論, 謂: "四端是道心, 七情是人心, 深得朱子傳心之訣. 後人不知其義, 至有歧貳之弊." 其後遯窩愼公後聃以爲: "氣隨之氣屬心, 氣發之氣屬形氣, 公理上七情, 莫非道心." 李先生作「新編重跋」以識之, 邵南辨之甚力, 李先生乃抹去重跋.

그 후에 정산(貞山)이 다시 신후담(愼後聃)의 설을 주장하면서 선생에게 질문하니, 선생이 말하기를,

"만약 희노(喜怒)가 바른 것을 '리발(理發)'이라고 한다면, 사단이 바르지 못한 것을 일러 '기발(氣發)'이라고 할 것입니까. 성인(聖人)의 희노는 발하여 절로 절도에 맞는 것이고, 군자의 희노는 발하여 절도에 맞게 하려고 하는 것이고, 일반 사람의 희노는 발함에 절도에 맞지 않은 것입니다. 따라서 비록 맞고 맞지 않음의 차이는 있을지라도 그것이 형기(形氣)에서 나온다는 점은 다를 바 없으니, 기발임은 의심할 나위 없습니다."
라 하였다.

貞山復主愼說, 質諸先生. 先生曰: "若以喜怒之得其正者, 謂之理發, 則其將以四端之不得其正者, 謂之氣發耶? 聖人之喜怒, 發而自中, 君子之喜怒, 發而求中, 衆人之喜怒, 發而失中, 雖有中不中之不同, 而其發於形氣則無異矣."

일찍이 일종의 의론(議論)이 명(明)나라 말엽 왕양명(王陽明)의 학
설을 주장하면서 "경(敬)은 선(禪) 쪽으로 흘러가기 쉽고 격치(格
致)는 구이지학(口耳之學)에 빠져들기 쉽다."라고 하였다. 선생이
앞장서서 배격하기를,

　"정자(程子)의 경(敬)에 힘을 써서 주일무적(主一無適)하되 정
　(靜)에 치우치지 않으며 주자(朱子)의 격물치지(格物致知)에 힘을
　다하여 경(敬)공부와 격물치지를 병행하여 기송(記誦)하는 말단
　(末端)에 떨어지지 않는다면 더할 나위 없을 것입니다. 그런데 하
　필이면 정주(程朱)의 문하생(門下生) 중에 학문을 잘하지 못한 자
　를 가지고 의심하지 않아야 할 데에 의심한단 말입니까."
라 하였다.

嘗有一種議論, 主張明季王學之說, 謂: "敬易流於禪, 格致易失於口耳." 先
生倡言排之曰: "用力於程子之敬, 主一無適而不偏於靜; 致功於朱子之格
致, 交修進德而不流於記誦, 斯已至矣. 何必以門下之不善學者致疑於不當
疑也?"

이 때 후진들 중에 정주의 학설에 이견(異見)을 제기하는 이들이 있
었다. 선생은 반드시 그들을 경계하기를,

　"정주는 후세의 성인이다. 만약 이와 다른 견해를 주장한다면 그
　말류의 폐단이 장차 아무 기탄(忌憚)없이 언동(言動)하는 소인(小
　人)이 되고 말 것이다."
라 하였고, 매번 학자들을 대할 때마다 군자유(君子儒)·소인유(小
人儒)라는 말로 경계하기를,

"자기 완성을 위한 위기지학(爲己之學)을 하는 사람은 군자이고, 남에게 보이기 위한 위인지학(爲人之學)을 하는 사람은 소인이다. 한 번이라도 남에게 보이기 위한 마음을 가지면, 숭상하는 것은 언론의 독실하고 외모의 근엄할 뿐 일삼는 바는 자신에게 아첨하고 남의 잘못을 들추어내는 것일 터이니, 결국은 명리(名利)를 꾀하는 사심(私心)을 벗어나지 못한다. 만약 눈을 밝게 뜨고 발을 굳게 디뎌 이 사심의 오솔길을 타파하지 못하면 반걸음의 어긋난 데서 크게 간특한 자가 되지 않을 사람이 거의 드물 것이다. 옛날에 허둔옹(許遯翁)이 이미 그 폐해를 깊이 말하였다."

라 하였다.

是時, 後進有立異於程朱說者. 先生必戒之曰: "程朱是後來聖人. 若於斯歧異, 其流之弊, 將入於無忌憚[187]矣." 每對學者, 輒以君子小人儒[188]爲戒曰: "爲己曰君子, 爲人曰小人.[189] 一有爲人底心, 則所尙者論篤而色厲[190], 所事

---

187 無忌憚 : 『中庸章句』 2장에 "군자가 중용을 하는 것은 군자이면서 때에 맞게 하기 때문이요, 소인이 중용을 반대로 함은 소인이면서 기탄이 없기 때문이다.〔君子之中庸也, 君子而時中; 小人之反中庸也, 小人而無忌憚也.〕"라 한 데서 온 말이다.

188 君子小人儒 : 小人儒는 孔子가 제자 子夏에게 "너는 군자 선비가 될 것이요, 소인 선비가 되지 말라.〔女爲君子儒, 勿爲小人儒.〕"라 하였다. 名利를 구하는 선비이다. 『論語 雍也』

189 爲己……小人 : 名利와 같은 남에게 보이기 위한 것을 추구하는 爲人之學과 참된 자기 완성을 위한 爲己之學의 구분을 구분한 것이다. 孔子가 "옛날 학자들은 자기를 위한 학문을 하였는데, 지금의 학자들은 남에게 보이기 위한

者佞己而訐人, 要其歸則不越乎干名媒利之私. 若不能明着眼牢着脚, 打過
此一蹉, 則踏步之蹉, 不爲大姦慝者幾希. 昔許遜翁已深言其弊爾."

또 과거(科擧)의 폐단을 논하기를,

"주(周)나라 때 향거이선(鄕擧里選)의 제도가 변하여 진사시(進士
試)의 제도가 시행되면서 선비들이 모두 실제의 행실을 돌아보지
않은 채 오로지 문사(文詞)만을 숭상하여 글을 보내어 자신의 재주
를 자랑하고 유사(有司)에게 자신을 써달라고 요구하였다. 이에
조정에서 얻은 사람은 대부분 홍도악가(鴻都樂賈)와 같은 자들이
라 마침내 사습(士習)이 허위를 일삼고 인재들이 배출되지 못하여
만고(萬古) 캄캄한 밤중이 되고 말았다."

라 하였으며, 또 속학(俗學)의 폐단을 논하기를,

"천하의 의리는 하나에 근본을 두거늘 후세에는 시대를 따라 각각
달라져 한 자를 굽혀 한 길을 펴고 위험한 짓을 하여 요행을 바라니,
이는 이른바 호광(胡廣)의 중용(中庸)이지 성문(聖門)의 진정한
의리가 아니다. 지금 천주학의 폐해는 노씨(老氏)와 불씨(佛氏)보

학문을 한다.〔古之學者爲己, 今之學者爲人.〕"한 데서 유래하였다. 「論語
憲問」

190 論篤而色厲 : 공자가 "언론만 독실한 이를 허여한다면, 그 사람은 군자다운
자이겠는가, 얼굴만 근엄한 자이겠는가?〔論篤是與, 君子者乎? 色莊者乎?〕"
라 하였고, 또 "얼굴색은 위엄이 있으면서 마음은 유약한 것을 소인에 비유하
면 벽을 뚫고 담을 넘는 도적과 같다.〔色厲而內荏, 譬諸小人, 其猶穿窬之盜
也與!〕"라 하였다. 『論語 先進 陽貨』

다도 더 심하고, 속학의 폐해는 천주학보다도 더 심하다."
라 하였다.

其論科學之弊, 則曰: "成周鄉擧里選[191]之制變, 而進士之試行, 士皆不顧實
行, 專尙文詞, 投牒自衒, 求售有司. 所得率皆鴻都樂賈[192]之流, 竟使士習
虛僞, 人材汨喪, 萬古如長." 其論俗學之害, 則曰: "天下之義理, 本於一,
而後世隨時各異, 枉尺直尋, 行險僥倖. 此所謂胡廣之中庸[193], 非聖門眞正

<hr />

191 鄉擧里選 : 周나라 때 鄉마다 鄉大夫를 두고 鄉三物, 즉 六德·六行·六藝로
　　 인재를 가르치고 3년 만에 성적이 우수한 사람을 선발하여 중앙 정부로 올려
　　 보내는 제도이다. 『周禮 地官 大司徒』

192 鴻都樂賈 : 賈는 혹 江의 오자가 아닐까 생각한다. 鴻都는 鴻都門學으로 後漢
　　 靈帝 光和 원년(178) 2월에 설치되었다. 州郡 및 三公의 추천을 받아 문장과
　　 글씨 능한 학생들을 모집하였다. 영제가 經學보다 문학을 좋아하여 이들을
　　 총애했다. 그래서 이들이 刺史나 太守로 나가기도 하고 尙書와 侍中이 되기
　　 도 하니, 당시 士人들은 이들을 '鴻都群小'라 부르면서 이들과 함께 서는
　　 것을 수치로 여겼다. 『後漢書 권8 靈帝紀』
　　 한편 영제가 尙方에 명하여 홍도문학 樂松(악송)과 江覽 등 32인의 초상화를
　　 그리고 贊을 지어서 학자를 권면하려 하니, 尙書令 陽球가 극력 반대하고
　　 홍도문학을 혁파할 것을 건의하는 奏文을 올렸으나 받아들여지지 않았다.
　　 『後漢書 권77 陽球傳』

193 胡廣之中庸 : 胡廣之中庸 : 後漢 때 재상 胡廣은 자가 伯始이다. 그는 조정에
　　 서 벼슬하면서 조정의 制度와 事體에 매우 밝았다. 여섯 임금을 섬기는 동안
　　 융숭한 예우를 받았으나 임기응변에 능했을 뿐 직언을 하지 않아 세상 사람
　　 들이 "만사가 다스려지지 않으면 백시에게 물으라. 천하의 중용인 호광이
　　 있다오.[萬事不理問伯始 天下中庸有胡廣]"라고 하였다. 『後漢書 권44 胡廣
　　 列傳』

義理. 今則天學之害, 甚於老佛; 俗學之害, 甚於天學矣."

이에 앞서서 서양의 서적이 연경(燕京)으로부터 우리나라로 마구
들어와 정도(正道)를 해칠 조짐이 크게 있었다. 이에 선생은 천학고
(天學考)와 천학문답(天學問答)을 지어 본말(本末)을 궁구하고 시
비(是非)를 판별하여 배척한 것이 매우 분명하였다. 이에 선생에게
배우던 사람들도 왕왕 선생을 배반하고 떠나니, 인심이 더욱더 무
너지고 비방이 떼 지어 일어났다.

그런데도 선생은 더욱 준엄하게 천주학을 물리쳐 공정한 마음으로
호오(好惡)에 치우지지 않고 더욱 분명히 변석하되 지나치게 과격한
데 이르지 않았다.

先是, 西洋書自燕肆闖入東方, 大有害正之漸. 先生著『天學考』・「天學問
答』, 究源委証是非, 闢之廓如也. 于時, 從學者往往有叛去, 人心益壞, 謗
議朋起. 先生距之愈嚴, 而爲能其愛惡, 辨之益明, 而不至於矯激.

공은 말하기를,

"도가(道家)에서 노군(老君)을 존경하는 것과 석씨(釋氏)가 석가
(釋迦)를 존경하는 것과 서양 사람들이 야소(耶蘇)를 존경하는 것
은 그 이치가 다 같습니다. 서학(西學)은 뒤에 나왔으면서도 도가
와 석씨보다 더 높은 자리를 차지하고 싶어 무상(無上)의 천주(天
主)를 내세워 제가(諸家)들로 하여금 아무 소리도 못하게 하니,
그 계책이 교묘하다.

우리 유가(儒家)에서 상제를 섬기는 도리로 말하면 상제가 내려

주신 성품, 천명(天命)의 성품은 모두 다 하늘에서 받아 스스로 가지고 있는 것입니다. 『시경』에 "상제가 네 곁에 계시니 네 마음에 의심을 두지 말지어다."라 하였고, "상제를 대한 듯이 하라."라 하였고, "천명(天命)을 두려워하라."라 하였으니, 이는 모두 우리 유자(儒者)들의 계구(戒懼)·근독(謹獨)의 공부로 상제를 높이 섬기는 도리가 아님이 없습니다. 서양 사람들이 상제를 자기들의 사주(私主)로 삼아 밤낮으로 기도하여 지은 죄과(罪過)를 용서받고자 하니, 이는 불가(佛家)의 참회와 무엇이 다르겠는가.

유가의 성인(聖人)은 괴력난신(怪力亂神)을 말하지 않았으니. 만약 괴력난신을 말하여 마지않으면 그 말류의 폐단은 장차 온 세상 사람들을 환망(幻妄)의 영역에 몰아넣고 인심을 선동할 것이다. 그리하여 후세에는 이른바 연사(蓮社)·미륵(彌勒) 같은 무리들이 꼬리를 물고 일어날 것이니, 작용(作俑)의 죄를 반드시 받게 될 것이다.

더구나 지금은 당의(黨議)가 분열되어서 피차간에 서로 틈을 엿보고 있으니, 혹시 어떤 사람이 상대편을 일망타진할 계책을 세우면 천당의 즐거움을 멀고 이 세상의 화(禍)가 먼저 닥칠까 염려된다."라 하였다.

그 후 선생이 세상을 떠난 지 겨우 몇 달이 못 되어 이언(異言)을 하는 자를 주벌(誅罰)한다는 나라의 금령(禁令)이 내렸고, 그 후로 사옥(邪獄)이 연이어 일어나 천주학을 하는 무리들이 차례차례 형장으로 나아갔으니, 이 때에 이르러 사람들이 비로소 선생의 선견지명에 탄복하였다.

其言曰: "道家尊老君, 佛氏尊釋迦, 西士尊耶蘇, 其義一也. 西學後出, 欲高於二氏, 托言於無上之天主, 使諸家莫敢誰何, 其意巧矣. 吾儒言上帝降衷・天命之性, 皆禀於天者也. 曰上帝臨汝, 曰對越上帝, 曰畏天命, 無非戒愼謹獨之工而尊事上帝之道也. 彼以上帝爲私主, 晝夜祈懇, 求免罪過, 何異於佛家之懺悔乎? 聖人不語怪神[194], 若語之不已, 其流之弊, 將擧一世歸幻妄之域, 人心煽動, 後世所謂蓮社[195]彌勒[196]之徒, 必將接跡而起. 作俑[197]之罪, 必有所歸. 況此黨議分裂, 彼此伺釁, 設有人爲網打之計, 則竊恐天堂之樂遠, 而世禍來逼矣." 先生歿甫數月, 邦禁作異言者誅. 其後邪獄繼起, 其徒次第就戮. 於是, 人始服其先知.

---

194 聖人不語怪神 : 『論語』「述而」에 "공자는 괴이한 것과 용력에 관한 것과 悖亂한 것과 귀신에 관한 것을 말씀하지 않으셨다.〔子不語怪力亂神〕"하였다

195 蓮社 : 元나라 때 欒城 사람 韓山童 부자가 흰 연꽃이 핀 것을 가지고 彌勒佛이 강림하였다고 하면서 만든 白蓮敎를 가리킨다. 백성을 유혹하여 크게 세력을 떨치고 난리를 일으켰다. 이것이 紅巾賊의 난리이다. 『明史 권122』

196 彌勒 : 彌勒은 彌勒敎이다. 宋나라 仁宗 때 王則(?~1048)이 貝州 宣毅軍의 하급 장교로서 彌勒敎를 만들었고, 慶歷 7년(1047)에 그 州의 장교들과 미륵교 신자들을 규합하여 난을 일으켜 자칭 東平郡王이라 하였다. 이듬해 조정에서 파견한 文言博 등에 의해 난은 평정되고 王則은 서울로 압송되어 처형되었다. 『宋史 권313 文彦博傳』

197 作俑 : 俑은 葬事에 부장물로 사용하는 목각 인형이다. 그런데 이 목각 인형을 부장하면 후세에는 사람을 부장하게 될 것이라는 뜻에서 좋지 못한 선례를 뜻하는 말로 쓰인다. 맹자가 "仲尼가 말씀하시기를 '처음 용을 만든 자는 아마 후손이 없을 것이다.' 하였으니, 이는 사람을 형상하여 장례에 사용하였기 때문이다.〔仲尼曰: '始作俑者, 其無後乎! 爲其象人而用之也.'〕"라 한 데서 온 말이다. 『孟子 梁惠王上』

선생의 문하에는 원근에서 종유하는 이들이 번갈아 와서 문업(問業)하였다. 선생은 반드시 차서에 따라 인도하고 부드러운 얼굴로 친근하게 가르쳐주어, 그들이 재기(材器)의 심천(深淺)에 따라 저마다 얻는 바가 있도록 하고 긴절하게 사람을 위해 가르침을 주어 도의(道義)의 문으로 들어갈 수 있도록 하였다. 문인(門人) 황덕일(黃德壹)이 찾아가 배움을 청하니, 선생이 말하기를,

"주자(朱子)를 배우고자 하면 먼저 퇴계(退溪)를 배우라."

하고, 이어 『이자수어(李子粹語)』를 주면서 말하기를,

"공맹(孔孟)의 말은 왕조(王朝)의 법령(法令)과 같고, 정주(程朱)의 말은 엄한 스승의 칙려(勅勵)와 같고, 퇴계의 말은 인자한 아버지의 훈계와 같다. 따라서 사람들을 감발(感發)할 것은 이 책이 더욱 절실하니, 나는 이 책을 받은 바가 있다."

라 하였다.

先生之門, 遠近從游者, 迭來問業. 先生必循序誘掖, 色笑可親, 隨其材器淺深, 充然各有得, 要以喫緊爲人, 可以入於道義之門. 門人黃德壹請業. 先生曰: "欲學朱子, 先學退溪." 因授以『粹語』曰: "孔孟之言, 如王朝之法令; 程朱之言, 如嚴師之勅厲; 退溪之言, 如慈父之訓戒. 其感發於人者, 是書爲尤切, 吾有所受矣."

신해년 봄에 내가 가형(家兄)을 따라서 중강(中江)으로부터 가는 길에 선생을 배알하였다. 선생은 막 『대학』을 보고 있던 터라 책상 위에 『대학』이 펼쳐져 있었다. 선생이 『대학』을 가리키면서 이르기를,

"벽두의 '명명덕(明明德)'이 바로 이 책 첫머리의 제일의(第一義)이다. 종전에는 진실로 이 대목을 통투(通透)하지 못한 점이 있었는데, 요즘에는 한 차례 볼 적마다 문득 마음으로 이해되는 것이 있다. 그러나 이는 언어로 말해줄 수 있는 것이 아니다. 모름지기 자기 자신이 묵묵히 알고 체인(體認)해야 한다. 옛날에 정자(程子)가 매번 중니(仲尼)와 안자(顔子)가 즐겼던 바에 대해 말하면서 또한 조금 말하기만 하고 다 설명해 주지 않았던 것이 대개 이 때문이었다."

라 하였다. 당시에 선생은 이미 고령인데도 오도(吾道)에 대한 신념이 더욱 독실하여 공부하고 가르치는 데 싫증을 내지 않으면서 노년에 이르는 줄도 몰랐으니, 참으로 후세의 요부(堯夫)가 아니면 누가 선생을 알 수 있으리오.

辛亥春, 德吉從家兄自中江歷拜於先生. 先生方看大學, 展在案上, 因指示曰: "劈初頭明明德, 是開卷第一義. 從前儘有見未透, 近日每繙閱一遍, 輒有會心處. 然匪言語所能喻者, 須是自家默會而體認之. 昔程子每言仲尼顔子樂處, 亦引而不發[198], 盖以此也." 時, 先生年旣耄矣, 信道彌篤, 不倦不

---

198 程子……不發 : 程顥가 스승 周敦頤에게 배울 때를 회상하면서 "예전에 周茂叔에게 배울 때 늘 중니와 안자가 즐거워한 것이 그 즐거워한 바가 무엇인지 찾게 하였다.〔昔受學於周茂叔, 每令尋仲尼顔子樂處所樂何事.〕"라고 하였는데, 이에 대해 朱熹는 "나를 살펴보건대 정자의 말은 引而不發하니, 대개 학자로 하여금 깊이 생각하여 자득하게 한 것이다.〔愚按程子之言, 引而不發. 盖欲學者深思而自得之.〕"라 하였다. 중니와 안자의 즐거움이란 安貧樂

厭, 不知年數之不足, 苟非後世之堯夫[199], 其孰能知之?

선생의 저술로 말하자면 『하학지남(下學指南)』은 선생이 평소 공부의 문로(門路)였고, 『내범(內範)』은 규중에서 시행한 것이었고, 『희현록(希賢錄)』은 천고의 옛사람들과 벗한 것이었고, 『가례집해(家禮集解)』는 예학(禮學)의 기반이었고, 『동사강목(東史綱目)』은 필삭(筆削)의 뜻을 붙인 자양(紫陽) 주부자(朱夫子)의 『자치통감강목(資治通鑑綱目)』의 유법(遺法)이다.

『시명물고(詩名物攷)』・『홍범연의(洪範演義)』・『잡괘설(雜卦說)』・『소학강의(小學講義)』・『사감(史鑑)』・『열조통기(列朝通紀)』・『임관정요(臨官政要)』・『광주지(廣州志)』・『목주지(木州誌)』 및 문집(文集) 약간 권에 이르러서는 논술(論述)한 것이 의리(義理)에 근본을 둔 경사(經史)를 경위(經緯)로 삼아 여유롭고 두루

道의 道가 무엇인지로 사색하여 터득하게 했다는 뜻이다. '引而不發'은 맹자가 "군자는 활을 당기고 쏘지 않으나, 躍如하여 중도에 서 있으면 능한 자가 따른다.〔君子引而不發, 躍如也, 中道而立, 能者從之.〕"라 한 데서 온 말이다. 이는 사람을 가르칠 때 학문하는 방법만 가르쳐 주고 터득하는 妙理는 가르쳐 주지 않는 것이 마치 활을 쏘는 사람이 활을 당기기만 하고 화살을 발사하지 않는 것과 같다고 한 것이다. 『孟子集註 盡心上』

199 後世之堯夫 : 堯夫는 北宋의 학자 邵雍의 자이다. 邵雍이 『皇極經世書』를 저술해 놓고 책 표지에 "요부가 요부에게 드린다.〔堯夫呈上堯夫〕"라 썼다고 고사에서 온 말이다. 『朱書百選 答陳同父(보) 頭注』 이는 자기의 저서가 난해하여 당세에는 아는 사람이 없을지라도 후세에 자기와 같은 사람이 나면 반드시 알 것이라는 말

방통(旁通)하니, 모두 후학(後學)의 모범이 될 만하다.

若其著述,『下學指南』平生用功門路也,『內範』行諸閨梱者也,『希賢錄』尙
友千古[200]者也,『家禮集解』禮學之基址也,『東史綱目』寓之筆削, 紫陽之遺
法也. 至於『詩名物攷』·『洪範演義』·『雜卦說』·『小學講義』·『史鑑』·『列
朝通紀』·『臨官政要』·『廣州誌』·『木州誌』及文集若干卷, 其論述者, 根
柢義理, 經經緯史, 紆餘溫潤, 曲暢而旁通, 皆可爲後學則也.

아아! 우리 동방은 예로부터 인현(仁賢 기자(箕子))의 교화를 입어
울연히 문헌(文獻)의 나라가 되었다. 신라(新羅)와 고려(高麗) 시
대 이래로 문학(文學)과 경술(經術)의 선비로 왕왕 일컬을 만한 이
들이 있었으나 연원(淵源)이 바르고 체(體)·용(用)을 다 갖추어
사문(斯文)을 떠맡아 뚜렷이 드러난 이는 대개 드물었다. 오직 우리
퇴계부자(退溪夫子)만이 멀리 고정(考亭)의 도통(道統)을 이었고,
성호선생만이 퇴계부자의 통서(統緒)에 곧바로 접하여 도학(道學)
의 전수에 근원이 있다. 선생은 이미 성호에게 절차탁마(切磋琢磨)
를 받았고, 모범을 삼는 바는 오직 퇴계에 있었으니, 그 연원을 거
슬러 올라가면 원하는 바는 주자를 배우는 것이었다.

---

200 尙友千古 : 책을 읽으면서 古人을 만나는 것이다. "천하의 선비들과 사귀는
것으로도 만족하지 못하여 다시 위로 올라가 古人을 논하는 것이니, 이는
위로 고인을 사귀는 것이다.〔以友天下之善士爲未足, 又尙論古之人; 頌其詩
讀其書, 不知其人, 可乎? 是以, 論其世也; 是尙友也.〕"한 데서 온 말이다.
『孟子 萬章下』

정도(正道)를 보위하며 사설(邪說)을 배격하고 선성(先聖)의 법을 밝힘으로써 사람들을 인도하여 이적(夷狄)과 금수의 지경으로 빠져들지 않게 한 것은 그 누구의 힘이겠는가.

嗚呼! 我東邦古被仁賢之化, 蔚爲文獻之域, 羅麗以來, 文學經術之士, 往往可述. 若論其淵源之正·體用之全, 主張斯文之任, 章章較著者盖鮮矣. 惟吾退溪夫子遠紹考亭之統, 星湖先生直接退溪之緖, 道學之傳, 有自來矣. 先生切磋琢磨, 旣承於星湖, 楷模準繩, 惟在於退溪. 若溯其源頭, 則所願學朱子也. 至於衛正道闢邪說, 明先聖之法而道之, 使斯世之人, 不迷於夷狄禽獸之域者, 其誰之功歟?

예전에 양명(陽明)의 학설이 유행하자 퇴계가 처음으로 난적(亂賊)을 배격하였고, 태서(泰西)의 서적이 들어오자 성호선생이 먼저 그 요망함을 배척하였으며, 그 전통이 이어져서 선생에 이르러 더욱 밝아졌으니, 이 세 분의 도(道)는 하나이다. 퇴계의 도는 선생을 기다려서 이어지고 성호의 학문은 선생을 얻어서 드러났으니, 선생의 성대한 덕과 큰 업적은 선유(先儒)들을 집대성했다고 할 만하다.

昔陽明之說行, 而退溪始闢其亂賊, 泰西之書出, 而星湖首斥其幻妄, 繼繼傳述, 至先生而益明, 其揆一也.[201] 退溪之道, 待先生而傳, 星湖之學, 得先

---

201 其揆一也 : 맹자가 舜과 文王을 말한 다음 "앞 성인과 뒤 성인이 그 헤아림이 같다.〔先聖後聖, 其揆一也.〕"라 하였다. 이는 성인들은 그 道가 서로 같다는

生而著. 先生盛德大業, 可謂集羣儒之成矣.

정부인(貞夫人) 창녕성씨(昌寧成氏)는 학생(學生) 성순(成純)의 따님이다. 시부모를 섬기고 제사를 받들고 손님을 접대함에 있어 일찍이 남편의 뜻을 어기지 않았다. 선생이 계방(桂坊)에 천거되자, 부인이 말하기를,

"우리 집은 본래 선비 집안이라 관직의 영화를 모르니, 농사에나 힘써서 조석의 끼니나 이어가면 그만입니다."

라 하였다. 선생보다 14년 먼저 세상을 떠났고, 선생의 묘소와 합장하였다.

1남 2녀를 낳았다. 아들 경증(景曾)은 진사(進士)로 문행(文行)이 있어서 사람들이 선생이 훌륭한 아들을 두었다고 칭찬했는데, 불행히도 일찍 죽었다. 딸은 권일신(權日身)에게 출가하였다.

경증은 2남 4녀를 두었다. 아들은 진사 철중(喆重)·필중(弼重)이고, 딸은 남영(南泳)·이기성(李基誠)·권명(權佲)·한치건(韓致健)에게 각각 출가하였다.

철중은 5녀를 두었으니, 박은회(朴殷會)·이정태(李庭泰)·이규채(李圭采)에게 각각 출가하였고, 나머지는 어리다. 필중은 3남 1녀를 두었는데, 모두 어리다.

권일신은 3남을 두었으니, 상학(相學)·상명(相命)·상문(相問)이며, 1녀는 어리다.

말이다.

貞夫人昌寧成氏, 學生純之女, 事舅姑, 奉祀享, 供賓客, 未嘗違夫子意. 先
生薦桂坊. 夫人曰: "吾家儒素, 不識軒冕之榮, 不如服田力穡, 以救朝晡之資
而已." 先先生十四年而卒, 合窆先生墓. 生一男二女, 男景曾進士, 有文行,
人稱先生有子, 不幸早卒. 女適權日身. 景曾二男四女, 男喆重進士・弼重.
女南泳・李基誠・權佫・韓致健. 喆重有五女, 朴殷會・李庭泰・李圭采,
餘幼. 弼重有三男一女, 并幼. 權日身有三男, 相學・相命・相問, 一女幼.

선생이 우리 후학(後學)을 버리고 돌아가신 지 이미 10년이 지났는
데, 아직 선생의 언행을 기록한 것이 없다.

내가 선생에게 학문을 배운 지 오래라는 이유로 철중이 나로 하여
금 선생의 행장을 짓게 하였다. 나는 선생의 집과 3대에 걸친 통가(通
家)의 친교가 있으며, 선생은 나의 선친과 도의(道義)의 친교가 있었
다. 나 또한 가형(家兄)을 따라 선생의 문하에 들어가서 가르침을
받은 것이 거의 20년이었으나 몹시 우루(愚陋)한 탓에 식견은 얕고
글은 서툰지라 이 일을 감당할 수 없었다. 그래서 누차 사양하였으나
허락을 받지 못하였다. 또 의리상 감히 사양할 수 없는 점이 있으니,
예전에 삼가 듣건대, "지향(指向)할 바를 모르면 누가 그것이 공(功)
이 되는 줄을 알겠으며, 이를 바를 알지 못하면 누가 그것이 명언(名
言)이라는 것을 알겠는가."라고 하였다. 이 세상에는 군자를 알아보
는 지혜를 가진 사람이 적은 법이다. 그러므로 포좌승(蒲左丞)은 명
경(名卿)이었는데도 지문(誌文)을 지으면서 글을 비루하게 쓴 실수
가 있었고, 여거인(呂居仁)은 현사(賢士)였는데도 가전(家傳)을 지
으면서 가까운 데서 어긋나게 서술하였다.

요옹(了翁)은 그 당시 안자(顏子)와 나란한 사람이 누구인지 알지

못하였지만 다행히 책심문(責沈文)을 지어 지금까지도 아름다운 일이라 일컬어진다. 이런 사람들보다 한 등급 아래인 나 같은 사람은 참으로 선생의 문장(門牆)에 들어가지 못했으니, 선생의 아름답고 성대한 인품과 학덕(學德)을 말할 수가 있겠는가.

先生棄後學, 已十閱歲, 未有記其言行. 喆重謂德吉承學久, 使之屬筆. 德吉於先生, 三世通家, 先生與先君子爲道義交, 德吉亦從家兄後, 幸及門下, 蒙被敎育, 殆二十年. 愚陋益甚, 識淺辭拙, 不足以任其責矣, 累辭不獲. 且義有不敢辭. 昔者竊聞之, 不知所向, 孰知其爲功? 不知所至, 孰知其名言? 世之智足以知君子者寡焉. 故蒲左丞名卿也, 誌而失之陋[202]; 呂居仁賢士也, 傳而違於近[203], 了翁不識幷世顏子, 幸而責沈文, 至今說其美事[204]. 況

<hr />

202 蒲左丞……之陋 : 宋나라 때 左丞을 지낸 蒲宗孟을 가리킨다. 그는 新井 사람으로 자가 傳正으로 周敦頤의 墓碣을 찬술하였다. 朱熹가 周敦頤의 사적에 실상이 왜곡된 곳이 있다고 하여 潘淸逸이 쓴 誌文과 蒲宗孟이 쓴 碣文에서 그 오류를 바로잡아 刪削하고 取捨하여 淳熙 6년(1179)에 「濂溪先生事實記」를 지었다. 『朱子大全 권98』

203 呂居仁……於近 : 居仁은 宋나라 呂本中의 자이다. 朱熹가 呂祖謙에게 답한 편지에 "접때 정헌공의 가전을 보았더니, 蘇氏를 언급하면서 곧바로 浮薄한 자로 지목하였는데, 사인장이 저술한 『동몽훈』에서는 당시의 문장을 극론하면서 반드시 蘇東坡와 黃山谷를 본보기로 삼았다. 일찍이 내가 탄식하기를 정헌공과 형양 같은 경우는 능히 사람을 바르게 미워할 수 있는 분이라 할 만한데, 단지 사인장의 은미한 뜻에 대해 내가 납득할 수 없는 바가 있다.〔向見正獻公家傳, 語及蘇氏, 直以浮薄輩目之. 而舍人丈所著『童蒙訓』則極論時文, 必以蘇黃爲法. 嘗竊歎息, 以爲若正獻榮陽, 可謂能惡人者, 而獨恨於舍人丈之微旨, 有所未喩也.〕"라 하였다. 『朱子大全 권33 答呂伯恭』

下此一等人, 固不得入其門, 則何足與議於富美哉?[205]

선생이 일찍이 나에게 준 편지에서 "평소에 아는 것을 더불어 말할
만한 사람이 없다."라 하였으니, 이는 대개 자신을 알아줄 사람이
없음을 탄식한 것이다. 지금에 이르러서는 선생의 전형(典刑)이 멀
어져 그 정미(精微)한 말씀을 들을 수 없었으니, 선생의 심학(心學)

정헌공은 呂公著의 시호이고, 榮陽은 呂希哲의 封號이고, 舍人丈은 中書舍
人을 지낸 呂本中으로 여희철의 손자이다. 조부인 여희철이 부박하다고 지
목한 소식을 여본중이 손자로서 칭찬하였기 때문에 가까운 사실에 대해 잘못
기록했다고 한 것이다.

204 了翁……美事 : 了翁은 塋中의 착오일 듯하다. 顔子와 나란한 사람이란 자가
伯淳인 程頤를 가리킨다. 責沈文은 賢者를 알지 못한 것을 스스로 자책하는
글이다. 陳塋中이 元豊 연간에 禮部點檢官이 되어 范醇夫와 함께 함 집에서
지내게 되었다. 범순부가 "顔子처럼 노여움을 옮기지 않고 같은 잘못을 두
번 하지 않는〔不遷不貳〕 사람으로는 오직 伯淳이 있다."고 하니, 진영중이
"백순이 누구냐?"고 물었다. 범순부가 "程伯淳이 있는 줄 정말 모르는가?"라
고 묻자, 진영중이 "동남쪽 지방에서 생장하여 사실 알지 못한다."라 하고,
孔子가 어떠한 사람인지 몰라서 子路에게 물었던 楚나라 葉縣의 沈諸梁에
자신을 비겨 스스로 책망하는 뜻으로 責沈文을 지었다. 『書言故事』

205 況下……美哉 : 叔孫武叔이 子貢을 孔子보다 낫다고 일컫자 자공이 "집에
비유하면 나의 담장은 어깨 높이라 나의 살림을 엿볼 수 있지만, 부자의
담장은 몇 길이라 문을 통해 들어가 보지 못하면 종묘의 아름다움과 백관의
성대함을 알 수가 없다. 그런데 그 문으로 들어가 본 사람도 드무니 숙손무숙
의 말이 또한 당연하지 않은가.〔譬之宮牆, 賜之牆也及肩, 窺見室家之好. 夫
子之牆數仞, 不得其門而入, 不見宗廟之美・百官之富. 得其門者或寡矣, 夫
子之云, 不亦宜乎?〕"라 한 말을 인용하였다. 『論語 子張』

이 이 세상에 밝혀지지 못해 후세에 선생에 대해 말하는 이들이 세월이 흐를수록 더욱 선생의 모르게 될까 두렵다.

나는 스스로 생각하기에 불민(不敏)하니, 감히 도(道) 있는 군자를 잘 형용한다고 여기는 것은 아니다. 나 자신이 직접 보고 들은 바를 감히 모으고 서술하되 오직 사실을 기록하는 데 힘써 장차 후일에 덕(德)을 알아 입언(立言)하는 군자가 이를 근거로 삼아 글을 짓기를 기다린다.

문인(門人) 회산(檜山) 황덕길(黃德吉)은 삼가 행장을 짓는다.

先生甞與德吉書云: "平日所講聞者, 無可告語." 盖歎其莫我知也. 于今典刑既邈, 微言莫聞, 則懼夫先生之心學不明於世, 後之說者, 愈遠而愈失眞也. 德吉自惟不敏, 非敢謂善形容有道者也. 於吾身親所見聞者, 乃敢掇拾叙次之, 惟務其記實, 將以俟它日知德立言之君子有所據而裁焉.

門人檜山黃德吉謹狀.

2. 순암선생 연보
順菴先生年譜

숙종대왕(肅宗大王) 38년 임진(1712).-청나라 강희(康熙) 51년이다.-
12월 25일 갑술일에-술시(戌時)이다.- 선생이 제천현(堤川縣)-호서 좌
도(湖西左道)의 현(縣) 이름이다.- 유원(楡院)의 집에서 태어났다.

肅宗大王三十八年壬辰-淸康熙五十一年- 十二月二十五日甲戌, -戌時- 先生
生于堤川-湖西左道縣名-縣之楡院寓第.

조부 참의공이 경성(京城)의 청파리(靑坡里)에 우거(寓居)하고 있
었다. 이 해 3월에 모부인(母夫人) 이씨(李氏)가 붉은 기운이 하늘
에서 내려와 침소를 감싸는 꿈을 꾸고는 임신하였다. 10월에 조부
참의공이 가속(家屬)을 거느리고 제천의 유원에 있는 친척 윤훈갑
(尹訓甲)의 집으로 이사하여 살았다. 공을 낳던 날 새벽에 또 붉은
반점이 있는 표범을 가슴에 품는 꿈을 꾸고는 놀라 깼다. 이 날
술시(戌時)에 공이 태어났다.

祖考參議公僦居京城靑坡里. 是歲三月, 母夫人李氏夢赤氣自天而降, 遍
繞寢處, 遂有娠. 十月, 參議公率家眷, 移寓堤川楡院戚人尹訓甲家. 當生
之曉, 又夢有豹赤斑奇文抱於懷中, 驚覺. 是日戌時生.

41년 을미(1715), 선생의 나이 4세이다. ○가을에 모부인을 따라 제

천에서 상경(上京)하였다.

四十一年乙未, 先生四歲. ○秋, 隨母夫人自堤川上京.

건천동(乾川洞)의 외가(外家)에 우거하였다.

寓乾川洞外宅.

42년 병신(1716), 선생의 나이 5세이다. ○겨울에 마마[痘疹]를 앓았다.

四十二年丙申, 先生五歲. ○冬, 經痘疹.

43년 정유(1717), 선생의 나이 6세이다. ○가을에 모부인을 따라 영광(靈光)의 월산(月山)에 갔다.

四十三年丁酉, 先生六歲. ○秋, 隨母夫人往靈光月山.

바로 외가의 농장(農庄)이 있는 곳이다. 당시 외할머니가 그 곳으로 내려갔으므로 모부인과 함께 따라갔던 것이다.

卽外宅農庄也. 時, 外王母下去, 故與母夫人隨往焉.

45년 기해(1719), 선생의 나이 8세이다. ○겨울에 홍역을 앓았다.

四十五年己亥, 先生八歲. ○冬, 經紅疹.

46년 경자(1720), 선생의 나이 9세이다. ○봄에 모부인을 따라 서울로 돌아왔다.

四十六年庚子, 先生九歲. ○春, 隨母夫人還京.

당시 집이 남대문 밖 남정동(藍井洞)에 있었다.

時, 家在南大門外藍井洞.

경종대왕(景宗大王) 원년 신축(1721), 선생의 나이 10세이다. ○처음으로 글을 읽기 시작하여 먼저 『소학(小學)』을 읽었다.

景宗大王元年辛丑, 先生十歲. ○始入學, 先讀『小學』.

서울과 시골로 옮겨 다니면서 살았기 때문에 이때에 이르러서야 비로소 입학하였는데, 구두(句讀)를 떼는 것이 분명하고 뜻을 보는 것이 정밀하여 몇 년이 지나지 않아서 문리(文理)가 빨리 트였다.

以移寓京鄕之故, 至是始入學, 而句讀分明, 見意精詳, 不過數年, 文理驟達.

영종대왕(英宗大王) 원년 을사(1725), 선생의 나이 14세이다. ○7월에 조부 참의공을 따라 울산(蔚山)의 임소(任所)로 갔다.

英宗大王元年乙巳, 先生十四歲. ○七月, 隨參議公往蔚山任所.

2년 병오(1726), 선생의 나이 15세이다. ○조부 참의공이 체직(遞職)되어 돌아와 무주(茂朱)-호남 좌도의 고을 이름이다.- 읍내(邑內)에 복거(卜居)하기에 선생이 따라갔던 것이다.

二年丙午, 先生十五歲. ○參議公遞歸, 卜居于茂朱 -湖南左道邑名- 邑底, 先生隨焉.

4년 무신(1728), 선생의 나이 17세이다.

四年戊申, 先生十七歲.

이 해 3월에 호서(湖西)의 역적(逆賊) 이인좌(李麟佐) 등이 청주(淸州)를 함락하였다.

　4월 22일에 이르러서 선생이 무주의 집에서 동쪽 하늘을 보니, 검은 기운이 참담한 가운데 붉은 기운이 뻗쳐 있기에, 기뻐하면서 말하기를,

　　"이는 천문서(天文書)에서 말한 전쟁의 기운이니, 주인이 객(客)을 이기는 조짐이다."

라 하였는데, 다른 사람들이 믿지 않았다. 이틀 뒤에 적장(賊將) 이웅보(李熊報) 등이 안음(安陰)과 무주의 경계 지점에 있는 초현(草峴)의 동쪽에서 싸우다 패하여 사로잡혔다는 소문이 들리니, 선생의 말이 과연 사실이라 사람들이 모두 탄복하였다.

是歲三月, 湖西賊李麟佐等陷清州. 至四月二十二日, 先生在茂朱寓舍, 望見東天有黑氣慘憺中, 有赤氣橫亘, 喜曰: "此天文書所謂戰氣而主勝客之兆也." 他人未之信. 二日後, 聞賊將李熊報等戰于安陰茂朱之界草峴之東, 戰敗被擒. 先生之言果驗, 人皆歎服.

5년 기유(1729), 선생의 나이 18세이다. ○10월 무오일에 부인(夫人) 성씨(成氏)-성순(成純)의 딸이다.-에게 장가들다.

五年己酉, 先生十八歲. ○十月戊午, 聘夫人成氏.-純之女.-

8년 임자(1732), 선생의 나이 21세이다. ○정월 무진일에 아들 경증(景曾)을 낳았다.

八年壬子, 先生二十一歲. ○正月戊辰, 子景曾生.

11년 을묘(1735), 선생의 나이 24세이다. ○11월에 조부 참의공의 상(喪)을 당하였다.

十一年乙卯, 先生二十四歲. ○十一月, 遭參議公喪.

12년 병진(1736), 선생의 나이 25세이다. ○10월에 광주(廣州) 경안면(慶安面) 덕곡리(德谷里)에 집을 짓고 살았다.

十二年丙辰, 先生二十五歲. ○十月, 卜居于廣州慶安面德谷里.

이듬해 봄에 온 집안이 무주(茂朱)에서 올라왔다.

翌年春, 擧家自茂朱上來.

13년 정사(1737), 선생의 나이 26세이다. ○봄에 『성리대전(性理大全)』을 읽었다.

十三年丁巳, 先生二十六歲. ○春, 讀『性理大全』.

선생은 어릴 때부터 '선비가 이 세상에 태어나서 한 가지 재예(才藝)로 이름을 이루어서는 안 된다.'고 여겼다. 그리하여 경사(經史)와 시례(詩禮) 이외에 음양(陰陽)·성력(星曆)·의약(醫藥)·복서(卜筮) 등의 서책 및 손자(孫子)·오자(吳子)의 병서(兵書), 불가(佛家)·도가(道家)의 서책, 패승(稗乘)이나 소설(小說)의 등에 이르기까지, 문자가 만들어진 이래 모든 문헌들 중 구해 볼 수 있는 것은 두루 다 보았다. 그리하여 15, 6세부터 이미 박학(博學)하다고 일컬어졌다. 그러다가 이때에 이르러서 비로소 성리학에 뜻을 두고는 탄식하기를,

　"처음에는 한 가지 사물의 이치라도 알지 못하는 것을 부끄럽게
　여겼는데, 끝내는 자기 심신(心身)이 귀한 줄을 몰랐으니, 이는
　이른바 눈썹이 눈앞에 있어도 사람이 보지 못한다는 격이다."
하고는 마음을 가라앉히고 깊이 궁구하면서 손으로 베끼고 입으로 외웠다.

先生自幼少時, 意謂'士生斯世, 不可以一藝成名', 其於經史詩禮之外, 陰陽星曆醫藥卜筮, 以至於孫吳佛老之書·稗乘小說之類, 自有書契以來文獻之可徵者, 無不博觀. 自十五六歲, 已稱其該洽, 至是始留意於性理之學而歎曰: "始焉恥一物之不知, 終焉不知身心之貴, 則所謂睫在眼前人不見也." 遂潛心玩究, 手鈔而口誦.

5월에 『심경(心經)』을 읽었다.

五月, 讀『心經』.

『심경』을 읽다가 느낌이 있어서 절구 두 수를 지었다. 그 중 한 수는 다음과 같다.

구절마다 방심해선 안 된다고 했으니
주자의 마음을 먼 훗날 서산(西山)이 알았어라
평소엔 위미(危微)의 심법(心法)을 자세히 토론하지만
실제 일을 만나야 비로소 이 마음 알 수 있지

句句須要不放心[206] 西山迥得考亭心[207]

---

206 不放心 : 맹자가 "학문하는 방도는 다른 것이 없다. 그 달아나 버린 마음을 찾는 것일 뿐이다.〔學問之道無他 求其放心而已矣〕"라 한 데서 인용하였다. 『孟子 告子上』

207 考亭心 : 考亭의 朱熹의 별호이다. 주희가 "학문하는 방도를 맹자는 단연코

平居細討危微法²⁰⁸ 遇事方能驗此心

有感吟二絕, 其一曰: "句句須要不放心, 西山迥得考亭心. 平居細討危微

法, 遇事方能驗此心."

「치통도(治統圖)」와 「도통도(道統圖)」두 도(圖)를 만들었다.

作「治統」・「道統」二圖.

「치통도」는 역대 제왕들의 계통을 그림으로 그린 것이다. 위로는

놓아버린 마음을 찾는 데에 있다고 했으니, 배우는 사람은 모름지기 먼저
이 놓아버린 마음을 수습해야 한다. 그렇지 않고 이 마음을 놓아버리면 博學
도 쓸데없는 일이고 審問도 쓸데없는 일이니, 어떻게 밝게 분별하며 어떻게
독실히 행하겠는가. 대개 몸은 하나의 집과 같고 마음은 한 집의 주인과
같은 것이다. 이 집의 주인이 있은 뒤에야 문호를 청소하고 사무를 정돈할
수 있으니, 만약 주인이 없다면 이 집은 하나의 황폐한 집에 불과할 뿐이다.
〔學問之道, 孟子斷然說在求放心. 學者須先收拾這放心, 不然, 此心放了, 博
學也是閑, 審問也是閑. 如何而明辨, 如何而篤行? 蓋身如一屋子, 心如一家
主. 有此家主然後, 能灑掃門戶, 整頓事務. 若是無主, 則此屋不過一荒屋
爾.〕"아 하였고, 「求放心齋銘」이 있다. 『心經附註 권3』

208 危微法 : 舜임금이 禹임금에게 禪讓하면서, "인심은 위태롭고 道心은 은미하
니, 오직 정밀하게 살피고 한결같이 지켜야 진실로 그 중을 잡을 수 있으리
라.〔人心惟危, 道心惟微; 惟精惟一, 允執厥中.〕"한 것을 가리킨다. 『書經
大禹謨』성리학에서 이 네 구절을 옛 성인이 마음을 전한 旨訣이라 하기
때문에 이렇게 말한 것이다.

상고(上古) 시대부터 아래로는 황명(皇明)에서 청(淸)나라에 이르
기까지를 그렸으며, 정통(正統)도 있고 변통(變統)도 있고 무통
(無統)도 있는데, 모두 포폄(褒貶)과 여탈(與奪)의 의리를 담아
상도(上圖)와 하도(下圖)를 만들었다. 「도통도」는 역대 성현(聖
賢)들의 계통을 그림으로 그린 것이다. 첫머리에 주자(周子 주염계
(周濂溪))의 역도(易圖)를 내걸어 도의 근본을 밝혔고, 계속해서
복희(伏羲)·신농(神農)·황제(黃帝)·요(堯)·순(舜)·공자
(孔子)·맹자(孟子) 등과 염락(濂洛)의 현인들 및 원(元)나라와
명나라의 제유(諸儒)에 이르기까지 모두를 정통(正統)과 방통(旁
統)으로 나눈 다음, 역시 상도와 하도를 만들었다. 두 도(圖) 모두
범례(凡例)를 두어 그림의 윗면에 써놓았다.

「治統圖」, 以歷代帝王成圖者也. 上自上古, 下至皇明, 以及乎淸, 有正統
焉, 有變統焉, 有無統焉, 皆寓褒貶與奪之義, 爲上下圖. 「道統圖」, 以歷
代聖賢成圖者也. 首揭周子「易圖」, 以明道之所本, 繼之以羲農黃帝堯舜
孔孟, 以至於濂洛群賢, 元明諸儒, 皆分其正統旁統, 亦爲上下圖. 皆有凡
例書于圖之上面.

15년 기미(1739), 선생의 나이 28세이다.

十五年己未, 先生二十八歲.

이 해 9월에 관상을 보는 자가 선생을 보고 말하기를, "옛 사람이
구양공(歐陽公 구양수(歐陽脩))의 관상을 보고 말하기를, '귀가 얼

굴보다 더 희니 이름이 천하에 가득할 것이고, 입술이 이빨을 가리지 못하니 일없이 비방을 들을 것이다.'고 하였는데, 공의 관상이 이와 흡사하니, 공은 오늘날의 구양공이 될 것이다." 하였다.

是歲九月, 有相者見先生曰: "古人相歐陽公曰: '耳過面白, 名滿天下; 唇不着齒, 無事得謗.' 公之相恰似焉, 公可爲今世之歐陽公矣."

16년 경신(1740), 선생의 나이 29세이다. ○『하학지남(下學指南)』을 찬술하였다.

十六年庚申, 先生二十九歲. ○撰『下學指南』.

선생은 "옛날부터 학자들의 문제점은 대부분 고원(高遠)한 것에 힘쓰고 비근(卑近)한 것에 소홀한 데 있다."고 여겼다. 그리하여 일상생활 중에 몸과 마음으로 실행해야 할 도리를 하루 12시(時)에 각각 분배(分排)하고, 또 조목(條目)을 나열한 다음 옛 성현들의 가언(嘉言)과 선행(善行) 중 하학(下學)에 속하는 것들을 덧붙였다. 이를 '하학지남'이라 이름하고 평소에 취용(取用)할 자료로 삼았다.

先生以爲古來學者之患, 多在於務遠忽近. 乃於身心日用所當行之道, 分排十二時, 又列定條目, 附以古聖賢嘉言善行屬於下學者, 名之曰下學指南, 以爲平生取用之資.

「정전설(井田說)」을 지었다.

作「井田說」.

『주례(周禮)』를 위주로 삼고 여기에 『맹자(孟子)』와 『춘추공양전(春秋公羊傳)』의 하휴(何休)의 주(註), 반고(班固)가 지은 『한서(漢書)』의 「식화지(食貨志)」 및 주자(朱子)의 학설 등을 참고하여 지었다.-이상의 두 조항은 지은 날짜를 분명히 알 수 없는데, 아마도 이해 봄과 여름 사이에 지은 것 같다.-

以『周禮』爲主, 參以孟子・公羊傳何休註・班志及朱子說以成之.-右二條月日無考, 似在是年春夏間.-

10월에 딸을 낳았다.-무인년(1758)에 권일신(權日身)에게 시집갔다.-

十月, 女子子生.-戊寅, 適權日身.-

17년 신유(1741), 선생의 나이 30세이다. ○6월에 할머니 홍씨(洪氏)의 상을 당하였다. ○겨울에 『내범(內範)』을 찬술(撰述)하였다.

十七年辛酉, 先生三十歲. ○六月, 遭祖妣洪氏喪. ○冬, 撰『內範』.

주부자(朱夫子)가 일찍이 여계(女戒)가 비천(鄙淺)함을 병통으로 여겨 고어(古語)를 모아서 한 책으로 만들어 『소학(小學)』과 짝이 되게 하려고 하였으나 그 뜻을 이루지 못하였다. 선생이 『하학지남』
을 편찬한 다음 또 이 책을 편찬하였으니, 이는 대개 주부자가 남긴
뜻을 이어받고자 한 것으로 편목(篇目)은 대략 주자가 편정(編定)
한 책을 모방하였다. 모두 6책이며, '내범(內範)'이라 이름 붙였다.

朱夫子嘗病女戒之鄙淺, 欲集古語成一書, 以配『小學』, 而未遂其意. 先生
旣撰『下學指南』, 又編是書, 盖欲體朱子之遺意, 而篇目略倣朱子所定書.
凡六篇, 名之曰內範.

22년 병인(1746), 선생의 나이 35세이다. ○10월에 성호(星湖) 이선
생(李先生)을 찾아가서 배알하였다.-이선생의 이름은 익(瀷)이다.-

二十二年丙寅, 先生三十五歲. ○十月, 往謁星湖李先生.-李先生諱瀷.-

성호선생이 안산(安山)-기내(畿內)의 군(郡) 이름이다.-의 첨성촌(瞻
星村)에 살았는데, 선생이 그 덕의(德義)를 흠모하여 가서 배알하
고는 스승으로 섬겼다.

李先生在安山-圻內郡名-星村. 先生慕其德義, 往拜而師事之.

23년 정묘(1747), 선생의 나이 36세이다. ○봄에 소남(邵南) 윤공
(尹公)에게 편지를 보내어 『서경(書經)』「태서(泰誓)」의 뜻을 토론
하였다.-윤공(尹公)의 이름은 동규(東奎)로, 선생과 동문(同門)이며, 조행
(操行)이 독실하기로 세상에 일컬어졌다. 선생이 윤공과 편지를 주고받으면

서 학문을 강론하면서 우의가 매우 친밀하였다.-

二十三年丁卯, 先生三十六歲. ○春, 與邵南尹公書, 論『書經』「泰誓」義.-尹公名東奎, 與先生同門, 操履篤實, 爲世所稱. 先生與之往復書牘, 論學講道, 交誼甚密焉.-

9월에 성호선생을 찾아가 배알하였다. ○성호선생에게 편지를 올렸다.

九月, 往謁星湖先生. ○上星湖先生書.

관례(冠禮)에 대한 문목(問目)에 성호선생이 답한 편지가 있는데, "별지(別紙)의 내용을 재삼 자세히 보니 상고하고 교정한 것이 정밀하고 상세하다. 오늘날 세상의 예학이 의탁할 곳이 있겠다." 하였다.

有冠禮問目答書, 有曰: "別紙再三諦看, 考校精詳, 今世之禮數有託云."

12월에 성호선생에게 편지를 올렸다.

十二月, 上星湖先生書.

괘변(卦變)의 설에 대해 논하고, 또 종신토록 실행할 한마디 가르침을 내려달라고 청하니, 답서에 이르기를,

"지금 보내온 편지를 보니 긴절하지 않은 것을 찾아 헤매는 세속
선비들의 학문과 크게 다르다. 이는 과연 오당(吾黨)에 훌륭한
학자가 있는 것이니, 이 늙은이의 바람에 매우 위안이 된다."
하였고, 또 이르기를,

"뜻이 있는 선비는 반드시 먼저 주정(主靜)·지경(持敬) 상(上)
에 공부를 해야 하니, 그래야 비로소 행실을 닦아 군자가 되는
기본이다."
하였다.

論卦變之說, 又請一言之敎, 爲終身體行之資. 答書有曰: "今見來書, 大非
俗學撈摸之比; 此果吾黨之有其人, 而恰慰餘生之望." 又云: "有志之士,
必先從主靜持敬上用力, 方是修行立命之基"云.

24년 무진(1748), 선생의 나이 37세이다. ○12월에 성호선생을 찾
아가 배알하였다. ○「홍범연의(洪範衍義)」를 집필하였다.

二十四年戊辰, 先生三十七歲. ○十二月, 往謁星湖先生. ○草「洪範衍義」.

25년 기사(1749), 선생의 나이 38세이다. ○정월에 성호선생의 편
지를 받았다.

二十五年己巳, 先生三十八歲. ○正月, 承星湖先生書.

성호선생이 처음에 선생이 방술(方術)을 잘 한다는 명성이 있기에

세상 사람들이 근거 없이 소문을 퍼뜨렸기 때문에 혹시라도 그런 일이 있었는가 의심하여 편지를 보내 경계하고, 또 이름을 고치라는 가르침이 있었다. 선생이 보낸 답서에서,

"그러나 말씀하신 이름을 고치는 일은 아무래도 평정한 도리가 못될 듯합니다. 이름을 아무리 고치더라도 이 몸은 여전히 그 사람 그대로일 것입니다. 이 문제는 저 자신의 할 도리를 다하여 스스로 지켜 가면 그만일 터이기에 감히 분부를 따르지 못하옵니다. 어떻게 생각하시는지요?"

하니, 성호선생이 답서에서,

"앞 편지에서 내가 말한 것은 단지 그대를 사랑하면서도 도움을 줄 수 없기에 내 나름대로 생각해 본 것이니, 재주를 감추라는 뜻이었다. 지금 그대의 말이 옳으니, 마음가짐과 일을 할 때 이로써 표준을 삼는다면 광명한 경지에 이르지 못할까 어찌 걱정하겠는가."

하였다.

李先生以先生初有方術之名, 世人妄相傳道, 故疑或眞有是事, 貽書戒之, 且有改名之敎. 先生答書曰: "韜晦一節, 謹當服膺, 而改名事, 終欠平正道理, 名雖改而此身則猶夫人也. 此當盡其在我者而自守之耳, 未敢承命云." 李先生答書曰: "前書云云, 只是愛莫助之, 妄有商量, 要處以微服之意. 今當以公言爲正, 處心行事, 用此爲率, 何憂不至於光明耶?"

3월에 동몽교관(童蒙敎官)의 말망(末望)에 들었다.

三月, 入童蒙教官末擬.

이 때 선생에 대한 좋은 평판이 날로 알려졌기에 정관(政官)이 이 의망을 하게 된 것이다.

時, 先生令聞日彰, 政官有是擬.

5월에 후릉참봉(厚陵參奉)에 제수되었으나 부임하지 않았다.

五月, 除厚陵參奉, 不赴.

동몽교관(童蒙教官)의 의망(擬望)에 들었을 때 경학(經學)으로 현주(懸註)하였는데, 정관이 혹 선생이 부임하지 않을까 염려하여 또 훈신(勳臣)의 적손이라고 현주하였다. 이 때 부친 참판공이 살아 있었으므로 선생은 차서를 잃는 것을 혐의하여 부임하지 않았다. 그 당시 성호선생에게 올린 편지에,

"지난날 동몽교관(童蒙教官)에 의망할 때는 경학(經學)으로 물망에 올렸고 지금 침랑(寢郎)에 제수된 것은 선음(先蔭)으로 물망에 올린 것이니, 전자의 경우 그럴만한 내실이 없고, 후자의 경우 차례가 아니라서 두 번 다 무턱대고 나갈 수 없었습니다. 혹자는 이조(吏曹)에 소지를 올려 차서가 어긋났기 때문에 출사(出仕)하지 않는다는 사유를 밝히라고 하지만 이는 도리어 혐의쩍을 수 있습니다. 그래서 기한이 차서 절로 그만두게 되길 되도록 하고자 하는 것에 불과합니다. 그러나 까닭 없이 오는 복은

기쁜 일이 아니라 두려운 일이니, 차후에 다시 이런 일이 생기면
어떻게 대처해야 할지 모르겠습니다."
라고 하였다.

擬敎官時, 以經學懸註, 而政官或慮先生之不仕, 又以勳嫡懸註[209]. 時, 參
判公在世, 先生嫌其失序不赴. 其上星湖先生書有云 : "曩日蒙師, 擬以經
學, 今者寢郞, 注以先蔭. 經學則無其實, 門蔭則失其序 ; 二者皆不可冒
出. 或言呈于天曹, 明其失次不仕之由, 而此却有嫌, 不過欲滿限自止之
耳. 然而無妄之福, 非喜伊懼, 日後復爾, 則不知將何以處之也."

11월에 장사랑(將仕郞) 만녕전 참봉(萬寧殿參奉)에 제수되어, 나아
가 사은하였다. ○12월에 부임하였다.

十一月, 除將仕郞·萬寧殿參奉, 出謝恩命. ○十二月, 赴任.

26년 경오(1750), 선생의 나이 39세이다. ○8월에 종사랑(從仕郞)
에 제수되었다.-이하 낭계(郞階)는 승진된 날짜를 분명히 알 수 없는 것이
많다.- ○10월에 조봉대부(朝奉大夫)에 제수되었다. ○「잡괘설(雜
卦說)」을 지었다.-이듬해 신미년에 또 「후설(後說)」을 지었다.-

二十六年庚午, 先生三十九歲. ○八月, 授從仕郞.-以下郞堦, 月日多未詳.-
○十月, 授朝奉大夫. ○作「雜卦說」.-明年辛未, 又著「後說」.-

27년 신미(1751), 선생의 나이 40세이다. ○2월에 전례에 따라 조산
대부(朝散大夫) 의영고 봉사(義盈庫奉事)에 승진되었기에 서울로
들어가 사은하였다.

二十七年辛未, 先生四十歲. ○二月, 例陞朝散大夫義盈庫奉事, 入京謝恩.

선생은 비록 미관말직(微官末職)에 있더라도 자기 도리를 힘써 다
하여 오로지 청렴하고 근신한 자세를 지켰다. 이듬해 정릉직장(靖
陵直長)으로 옮겨가니, 백성들이 의영사(義盈司)의 문 밖에 거사비
(去思碑)를 세웠다. 성호선생이 이 사실을 듣고서 보낸 편지에,
"의영사 문 밖에 거사비가 섰으니, 경아문(京衙門)의 낮은 관원
에 대해서 이렇게 한 적이 고금에 없네. 여기에서 학문을 하거나
벼슬살이를 하거나 늘 온 힘을 다하였음을 알 수가 있다. 승전(乘
田)과 위리(委吏)에서도 성인의 자취를 알 수 있으니 또한 바라
건대 그대는 더욱 미루어 넓혀서 신분이 낮다고 해서 스스로 저
상되지 말라. 자신의 뜻을 실행하고 실행하지 못하는 것은 운명
이니, 나 자신에게 무슨 상관이 있겠는가."
라고 하였다.

先生雖在微末庶僚, 務盡其道, 一以廉謹自持. 翌年遷祠官, 民人立去思碑
于義盈司門外. 星湖先生聞之有書云: "義盈司門, 去思有碑, 京衙卑官, 古

今無此. 其盡力仕學, 可見. 乘田委吏[210], 聖迹可徵, 亦願吾友益推以大
之, 勿以身微自沮. 行不行命也, 於我何與焉?"

봉렬대부(奉列大夫)에 제수되었다. ○성호선생에게 편지를 올렸다.

授奉列大夫. ○上星湖先生書.

『가례(家禮)』의 의심스러운 곳들을 질문하였다.

質問『家禮』疑晦處.

4월에 봉정대부(奉正大夫)에 제수되었다. ○5월에 중훈대부(中訓大
夫)에 제수되었다. ○성호선생에게 편지를 올렸다.

四月, 授奉正大夫. ○五月, 授中訓大夫. ○上星湖先生書.

---

210 乘田委吏 : 낮은 관직에 있으면서도 직분을 다하는 것을 말한다. 乘田은 채
소밭과 목장을 담당하는 관리이고, 委吏는 창고를 주관하는 관리로, 모두
낮은 관직이며, 성인은 공자를 가리킨다. 『孟子』「萬章下」에, "孔子께서 일
찍이 위리가 되셔서는 말씀하시기를, '회계를 마땅하게 할 뿐이다.'고 하셨
고, 승전이 되셔서는 말씀하시기를, '소와 양을 잘 키울 뿐이다.'고 하셨다.
〔孔子嘗爲委吏矣, 曰 : '會計當而已矣.' 嘗爲乘田矣, 曰 : '牛羊茁壯, 長而已
矣.'〕"라 하였다.

괘사(卦辭)와 효사(爻辭)의 뜻 및 『주역』을 읽는 방법에 대해 논하였다.

論卦爻辭義及讀易之法.

윤5월에 중직대부(中直大夫)에 제수되었다. ○7월에 성호선생을 찾아가 배알하였다.

閏五月, 授中直大夫. ○七月, 往謁星湖先生.

병환이 있다는 소식을 듣고 가서 문후(問候)한 것이다.

聞患候之報, 往候焉.

정산(貞山) 이경협(李景協)의 편지에 답하였다.-이공(李公)은 이름이 병휴(秉休)이다.-

答貞山李景協書.-李公, 名秉休.-

이공이 공정한 희노(喜怒)는 리발(理發)이라는 설을 가지고 소남(召南) 윤동규(尹東奎)와 서로 쟁변(爭辨)하였는데, 이때에 이르러서 선생에게 물은 것이다. 선생이 답한 편지에 대략,
　"대저 하늘이 명한 것을 성(性)이라고 하는데, 성은 두 가지가 있으니 천명(天命)의 바름으로부터 온 것을 본연지성(本然之性)

이라고 하고, 품수(稟受)의 차이 쪽에서 말하는 것을 기질지성(氣質之性)이라고 합니다. 성이 움직이는 것이 정(情)인데, 정도 두 가지가 있으니 성을 근본으로 발출한 것을 사단(四端)이라고 하고, 형기(形氣) 쪽에서 발출한 것을 칠정(七情)이라고 합니다. 마음은 성과 정을 통괄하는데, 역시 두 갈래로 발출하니 성명(性命)의 바름에 근원하는 것을 도심(道心)이라 하고, 형기(形氣)의 사사로움에 근원하는 것을 인심(人心)이라 합니다. 총괄하여 말하면 사단과 도심은 그 근원이 천명의 본성에서 나와 선하지 않음이 없어 성인(聖人)이냐 광인(狂人)이냐에 따라 차이가 없으니, 이것이 이른바 리일(理一)입니다. 칠정과 인심은 그 근본이 기질지성에서 나와 혹은 선하고 혹은 악하여 어진 자와 어리석은 자의 차이가 있으니, 이것이 이른바 분수(分殊)입니다. 이 리일분수(理一分殊)의 이치를 미루어 보면 리발(理發)과 기발(氣發)의 이치는 그 안에 있습니다.

지금 노형(老兄)께서 사단칠정(四端七情)이라는 큰 공안(公案) 외에 성인의 공정한 희노(喜怒)를 끄집어내어 리발(理發)이라 하였으니, 그야말로 고인이 발명하지 못한 뜻을 발명했다고할 수 있으며, 또한 학문의 고명(高明)하고 자득(自得)한 경지를알 만합니다. 그러나 나의 어리석은 소견으로는 아무래도 납득하기 어려운 점이 있습니다. 만약 희노가 바른 것을 리발이라한다면 사단이 바르지 못한 것-예컨대 측은(惻隱)해서는 안 되는데측은하거나 수오(羞惡)해서는 안 되는데 수오하는 경우이다.-을 기발이라 하겠습니까? 성인의 희노는 발하여 자연히 절도에 맞는것이고, 군자의 희노는 발하여 절도에 맞게 하려고 하는 것이고,

일반 사람들의 희노는 발하여 절도에 맞지 않은 것입니다. 따라서 비록 맞고 맞지 않음의 차이는 있을지라도 그것이 형기(形氣)에서 나온다는 점은 다를 바 없으니, 기발임은 의심할 나위 없습니다. 사단으로 말하자면, 어진 이나 어리석은 이를 말할 것 없이 감촉하는 바에 따라 발출하여, 사사로이 계교(計巧)하기를 기다리지 않고 우리 마음에 갖춰진 본성인 인의예지(仁義禮智)에서 곧바로 나오니, 이것이 이른바 '리가 발함〔理之發〕'인 것입니다.

윤장(尹丈)이 하신 확충(擴充)이란 말은 참으로 꼭 맞습니다. 리(理)는 확충할 수 있지만 기(氣)는 확충할 수 없는 것입니다. 측은과 수오는 리발(理發)이기 때문에 확충하면 인(仁)과 의(義)가 지극한 경지에 이를 수가 있지만, 희노 같은 경우는 비록 어진 이와 어리석은 이의 차이는 있을지라도 결국 기(氣)에서 발하는 것입니다. 그런데 이를 확충한다면 그 폐단이 어떠하겠습니까."

라 하였다.

李公以公喜怒理發之說, 與邵南互相爭辨, 至是貽書問于先生. 先生答書略曰: "夫天所命爲性, 性有二, 從天命之正而來者, 謂之本然之性, 從稟受之差而言者, 謂之氣質之性; 性之動爲情, 情亦有二, 從性本所發, 謂之四端, 從形氣所發, 謂之七情. 心統性情, 而其發亦有二焉, 原於性命之正者道心也; 原於形氣之私者人心也. 總而言之, 四端也道心也, 其原出於天命之本性而無不善, 不以聖狂而有間, 此所謂理一也; 七情也人心也, 其本出於氣質之性, 而或善或惡, 有賢愚之不同, 此所謂分殊也. 推理一分殊[211]之義, 則理發氣發, 在其中矣. 今老兄就四七大公案外, 剔出聖人之

公喜怒, 謂之理發, 則誠可謂發前人之所未發, 而學問之高明自得, 亦可以
覘得矣. 然而愚昧之見, 有迷而難悟者. 若以喜怒之得正者, 謂之理發, 則
其將以四端之不得其正者, 謂之氣發乎? 聖人之喜怒, 發而自中者也; 君
子之喜怒, 發而求中者也; 衆人之喜怒, 發而失中者也. 雖有中不中之不
同, 而其發於形氣則無異; 其爲氣之發, 無疑矣. 至於四端, 則不論賢愚,
隨感而發, 不待私意之較計而油然直出乎仁義禮智所具之本性, 此所謂理
之發也. 尹丈擴充之語[212], 誠爲的當; 理則固可擴而充之, 氣則不可擴而
充之. 惻隱羞惡, 是發於理者, 故擴而充之, 則至于仁之盡義之至之境矣;
若喜怒則雖有賢愚之不同, 而終是發於氣者也, 將擴而充之, 則弊將如何?"

---

211 理一分殊 : 우주의 근원은 理는 하나이지만 이것이 나뉘어 각각 다른 만물을
이룬다는 뜻이다. 원래는 程伊川이 張橫渠의 「西銘」을 두고 "「西銘」은 理一
分殊의 이치를 밝힌 것이다." 한 데서 온 말이다. 『近思錄 권2 爲學』

212 尹丈擴充之語 : 尹丈은 조선시대 正祖 때의 학자인 尹東奎(1695~1773)를
가리킨다. 그의 자는 幼章이고, 호는 邵南이며, 星湖 李瀷의 문인이다. 그는
벼슬에 뜻을 버리고, 象緯·曆法·천문·지리·의약 등 실용적 학문의 수립
을 주장하여 실학파의 대가로 손꼽힌다. 저서에 우리나라 네 강에 대해 고증
한 『四水辨』이 있다. 그는 四端과 七情의 관계를 말하면서 "사단을 확충해
나가면 칠정을 절제하는 공부가 그 가운데 있으니, 희노가 절도에 맞는 것과
사단을 확충하는 것이 절로 서로 도움이 될 것이다. 성인의 희노는 자연히
절도에 맞으니 리발이라고 해도 된다.〔四端擴充, 而節情之功, 在其中矣; 喜
怒之中節·擴充之功, 自在相資. 聖人之喜怒, 自然中節; 謂之理發, 可也.〕"
하였다. 이를 미루어 보면, 윤동규는 사단은 확충할 수 있는 것이고 칠정은
확충할 대상은 아니라 했음을 알 수 있다. 『順菴集』 권3 「소남 윤장에게
보낸 편지〔與邵南尹丈書〕」-정해년(1767, 56세)- 참조.

28년 임신(1752), 선생의 나이 41세이다.

○ 정월에 효현빈(孝賢嬪)을 장사 지낼 때 차비관(差備官)으로 효장세자(孝章世子)의 묘소(墓所)에 갔다. ○2월에 전례(典例)에 따라 통훈대부(通訓大夫)로 승진하고 정릉직장(靖陵直長)에 제수되었다. ○「이순수유사(李醇叟遺事)」를 찬술하였다.-이공의 이름은 맹휴(孟休)로, 성호선생의 아들인데, 불행하게도 일찍 죽었으므로 선생이 몹시 애석하게 여겨 그의 유사를 찬술한 것이다.- ○5월에 성호선생에게 편지를 올렸다.

二十八年壬申, 先生四十一歲. ○正月, 以孝賢嬪葬時差備官, 往孝章世子墓所. ○二月, 例陞通訓大夫靖陵直長. ○撰李醇叟遺事.-李公名孟休, 星湖先生之子, 不幸早世; 先生慟惜之, 爲撰其遺事.- ○五月, 上星湖先生書.

『맹자』 7편 중 의심스러운 뜻을 가지고 조목을 열거하여 질문하였다.

以孟子七篇中疑義, 條列禀質.

29년 계유(1753), 선생의 나이 42세이다. ○4월에 아산(牙山)으로 가서 장모를 직산(稷山)에 안장하였다. ○여름에 『광주지(廣州志)』를 편찬하였다.

二十九年癸酉, 先生四十二歲. ○四月, 往牙山, 葬聘母于稷山. ○夏, 撰『廣州志』.

책은 총 2권이며, 손수 지은 서문(序文)이 있다.

書凡二卷, 有自撰序文.

6월에 정산(貞山)의 편지에 답하였다.

六月, 答貞山書.

가인괘(家人卦)에 괘의 이름을 붙인 뜻을 논하였다. 그 편지에 대략,
"가인괘의 괘 이름을 붙인 뜻에 대해 말씀하신 것은 자득(自得)
하신 높은 견해에 참으로 흠앙하였습니다. 그렇지만 몽매하고
비루한 저는 고인이 이미 정해놓은 설을 벗어나지 못합니다. 그
래서 형이 하신 말씀에 대해 아무래도 의문이 없을 수 없습니다.
대저 육십사괘(六十四卦)의 괘 명칭은 서로 반대로 놓고 미루
어 보면 서로 쓰임이 되는 것이 분명합니다. 예컨대 손(損)과
익(益), 비(否)와 태(泰), 진(晋)과 명이(明夷), 박(剝)과 복
(復) 같은 괘(卦)들에서 알 수 있습니다. 그렇다면 규(睽)는 두
여인이 서로 뜻이 같지 않음을 나타내는 괘이고 가인(家人)은
두 여인의 뜻이 서로 같음을 나타내는 괘라는 것은 과연 말씀하
신 대로입니다. 그렇지만 제 생각에는 꼭 이렇게 말할 필요는
없지 않을까 합니다. 복희(伏羲)가 괘를 명명(命名)할 때 반드시
상(象)에 이와 같은 뜻이 있음을 보았기 때문에 그에 따라 이름
을 붙였던 것입니다.
가인괘를 보면 안[內卦]은 문명(文明)하고 밖[外卦]은 손순

(巽順)한 것은 마치 사람의 가정이 화목한 것과 같으며, 불[火]은 위로 타오르고 바람[風]은 아래로 부는 것은 마치 사람의 집안 일이 화합하는 것과 같으며, 이효(二爻)와 오효(五爻)가 제자리를 지키면서 서로 호응하고 있는 것은 마치 사람의 집안 법도가 올바른 것과 같습니다. 『주역』의 괘들 중에서 오직 이 괘만이 과연 가인(家人)의 상이 있고 다른 괘들은 아무래도 이 괘처럼 가인의 상에 가깝고 뜻이 분명히 드러나지 못합니다. 그래서 이 괘를 가인이라고 명명한 것인데, 문왕(文王)의 사(辭)와 공자(孔子)의 전(傳)이 모두 이와 같은 취지를 말하고 있습니다.

존형(尊兄)께서 이효와 오효가 제 자리를 지키면서 서로 호응하고 있는 괘들을 열거하면서, 그 모두가 남녀가 제 자리를 지키고 있는 괘 아님이 없다고 하셨는데, 그렇다면 그 여러 괘들의 성정(性情)과 체재(體才)가 과연 모두 가인괘처럼 절실하게 부합하는 것입니까? 두 여인이 같이 거처하고 그 뜻도 같다는 것으로 이 괘를 명명한 뜻을 삼는다면 다른 괘도 이와 비슷한 것들이 많은데 왜 유독 상괘(上卦)는 바람[風]이고 하괘(下卦)는 불[火]인 이 괘만을 가인이라 명명했겠습니까?

그리고 인용하신 『시경(詩經)』의 가인(家人)의 뜻에도 의문이 있습니다. '이 아가씨 시집감이여, 그 집안사람들을 마땅하게 하겠네.[之子于歸 宜其家人]'의 이 아가씨는 시집가는 여자를 말한 것이고, 가인은 그 집안 식구들의 상하 존비(尊卑)를 통틀어 말한 것입니다. '그 가인을 마땅하게 하겠네.[宜其家人]'란 것은 그 여자가 시집가서 위로 부모를 섬기고 아래로 자식을 기르는 일들이 다 마땅하지 않음이 없으리라는 것입니다. 그리고 『대학

(大學)』에서 '자기 가인을 마땅하게 한 뒤에야 나라 사람들을 가르칠 수 있다.' 한 것은 그 뜻이 더욱 명백하니, 이를 가리켜 처첩(妻妾)의 증거라고 할 수는 없지 않겠습니까."
라 하였다.

論「家人」命卦之義. 書曰: "俯敎「家人」命卦之義, 欽仰獨得之見. 第此蒙陋不能超脫於古人已定之論, 故未免有疑於兄敎. 夫六十四卦卦名, 以反對推之, 其自相爲用也明矣; 觀於「損」·「益」·「否」·「泰」·「晉」·「明夷」·「剝」·「復」之類, 可以知之. 然則「睽」爲二女不同志之卦, 而「家人」爲二女同志之卦, 果如尊兄所論. 愚謂不必如此說. 伏羲名卦之時, 必觀其象有如此之義, 故隨而名之. 竊觀「家人卦」, 內文明而外巽順, 猶人之家政和矣; 火炎上而風下行, 猶人之家事合矣; 二五得位而相應, 猶人之家道正矣. 諸卦中惟此卦, 果有家人之象, 而其他則終不如此卦之切近明著者, 故名之曰家人, 而文王之辭·孔子之傳, 皆是一串貫來矣. 尊兄列擧二五得位相應之卦, 以爲此莫非男女正位之卦云, 則此等諸卦, 其性情體才, 果皆如家人卦之襯切者乎? 以二女同居而其志同爲名卦之義, 則諸卦之此類多矣; 何獨於上風下火之卦而名之曰家人乎哉? 所引『詩經』家人之義, 亦有疑焉; '之子于歸, 宜其家人'之子, 指女子也; 家人統言一家之上下尊卑而言也. '宜其家人', 謂女子之仰事俯育, 莫不得宜; 『大學』所謂'宜其家人而後, 可以敎國人'者, 尤明白矣. 指此爲妻妾之證, 則無乃不可乎?"

○ 10월에 전례에 따라 6품으로 승진되고 귀후서 별제(歸厚署別提)가 되었다. ○참판공을 모시고 용산(龍山)에 우거하였다.

十月, 例陞六品, 爲歸厚署別提. ○奉參判公寓龍山.

이 때 참판공이 황달(黃疸)을 앓았다. 그래서 선생이 의원을 찾아
가 치료할 목적으로 매서(妹壻)인 오석신(吳錫信)의 집에서 산 것
이다.

時, 參判公患黃疸, 爲醫治計, 住于妹壻吳錫信家.

『이자수어(李子粹語)』를 편집하였다.

編次『李子粹語』.

성호선생이 편찬한 것으로, 퇴계(退溪)의 언행을 모아 놓은 책이
다. 처음의 책 이름은 『도동록(道東錄)』이었다. 성호선생이 선생
과 소남 윤동규에게 맡겨서 산정(刪定)하게 했는데, 선생과 윤공이
편지를 주고받으며 의논하여 편차(編次)를 개정하고 이름을 『이자
수어』라고 하다. 책이 다 만들어진 뒤에 성호선생이 보낸 편지에,
  "『이자수어』가 그대들 덕분에 완성될 수 있었으니, 이는 마치
  오래 병을 앓은 사람이 갖가지 방법으로 병을 치료했으나, 필경
  맥을 짚고 증세를 진단하는 것은 신의(神醫)의 손가락에 공(功)
  을 돌리는 것과 같다. 지금 이 큰일을 마쳤으니, 이택(麗澤)의
  이익이라는 것이 이를 두고 한 말이 아니겠는가."
라 하고, 이어 선생에게 부탁해서 서문을 짓게 하였다.

星湖先生所撰, 退溪言行所裒集者也. 初名道東錄, 屬先生及邵南尹公刪定
之, 先生與尹公往復商論, 改定編次, 名之曰李子粹語. 書成後, 李先生有
書曰: "粹語賴君得成完編, 此亦如久病人多少劑治, 畢竟按脉診症, 歸功
於神指也. 今焉訖一大事, 麗澤²¹³之益, 非是之謂歟云." 仍屬先生撰序文.

○ 12월에 성호선생에게 편지를 올렸다.

十二月, 上星湖先生書.

『강목(綱目)』의 필법(筆法) 중 의심스러운 점을 논하였다.

論『綱目』筆法之可疑者.

30년 갑술(1754), 선생의 나이 43세이다. ○2월에 사헌부 감찰(司憲
府監察)로 옮겼다. ○4월에 참판공을 모시고서 중부동(中部洞)에
있는 외가로 옮겨 가서 살았다. ○6월 병인일에 참판공의 상(喪)을
당하였다.

三十年甲戌, 先生四十三歲. ○二月, 遷司憲府監察. ○四月, 奉參判公, 移

---

213 麗澤 : 학우 간에 서로 도와서 학문과 덕을 닦는 것을 말한다.『주역』「兌卦」
에 "두 개의 못이 붙어 있는 것이 태이니, 군자가 이것을 보고서 붕우들과
더불어 강습한다.〔麗澤, 兌. 君子以, 朋友講習.〕"라 한 데서 온 말이다.

寓于中部洞外宅. ○六月丙寅, 丁參判公憂.

상중(喪中)에 슬퍼하는 것이 과도한 나머지 평소에 앓던 피를 토하는 증세가 이 때에 이르러서 더 도져 종신토록 앓는 고질병이 되었다.

哀毀踰節, 素有嘔血之症, 至是添劇, 仍成終身之疾.

8월 갑술일에 참판공을 덕곡(德谷)의 선영에 안장하였다. ○12월에 참판공의 행장(行狀)을 찬술하고, 성호선생에게 지문(誌文)을 지어 주기를 청하였다.

八月甲戌, 葬參判公于德谷先塋. ○十二月, 撰參判公行狀, 請誌文于星湖先生.

31년 을해(1755), 선생의 나이 44세이다. ○2월에 성호선생에게 참의공의 지문(誌文)을 지어 주기를 청하였다. ○5월에 예서(禮書)를 읽었다.

三十一年乙亥, 先生四十四歲. ○二月, 請參議公誌文于星湖先生. ○五月, 讀禮書.

『가례(家禮)』를 위주로 하여 읽되 먼저 상례(喪禮)부터 시작하여 삼례(三禮)를 상고하고 『통전(通典)』및 선유(先儒)들의 설을 참고하였다.

以『家禮』爲主, 而先自喪禮始, 考以三禮, 參以『通典』及先儒諸說.

소남(召南) 윤공(尹公)에게 편지를 보냈다.

與邵南尹公書.

상제(喪制)의 변제(變除)의 차례와 갈질(葛絰)의 제도를 논하였다.

論喪制變除之次及葛絰之制.

6월에 소남 윤공의 편지에 답하였다.

六月, 答邵南尹公書.

학자들이 고원한 것은 힘쓰고 비근한 것에 소홀한 폐단을 논하였다. 그 편지에 대략,

"『대학(大學)』에 '지선(至善)에 그치라.'라 하고, 뒤이어 '그칠 곳을 알아야만 정(定)함이 있다.'라 했으니, 이는 그칠 곳이 지선임을 안 뒤에야 뜻에 일정한 방향이 있게 된다는 말입니다. 그 아래에 또 '먼저하고 뒤에 할 것을 알면 도(道)에 가까우리라.'라 했으며, 『맹자(孟子)』에 '요순(堯舜)의 지혜로도 모든 물건을 두루 살피지 못했던 것은 먼저 할 일부터 했기 때문이다.'라 했으니, 『대학』과 『맹자』의 두 '먼저[先]'라는 글자가 서로 대조해 뜻을 알 수 있을 것입니다. 학자가 이를 알면 생각이 먼 곳으로만

달려가는 습성이 어찌 생기겠습니까.

그러나 정주(程朱) 이후로 학자들이 한 말들이 매우 많으나 그들의 독실한 행실로 말하자면 한(漢)·당(唐) 때 군자들에 도리어 손색이 있습니다. 오늘날에 이르러서는 더욱 심해져서 왕왕 작은 이해를 만나면 평상시 태도를 잃어버리니, 양문공(楊文公)·소장공(蘇長公)의 말이 주자에게 비웃음을 당했던 까닭입니다.

본조에 와서 선배들 중에는 『자경편(自警編)』은 이학(理學)이고, 『고문진보(古文眞寶)』는 문장이란 말이 있으니, 그들의 취향은 높지 못했으나 그래도 수립(樹立)하고 성취한 바는 후인들이 미칠 수 없습니다. 이를 본다면 우리 학문의 도(道)를 밝힌다는 것이 얼마나 어려운 일인가를 더욱 알 수 있을 것입니다. 장구(章句)와 물리(物理) 위에서만 생각이 오가고 심신(心身)과 일상의 문제는 도리어 소홀히 여기기 때문에 자기도 모르는 사이 절도를 넘는 문제가 있게 되는 것입니다. 그리하여 집사가 말씀하신 이른바 진실로 체득하는 것에 있어서는 힘이 미칠 겨를이 없으니 그 얼마나 통탄할 일입니까. 저도 늘 이렇게 스스로를 깨우치면서도 병에 시달려 죽음이 눈앞에 다가오는 터라 스스로 떨치고 일어설 수 없는 형편입니다. 그런데 지금 제 마음에 있는 말을 먼저 해 주시니 얼마나 다행인지 모르겠습니다."

라 하였다.

論學者鶩遠忽近之弊. 書畧曰:"『大學』曰:'止於至善.' 繼之曰:'知止而后有定.' 知至善之所止而后, 志有所定向矣, 其下又曰:'知所先後, 卽近道矣.'『孟子』曰: '堯舜之知而不遍物, 急先務也.'²¹⁴ 兩先字對勘. 學者知此, 則豈有騖遠之習? 而程朱以後, 諸儒之辭說甚多, 而論其篤行, 則反有愧 於漢唐之君子, 至于今而益甚, 往往臨小利害, 便失常度; 此楊文公·蘇 長公之論, 見笑於朱子²¹⁵者也. 我朝前輩有『自警編』²¹⁶理學,『古文眞寶』

....

214 堯舜……務也 :『孟子』「盡心上」에 보인다.

215 楊文公……朱子 : 양문공은 宋나라 楊億을 가리킨다. 그의 자는 大年이고 시호가 文公이다. 그는 천재로 문장에 뛰어났고 참선을 하여 도를 깨달았다 는 평판을 받았다. 그러나 주자는 "양억은 아름답고 공교한 문장을 잘 지었으 니, 이는 도를 아는 사람이 할 게 아니다. 그러나 자품이 맑고 곧아서 조정에 서 벼슬할 때 올린 諫言과 建議는 다소 볼 만한 것이 있다. 불교를 믿는 사람들이 그를 도를 아는 사람이라 하는 것은 八角磨盤이란 구절을 읊었기 때문이다. 그러나 불교의 도를 알았다면 死生의 즈음에 남보다 뛰어난 점이 있어야 할 터이다. 정위가 萊公(寇準의 封號)을 축출할 때 다른 일로 양억을 불렀는데 양억이 中書省에 이르러 그만 두려운 나머지 똥 오줌을 다 싸고 얼굴은 사색이 되었다. 이러한 때 팔각마반이 과연 어디에 있단 말인가?〔楊 億工於纖麗浮巧之文, 已非知道者所爲. 然資禀淸介, 立朝獻替, 畧有可觀. 而 釋子特以爲知道者, 以其有八角磨盤之句耳. 然旣謂之知釋子之道, 則於死生 之際, 宜亦有過人者; 而方丁謂之逐萊公也, 以他事召億, 至中書, 億乃恐懼, 至於便液俱下, 面無人色. 當此時也, 八角磨盤果安在哉?〕"하였다.『朱子大 全 권43 答李伯諫』

팔각마반은 양억의 悟道頌에 나오는 말로 깨달음의 경지를 표현한 것이다. 蘇長公은 東坡 蘇軾을 지칭하는 말이다. 그가 형제 중 맏이기 때문에 이렇게 부르는 것이다. 소식 역시 뛰어난 천재로 그 문장이 당대에 으뜸이었다. 그러나 주자는 "동파가 湖州에서 체포될 때에 얼굴은 사색이 되고 두 다리가 모두 풀려 거의 걷지 못할 지경이었는데 집에 들어가 가족과 작별 인사를 하게 해 달라고 요청했으나 使者가 들어주지 않았다.〔東坡在湖州被逮時, 面無人色, 兩足俱軟, 幾不能行; 求入與家人訣, 而使者不聽.〕"하였다.『朱子 大全 권45 答廖子晦』모두 언변이 좋고 문장이 뛰어났으나 操行이 없는 사람

文章'之語, 其所尙卑矣; 而樹立成就, 非後人所及. 由此益知此道之難明也. 盖游走於章句物理之上, 反忽於身心日用之間, 故不知不覺之中, 未免有蹉節之患, 其於執事所謂眞實體當者, 未暇及焉. 何歎如之? 常以此自警, 而病困垂死, 無以自振; 今何幸奉聞先獲之言?"

32년 병자(1756), 선생의 나이 45세이다. ○8월에 복제(服制)를 마쳤다. ○겨울에 동약(洞約)을 세웠다.

三十二年丙子, 先生四十五歲. ○八月服闋. ○冬, 立洞約.

『동약』 1권이 있어 마을 사람들을 모아 놓고 반포하였다. 그 서문을 선생이 스스로 지었다. 그 서문에 대략,

"나는 『주례(周禮)』를 읽어보고 성왕(聖王)이 천하를 다스린 대법(大法)을 알았다. 성인은 정치를 할 때 큰 강령(綱領)을 거행하는 데 힘쓰는 법이거늘, 어찌하여 번거로움을 꺼리지 않고 비(比)·여(閭)·족(族)·당(黨)과 같은 세세한 제도를 만들었단 말인가. 무릇 진작하지 않으면 일어나지 않으며 인도하지 않으면 따르지 않는 것이 백성들의 실정이니, 진작하여 일어나게 하

이라고 주자는 평가한 것이다.

216 『自警編』: 宋나라의 宗室 趙善璙가 宋代의 名臣과 大儒의 훌륭한 말과 행실을 기록한 책이다. 조선시대 世宗이 이 책에 매우 감명을 받아 『治平要覽』을 편찬하게 하였고, 成宗 때에는 梁誠之의 상소로 이 책을 간행하였다. 『欽定四庫全書摠目』 『世宗實錄』 『成宗實錄』

고 인도하여 따르게 하는 방법은 반드시 백성이 눈으로 보는 데로부터 시작해야만 감동하여 따르기 쉬운 법이다. 그러므로 그 가까운 것과 작은 것부터 시작함으로써 온 천하를 하나로 교화한 것이다. 이렇게 하지 않으면 생양(生養)을 이룰 수가 없고 풍속을 같게 할 수가 없고 정령(政令)을 시행할 수 없으니, 비록 성왕(聖王)이라도 교화를 베풀 수가 없게 된다.

후대로 내려와 한(漢)·당(唐)·송(宋)·명(明) 시대에 삼로(三老)·이정(里正)·보장(保長)·방장(坊長) 등의 법은 『주례』의 그 제도와 같았다. 그러나 윗사람은 도리로 헤아려 판단함이 없고 아랫사람은 법도로 자신을 지킴이 없어 사람마다 제 자신만 생각하고 선비들은 저마다 다른 주장을 하였다. 그래서 다스림이 비록 잠깐 융성하더라도 곧바로 비루해지고 말았던 것이니, 이 때문에 백성의 풍속이 고대(古代)에 미치지 못하고 백세(百世)토록 선치(善治)가 없었던 것이다. 이런 까닭에 곤궁하여 아래에 있는 군자가 간혹 수신제가(修身齊家)의 여력을 미루어 향리(鄕里)에 미쳐 사람들을 선하게 인도하기도 했지만 주제넘게 아랫사람으로서 예제(禮制)를 함부로 의론하여 만들었다는 혐의는 없었으니, 남전여씨(藍田呂氏)의 향약(鄕約)같은 경우가 이것이다. 우리나라 선배로서 수령직을 맡아 고을에서 지낸 분들도 모두 의심하지 않고 이 향약을 시행하였으니, 예컨대 일두(一蠹)는 안음(安陰)에서, 퇴계는 예안(禮安)에서, 율곡(栗谷)은 석담(石潭)에서 시행했던 것이 이것이다. 그렇다면 오늘 우리 동(洞)의 입약(立約) 또한 참람한 것이 아니요, 실로 윗사람이 일으켜 시행하고자 하는 바이다.

아! 우리 동은 수십 년 이래 풍속이 퇴폐한 나머지 풍속이 몹시 나쁜 마을이 되고 말았다. 게다가 교활한 아전과 완악(頑惡)한 군교(軍校)가 나라의 권력을 빙자하여 횡포를 부려왔으니, 어떻게 백성이 곤궁해지지 않고 풍속이 야박해지지 않을 수 있으리오. 밖으로부터 오는 모멸은 실로 어쩔 수가 없다. 그렇지만 예의(禮義)는 고유한 천성에 뿌리를 두는 것이니, 만약 그 고유한 천성을 따라 수명(修明)하면 될 것이다.

무릇 법을 만들어 사람을 인도할 때는 먼저 민심이 따르게 해야 하는데, 민심이 따르지 않는 것은 언제나 해정(害政)에서 연유한다. 이제 동중(洞中)에서 백성의 폐해가 되는 것을 빗질하듯이 말끔히 제거하여 민심이 의귀(依歸)할 바가 있도록 한 뒤에야 교화가 시행될 수 있을 것이다. 맹자는 왕정(王政)을 말하면서 백성의 생업을 제정(制定)해 주는 것을 학교 교육보다 먼저 말하였으니, 실로 이 때문이었다.

이에 폐정(弊政)을 고치고 교화(敎化)를 돈독하게 하며, 금령(禁令)을 신칙(申飭)하고 권징(勸懲)을 분명히 하노니, 우리 동이 이를 어기지 않고 잘 준행(遵行)하면, 성상의 치화(治化)에도 조금은 도움이 될 것이다."

라 하였다.

有洞約一卷, 會洞人頒示. 自撰其序文. 畧曰: "余讀『周禮』, 知聖王治天下之大法也. 聖人爲政, 務擧大綱, 何規規乎比閭族黨之間而不憚煩耶? 夫不振不作, 不導不行, 民之情, 而振作導行之術, 須從民目擊處起, 必有興感而易行者, 故自其近者小者始, 而擧天下同一敎也. 不如是, 無以逯生

養, 無以同風俗, 無以行政令, 雖聖王, 不能施其敎矣. 降而漢唐宋明, 若
三老・里正・保長・坊長之法, 猶其制也. 然而上無道揆, 下無法守, 人私
其身, 士異其論, 治雖暫隆而俄而汚焉, 此民俗之所以不及古而百世無善
治也. 是以, 窮而在下之君子, 或推其修齊之餘, 及於鄕里, 以淑諸人, 而
無僭上議禮之嫌. 若藍田呂氏之鄕約是已. 我東先輩之居是官也, 居是鄕
也, 皆不疑而行之. 若一蠹之於安陰・退溪之於禮安・栗谷之於石潭, 是
已. 然則今日吾洞之立約, 亦非僭, 而固上之人所欲興行者矣. 噫! 吾洞數
十年來, 風斁俗敗, 便作互鄕之難言[217], 而猾任頑校, 又憑城社而恣橫, 如
之何民不窮而俗不渝也? 外侮之來, 固無可奈, 而禮義根於人心之固有,
若因其固有者而修明之則可矣. 夫作法導人, 先順民心, 民心之不順, 恒由
於害政. 今洞中爲民害者, 梳櫛而除之, 使民心有所歸依, 然後敎亦可行.
孟子論王政, 制民産, 居學校之先, 良以此也. 遂革弊政敦敎化, 申禁令明
勸懲. 遵此而行, 不我矛而爾盾, 其亦有補我聖上化理之一端矣."

33년 정축(1757), 선생의 나이 46세이다. ○정월 초하룻날에 제례
(祭禮)를 개정하고 선묘(先廟)에 고하였다.

三十三年丁丑, 先生四十六歲. ○正月元日, 改定祭禮, 告于先廟.

　　선생은 "제사 지내는 예법은 가묘가 중하고 산소가 가벼운 법이니,

217　互鄕之難言 : 互鄕은 춘추시대에 풍속이 나쁜 고을 이름이다. 『論語』「述而」
　　에, "호향 사람과는 더불어 말하기 어렵다.〔互鄕難與言〕" 하였다.

설날·한식(寒食)·단오(端午)·추석(秋夕)에 산소에 성묘하는 것이 바로 우리나라의 옛 풍속이기는 하나 이는 예서(禮書)에 근거가 없는 것이다. 그런데 지금 사람들은 도리어 산소에 성묘하는 것에 대해서는 융숭하게 하면서 사당의 제향은 지내지 않으니, 경중이 뒤바뀌어서 예법을 제정한 뜻에 크게 어긋난다.”고 여겼다. 이에 예경(禮經)을 상고하고 나라의 풍속을 채집하여 사시(四時)에 번갈아 사(祠)와 묘(墓)의 제사로 나누되 양(陽) 기운이 생겨나는 동지(冬至)와 음(陰) 기운이 생겨나는 하지(夏至)에는 사당(祠堂)에 제물(祭物)을 올리고, 풀이 자라나는 한식과 곡식이 익는 추석에는 분묘(墳墓)에 전(奠)을 올렸으며, 정월 초하루에 전(奠)을 올리면서 선묘(先廟)에 고유(告由)하였다.

先生以爲“祭祀之禮, 祠廟爲重, 原野爲輕; 正朝寒食端午秋夕上墓, 卽東方舊俗, 而禮無所據. 今人反致隆於此, 而廢廟中之享, 輕重失序, 深乖禮意.” 乃考禮經採國俗, 錯擧四時, 分薦祠墓, 冬至陽生·夏至陰生之日, 而薦于祠堂, 寒食草生·秋夕物成之時, 而奠掃墳墓, 因元朝奠獻, 告由先廟.

『희현록(希賢錄)』이 완성되었다.

『希賢錄』成.

을해년 겨울부터 초고(草稿)를 작성하기 시작하였다. 상권(上卷)은 삼성전(三聖傳)이니, 이윤(伊尹)·백이(伯夷)·유하혜(柳下惠)의 전(傳)이고, 중권(中卷)은 양현전(兩賢傳)이니 제갈 무후

(諸葛武侯 제갈량(諸葛亮))와 도정절(陶靖節 도연명(陶淵明))의 전이고, 하권은 『희안록(希顔錄)』이니 안자(顔子)・주렴계(周濂溪)・정명도(程明道)의 전으로, 그들의 출처(出處)와 언행을 모아 편찬하고 이를 모아 『희현록』이라고 이름한 다음 이어 「이현전(二賢傳)」에 절구 한 수를 적기를,

용강의 일월에 봄날 오수(午睡) 혼곤하고
율리의 풍광은 짧은 시에 들었어라
무릎 위엔 무현금이요 양보음을 읊었으니
아득한 두 분 고인께 이내 마음 의탁하노라

龍岡日月迷春睡[218] 栗里風烟入短吟[219]
膝上無絃梁甫曲[220] 千秋遙託兩人心

----

218 龍岡日月迷春睡 : 龍岡은 臥龍岡의 준말이다. 蜀漢의 諸葛亮이 이곳에 은거할 때 劉備가 三顧草廬했는데 유비가 세 번째 찾아갔을 때 제갈량이 낮잠을 자고 있었다.

219 栗里風烟入短吟 : 栗里는 중국 江西省 九江縣에 있는 지명으로, 晉나라 隱士 陶淵明이 이곳에 은거하여 시를 읊으며 여생을 보냈다.

220 膝上無絃梁甫曲 : 無絃琴은 絃이 없는 琴으로 素琴이라고도 한다. 陶淵明이 音律을 몰라 소금을 걸어두고 그 흥취만 즐겼다 한다. 諸葛亮이 出仕하기 전 南陽에서 농사를 지으며 살 때 울울한 심회를 담아 「梁甫吟」이란 노래를 지어 매일 새벽과 저녁이면 무릎을 감싸 안은 채 울울한 심회를 길게 불렀다 한다. 이를 抱膝吟이라고도 한다.

하였고, 또 『희현록』에 적기를,

도연명(陶淵明)은 방광(放狂)했으니 아무래도 정도(正道)가 아니요
제갈량(諸葛亮)은 공명(功名)을 이루느라 정신만 피곤했지
안연(顔淵)은 누항(陋巷)에서 칩거하며 아무런 일도 없었나니
정자(程子)의 꽃과 주렴계(周濂溪)의 풀이 다 같은 봄기운일세

淵明放曠終非道 諸葛功名謾瘁神
陋巷閉門無箇事²²¹ 程花²²²周草²²³一般春

---

221 陋巷閉門無箇事 : 陋巷에서 安貧樂道하며 한가로이 살았던 顔回의 삶을 말
한 것이다. 北宋의 학자 呂大臨의 시에 "학문은 杜元凱와 같아야 비로소 癖을
이루고 문장은 司馬相如와 같으면 거의 배우와 같다. 그러나 홀로 공자 문하
에 서서 한 가지 일도 없이 한가했던 顔氏의 心齋만은 못하리.〔學如元凱方成
癖 文似相如殆類俳 獨立孔門無一事 只輸顔氏得心齋〕"하였다. 『心經 권2』
心齋는 『莊子』「人間世」에 나오는 말로 마음을 텅 비워 모든 잡념을 없애고
순일하게 하는 것이다.

222 程花 : 程子의 꽃인데, 여기서 정자는 북송의 학자 明道 程顥를 가리킨다.
그의 「春日偶成」이란 시에서 "구름 맑고 바람 가벼운 한낮 가까운 때에, 꽃
곁으로 버들을 따라 앞 냇가에 이르렀네. 세상 사람들은 즐거운 내 마음을
모르고, 한가한 틈에 소년처럼 논다고 하리.〔雲淡風輕近午天 傍花隨柳過前
川 時人不識余心樂 將謂偸閑學少年〕"한 데서 온 말이다. 『伊洛淵源錄 권3』

223 周草 : 周濂溪의 풀이다. 북송의 학자 濂溪 周敦頤가 자기 집의 창 앞에 풀이
무성히 자라도 베지 않기에 어떤 사람이 그 까닭을 물었더니, "나의 意思와
같기 때문이다.〔與自家意思一般〕"하였다. 이 말은 풀의 살려는 뜻〔生意〕이
자신의 살려는 뜻과 같기 때문에 베지 않는다는 뜻을 담고 있다. 주돈이는
풀을 통해서 천지가 만물을 生生하는 뜻을 보았던 것이다. 『近思錄 권14』

라 하였다.

自乙亥冬始草, 上卷則爲三聖傳, 卽伊尹·伯夷·柳下惠, 中卷則爲兩賢
傳, 卽諸葛武侯·陶靖節, 下卷則爲希顔錄, 卽顔子·周濂溪·程明道, 撰
輯其出處言行, 合而名之曰希賢錄, 仍題一絶于二賢傳云: "龍岡日月迷春
睡, 栗里風烟入短吟. 膝上無絃梁甫曲, 千秋遙託兩人心." 又題希賢錄云:
"淵明放曠終非道, 諸葛功名謾瘁神. 陋巷閉門無箇事, 程花周草一般春."

○3월 정사일에 대왕대비(大王大妃)께서 승하하였다.

三月丁巳, 大王大妃昇遐.

성호선생에게 편지를 올려서 신민(臣民)들의 복제(服制)를 논하였
다. 그 편지에 대략,
　"국모(國母)의 복(服)을 예문(禮文)에서 '소군(小君)을 위하여'
라고 하지 않고 '임금의 어머니를 위하여'라고 했으니 처(妻)는
기년복(期年服)이고 보면 원래 복이 없고 임금을 따라 강복(降
服)한 것입니다. 서민의 경우는 비록 그 국토에서 살고 있다 하더
라도 아무래도 임금을 따르는 의리가 없기 때문에 복이 없습니다.
　『오례의(五禮儀)』에는 내상(內喪)인 경우는 "서민은 13일 만
에 복을 벗고 졸곡(卒哭) 전에는 홍색·자색 등의 옷을 입을 수
없다."라고 되어 있고 보면, 우리나라 제도에도 그러한 등급이
있는 것입니다. 그런데 지금은 귀천에 관계없이 모두 상을 마칠
때까지 소복을 입도록 되어 있으니, 이는 어느 예(禮)를 따른

것입니까? 혹시 중간에 변경이 있었는데도 알지 못한 것은 아닙니까?

선생님의 전(前) 직함이 비록 위계(位階)가 없는 소관(小官)과 같지만 그래도 옛날 서인(庶人)으로서 관직에 있었던 경우와는 차이가 있습니다. 그렇다면 서열로는 명사(命士)와 같을 수밖에 없으니, 비록 숙사(肅謝)의 예(例)는 없다 하더라도 다시 병으로 공사(供仕)하지 않았다는 이유를 내세워 서인의 의리로 자처하려고 하신다면 혹 너무 지나칠 듯합니다. 우리나라 사족(士族)은 나름대로 하나의 풍속을 형성하고 있어 옛날의 사(士)와는 다릅니다. 그렇기 때문에 『의주(儀註)』에도 "생도(生徒)는 백의(白衣)·백립(白笠) 차림으로 상제(喪制)를 따른다."고 하여 서민과는 구별해 놓고 있으니, 당연히 이 예(例)를 따를 뿐 그 밖의 다른 도리는 없을 것 같습니다.

그리고 기년(期年) 후에 신하들은 다 복을 벗지만 주상께서는 여전히 중복(重服)을 입고 계시니, 품계가 높은 관원과 측근의 신하들은 색채가 있는 길복(吉服)을 입고 알현해서는 안 될 듯합니다. 임금 상(喪)을 방상(方喪)이라고 한 것은 아버지 상과 서로 비교해서 제정했다는 뜻입니다. 그렇다면 보내 온 편지에서 인용하신 "흰 갓에 검정 갓끈은 자성(子姓)의 복이다."라고 하신 대목이 명백한 증거가 되는 셈이니, 최복(衰服)의 베올이 다소 가늘고 굵은 차이가 조금 있다고 해서 의심해서는 안 될 듯합니다.

국조(國朝) 전례가 어떠했는지는 모르겠지만 근래에 『고려사(高麗史)』를 보았더니, 명종(明宗)이 태후(太后) 상을 당하여 졸곡(卒哭)이 지난 후 신하들에게 이르기를, "짐은 아직 검정

띠를 띠고 있는데 경들은 분홍 띠를 띠고 있는가?"했고 보면,
분홍 띠를 띤 것은 상을 벗었음을 뜻하므로 온당치 못하다고 여
겼던 것입니다. 그런데 더구나 지금같이 예교(禮敎)가 아주 밝은
시대야 말할 나위 있겠습니까! 제 생각에 품계가 높은 관원과
측근의 신하들은 천담복(淺淡服)・오모(烏帽)・각대(角帶) 차
림으로 직무를 보는 것이 옳을 듯한데 어떻게 생각하시는지요?"
라 하였다.

上星湖先生書, 論臣民服制. 書畧曰:
國母服, 禮不曰爲小君, 而曰爲君之母, 妻期則是本無服, 從君而降也. 若
庶民則雖在率土之內, 而從君之義, 有推不得者, 故無服.『五禮儀』:"內
喪, 庶人十三日而除, 卒哭前, 禁用紅紫."則國制亦有等級矣. 今無貴無
賤, 悉從終喪白素之制者, 遵何禮耶? 或中間有所變改而不能知耶? 先生
前啣, 雖與流外[224]一般, 而與古庶人在官者有異, 則其勢必同于命士之列
矣. 雖無肅謝之例, 又以疾不供仕之故, 而欲自處以庶人之義, 則或太過
矣. 我東士族之名, 自成一俗, 與古異. 是以,『儀註』亦云:"生徒白衣笠,
以從喪制, 與庶民區而別之."則只當從此例而已, 此外恐無可論. 期後諸
臣除服, 而主上猶持重服, 則貴近之臣, 似不可以吉彩進見矣. 君喪謂之方
喪, 則與父相比而制之也. 下敎所引"縞冠玄武, 子姓之服."證諭明白, 恐
不可以衰服升縷之少異而致疑也. 未知國朝前例之如何, 而近觀『麗史』,
明宗當太后喪, 卒哭後謂群臣曰:"朕尙帶皁, 而卿等獨帶紅耶云."則以帶

<hr>

224 流外 : 唐나라 때 九品 이하 官員의 通稱이다.

紅從吉爲未安也. 況今禮敎休明之時乎! 愚意則貴近之臣, 以淺淡服烏帽
角帶之制從事, 恐爲得宜, 未審如何?

성호선생에게 편지를 올렸다.

上星湖先生書.

상제(喪祭)의 격식(格式)에 관하여 논하였다. 그 편지에 대략,
"사세(四世)를 봉사(奉祀)하는 『가례(家禮)』의 규정은 온 천하
에 통용되는 예(禮)입니다. 대부(大夫)는 삼대(三代)를 봉사한
다는 것은 비록 고례(古禮)에 나와 있고, 국전(國典)에도 실려
있으나 우리 동방의 선비들이 이쪽을 따르지 않고 저쪽을 따르는
것은 『가례』를 더 중시하기 때문입니다.

따라서 지금 와서 갑자기 그 제도를 변통하기는 어려운 일이지
만 제물(祭物)에 관해서는 주자도 『가례』에서 "가난하면 집안
형편에 맞추어 하라"라고 했고, 『어류(語類)』에도 "집안 형편 따
라서 하면 되니, 밥 한 그릇 국 한 사발로도 정성을 다할 수 있다"
라고 했습니다. 따라서 이 뜻을 안다면 음식의 많고 적음은 반드
시 『가례』의 규정과 똑같이 할 필요는 없으니 제물의 가지 수를
가감할 때 의리에 어긋나지 않으면 될 뿐입니다. 『역(易)』에서
도 췌괘(萃卦)에서는 "대생(大牲)을 쓰는 것이 길(吉)하다"라 했
고, 손괘〔損〕에서는 "제기 둘이면 된다"라 했으니, 주자의 뜻도
여기에 근본을 둔 것입니다.

요즘 사람들을 보면 부유하고 현달한 이들은 음식이 남아 돌

정도로 풍족하면서도 선조를 받드는 제사에는 도리어 인색하고, 혹 의지할 데 없이 가난한 이들은 제물의 가지 수를 다 갖추지 못하면 아예 공공연히 제사를 지내지 않으니, 이 두 가지 경우는 모두 옳지 않습니다. 흉년에 제사에 하생(下牲)을 쓰는 것은 임금도 오히려 그렇게 하는데 하물며 사(士)나 서인(庶人)이야 말할 나위 있겠습니까?

후세에 와서 제사가 많아 기제(忌祭)가 있고, 묘제(墓祭)가 있고 또 명절에 음식을 올리는 예(禮)도 있습니다. 고인(古人)은 사시의 제향이 있을 뿐이었으니, 『국어(國語)』에 "사(士)와 서인(庶人)은 사시의 제향 말고는 한 해에 한 번 제사할 뿐이다."고 하였습니다. 그리고 사(士)는 변(籩) 하나, 두(豆) 하나이고, 대부(大夫)는 변이 둘, 두가 둘인 것이 후인들의 예에 비긴다면 너무 간소합니다. 이렇게 하지 않고서는 백묘(百畝)의 전지(田地)를 지켜 나갈 수 없었으니, 그 제사의 절목을 보면 그 나머지도 검약했음을 미루어 알 수 있습니다.

중국은 토지가 비옥하고 물산이 풍부한데도 이처럼 법도를 지켜 절제하였는데, 하물며 땅이 척박하고 물산이 빈약하여 가장 가난한 나라로 이름난 우리나라에서 그나마 살아가기도 어려운 터에 물산을 남용까지 해서야 되겠습니까! 그리하여 저는 이렇게 생각했습니다.

제사의 예(禮)는 응당 집이 가난한지 부유한지와 농사가 풍년인지 흉년인지와 한 해 경비의 많고 적음을 살펴서, 이에 따라 절제하여 다음과 같이 일단 세 등급으로 정해야 합니다. 집이 부자이고 농사도 풍년이면 『가례』대로 변과 두를 각기 여섯 개씩 놓되 지나쳐서는 안 되고 그렇지 못하면 변과 두를 네 개 또는 두 개를 놓되 정조(鼎俎)·병면(餠麵)과 같은 것은 경우에 따라서 적당히 줄이며, 또 그 이하는 변과 두 각각 하나씩만 차려도 안 될 것이 없습니다. 또 이 형편도 못되어 제사의 예를 갖출 수 없으면 비록 거친 밥에 나물국이라도 놓아서 제사를 빠뜨리지 않기만 하면 될 것입니다."

이는 아마도 성호선생이 편지에서 상제(喪祭)의 예(禮)에 대해 논하면서 많이 선생과 토론하여 정한 것이 있었기 때문에 이 편지가 있었던 것이다.

論喪祭式. 書略曰: "喪祭說, 前後賜教諄悉, 謹當奉行, 而『家禮』奉四世之規, 爲擧天下大同之禮. 故大夫祭三代, 雖見古禮, 雖載國典, 而東方之士不遵此而遵彼者, 盖以『家禮』爲重也. 到此卒難變通, 而至若祭物一節, 則朱子於『家禮』曰: '貧則稱家之有無.' 於『語類』曰: '隨家豊約, 如一飯一羹, 可盡其誠.' 知此意則品味之多寡, 不必一如家禮之式, 而籩豆加减[225]之數, 要不失其義而已. 『易』在萃則用大牲吉, 當損則二簋用享, 朱子之義, 亦本於此矣. 今人或富厚貴顯, 飮食若流, 而反薄於奉先, 或貧窶無賴, 不能備籩豆之數, 則亦公然不祭, 二者均爲不是矣. 凶年, 祀以下牲[226], 國君猶然, 況士庶乎? 後世祭祀繁重, 有

---

225 籩豆 : 祭器로 籩은 대나무를 엮어서 만든 것이고 豆는 나무를 깎아 만든 것이다. 『禮記 禮器』

忌祭, 有墓祭, 有節日之薦. 古人只有時享, 而『國語』: '士庶人舍時,
則亦只歲一祭而已.' 士之一籩一豆, 大夫之二籩二豆, 其視後人, 無已
太簡? 盖不如是, 不能保守百畝之田矣. 觀其祭祀之節, 而其他儉約,
亦可推知矣. 中國土地膏沃, 物産豐饒, 而制節謹度, 猶且如是, 況東
土地瘠物薄, 最號貧國, 且拙於理生而其可濫用乎! 妄竊以爲祭祀之
禮, 當視其家之貧富, 歲之豐歉, 一年經用之饒乏而爲之節度, 定以三
品. 家苟富也, 歲苟豐也, 當如『家禮』六籩六豆之數而不得過焉, 否則
籩豆或四或二, 而鼎俎²²⁷餠麵之屬, 隨而裁減, 又其下則一籩一豆, 亦
無不可. 又不及此, 無以爲禮, 雖糲飯菜羹, 當祭之無闕."
盖李先生有書論喪祭禮, 多有商定, 故有是書.

○ 7월에 성호선생이 「순암기(順菴記)」를 지어 보냈다.

七月, 星湖先生製送「順菴記」.

선생이 작은 집 하나를 짓고 성호선생에게 편지를 보내 기문을 지

---

226 牲 : 제사에 하등의 희생인 돼지와 염소를 쓰는 것으로 小牢와 같다. 孔子가
　　 "흉년에는 노둔한 말을 타고 하생으로 제사한다.〔凶年則乘駑馬, 祀以下牲〕"
　　 한 데서 온 말이다. 『禮記 雜記下』 이에 대한 漢나라 鄭玄의 注에 "下牲은
　　 少牢이다."라 하였다.
227 鼎俎 : 鼎과 俎로 옛날의 제사 또는 燕饗에 쓰는 禮器이다. 『周禮』 「天官
　　 內饔」에 "鼎과 俎를 진열하고 희생의 몸을 담는다.〔陳其鼎俎, 以牲體實之.〕"
　　 에 대한 鄭玄의 注에 "솥에서 취하여 鼎에 담고 정에서 취하여 俎에 담는다.
　　 〔取於鑊以實鼎, 取於鼎以實俎; 實鼎曰肴, 實俎曰載.〕" 하였다.

어주기를 청하기를,

"집을 지은 모양은 암(菴) 자를 닮았으니, '菴'이란 글자는 '艹'는 띠풀로 지붕을 덮은 것입니다. '一'은 가로지른 대들보이고, '人'은 둘러 친 서까래들이고, '屯'는 기둥 하나를 가운데 세워 4칸을 만든 것인데, 기둥이 둘이면 6칸이 되고, 셋이면 8칸이 되어 쓰임새가 더욱 넓어집니다. 전면 두 칸은 방을 만들어 거처하면서 이름을 '순암(順菴)'이라고 했으니, 저의 자(字) '백순(百順)'에서 취하여 이름한 것입니다. 생각컨대 천하의 모든 일은 오직 이치를 따르면〔順理〕 그만일 뿐입니다. 가운데 한 칸은 마루를 만들어서 일을 보는 곳으로 삼았는데, 지붕은 띠풀로 이고, 본당은 흙으로 만들고 밭 갈고 땔나무하고 베옷을 입고 거친 밥을 먹고 시를 외우고 글을 읽는 것이 모두 저의 분수에 맞지 않음이 없기에 '분의당(分宜堂)'이라고 이름했습니다. 그리고 또 한 칸을 막아 방으로 꾸미고 이름을 '담숙실(湛肅室)'이라 하였으니, 제사 지낼 때 재계하는 곳입니다. 그리고 또 뒤로 세 칸을 틔워 기물을 보관하는 곳으로 삼고 동북쪽 한 칸에는 가묘(家廟)를 봉안하였습니다. 바라옵건대 분의당의 기명(記銘)과 순암의 명(銘)을 받아서 종신토록 외우고 생각할 바탕으로 삼고자 합니다."

라 하니, 성호선생이 암기(菴記)를 지어 보내왔다.

先生搆一小屋, 請記于李先生曰: "築室之制, 象菴字形. 菴之爲字, 艹以茅蓋也, 一橫梁也, 人環椽也, 屯中立一柱而成四間也, 二柱則六間, 三柱則八間, 其用尤廣. 前面二間, 爲室以居, 名曰順菴. 盖取其字而名之. 竊謂天下之事, 惟順理而已. 中一間爲堂, 爲應事之所. 茅茨土堂, 耕樵布褐,

誦詩讀書, 莫非其分, 故名曰分宜堂. 又隔一間爲室, 名以湛肅, 祭祀時齋
所也. 後面拓三間, 爲藏弃器物之所, 東北一間, 奉安家廟焉. 竊願得堂記
菴銘, 爲沒齒誦念之資云." 李先生製菴記以送.

성호선생에게 편지를 올렸다.

上星湖先生書.

서양(西洋) 학술(學術)의 그름에 대해서 논하였다. 그 편지에 대략,
"근래에 서양의 책을 보았더니 그 내용은 비록 정밀했으나 아무
래도 이단(異端)의 학문이었습니다. 우리 유자(儒者)들이 자신
을 닦고 성품을 기르며 선을 행하고 악을 버리는 것은 당연히
해야 할 일을 하는 것에 불과할 뿐 털끝만큼도 죽은 뒤에 복을
바라는 뜻은 없습니다. 그런데 서학(西學)은 자신을 닦는 목적이
오로지 죽은 뒤 하늘에서의 심판을 대비하는 것이니, 이 점이
우리 유학과는 크게 다릅니다. 『천주실의(天主實義)』에서는 "천
주가 노제불아(輅齊拂兒)에게 노하여 그를 마귀로 변화시켜 지
옥에 던져 넣으니 이때부터 천지 사이에 비로소 마귀가 있고 비
로소 지옥이 있게 되었다."라고 하였습니다. 이러한 말들을 보면
그들의 학문은 이단임이 분명합니다. 천주가 만약 노제불아 때
문에 지옥을 만들었다면 그 지옥은 도리어 천주의 사사로운 감옥
일 뿐입니다. 게다가 그 이전의 악한 짓을 한 사람은 지옥의 고통
을 받지 않았으니, 그렇다면 천주의 상벌(賞罰)을 다시 어디에
내리겠습니까? 또 「기인편(畸人篇)」에는 '액륵와략(額勒臥略)

이 남을 대신해서 지옥의 고초를 받았다'고 하였으니, 천주의 상벌이 그 사람의 선악에 따른 것이 아니라 혹 다른 사람의 부탁에 따라 경중을 두기도 하였고 보면 사람의 선악을 심판함에 있어 옳다고 할 수 있겠습니까? 만약 그렇다면 굳이 선한 일을 하지 말고 천주 한 사람에게 아첨만 잘하면 될 것입니다. 또 『변학유독(辨學遺牘)』이라는 책이 있는데, 바로 연지화상(蓮池和尙)이 이마두(利瑪竇)와 학문을 토론한 글로서 그 변론이 정밀하고 확실하여 왕왕 상대방 이론을 가지고 상대방을 공격하여 논파(論破)하였습니다. 그가 마명(馬鳴)·달마(達摩) 같은 사람들과 서로 맞서서 각기 기치를 세우고 서로 쟁변하지 않은 것이 아쉽습니다."

라 하였다.

論西洋學術之非. 書畧曰: "近觀西洋書, 其說雖精覈, 而終是異端之學也. 吾儒之所以修己養性, 行善去惡者, 是不過爲所當爲, 而無一毫徼福於身後之意; 西學則其所以修身者, 專爲天臺之審判, 此與吾儒大相不同矣. 其『天主實義』曰: '天主怒輅齊拂兒[228], 變爲魔鬼, 降置地獄. 自是天地間, 始有魔鬼, 始有地獄.' 按此等言語, 決是異端. 天主若爲輅齊拂兒設地獄, 則地獄還是天主私獄, 且此前人之造惡者, 不受地獄之苦, 天主之賞罰, 更於何處施之耶? 又『畸人篇』[229]云: '額勒臥略代人受地獄之苦.' 按天主之

---

228 輅齊拂兒 : 천사 루시퍼의 漢譯이다. 원래 천사였으나 하느님을 시기하다가 타락해서 사탄이 된 존재로 천사일 적에 가지고 있던 이름이 루시퍼이다.

賞罰, 不以其人之善惡, 而或以私囑, 有所輕重, 則其於審判, 可謂得乎?

若然, 不必做善, 詔事天主一私人, 可矣. 又『辨學遺牘』者, 卽蓮池和尙[230]

與利瑪竇[231]論學書也. 其辨論精覈, 往往操戈入室[232], 恨不與馬鳴達

摩[233]諸人對壘樹幟, 以相辨爭也.

『임관정요(臨官政要)』가 완성되었다.

『臨官政要』成.

---

229 『畸人篇』: 마테오 리치(Matteo Ricci)가 지은 『畸人十篇』의 준말이다.

230 蓮池和尙 : 明나라 때 杭州 雲棲寺의 승려로, 본래 성은 沈氏이고 이름은
　　 袾宏이며 字는 佛慧이다. 雲棲大師라고도 한다. 처음에는 유교를 배우다가
　　 佛門에 들어가 승려가 되었다. 우리나라에서는 주로 雲棲 袾宏이라 불린다.

231 利瑪竇 : 마테오 리치(Matteo Ricci)의 중국식 이름이다. 그는 이탈리아의 예
　　 수회 修士로서 明나라 말기에 중국에 들어와서 서양의 학술·종교 서적을
　　 한문으로 번역 출판하였다. 저서에『天主實義』·『交友論』·『辨學遺牘』·『幾
　　 何原本』·『萬國輿圖』등 20여 책이 있다.

232 操戈入室 : 後漢 때 何休가 公羊學을 좋아하여『公羊墨守』·『左氏膏肓』·『穀
　　 梁廢疾』을 저술하니, 鄭玄이 그에 반박하는 내용의『發墨守』·『鍼膏肓』·『起
　　 廢疾』을 썼는데, 하휴가 보고 탄식하기를 "康成은 내 방에 들어와 내 창을
　　 가지고 나를 치는가?"라고 했다 한다. 이를 '入室操戈'라 하며, 상대의 이론
　　 을 이용하여 상대를 공격하는 경우를 비유하는 말로 쓰인다.『後漢書』권35
　　 「鄭玄列傳」에 나온다.

233 馬鳴達摩 : 馬鳴은 菩薩의 이름으로, 석가가 열반한 지 5, 6세기 뒤에 태어나
　　 中印度에 살았다. 처음에는 婆羅門敎[바라문교]를 받들다가 불교로 귀의하
　　 였으며, 大乘佛敎를 일으켰다. 달마는 인도의 고승으로 梁나라 때 중국에
　　 들어와 少林寺에서 면벽하여 禪宗을 개창했다고 한다.

무오년(1738, 영조13)부터 초고(草稿)를 작성하기 시작하였으며, 처음의 책 이름은 『치현보(治縣譜)』였는데, 이때에 이르러 다시 증보하고 산삭하여 『임관정요』라고 이름을 고쳤다. 손수 지은 서문(序文)이 있다. 그 서문에 대략,

"천덕(天德)과 왕도(王道)는 본래 일체요, 수기(修己)와 치인(治人)은 두 가지가 아니다. 따라서 배우고 여력이 있으면 벼슬을 하고 벼슬을 하면서 여력이 있으면 배우는 법이니, 출(出)·처(處)는 같지 않으나 그 도(道)는 같다.

진서산(眞西山)이 일찍이 경전(經典) 가운데서 정치에 대해 논한 내용을 편집하여 『정경(政經)』이라는 책 하나를 만들었으니, 학문의 밖에 정치가 따로 있는 것이 아니다.

그러나 정사와 학문이 체(體)는 비록 같지만 실제 일에 옮겨 시행할 경우에는 적용하는 것이 다르기 때문에 따로 구별하지 않을 수 없었던 것이니, 이것이 『정경』이 『심경(心經)』과 표리(表裏)가 되는 까닭이다.

내가 젊을 때 이 책을 만들었다. 비록 나 자신의 지위를 벗어나 정사(政事)를 말했다는 혐의는 있지만 또한 목적이 있어 만든 것이다. 난고(亂藁) 속에다 두고 일찍이 꺼내어 남에게 보인 적이 없었으나, 그래도 아는 사람 중에서 간혹 정사를 하게 되어 가르침을 청하는 이가 있으면 반드시 이것을 내어 주었으니, 대개 옛사람이 증언(贈言)했던 뜻을 따른 것이다. 나는 벼슬에 오르지 못한 사람이다. 피리를 만져보고 하늘의 해로 착각하는 격이라 쓰임새는 혹 틀릴 수도 있지만, 문을 닫고 앉아서 신발을 만들어도 대체는 비슷한 법이다.

옛날에 부염(傅琰)이 『치현보(治縣譜)』를 만들었는데, 자손들끼리만 서로 전수하고 남에게 보여주지 않더니 대대로 관리로서 치적을 이루어 『남사(南史)』에 크게 일컬어졌다. 나는 마음속으로 이를 비루하게 여겨 말하기를,

'이는 정치를 잘한다는 명성을 홀로 차지하려는 것이다. 진실로 세상 사람들로 하여금 내가 한 일을 배우게 하면 남의 정사가 나의 정사일 것이니, 초궁(楚弓)의 득실(得失)에 어찌 마음을 쓸 것이 있겠는가?'

라 하였다.

이 책은 모두 3편이니, 「정어(政語)」는 성인의 교훈이요, 「정적(政績)」은 이미 과거에 시행한 효과요, 「시조(時措)」는 나의 어리석은 소견으로 시의(時宜)를 참작한 것이다. 풍속은 피차의 구별이 있고 인심은 고금의 다름이 있으며, 세도(世道)는 오융(汚隆)의 차이가 있고 법제는 치란(治亂)의 나뉨이 있으니, 적의(適宜)하게 변통하는 것은 본인에게 달려 있다."

라 하였다.

自戊午歲始草, 初名治縣譜, 至是更加增刪, 改名政要. 有自撰序文, 略曰:
"天德‧王道本一體, 修己‧治人無二致. 學優而仕, 仕優而學, 出處不同, 其道則同也. 眞西山嘗輯經傳論政文字, 爲『政經』一書, 非學外有政也. 其體雖同, 而措之事爲之間, 施用有異, 故不得不殊而別之, 此與『心經』相爲表裏者也. 余少時爲是書, 雖有出位[234]之嫌, 而亦有爲爲之者也. 在亂藁中, 未嘗出而示人, 然而相識中, 或有爲政而請教者, 亦必以是投之. 盖附古人贈言[235]之意也. 余未試者也, 撫鎛疑曰[236], 其用或錯; 閉戶爲屨[237],

大體斯存. 昔傳琰爲『治縣譜』, 子孫相傳, 不以示人, 世以吏績著稱『南史』. 余心鄙之曰: ‘是欲獨擅能名也. 誠使世人學我之爲, 則人之政, 我之政也. 楚弓得失[238], 何必用心於其間哉?’ 書凡三篇, 曰政語, 聖人之訓也. 曰政績, 已行之效也. 曰時措, 瞽說之酌時而斟之者也. 風俗有彼此之別, 人心有古今之殊, 世道有汚隆之異, 法制有治亂之分, 變通之宜, 存乎其人.”

------

234 出位 : 『周易』「艮卦」象辭에 “군자는 이를 보고서 자신의 생각을 그 지위에 벗어나지 않게 한다.〔君子以, 思不出其位.〕”라 한 데서 온 말이다. 『論語 泰伯』에는 “그 지위에 있지 않고서는 그 정사를 말하지 않는다.〔不在其位, 不謀其政.〕”라 하였다.

235 古人贈言 : 贈言은 길 떠나는 사람에게 贈別의 의미로 말을 해주는 것이다. 西漢 사람 段會宗이 처음에 雁門太守에 임명되었다가 부임하기도 전에 파면 되었고 후일에 西域의 都護에 제수되어 부임하려 하자 친하게 지내던 谷永이 그가 늙은 나이에 변방으로 나가는 것을 안타깝게 여기며 贈言하기를 “그대 는 옛 제도를 따르고, 특별한 공로를 세우려 들지 말라. 임기를 마치고 다시 속히 돌아오기만 해도 안문의 불우함을 補償하기에 충분할 것이네.”라고 하 였다 한다. 『漢書 권70 段會宗傳』

236 撫鑰疑日 : 蘇東坡의 『日喩』에, “태어나면서부터 소경인 자는 해를 모른다. 어떤 사람이, ‘해의 빛은 촛불의 빛과 같다.’ 하자, 초를 만져보면서 해가 그렇게 생겼다고 상상을 하다가 나중에는 피리를 만지며 그것이 해라고 생각 하였다.” 하였다.

237 閉戶爲屨 : 맹자가 “발 크기를 모르고 신발을 만들어도 삼태기가 되지는 않는 법이니, 그것은 천하의 발이 대개 비슷하기 때문이다.”라 한 데서 인용한 말이다. 『孟子 告子上』

238 楚弓得失 : 楚王이 활을 잃자 좌우에서 찾으려 하였는데, 왕이 “초왕이 잃은 것은 초인이 얻을 것이니 찾을 것이 없다.”라 하였다. 이 말을 들은 공자가 말하기를, “어찌 그리도 도량이 좁은가. ‘사람이 잃은 것을 사람이 얻을 것이 다.’고 하지 않다니.”라 하였다. 『孔子家語』

34년 무인(1758), 선생의 나이 47세이다. ○정월에 성호선생에게 편지를 올렸다.

三十四年戊寅, 先生四十七歲. ○正月, 上星湖先生書.

　부녀자들의 수식(首飾)에 대해 논하였다.

　論婦女首飾.

3월에 성호선생에게 편지를 올렸다.

三月, 上星湖先生書.

　귀신(鬼神)의 이치에 대해 논하였다.

　論鬼神之理.

10월에 정산(貞山)에게 편지를 보냈다.

十月, 與貞山書.

　『역경(易經)』과 『시경(詩經)』을 읽는 법에 대해 논하였다.

　論讀『易』讀『詩』之法.

12월에 『교증가례부췌(校證家禮附贅)』의 서문(序文)을 지었다.

十二月, 作「校證家禮附贅序」.

바로 선생의 종인(宗人)인 오휴자(五休子) 안공(安玑)이 찬한 책이다.

卽先生宗人五休子[239]所撰.

35년 기묘(1759), 선생의 나이 48세이다. ○『동사강목(東史綱目)』이 완성되었다.

三十五年己卯, 先生四十八歲. ○『東史綱目』成.

선생은 일찍이 우리나라 사람들이 우리나라의 역사를 전혀 모르는 것을 탄식하여 병자년부터 초고를 작성하기 시작하여, 4년이 걸려 책을 완성하였다. 위로는 기자(箕子) 원년(元年)부터 시작하여 아래로는 고려 말에 이르기까지 역사를 강(綱)과 목(目)을 세워 기술하였는데, 모두 18권이다. 또 「고이(考異)」와 「지리고(地理考)」 두 권이 있어, 도합 20권이다. 손수 서문을 지었다. 그 서문에 대략,

----

239 五休子 : 安玑의 호이다. 조선시대 선조 때 영남의 학자로 은거하여 禮學을 연구했는데 특히 『가례』에 조예가 깊었다. 권18 「校訂家禮附贅」 참조.

동방의 역사 또한 구비되었다. 기전체(紀傳體)로는 김문열(金文烈 김부식(金富軾))의 『삼국사기』와 정문성(鄭文成 정인지(鄭麟趾))의 『고려사』가 있고, 편년체(編年體)로는 서사가(徐四佳 서거정(徐居正))와 최금남(崔錦南 최부(崔溥))이 교지(敎旨)를 받들어 저술한 『동국통감(東國通鑑)』이 있다. 이를 이어 유계(兪棨)의 『여사제강(麗史提綱)』과 임상덕(林象德)의 『여사회강(麗史會綱)』이 나왔고, 초절(抄節)한 것으로는 권근(權近)의 『동국사략(東國史略)』과 오운(吳澐)의 『동사찬요(東史撰要)』 등의 책이 있으니, 찬연히 성대하도다.

『삼국사기』는 내용이 소략하되 사실과 틀리고, 『고려사』는 글이 번다하되 중요한 곳은 적고, 『동국통감』은 의례(義例)에 와전(訛傳)한 곳이 많고, 『여사제강』과 『여사회강』은 필법(筆法)이 간혹 어긋나니, 오류를 인하여 오류를 답습하고 와전한 것을 가지고 와전한 그대로 전한 것은 모든 책이 비슷하다.

내가 이 책들을 읽어보고 개탄하여 마침내 간정(刊正)해야겠다고 마음먹었다. 그래서 우리나라 역사 및 중국의 역사 중에서 우리나라의 사적을 언급한 것을 널리 취하여 오로지 주자(朱子) 강목(綱目)의 성법(成法)을 따라 모아서 한 질의 책을 만들었으니, 사실(私室)에 보관해 두고 고열(考閱)의 자료로 삼고자 한 것 뿐이지, 감히 찬술(撰述)로써 자처한 것은 아니었다.

대저 사가(史家)의 대법(大法)은 통계(統系)를 분명히 변별하며, 찬적(簒賊)을 엄격히 구분하며, 충절을 포장하며, 시비를 바로잡으며, 전장(典章)을 상세히 기록하는 것이다. 그런데 우리나라의 사서들은 이 점에 실로 문제가 많다. 이런 까닭에 한결같이 다

정리하되, 오류가 심한 것은 따로 부록 2권을 만들어 아래에 붙여
놓았다."
라 하였다.

先生嘗嘆東人之專昧東事, 自丙子歲始草, 閱四年而書成. 上自箕子元年,
下至麗末, 立綱立目, 書凡十八卷, 又有考異地理考二卷, 合二十卷. 自撰
序文, 略曰:"東方史亦備矣, 紀傳則有金文烈·鄭文成之『三國』·『高麗
史』, 編年則徐四佳·崔錦南奉敎撰『通鑑』. 因是而兪氏『提綱』·林氏『會
綱』作焉, 抄節則有權氏『史畧』·吳氏『撰要』等書, 彬彬然盛矣. 然而『三
國史』疎畧而爽實, 『高麗史』繁冗而寡要, 『通鑑』義例多舛, 『提綱』·『會
綱』筆法或乖, 至於因謬襲誤, 以訛傳訛, 諸書等爾. 鼎福讀之慨然, 遂有
刊正之意, 博取東史及中史之有及于東事者, 一遵紫陽成法, 彙成一峽, 以
爲私室巾衍之藏, 資其考閱而已, 非敢以撰述自居也. 大抵史家大法, 明統
系也, 嚴纂賊也, 褒忠節也, 正是非也, 詳典章也. 諸史於此, 實多可議,
故一皆釐正, 而至若訛謬之甚者, 別爲附錄二卷, 系之于下.

정월에 성호선생에게 편지를 올렸다.

正月, 上星湖先生書.

『주역』의 선천(先天)과 후천(後天)의 뜻을 논하였다.

論易先後天之義.

2월에 소남 윤공에게 편지를 보냈다.

二月, 與邵南尹公書.

『시경』의 뜻을 논하였다.

論『詩經』義.

11월에 성호선생에게 편지를 올렸다.

十一月, 上星湖先生書.

열국(列國)의 음운(音韻)과 고금(古今)의 역법(曆法)을 논하였다.

論列國音韻·古今曆法.

36년 경진(1760), 선생의 나이 49세이다. ○12월에 권철신(權哲身)의 편지에 답하였다.

三十六年庚辰, 先生四十九歲. ○十二月, 答權哲身書.

아송(雅頌) 중에서 의심나는 부분에 대해 물어왔으므로 선생이 조목별로 답하였다. 그 편지에 대략,
  "대저 성현의 말씀은 모두 평이(平易)하고 명백하니, 너무 천착

해서 별다른 뜻을 찾다가 스스로 혼란 속에 얽혀 들어서는 안 됩니다. 퇴계선생(退溪先生)은 '책을 읽을 때는 별다른 뜻을 깊이 찾을 필요가 없고, 본문에서 현재 있는 뜻을 찾아야 한다'라 하셨습니다. 이 말이 적당(的當)하고 간이(簡易)하니, 한 번 생각해 보십시오.

경문에는 진실로 두 가지 뜻이 있을 수 있는데 후세 사람들은 해석할 때 반드시 자기 생각으로 헤아려 보고서 가장 근사한 것을 취합니다. 지금 그대가 책을 읽을 때 전(傳)의 뜻과 견해가 다른 것이 있거든 그 견해가 다른 곳에 나아가서 어느 쪽이 더 나은지 헤아려 보고 그 대목을 가만히 읊조리며 생각해 보면 절로 변별할 수 있는 길이 있을 것입니다.

나의 사사로운 선입견을 가슴 속에 걸어두고서 도리어 선유(先儒)의 학설을 가지고서 자기 견해에 맞추려 한다면 이는 매우 옳지 못합니다. 그렇게 하려거든 자기 생각대로 글을 쓸 것이지 무엇 하러 애써 옛 성현의 책을 읽습니까."
라 하였다.

有雅頌疑問, 故先生逐條答之. 其書略曰: "聖賢言語, 皆平易明白, 不可探曲以求, 自致纏繞于疑亂之中矣. 退溪李子曰: "讀書, 不必深求異意, 當於本文上, 求見在之義." 此語的當簡易, 試入思議也. 經文固有兩般義, 後人解釋時, 必量度而取其最近者. 今君讀書, 有與傳義不同者, 試就其不同處, 劑量輕重, 諷詠詳玩, 則自有可別之道矣. 我之私意, 橫在肚裏, 却以先儒之說, 求合於己, 是甚不可. 若然則我去自做一般文, 何必苦苦讀古書乎?

37년 신사(1761), 선생의 나이 50세이다. ○4월에 서재(書齋)를 지었다.

三十七年辛巳, 先生五十歲. ○四月, 建書齋.

향리(鄕里)의 선생에게 배우는 후진들과 의논하여 덕곡동(德谷洞) 안에 서재를 세우고는 '이택재(麗澤齋)'라고 이름 붙였다. 5월 이후부터 매달 모여서 『소학(小學)』을 강독하였다.

與鄕里從學後進議, 建書齋于德谷洞中, 名之曰麗澤齋. 自五月以後, 逐月相會講『小學』.

38년 임오(1762), 선생의 나이 51세이다. ○11월에 『새설유편(僿說類編)』의 편차(編次)를 정하였다.

三十八年壬午, 先生五十一歲. ○十一月, 編次『僿說類編』.

성호선생이 찬술한 것이다. 성호선생이 선생에게 산정(刪正)하고 분류해 주기를 부탁하였는데, 책은 모두 12권이다.

星湖先生所撰, 屬先生刪正分類, 書凡十二卷.

39년 계미(1763), 선생의 나이 52세이다. ○3월에 『백선시(百選詩)』가 완성되었다.

三十九年癸未, 先生五十二歲. ○三月, 『百選詩』成.

역대의 시를 각 문체별로 모두 1백 수를 모아『백선시』라고 이름하였는데, 책은 모두 7권이고, 선생이 손수 지은 서문이 있다.

歷代詩各體, 皆選百首, 名之曰『百選』, 書凡七卷, 有自撰序文.

『사감(史鑑)』이 완성되었다.

『史鑑』成.

상고 때부터『강목(綱目)』이전까지를 산삭(刪削)하여 만들어서『사감(史鑑)』이라고 이름하였으니, 책은 모두 8권이다.

自上古至『綱目』以上, 節刪成之, 名之曰『史鑑』[240], 書凡八卷.

12월에 성호선생의 부음을 듣고 곡하였다.

十二月, 哭星湖先生訃.

---

240 自上……『史鑑』:『資治通鑑綱目』에는 周나라 威烈王부터 宋代까지의 역사를 기록하고 있는데, 『사감』은 상고시대부터 주나라 위열왕 이전까지의 역사를 기록하였다는 말이다.

심상복(心喪服)을 입었다. 선생에게 문학(問學)한 말을 기록한 『함장록(函丈錄)』이 있다.

服心喪.²⁴¹ 記其問學之語, 有『函丈錄』.

40년 갑신(1764), 선생의 나이 53세이다. ○12월에 소남 윤동규에게 편지를 보냈다.

四十年甲申, 先生五十三歲. ○十二月, 與邵南尹公書.

스승의 상(喪)에 입는 복(服)에 대해 논하였다. 그 편지에 대략, "스승의 상(喪)에 입는 복은, 생각건대 『예기』 「단궁(檀弓)」에서 3년으로 정하고 있으니 이 밖에 달리 찾을 것이 없습니다. 정자(程子)와 장자(張子) 두 선생이 '정(情)의 후박(厚薄)에 따라 다를 수 있다.'라고 한 뒤로 우리 동방에 와서는 율곡(栗谷)이 각각 기(朞)·구월(九月)·오월(五月)·삼월(三月)로 구별해서 예(禮)를 정했기 때문에 세상 사람들이 대개 이를 따릅니다. 이는 사세로 보아서는 두루 편리한 듯해도 생삼사일(生三事一)의 의리로 미루어 보면 존자의 복을 적당히 재량한다는 그 자체부터가 아무래도 미안한 일입니다.

---

241 服心喪 : 喪服은 입지 아니하되, 상복을 입은 것처럼 마음으로 근신하는 일을 말한다. 제자가 스승의 상에 대하여 이 복을 입었다.

정자(程子) 제자들이 스승의 상(喪)에 어떻게 복을 입었는지는 상고할 길이 없으나 유입지(劉立之)가 '북방 변지의 관직에 매여 복 입는 대열에 참여할 수가 없었다.'고 한 것을 보면 복제가 있었던 것이 분명합니다. 주자(朱子)가 연평(延平)선생의 제문(祭文)에서 '묘소 곁에 집을 짓고 3년을 나려고 했던 당초의 뜻을 이루지 못했습니다'한 것을 보면 여러 가지 일이 많아 집을 짓고 3년을 나려던 뜻을 이루지 못했으니, 삼년상을 모시는 뜻만은 아마 변함없이 지녔던 듯합니다.

다만 스승과 제자 사이는 이미 한 집에서 사는 사람이 아니기 때문에 자기 집안사람과 똑같이 전(奠)을 올리고 곡읍(哭泣)하지는 못하겠지만 그러나 슬픈 마음과 추모의 정은 감히 잠시도 잊지 못하는 것입니다. 따라서 혹 질대(絰帶)나 소대(素帶)를 띰으로써 마음을 표시하고 모임에도 가지 않고 음악도 듣지 않음으로써 일반 사람들과는 같을 수 없다는 뜻을 보여주는 것이 옛날 법에도 어긋날 것이 없고 마음에 부끄럽지도 않을 것입니다.

퇴계(退溪)의 제자들 중에서는 월천(月川 조목(趙穆))이 1년 동안 소대(素帶)를 띠고 3년 동안 모임에 가지 않고 음악을 듣지 않았으니, 이를 옛날 예(禮)에 맞추어 보면 어떨지 모르겠으나 실로 제 마음에 맞는 점이 있습니다. 그래서 감히 그대로 시행하고자 했습니다."

라 하였다.

論師服. 書畧曰: 師服一節, 竊念「檀弓」置諸三年之科, 則舍此更無他求. 自程張兩先生有情有厚薄之說, 而至于我東栗谷, 定以朞九月五月三月之禮, 故世多從之. 此於事勢, 似爲周便, 而以生三事一[242]之義推之, 則節量尊服, 終涉不安矣. 程門服制無考, 而劉立之云: "繫官朔陸, 不得與於行服之列[243]"云, 則其制服明矣. 朱子祭延平文: "築室三年, 莫遂初志[244]"云, 則事故多端, 雖未遂築室之願, 而三年之意則恐亦不廢矣. 但師弟之間, 旣非同室之人, 故饋奠哭泣, 雖未能一如家人, 其追慕痛隕之情, 不敢暫忘, 或絰或素帶, 以寓其心, 不赴會不聽樂, 以示不可自同平人之意, 似無悖於古而不媿於心矣. 退門諸人, 月川[245]素帶朞年, 三年不赴會不聽樂, 此率以古禮, 則未知其如何, 而實有愜於鄙意者, 故敢欲依而行之.

41년 을유(1765), 선생의 나이 54세이다. ○4월에 「무명오현찬(無名五賢贊)」을 지었다.

....

242 生三事一 : 부모·스승·임금을 똑같이 섬김을 말한다. 춘추시대 晉나라 大夫 欒共子가 "백성은 부모·스승·임금 셋에 의해 사니, 섬기기를 한결같이 해야 한다.〔民生於三, 事之如一.〕"한 데서 온 말이다. 『國語 晉語』

243 劉立之……之列 : 『二程遺書』附錄의 「明道先生行狀」에 보인다. 유립지는 程子의 제자로 이름은 立之이고 자는 宗禮이며 河間 사람이다. 그가 「명도선생행장」을 썼다. 그의 아버지가 明道, 伊川 형제와 일찍부터 친교가 있었다. 그는 어려서 아버지를 여의고 명도의 집에서 자랐고 명도의 숙부의 딸에게 장가들었다. 명도의 문하에 가장 일찍 들어온 제자이다. 『伊洛淵源錄 권14 程氏門人無記述文字者』

244 築室……初志 : 『朱子大全』 권87 「又祭延平李先生文」에 나오는데, "築室三年, 莫酬夙志."로 되어 있다.

245 月川 : 퇴계의 제자인 趙穆(1524~1606)의 호이다. 그의 자는 士敬이고 또 다른 호는 東皐이다. 향리에 은거하며 누차 조정에서 벼슬을 제수하였으나 거의 대부분 부임하지 않고 학문 연구에만 힘썼다.

四十一年乙酉, 先生五十四歲. ○四月, 作「無名五賢贊」.

오현은 바로 노(魯)나라의 양생(兩生)·제(齊)나라의 우인(虞
人)·노나라의 유자(儒者)·새상옹(塞上翁)이다.

五賢, 卽魯兩生[246], 齊虞人[247], 魯儒[248], 塞上翁.[249]

7월에 제용감 주부(濟用監主簿)에 제수되었으나, 병을 이유로 부임

---

246 魯兩生 : 漢高祖가 불러내지 못한 魯나라 서생 두 명을 말한다. 이는 고조가
儒者를 멸시하여 儒冠을 쓴 사람을 보면 그 관을 벗겨 오줌을 누었기 때문이
었다. 『通鑑 漢紀』

247 齊虞人 : 춘추시대 齊나라 景公이 사냥을 나갔을 때 旌을 써서 우인을 부르자
오지 않으니, 경공이 그를 죽이려 하였다. 그가 오지 않은 이유는 旌은 大夫
를 부르는 것이요, 우인은 皮冠으로 불러야 하기 때문이다. 공자는 그를
志士라고 칭찬하였다. 『孟子 萬章下』

248 魯儒 : 魯나라의 儒者이다. 李白의 시 중에 「노유를 조롱하다〔嘲魯儒〕」가
있다.

249 塞上翁 : 邊塞에 사는 노인이란 말로 '塞翁之馬'라는 고사에 나오는 노인이
다. 변새에 사는 한 노인의 말이 도망쳐 오랑캐 땅으로 들어갔다. 사람들이
위로하자 노인이 "이것이 도리어 복이 될지 어떻게 알겠는가?"라고 하였다.
몇 달 뒤에 그 말이 오랑캐의 준마 여러 마리를 데리고 돌아왔다. 사람들이
축하하자 노인이 "이것이 화가 될지 누가 알겠는가?"라고 하였다. 그의 아들
이 말을 타다가 떨어져 다리가 부러졌다. 사람들이 위로하자 노인이 "이것이
복이 될지 누가 알겠는가?"라 하였다. 1년 후에 오랑캐가 침입하여 남자들은
모두 戰場에 나가 열에 아홉은 죽었는데 그의 아들은 다리가 불구였기 때문
에 徵發되지 않아 살아남을 수 있었다 『淮南子 人間訓』

하지 않았다. ○동약(洞約)을 중수(重修)하였다. ○8월에 의금부
도사(義禁府都事)로 옮겨졌으나, 부임하지 않았다. ○이 달에 큰 종
기를 앓았다.

七月, 除濟用監主簿, 以病不赴. ○重修洞約. ○八月, 遷義禁府都事, 不
赴. ○是月, 患大腫.

왼쪽 팔뚝에 침을 맞다가 풍(風)이 들어 증세가 매우 위중하였다.
종기를 짼 뒤 아들 안경증(安景曾)이 고름을 입으로 빨아 내었으
며, 10월이 되어서야 비로소 차도가 있었다.

左臂受針傷風, 疾症危劇; 破腫後, 子景曾吮其膿血, 至十月, 始得差安.

42년 병술(1766), 선생의 나이 55세이다. ○「도정절찬(陶靖節贊)」
을 지었다.-지은 날짜에 대한 기록이 없는데, 아마도 이 해 봄과 여름 사이
에 지은 듯하다.- ○6월에 「육잠(六箴)」을 지어 자신을 경책(警策)하
였다.

四十二年丙戌, 先生五十五歲. ○作「陶靖節贊」.-月日無記, 疑在是年春夏.-
○六月, 作「六箴」以自警.

그 서문에 대략,
  "옛사람 가운데 덕을 이루고 큰 일을 한 사람은 모두 강명(剛明)
  하고 침중(沈重)한 덕에 힘입었다., 나는 성품이 용렬(庸劣)하

고 천근(淺近)하기 때문에 공부가 전일하지 못하여 늙은 나이에
이르도록 성취한 바가 없다. 게다가 지금은 병폐(病廢)하여 자포
자기한 지가 십여 년이 지났음에랴. 안으로 은미(隱微)한 마음으
로부터 밖으로 시(視)·청(聽)·언(言)·동(動)에 이르기까지
모두 그 직분을 잃고 있기에, 흠칫 놀라 감오(感悟)하고 잠(箴)
을 지어 나 자신을 경계하노라."
라 하였다.

네 체는 비록 고요하지만
네 용은 느끼는 바가 많으니
고요할 때 보존하기를
물처럼 담담하게 하고
움직일 때 잘 살펴서
오직 기미를 자세히 보라
어둡기 쉽고 어지럽기 쉬우니
늘 두려워하고 조심하라
기욕을 단호히 끊어버리고
객념을 말끔히 쓸어 없애라
사욕을 추궁해 마지않기를
혹독한 아전이 조사하듯이 하고
마음에 일물도 남기지 않기를
촘촘한 빗자루로 먼지 쓸 듯이 하라
이렇게 오래 하면 공부가 깊어져
나의 천진한 본심을 회복하리라

-이상은 심잠(心箴)이다.-

爾體雖寂 爾用多感 靜而存之 如水之淡

動而察之 惟幾之審 易昏易亂 恒若凜凜

斷絶嗜慾 掃除客念 推究不置 如酷吏按驗

不留一物 若密箒掃塵 悠久功深 反我天眞

선을 보면 반드시 분명히 보고

악을 보면 장님처럼 눈 감으라

바르지 못한 모습은

사람의 마음을 해치나니

너의 눈을 거두어서

밖으로 달리지 말게 하라

-이상은 목잠(目箴)이다.-

見善必明 見惡如瞽 不正之色 令人心蠱 收爾視 毋外騖

선을 들으면 반드시 귀를 기울이고

악을 들으면 반드시 귀머거리가 되라

음탕한 소리는

나의 천성을 해치나니

너의 귀를 단속해야

정신이 안에서 충만하리라

-이상은 이잠(耳箴)이다.-

聞善必聽 聞惡如聾 淫洪之聲 蜥我天衷 斂爾聽 神內充

앉으면 반드시 단정히 공수(拱手)하고
서면 반드시 손 모양을 공손히 하라
함부로 가리켜 보는 사람 놀라게 하지 말고
가볍게 놀려 위의를 잃지 마라
   -이상은 수잠(手箴)이다.-

坐必端拱 立必恭持 勿妄指以駭瞻 勿輕弄以失儀

법도에 맞게 가고 그치며
빠르고 더디기를 적절히 하라
발걸음을 무겁게 디뎌 공경을 다하고
움직일 때 위태로움이 많음을 두려워하라
   -이상은 족잠(足箴)이다.-

規行矩止 疾徐合宜 欲其重以致敬 恐其動而多危

말로써 마음을 표출하니
길흉과 선악이 이에 드러나며
음식을 먹어 몸을 기르니
수요와 사생이 이에 달렸도다
이런 까닭에 성인은
말을 삼가고 음식을 절제한다

-이상은 구잠(口箴)이다.-

言以宣心 吉凶善惡斯見 食以養體 壽夭死生所托
是以聖人 愼言語節飮食

其序曰: "古人之成德做事者, 皆藉於剛明沉重之德, 而余性質昏愞躁淺,
故用功不專, 到老無成, 而況今病廢自棄, 踰十數年乎, 內自一心之微, 外
至視聽言動, 皆失其官, 惕然感悟, 爲箴以自警."
其箴曰: "爾體雖寂, 爾用多感. 靜而存之, 如水之淡. 動而察之, 惟幾之審.
易昏易亂, 恒若懍懍. 斷絶嗜慾, 掃除客念. 推究不置, 如酷吏按驗. 不留
一物, 若密篲掃塵. 悠久功深, 反我天眞.-右心.- 見善必明, 見惡如瞽. 不
正之色, 令人心蠱. 收爾視, 無外騖.-右目.- 聞善必聰, 聞惡如聾. 淫佚之
聲, 斲我天衷. 斂爾聽, 神內充.-右耳.- 坐必端拱, 立必恭持. 勿妄指以駭
瞻, 勿輕弄以失儀.-右手.- 規行矩止, 疾徐合宜. 欲其重以致敬, 恐其動而
多危.-右足.- 言以宣心, 吉凶善惡斯見. 食以養體, 壽夭死生所托. 是以聖
人, 愼言語節飮食.-右口.-

10월에 권철신의 편지에 답하였다.

十月, 答權哲身書.

왕양명(王陽明)의 치지설(致知說)에 대해 논하였다. 그 편지에 대
략,
"지난번에 그대가 '왕양명(王陽明)의 치지설(致知說)이 매우 옳

다'고 했는데, 내가 그 때 나의 견해를 말해 주고 싶었으나 충동만
일고 결국 말해주지 못한 것이 아직도 후회가 됩니다. 왕양명이
선유들에게 죄를 얻은 까닭도 바로 처음 공부의 길을 잘못 들어
섰기 때문입니다. 주자가 물(物)을 리(理)로 풀이했는데, 왕양
명이 틀렸다고 하면서 말하기를,

'리(理)는 따로 물(物)에 있는 것이 아니라, 내 마음이 바로
리이다. 마음이 움직이는 것이 양지(良知)가 아님이 없으니 심
(心)과 리(理)를 둘로 나누어서는 안 된다.'
라고 하여, 마침내 주자의 주장은 의(義)를 마음 밖에 있는 것으
로 간주한 고자(告子)의 학설과 같다고 비판하였으니, 이 어찌
터무니없는 자가 아니겠습니까.

마음의 기능은 생각[思]이고, 생각은 지각[知]을 맡고 있으
니, 주자가 치지격물(致知格物)을 해석하면서 '내 마음의 지각으
로 사물의 이치를 궁구(窮究)하는 것이다.'라고 했습니다. 이는
마음에는 앎의 이치가 있기 때문에 사물의 이치를 궁구할 수 있
으니 그렇게 되면 내 마음이 알고 있는 이치와 각 사물에 산재해
있는 이치가 합일이 되는 것입니다. 그런데 굳이 마음[心]이 바
로 이치[理]라고 곧바로 풀이할 필요가 있겠습니까. 또 마음이
아는 것이 양지(良知)라고 하는데, 사람마다 기질이 달라 성인의
마음은 그것이 다 양지의 본연(本然)에서 나오지만, 중인(衆人)
들 마음은 기질에 편승되고 치우치고 막혀있어 마음의 앎이 대개
인욕(人欲)에서 나옵니다. 양명의 이 설은 인욕을 천리(天理)로
오인하고 있으니 그 유폐는 이루 말할 수 있겠습니까!"
라 하였다.

論陽明致知之說, 書略曰:"向日君過時, 深以陽明致知之說爲當. 其時雖
欲以拙見相告, 而氣動未果, 殆猶爲恨. 陽明所以得罪先儒者, 以其入頭工
夫錯誤故也. 朱子以物訓理, 而陽明非之曰:'理不可別在物上, 吾心卽理
也. 心之所動, 莫非良知也, 不可分心與理爲二.' 遂譏朱子以告子義外之
學; 此豈非太郎當者乎? 心之官則思, 思主知. 朱子釋致知格物, 以心之知
格物之理. 蓋心有知之理, 故能窮物理, 則吾心所知之理, 與散在物上之
理, 合而爲一. 何必直訓心爲理? 又以心之所知爲良知, 夫人之氣質不同,
聖人之心則固皆出於良知之本然, 而衆人之心則爲氣所乘, 流於偏塞, 其
心之知, 多出於人欲. 陽明此說, 認人欲爲天理; 其流之弊, 可勝言哉!"

43년 정해(1767), 선생의 나이 56세이다. ○정월에 소남 윤동규에
게 편지를 보냈다.

四十三年丁亥, 先生五十六歲. ○正月, 與邵南尹公書.

그 편지에 대략,
"시생(侍生)은 성품이 원래 어리석고 거칠어서 오묘한 성명(性
命)의 이치는 애당초 연구하지 않고 단지 선유들의 정설(定說)
에 입각해서 어렴풋이 알고 있었을 뿐입니다. 이런 까닭에 자득
(自得)한 실효가 없고, 사칠설(四七說)에 있어서는 어려서부터
선입견이 있어 퇴계의 것만을 옳은 것으로 여겨 오다가 선생님의
「사칠신편(四七新編)」을 보고 나서는 더욱 독실히 믿어서 오묘
한 뜻이 이보다 더한 것은 없는 것으로 알아왔습니다.
옛날 의영고(義盈庫)에 숙직하고 있을 때 이경협(李景協)이

보내온 서신에 '성인의 공정한 희노(喜怒)는 리발(理發)이다.'고 하면서 그 내용이 길어서 수백 자나 되고 변증한 것이 명백했으니 매우 좋았습니다. 그 때는 참고할 만한 서적이 없어서 대충 답을 했는데, 그 줄거리는 '희노의 글자 뜻이나 생긴 모양을 보면 아무래도 기(氣)에서 나온 것으로서 거기에는 성우(聖愚)의 차별이 없을 것 같다. 운운.' 하였습니다. 경협이 더 이상 이에 대해 답하지 않기에 저도 그 소견만 그대로 가지고 있었을 뿐 다시 의심해보지 않았는데, 뒤에 들으니 그 발단은 신진사(愼進士)-이름은 후담(後聃)이다.-에게서 나온 것으로 선생님도 이를 따랐기에 집사(執事)께서는 쟁변하지 못하고 말았다는 것이었습니다. 동문 사이에 이러한 논의가 있었는데도 그 사실을 모르고 오늘에 이르렀으니 그 얼마나 어리석은 일입니까. 저의 소견을 개진하니 재택(裁擇)해 주시기 바랍니다.

대저 성(性)이 동(動)하여 정(情)이 되니, 정이 원래는 선한 것이지만 절제하지 않으면 너무 치성해서 악하게 됩니다. 성인의 공정한 칠정(七情)도 곧바로 성이 동하여 정이 되는, 최초의 본래 선한 곳으로부터 왔고 보면 사단(四端)과 다를 바 없으니 리발(理發)이라고 해도 불가할 게 없습니다. 그러나 비록 일반 사람의 정이라 할지라도 성명(性命)에서 나온 것이라는 점은 역시 성인의 경우와 다르지 않을 듯합니다. 이렇게 보면 설명하기가 쉬워, 까다로워 이해하기 어려울 곳이 없을 것입니다.

그러나 퇴도(退陶) 이자(李子)는, 성인의 희노(喜老)는 기(氣)가 리(理)에 순응하여 발로된 것이라고 하니, 그 말이 공평하고 정당하여 고칠 것이 없다. 의심스러운 것은 고봉(高峯)의

「후설(後說)」에서 '견해의 합일을 보았다.'라고 했지만 그 중에 '칠정(七情)이 비록 기(氣)에 속하지만 리(理)가 그 가운데에 있으니, 발하여 절도에 맞는 것은 바로 천명의 성(性)입니다. 이를 어떻게 기발(氣發)이라고 하겠습니까?'

그래서 '기가 리에 순응한다.'는 이자(李子)의 말을 배척했는데, 퇴계께서 더 이상 변석하지 않은 것은 어째서입니까?「심통성정중도(心統性情中圖)」에 사단을 칠정 속에 포함시켜 놓고는 '선(善)과 악(惡)이 나뉘는 곳에서 선 한쪽만을 말한 것이다' 했고, 또 이평숙(李平叔)에게 답한 편지에서도 똑같이 말씀했습니다.

지금 퇴계의 문집(文集)에 의거하면, 고봉의「후설」은 병인년(1566)에 지은 것이고, 『성학십도(聖學十圖)』는 무진년(1568)에 지은 것이고, 이평숙에게 보낸 편지는 기사년(1569)에 지은 것입니다. 그렇다면 만년의 정론은 역시 고봉의 견해를 따라 그러한 것입니까?

『맹자(孟子)』는 사단(四端)에서 심(心)이라 하고, 또 '그 정(情)의 경우에는〔乃若其情〕'이라고 했고, 『예기(禮記)』「예운(禮運)」에서는 정(情)이라 하고, 「악기(樂記)」에서는 또 희노(喜怒)를 심(心)이라 했으니, 심이 정을 통괄하는 묘한 이치를 알 수 있을 것입니다. 인심(人心)과 도심(道心), 사단과 칠정이 이름은 다르고 내용은 같다는 뜻은 과연 집사의 주장과 같습니다.

집사께서는 또,

'사단을 확충해 나가면 칠정을 절제하는 공부가 그 가운데 있으니, 희노가 절도에 맞는 것과 사단을 확충하는 것이 절로 서로 도움이 될 것이다. 성인의 희노는 자연히 절도에 맞으니 리발이

라고 해도 된다.'

라고 하였습니다. 집사께서도 지금은 견해의 합의를 보셨으니 이는 이치의 당연한 것으로 다시 의심할 것이 없겠으나 우매한 이 사람으로서는 끝내 석연찮은 데가 있습니다. 맹자가 말한 사단은 정의 선한 측면을 지적해내어 인의예지(仁義禮智)의 정(情)을 밝힌 것이지만 또 형기(形氣)와 상관관계를 갖고 있는 것으로 말하자면 그 정이라는 것이 여러 갈래여서 넷으로 말한 데가 있고,-『중용(中庸)』에는 희(喜)·노(怒)·애(哀)·락(樂)이라고 하였다.- 다섯으로 말한 데가 있고,-『대대례(大戴禮)』에는 희(喜)·노(怒)·욕(欲)·구(懼)·애(哀)라 하였고,「홍범(洪範)」의 채전(蔡傳)에는 희(喜)·락(樂)·욕(欲)·노(怒)·애(哀)라 하였다.- 여섯으로 말한 데가 있고,-『좌전(左傳)』에 자태숙(子太叔)이 '사람에게는 호(好)·오(惡)·희(喜)·노(怒)·애(哀)·락(樂)이 있으니 육기(六氣)에서 나온다.' 하였고,「악기(樂記)」에는 애(哀)·락(樂)·희(喜)·노(怒)·경(敬)·애(愛)의 마음이라고 했고,『장자(莊子)』에는 오(惡)·욕(欲)·희(喜)·노(怒)·애(哀)·락(樂)이라고 했다.- 일곱으로 말한 데가 있으며-「예운(禮運)」에는 "무엇을 사람의 정이라고 하는가? 사람의 정을 희(喜)·노(怒)·애(哀)·구(懼)·애(愛)·오(惡)·욕(欲)이라 한다." 하였고, 정자(程子)의「호학론(好學論)」에는 희(喜)·노(怒)·애(哀)·락(樂)·애(愛)·오(惡)·욕(欲)이라고 했으며,『황제내경(黃帝內經)』에는 희(喜)·노(怒)·우(憂)·사(思)·비(悲)·경(驚)·공(恐)이라 했다.- 이 밖의 자의(字義)로 정(情)을 말할 수 있는 것들도 얼마든지 있습니다.

이미 형기(形氣)가 있고 보면 호오선악(好惡善惡)을 말미암아 감촉에 따라 동하는 것이 또한 수없이 많습니다. 성인은 비록 자기 마음이 하고자 하는 대로 따라 해도 법도를 넘지 않는다고 하지만 모든 감정이 각각 기(氣)를 따라 발하는 면에 있어서는 일반 사람들과 똑같습니다. 『좌전』에 육정(六情)이 육기(六氣)에서 나온다고 했는데, 육기는 기(氣)입니다. 지금 육기가 어지럽지 않고 차서를 따르는 것을 리발(理發)이라 해도 되겠습니까.

의서(醫書)에 칠정에 소속된 장기(臟器)가 각기 따로 있고 치료법도 그 장기에 따라 맞는 약을 쓰니, 비록 성인의 칠정이라 하더라도 형기 속에 있는 것은 사실인데, 그것이 형기로부터 나오는 것이고 보면 기발(氣發)이라고 해야 될 것입니다. 칠정은 기가 리를 순응하는 것이라고 하신 이자(李子)의 말씀이 옳지 않겠습니까. 굳이 리발(理發)이라고 해야만 되겠습니까.

보통 사람들로 말한다면 희노의 감정이 까닭 없이 발할 이치는 없고 반드시 기쁜 일 또는 성낼 만한 일이 있어 발하는 것이니, 만약 그 일이 기쁜 일이고 성낼 만한 일이어서 희노가 발하였다면 그 희노는 당연한 희노일 것입니다. 그 당연한 희노를 모두 리발이라고 한다면 처음 나올 때는 리에서 나왔다가 중간에 희노가 절도를 잃은 뒤에야 비로소 기발이라고 하는 것입니까?"
라 하였다.

書畧曰:"某性本愚魯粗率, 其於性命之奧, 初不硏究, 只就先儒已定之說, 依俙識得而已. 是以, 無自得之效, 而至於四七, 從幼先入之見, 以退陶爲正; 及觀師門『新編』而信從尤篤, 不知有微妙之意, 更有加於此者矣. 昔在義盈直中, 景協貽書, 以聖人之公喜怒謂之理發, 其言纏纏數百言, 證辨

明白, 甚可喜也. 其時無書可檢, 草草答之. 大意以爲'喜怒之字義貌像, 終
是出於氣, 似無聖愚之別云云.'此友更無所答, 鄙亦依舊膠守, 不復致疑;
後來聞之, 其端盖出於愼進士-名後聃-, 而先生從之, 執事爭執不得云. 同
門有此等議論, 而不得問知, 至于今日, 甚矣其蒙陋也! 玆貢愚見, 以祈裁
擇. 夫性動爲情; 情本善而不節, 則熾而惡矣. 聖人之公七情, 亦直從性動
爲情最初本善處而來, 則與四端無異; 謂之理發, 無不可矣. 雖平人之情,
其出於性命, 則亦似不異矣. 如是看, 則立說易而無艱曲難曉處矣. 然而退
陶李子以聖人之喜怒謂氣之順理而發; 此語平正, 無可改評. 而所可疑者,
高峯「後說」, 雖云爛熳同歸, 而其中有云:'七情雖屬於氣而理在其中, 其
發而中節者, 乃天命之性, 豈可謂之氣發?'以斥李子氣順理之語, 而李子
之不復辨者, 何也?「心統性情中圖」包四端于七情之內曰:'就善惡幾, 言
善一邊.'又「答李平叔書」[250]又是一樣. 今據文集, 則高峯「後說」是丙寅
年,『聖學圖』在戊辰年,「與李平叔書」在己巳年; 然則晚定之論, 亦從高
峯而然否? 孟子於四端言心, 而又曰:'乃若其情',「禮運」言情, 而「樂記」
又以喜怒言心; 此可見心統情之玅矣. 人心道心·四端七情, 名異實同之
義, 果如執事之論矣. 執事又曰:'四端擴充, 而節情之功, 在其中矣; 喜怒
之中節·擴充之功, 自在相資. 聖人之喜怒, 自然中節; 謂之理發, 可也.'
執事今亦爛熳同歸, 則此理之當然, 不須更疑. 而愚昧終有未釋然者, 孟子
所謂四端, 指出善情, 以明仁義禮智之情; 又以其涉乎形氣者而言, 則其
情多端, 有以四言者,-『中庸』曰:"喜怒哀樂."- 有以五言者,-『大戴禮』曰:"喜怒
欲懼哀." ○「洪範」傳曰:"喜樂欲怒哀."- 有以六言者,-『左傳』:"子大叔曰:'民有

250 「答李平叔書」:『퇴계집』 권37에 보인다. 2권 주 402) '李平叔……密啓' 참조.

好惡喜怒哀樂, 生於六氣.[251"] ○「樂記」曰: "哀樂喜怒敬愛心" ○『莊子』: "惡欲喜怒 哀樂"- 有以七言者,-「禮運」曰: "何謂人情？ 喜怒哀懼愛惡欲." ○程子「好學論」 曰: "喜怒哀樂愛惡欲" ○『內經』曰: "喜怒憂思悲驚恐."- 其他字義, 有可以情言 者, 不一而足. 盖旣有此形氣, 則由其好惡善惡之際, 而觸感而動者, 亦無 數矣; 雖聖人之從心所欲不踰矩, 其諸情之各循氣而發, 則與衆人一般矣. 『左傳』以六情出於六氣, 六氣者氣也. 今以六氣之順序不亂者謂之理發, 可乎? 醫書, 七情各有所屬之臟, 治法亦循其臟而用藥焉. 雖聖人之七情, 其在于形氣中則信矣. 從此形氣而出, 則謂之氣發, 可矣. 李子氣順理之 語, 不其然乎, 何必曰理發而後可乎? 以常人言之, 其喜怒不是無端而發, 必有可喜可怒之事而發; 若其可喜可怒, 則是喜怒之當然者也. 當然之喜 怒, 皆可謂之理發, 則初出時發于理, 而到失中不節而後, 謂之氣發乎?"

정산(貞山)에게 편지를 보냈다.

與貞山書.

이기설(理氣說)을 논하였는데, 소남(邵南)에게 보낸 편지와 뜻이
같다.

論理氣說, 與與邵南書同意.

---

251 『左傳』……六氣 :『春秋左傳』昭公 8년에 보인다. 육기는 여섯 가지 자연
기후 현상인 陰·陽·風·雨·어둠〔晦〕·밝음〔明〕이다.

『열조통기(列朝通紀)』를 집필하기 시작했다.

始草『列朝通紀』.

국조(國朝)의 고사(故事) 및 문집(文集)이나 야승(野乘) 등 여러
책에서 뽑아 편년체(編年體)로 만들었다. 책은 모두 25권이다.

袞輯國朝故事及文集野乘諸書, 編年而成之. 書凡二十五卷.

8월 병인일에 모부인(母夫人)의 상(喪)을 당하였다. ○10월 정묘일
에 이 부인(李夫人)을 장사 지내고, 참판공의 묘소를 옮겨 선영(先
塋)의 서쪽에 합장하였다.

八月丙寅, 丁母夫人憂. ○十月丁卯, 葬李夫人, 遷參判公墓, 合窆于先塋之西.

옛 산소의 광(壙)에 수환(水患)이 있어서 옮긴 것이다.

舊壙有水患, 故遷奉焉.

44년 무자(1768), 선생의 나이 57세이다. ○5월에 소남 윤동규에게
편지를 보냈다.

四十四年戊子, 先生五十七歲. ○五月, 與邵南尹公書.

상(殤)은 입후(立後)하지 않는 이치에 대해 논하였다.

論殤[252]不立后之義.

11월에 소남 윤동규에게 편지를 보냈다.

十一月, 與邵南尹公書.

『대학(大學)』「청송장(聽訟章)」을 논하였다.

論『大學』聽訟章.

12월에 권철신에게 편지를 보냈다.

十二月, 與權哲身書.

그 편지에 대략,
"내가 공의 독서를 보면 언제나 자기주장을 내세우면서 꼭 깊고
높게만 보려고 합니다. 그래서 한 권의 책을 읽고 하나의 이치를

---

252 殤 : 殤은 일찍 죽는 것이다. 19세에서 16세 사이에 죽는 것을 長殤이라 하고,
15세에서 12세 사이에 죽는 것을 中殤이라 하고, 11세에서 8세 사이에 죽는
것을 下殤이라고 한다. 7세 이하에 죽으면 無服殤이라고 한다. 『儀禮 喪服傳』

터득할 때에도 미처 침착하고 진밀(縝密)한 공부를 하기도 전에 지레 자기 견해를 주장하여 반드시 자기 뜻에 맞추려고 합니다. 만약 여기에서 속히 머리를 돌리고 빨리 발꿈치를 돌리지 않으면, 막히고 굳어진 상태가 오래 가면서 자기 생각을 주장하는 마음은 우세해지고 손순(遜順)하게 마음을 비워 받아들이는 자세는 적어질 터이니, 심술(心術)에 해독이 될 뿐만 아니라 진덕수업(進德修業)의 큰 공부에 방해가 되지 않는다는 보장이 없을 것입니다.

공은 늘 '『대학(大學)』은 고본(古本)이 좋으니 굳이 개정할 필요가 없다.' 하고, 또 '「격치장(格致章)」은 본래 있으니, 굳이 「보망장(補亡章)」을 넣을 필요가 없다.' 하고, 또 '「청송장(聽訟章)」은 전후 맥락에서 꼭 맞지 않는 듯하다.'고 했는데, 이러한 주장들은 공이 스스로 터득한 것이 아니라 선유(先儒)들이 이미 익히 말한 것입니다. 나는 늘 '장구(章句)를 난숙(爛熟)하게 읽어 주자(朱子)의 본의(本意)에 있어 한 글자 한 구절도 모두 딱 들어맞는 뜻을 안 뒤에야 비로소 다른 학설들을 보아 그들의 의론을 보아야 한다.'고 생각했습니다.

지금 오래 쌓고 정밀하게 연구한 공부가 없이 무슨 단상이나 새로운 뜻이 가슴 속에 떠오르면 대뜸 이것은 옳고 저것은 그르다고 하니, 학문을 향상하는 공부에 무슨 도움이 되겠습니까? 공이 말한 의리의 두뇌라는 것이 이러한 곳에 있지 않을 듯합니다."

書畧曰: "愚嘗觀公之讀書, 每欲自主議論而必求其深高, 故讀一書得一理, 未及加沉潛縝密之功, 而先自主張, 必欲求合於己意; 若或於此不能

亟回頭疾旋踵, 則膠滯之久, 自用勝而欠遜志虛受之義, 未必不爲心術之
害而有妨於進德修業之大功矣. 公每謂: '『大學』古本自好, 不必改定.' 又
謂: '「格致章」自存, 不必補亡.' 又謂: '「聽訟章」, 似無着落.. 此非公自得
之見, 先儒已爛漫言之矣. 愚意則常謂讀章句爛熟, 其於朱子本意, 一句一
字, 皆有下落, 然後始觀諸說, 觀其議論而已. 今無積累專精之工, 而客見
新義橫在肚間, 率爾曰此是而彼非; 其於進學之工, 有何益? 而公所謂義
理頭腦, 似不在此等處矣."

45년 기축(1769), 선생의 나이 58세이다. ○3월에 이기양(李基讓)
의 편지에 답하였다.

四十五年己丑, 先生五十八歲. ○三月, 答李基讓書.

이기양의 설에서 『중용』의 희로애락(喜怒哀樂)이 미발(未發)한 상
태인 중(中)을 가지고서, 사려가 이미 발한 것이고 발하지 않았다
고 하는 것은 단지 희로애락이 발하지 않았다는 것일 뿐이라고 하면
서 이를 부연하여 설을 지어 선생에게 질문하였다. 이에 선생이 조목
조목 그 잘못을 변석(辨析)하였다. 그 답서에 대략,
    "『중용(中庸)』 수장(首章) '미발(未發)'의 뜻은 나로서는 처음 들
은 바이니 감히 대답할 수 없습니다. 무릇 장구(章句)나 훈고(訓
詁) 중에 소소한 의심스러운 곳은 나도 한두 가지 의심해 본 것이
있습니다. 그러나 이러한 곳에 이르러서는 의리(義理)의 대두뇌
(大頭腦)이니, 이것을 잘못 알면 잘못 알지 않는 곳이 없을 것입
니다. 정주(程朱)는 후세의 성인(聖人)이니 이 분들을 따르지

않는다면 장차 누구를 따르겠습니까? 이와 같이 하기를 그치지 않는다면 그 유폐(流弊)는 결국 기탄(忌憚) 없는 소인(小人)이 되고 말 것입니다. 그대의 고명(高明)한 견해로 어찌하여 생각이 여기에 미치지 않아 이처럼 천만 뜻밖의 말을 한단 말입니까. 공의 말처럼 본다면 무슨 이익이 있겠으며, 구설(舊說)에 따라 읽는다면 무슨 해가 있겠습니까.

공이 또 기명(旣明)에게 보낸 편지에 '경(敬)은 선(禪)으로 흐르기 쉽고, 격물치지(格物致知)는 구이지학(口耳之學)에 흐르기 쉽다.'라고 하였으니, 이는 모두 두 공부의 말폐(末弊)를 가리켜 말한 것입니다. 공이 그 폐단을 알았다면 정자(程子)의 경(敬)에 힘을 써서 주일무적(主一無適)하되 정(靜)에 치우치지 않으며 주자(朱子)의 격물치지(格物致知)에 힘을 다하여 경(敬) 공부와 격물치지를 수레의 두 바퀴와 새의 양 날개처럼 번갈아 닦고 나란히 해나가 어느 한 쪽에 떨어지지 않는다면 더할 나위 없을 것입니다. 그런데 하필이면 정주(程朱)의 문하생(門下生) 중에 학문을 잘하지 못한 자를 가지고 의심하지 않아야 할 데에 의심한단 말입니까.

요(堯)·순(舜)의 읍손(揖遜)과 탕왕(湯王)·무왕(武王)의 정벌은 간웅(奸雄)의 구실거리가 되었으니, 이를 가지고 성인(聖人)을 의심해서야 되겠습니까?"

라 하였다.

李說以中庸喜怒哀樂未發之中, 謂之思慮之已發, 而其所謂未發者, 只是喜怒哀樂之未發而已, 敷演而爲之說, 質于先生. 先生逐條辨其非, 且其答書, 畧曰: "『中庸』首章未發之義, 此所創聞, 不敢仰對. 凡章句訓詁間小小疑晦處, 此亦有一二致疑者, 而至若此等處, 爲義理大頭腦. 此爲錯解, 將無所不錯矣. 程朱是後來聖人, 此而不從, 將誰從乎? 若此不已, 其流之弊, 將流于小人之無忌憚.[253] 以左右高明之見, 何以念不及此, 而出此千萬意不到之語耶? 如公言而見之, 有何益? 依舊說而讀之, 有何害焉? 公又與旣明書, 謂敬易流于禪, 格致易流于口耳, 此皆指兩門末弊而言. 公如知其弊, 則當用力於程子之敬, 主一無適[254], 而不偏於靜, 致功於朱子之格致, 車輪鳥翼, 交脩幷進, 不落一偏, 斯已至矣. 何必以門下之不善學者, 致疑于不當疑者耶? 堯舜之揖遜·湯武之征伐, 爲奸雄藉口之資, 其以此而疑彼, 可乎?"

정산(貞山)의 편지에 답하였다.

答貞山書.

　그 편지에 대략,

---

253 小人之無忌憚:『中庸章句』2장에 "군자가 중용을 하는 것은 군자이면서 때에 맞게 하기 때문이요, 소인이 중용을 반대로 함은 소인이면서 기탄이 없기 때문이다.〔君子之中庸也, 君子而時中; 小人之反中庸也, 小人而無忌憚也.〕" 하였다.

254 主一無適: 마음이 專一하여 다른 데로 가지 않는 것이다. 伊川 程頤가 학문의 요체인 敬을 설명하면서 "하나를 주장함을 '경'이라 하고, 마음이 다른 곳으로 감이 없는 것을 '하나'라 한다.〔主一之謂敬, 無適之謂一〕" 한 데서 온 말이다.

"지난날 제가 선생님의 말씀을 들은 적이 있는데 그 때 말씀하시기를,

'성인이 천하를 다스릴 때 우선 언로(言路)부터 열었다. 도를 밝히고 학문을 강론하는 것이 그 얼마나 중대한 일인데, 후생들의 말을 막는단 말인가. 그러므로 학문은 자득(自得)이 중요한 것이지 꼭 선배들 말에 얽매일 필요는 없다.'

하시기에 제가 일어나서 대답하기를,

'그 말씀이 참으로 옳습니다. 그렇지만 염려스러운 것은 다만 오로지 자득한 소견으로 먼저 주관을 세워두면 사의가 제멋대로 생겨나 그 유폐가 적지 않을까 염려됩니다. 만약 젊은 후생이 궁리와 격물[窮格]도 제대로 못하고 의지와 사려도 확고하지 못하면서 약간의 소견이 있다고 해서 자기주장만을 내세우며, 옛 분들도 몰랐던 것이라고 말하는 그러한 습성이 점점 자라게 되면 경박하고 부조(浮躁)한 기상만 더해 줄 뿐 덕을 쌓아가는 일에 도움이 되지는 않을 것입니다.'

라고 했습니다. 선생님께서 웃으시면서, "이 말도 참으로 옳다"라고 하셨습니다.

그래서 저는 늘 재기(才氣)가 있고 말만 앞세우는 젊은이들을 위해 그 폐단을 바로잡아 줄 뿐이지, 참으로 자득하여 분명한 견해가 있는 자에 대해서는 어찌 감히 일률적으로 배척하겠습니까! 그러나 참으로 자득한다는 것이 어찌 쉬운 일이겠습니까. 그렇기 때문에 억지로 별다른 뜻을 찾는 것이 차라리 선유들의 말씀을 지켜 잊지 않는 것만 못할 것입니다."

라 하였다.

이는 아마도 정산이 보낸 편지에 "선유들의 가르침과 다르다고 해서 모두를 배척해 몰아치는 것은 옳지 않다"라고 하였기 때문에 이와 같이 편지에서 답한 것이다.

書略曰: "前日愚嘗承聞吾先生語矣, 曰: '聖王之治天下, 首開言路; 明道講學, 是何等大事, 而杜閉後生之言議耶? 是以, 學貴自得, 不必恋滯前人言議.' 愚起而對曰: '下教誠然, 但恐專以自得, 先立主意, 則未免私意橫生, 流弊不少. 若後生少年, 窮格未到, 志慮未定, 略有所見, 卽自執己意曰: 「古人之所不知者」, 此習漸長, 則徒益其輕浮躁淺之氣, 而無益於進德之業.' 先生笑而答曰: '此語誠是.' 故愚意每爲少年有才氣徒言說者, 矯其弊而已; 誠於自得處, 有眞的之見者, 何敢一例麾斥? 然此豈易者哉! 是以, 與其强究別意, 不若守先儒之訓而不失之耳." 蓋貞山有書, 言不可以異於先儒之言而一例麾斥云. 故有是書.

5월에 「성호예식서(星湖禮式序)」를 지었다.

五月, 撰「星湖禮式序」.

정산이 편집한 책인데, 선생에게 서문을 지어 주기를 요구하였으므로 선생이 지은 것이다.

貞山所編輯要, 先生序文, 故先生撰之.

8월에 정산에게 편지를 보냈다.

八月, 與貞山書.

내외종(內外從) 간에 혼인하는 중국(中國) 풍습의 잘못을 논하였다.

論中國中表婚之非.

소남 윤동규에게 편지를 보냈다.

與邵南尹公書.

『가례(家禮)』가 주자 만년의 저술이 아님을 논하였다.

論『家禮』非晚來定書.

46년 경인(1770), 선생의 나이 59세이다. ○4월에 선부인(先夫人)의 행장(行狀)을 찬술하였다. ○5월에 대산(大山) 이경문(李景文)에게 편지를 보냈다.-이공의 이름은 상정(象靖)이다.-

四十六年庚寅, 先生五十九歲. ○四月, 撰先夫人行狀. ○五月, 與大山李景文書.-李公名象靖.-

사칠설(四七說)을 논하였다.

論四七說.

윤5월에 소남 윤동규에게 편지를 보냈다.

閏五月, 與邵南尹公書.

옛 사람들의 학문의 공부와 말학(末學)의 폐단에 대해 논하고, 또
『가례』가 주자 만년의 저술이 아님을 논하였다.

論古人學問之工·末學之弊, 又論『家禮』非晩來定書.

8월에 권철신의 편지에 답하였다.

八月, 答權哲身書.

사칠설(四七說)에 대해 논하였다. 그 편지에 대략,
　"나는 퇴계(退溪)를 존신(尊信)하고 사문(師門)에 귀의하여 감
　히 다른 주장을 하지 않았다고 평소 자처하는데, 보내오신 편지
　에서 '내가 사응(士凝)-이기양(李基讓)의 자(字)이다.-에게 보낸 편
　지를 사흥(士興)-한정운(韓鼎運)의 자이다.-이 보고서 나의 설이
　두 갈래 길 속에 또 두 갈래 길이 있다고 하더라.' 했으니, '또
　두 갈래 길이 있다'라고 한 것은 아마 용호공(龍湖公)-소남(邵南)
　윤동규(尹東奎)를 가리킨다.-이 공정한 희노(喜怒)는 결국 칠정(七
　情)과 같다고 한 설을 가리킨 듯한데, 그 속에 두 갈래 길이 또
　있다고 한 것은 나의 설에서 어느 구절을 가리켜 말한 것입니까?
　내가 그렇게 주장한 까닭을 대략 설명해 보겠습니다.

주자(朱子)가 이르기를,

'인심(人心)과 도심(道心)은 이미 발원처(發源處)가 형기(形氣)와 성명(性命)의 다름이 있기 때문에 그 이름이 붙여졌는데, 합해서 말하면 인심을 말할 때 도심도 그 가운데 있다.'

하였고, 퇴계 이자(李子)는 이르기를,

"정(情)에 사단(四端)·칠정(七情)의 나뉨이 있는 것이 마치 성(性)에 본연(本然)과 기품(氣稟)의 다름이 있는 것과 같다."

하였고, 또 이르기를,

"사단은 도심이고, 칠정은 인심이다. 그러나 만약 세분한다면 사단·칠정이 본연·기품, 인심·도심과는 실로 같지 아니한 점이 있다."

라 하였으니, 퇴계께서 어찌 이를 모르셨겠습니까. 그 대체를 개괄적으로 말했기 때문에 이렇게 말한 것뿐입니다.

나는 퇴계의 이 말을 이어받아서,

'성(性)은 하나이나 본연과 기품의 차이가 있고, 심(心)은 하나이나 인심과 도심의 구별이 있고, 정(情)은 하나이나 사단과 칠정의 구분이 있는 것이니, 혼륜(渾淪)해서 말할 때는 다만 성(性)·심(心)·정(情)이라 하면 된다. 사단과 칠정은 비록 리(理)·기(氣)의 다름이 있어 각각 대립(對立)한다. 그러나 사단과 칠정이 다 같은 정(情)이고 보면 정만을 말할 때에는 사단과 칠정 모두가 정의 테두리 안에 있지 않겠는가. 그 발하는 바가 같지 않은 뒤에야 실로 두 길로 분개(分開)되어 상통할 수 없게 된다.'

라고 주장합니다.

정산공(貞山公)의 '공정한 희노(喜怒)는 리발(理發)'이라고 설
에서의 정(情)은 『예기(禮記)』「예운(禮運)」에 나오는 칠정과는
전혀 다릅니다. 이 이치는 지난날에 공과 말한 적이 있는데, 공은
또 그 사실을 잊고서 이렇게 말합니까?"
라 하였다.

論四七說. 書畧曰: "尊信退陶, 歸宿師門, 不敢有異議者, 是素所自許. 而
來書云: '士興-李基讓字-見與士凝-韓鼎運字-書, 謂鄙說於岐貳之中, 又有
岐貳.' 看來, 不覺騂汗浹背. 所謂岐貳者, 似指龍湖-邵南-公喜怒同歸七情
之說, 其所謂又有岐貳者, 指鄙說之何句而言耶? 請畧言其所以然, 可乎?
朱子曰: '人心道心, 旣以形氣性命之發得名, 而合而言之, 則言人心而道
心亦在其中.' 李子曰: '情之有四端七情之分, 猶性之有本然氣禀之異.' 又
曰: '四端是道心, 七情是人心. 若其細分, 則四七之與本性氣禀人道之別,
實有不同者.' 李子豈不知此? 而槩言其大體, 故其言如是. 愚祖此而爲之
說曰: '性一也而有本性氣禀之異, 心一也而有人心道心之別, 情一也而有
四端七情之分; 渾淪²⁵⁵言時, 只當曰性曰心曰情而已. 四七之發, 雖有理

---

255 渾淪: 渾淪은 본래 『列子』「天瑞」에 "太初, 氣之始也; 太始, 形之始也; 太
素, 質之始也. 氣形質具而未相離, 故曰渾淪. 渾淪者, 言萬物相渾淪而未嘗離
也." 한 데서 온 말로 둘 이상의 사물이 혼합하여 하나가 되어 분리되지 않은
상태를 말한다. 朱熹는 "이른바 理와 氣는 결단코 二物이다. 다만 사물 上에
서 보면 二物이 渾淪하여 分開할 수 없어 각 사물의 理와 氣가 한 곳에 있다.
그러나 二物이 각각 一物이 되는 데는 문제될 것이 없다.〔所謂理與氣, 此決
是二物, 但在物上看, 則二物渾淪, 不可分開, 各在一處, 然不害二物之各爲一
物也.〕라 하여 渾淪과 分開를 하나이면서 둘이고 둘이면서 하나인 理와 氣의

氣之殊而各自對立, 然均是情也, 則單言情時, 四七固皆不在於情圈中耶?
及其所發之不同然後, 實有二路之分開而不可以相通矣.'貞山公喜怒理發
之說, 與「禮運」七情迥然不同. 此義前日與公言之, 公其忘之而又有此云
云耶?"

47년 신묘(1771), 선생의 나이 60세이다. ○3월에 소남 윤동규의 편
지에 답하였다.

四十七年辛卯, 先生六十歲. ○三月, 答邵南尹公書.

소남이 편지를 보내어서『역경(易經)』본의(本義) 중 의심스러운
점과『고려사(高麗史)』및『강목(綱目)』가운데 고려(高麗) 묘제
(廟制)의 미심쩍은 부분을 물었는데, 선생이 변석(辨釋)하여 답하
였다.

邵南有書問『易本義』之可疑·麗史及綱目高麗廟制之疑晦處, 先生辨釋而
答之.

48년 임진(1772), 선생의 나이 61세이다. ○정월에 권철신의 편지
에 답하였다.

관계를 설명하는 논리로 사용하였다.『朱子大全 권46 答劉叔文』

四十八年壬辰. 先生六十一歲. ○正月, 答權哲身書.

홍범구주(洪範九疇)를 논했다. 그 편지에 대략,

"보내온 편지에서 '구주(九疇)는 「낙서(洛書)」를 본떴다'는 설을 의심스럽다고 하면서, 심지어 '1에서 9까지의 수는 어린애도 아는 것이니, 어찌 하늘에서 내려준 뒤에야 알았겠느냐.'라 하고, 또 「하도(河圖)」와 「낙서(洛書)」는 위서(緯書)에서 나온 것으로 대구리일(戴九履一)의 수는 믿을 것이 못 된다.'고 했습니다. 구양공(歐陽公)이 「하도」·「낙서」를 괴망(怪妄)한 글이라고 했는데, 공이 또 믿지 못하겠다는 말을 할 줄은 생각지도 못했습니다. 「하도」·「낙서」가 괴망한 것이라면 어찌하여 '하수(河水)에서 도(圖)가 나오고 낙수(洛水)에서 서(書)가 나옴에 성인이 이를 본떴다'고 했겠습니까?

복희(伏羲)씨가 「하도」를 본떠 팔괘(八卦)를 그렸다는 것은 『역전(易傳)』을 보면 알 수 있으니, 거기에 천일(天一)부터 지십(地十)까지 운운한 것이 지금 전해지고 있는 「하도」와 조금도 틀림없이 딱 맞으니, 이것이 괴망하여 믿을 수 없는 것이란 말입니까?

대우(大禹)가 「낙서」를 본떠 구주를 만들었다는 말은 경전에는 비록 보이지 않지만, 『대대례(大戴禮)』「명당편(明堂篇)」에 二·九·四·七·五·三·六·一·八이라는 말이 있으며, 게다가 1로부터 10에 이른 것이 그저 범연(泛然)하게 숫자를 배열해 놓은 것이 아닙니다.

하늘은 자(子)에서 열렸고 1은 수(數)의 시작이기 때문에 1의 수를 자(子)의 방위인 북(北)에서부터 일어납니다. 하늘[陽]은 3으로 하고 땅[陰]은 2로 하여 수가 이에 의지하기 때문에 1을 3으로 곱하여 3이 동쪽에 위치하고, 3을 3으로 곱하여 9가 남쪽에 위치하고, 9를 3으로 곱하여 7이 서쪽에 위치하고, 7을 3으로 곱하여 1의 수가 북쪽으로 돌아오니, 이 양(陽)의 수는 바로 셈하여 정사방(正四方)에 위치합니다. 그리고 2의 수는 서남쪽에 위치하는데, 2를 2로 곱하여 4는 동남쪽에 위치하고, 4를 2로 곱하여 8은 동북쪽에 위치하고, 8을 2로 곱하여 6은 서북쪽에 위치하고, 6을 2로 곱하여 2가 다시 서남쪽으로 가니, 이 음(陰)의 수는 거꾸로 셈하여 사우(四隅)에 위치합니다. 따라서 이를 보면 어찌 위치의 순서와 수가 일어나는 자연스런 형상이 아니겠습니까.

그리고 이일대구(履一戴九)이니 1과 9가 합하여 10이 되며, 좌삼우칠(左三右七)이니 3과 7이 합하여 10이 되며, 2와 8, 4와 6이 모두 상대하여 10이 됩니다. 따라서 「낙서」는 그 수가 비록 9에서 끝나지만 10의 수가 그 속에 들어 있으니 역시 총수(總數)가 55가 되어서 「하도」와 합치합니다. 또 가로로 세거나 세로로 세거나 모두 15가 되는데, 이는 법상(法象)이 절로 그러한 것이니, 사람이 만든 것이라 하여 괴망하여 믿을 수 없는 것이라 할 수 있겠습니까.

복희씨가 위로 하늘의 형상을 보고 아래로 땅의 이치를 살폈으며 대우가 치수(治水)를 성공했을 때 장차 괘(卦)를 긋고 구주를 펼쳐서 개물성무(開物成務)의 일을 하고자 하였다. 이러한 때에 「하도」와 「낙서」의 상서(祥瑞)가 나타났는데 그 위치와 수가 근거로 삼아 밝힐 만한 것이 있었던 것입니다. 그래서 그 위치와 수를 가져다 놓고 본떴던 것입니다.

　「하도」와 「낙서」는 수리(數理)의 조종(祖宗)인데 참위서(讖緯書)는 오로지 술수(術數)를 위주한 책이기 때문에 위서에서 「하도」·「낙서」를 인용한다고 해도 이상할 것은 없습니다. 위서에서 인용했다고 해서 믿지 못하겠다고 하고『주역』「계사」의 분명한 말을 버리는 것은 무슨 까닭입니까?"

論九疇. 書畧曰:"來書以九疇[256]之取法於「洛書」爲可疑, 至云:'自一至九之數, 是童幼之所知; 何待天錫而後知之?' 又云:「河」·「洛」出於緯書, 戴九履一[257]之數, 有不足信.' 歐陽公嘗以「河」·「洛」爲怪妄之書[258], 不

---

256 九疇 :『書經』「洪範」의 九疇이다. 구주는 천하를 다스리는 아홉 가지 大法이니, 五行·五事·八政·五紀·皇極·三德·稽疑·庶徵·五福이다. 禹가 治水를 성공하니 洛水에서 신령한 거북이 나왔는데, 그 등에 무늬가 배열되어 있었다고 한다. 이 무늬를 낙서라고 하는데, 북쪽에 1, 남쪽에 9, 동쪽에 3, 서쪽에 7, 동북쪽에 8, 서북쪽에 6, 동남쪽에 4, 서남쪽에 2가 배열되어 있었다. 우가 이것을 본떠서 배열하여 九類를 만든 것이 洪範九疇라 한다.

257 戴九履一 : 낙수에서 나온 거북의 머리 부분에 9라는 수가 쓰여 있고 꼬리 부분에 1이란 수가 쓰여 있었다고 한다.

258 歐陽公……之書 : 歐陽公은 北宋의 歐陽脩를 가리킨다. 구양수의 「廖氏文集序」에 "공자가 세상을 떠난 뒤부터 周나라가 쇠퇴하여 전국시대에 이르렀고 秦나라는 마침내 焚書하였다. 六經이 이에 중도에 그 맥이 끊어졌다가 漢나라가 일어난 지 오랜 뒤에 세상에 나왔으니, 그 전적이 散亂하고 磨滅되어 바른 전수를 잃었다. 그런 뒤에 학자들이 因하여 異說을 주장하였으니, 河圖·洛書와 같은 것들은 怪妄함이 더욱 심한 것이다.〔自孔子沒而周衰, 接乎戰國, 秦遂焚書. 六經於是中絶, 漢興蓋久而後出. 其散亂磨滅, 旣失其傳, 然後諸儒因得措其異說於其間. 如河圖洛書, 怪妄之尤甚者.〕"라 하였다.『文忠

意公又有不信之語. 若是怪妄不信之書, 則何以曰: "河出圖, 洛出書, 聖人
則之"云耶? 伏羲則「河圖」而畫八卦, 『易』傳可考, 其曰天一至地十云者,
與今所傳「河圖」, 洶合不忒; 此果爲怪妄而不信乎? 大禹則「洛書」而布九
疇, 雖不經見, 而『大戴禮』「明堂」篇, 有二九四七五三六一八之語, 且其自
一至十, 非汎然列數之也. 天開子, 而一者數之始也, 故一數起於北, 參天
兩地而倚數[259], 故三其一而三居東, 三其三而九居南, 三其九而七居西,
三其七而一又反于北; 此陽數順而居于四正方; 二居西南, 兩其二而四居
東南, 兩其四而八居東北, 兩其八而六居西北, 兩其六而二又反于西南, 此
陰數逆而居于四隅方. 此豈非位序起數自然之象乎? 又履一戴九, 一九合
而爲十; 左三右七, 三七合而爲十; 二八四六, 皆相對而爲十. 「洛書」雖數
止於九, 而十數包在其中, 則亦爲五十五而與「河圖」合. 且縱橫數之, 皆成

集』권43. 이에 대해 朱熹는 "河圖와 洛書를 믿을 것이 못 된다는 것은 歐陽公
이래로 이미 이러한 주장이 있었다. 그러나 『書經』의 「顧命」과 『周易』의
「繫辭」와 『論語』에 모두 그 사실을 증명하는 말이 있다.〔夫以河圖洛書爲不
足信, 自歐陽公以來, 已有此說, 然終无奈「顧命」・「繫辭」・『論語』, 皆有是
言.〕"하였다.

259 參天……倚數 : 朱熹의 「明筮」에 "수를 의지하는 근원은 하늘의 수는 3이고
땅의 수는 2인 것이다.〔倚數之元, 參天兩地.〕라 하였다. 『周易』 「說卦傳」에
"하늘의 수는 3으로 하고 땅의 수는 2로 하여 수를 의지한다.〔參天兩地而倚數〕"
라고 하였는데, 그 본의(本義)에 "하늘은 둥글고 땅은 네모지다. 둥근 것은
하나에 둘레가 삼이니, 삼은 각각 한 기수(奇數)이므로 하늘에서 셋을 취하
여 3이 되고, 네모진 것은 하나에 둘레가 넷이니, 넷은 두 우수(偶數)를
합한 것이므로 땅에서 둘을 취하여 2가 되었으니, 수가 모두 이에 의하여
일어났다.〔天圓地方, 圓者一而圍三, 三各一奇, 故參天而爲三. 方者一而圍
四, 四合二偶, 故兩地而爲二. 數皆倚此而起.〕"라 하였다

十五, 是法象之自然; 其可謂以人爲之, 而指爲怪妄不信之書乎? 伏羲仰
觀俯察大禹治水成功之際, 將欲畫卦布疇, 爲開物成務[260]之業, 而「圖」·
「書」呈瑞, 其位數有可據而明之者也. 故因寓其位數而則之耳.「河」·「洛」
爲數之宗, 而讖緯之書, 專主術數, 故引而用之, 亦不異矣. 以緯書之所引,
而指以爲不信, 舍「易」傳分明之語者, 何也?

5월에 익위사 익찬(翊衛司翊贊)에 제수됨에 서울로 들어가 사은(謝
恩)하였다. 임술일에 서연(書筵)에 들어가 참여하였다.

五月, 除翊衛司翊贊, 入京謝恩. 壬戌, 入參書筵.

이 때 서연에서 『심경(心經)』을 강(講)하였는데, 이 날 강한 것은
'자절사(子絶四)[261]'에서부터 '고여차야(固如此也)'까지였다. 빈객
(賓客) 채제공(蔡濟恭)이 아뢰기를,
  "계방(桂坊)이 박식하고 견문이 많아 고문(顧問)에 대비할 만합
  니다."

---

260 開物成務 : 사람이 아직 알지 못하는 도리를 卜筮를 통하여 알게 해서 이것을
실지로 事業에 시행하여 성공하게 하는 것이다. 『周易』「繫辭上」에 "易은
개물성무하고 천하의 일체 도리를 포괄하니, 이와 같을 따름이다.〔夫易開物
成務, 冒天下之道, 如斯而已者也.〕" 하였다.

261 자절사(子絶四) : 『論語』「子罕」에 "공자는 네 가지가 전혀 없으시니, 의도
적으로 하지 않으셨으며, 기필코 하려 하지 않으셨으며, 고집하지 않으셨으
며, 아집이 없으셨다.〔子絶四, 毋意, 毋必, 毋固, 毋我.〕"고 하였다.

라 하니, 동궁이 글뜻을 아뢰라고 하였다. 선생이 이에 대답하기를,

"위 장의 절사(絶四)는 성인(聖人)의 일이고 아래 장의 사물(四勿)은 배우는 사람의 일입니다. 성인은 본래 이 네 가지가 없기 때문에 『한서(漢書)』에서는 '무(毋)' 자를 '무(無)' 자로 썼으니, 그 뜻이 참으로 그러합니다. 대개 보통 사람들은 의(意)가 있는데도 살피지 못하여 필(必)에 이르고, 필(必)이 있는데도 살펴 알지 못하여 고(固)와 아(我)에 이르니, 이는 공자의 문인(門人)들이 없을 수 없었던 바입니다. 그래서 문인들이 이 네 가지를 가지고 공자를 관찰하여 그것이 있는지 없는지 징험하였으니, 이것이 이른바 '소인(小人)의 마음을 가지고 군자의 마음을 헤아린다'는 것입니다. 이 네 가지를 가지고 공자를 관찰했지만 공자는 원래 이 네 가지가 없었습니다. 공자는 마음 속에 온통 천리(天理)만 있고 사욕이 전혀 없었기에 마음이 하고자 하는 바를 따라도 모든 일에 두루 다 합당하였으니, 무슨 이 네 가지를 말할 것이 있었겠습니까. '절(絶)'이라 한 것은 그 사사로운 마음을 본래부터 끊어버려 터럭만큼도 없었다는 말입니다. 안자(顔子)는 성인(聖人)보다 한 등급이 낮아 아직 없애지 못한 찌꺼기가 마음 속에 조금 남아있을 수 밖에 없었기에 모름지기 '물(勿)' 자의 공부를 더한 뒤에야 덕을 이룰 수 있었던 것입니다. 이것이 바로 성인과 현인(賢人)의 차이이니, 진덕수(眞德秀)가 차서에 따라 편술(編述)한 뜻을 또한 알 수 있습니다."

라 하였다.

동궁이 이어서 '정자왈경즉례(程子曰敬卽禮)'부터 '시즉수절사

(始則須絶四)'까지를 들어서 신으로 하여금 말하게 하였다. 선생이 대답하기를,

"「곡례(曲禮)」에 '공경하지 않음이 없다.'라 하였으니, 예(禮)는 본래 경(敬)을 위주로 하기 때문에 '경(敬)이 곧 예(禮)이다.'라고 한 것입니다. 경(敬)을 통하여 내면을 바르게 하면 사욕이 물러나 마음의 명령을 들으니 극복할 사욕이 없게 됩니다. 배우는 사람이 만약 극기(克己)공부를 하고자 하면 반드시 성의(誠意)로부터 시작해야 합니다. 뜻이 성실해지면 자연 그 다음의 세 가지 걱정이 없어질 것입니다. 그러므로 '처음에는 네 가지를 없애야 한다'라고 한 것입니다."

라 하니, 동궁이 이르기를,

"그 아래에 있는 웅씨(熊氏)의 성의(誠意)에 관한 설은 옳지 않다."

라 하기에, 선생이 대답하기를,

"성의의 '의(意)'는 선악을 포괄하여 말한 것이고, 무의(毋意)의 '의'는 악 한쪽만을 위주로 말한 것이니, 이것이 다른 점입니다. 공부할 때 반드시 성의로부터 시작하는 것은 존귀한 임금으로부터 천한 필부(匹夫)에 이르기까지 애초에 다른 것이 없습니다. 아래 장의 시(視)·청(聽)·언(言)·동(動)은 곧 그 실천 요목 중의 큰 것이니, 반드시 이에 대해 생각마다 잊지 않고 유의(留意)하여 성찰해서 잠시라도 간단(間斷)이 없어야 됩니다. 그런 뒤에야 사의(私意)가 차츰 사라지고 천리가 점점 회복될 것입니다."

라 하였다.

또 빈객 채제공이 문사(文辭)에 관해서 진계(進戒)한 것을 인하여 선생이 아뢰기를,

"제왕의 학문은 실로 문사(文辭)를 중시하지 않고 반드시 제왕의 문장에 힘써야 합니다. 『주역』에 '인문(人文)을 관찰하여 천하를 화성(化成)한다.'라 하였으니, 예악(禮樂)·형정(刑政)이 갖추어진 문장 아닌 것이 없습니다. 저하께서 만약 이와 같은 제왕의 문장에 마음을 두신다면 실로 신민(臣民)의 복일 것입니다."
라 하였다.

"子絶四-止-固如此也.". 讀畢, 東宮又讀一遍. 上番遂解釋文義以奏,-講事皆上番主張.- 下番又畧奏. 賓客蔡濟恭奏曰: "桂坊博識多聞, 可備顧問." 東宮令奏文義. 遂奏曰 "上章絶四, 是聖人事; 下章四勿, 是學者事. 聖人本無此四者, 故『漢書』以毋作無, 其義儘然. 盖凡人有意而不察, 至於必, 必而不察, 至於固·我, 是皆門人之所不免也. 門人以此四者觀夫子, 驗其有無, 是所謂以小人之心度君子之心者也. 以此四者觀夫子, 而夫子原無此四者, 天理渾然, 私欲淨盡, 從心所欲, 泛應曲當, 有何四者之可言乎? 其云絶者, 言其私意本來絶去, 無一毫之存在也. 顔子下聖人一等, 不能無渣滓之畧未化者, 須加勿字工夫, 然後可以成德. 此聖賢之分, 眞氏編序之意, 亦可見矣." 東宮仍擧程子曰敬卽禮-止-始則須絶四, 令先生言之. 先生對曰: "「曲禮」曰: '無不敬'. 禮, 本以敬爲主, 故曰: '敬卽禮也.' '敬以直內', 則私欲退聽, 無己可克. 學者若用功於克己, 必自誠意始. 意誠則自下三者之累矣. 故曰: '始則須絶四.'" 東宮曰: "下文熊氏誠意之說, 非矣." 先生對曰: "誠意之意, 兼善惡而言; 毋意之意, 只主惡一邊而言. 此其所以異也. 用工之必自誠意始, 上自帝王之尊, 下至匹夫之賤, 初無不同. 而下章

視聽言動, 卽其目之大者, 必於此念念不忘, 着意省察, 少無間斷, 然後私
慾漸消而天理漸復矣."又因賓客之以文辭進戒, 先生奏曰: "盖帝王之學,
固不以文辭爲貴, 必用力於帝王之文章. 『易』曰: '觀乎人文, 以化成天下.'
禮樂刑政, 無非文章之具也. 邸下若留心於此等文章, 豈不爲臣民之福哉?"

6월 을축일에 서연(書筵)에 참석하였다.

六月乙丑, 參書筵.

'혹문안연(或問顔淵)'부터 '일이관지(一以貫之)'까지 강(講)하였다.
동궁이 선생으로 하여금 글 뜻을 진달하게 하자, 선생이 아뢰기를,
"이 장은 '극기복례(克己復禮)' 장(章)입니다. 대저 심학(心學)이
란 천리와 인욕을 분변(分辨)하는 것에 불과하니, 정일집중(精
一執中)과 극기복례는 모두 이 한 대목으로 꿰어집니다. 이 마음
에 인욕이 1분 자라면 천리가 1분 줄어들고, 인욕을 1분 극복하
면 천리를 1분 회복하는 것입니다. '복(復)' 자에는 '구물(舊物)
을 회복한다'는 뜻이 있습니다. 마음속에는 본래 오상(五常)과
사단(四端)의 본래 갖추어진 덕(德)이 있지만 물욕에 가려져서
그 본래 갖추어진 덕을 잃어버렸을 뿐입니다. 따라서 자기 사욕
을 극복하여 제거하면 그 본래 갖추어진 덕이 다시 나타나는 것
이 마치 거울의 본래 밝은 본체가 먼지와 때로 덮여 밝은 본체를
잃었다가 깨끗하게 닦아주면 광명한 본체가 다시 나타나는 것과
같습니다."
라 하였다.

라 하고, 또 '물(勿)' 자의 뜻을 논하기를,

　"오사(五事)인 모(貌)·언(言)·시(視)·청(聽)·사(思)는 곧
　오행(五行)의　수(水)·화(火)·목(木)·금(金)·토(土)입니
　다. 사(思)가 토(土)에 속하는 것은 사람의 사려(思慮)는 미치지
　않는 곳이 없음이 마치 토가 나머지 사행(四行) 중에 유행(流行)
　하는 것과 같기 때문입니다. 이 장에서 시·청·언·동은 오사
　(五事)의 항목과 서로 부합되지만, 다만 토라고 말할 만한 것이
　없습니다. '물(勿)' 자는 금지의 뜻이니, 시·청·언·동 네 가지
　에 두루 유행하는 것이 사가 모·언·시·청의 사사(四事)에 있
　어서와 같습니다."

라 하니, 동궁이 이르기를,

　"글 뜻이 좋다."

라 하였다. 동궁이 또 인도(仁道)가 크다는 것을 말하니, 선생이
아뢰기를,

　"옛사람이 글자를 만든 데는 모두 뜻이 있으니, 이것이 상형(象
　形)·회의(會意) 등 육서(六書)가 만들어진 까닭입니다. 일찍이
　자서(字書)를 보니, '인(仁) 자의 이(二)는 곧 위의 하늘과 아래
　의 땅을 본뜬 것이며, 변(邊)인 인(人) 자는 사람을 본뜬 것이다.'
　라 하였습니다. 인도(仁道)가 삼재(三才)를 관통하기 때문에 이
　렇게 말한 것입니다."

라 하였다. 빈객이 말하기를,

　"우연히 그런 것이지 어찌 그렇겠습니까."

하니, 선생이 아뢰기를,

　"만약 글자만 따라 설명한다면 실로 천착(穿鑿)하는 병통이 생겨

왕안석(王安石)의 『자설(字說)』과 다름이 없게 될 것입니다. 대저 이러한 경우가 많습니다. 정자(程子)는 '중심(中心)이 충(忠)이고 여심(如心)이 서(恕)이다.'라 말한 것이 있고, 주자도 '심생(心生)이 성(性)이다.'라 말한 것이 있습니다. 또 '사(思)'라는 글자는 전(田) 아래에 심(心)이 있습니다. 대개 밭을 가는 방법이 가로로 갈기도 하고 세로로 갈기도 하니, 사람이 생각하는 것이 밭을 가는 것과 같습니다. 글자를 만든 뜻이 범연하지는 않은 것 같습니다."

라 하였다. 동궁이 이르기를,

"평소에 안자(顔子)가 즐거워한 즐거움을 찾으려 하여도 끝내 얻지 못하였다. 만약 그저 도(道)를 즐긴다고 말한다면 너무 느슨해서 착수할 곳이 없을 것이다."

라 하니, 선생이 아뢰기를,

"도라는 글자는 의미가 너무 넓고 큽니다. 그러므로 옛사람도 이미 '도의 넓고 큼이여, 어디에 손을 댈 것인가!'라 하였습니다. 그러나 『중용』에 '안자(顔子)는 한 가지 선(善)을 얻으면 이를 정성스럽게 가슴 속에 간직하여 잃지 않았다.'라 하였습니다. 만약 선(善)을 실천하면서 끊임없이 노력하여 조금도 간단이 없어 모든 선이 다 모여 일상생활 중의 말과 행동이 모두 천리(天理)로부터 유출(流出)하지 않음이 없는 데 이른다면, 이 어찌 즐거운 일이 아니겠습니까."

라 하였다.

하였다. 강이 끝나고 동궁이 선생에게 명하기를,

"옥당(玉堂)과 강원(講院)에 있는 서적들을 가져다 보아도 좋다."

라 하였으니, 이는 이례적인 은수(恩數)였다.

講自或問顔淵, 止 一以貫之, 東宮令先生陳文義, 先生奏曰, "此章爲'克己
復禮'章. 夫心學不過理欲之分, 精一執中, 克己復禮, 皆一串貫來. 惟此之
心, 人欲長得一分, 則天理減得一分; 人欲克了一分, 則天理復了一分. 復
字有恢復舊物之意. 心中自有五常四端本有之德, 但爲物欲所蔽, 喪其本
有之德, 及克除己私, 則本有之德復見, 猶鏡體本自光明, 爲塵垢所蔽, 失
其光明之體, 若磨拭得精, 則光明之體復見耳." 時, 上番又論勿字之義. 先
生繼奏曰: "五事貌言視聽思, 卽五行之水火木金土也. 思之屬土, 人之思
慮, 無所不及, 如土之流行於四行之間. 此章視聽言動, 與五事之目相合,
但無土之可言. 勿字, 禁止之義, 通行四者, 猶思之於四事." 賓客徐命膺
曰: "今日初聞新議論, 果是好意見." 東宮曰: "果好矣." 賓客又奏曰: "張子
天體物·仁體事之義, 平日依俙說得, 終不分明, 請問于桂坊." 東宮令先
生言之. 先生謙讓不得, 因曰: "天地之大德曰生. 萬物之生, 莫不本乎天,
則物以天爲體矣. 仁者, 天理之活動, 生生不已之意. 是以, 仁包五常. 謝
上蔡聞程子'玩物喪志'之語, 愧汗沾背, 程子謂之惻隱之心[262], 朱子曰: '此

---

262 謝上蔡……惻隱之心: 玩物喪志는 『書經』 「旅獒」에 "사람을 하찮게 여기면
德을 잃고 물건을 玩賞하면 뜻을 잃는다.〔玩人喪德, 玩物喪志.〕"라 한 데서
온 말로 사물에 마음이 팔려 心志를 잃는 것이다. 程子는 明道 程顥를 가리킨
다. 上蔡 謝良佐가 명도를 뵙고 史書를 줄줄 외자 명도가 "玩物喪志"라 하니,
상채가 땀을 흘려 등을 적시고 얼굴이 붉어졌다. 이에 명도가 말하기를 "이것
이 바로 惻隱之心이다."라 하였다. 『心經 권2』

爲羞惡之發, 而却謂之惻隱者, 感動活潑之意, 自仁流出. 四端之動, 皆帶惻隱之意.' 則仁爲萬事之體, 猶天爲萬物之體也." 賓客又請問天言物仁言事之義. 東宮又令言之, 先生曰: "萬物以天爲體, 而天外無物, 故言天. 仁則就人道而言, 事爲人所做作, 故事莫不以仁爲體也." 東宮曰: "是." 東宮曰: "眞西山以孔子之所謂克己與舜所謂人心相同, 此恐不然. 克己之己, 專是私欲, 人心則雖聖人不能無, 此豈可比而言之乎?" 先生對曰: "睿敎誠然. 眞氏欲以人心道心・克己復禮二章, 分排相屬, 語頗有病. 然己者對人之稱, 未必皆惡, 與人心無異. 惟其易流於惡, 故須克去之. 如是看則西山說, 實爲停當. 設有所失, 此不過遣辭之際, 有欠商量, 不可以此等些少文義之有病, 輕忽先儒之言也. -沙溪『釋義』以西山以己爲人心之說爲非, 故東宮之問, 亦出於此.- 東宮言仁道之大, 先生曰: "古人製字, 皆有意義 此象形・會意六書之所以作也. 嘗觀字書, 有云: '仁字之二字, 卽象上天下地, 傍邊人字象人.' 言仁道貫三才故云." 賓客曰: "偶然如是, 豈其然乎? 此說出於金仁山矣. -按仁山之有此語, 無考.- 先生曰: "若逐字爲說, 實有穿鑿之患, 無異於王安石之『字說』. 大抵多有如此者. 程子有中心爲忠如心爲恕之訓, 朱子亦有心生爲性之語. 且如思之爲字, 田下有心. 盖耕田之法, 或縱或橫, 人之思慮, 若田之耕矣. 製字之義, 似不泛然." 東宮曰: "中心如心之訓, 實好矣." 東宮曰: "平日欲求顔子所樂之樂, 而終未有得. 若謂之樂道則歇後, 無着手處矣." 先生曰: "道字果濶大. 古人已云: '道之浩浩, 何處下手?' 然『中庸』曰: '顔子得一善則拳拳服膺而不失之.' 若能爲善而用工不已, 無少間斷, 至於萬善咸聚, 日用云爲, 無非從天理中流出, 則此豈非可樂乎?" 講罷, 東宮命先生曰: "書籍之在于玉堂講院者, 可以取觀矣."

기사일에 서연에 참가하였다.

己巳, 參書筵.

'중용천명지성(中庸天命之性)'에서부터 '불가이유가의(不可以有加矣)'까지 강(講)하였다. 선생이 아뢰기를,

『중용』의 수장(首章)은 만세의 도학(道學)의 근원이니, 제왕(帝王)이 천하를 다스리는 대법(大法)이 여기에서 벗어나지 않습니다. 수절(首節)의 성(性)・도(道)・교(教)를 가지고 말한다면 '솔성(率性)'한 구절이 가장 절실하고 긴요한 곳입니다. 근본을 미루어 말한다면 '천명지성(天命之性)'이 되니, 하늘의 명이 심원(深遠)하여 그치지 않음에 만물이 이를 받아 성(性)으로 삼는 것입니다. 미루어 내려와서 사물에 흩어져 있으면 '수도지교(修道之教)'가 되니, 그 중에 큰 것으로 말하면 예(禮)・악(樂)・형(刑)・정(政) 등이 이것이고, 작은 것으로 말하면 말을 타고 소를 부리는 이치가 모두 교(教)입니다.

'솔성지도(率性之道)'로 말하자면 성은 체(體)이고 도는 용(用)입니다. 도의 체는 크고 드넓어 손을 댈 곳이 없으니, 사람들이 미혹하여 학문을 하는 방법을 모르고서 공허하고 고원(高遠)한 데만 힘쓸 염려가 있습니다. 그러므로 먼저 지극히 가까운 곳을 척출(剔出)하여 말하고 계구(戒懼)의 뜻으로 뒤를 이어 말함으로써 먼저 본원(本源)을 세웠으니, 이는 존양(存養)의 일입니다. 한갓 존양만 하면 사물을 접응(接應)하는 방법을 모르므로 한쪽에만 빠져버릴 염려가 있습니다. 그러므로 그 다음에 신독(愼獨)의 뜻을 말하여 그 기미(幾微)를 징험하게 하였으니, 이는 성찰(省察)의 일입니다.

이미 존양하여 그 근본을 세우고 또 성찰하여 그 기미를 살핀 뒤에야 선은 확충하고 악은 극복하되, 그 공부는 성정(性情)보다 더 긴절(緊切)한 것이 없기 때문에 이어 중화(中和)를 말한 것입니다. 화(和)란 절도(節度)에 맞는 것을 일컫는 말입니다. 절도에 맞지 않으면 불화(不和)하여 불선(不善)이 되니, 이와 같은 경우에는 반드시 극복하여 다스려야 하는 것입니다. 무릇 공부는 존양(存養)·성찰(省察)·극치(克治), 이 세 가지에 지나지 않으니, 존양하여 성찰하고, 성찰하여 극치하고, 극치하여 다시 존양하여 끊임없이 순환하면서 잠시도 간단이 없어야 하니, 이것이 이른바 '솔성지도(率性之道)'입니다.

마지막 절(節)에서는 그 공효(功效)를 말하였으니 위의 '극기'장과 하나로 꿰어집니다. 극기복례란 곧 위 세 가지 공부로서, '극기복례' 장에서 말한 '천하가 모두 그 인(仁)을 허여한다.'는 것은 여기에서 말한 위육(位育)과 같은 뜻입니다."

라 하였다. 동궁이 이르기를,

"글뜻이 좋다."

라 하였다. 선생이 이어 아뢰기를,

"옛사람이 말하기를, '아는 것이 어려운 것이 아니라 실행하는 것이 어렵다.'라 하였습니다. 지금 목전의 일을 가지고 말한다면, 서연(書筵)과 소대(召對)를 매일 열고 있으니, 실로 군덕(君德)의 성취가 여기에 달려있습니다. 그러나 날마다 강학(講學)하는 것만으로 그친다면 체행(體行)에는 미치지 못할 염려가 있을 듯합니다. 일상생활의 언행 중에 성찰하고 체험하시는 공부가 어떤지는 모르겠습니다."

라 하니, 동궁이 답하기를,

  "체행하기가 실로 어렵다."

라 하고, 이어 선생의 세계(世系)에 대해 묻기에 선생이 세덕(世德)을 대략 열거하여 대답하였다.

自"『中庸』天命之性-止-不可以有加矣." 先生奏曰: "『中庸』首章, 是萬世道學之源, 而帝王治天下之大法, 不出於是矣. 以首節性・道・敎言之, 則率性一句, 爲緊要最切處. 推本而言之, 則爲天命之性, 惟天之命, 於穆不已, 而物受而爲性者也. 推而下之, 散在事物, 則爲修道之敎, 以其大者言之, 禮樂刑政之屬是也; 以其小者言之, 乘馬服牛之制, 無非敎也. 以率性之道言之, 性是體, 道是用. 道體浩浩, 無處下手, 恐人迷不知爲學之工, 而務於虛遠, 故必先剔出至近處言之, 乃繼以戒懼之義, 先立本源, 是存養之事也. 徒存養而已, 則無以應事接物而恐溺於一偏, 故次言愼獨之義, 以驗其幾, 是省察之事也. 旣存養以立其本, 又省察以審其幾, 然後善則擴充之, 惡則克治之, 而其工莫切於性情, 故繼言中和, 而和者中節之稱也. 不中節則不和而爲不善, 如此則須加克治. 凡工夫不過存養・省察・克治三者, 存而省, 省而克, 克而又存, 循環不已, 無一息之間, 是所謂率性之道也. 末節言其功效, 與上克己章一串貫來. 克己復禮, 卽上三者工夫, 其所謂天下歸仁, 與此位育同義." 東宮曰: "其文義好矣." 先生因奏曰: "古人云: '非知之難, 行之難.' 試以目前事言之, 書筵・召對, 逐日爲之, 君德成就, 實在於是. 但逐日講學而止, 則體行處, 似有不及之慮. 伏未知日用云爲之間, 照察體驗之工如何也." 答曰: "體行實難." 仍問先生世派, 先生畧陳世德以對.

경오일에 서연에 참여하였다.

庚午. 參書筵.

'혹문희로애락지전(或問喜怒哀樂之前)'부터 '자불진록(玆不盡錄)'
까지 강(講)하였다. 동궁이 미발(未發)과 리발(已發)에 대한 공부
방법을 묻자, 선생이 아뢰기를,

"성인의 마음은 온통 천리(天理)가 가득하여 영명(靈明)한 본성
이 절로 보존되어 사물을 두루 수응(酬應)함에 합당하지 않음이
없습니다. 그러나 중인(衆人)의 마음은 혼매(昏昧)와 동요, 두
가지 병통이 있어서 캄캄하게 혼매하지 않으면 반드시 사물을
따라 동요하게 마련이라 마음을 맑게 하고 일에 따라 성찰하는
공부가 없고, 미발(未發)·리발(已發)이라 말할 만한 게 없습니
다. 이것이 바로 중인에 그치고 마는 까닭입니다.

맹자(孟子)는 '잊어버리지도 말며 조장하지도 말라.'라 하였습
니다. 잊어버리지 않으면 마음이 혼매한 때가 없고, 조장하지
않으면 마음이 사물을 좇아갈 우려가 없을 터이니, 그 요령은
곧 경(敬)입니다. 고요할 때 남이 보지 못하는 곳에서 계신(戒
愼)하고 듣지 못하는 곳에서 공구(恐懼)해야 합니다. 『예기(禮
記)』에는 '귀중한 보옥을 손에 받든 듯, 가득 찬 물그릇을 받든
듯 공경하고 조심하라'라 하였고, 『시경』에는 '두려워하고 조심
하여 깊은 못 가에 선 듯, 살얼음을 밟는 듯한다'라 하였으니,
이것이 경(敬)을 실천하는 절도(節度)입니다. 그러나 혹시 지나
치게 마음을 쓰면 마음을 가지고 다시 마음을 잡는 폐단이 있게

됩니다. 그러므로 선유(先儒)가 말하기를, '마음을 쓰는 것도 아니고 마음을 쓰지 않는 것도 아니니, 평이하게 마음을 보존하고 살짝살짝 마음을 수습(收拾)해야 한다'라 하였으니, 이것이 가장 절실하고 긴요한 말입니다. 저하(邸下)께서 시험삼아 평소 한가하실 때나 사물을 접응(接應)할 때에 반드시 존양과 성찰의 공부를 하신다면, 처음에는 비록 생삽(生澁)하더라도 오래도록 익히다보면 절로 맥락이 점차 밝아질 것입니다. 이는 타인이 지적(指的)하여 말해 줄 수 있는 곳이 아니니, 대의(大義)가 밝혀진 뒤에는 자득(自得)해야 합니다."

라 하니, 동궁이 말하기를,

"평이하게 마음을 보존하고 살짝살짝 수습한다는 말은 무슨 뜻인가?"

라 하였다. 선생이 대답하기를,

"마음이란 것은 이리저리 움직이고 흘러가는 것입니다. 만약 뜻을 오로지 하여 마음을 꼭 잡는다면 이는 곧 마음을 가지고 다시 마음을 잡는 것이니, 두 개의 마음이 있는 셈이 되는 것입니다. 이렇게 하면 더욱 마음이 조급하고 번잡해져서 존양(存養)의 공부를 이루지 못합니다. 따라서 반드시 아주 가볍게 착수하여 오랜 시간을 두고 익혀가되, 요컨대 잊어버리지도 말고 조장(助長)하지도 말아야 한다는 점을 유념해야 합니다. 선유(先儒)가 말한 '오래 지속하면 반드시 알게 된다'는 것이 바로 이러한 점을 가리키는 것일 듯합니다."

라 하였다.

講自'或問喜怒哀樂之前'-止-'玆不盡錄.' 東宮問未發已發下工之道, 因令
先生言之. 先生對曰: "聖人之心, 天理渾然, 靈明自存, 汎應曲當. 若衆人
之心, 則有昏動二者之病, 非冥然昏昧, 則必逐物而動, 無湛然淸淨隨事省
察之工, 無未發・已發之可言. 此所以止於衆人而已. 孟子曰: '勿忘勿助
長.' 勿忘則無昏昧之時, 勿助長則無逐物之患, 其要卽敬也. 其靜也, 戒愼
乎其所不覩, 恐懼乎其所不聞. 『禮』云: '如執玉, 如執盈, 洞洞屬屬.' 『詩』
云: '戰戰兢兢, 如臨深淵, 如履薄氷.' 此其行敬節度. 然而或過於用心, 則
有以心操心之患, 故先儒曰: "非着意, 非不着意, 平平存在, 畧畧收拾." 此
最切要之語. 邸下試於平居燕閑之際・應事接物之時, 須下存養省察之
工, 初雖生澁, 久久熟習, 自然路脉漸明. 此非他人所可指的成言處, 大義
旣明後, 要在自得也." 東宮曰: "平平存在, 略略收拾之說, 何謂也?" 對曰:
"心之爲物, 活動流注, 若一意執捉, 則便是以心操心, 是兩箇心也. 只益躁
擾, 不成存養之功, 此必輕輕下手, 久久積習, 要以勿忘勿助長爲意. 先儒
所謂久當見之之語, 似指此等處也.

정축일에 서연에 참가하였다.

丁丑, 參書筵.

'잠수복의(潛雖伏矣)'부터 이 장(章)의 끝까지 강하였다. 선생이
신독(愼獨)의 글 뜻에 대하여 대답하기를,
  "아무도 없고 홀로 있어서 마음대로 할 수 있는 곳에서는 반드시
  조심하고 경계하는 공부를 해야 합니다. 아무도 없는 곳에서 하
  는 미세한 일을 남들이 모를 것이라고 여기지만, 옛 역사를 통해

징험해 보면, 여희(驪姬)가 한밤중에 눈물을 흘렸던 일과 양귀비 (楊貴妃)가 칠석(七夕)에 맹서했던 일이 후세에 전해졌으니, 이 처럼 두려워할 만한 것입니다."

라 하였다.

講『心經』自潛雖伏矣-止-章末. 先生以愼獨文義對以[263]"必於幽獨得肆之 地, 必加戒愼之工. 幽暗之中, 細微之事, 雖謂之人莫得以知之, 而以古史 驗之, 驪姬半夜之泣[264]·貴妃七夕之盟[265], 傳之後世, 其可畏有如此者."

기묘일에 서연에 참가하였다.

己卯, 參書筵.

---

263 以 : 저본에는 而자로 되어 있는데 오자로 판단하여 고쳤다.

264 驪姬半夜之泣 : 驪姬는 춘추시대 晉나라 獻公의 寵姬이다. 여희가 夫人이 되어 前夫人이 낳은 태자 申生을 죽이고 자기가 낳은 奚齊를 임금으로 세우 고자 하여 한밤중에 눈물을 흘리면서 헌공에게 호소하기를 "제가 듣기로 신생은 仁을 좋아하면서도 강하고 매우 너그러워 백성을 사랑한다고 하니, 이는 술수를 부리는 것입니다."라 하였다. 『國語 권7 晉語』

265 貴妃七夕之盟 : 唐나라 玄宗이 楊貴妃와 驪山 華淸宮에서 피서할 때 七夕 밤에 양귀비가 홀로 모시면서 현종의 어깨에 몸을 기댄 채 은밀히 맹서하기 를 "원컨대 世世生生 부부가 되고자 합니다."라 하였다. 그래서 白居易의 「長恨歌」에 "7월 7일 장생전에 한밤중 아무도 없고 은밀히 말할 때라. 하늘에 서는 원컨대 비익조가 되고 땅에서는 원컨대 연리지가 되고저.〔七月七日長 生殿 夜半無人私語時 在天願爲比翼鳥 在地願爲連理枝〕"라 하였다. 『山堂肆 考 권12 楊妃私誓』

'우왈흉중(又曰胸中)'부터 '지자이언야(至者而言也)'까지 강하였다. 선생이 아뢰기를,

"옛사람이 말하기를, '아는 것이 어려운 것이 아니라 실행하는 것이 어렵다.'라 하였습니다. 유안세(劉安世)는 '망어(妄語)하지 말라.'는 가르침을 들은 뒤로 이를 잊지 않고 7년 동안이나 늘 가슴에 새겼으니, 옛사람이 각고 노력하여 공부하고 허위로 공부하지 않았음을 알 수 있습니다.『소학(小學)』을 보면, 절효(節孝) 서적(徐積)이 또한 '두용직(頭容直)'이라고 한 호안정(胡安定)의 경계를 듣고 머리만 곧게 할 것이 아니라 마음도 곧게 해야겠다고 생각하여, 이로부터 감히 사특한 마음을 갖지 않았다고 하였습니다. 한번 변화하여 곧바로 도(道)에 이르러 그 전환하는 사이에 터럭 하나 용납하지 아니하여 그 거침없는 기세를 막을 수 없었으니, 이것이 이른바 '천하의 대용(大勇)이 아니고는 이렇게 할 수 없다'는 것입니다. 후세의 선비들이 그럭저럭 세월만 보내고 세사(世事)에 골몰하여 학문을 성취하지 못하는 까닭은 대개 용감하지 못한 데 있습니다. 주자(朱子)가 젊은 시절에 책을 하나 만들고는 그 이름을『곤학공문(困學恐聞)』이라고 하였으니, '자로(子路)는 들은 말을 아직 실천하지 못하였으면 새로운 가르침을 듣게 될까봐 두려워하였다'는 말에서 취한 것입니다. 진실한 마음으로 학문을 하는 것이 이와 같아야만 대성할 수 있습니다."

라 하였다.

講『心經』自又曰胸中-止-至者而言也. 先生奏曰: "古人云: '非知之艱, 行之爲難.' 劉安世旣聞不妄語之訓, 然後念念不忘, 至于七年而不已[266], 則古人工夫之刻苦而不爲虛僞, 可知矣. 『小學』徐節孝積亦聞胡安定頭容直之戒[267], 仍念不須頭容直, 心亦要直, 自此不敢有邪心. 其一變至道, 轉換之機, 間不容髮而沛然不禦, 此所謂非天下之大勇, 不能如是矣. 後儒之因循汩溺, 不能成就者, 多在於爲之不勇. 朱子少時, 嘗爲一書, 名『困學恐聞』, 取子路未之有行惟恐有聞之語[268]也. 其實心爲學如此, 然後可以大成.

경진일에 서연에 참가하였다.

庚辰, 參書筵.

---

266 劉安世……不已: 北宋 때 유안세가 司馬光에게 "평생토록 마음을 다하여 실천해야 할 것이 무엇입니까?"라고 물으니, 사마광이 "誠이니라."라 하였다. 다시 "이를 실행하려면 무엇을 먼저 해야 합니까?"라고 묻자 "妄言하지 않는 것으로부터 시작하라."라 하였다. 유안세가 이 말을 실천하여 7년이 지난 후에야 언행이 일치되고 마음이 평안하게 되었다. 『心經附註 誠意章』

267 徐節孝……之戒: '頭容直'은 원래 『禮記』「玉藻」의 九容 중 하나로 머리 모양은 곧아야 한다는 뜻이다. 節孝 徐積은 자가 仲車(거)인데 그가 처음에 安定 胡瑗을 모시고 배운 뒤 스스로 말하기를, "처음 선생을 뵐 적에 머리 모양이 조금 기울어 있었는지, 안정 선생이 갑자기 언성을 높여 '두용직(頭容直)이니라'라고 하셨다. 내가 스스로 생각하기를 머리 모양만 곧을 것이 아니라, 마음도 역시 곧아야 한다는 생각이 들어 이로부터는 감히 邪心을 갖지 않았다."고 하였다. 『小學 善行』

268 子路……之語: 『論語』「公冶長」에 "자로는 좋은 말을 듣고 아직 실행하지 못했으면 오직 다른 말을 들을까 두려워하였다.〔子路有聞, 未之能行, 唯恐有聞.〕"라 하였다.

'난계범씨(蘭溪范氏)'부터 '자행지야(自行之也)'까지 강하였다. 선생이 대답하기를,

"'유주상(流注想)'이라는 말은 유가(儒家)에서 이르는 부념(浮念)과 객려(客慮)입니다. 무릇 일체 욕심에서 나오는 생각은 맹렬하게 반성하여 극복할 수 있지만, 부념과 객려는 문득 있다가 문득 사라지고 문득 갔다가 문득 오기 때문에 어지럽고 혼란하여 제거하기 어렵습니다. 이것이 가장 힘써 공부해야 할 대목입니다. 경(敬)은 온갖 사특함을 이기며, 사특함을 막아 성(誠)을 보존하여야 하니, 만약 성과 경 두 글자에서 공부하는 도리를 알면 이런 우려가 없을 것입니다."

라 하였다. 또 '인유살심(人有殺心)' 이하의 네 구절에 대한 물음을 받고 대답하기를,

"마음이란 것은 한 몸을 주재(主宰)하는 것이니, 마음이 태연하면 백체(百體)가 그 명령에 따릅니다. 마음이 한 번 움직이면 밖으로 나타나는 것을 가리기 어려운 것이 이와 같습니다."

라 하였다.

講自蘭溪范氏-止-自行之也. 先生對曰: "流注想, 儒家所謂浮念客慮. 凡一切慾心所發, 可以猛省克去, 而惟浮念客慮, 乍有乍無, 乍去乍來, 紛紜難除. 此最煞費工夫處. 敬勝百邪, 閑邪存誠. 若知誠・敬二字用工之道, 則可無此患矣." 又承問對人有殺心以下四句曰: "心者一身之主宰. 天君泰然, 百體從令. 心一動焉, 則形於外者, 自有難掩者如此."

갑신일에 서연에 참가하였다.

甲申, 參書筵.

'소위수신(所謂修身)'부터 '불란지위(不亂之謂)'까지를 강하였다. 선생이 성의장(誠意章)은 성찰(省察) 공부이고 정심장(正心章)은 조존(操存) 공부라 대답하고, 또 유심(有心)과 무심(無心) 두 가지 뜻의 및 잊지도 말고 조장하지도 말아야 한다는 것, 마음에 치우치거나 얽매임이 있는 병통에 대하여 말하였다.

講自所謂修身-止-不亂之謂. 臣以"誠意章爲省察工夫, 正心章爲操存工夫"以對, 又以"有心無心二義及勿忘勿助[269], 心有偏係之病"爲言.

을유일에 서연에 참석하였다.

乙酉, 參書筵.

'열기사(閱機事)'부터 '저개심(這箇心)'까지를 강(講)하였다. 선생이 대답하기를,

"성실하여 거짓이 없으면 기심(機心)을 제거하여 만사에 수응

---

269 勿忘勿助 : 孟子가 浩然之氣를 기르는 방법에 대해 말하면서 "반드시 하는 일이 있어야 하되, 결과를 미리 기약하지 말아서, 마음에 잊지도 말고 빨리 자라도록 돕지도 마라.〔必有事焉而勿正, 心勿忘勿助長也.〕" 한 데서 온 말로 학문하는 뜻을 항상 마음속에 간직하여 잊지도 말며 빨리 이룩하려고 서둘지도 말라는 뜻이다. 『孟子 公孫丑上』

(酬應)할 수 있다. 한번 기심이 일어나면 곧장 거짓의 구렁에 떨어지게 되니, 이것이 성인이 크게 미워하는 바입니다. 자신의 마음이 엄한 스승입니다."라 하고, "조심하고 두려워하라. 하루에도 일만 가지 기틀이 생긴다."는 말을 인용하여 대답하였다.

講『心經』自閒機事-止-這箇心. 臣對以"誠實無僞, 則可以除機心而應萬事. 一涉機心, 便墜詐僞坑中, 聖人之所大惡也. 己心爲嚴師." 引'兢兢業業, 一日萬幾'之說以對.

7월에 병으로 상소하여 체차되었다. ○8월에 집에 돌아왔다.

七月, 呈病, 遞. ○八月歸家.

49년 계사(1773), 선생의 나이 62세이다. ○여름에 대신(大臣)이 계방(桂坊)에서 오래 직임을 맡은 사람을 천거하였는데, 선생이 뽑혔다. ○8월에 소남 윤동규의 부음(訃音)에 곡하였다.-제문(祭文)이 있다.- ○12월에 익위사위솔(翊衛司衛率)에 제수되었다.

四十九年癸巳, 先生六十二歲. ○夏, 大臣薦桂坊久任人, 先生被選. ○八月, 哭邵南尹公訃.-有祭文.- ○十二月, 除翊衛司衛率.

50년 갑오(1774), 선생의 나이 63세이다. ○정월에 서울로 들어갔다.

五十年甲午, 先生六十三歲. ○正月入京.

산림동(山林洞)에 있는 장령(掌令) 성영(成穎)의 집에 우거하였다.

寓山林洞成掌令穎家.

경오일에 나아가서 숙배(肅拜)하였다. ○임신일에 서연에 참가하
였다.

庚午, 出肅. ○壬申, 參書筵.

이 때 서연에서 『성학집요(聖學輯要)』의 '수렴용지(收斂容止)' 장
(章)을 강하였다. 선생이 아뢰기를,

"용지(容止)를 수렴하는 근본은 경(敬)에 있으니, 경은 동(動)·
정(靜)을 관통하는 것입니다. 만약 한갓 외면만 수렴하고 내면
을 경으로 지키지 않는다면 한(漢)나라 성제(成帝)가 조회를 볼
때는 근엄하였으나 혼음(昏淫)에 그치고 만 것과 다를 바 없습니
다. 만약 경을 지킨다면 모든 움직임에 다 법도가 있어서 다닐
때는 걸음걸이가 저절로 중후하고 볼 때는 시선이 절로 단정해지
는 등 구용(九容)이 순리대로 되지 않음이 없게 될 것입니다.
만약 그 경을 잃어서 잠시라도 잊어버리거나 소홀함이 있으면
걸어갈 때에는 반드시 엎어지고 넘어지며 시선은 반드시 들뜨고
바르지 못하게 될 것이며, 말할 때에는 급박하여 안정되지 못할
것입니다."

라 하였다.

동궁이 이어서 묻기를,

"연전(年前)에는 어찌 그리도 급하게 돌아갔는가?"

라 하기에 대답하기를,

"신은 괴질(怪疾)이 있어서 벼슬에 종사할 수 없다는 것은 이미 통촉하시는 바입니다. 그 때 더위를 견디지 못하여 정병(呈病)하고 돌아갔는데, 갑자기 저하 곁을 떠나는 서운한 감회를 절로 억제할 수 없었습니다. 뜻밖에도 이제 또다시 제수(除授)하는 명이 내리셨으나 병세가 여전하여 실로 나와 숙배(肅拜)하기가 어려웠습니다. 그렇지만 예학(睿學)이 날로 진보한다는 말을 듣고 사모하는 마음을 이길 수 없어 다시 한 번 저하(邸下)의 청광(淸光)을 뵙고 싶어서 병을 무릅쓰고 올라왔으니, 실로 오래 머물러 종사(從仕)할 수는 없습니다."

라 하였다. 동궁이 이르기를,

"지금 날씨가 차츰 따스해지고 있으니, 지난해 무덥던 때와는 같지 않다. 자주자주 입번(入番)하는 것이 좋을 듯하다."

라 하고, 이어서 매우 도타운 말로 위로해 주었다.

선생이 입직(入直)한 뒤에 경빈(敬彬 역적 이경빈(李敬彬))의 무리가 춘방과 계방에 포진하고 있었다. 이들이 모두 말하기를,

"근래에 서연을 총총히 끝내니, 무엇 때문에 이렇게 하는지 모르겠다."

라 하기에 내가 말하기를,

"성수(聖壽)가 점차 높아가는 터라, 곁에서 봉양하느라 사무가 많으니, 이는 당연하다. 무슨 걱정할 게 있겠는가."

라 하였다.

대저 이 자들은 언어가 대체로 모호하여 사람으로 하여금 의심하

게 하기에 마음속으로 통탄하였다. 이 날 물러나올 즈음에 선생이
아뢰기를,

이 날 물러나올 즈음에 신이 아뢰기를,

"계방의 직책은 시위(侍衛)하는 것이니, 감히 주제넘게 아뢰지
못하겠습니다. 그러나 이미 등연(登筵)을 허락하셨으니 미천한
생각을 아뢰지 않을 수 없습니다. 신이 입직할 때 요원(僚員)들
의 말을 듣건대 다들 근래에 서연을 급히 끝낸다고 하면서 퍽
의아하고 답답하게 여기는 말을 했었는데, 이제 보니 과연 그렇
습니다. 신은 저하께서 어떤 바쁜 일이 있어서 그런지를 모르겠
습니다. 혹시 감선(監膳)이나 시좌(侍坐)하는 때와 상치(相置)
되어 그러한 것입니까? 황공하게도 감히 여쭙니다."

라 하였다. 동궁이 음성을 낮추어 조용히 대답하기를,

"성수(聖壽)가 날로 높아가니 자연 바쁜 일이 많아서 그런 것이
다."

라 하였다. 선생이 아뢰기를,

"제왕(帝王)의 행실은 효(孝)보다 더한 것이 없습니다. 효성이
지극하면 형체가 없는 데서도 보고 소리가 없는 데서도 듣게 됩
니다. 금일의 일로 말한다면, 서연이 비록 중요하지만 오히려
두 번째의 일입니다."

라 하였다. 동궁이 자못 가납(嘉納)하는 뜻이 있었다.

선생이 물러 나와서 사람들에게 말하기를,

"서연을 급히 끝낸 것은 과연 내가 말한 대로였다. 어찌 걱정할
게 있으리오. 또한 신민(臣民)의 행복이 아니겠는가?"

라 하였다.

是時, 書筵講『聖學輯要』'收斂容止'章. 春坊如例講義, 次至臣. 臣奏曰:
"收斂容止之本在於敬, 敬通貫動靜. 若徒收斂其外而內無敬以持之, 則無
異於漢成帝之臨朝儼然而止於昏汰而已. 若能以敬爲主, 則動容周旋, 莫
不有則, 行時足容自重, 視時目容自端, 九容莫不循理矣. 若失其敬, 而介
然之頃, 有所忘忽, 則行必顚蹶, 視必浮邪, 言語之際, 亦急迫而不安定
矣." 東宮因問: "年前何其急歸乎?" 先生對曰: "臣有奇疾, 不能從宦, 已自
下燭矣. 其時日熱不堪, 呈病而歸, 便訣之懷, 自不能已. 不意今者又有除
命, 病情依舊, 實難出肅, 聞睿學日將, 不勝延頸之忱, 將欲復瞻淸光, 强
疾以來, 實不能久留從仕矣." 東宮曰: "卽今日漸和暖, 不似昔年隆熱之
時. 可頻頻入番似好." 因慰藉甚厚. ○先生入直後, 敬彬輩布在春桂坊, 皆
曰: "近來書筵恩遽, 不知緣何如此." 先生曰: "聖壽漸高, 左右奉養, 事務
多端. 此固然矣, 有何可憂?" 大抵此輩言語多糢糊, 使人疑慮, 心竊痛之.
是日將退, 奏曰: "桂坊職是侍衛, 不敢猥越陳奏. 而旣許登筵, 則微忱所
在, 不可不白. 臣入直時聞僚員之言, 則皆以近來書筵之恩遽, 頗有疑菀之
語, 今者果然. 臣未知邸下有何忙事而然耶? 或與監膳侍坐之時相値而然
耶? 惶恐敢稟." 東宮低聲微答曰: "聖壽日高, 自然多忙事而然矣." 先生
曰: "帝王之行, 莫大於孝. 及其至也. 至於視於無形聽於無聲. 以今日事言
之, 書筵雖重, 猶是第二件事." 東宮頗有嘉納之意. 先生出謂諸人曰: "書
筵之恩遽, 果如我言, 豈有可憂? 而亦豈非臣民之幸耶?"

갑술일에 서연에 참가하였다.

甲戌, 參書筵.

'수렴언어(收斂言語)' 장(章)을 강(講)하였다. 선생이 아뢰기를,

"공자(孔子)의 이 말은 곧 「계사(繫辭)」에서 중부괘(中孚卦)의
이효(二爻)를 풀이한 것입니다. 『주역』에 '우는 학이 그늘에 있
으니 그 새끼가 화답하도다. 나에게 좋은 벼슬이 있으니 내 너와
함께 하노라'라 하였습니다. '부(孚)'라는 것은 믿음입니다. 이효
(二爻)와 오효(五爻)가 상응(相應)하여 서로 신뢰하여 감응함이
이와 같은 것입니다."

라 하였다. 동궁이 이르기를,

"내가 아직 『주역』을 읽지 못해서 역(易)을 모른다. '이오(二五)
가 상응한다.'는 것은 무슨 말인가?"

라 하였다. 선생이 내괘(內卦)와 외괘(外卦)가 상응하는 이치를
부연 설명하고, 이어서 아뢰기를,

"공자(孔子)가 전(傳)을 지을 때는 상(象)을 취하여 말하였으니,
그저 언행(言行)만 말한 것이 아닙니다. 이 괘의 내괘는 태(兌)
이니, 태는 기쁨입니다. 사람이 기쁘면 말을 하게 마련입니다.
게다가 태(兌)에는 입 구(口) 자의 상(象)이 있으므로 언(言)이
되는 것입니다. 그리고 이효(二爻)가 움직이면 진(震)이 되니,
진은 움직임입니다. 행(行)은 움직임에 속합니다. 그러므로 공
자가 사람에게 절실한 것으로 언행(言行)보다 더한 것이 없다고
생각하여 상(象)에서 뜻을 취하여 밝힌 것이니, 언행을 신중히
하지 않을 수 없음이 대개 이와 같습니다. 그리고 임금이 된 이는
더욱 조심하고 두려워해서 한 마디 말도 실수함이 없고 한 가지
행동도 잘못됨이 없도록 해야 합니다. 혹시라도 잘못하는 일이
있으면 잠깐 사이에 사방 사람들이 다 알게 되니, 그 기미가 과연

두렵습니다. 옛사람이 또 말하기를, '당(堂)에서 말하면 말이 대청에 가득하고 실(室)에서 말하면 말이 실에 가득하다'라 하고 '말이 천하에 가득하여도 입의 잘못이 없고 행동이 천하에 가득하여도 몸의 잘못이 없다'라 하였습니다. 말을 삼가는 것은 수신(修身)의 지극함이니, 공부가 능히 이런 경지에 이른다면 어찌 즐겁지 않겠습니까. 사람의 행실에는 여러 가지가 있지만, 옛사람은 효(孝)가 모든 행실의 근원이라 하였고, 또 말하기를, '효제(孝悌)의 덕은 신명(神明)에 통한다'라 하였습니다. 임금이 진실로 먼저 효를 다할 수 있다면 궁중이 모두 공경하고 근신(謹愼)하여 화기가 충만하여 밖으로 흘러넘칠 터이니, 그렇게 되면 신명에 통하고 천지를 감동시킬 수 있을 것입니다."

라 하였다.

동궁이 『시경(詩經)』「억(抑)」장을 논하기를,

"위무공(衛武公)은 늙어서도 공부를 게을리 하지 않았으니 어찌 어질지 않은가."

라 하였다. 신이 말하기를,

"이 편은 첫머리에 '진밀(縝密)한 위의는 덕의 방정함이다.〔抑抑威儀 維德是隅〕'라 하였으니 이는 외면을 다스림을 말한 것이며, 중간에 '온화하고 온화한 공손한 사람은 덕의 바탕이다.〔溫溫恭人 維德之基〕'라 하였으니 이는 내면을 다스림을 말한 것입니다. 사람의 공부는 외면을 제어하여 내면을 함양(涵養)하는 것에 불과합니다. 이런 까닭에 그 문세(文勢)와 구법(句法)이 같은 것입니다. 이 두 구절은 실로 이 「억(抑)」시의 강령입니다. 대저 공손의 덕이 크니, 외형만 공근(恭謹)할 뿐 아니라, 그 내심(內

心)이 진실로 공근해야만 덕의 바탕이 될 수 있습니다.『주역』의 겸괘(謙卦)는 모두 길(吉)하고 흉(凶)이 없으며, 요순(堯舜)과 공자의 덕도 모두 공(恭) 자를 써서 일컬었으니, 그 공효가 공손함을 돈독하게 함에 천하가 평안해지는 데까지 이른 것입니다."라 하였다.

書筵. 講'收斂言語'章. 先生奏曰: "孔子此言, 卽「繫辭」釋中孚二爻之辭也. 『易』曰: "鳴鶴在陰, 其子和之. 我有好爵, 吾與爾縻之." 孚者信也. 二爻與五爻相應, 孚信相感如此. 東宮曰: "予未讀『易』, 故不知易, 二五相應云者何也? 對曰: "『易』有六爻, 內三爻爲內卦, 外三爻爲外卦. 初爻與四爻應, 二爻與五爻應, 三爻與六爻應, 是謂相應也." 東宮曰: "更畢其文義." 對曰: "孔子作傳, 亦取象而言, 非徒然但言言行也. 這內卦爲兌, 兌悅也. 人悅則有言, 且兌有口象, 故爲言. 且二爻動則爲震, 震動也. 行屬動, 故孔子以人之切近莫過於言行, 卽象取義以明之. 言行之不可不愼盖如此. 而爲人君者, 尤當警惕, 不可使一言有所失措, 一行有所虧欠. 一或有誤, 俄頃之間, 四方知之, 其幾果可畏也. 古人又言: '言堂滿堂, 言室滿室.[270] 言滿天下無口過, 行滿天下無身過.[271]' 謹言, 修身之至. 工夫能到此界分, 則豈不樂哉? 行雖多般, 而古人以爲孝者百行之源, 又曰: '孝悌之德, 通於神明.' 人主誠能先盡其孝. 宮闈之間, 洞洞屬屬, 和氣瀜洩, 洋溢于外,

---

270 言堂……滿室 : 室은 안에 있고 堂은 밖에 있다. 임금이 안에서는 室에서 말하고 밖에서는 堂에서 말하되 모두 은밀히 숨기지 않아 室과 堂에 가득하여 모든 사람들이 알도록 한다는 뜻이다.『管子補註 권1』

271 言滿……身過 :『孝經』「卿大夫章」에 보인다.

則可以通神明而動天地矣." ○東宮論「抑章」曰: "衛武公年老而工夫不懈, 豈不賢哉?" 先生曰: "此篇首言: '抑抑威儀, 維德之隅.' 言治其外也; 中言: '溫溫恭人, 維德之基.' 言治其內也. 人之工夫, 不過於制外養內而已, 故其文勢句法亦同. 此二句, 實一篇之綱領也. 夫恭之德, 大矣. 非徒外面恭謹而已, 惟其內心實恭, 然後可以爲德之基矣. 『周易』謙卦, 惟吉無凶, 堯舜孔子之德, 皆稱恭字, 其效至於篤恭而天下平."

을해일에 서연에 참가하였다.

乙亥, 參書筵.

'수렴기신(收斂其身)' 장(章)을 강하였다. '오불가장(敖不可長)' 절(節)에 이르러 선생이 아뢰기를,

"오만은 큰 흉덕(凶德)입니다. 이런 까닭에 네 가지 중에서 앞에 있는 것입니다. 진(秦)나라 이후로 군도(君道)는 날로 높아지고 신도(臣道)는 날로 낮아져 상하의 정의(情意)가 막혀서 임금 된 이들은 매양 자신이 현명하고 옳다고 여기는 병통이 있게 되었으니, 모두 오만한 덕(德)입니다."

라 하니, 동궁이 자못 안색을 바로잡고 가납(嘉納)하는 뜻이 있었다.

당시 『주자어류(朱子語類)』에 현토(懸吐)하는 일이 있었다. 동궁이 이르기를,

"지금 토를 달지 못한 것이 30권이니, 중지하면 애석하다."

하였다. 선생이 아뢰기를,

"토를 다는 일은 매우 어렵습니다. 더구나 『주자어류』는 당시의

속어(俗語)가 태반이라 실로 알기 어렵습니다. 신의 생각으로
는, 차라리 토를 달지 않고 그 문세(文勢)를 따라 읽으면서 침잠
하여 완미(玩味)하고 탐색하는 편이 좋으니, 그렇게 하면 거의
그 뜻을 알 수 있을 것입니다. 만약 억지로 토를 단다면 도리어
그 의미를 단천(短淺)하게 만들 것입니다."

라 하였다. 동궁이 이르기를,

"한 질의 책을 반은 달고 반은 달지 않으니, 얼룩덜룩하여 보기
흉하기 때문이다."

라 하였다. 이어서 계방의 여러 신하들에게 『어류』를 분배하여 주
었다. 선생이 토를 단 것은 『어류』 중 『주역』과 『예기』 각 2권이다.

동궁이, 선생이 찬술한 『동사강목(東史綱目)』을 볼 수 없는지
물으니, 선생은 초고본(草稿本)이라서 볼 것이 못 된다는 뜻으로
진달하였다.

書筵. 講'收欽其身'章. 先生釋傲不可長節曰:"敖之爲凶德大矣. 是以, 居
四者之先. 自秦以下, 君道日尊, 臣道日卑, 上下之情意隔阻, 而爲人君者,
每有自聖之病, 皆敖德也." 東宮頗動容, 有嘉納之意. ○時, 有『語類』懸吐
事, 東宮曰:"今未懸者三十卷, 中止可惜." 先生奏曰:"懸吐一節甚難. 且『語
類』是當時俗語過半, 實難通解矣. 臣意則不如不懸, 因其文勢而讀之, 沉
潛玩索, 則庶有所得. 若强爲懸吐, 則反使意味短淺矣." 東宮曰:"一帙之
書而半懸半不懸, 爲班駁故也." 因分排於桂坊諸臣. 先生所懸者, 『易』·
『禮』各二卷. 東宮問先生所撰『東史綱目』可以得見否. 先生以草本不足進
覽之意仰對.

4월 갑신일에 서연에 참가하였다.

四月甲申, 參書筵.

　　이기장(理氣章)을 강(講)하였다. 강을 마치고 동궁이 선생에게 묻기를,
　　"퇴계와 율곡의 이기설(理氣說)이 서로 같지 않은데, 그대는 어느 설을 따르는가?"
　　라 하였다. 신이 대답하기를,
　　"신은 늙고 어리석은 사람이라 성리(性理)의 근원은 감히 말하지 못하겠습니다. 다만 율곡의 자득(自得)한 견해가 비록 좋으나 퇴계의 설은 주자(朱子)에 근본한 것입니다. 『어류(語類)』중 보광(輔廣)이 기록한 글에 '사단(四端)은 리(理)가 발(發)한 것이며, 칠정(七情)은 기(氣)가 발한 것이다'라 하였습니다. 보광은 주자 문하의 고제(高弟)이니 필시 잘못 기록하지는 않았을 것입니다. 퇴계의 설은 연원이 있기 때문에 신은 일찍이 퇴계의 설을 따랐습니다만, 깊이 연구하지는 못하였습니다."
　　라 하였다.

講'理氣'章. 講畢, 東宮問于先生曰: "退溪·栗谷理氣說各不同. 君從何說?" 先生對曰: "臣老耄昏劣, 性理原頭, 不敢論列. 而但栗谷自得之見雖好, 而退溪之說, 本於朱子. 『語類』輔廣所記曰: '四端, 理之發; 七情, 氣之發.' 輔氏是朱門高弟, 必不誤錄矣. 退溪說有來歷源委, 故臣嘗從退溪說, 而亦未能深究矣."

○입직(入直)하고 있을 때 우연히 읊은 절구(絶句) 4수가 있다. 그 중 한 수는 다음과 같다.

게으른 나는 산골 집에 누웠어야 제 격이니
사월 들어 서울이 싫어져 돌아가고 싶어라
떠날까 머물까 마음 결정하기 어려워
동룡에 무성한 나무들을 바라보노라

疎慵端合臥巖扉 四月長安客欲歸 這裏去留難定意 銅龍[272]樹色望依依

7월에 집으로 돌아왔다.

七月歸家.

선생이 일찍이 설서(說書) 이상준(李商駿)에게 편지를 보냈다. 그 편지에 대략,
  "풍수(風樹)의 슬픔이 깊고 부모님이 안 계시기에 다시는 벼슬길에 나아가고 싶지 않았습니다. 그런데도 멀리 떨어진 계방(桂坊)을 그리워하는 마음이 간절하였습니다. 게다가 근래 동궁(東宮)의 학문이 날로 진취한다는 소식을 듣고 동궁의 청광(淸光)을

---

272 銅龍 : 世子侍講院의 이칭이다. 漢나라 때 太子宮의 대문을 銅龍門이라 하였으므로 이렇게 부르는 것이다.

다시 우러러 뵙고 하찮은 정성이나마 조금 펴보고 싶어서 병든 몸을 애써 일으켜 무턱대고 나갔다가 뜻밖에도 노쇠하고 무능하여 보통 사람에도 전혀 못 미치는 이 몸이 누차 총애하여 포장(褒獎)해 마지않으시는 은혜를 입었으니, 이는 실로 미천한 소신(小臣)이 감당할 수 있는 바가 아닙니다. 이에 자신을 속이고 남을 속이다가 위로 동궁을 속이는 데 이르렀으니, 황송하여 몸 둘 바를 모르겠는데, 매양 박흡(博洽)하다고 인정해 주십니다. 박학(博學)과 박문(博聞)은 비록 성인(聖人)의 문하에서도 버림받은 것은 아니지만 고사(古事)를 기록하고 고례(古例)를 상고하는 일은 예악제도(禮樂制度)를 맡는 한 명의 관리만으로도 충분할 것입니다. 이는 실로 군자(君子)의 원대(遠大)한 사업에도 도움이 안 되거늘 하물며 제왕(帝王)의 학문에는 말할 나위 뭐 있겠습니까.

이번에 와서 열 차례나 서연(書筵)에 나갔습니다만 글의 뜻이나 대략 주달(奏達)했을 뿐이고, 이른바 원대한 사업을 경영할 수 있는 성현(聖賢)의 공부와 제왕(帝王)의 대업(大業)에 이르러서는 나의 재주가 노둔하여 아는 바가 없을 뿐 아니라 또한 감히 지위를 벗어서 함부로 진달하지 못하고 그저 입을 다문 채 물러났으니, 자신을 부끄러워 탄식합니다.

지금은 병세가 더욱 위독하고 우거(寓居)할 곳마저 없어 몇 달 동안에 네 번이나 거처를 옮기느라 이리저리 떠돌아다니면서 온갖 신고를 다 겪었습니다. 형편상 곧바로 향리로 돌아가야 마땅하지만 차마 곧바로 결별하지 못하여 일후(日後)에 한 차례 입직(入直)하면서 동궁께 아뢰어 향리로 돌아갈 작정입니다."

라 하였다.

先生嘗與李說書商駿書. 畧曰:"痛深風樹, 所重無所, 不欲復出世路. 而桂坊宿跰, 誠切延頸. 且聞近來睿學日將, 思欲復瞻淸光, 少殫微忱, 扶疾冒出, 不意癃廢踈訥之物, 萬不及于平人, 而屢蒙睿眷, 褒奬不已, 實非塵芒小臣所可堪承者. 自欺欺人, 終至於上欺儲君, 悚惶無地, 而每許以博洽. 博學博文, 雖非聖門所棄, 而但記古事考古例, 一掌故[273]吏, 足矣. 此實無益於君子遠大之業, 況帝王之學乎? 今來十次登筵, 不過沿文畧奏而已, 至於所謂聖賢之實工·帝王之大業, 可以爲經遠之圖者, 則不惟才分駑下, 無所知識, 亦不敢出位冒陳, 徒緘默而退, 自顧慙歎. 今則病情益劀, 而寄寓無所, 數月之內, 四遷其居, 踽踽棲屑, 百端生受, 且病臥客店, 前後動駕, 一不隨參, 此實難於舍命奔走, 而逋慢之罪則多矣. 勢當卽歸, 而猶不忍便訣. 日後將欲一次持被[274], 因決歸計耳.

○집으로 돌아온 뒤 또 편지를 보내 제왕(帝王)의 학문 및 세자의 학문을 성취시킬 방도에 관해 논하였다.

---

273 掌故 : 掌固라고도 한다. 漢나라 때 太常에 속하는 관직으로 禮樂·制度 등의 典故를 맡았다.

274 持被 : 唐나라 韓愈의 「送殷員外序」에 "지금 세상 사람들은 수백 리만 가려고할 때에도 문을 나서면 망연자실하여 이별의 가련한 기색이 있고, 이불을 가지고 三省에 숙직을 들어가려 할 때도 여종을 돌아보고 시시콜콜 여러 가지 당부를 하여 마지않는다.〔今人適數百里, 出門惘惘, 有離別可憐之色; 持被入直三省, 丁寧顧婢子, 語剌剌不能休.〕"라 한 데서 온 말이다.

○歸家後, 又與書論帝王之學及成就睿學之道.

51년 을미(1775), 선생의 나이 64세이다. ○정월에 부인 성씨(成氏)가 졸하였다. ○가을에『주자어류절요(朱子語類節要)』가 완성되었다.

五十一年乙未, 先生六十四歲. ○正月, 夫人成氏卒. ○秋,『朱子語類節要』成.

선생은『어류』가 학자에게 있어서 긴요한 책인데도 말뜻이 중첩되고 권질이 매우 많아서 학자들이 읽어보기 어렵다고 여겨서 번잡한 것을 잘라내고 요점만을 추렸다. 책은 모두 8권인데, 이름을『어류절요(語類節要)』라고 하였다.

先生以爲『語類』是切於學者之書, 而語意重疊, 篇帙浩汗, 有難考閱, 乃刪煩撮要; 書凡八卷, 名之曰『語類節要』.

10월에 다시 익위사 익찬에 제수되었으나 부임하지 않았다. ○윤10월에 회인현감(懷仁縣監)에 제수되었는데, 나가서 사은숙배하고 바로 체차되었다.

十月, 復除翊衛司翊贊, 不赴. ○閏十月, 除懷仁縣監, 出肅旋遞.

도백(道伯)이 전관(前官)을 그대로 잉임(仍任)시킬 것을 계청하였으므로 바로 체차된 것이다.

道伯啓請前官仍任, 故卽遞.

이날 특별 전교로 다시 익위사 익찬에 제수하니, 사은(謝恩)하였다.

卽日, 以特教復除翊衛司翊贊, 謝恩.

약현(藥峴)에 있는 승지 유훈(柳薰)의 집에 머물렀다. ○이 때 상의 체후(體候)가 편치 않아서 주원(廚院)에 직숙(直宿)하였는데, 전례에 의거해 개강(開講)하지 않았으므로 비록 여러 차례 입직하였으나 한 번도 서연에 나아가지 못했다.

寓藥峴柳承旨薰家. ○是時, 上候未寧, 廚院直宿, 例不開講, 故雖累次入直而一未登筵.

11월에 상께서 비망기(備忘記)를 내렸다.

十一月, 自上有備忘記.

11월 13일에 비망기를 내리기를,
"이의철(李宜哲)이 아뢴 바에 의거해 대신에게 물어서 계방(桂坊)의 좌목(座目)을 가져다 보니, 그 중에 김이안(金履安)은 고(故) 찬선(贊善) 김원행(金元行)의 아들이니, 이 사람에 대해서는 내가 이미 생각하고 있었으며, 안정복(安鼎福)·이겸진(李謙鎭)은 영상(領相)이 칭찬하였다. 김이안이 입직하였기에 내가 지금 불러 보았다. 이 하교를 정서한 다음 세손궁(世孫宮)에 들여서 어린 아들로 하여금 이것을 보고서 서연에서 소대(召對)할 때 반드시 학문을 토론하도록 하라. 이 역시 동궁에게 한 가지 도움이 될 것이다. 이번의 계방은 이조에서 과연 잘 가려 뽑았다. 이 뒤로도 역시 각별하게 가려 뽑도록 하라."

라 하였다. 14일에 시임 대신과 원임 대신을 인견(引見)하여 입시할 때 영상 한익모(韓翼謩)가 아뢰기를,

"춘방과 계방의 관원은 극히 엄선하지 않으면 안 됩니다."

라 하니, 상이 이르기를,

"아뢴 바가 참으로 옳다. 계방은 어떤 사람인가?"

라 하자, 대답하기를,

"익찬 안정복인데 경학(經學)이 풍부하고, 또 듣건대 그의 사람됨이 매우 한아(閒雅)하다고 합니다."

라 하니, 상이 이르기를,

"어느 집안 사람인가?"

라 하자, 대답하기를,

"상세히 알지 못합니다."

라 하였다.

十一月十三日備忘記: "因李宜哲所奏, 問大臣取讀桂坊座目, 其中金履安故贊善子; 此人予已思焉. 安鼎福・李謙鎭, 領相稱焉. 金履安入直, 故予方召見. 以此下敎正書入于世孫宮, 令冲子見此, 於書筵召對, 必也商確學問. 此亦爲東宮一助也. 今者桂坊銓曹果擇, 此後亦令另擇云云." 十四日, 時原任大臣引見入侍時, 領相韓翼謩達曰: "春桂坊官員, 不可不極擇矣."

上曰: "所奏誠然, 桂坊何如人耶?" 對曰: "翊贊安鼎福, 經學有餘, 且聞其
爲人極恬雅云矣." 上曰: "誰家族耶?" 曰: "未能詳知矣?"

12월 계축일에 동궁이 대리청정(代理聽政)하면서 경현당(景賢堂)에
서 백관들의 조참(朝參)을 받았는데, 들어가 시위(侍衛)로 참여하
였다. ○정묘일에 병으로 인해 정사(呈辭)하고 집으로 돌아왔다.
○반계(磻溪) 유선생(柳先生)의 연보(年譜)를 찬술하였다.-선생의
이름은 형원(馨遠)으로, 인조(仁祖) 때의 사람이다.-

十二月癸丑, 東宮代理聽政, 受百官朝參于景賢堂, 入參侍衛. ○丁卯, 呈病
歸家. ○撰磻溪柳先生年譜.-先生名馨遠, 仁祖朝人.-

52년 병신(1776), 선생의 나이 65세이다.

五十二年丙申, 先生六十五歲.

새해 초 동궁의 영지(令旨)를 보고 기뻐서 절구(絶句) 한 수를 읊기
를,

하늘의 운행 돌아와 석목진이 빛나니
밝은 해가 높이 떠올라 왕춘이어라
선포하신 새 정책에 백성들 다 고무되니
백발의 이 늙은 신하 마음 흐뭇합니다

天運昭回析木津[275]　日輪扶擁御王春[276]

新政渙發民皆聳　白首歡心有老臣"

라고 하였다.

정월에 외방에 있다는 이유로 체차(遞差)되었다. ○3월에 영종대왕
(英宗大王)이 승하하였다.

正月, 以在外遞. ○三月, 英宗大王昇遐.

마을 앞에 곡하는 자리를 설치하고 가인(家人)·종족(宗族)·빈
객(賓客)·촌민(村民)들과 함께 모여 곡하였고, 날마다 성복(成
服)할 때까지 아침에 모여 곡하였다. 인산(因山) 때에는 족인(族
人)의 외사(外舍)로 나가 며칠 동안 기거하였으며, 이어서 망곡(望
哭)하였다.

275 析木津 : 析木은 별자리[星次]의 이름이고 析木津은 은하수의 나루이다. 箕
星과 斗星 두 별자리 사이에 위치하며 十二支의 寅에 속해서 東方을 상징하
며, 東宮을 가리키는 말로 쓰인다. 唐나라 楊炯의 「渾天賦」에 "동궁은 석목
의 나루요 壽星의 들판이다.〔東宮則析木之津, 壽星之野.〕"하였다.

276 王春 : 陰曆 정월인 新春을 이른다. 『春秋公羊傳』隱公 元年 조에 "元年春,
王正月"에 대해 "봄이란 무엇인가? 한 해의 시작이다. 왕이란 누구를 말하는
가? 문왕을 이른다.〔春者何? 歲之始也; 王者孰謂? 謂文王也.〕"한 데서 유
래하였다.

設哭班於村前，與家人宗族賓客村民會哭，逐日行朝哭至成服；因山時，出居族人外舍數日，因行望哭.

8월에 정산의 부음(訃音)을 듣고 곡하였다. ○9월에 목천현감(木川縣監)에 제수되었기에 서울로 들어와 사은하였다.

八月，哭貞山訃. ○九月，除木川縣監，入京謝恩.

효교(孝橋)에 있는 권생(權生)의 집에서 머물렀다.

寓孝橋權生家.

10월에 부임하였다.

十月赴任.

목천 고을로 내려간 당초에 먼저 백성들에게 교화(敎化)를 돈독히 하고 명분(名分)을 바로잡겠다는 뜻으로 유시(諭示)하였다. 그리고 대명(大明)의 태조황제(太祖皇帝)가 제정한 "부모에게 효순(孝順)하고, 웃어른을 존경하고, 이웃사람들과 화목하고, 자손들을 가르치고, 저마다 생업에 안주(安住)하고, 비위(非爲)를 저지르지 말라."는 훈민육조(訓民六條)를 가지고 조목별로 나열하여 효유(曉諭)한 다음, 매월 초하룻날 상하의 백성들이 모여서 약조(約條)를 읽게 하였다. 그리고 혹 부모에게 순종하지 않거나, 형제간에 사이가 나쁘거나, 이웃과 화목하지 못하거나, 웃어른을 능멸하거나, 술에 취해 행패를 부리거나, 남의 물건을 훔치거나 간사한 짓을 하여 여섯 조목을 범하는 자가 있을 경우에는 통렬히 다스려서 엄금하겠다는 뜻을 역시 효유하여 백성들로 하여금 권면 징계되는 바가 있게 하였다. 이 후로 매월 신칙(申飭)하여 성과가 있도록 하였다.

下車初, 先諭民人以敦教化正名分之意, 以大明高皇帝所定六條, 孝順父母, 尊敬長上, 和睦鄰里, 教訓子孫, 各安生理, 無作非爲, 條列曉諭, 使每月朔, 上下民人聚會讀約. 如有不順父母, 兄弟不和, 鄰里不睦, 凌犯長上, 酗酒作亂, 偸竊奸細, 犯此六科, 則嚴禁痛治之意, 亦爲曉諭, 使民有所勸懲. 自後逐月申飭, 俾有成效.

12월에 관청에서 얼음을 저장하였다.

十二月, 自官藏氷.

목천 고을의 옛 규례에 매번 얼음을 저장할 때에는 반드시 온 고을의 백성들을 동원하였는데, 때가 엄동설한인데다 걸핏하면 여러 날 동안을 부역하는 탓에 갖가지 폐해가 많았다. 이 해 겨울에 관가에서 고을의 민정(民丁)들을 고용해서 술과 밥을 후하게 먹여 주면서 얼음을 채취하게 하여 하루만에 일이 끝내니 백성들이 모두 감사하였다. 그 뒤에 이 폐해를 감사(監司)에게 보고하여 얼음을 채취하는 일을 폐지하였다.

本邑舊規, 每當藏氷之際, 必動一邑之民, 時當隆冬, 動經累日, 爲弊多端.
是冬, 自官家雇邑底民丁, 厚饋酒食而伐之, 一日而畢, 民皆感頌. 後論報
監司, 仍罷之.

정종대왕(正宗大王) 원년 정유(1777), 선생의 나이 66세이다. ○정
월에 방역소(防役所)를 설치하였다.

正宗大王元年丁酉, 先生六十六歲. ○正月, 設防役之所.

목천 고을에는 당초에 고마(雇馬)를 설치하는 규정이 없어서 신임
수령과 전임 수령이 교대할 때면 매번 민결(民結)에서 수납(收納)
하여 백성들의 고질적인 폐해가 되었다. 선생이 그 폐단을 바로잡
고자 하였는데 마침 호적(戶籍) 정리를 하는 식년(式年) 때라, 아
전의 무리들로 하여금 호적을 나누어서 베끼게 하여 서사 조(書寫
租) 100여 석을 얻고, 또 별도로 조처해서 쌀 300여 말〔斗〕을 얻어
서, 이를 돈으로 바꾸어 수백 금을 마련하였다. 그런 다음 이를
각 동(洞)에 나누어 주어 해마다 이자를 받아들여 불리게 하되,
관가에서는 그 돈의 출입은 묻지 않고, 관원이 교체할 때의 쇄마가
(刷馬價)와 각종 진상(進上)에 따른 백성들의 부담금 등 일체의
백성들의 부역을 모두 이것으로 해결하게 하였다. 그리고 절목(節
目)을 상정(詳定)하여 백성들로 하여금 폐지하지 말고 영구히 준
행(遵行)하게 하였다. 또 동회의(洞會儀)를 만들어서 백성들로 하
여금 봄가을로 서로 모여 약조(約條)를 읽고 준행하게 하였다.

本邑初無雇馬之設, 新舊官交遞之際, 每從民結收納, 爲民痼弊. 先生欲捄
其弊, 適當式年帳籍之時, 使吏屬分寫籍卷, 得書寫租百餘石, 又別般措
辦, 得米三百餘斗, 作錢數百金, 分給各洞, 逐年殖利, 自官不問其出入,
爲交遞時刷馬, 各種進上民賻, 一切烟戶之役, 皆從此辦出, 詳定節目, 使
之永久無廢. 又作洞會儀, 使之春秋相會讀約而遵行之.

백성들이 목비(木碑)를 세우는 것을 금하였다.

禁民立木碑.

선생이 고을에 도착한 지 몇 달이 지나지 않아 혜택이 백성들에게
미치니, 백성들이 모두 감격하면서 칭송하여 온 경내에 목비(木碑)
가 세워졌다. 선생이 마침 관아로 나갔다가 돌아오는 길에 이를
보고는 사람들을 시켜서 그 목비를 뽑아 버리게 하였는데, 100리
안에 나무 조각을 깎아 만든 비가 거의 한 짐이나 되었다. 어떤
목비에 씌어 있기를,

관가에서 스스로 얼음을 채취하니
정사의 맑기가 얼음과 같고
관가에서 스스로 호적을 쓰니
정사를 역사책에 기록할 만하도다

官自伐氷 政淸如氷 官自書籍 政可載籍

라고 하였다. 선생이 이것을 보고는 웃으면서 말하기를,

"한 가지 정사를 펴고 한 가지 명령을 내어 조금이라도 백성에게 혜택이 있으면 비를 세워 칭송하니, 만약 조금이라도 잘못하는 것이 있으면 반드시 깎아 내고 쪼개 버릴 것이다. 그리고 비를 세워 덕을 칭송하는 것은 관장(官長)을 희롱하는 뜻이 있으니, 결단코 아름다운 풍습이 아니니, 이런 뜻으로 효유하여 엄금하라." 하였다.

先生到官未數月, 而惠澤所及, 民皆感頌, 木碑遍於境內. 先生適往營衙歸路, 命使拔取, 百里之內, 片木所造者, 幾滿一駄. 其一碑書面曰: "官自伐氷, 政淸如氷; 官自書籍, 政可載籍." 先生見而笑曰: "一政一令之間, 有小惠澤, 則立碑而頌之; 若又有一毫差失, 則必將削而踣之. 且頌德立碑, 有玩弄官長之意, 決非美習; 以此意曉諭而禁絶之."

동몽(童蒙) 이인갑(李仁甲)의 효행(孝行)을 감사(監司)에게 보고하였다.

論報童蒙李仁甲孝行于監司.

목천 사람 이인갑은 18세에 탁월한 행실이 있었는데, 사림(士林)이 상서(上書)하여 그 사실을 보고하기에 조정에 아뢰어 주기를 청한 것이다.

本邑人李仁甲十八歲有卓行, 因士林呈書論報, 請登聞.

고을 안에 농사를 권장하는 뜻을 두루 유시하였다.

遍諭邑中勸農.

규례(規例)를 조목별로 나열하였는데, 그 한 조목에,
"지금 농사지을 철에 남녀 가릴 것 없이 모두 밭에 나가 일하고
있는데, 남녀 구별은 예로부터 매우 엄하다. 따라서 비록 들에서
일을 할 때일지라도 남자와 여자가 따로따로 일하여, 한 곳에
뒤섞여 일하면서 희롱하고 불경(不敬)스러운 짓을 하는 일이 없
도록 하라."
하였다.

條列規例, 其一曰: "今當耕耘之時, 無論男女, 皆在田畝. 男女之分, 自古甚
嚴; 雖在耘田之時, 女在一邊, 男在一邊, 俾勿混雜, 以致戲謔不敬之事."

3월에 아들 안경증(安景曾)의 상(喪)을 당하였다.

三月, 遭子景曾喪.

2년 무술(1778), 선생의 나이 67세이다. ○2월에 휴가를 받아 집으
로 돌아갔다. ○7월에 임소(任所)로 돌아갔다.

二年戊戌, 先生六十七歲. ○二月, 受由還家. ○七月還官.

2월에 집으로 돌아갈 때 이미 벼슬을 버리고 향리로 돌아갈 뜻이
있어 집에 있는 몇 달 동안 일곱 차례나 감사에게 사장(辭狀)을
올렸으나, 감사가 끝내 체직을 허락하지 않았다. 그러므로 부득이
해서 임소로 돌아가게 된 것이다.

二月還家之時, 已有決歸之意, 而在家數朔之內, 七度呈辭狀于監司, 而監
司終不許遞, 故不得已有是行.

8월에 사람을 보내 황후천(黃朽淺)의 묘(墓)에 제사하였다.

八月, 遣人祭黃朽淺墓.

후천(朽淺)은 이름은 종해(黃宗海)이고, 묘는 목천 고을에 있다.
선생이 글을 지어 제사 지냈다. 그 제문에 대략,
"제가 어릴 때에 가숙(家塾)의 책 상자에서 선생의 문집을 꺼내
읽고 선생의 학문을 알고서 일찍부터 사모하고 공경하였습니다.
뜻밖에 조정의 임명을 받들고 이 고을에 부임하니, 이 고을은
실로 선생께서 사셨던 곳이며 묘소도 이 고을에 있습니다.
아! 산천은 옛날 그대로요, 인사(人事)도 예전과 같건만 한스
럽게도 선생 같은 이가 다시 나와서 선생의 유업을 이어 받는
이가 없습니다. 이런 까닭에 선비들은 추향(趨向)이 바르지 못하
고 인심은 날로 그릇된 길로 가고 있습니다. 제가 이 고을 수령
을 맡고 있으니 의당 풍속을 변화시키는 권병을 잡고 있는데도,
덕은 얕고 재주는 낮으며 나이는 많고 뜻은 시들어 한갓 지난

옛일을 느꺼워하고 오늘의 시속을 슬퍼하는 탄식만 간절할 따름입니다."
라 하였다.

朽淺名宗海, 墓在本邑. 先生爲文以祭之. 其文畧曰: "某幼時於家塾書廚, 讀先生之集, 知先生之學, 慕嚮之夙矣. 匪意濫膺朝命, 來玆土. 此實先生杖屨之鄕, 而衣冠之藏, 亦在于此. 噫! 山川依舊, 人士猶昔, 而恨無有如先生者出而繼修先生之業, 故士趨失正, 人心日訛. 某身爲邑宰, 宜有轉移之權, 而德薄才劣, 年老志弊, 徒切感古傷今之歎而已."

10월에 감사에게 사장을 올렸으나, 허락받지 못하였다. ○12월에 봉급을 줄여서 금년치의 결전(結錢)을 반으로 견감하였다.

十月, 呈辭狀于監司, 不許. ○十二月, 蠲俸減今年結錢之半.

3년 기해(1779), 선생의 나이 68세이다. ○2월에 봉급을 줄여서 고을 안의 굶주린 백성들을 진휼하였다.

三年己亥, 先生六十八歲. ○二月, 蠲俸賑邑中饑民.

2월부터 4월에 이르기까지 진휼한 자가 2천여 명이었다.

自二月至四月, 所賑者幾二千餘人.

『대록지(大麓志)』를 편찬하였다.

撰『大麓志』.

대록(大麓)은 목천(木川) 고을의 별칭이다. 선생이 고을에 읍지
(邑志)가 없어서는 안 된다고 여겨 편찬한 것이다.

大麓, 木邑別號. 先生以爲邑不可以無志, 遂撰之.

백성들에게 향약(鄕約)을 권장하여 시행하게 하였다.

勸行鄕約于民間.

이 때 내린 체문(帖文)에 대략,

생각건대 정치를 하면서 삼대(三代)를 본받지 않으면 구차할 뿐이
다. 삼대의 백성도 백성들이 절로 착했던 것은 아니니, 그 가르치는
방법이 분명하고 권면하여 인도하는 데 방도가 있었기 때문이었다.
성인의 교화가 아득히 멀어지자 백성들의 풍속이 날로 경박해져
서 유랑(流浪)이 습속을 이루고 간교한 자들이 무리를 이루어 마치
매어두지 않은 배처럼 흔들리고 고삐 풀린 말처럼 날뛰기니, 이를
다잡을 방도를 생각한다면 약속(約束)의 정치를 할 수밖에 없다.
이것이 바로 여씨향약(呂氏鄕約)이 만들어진 까닭인데, 주자(朱
子)가 이를 적절히 손질하여 후세에 반드시 시행해야 할 좋은 법으
로 만들었다.

그러나 옛사람이 말하기를, "큰 나라를 다스리는 것은 작은 생선을 굽는 것과 같다."라 하였으니, 반드시 점차적으로 길들여서 백성들로 하여금 기꺼이 따르도록 하고 갑작스레 서두르다 일이 껄끄럽게 되는 폐단이 없도록 해야 한다.

전일에 반포한 동회의(洞會儀)는 간이(簡易)하여 실행하기 쉬우니, 이를 가지고 백성들을 차츰 단결하여 민심이 다소 안정된 뒤에 비로소 여씨의 본조(本條)를 참작해서 시행하도록 하면 어찌 아름답지 않겠는가. 약속이 없으면 검속(檢束)할 수 없으며, 상벌이 없으면 칙려(飭勵)할 수 없으니, 요컨대 군자들이 적절히 헤아려서 시행해야 할 것이다.

아! 민심이 비록 경박할지라도 제(齊)나라가 변하면 노(魯)나라의 수준에 이를 수 있고, 세도(世道)가 비록 떨어졌으나 은(殷)나라의 예(禮)를 송(宋)나라에서 충분히 징험할 수 있다. 그렇다면 향약의 시행은 실로 오늘날 시급한 일이다. 이제 들건대 동면(東面)에 이 향약을 실행하는 동(洞)이 있다고 하니, 각 면과 각 동이 차차 이를 본받아서 점차 시행해 나간다면 좋은 예속(禮俗)이 머지 않아 이루어질 것이니, 우리 성상의 치화(治化)에 도움 되는 것이 과연 어떠하겠는가.

다시 군자들에게 드릴 한마디 말이 있다. 주자가 일찍이 향약에 대해 말하기를, '전배(前輩)들이 사람을 가르쳐서 풍속을 선하게 한 방법을 통해 스스로 수신(修身)하는 조목을 알게 된다'라 하였으니, 이 말을 특히 가슴에 새겨야 할 것이다. 여러분은 부디 체념(體念)하기 바란다.

옛사람은 마을마다 단(壇)을 쌓고 나무를 심고서 매년 봄가을

중월(仲月)의 첫째 무일(戊日)에 집집마다 돈을 거두어 음식의 경비를 마련해서 사신(社神)에게 제사를 올리고, 이어서 향음례(鄕飮禮)와 향사례(鄕射禮)를 행했으니, 그 법이 두우(杜佑)의 『통전(通典)』에 갖추어져 있다. 이는 실로 주저하지 말고 반드시 실행해야 할 것이다."

라 하였다.

其下帖略曰: "竊以爲政不法三代, 皆苟而已. 三代之民, 非民自善, 以其教法明而勸導有術也. 聖化已邈, 民風日渝, 遊浪成習, 奸猾爲羣, 虛盪如不繫之舟, 放逸如不羈之馬. 思所以整齊之, 莫若行約束之政, 此呂氏鄕約之所以作. 而朱夫子增損適宜, 爲後世必可行之良法也. 然而古人曰: '治大國, 若烹小鮮.[277]' 必也漸馴而擾之, 使民樂趣, 無卒遽生澁之患而後, 可矣. 前日所頒洞會儀, 簡易易行. 以此漸摩團結, 民心稍定, 然後始以呂氏本條, 參酌興行, 豈不美哉? 無約束, 不可以修檢, 無賞罰, 不可以飭勵, 要在僉君子量宜行之而已. 噫! 民心雖漓, 而齊變可至於魯[278], 世道雖降, 而殷禮足徵於宋[279], 則鄕約之行, 實爲今日之急務矣. 今聞東面有興行之

---

277 治大國若烹小鮮 : 『道德經』 下篇 권60 「居位」에 보인다.

278 齊變可至於魯 : 孔子가 "제나라가 한번 변화하면 노나라에 이르고, 노나라가 한번 변화하면 선왕의 도에 이를 것이다.〔齊一變 至於魯 魯一變 至於道〕"라 하였다. 『論語 雍也』

279 殷禮足徵於宋 : 공자가 "하나라의 예를 내가 말할 수는 있지만 기나라에서 증거 자료를 찾을 수 없고, 은나라의 예를 내가 말할 수는 있지만 송나라에서 증거 자료를 찾기가 어려운 것은 문헌이 부족하기 때문이다. 문헌이 충분하다면 내가 증명할 수가 있다.〔夏禮吾能言之, 杞不足徵也; 殷禮吾能言之, 宋

洞, 各面各洞, 次次效習, 排日興行, 則禮俗之行, 不日而成. 其有補於我
聖上化理之助, 爲如何哉? 更有一言可以仰復于僉君子者, 朱夫子嘗言鄕
約曰: '因前輩所以敎人善俗者而知自脩之目.' 此言尤當服膺也. 切願僉尊
之體念也. 古人每里設壇種樹, 每春秋仲月上戊, 戶收錢爲飮食之費, 以祀
社神, 因行鄕飮禮及鄕射禮. 其法具存於杜氏『通典』, 此實必行無疑者也.

사마소(司馬所)를 다시 설치하였다.

復設司馬所.

사마소는 바로 고을 안의 선비들이 모여서 공부하는 곳으로, 국초
에 창설되었다가 중도에 폐지되었다. 그러므로 관가에서 재력(財
力)을 도우고 또 조약(條約)을 세워 유생들에게 유시하여 다시 설
치하였다.

司馬所, 卽邑中士子肄業之所也. 自國初刱設而中廢, 故乃自官助其財力,
又立條約諭諸生, 復設之.

4월에 관직을 버리고 향리로 돌아갔다.

四月, 棄官歸.

6월에 감사에게 세 번 사장(辭狀)을 올려서 비로소 체직되었다.-그
뒤 신축년(1781)에 고을 백성들이 거사비(去思碑)를 고을 동쪽에 있는 복
귀정(伏龜亭)에 세웠다.-

六月, 三呈辭狀于監司而始得遞.-後辛丑, 邑民立去思碑于邑東伏龜亭.-

4년 경자(1780), 선생의 나이 69세이다. ○4월에 향사례(鄕射禮)를
행하였다.

四年庚子, 先生六十九歲. ○四月, 行鄕射禮.

동네의 유생들 중 예를 좋아하는 사람들이 찾아와서 향사례를 행할
것을 청하니, 선생이 고금의 마땅함을 참작하여 향사홀기(鄕射笏
記)를 만들어서 시행하였다.

洞中諸生好禮者, 來請行射禮. 先生參酌古今, 作鄕射笏記以行之.

5년 신축(1781), 선생의 나이 70세이다. ○4월에『가례집해(家禮集
解)』를 완성하였다.

五年辛丑, 先生七十歲. ○四月,『家禮集解』成.

선생은 일찍이 세상의 학자들이 『가례』에 대해 글뜻을 엉터리로 풀이하고 적절한 예(禮)를 모르는 것을 걱정하였다. 이에 구절에 따라 주석(註釋)을 달고 간간이 선유(先儒)들의 학설을 덧붙여 이름을 『가례집해』라 하였다. 을해년(1755, 영조31)부터 초고(草稿)를 작성하기 시작하여 미처 수정하지 못하고 있다가 이 때에 이르러서 문인인 황덕일(黃德壹)과 함께 교열하고 교정한 다음 정서하여 베꼈다.

先生嘗患世之學者於『家禮』, 杜撰文義, 全昧禮宜, 乃逐句註釋, 間附先儒之說, 名之曰『家禮集解』. 自乙亥始草, 未及脩正, 至是, 與門人黃德壹考校而整寫之.

6월에 상께서 『동사강목(東史綱目)』을 들이라는 하교를 내렸다.

六月, 自上有『東史』內入之敎.

승선(承宣) 정지검(鄭志儉)을 통해서 올렸다.

因鄭承宣志儉納上焉.

12월에 돈령부 주부에 제수되었으나, 부임하지 않았다.

十二月, 除敦寧府主簿, 不赴.

돈령(敦寧)의 임기가 다하였다는 이유로 정장(呈狀)하여 체차된 것이다.

以敦寧代盡呈遞.

6년 임인(1782), 선생의 나이 71세이다. ○8월에 권철신의 편지에 답하였다.

六年壬寅, 先生七十一歲. ○八月, 答權哲身書.

그 편지에 대략,

"예로부터 예(禮)는 시대에 따라 인혁(因革)이 있었으니, 구차히 다르게 바꾼 게 아니라 그 시대 습속의 숭상하는 유행이 점점 변하여 그렇게 된 것입니다. 그러므로 '군자가 예(禮)를 행하는 데는 굳이 시속(時俗)을 바꾸지 않는다'라 한 것이니, 진실로 대체(大體)만 그대로 있으면 사소한 형식은 시속을 따라 조금 바꾸는 것은 어쩔 수 없는 형세입니다.

지금 공이 '『가례』에 유식(侑食)이 삼헌(三獻) 뒤에 있고, 독축(讀祝)이 초헌 때 읽게 한 것을 두고 성인의 본의와는 매우 틀리다'라고 말했는데, 나는 그렇지 않다고 생각합니다. 고례(古禮)에는 시동(尸童)이 있었기 때문에 시동을 맞기 전에 신의 자리를 만들고 제물을 차려두고 축문을 읽어 신이 흠향하도록 하였고, 그런 다음 시동을 맞은 뒤에 삼헌을 하면서 그 때마다 유식과 고포(告飽)의 절차가 있었습니다. 그렇지만 후세에는 시동이 없

으니 형편상 부득이 초헌 후에 독축(讀祝)할 수밖에 없고,-『개원
례(開元禮)』가 이미 그러하다.- 시동을 흠향하게 하는 절차가 없으
니 형편상 삼헌 후에 유식하지 않을 수 없습니다. 그런데 공이
이를 그르다고 했으니, 공의 생각은 독축은 강신(降神)한 뒤에
하고 삼헌(三獻) 때에 모두 유식하기를 고례(古禮)에 시동을 흠
향하게 하던 때와 같이 하고자 하는 것입니까? 고례는 매우 번거
로웠는데『가례』에서는 생략하여 간편하게 했으니 이것을 굳이
그르다고 할 필요는 없을 것입니다.

　강신하기 위해 술을 붓고 쑥을 사르는 의식이 참람하다는 것은
사마온공(司馬溫公)이 이미 말하여 분향하고 술 붓는 것으로 대
신하였고, 주자(朱子)도 '강신주(降神酒)를 붓고 쑥을 사르는 것
은 천자와 제후의 예(禮)이다'라 하였으며, 구씨(丘氏)는 '후세
에 향을 피워 신을 제사하는 것은 비록 고례(古禮)는 아니지만
통용한 지가 이미 오래이니, 귀신도 편안하게 여길 것이다'라
하였습니다. 그리고『개원례』를 살펴보면 사대부 이하는 제례
(祭禮)에 모두 '화로에 숯불을 피워 쑥과 기장, 쇠기름을 태운다'
는 기록이 있고 보면, 당(唐)나라 때부터 이미 허락했으니 그렇
게 해도 진실로 무방합니다. 게다가 향을 사르고 술을 붓는 것은
신을 음(陰)과 양(陽)에서 찾는다는 뜻으로, 그 이치가 정미(精
微)하니, '귀신도 편안하게 여길 것이다.'라고 한 구씨(丘氏)의
설이 옳습니다.

　고례를 좋아하는 공의 뜻은 참으로 흠탄할 만합니다. 그렇지
만 당송(唐宋) 이후 정자(程子)·주자(朱子)가 행한 예(禮)까지
모두 무시해 버리고 공이 홀로 고례를 행할 수 있겠습니까? 이러

한 예들은 왕자(王者)가 세상에 나타나서 일왕(一王)의 예를 제정한 뒤에야 고칠 수 있을 것입니다. 그러나 나의 생각에는 자질구레한 절목들은 굳이 따질 필요가 없습니다."

라 하였다.

書曰:"自古禮有因革, 非苟爲異, 以其俗尙之漸變而然也. 故曰:'君子行禮, 不苟變俗.' 苟其大體存焉, 則儀節之稍變從俗, 勢也. 今公以『家禮』之侑食在三獻之後, 讀祝在初獻大失聖人之本意爲言, 愚以爲不然. 古禮有尸, 故未迎尸前, 設神席陳饌, 讀祝以享神, 旣迎尸後三獻, 皆有侑食告飽之節. 後世無尸, 則其勢不得不讀祝於初獻之後-『開元禮』已然.-, 無享尸之節, 則其勢不得不侑食於三獻之後矣. 公以是爲非, 則公之意, 其欲讀祝於降神之後, 三獻皆侑, 如享尸之節耶? 古禮甚繁, 『家禮』省而從簡, 不必以是爲非矣. 灌焫之僭, 溫公已言, 而代以焚香酹酒, 朱子亦曰:'灌獻爇蕭, 乃天子諸侯禮.' 丘氏曰:'後世焚香祭神, 雖非古禮, 通用已久, 鬼神亦安之矣.' 按『開元禮』大夫士以下祭禮, 皆有爇爐炭蕭稷脺膋之文, 則自唐已許, 用之固無妨. 且焚香酹酒, 卽求神於陰陽之義, 其義精微, 丘氏神亦安矣之說, 是矣. 公之好古之意, 誠爲欽歎, 第未知其能擺脫唐宋以後程朱子所行之禮而獨行之否? 此等禮, 有王者作, 定爲一王之禮而後可也. 然愚之意, 則細瑣節目, 不足恤也."

7년 계묘(1783), 선생의 나이 72세이다. ○7월에 다시 돈녕부 주부에 제수되었다. ○8월에 특별 전교를 내려 장릉령(長陵令)으로 자리를 바꾸어 주기에 사은(謝恩)하였다.

七年癸卯, 先生七十二歲. ○七月, 復除敦寧主簿. ○八月, 以特敎長陵令相
換, 謝恩.

전교에,

"지난번에 이 자리에 낙점(落點)하였을 때 곧바로 정장(呈狀)하
여 체차되었던 것은 신병이 있어서 그러하였던 것으로 생각하였
다. 그런데 작일(昨日)에 승선(承宣)의 말을 듣건대, 지금 돈녕
(敦寧)의 자리에 사람이 없기 때문에 왔다고 했다 하니, 그렇다
면 지금 다시 그 자리에 제수하더라도 역시 응당 체차되어야 할
것이다. 이 사람에 대해서는 내가 이미 계방(桂坊)에 있을 적부
터 잘 알고 있으며, 또 서책을 편찬한 것도 있으니, 한 번 불러
보고 싶다. 돈녕부주부(敦寧府主簿) 안정복을 다른 관사의 한가
한 자리로 바꾸어 제수하라."

라 하였다.

傳曰: "向來點下於此窠, 旋卽呈遞, 意謂病故之適然. 昨聞承宣言, 以無敦
寧之故, 今雖復叨, 亦在應遞之科. 此人自桂坊時, 已知該洽, 且有編摩之
冊子, 盖欲一番召見. 敦寧主簿安鼎福, 他司閑窠相換."

또 특별 전교를 내려 헌릉령(獻陵令)으로 바꾸어 주기에, 사은하였다.

又以特敎獻陵令相換, 謝恩.

장릉은 거리가 멀어서 특별히 전교를 내려 바꾸게 한 것이다. 사은

을 하니 머물러 기다리고 있다가 입시(入侍)하라고 명하였다. 이
때 상(上)이 장차 원릉(元陵)에 알현하고자 편전(便殿)에서 재숙
(齋宿)하고 있었는데, 어떤 한 나이 어린 문관(文官)이 나와 앞에
서 인도하여 들어갔다. 어전(御前)에 이르자, 상이 웃으면서 하유
하기를,

"그 동안 만나보지 못한 지 8, 9년이 되는데 얼굴이 전에 계방에
있을 때보다 더 좋아졌다."

라 하니, 선생이 일어났다 엎드려 아뢰기를,

"국가의 경사는 실로 종사(宗社)와 백성들의 복이니, 축하하는
마음을 금치 못하겠습니다. 그런데 신은 예전에 비해 더욱 늙었
고 게다가 또 괴질(怪疾)이 있어서 직임을 감당하지 못하겠으니,
이 때문에 황공스럽고 걱정스럽습니다."

라 하자, 상이 이르기를,

"이번에는 직임에 종사할 수 있겠는가? 능소(陵所)의 일은 편하
고 또 집에서도 멀지 않으니, 실로 노인에게 합당한 자리다."

라 하니, 선생이 아뢰기를,

"전후로 특별한 은혜를 거듭 내리시니, 신이 어찌 감히 늙고 병들
었다는 이유로 사양할 수 있겠습니까. 게다가 궁내(宮內)에서
내린 책자는 개인집으로 가져갈 수 없으니, 장차 곧장 재소(齋
所)로 가지고 들어가서 교정(較正)한 다음 안으로 들이고 돌아
가겠습니다."

라 하였다. 조금 뒤에 상이 이르기를,

"헌릉령은 먼저 물러가라."

라 하기에 선생이 나왔다.

상의 생각은 선생이 늙고 병들어 오랫동안 대면하기가 어려울 것으로 여겨 선생으로 하여금 먼저 나가게 한 것이었다. 문관이 뒤따라 나와 처음과 같이 앞에서 인도하여 외문(外門)에 이르러서야 멈추었으니, 이는 특별한 은혜이다.

以長陵路遠, 特教相換. 謝恩, 命留待入侍. 時, 上將謁元陵, 齋宿便殿矣. 有一年少文官出來前導而入. 至御前, 上笑諭曰: "間闊八九年矣, 須相勝於前日在桂坊時." 先生起伏曰: "邦慶, 實宗社民人之福, 不勝慰賀之忱. 而臣之老耄, 較前愈加, 且有奇疾, 不堪供職, 是爲惶悶." 上曰: "今番其能供職乎? 陵所穩便, 家又不遠, 實合於老人." 先生曰: "前後異數重疊, 臣何敢以老病辭? 且冊子內下, 不可以携歸私室, 故將直入齋所, 較正以納而歸." 少頃, 上曰: "獻陵令先退." 先生遂出. 蓋上意以先生之老病, 難於久對而使之先出也. 文官從後而出, 前導如初, 及外門而止, 此蓋異數也.

재소에 입직하여 『동사강목』을 교정하였다.

入直齋所, 校正『東史綱目』.

선생이 찬술한 책으로, 전주(全州) 감영(監營)에 명하여 등사해서 전하게 하였는데, 오자(誤字)가 많이 있었으므로 선생에게 명해 교정하게 한 것이다. 9월에 이르러서야 작업을 마쳐서 반납하였다.

先生所撰, 命完營傳謄, 而以其多有誤字, 命先生校正, 至九月始畢, 還爲內入.

11월에 예조에 사장(辭狀)을 올렸다.

十一月, 呈辭狀于禮曹.

12월에 이르러서 삼도정순(三度呈旬)하니, 예조에서 개차(改差)하기를 계청하였는데, 상이 병을 조리하고 직임을 보라는 하교를 내렸다.

至十二月, 三度呈旬[280], 禮曹啓請改差, 自上有調理察任之敎.

8년 갑진(1784), 선생의 나이 73세이다. ○2월에 계방(桂坊)의 천거에 들었다.

八年甲辰, 先生七十三歲. ○二月, 入桂坊薦.

상께서 2품관 이상에게 각각 2명씩을 천거하라고 하교하였는데, 선생은 판서 이재협(李在協)과 참판 오대익(吳大益)의 천장(薦狀)에 들었다.

自上有敎二品以上各薦二人, 先生入判書李在協·參判吳大益薦中.

----

280 三度呈旬 : 사직장을 올리되, 열흘마다 한 차례씩 세 번을 연거푸 올리는 것을 말한다.

5월에 예조에 사장(辭狀)을 올리니, 예조에서 개차하기를 계청하였는데, 특별 전교를 내려 서울에 있는 관사와 바꾸게 하여 의빈부 도사가 되었다. ○7월에 세자익위사 익찬에 제수되었다.

五月, 呈辭狀于禮曹, 禮曹啓請改差, 以特教京司相換, 爲儀賓都事. ○七月, 除世子翊衛司翊贊.

상이 경모궁(景慕宮)에 임어하여 책봉(冊封)하라는 명을 내리고, 이어 춘방(春坊)과 계방(桂坊)의 관원을 차출하게 하였는데, 선생이 이때도 은혜로운 제수(除授)를 받았다.

上御景慕宮, 下冊封之令, 因令差出春桂坊, 先生亦被恩除.

사은하고 곧바로 예조에 사장을 올렸으나 허락받지 못하였다. ○손철중(孫喆重)에게 명하여 「유계(遺戒)」와 「송종록(送終錄)」을 쓰게 하였다.

謝恩, 卽呈辭狀于禮曹, 不許. ○命孫喆重書遺戒·「送終錄」.

선생은 갑술년(1754)에 참판공의 상을 당한 이후로 피를 토하는 증세가 있어서 늘 위독할 때가 많았다. 기묘년(1759)에 아들 안경중에게 명해 유계를 쓰게 하였으며, 병술년(1766)에 심하게 종기를 앓을 때에도 유계를 썼다. 이 때에 이르러서 또 나이가 칠순이 넘어 운명할 날이 멀지 않다고 생각하여 기묘년과 병술년에 말씀하셨던 유계의 내용을 다시 첨삭했는데 주된 내용은 간소하게 장사지내라는 것이었다.

先生自甲戌丁憂/以後, 嘔血之症, 每多危篤之時. 己卯歲, 命子景曾書遺戒, 丙戌患大腫時, 又有遺戒. 至是又以年過七耋, 有朝暮之慮, 乃依二年所敎, 更加增刪, 以簡約爲主.

8월 갑신일에 책례(冊禮)의 습의(習儀)에 참가하였다.

八月甲申, 參冊禮習儀.

이 날 상이 중희당(重熙堂)에 임어하여 신하들에게 음식을 하사하였다. 이를 마치고 춘방과 계방의 관원들이 각각 자신의 직책과 성명을 아뢰면서 진알(進謁)하고 물러났다. 상이 유독 선생에게 위로의 말씀을 하니 선생이 대답하기를,

"늙어 병든 몸이라 실로 감당하지 못하겠으나 이번의 국가 경사에는 어찌 감히 병을 칭탁(稱託)할 수 있겠습니까."

하니, 상이 웃으면서 이르기를,

"그대는 쇠하지 않았다.〔不衰〕"

하면서 말씀이 정중하였다. 이에 선생은 감격을 이기지 못하여 물러나 집에 '불쇠헌(不衰軒)'이라는 편액을 걸었다.

是日, 上御重熙堂, 諸臣賜饌; 畢, 春桂坊各以職姓名進謁而退. 上獨於先生慰諭之. 先生對曰:"老病實不自堪, 而今番邦慶, 何敢言病?"上笑曰:

"君不衰矣." 恩諭鄭重. 先生不勝感激, 退以不衰二字扁其軒.

9월에 병을 이유로 정장하고 체차되어 향리로 돌아갔다. ○미천서원(眉泉書院)의 유생들이 와서 서원의 부원장을 맡아 달라고 청하였다.

九月, 呈病遞歸. ○眉泉院[281]儒等來請任院貳.

봄에 서원의 유생들이 와서 청하였으나 허락하지 않다가 이때에 이르러서야 비로소 허락하였다.

春院儒來請不許, 至是始許之.

9년 을사(1785), 선생의 나이 74세이다. ○2월에 소남 윤동규의 행장(行狀)을 찬술하였다. ○3월에 『천학고(天學考)』와 『천학문답(天學問答)』을 지었다.

九年乙巳, 先生七十四歲. ○二月, 撰邵南尹公行狀. ○三月, 作『天學考』·『天學問答』.

---

281 眉泉院 : 眉泉書院이다. 전라남도 羅州에 있는 서원으로, 許穆의 학문과 덕행을 추모하기 위한 서원이며, 뒤에 蔡濟恭을 함께 모셨다.

천주학(天主學)이 서양(西洋)에서 나와 중국으로 흘러든 지가 이미 오래이다. 게다가 천주학에 관한 서적들이 중국으로부터 우리 나라로 들어오니 젊은 후진들이 천주학에 많이 빠졌다. 그래서 선생이 이를 걱정하여 천주학의 내력을 서술하여 『천학고(天學考)』를 짓고, 천주학의 시비(是非)를 변석하여 『천학문답(天學問答)』을 지어 보여 주었으니, 모두 수천 자에 이르는 글이다.

○ 다른 사람에게 편지를 보냈다. 그 편지에 대략,

"서양 사람들의 말은 비록 장황하고 박식하지만 모두 불교의 찌꺼기를 주워 모은 것으로 선가(禪家)의 정미(精微)한 이론에 반도 미치지 못합니다. 차라리 식심(識心)이니, 견성(見性)이니 하는 달마(達摩)·혜능(慧能)의 말을 따를지언정 밤낮 기도나 하는 무당과 다를 바 없는 서양 사람들의 짓거리를 어찌 따를 수 있단 말입니까. 이런 짓을 해서 과연 지옥을 면한다 해도 뜻 있는 사람이면 하지 않을 터인데, 하물며 우리 유학을 하는 사람들이야 말할 나위 있겠습니까. 이는 성문(聖門)의 도깨비요, 유림(儒林)의 해충이니 속히 내쫓아야 할 것입니다.

대저 도가(道家)가 노군(老君)을 존경하는 것이나, 석씨들이 석가를 존경하는 것이나, 서양 사람들이 야소(耶蘇)를 존경하는 것이 그 이치는 같은 것입니다. 이 삼가(三家)의 학문은 모두 그 쪽 사람이 해야 할 것이지 우리 유가에서 배울 것은 아닙니다. 서양 학문이 뒤에 나왔으면서도 노씨(老氏)·석씨보다 더 높은 자리를 점거하고 싶어서 그야말로 무상의 천주(天主)를 내세워 마치 천자(天子)를 끼고 제후(諸候)들을 호령하듯이 제가(諸家)로 하여금 반박하지 못하게 만드니, 그 계략이 또한 교묘합니다.

그러나 내가 대략 그들의 서책을 보았더니, 온갖 허점이 보였으며 그 주장이 허탄(虛誕)하여 성현을 헐뜯은 곳이 한두 군데가 아니었습니다. 그러면서 모두 참된 도가 어디에 있는지를 알지 못한다고 하니, 이는 거리낌 없이 방자한 것입니다. 우리 유자들이 이를 분명히 변석하여 여지없이 배척하지 못하고 도리어 옷깃을 여민 채 손을 묶고 앉아 있으니, 저들의 서책에 무슨 확실하고 분명한 이치를 본 것이 있기에 이러한 것입니까?

　　대저 서양 사람들은 실로 이류(異類)가 많아 그 총명과 재변, 기예(技藝)와 법술(法術)은 중국 사람이 미칠 수 없기 때문에 사람들이 많이 여기에 굴복되어 그들의 학문까지 믿게 되었다고 하는데, 어찌 그렇겠습니까. 그들의 학문이 황당무계하고 괴상망측하기는 실로 저 노씨(老氏)와 석씨(釋氏) 이가(二家)와 다를 바가 없는데, 지금의 유자(儒者)들이 저 이가는 이단으로 배척하면서 도리어 이쪽을 참된 학문이라고 하니, 사람들이 미혹에 빠지는 것이 이 정도로까지 심합니다. 이것이 바로 세도(世道)의 부침(浮沈)과 학문의 사정(邪正)이 나뉘는 큰 분기점입니다.

　　아! 천하에 인류가 산 지 오래입니다. 기화(氣化)의 운행에 따라 순수한 기운이 흐려지고 질박(質朴)한 기운이 흩어짐에 태평한 날은 적고 혼란한 날이 많으며, 군자의 도(道)는 위축되고 소인의 도는 신장되며, 정학(正學)은 사라지고 사설(邪說)이 힘을 떨쳐 시대가 내려갈수록 세도(世道)가 점점 낮아지고 있으니 어찌 근심할 일이 아니겠습니까.

　　서양사람 야소(耶蘇)란 이름은 바로 세상을 구제한다는 뜻이고 그들이 높이 떠받드는 이는 천주(天主)입니다. 그리고 권선징

악(勸善懲惡)하면서 천당·지옥의 설을 만들어 놓은 것은 저 노씨·석씨와 같은데, 그들이 늘 말하여 사람들을 유도하는 것은 천주이며 천당이며 지옥이니, 대의는 단지 이것일 뿐입니다.

내가 그들의 말에 따라 설명해 보겠습니다.

그들이 천주가 있다고 하고 우리도 천주가 있다고 하니, 천주는 바로 상제(上帝)입니다. 『시경(詩經)』·『서경(書經)』에서 상제를 말했고, 성인이 하늘을 말한 것은 분명한 기록이 있으니, 어찌 사실이 없는 것을 가탁하여 말했겠습니까. 그들이 천당이 있다고 하고 우리도 천당이 있다고 하니, 『시경』에 '문왕(文王)이 오르내리며 상제 곁에 계신다.〔文王陟降 在帝左右〕'라 하였고, 또 '삼후(三后)가 하늘에 계신다.〔三后在天〕'라 하였으며, 『서경』에 '많은 선대 철왕(哲王)이 하늘에 계신다.〔多先哲王在天〕'라 하였으니, 이미 상제가 있는 바에야 어찌 상제가 살고 있는 곳이 없겠습니까. 저들은 지옥이 있다고 하고 우리는 지옥의 형벌을 말하는데, 저들의 지옥이라는 것은 성왕(聖王)이 형벌을 제정한 이치와 다르니 매우 의심스럽습니다. 성왕의 형벌은 범죄를 미연에 방지하기 위해 만든 것이니, 얼마나 인자합니까. 지옥의 형벌은 살았을 때는 무슨 짓을 하든지 내버려 두었다가 죽은 뒤에야 그 영혼에게 죄를 소급하여 묻는 것이니, 백성을 죄망(罪網)으로 그물질하는 데 가깝지 않겠습니까? 지금 그들의 책을 보면, 이른바 지옥의 형벌이라는 것이 거의 인간 세상의 형벌과는 비교할 수조차 없으니, 지극히 인자해야 할 상제의 마음으로 어쩌면 그렇게도 참혹하고 모질단 말입니까.

그들은 또 "사람의 영혼이 영원히 흩어지지 않고, 선악의 과보를 받는다"라고 하는데, 만약 그들의 주장대로라면 아득한 옛날 인류가 세상에 나온 이후로 그 숫자가 지극히 많으니, 지옥과 천당이 제아무리 넓다 해도 그 영혼들을 어디에다 다 수용하겠습니까? 사람의 이치로 미루어 보면, 옛날부터 지금까지 사람들이 모두 장생불사(長生不死)한다면 사람의 수가 지극히 많을 터이니, 어떻게 이 세상에 다 수용할 수 있겠습니까. 예전에 불서(佛書)를 보았더니, '발우(鉢盂) 하나에 60만 보살(菩薩)이 들어갔다.'고 하니, 이것이 과연 사실이겠습니까. 이것이 그 설의 허황한 점입니다.

그러나 우선 그 설을 따르고 배척하지 않고서 말해 보겠습니다.

"'선한 자에게 상을 내리는 천당이 있으면 악한 자에게 벌을 내리는 지옥도 있다."고 하는 것은 혹 그럴 법도 합니다. 그러나 그 천당, 지옥을 누가 보았단 말입니까? 그것이 전기(傳記)에 남아 있는 것이나 민간에 전해오는 얘기로 말하자면 결국 황당무계한 말이니 제쳐두고 무시해야 옳을 것입니다.

『진서(晉書)』를 보면 왕탄지(王坦之)는 승려 축법사(竺法師)와 명리(名理)를 토론하는 벗이었는데 늘 천당과 지옥에 대한 의심이 있어 먼저 죽은 자가 와서 알려 주기로 서로 약속하였습니다. 하루는 축법사가 와서 말하기를, '내가 이미 죽었는데, 지옥이 있다는 설은 사실이 아니니, 그저 도덕을 부지런히 닦아 하늘로 올라야 할 뿐이다' 했으니, 이는 지옥이 없다는 말입니다. 그러나 이는 말할 게 못됩니다. 지옥이 있는지 없는지는 굳이 많은 말을 할 필요가 없으니, 성인은 괴력난신(怪力亂神)을 말하

지 않았습니다. 괴(怪)란 드물게 있는 것이고, 신(神)은 형체가
없는 것이니, 드물게 있고, 형체가 없는 것을 가리켜 말하여 마지
않는다면 그 폐단이 어디까지 이르겠습니까. 이런 까닭에 성인
이 말씀하지 않았던 것입니다.

우리 유가(儒家)에서 상제를 섬기는 도리로 말하면, 상제가
내려 주신 성품, 천명(天命)의 성품은 그 모두가 다 하늘에서
받아 스스로 가지고 있는 것입니다.『시경』에 "상제가 네 곁에
계시니 네 마음에 의심을 두지 말지어다.〔上帝臨汝 無貳爾心〕"
하였고, "상제를 대한 듯이 하라.〔對越上帝〕"하였고, "천명(天
命)을 두려워하라.〔畏天命〕"하였으니,-이는 천지 형체를 말하는 하
늘이 아니고 바로 천주(天主)의 하늘을 말한 것이다.- 이 모두가 우리
유자들의 계구(戒懼)·근독(謹獨)·주경(主敬)·함양(涵養)의
공부가 아님이 없습니다. 상제를 높이 섬기는 도리가 어찌 이보
다 더 나은 것이 있겠습니까. 서양 사람들의 말을 굳이 빌리지
않아도 더욱 분명합니다.

통탄할 노릇은 서양 사람들이 상제를 자기들의 사주(私主)로
생각하고 중국 사람들은 상제를 모른다고 하는 것입니다. 그들
은 꼭 하루에 다섯 번 하늘에 예배하고 7일에 한 번 재소(齋素)하
고, 밤낮으로 기도하여 지은 죄를 용서해 달라고 해야지만 비로
소 하늘을 섬기는 일이 된다고 하니, 이것이 어찌 불가(佛家)의
참회와 다르겠습니까? 우리 유가의 학문은 광명정대하기가 마
치 높고 넓은 천지, 밝게 비치는 일월과 같아서 털끝만큼도 은미
하고 황홀하여 알기 어려운 이치가 없거늘 어찌하여 이것을 하지
않고 도리어 저들의 가르침에 참된 도가 있다고 한단 말입니까?

저들의 학문에 이르기를 '이 세상은 현세(現世)인데 현세의 화복(禍福)은 잠시이니, 만세를 두고 고락(苦樂)을 받는 후세의 천당·지옥의 화복에 비하면 아무 것도 아니다'라고 합니다. 나는 이에 다음과 같이 말하는 바입니다.

'천주 상제가 이 세상에 상·중·하 삼계(三界)를 만들어 상계(上界)에는 상계의 일이 있고, 중계·하계도 각각 저마다의 일이 있으니, 상계와 하계의 일이라는 것은 인간으로서 측량해 알 수 있는 것이 아니다. 중계의 사람 일로 말하면, 사람이 되는 도리가 수기(修己)·치인(治人)에 불과한데, 수기·치인에 관해서는 모두 책에 갖추어져 있으니, 그대로 따라 실천하면 절로 실천할 수 있는 도리가 있다. 이른바 세상을 구제한다는 서양 학문이라도 어찌 이보다 더하겠는가. 그들이 명색은 비록 세상을 구제한다고 하지만 사실은 오로지 개인의 사욕을 위한 것으로 도교나 불교와 다를 것이 없다. 그들이 말하는 세상을 구제한다는 것은 성인의 명덕(明德)·신민(新民)의 일과는 공사(公私)·대소(大小)의 차이가 대체 어떠한가. 그 유폐는 장차 없는 것을 있다고 하고, 허황한 것을 사실이라고 하여 온 세상을 환망(幻妄)한 곳으로 몰아넣고 말 것이다. 이에 인심은 선동되어 후세에 이른바 연사(蓮社)·미륵(彌勒)같은 무리들이 꼬리를 물고 일어나 요망한 도적의 효시가 되어 난리가 그칠 날이 없을 터이니, 그 때 가면 작용(作俑)의 죄를 반드시 받을 사람이 있을 것이다.

우리가 이미 이 현세에 태어났고 보면 응당 현세의 일을 하고 경전에서 가르친 대로 따라 실행하면 그만이니, 천당과 지옥이 나에게 무슨 상관이 있겠는가."

가령 누가 이를 빌미로 상대편을 일망타진하려는 계책이라도 세우는 날에는 몸을 망치고 이름을 더럽히는 욕을 당하고 말 것입니다. 이런 때에 이르러서 천주가 구제해 줄 수 있겠습니까. 천당의 즐거움을 미처 누리기도 전에 세화(世禍)가 닥칠 염려가 있으니 삼가지 않을 수 있겠으며 두려워하지 않을 수 있겠습니까.

西士之言, 雖張皇辯博, 而都是釋氏之粗迹, 半不及於禪家精微之論. 寧從達摩·慧能識心見性之言, 豈可爲西士晝夜祈懇無異巫祝之擧乎? 爲此而果免地獄, 志士必不爲也, 況爲吾儒之學者乎? 是爲聖門之怪魅·儒林之孟賊, 亟黜之, 可也. 夫道家之尊老君, 釋氏之尊釋迦, 西士之尊耶蘇, 其義一也. 三家之學, 皆當其人爲之耳, 非吾儒之所學也. 西士之學後出, 而欲高於二氏, 託言於無上之天主, 使諸家莫敢誰何, 挾天子令諸侯之意, 其爲計亦巧矣. 余略觀其書, 瘡疣百出, 書中言論妄誕, 詆斥聖賢之意, 不一而足, 以爲皆不識眞道之所在何如, 是無忌憚也. 爲吾儒者, 不能明辨而痛斥之, 乃反斂袵而束手焉, 未知有何實然的知之理而然乎? 蓋其人固多異類, 聰明才辯, 技藝法術, 非中國之所及者, 故人多屈服於此, 幷與其學而信之云, 豈其然哉? 其學之荒誕靈怪, 實與二氏無異, 今之儒者斥二氏爲異端, 而反以此爲眞學; 人心之惑溺, 一至於此. 此正世道汙隆士學邪正之一大機也. 噫! 天下之生久矣. 氣化嬗運, 醇漓樸散, 治日少而亂日多, 君子道消, 小人道長, 正學泯而邪說張, 世愈降而漸趨於下, 豈不可悶? 西士耶蘇之名, 卽救世之義, 而所尊者天主, 勸善懲惡, 而有天堂地獄之說, 與二氏同, 其誦言誘導者, 天主也天堂也地獄也, 大義只此而已. 余依其說而解之曰: "彼曰有天主, 吾亦曰有天主, 天主卽上帝也. 『詩』·『書』之言上帝, 聖人之言天, 明有其文, 則豈無其實而假託以言耶? 彼曰有天堂, 吾亦曰有天堂. 『詩』云: '文王陟降, 在帝左右.[282]' 又曰: '三后在天.[283]' 『書』
曰: '多先哲王在天.[284]' 旣有上帝, 則豈無上帝所居之位乎? 彼曰有地獄,
吾乃曰地獄之刑, 異於聖王制刑之義, 甚可疑也. 聖王之刑, 制之於未然,
何如其仁也! 地獄之刑, 生時任人爲惡, 死後追論靈魂, 不幾於罔民[285]乎?
今見其書, 所謂地獄之刑, 殆非人世可比, 豈以上帝至仁之心, 何如是慘毒
乎? 且言人之靈魂, 終古不散, 受善惡之報; 此理茫昧, 不能質言. 若如其
說, 則寅生以後, 人類至多, 地獄天堂, 雖云開曠, 何處容其靈魂乎? 以人
道推之, 則自古及今, 人皆長生不死, 則人數至繁, 其能容於此世乎? 嘗見
佛書, 一鉢上, 容六十萬菩薩, 其果如是耶? 是其說之妄也. 然姑因其說而
不斥之曰: "旣有賞善之天堂, 則亦有罰惡之地獄." 其或然矣. 然天堂地
獄, 誰能見之乎? 至若傳記之所存, 氓俗之所傳, 終歸荒誕, 闕之, 可也.
『晉書』王坦之與僧竺法師, 爲名理[286]之交, 嘗疑天堂地獄之說, 約以先死

---

282 文王……左右 : 『詩經』「大雅 文王」에 보인다.

283 三后在天 : 『詩經』「大雅 下武」에 보인다. 三后는 周나라 太王·王季·文王
을 가리킨다.

284 多先哲王在天 : 『書經』「周書 召誥」에 보인다.

285 罔民 : 罪網을 설치해 두고 백성이 걸려들면 처벌하는 것이다. 맹자가 梁惠王
에게 "백성이 罪에 빠지게 된 뒤에 따라서 이들에게 형벌을 가한다면, 이는
백성을 그물질하는 것입니다. 어찌 어진 이가 재위해 있으면서 백성을 그물
질하는 짓을 할 수 있겠습니까?〔及陷於罪, 然後從而刑之, 是罔民也. 焉有仁
人在位, 罔民而可爲也?〕"한 데서 온 말이다. 『孟子 梁惠王上』

286 名理 : 魏晉 및 그 후대 淸談家들이 事物의 명칭과 이치의 옳고 그름과 같고
다름을 辨析하는 것을 말한다. 『晉書』「范汪傳」에 "박학하고 많이 통달하여
명리를 잘 얘기하였다.〔博學多通, 善談名理.〕"라 하였다.

者來報; 一日竺師來見曰: "我已歸化, 地獄之說不然, 而但當勤修道德, 以臍上昇耳." 此亦以地獄爲無也. 然而此不足說也. 其有無, 不必多辨, 但 聖人不語怪力亂神[287]; 怪是希有之事, 神是無形之物, 指希有無形而語之 不已, 則其弊何所至底耶? 是以, 聖人不語也. 以吾儒事上帝之道言之, 上 帝降衷之性[288], 天命之性[289], 皆禀於天而自有者也. 『詩』曰: "上帝臨汝, 無貳爾心.[290]" 曰: "對越上帝.[291]" 曰: "畏天命.[292]"-此非天地有形之天, 卽天 主之天也.-, 無非吾儒戒懼謹獨主敬涵養之工. 尊事上帝之道, 豈過於是, 而不待西士而更明也. 所可痛者, 西士以上帝爲私主, 而謂中國人不知也. 必也一日五拜天, 七日一齋素, 晝夜祈懇, 求免罪過而後, 可爲事天之實 事; 此何異於佛家懺悔之擧乎? 吾儒之學, 光明正大, 如天地之高濶·日

---

287 怪力亂神: 『論語』「述而」에 "공자는 괴이한 일과 勇力과 난리와 귀신을 말 하지 않았다.〔子不語怪力亂神〕"한 데서 온 말이다.

288 降衷之性: 降衷은 하늘이 中正한 성품을 사람들에게 내려 주었다는 말이다. 『書經』「湯誥」에 "위대한 상제께서 백성들에게 중정한 성품을 내려주어, 그 자연적인 성품을 따르게 하셨으니 그 길을 따르도록 안정시켜 이끄는 이는 군주이다.〔惟皇上帝, 降衷于下民, 若有恒性. 克綏厥猷, 惟后.〕"한 데서 온 말이다.

289 天命之性: 『中庸』에 "하늘이 명한 것을 성이라 한다.〔天命之謂性〕"한 데서 온 말이다.

290 上帝……爾心: 『詩經』「大雅 大明」에 보인다.

291 對越上帝: 『詩經』「周頌 淸廟」에는 上帝가 '在天'으로 되어 있고, 주자의 『敬齋箴』에는 '對越上帝'로 되어 있다.

292 畏天命: 공자가 "군자는 세 가지 두려워함이 있으니, 천명을 두려워하며, 대인을 두려워하며, 성인의 말씀을 두려워한다.〔君子有三畏, 畏天命, 畏大 人, 畏聖人之言.〕"한 데서 온 말이다. 『論語 季氏』

月之照耀, 無一毫隱曲怳惚難見之事; 何不爲此而反以彼爲眞道之所在
耶? 其學曰: "此世現世也, 現世之禍福, 暫耳; 豈若爲後世天堂地獄之禍
福, 萬世之受苦樂乎?" 愚於此亦有言曰: "天主上帝之造此三界, 有上中下
之分, 上界有上界之事, 中下界各有其事; 所謂上界下界之事, 非人之所
可測量者也. 如以中界人事言之, 爲人之道, 不過修己治人而已. 修己治人
之事, 具在方冊, 若依而行之, 則自有可行之道. 所謂西學救世之術, 豈過
於是哉? 名雖救世, 其實專爲一己之私, 無異道佛之敎也. 其所謂救世, 與
聖人明德新民之功, 公私大小之別, 爲如何哉! 其流之弊, 必將指無爲有,
指虛爲實, 擧一世而歸於幻妄之域, 人心煽動, 後世所謂蓮社[293]彌勒[294]之
徒, 必將接迹而起, 爲妖賊之嚆矢而亂未有已; 作俑[295]之罪, 其必有歸矣.
吾人旣生此現世, 則當從現世之事, 求經訓之所敎而行之而已; 天堂地獄,

293　蓮社 : 元나라 때 欒城 사람 韓山童 부자가 흰 연꽃이 핀 것을 가지고 彌勒佛
　　　이 강림하였다고 하면서 만든 白蓮敎를 가리킨다. 백성을 유혹하여 크게
　　　세력을 떨치고 난리를 일으켰다. 이것이 紅巾賊의 난리이다. 『明史 권122』

294　彌勒 : 彌勒은 彌勒敎이다. 宋나라 仁宗 때 王則(?~1048)이 貝州 宣毅軍의
　　　하급 장교로서 彌勒敎를 만들었고, 慶歷 7년(1047)에 그 州의 장교들과 미륵
　　　교 신자들을 규합하여 난을 일으켜 자칭 東平郡王이라 하였다. 이듬해 조정
　　　에서 파견한 文言博 등에 의해 난은 평정되고 王則은 서울로 압송되어 처형
　　　되었다. 『宋史 권313 文彦博傳』

295　作俑 : 俑은 葬事에 부장물로 사용하는 목각 인형이다. 그런데 이 목각 인형
　　　을 부장하면 후세에는 사람을 부장하게 될 것이라는 뜻에서 좋지 못한 선례
　　　를 뜻하는 말로 쓰인다. 맹자가 "仲尼가 말씀하시기를 '처음 俑을 만든 자는
　　　아마 후손이 없을 것이다.' 하였으니, 이는 사람을 형상하여 장례에 사용하였
　　　기 때문이다.〔仲尼曰: '始作俑者, 其無後乎! 爲其象人而用之也.'〕"라 한 데서
　　　온 말이다. 『孟子 梁惠王上』

何關於我哉?" 設有人爲一網打盡之計, 而受敗身汚名之辱, 則到此之時, 天主其能救之乎? 竊恐天堂之樂未及享, 而世禍來逼矣. 可不愼哉, 可不懼哉!"

유감시(有感詩) 한 수를 짓다.

作「有感」詩一律.

그 시는 다음과 같다.

학문의 갈래 나뉘어 저마다 따로 가는데
서양에서 온 한 학파가 또 기세를 떨치누나
바람이 불면 떨어지는 잎 어지러이 흩어지고
달 비치면 외로운 나무는 더 높이 보이는 법
그릇된 학술 고칠 수 있는 비방이 없으니
백발이 힘이 다해 큰 소리로 통곡할 뿐
차라리 다 포기하고 술잔이나 들면서
성인 되건 광인 되건 내맡겨 두는 게 낫겠네

道術派分各自逃 西來一學又橫豪 風吹亂葉紛紛去 月照孤株子子高

丹竈烟消無可奈 白鬚力盡但嚎咷 不如且進杯中物 爲聖爲狂任爾曹

其詩曰, 道術派分各自逃, 西來一學又橫豪. 風吹亂葉紛紛去, 月照孤株子子高. 丹竈烟消無可奈, 白鬚力盡但嚎咷. 不如且進杯中物, 爲聖爲狂任爾曹.

6월에 「위학잠(爲學箴)」 두 수를 지어 벽에 걸었다.

六月, 作「爲學箴」二首, 揭于壁.

그 잠은 다음과 같다.

학문하는 공부는
경서를 공부하고 경(敬)을 지키는 것
경을 공부하면 모든 이치를 알고
경은 동정을 꿰뚫는다
밤낮으로 부지런히 힘써
오직 덕을 잡을 것이며
잠시라도 소홀히 말고
일에 따라 깨우치고 살피라

학문하는 공부는
오직 공경과 근면이니
게으름을 이기고 나태함을 깨우쳐
밤낮으로 조심하고 노력하라
어쩌다 한번 살피지 못하면
성인과 미치광이가 여기에서 나뉘나니
늙어가며 더욱 돈독히 믿어

나의 천군을 섬길지어다

爲學之工 窮經居敬 經通萬理 敬貫動靜
夙夜孜孜 惟德之秉 須臾莫忽 隨事警省
爲學之工 惟敬惟勤 勝怠警惰 惕厲朝曛
一或不省 聖狂斯分 老更篤信 事我天君

其箴曰: "爲學之工, 窮經居敬, 經通萬理, 敬貫動靜, 夙夜孜孜, 惟德之秉,
須臾莫忽, 隨事警省, 又曰, 爲學之工, 惟敬惟勤, 勝怠警惰, 惕厲朝曛,
一或不省, 聖狂斯分, 老更篤信, 事我天君."

『시경명물고(詩經名物考)』를 완성하였다.

『詩經名物考』成.

『시경』에 기록된 조수(鳥獸)·초목(草木)·물품(物品)의 이름 가
운데 착오가 난 것을 바로잡고 의심스러운 부분을 변석하여 완성하
였다.

於『詩經』所載鳥獸草木名物之中, 正其差謬辨其疑晦以成之.

12월에 육잠(六箴)을 작은 병풍에 쓰고, 또 좌우명(座右銘)을 지어
서 보고 반성하는 자료로 삼았다.

十二月, 書「六箴」于小屏, 又作「座右銘」, 以備觀省.

육잠은 선생이 병술년(1766)에 지은 것이다. 좌우명은 다음과 같다.

날이 밝으려 하면
네가 잠에서 깨어난다
아침해가 동녘을 비추고
상제가 위에서 내려다본다
오직 이 한 마음은
중(中)를 잃기 쉽나니
바라건대 조심하여
본연의 양심을 해치지 말라
　　-이상은 「조명(朝銘)」이다.-

日欲曉矣　爾寢斯覺　朝暾東明　上帝下瞩
惟此一心　易以失中　庶幾惕厲　毋掾天衷

해가 이미 중천에 있으니
너는 응당 내 앞에 갈래가 많으리라
일에는 의리가 있고
마음에는 공사가 있나니
조심해서 일을 처리하되
반드시 기미를 살펴야 한다
혹시라도 차질이 생긴다면

허물이 누구에게 돌아가리오
　　-이상은 「주명(晝銘)」이다.-

日已午矣　爾應多歧　事有義利　心有公私
操心處事　必審其幾　如或差忽　過將誰歸

해가 이미 기울어가니
너의 일도 그치려 한다
마음가짐과 남을 대하는 데
소홀함이 있지는 않았는가
실수함이 있었다면
두려워하며 반성하고
어긋난 일이 없었다면
더욱더 자신을 가다듬으라
　　-이상은 「모명(暮銘)」이다.-

日之夕矣　爾事向歇　處心應物　能不有忽
如有差失　悚然省念　若其無違　益加收斂

날이 어두워지면
네 마음이 점점 게을러진다
어두운 방에서도 속이지 않음을
옛사람은 귀하게 여겼나니
경(敬)은 동정을 관통하고

성실하면 전일하게 되는 법이지
정(貞)에서 다시 원(元)으로 돌아가나니
또 내일이 있는 법이다
　-이상은 「야명(夜銘)」이다.-

日將昏矣 爾心漸怠 不欺闇室 古人所貴

敬貫動靜 誠則能一 貞而復元 又有明日

六箴則先生丙戌歲所作. 其座右銘云: "日欲曉矣, 爾寢斯覺. 朝暾東明, 上
帝下矚. 惟此一心, 易以失中. 庶幾惕厲, 無忝天衷.-右朝.- 日已午矣, 爾
應多歧. 事有義利, 心有公私. 操心處事, 必審其幾. 如或差忽, 過將誰
歸.-右晝.- 日之夕矣, 爾事向歇. 處心應物, 能不有忽. 如有差失, 悚然省
念. 若其無違, 益加收斂.-右暮.- 日將昏矣, 爾心漸怠. 不欺暗室, 古人所
貴. 敬貫動靜, 誠則能一. 貞則復元, 又有明日.-右夜.-"

10년 병오(1786). 선생의 나이 75세이다. ○5월에 덕곡동(德谷洞)
안에 재사(齋舍)를 세웠다.

十年丙午, 先生七十五歲. ○五月, 建齋舍于德谷洞中.

선생의 12대조 이하의 선롱(先壟)이 모두 덕곡에 있었다. 선생이
제전(祭田)을 두고 제식(祭式)을 참작하여 정하였다. 이미 조천한
신위(神位)에는 10월 초하룻날 아침에 제사지내고 아직 조천하지
않은 신위는, 봄에는 한식(寒食)에, 가을에는 추석(秋夕)에 제사

지내는 것으로 정하되, 묘역(墓域)을 소제한 뒤 재사(齋) 안에 신위를 설치하여 제사 지내고, 선영에 있는 후사(後嗣)가 없는 신위까지도 제사지냈는데, 모두 축문이 있었다. 평상시에는 이곳을 후진이 강학(講學)하는 장소로 사용하였으므로 역시 이름을 이택재(麗澤齋)라고 하였으며, 이어서 월강(月講)의 규례를 정하였다.

先生十二代以下先塋, 皆在德谷. 先生爲置祭田, 酌定祭式, 已祧之位則定以十月朔朝, 未祧之位則定以春秋兩節, 展掃塋壠後, 設位行祀于齋中, 以及於諸壠無后之神, 皆有祝文. 平時則爲後進講學之所, 故亦名麗澤齋, 因定月講之規.

덕곡사(德谷社)의 학약(學約)을 만들었다. ○왕세자의 상(喪)을 듣고 위(位)를 설치하고서 행례(行禮)하였다.

作德社學約. ○聞王世子喪, 設位行禮.

17일에 성복(成服)하고 28일에 제복(除服)하였는데, 복제(服制)에 대한 사의(私議)가 있다.

十七日成服, 二十八日除服, 有服制私議.

윤달에 채번암(蔡樊菴)에게 편지를 보냈다.-채공의 이름은 제공(濟恭)이다.-

채번암이 여러 벗들에게 선생이 천주학을 배척하여 노익장의 기개를 보인다고 하여 자주 칭찬하였으며, 또 말하기를, "내가 「불쇠헌기(不衰軒記)」를 지어서 오도(吾道)가 쇠해지지 않았다는 뜻을 갖추어 말하였으니, 아마도 연소배들의 지목을 받을까 염려스럽다."고 하니, 선생이 편지를 보냈다. 그 대략에,

"지난 해에는 영남 선비 황군(黃君) 태희(泰熙)가 와서 저를 두고, '천주학을 배척하는 데 노익장이더라'라고 하신 말씀을 전했고, 올봄에는 또 홍상사(洪上舍) 석주(錫疇)가 「불쇠헌기(不衰軒記)」를 찾아가라'고 하신 말씀을 전해 주었습니다. '불쇠(不衰)' 두 글자에 대해 대감께서 어떻게 듣고 아셨습니까? 이는 과연 성상(聖上)께서 저를 총애하시고 포양(襃揚)하시는 뜻에서 나온 것으로 유독 이 천신(賤臣)을 위로해 주시고 또 '불쇠' 두 자를 내려 포양(襃揚)해 주셨습니다.

제가 물러나오자 동료들이 일제히 축하해 주었고, 편액으로 써서 보내주기까지 하였습니다. 돌아와 생각하니 이 늙고 병약한 몸이 아무런 능력도 없는데 성상께서 이런 하유를 내리셨으니, 이는 결코 실상에 맞지 않은 일입니다. 이에 한 마디 말을 해야겠다는 생각이 들어 주제넘게 다음과 같은 서툰 시구를 읊었습니다.

근력이 해가 갈수록 줄어 탄식하는데
주상께서 쇠하지 않았다고 말씀하셨네

신의 몸이 쇠하지 않은 것은 아니라
지기는 쇠하지 않도록 하시려는 게지

自歎筋力逐年衰 天語丁寧諭不衰 不是臣身能不衰 要令志氣不隨衰

지금 제가 스스로 면려(勉勵)하는 것은 오직 지기(志氣)에 있는데, 지기마저 쇠해지고 있으니 어찌하겠습니까! 저의 시를 차운하시어 저의 불쇠헌을 빛내 주시면 고맙겠습니다.

　근래 와서 평소 재기(才氣)를 자부하던 우리 쪽 젊은이들이 많이 신학(新學) 쪽으로 가서는 진리가 여기에 있다고 하면서 너도 나도 쏠리고 있으니, 어찌 한심한 노릇이 아니겠습니까. 신학에 거꾸러져 빠져드는 꼴을 차마 눈으로 볼 수 없어 서로 가까운 사이에만 대충 경계를 해 보았으니, 이는 진심에서 한 말이었습니다. 그런데 상대 쪽에서는 도리어 나쁜 마음으로 말하여 심지어는 나와는 감히 절교하지 못할 사이인데 절교하는 자가 있기까지 하니 용감하다면 용감하다 하겠습니다. 역시 한번 세상이 변하여 한 집안 사람끼리의 싸움이 이러한 지경에 이른 것입니다. 당론이 제각기 판을 치고 있는 이 때 기회를 노려 모함하여 공격하려는 자가 없으라는 보장이 어디 있겠습니까. 그렇게 가다가는 틀림없이 망하고 말 것입니다.

　지금은 모든 것을 되는 대로 맡겨 버리고 벼룻집 표면에다 '마도견(磨兜堅)' 석 자를 써 두고 자신을 경계하고 있습니다.

　들건대 대감께서 「불쇠헌기(不衰軒記)」 안에 천주학을 배척한 내용이 있어 젊은 층들에게 지목될까 염려하여 가볍게 내놓지 못한다고 하던데 과연 사실입니까? 아! 이 무슨 말씀입니까. 천주학을 우리 두 사람이 물리치지 않으면 누가 그 일을 하겠습니까? 이 어찌 모진 풍상(風霜)을 겪은 터에 또 하나의 적이 생길까 두려워 그러시는 것입니까. 절대 그럴 리는 없습니다.

前歲, 嶺儒黃君泰熙來傳斥天學老益壯之教; 今春, 洪上舍錫疇又傳軒記推去之諭. 不衰[296]二字, 台監何以聞知耶? 此果出於聖上之寵褒, 獨於賤臣, 有慰問之諭, 且褒以二字. 同僚齊賀, 扁額而送之. 歸後思之, 顧此衰癃屚質, 更無餘地, 而聖諭如此, 終非實事. 旋念有可言者, 故妄有拙句曰: "自歎筋力逐年衰, 天語丁寧諭不衰. 不是臣身能不衰, 要令志氣不隨衰." 今之所自勵者, 唯在志氣, 而志氣亦衰, 此將奈何! 幸乞次示, 以生蓽門之光色也. 近來吾黨小子之平日以才氣自許者, 多歸新學, 謂以眞道在是, 靡然而從之, 寧不寒心? 不忍目睹其顚倒陷溺之狀, 畧施規箴於切緊之間, 是出於赤心, 反以禍心言之, 至有不敢絶而敢絶者, 勇則勇矣. 亦一世變, 同室之鬪至此. 當此黨議橫流之時, 安知無傍伺而下石[297]者乎? 其

---

296 不衰 : 1772년 순암이 世子翊衛司翊贊에 제수되어 謝恩하고 習儀를 마쳤을 때 당시 세자였던 正祖가 다른 사람에게는 묻지 않고 유독 순암에게 "쇠하지 않았군요"라 하며 안부를 물었고, 이 말에 감격하여 순암이 자기 집에 不衰軒이란 당호를 걸었다.

297 下石 : 곤경에 빠진 사람을 구해주지 않고 오히려 기회로 여겨 해치는 것을 뜻한다. 韓愈의 「柳子厚墓誌銘」에 "어느 날 갑자기 털끝만큼이라도 작은 이해만 만나면 언제 보았느냐는 듯 눈길을 돌리고는, 함정에 빠졌어도 손을 한 번 내밀어서 구해 주려고 하기는커녕 오히려 뒤로 밀치면서 돌덩이를 던져 넣는다.〔一旦臨小利害, 僅如毛髮比, 反眼若不相識, 落陷穽, 不一引手救, 反擠之, 又下石焉.〕"한 데서 온 말이다.

勢必亡而後已. 今則任之, 而硯匣面, 書磨兜堅三字以自警耳. 向聞吳聖道言, 台監以記中有斥天學之語, 恐爲少輩之所指目而不輕出云, 果然否? 噫! 是何言也? 非吾二人斥之, 而有誰爲之耶? 爲長者當痛斥而禁呵之, 何必爲顧瞻畏屈之態耶? 豈非風霜震剝之餘, 恐又生一敵而然歟? 大無是也, 大無是也.

7월에 「동명도(東銘圖)」를 지었다.

七月, 作「東銘圖」.

문인(門人) 정지영(丁志永)이 『심경(心經)』을 강(講)하다가 「동명(東銘)」에 이르렀을 때 선생이 이 도(圖)를 만들어 보여주고 이어 벽에 걸어 두었다.

因門人丁志永講『心經』, 讀到「東銘」; 先生作圖以示之, 因揭之于壁.

9월에 파록(巴麓) 황공(黃公)의 행장을 찬하였다.-황공의 이름은 여구(汝耉)이다.-

九月, 撰巴麓黃公行狀.-黃公名汝耉.-

인조조(仁祖朝) 병자년(1636, 인조14)의 난리에 황공(黃公)이 강도(江都)에서 의병을 일으켰는데, 성이 함락되자 온 가족이 순절(殉節)하였다. 뒤에 지평에 추증되었으며, 어머니 심씨(沈氏)와 부인 허씨(許氏) 및 두 여동생에게 모두 정려(旌閭)가 내려지니, 세상에서 '일문오절(一門五節)'이라 일컬었다.

仁祖丙子亂, 黃公倡義江都, 城陷, 闔門同殉. 贈持平, 母沈氏妻許氏及二姊並旌閭, 世稱一門五節.

12년 무신(1788), 선생의 나이 77세이다. ○6월에 황덕일(黃德壹)의 편지에 답하였다.

十二年戊申, 先生七十七歲. ○六月, 答黃生德壹書.

이 때 서조수(徐祖修)라는 자가 「반사설(反僿說)」을 지었는데 성호선생을 헐뜯는 말이 많았다. 황덕일이 선생에게 편지로 이 사실을 알리니, 선생이 답서를 보냈다. 그 답서에 대략,

"보내 준 편지에서 말한 것은 스승을 존숭하고 오도(吾道)를 보호하려는 훌륭한 뜻에서 나온 것이니 얼마나 경탄했는지요. 그러나 해를 가로지르는 무지개와 하늘을 가리는 안개가 밝은 해와 큰 하늘에 무슨 손상을 끼칠 수 있겠습니까. 공북해(孔北海)가 말하기를 '지금의 젊은이들은 선배를 비판하기 좋아한다'라고 하였으니, 이러한 악습은 옛날부터 예로부터 이미 있어왔습니다. 『논어』는 성인의 언행을 잡록(雜錄)한 것이 지극히 정밀하고 간약(簡約)하지만 요설가(饒舌家)가 이를 두고 말한다면 필시 함부로 뜯어고치는 곳이 없지 않을 것입니다.

그 사람이 헐뜯는 것이 오로지 『사설(僿說)』에 있다고 하는데,

이 설 하나를 가지고 다른 사람의 평생을 단정하면서 함부로 욕하고 헐뜯는다면, 이는 망녕된 짓입니다.

　선생은 명석한 자질로 독실한 공부를 하여 존중한 사람은 공맹정주(孔孟程朱)였고 배척한 것은 이단(異端) 잡학(雜學)이었으며, 경서(經書)는 선유(先儒)들이 발명(發明)하지 못한 뜻을 발명했고 이학(異學)은 반드시 그 진상을 적발하여 도피할 수 없도록 하였습니다. 그런데 모인이 선생을 두고 서학(西學)을 했다고 배척하였다 하니, 나도 모르게 웃음이 나왔습니다. 내가 『천학고(天學考)』에서 그 사실을 이미 밝혀 놓았으니, 더 이상 말하지 않겠습니다."

라 하였다.

時, 有徐祖修者作「反僿說」, 多有毁星湖先生之語. 德壹書告于先生, 先生答書, 略曰: "示諭多少, 出於尊師衛道之盛意, 何等欽賞! 然而彗日之虹·障天之霧, 何損於明且大乎? 孔北海曰: '今之少年喜謗前輩.' 此等惡習, 從古已然. 『論語』雜記聖人言行, 至爲精約, 而使饒舌者言之, 必不無妄加雌黃處矣. 某人之誚毁, 專在於『僿說』云; 執此說而斷人之平生, 厚加誣辱則妄矣. 先生以明睿之姿, 加勤篤之工, 所尊者孔孟程朱, 所斥者異端襍學, 經義多發未發之義, 異學必摘其眞贓而無所逃. 某人斥之以西學云, 不覺一笑. 余於「天學考」已辨之, 茲不復言."

13년 기유(1789), 선생의 나이 78세이다. ○정월에 통정대부로 승진하였다.

十三年己酉. 先生七十八歲. ○正月, 陞通政大夫.

벼슬살이한 지 40년이 되었다는 이유로 가자(加資)된 것이다.

以筮仕四十年加資.

4월에 미천서원(眉泉書院)의 유생들에게 편지를 보내 부원장을 사
임하고, 또 강학(講學)의 규례를 시행하도록 권장하였다.

四月, 貽書眉泉院儒, 辭院貳, 且勸行講學之規.

덕곡사(德谷社)의 학약(學約)을 썼다. 그 말미에 고양계(高粱溪)
가 게양(揭陽)의 여러 벗들에게 보낸 편지를 덧붙여 써서 보냈다.

書德社學約, 末增高粱溪與揭陽諸友書[298]以遺之.

8월에 첨지중추부사에 제수됨에 사은하였다.

八月, 除僉知中樞府事, 謝恩.

----

298 高粱溪……友書 : 梁溪는 明나라 高攀龍의 호이다. 「與揭陽諸友書」는 고반
룡의 문집 『高子遺書』 권8 上에 「與揭陽諸生」이란 제목으로 실려 있다. 그
내용은 靜坐 공부를 하여 정신을 모으고, 거동에 성현의 法戒를 지키고,
재물과 여색에 빠지지 말 것을 권유하는 것이다.

이 때 나라에 천원(遷園)하는 예가 있었는데, 주상께서 복제(服制) 중에 있었으므로 분문(奔問)하러 가는 차림과 다름이 없었다.

時, 國有遷園之禮, 主上方在憂服中, 故無異奔問之行也.

9월에 운계(雲溪) 정공(鄭公)의 행장을 찬술하였다.-정공의 이름은 뇌경(雷卿)이니, 인조조(仁祖朝)에 심양(瀋陽)에서 나라의 일로 순절하였다.-

九月, 撰雲溪鄭公行狀.-鄭公名雷卿, 仁祖朝, 瀋陽死事.-

14년 경술(1790), 선생의 나이 79세이다. ○봄에 족보(族譜)를 개수(改修)하였다. ○6월에 가선대부(嘉善大夫)로 승진하였다.

十四年庚戌, 先生七十九歲. ○春, 改修族譜. ○六月, 陞嘉善大夫.

원자(元子)의 탄생으로 인해 기로(耆老)들에게 가자(加資)한 것이다.

以元子誕生, 耆老加資.

7월에 동지중추부사에 제수되고 광성군(廣成君)을 습봉(襲封)하였으며, 추은(追恩)하여 삼대(三代)에 증직이 내렸다.

七月, 除同知中樞府事, 襲封廣成君, 追恩三代.

선생의 6대조께서 선묘조(宣廟朝)의 호성공신(扈聖功臣)에 훈봉(勳封)되었으므로 이를 습봉되었다. 날씨가 무덥다는 이유로 사은하지 말도록 명하였다.

以先生六代祖錄宣廟朝扈聖勳, 故有襲封. 以日熱, 命除謝恩.

8월에 제사를 지내어 가묘(家廟)에 고하였다.

八月, 祭告家廟.

추은(追恩)이 있었기 때문이다.

以有追恩故也.

9월 초하루에 분황(焚黃)하였다. ○10월에 향리 사람들이 모두 모여서 축하하며 잔치를 베풀었다.

九月朔, 焚黃[299]. ○十月, 鄕里齊會, 致慶設酌.

선생이 자급이 승진되고 습봉을 받았다는 이유로 동중(洞中)의 여

---

299 焚黃 : 贈職이 되었을 때 敎書를 베낀 누런 종이를 추증된 자의 무덤 앞에서 불태우는 것을 말한다.

러 유생들이 술과 음식을 마련하고 풍악을 갖추어 와서 축하하였다. 선생이 말하기를,

"내가 어찌 감히 이런 축하를 받을 수 있겠는가. 나라에 경사가 있은 이후로 경외(京外)의 사민(士民)들이 풍악을 울리면서 함께 경하하고 있는데, 우리 마을에서는 그렇게 하지 않았다. 지금 이를 계기로 나라의 경사에 축하하는 것은 괜찮을 것이다."

하고, 드디어 유생들과 더불어 북향사배한 뒤에 잔치를 열었다. 선생이 즉석에서 7언 절구 한 수와 7언 율시 두 수를 읊었는데, 그 중 한 수는 다음과 같다.

팔십이 된 이 늙은 신하는 아직 쇠하지 않아
불쇠라 하신 성상의 말씀을 편액으로 걸었다오
풍악은 궁한 선비에게 가당키나 한 일이랴
애오라지 제군들과 성상의 복 빌고자 하노라

八十老臣尙不衰 不衰天語揭門楣　笙歌豈是窮儒事 聊與諸君祝聖釐

이에 유생들이 차례대로 화답하여 올렸다. 친구와 사대부들 사이에 이 사실을 듣고 화답한 자가 많아 당시 사람들에게 성대한 일로 전해졌다.

以先生陞資封爵, 洞中諸生持酒饌及絃歌來獻賀. 先生曰："吾何敢自有？邦慶以來, 京外士民, 多張樂同慶, 而吾洞不行矣. 今因此爲邦家致慶則可矣." 遂與諸生北向四拜後宴樂. 先生卽於席上, 口唫七絶一首·七律二首,

其一曰: "八十老臣尙不衰, 不衰天語揭門楣. 笙歌豈是窮儒事, 聊與諸君

祝聖釐." 諸生以次和進. 知舊搢紳之間, 聞而和之者亦多, 一時傳爲盛事.

15년 신해(1791), 선생의 나이 80세이다. ○정월에 간옹(艮翁) 이

공(李公)의 만사(挽詞)를 지었다.-이공의 이름은 헌경(獻慶)이다.-

十五年辛亥, 先生八十歲. ○正月, 挽艮翁李公.-李公名獻慶.-

만시(挽詩)는 다음과 같다.

하루아침에 홀연 하늘나라로 떠나가니

죽지 못한 외로운 몸 눈물이 절로 나네

이교(異敎)가 떠들썩하게 점점 기세 떨치는데

정론으로 물리칠 사람 또 누가 있는가

나는 홀로 쓸쓸히 벙어리처럼 침묵하고

똑똑한 많은 사람들은 참된 도라 말하네

생각이나 했으랴 삼한의 군자 나라가

어느 새 서양 오랑캐가 되고 말 줄을

一朝倏忽仙驂遠 不死踽凉淚眼辛 異敎喧豗今漸熾 正論闢廓更誰人

寥寥獨我成瘖嘿 濟濟群賢說道眞 豈意三韓君子國 居然化作竺西民

대개 이공(李公)이 일찍이 서학을 배척하는 글을 지었으므로 이렇

게 말한 것이다.

挽詩曰: "一朝倏忽仙駿遠, 不死踽涼淚眼辛, 異教喧豗今漸熾, 正論關廓
更誰人, 寥寥獨我成瘖嘿, 濟濟羣賢說道眞, 豈意三韓君子國, 居然化作竺
西民." 盖李公曾有斥西學文故云.

2월에 백불암(百佛菴) 최공(崔公)의 묘지명(墓誌銘)을 찬술하였
다.-최공은 이름이 흥원(興遠)이다.-

二月, 撰百弗菴崔公墓誌銘.-崔公名興遠.-

최공은 영남(嶺南) 사람으로, 대구(大丘)에 살면서 이대산(李大
山)과 친하였다. 정종(正宗) 갑진년(1784)에 선생과 같이 계방(桂
坊)에 천거되어 서로 의기가 투합하였다.

崔公嶺南人也, 居大丘, 與李大山交善. 正宗甲辰, 與先生同被桂坊薦, 有
聲氣之感.[300]

3월에 망자(亡子) 안경증의 묘지명을 찬술하였다. ○죽림(竹林) 권
공(權公)의 「정충각기(旌忠閣記)」를 지었다.-권공은 이름이 산해(山
海)이다.-

---

300 聲氣之感 : 서로 의기가 투합함을 뜻한다. 『周易』「乾卦 文言」에 "같은 소리
끼리는 서로 응하고, 같은 기운끼리는 서로 찾게 마련이다.〔同聲相應 同氣相
求〕"라고 한 것을 인용하였다.

三月, 撰亡子景曾墓誌銘. ○作竹林權公旌忠閣記.-權公名山海.-

단종(端宗)이 임금의 자리를 물려줄 때 권공이 각(閣)에서 몸을 던져 자살하였는데, 이 때에 이르러서 관작을 회복시키고 정려를 내렸는데, 선생이 기문을 지었다.

端宗遜位時, 權公投閣自殞. 至是復爵旌閭, 先生爲之記.

6월 신미일에 환후(患候)의 조짐이 있었다.

六月辛未, 有患候之漸.

더위로 가슴이 답답한 증상이 있었다.

暑熱膈滯之症.

7월 계사일 오시(午時)에 침실에서 고종(考終)하였다.

七月癸巳午時, 考終于寢室.

가슴이 답답한 증세가 다시 점점 아래로 내려갔다. 역책(易簀)하기 이틀 전에 곁에 있는 사람에게 경의패(敬義牌)를 가져 오라고 명하였다. 말을 어눌해서 무슨 말씀인지 잘 알아들을 수 없어 여러 차례 되물어 본 다음에야 비로소 알고 가져왔더니, 벽에 걸게 하고 한참 동안 바라보았다. 몇 년 전부터 목패(木牌) 하나를 만들어서 '경의 직방(敬義直方)' 넉자를 새겨 늘 자리의 오른쪽에 걸어 두었다. 이때 이것이 바깥채의 대청 벽에 걸려 있었으므로 가지고 오라고 말씀하셨던 것이다.

○이 때 폭우가 연일 내리기에 사우(祠宇)에 비가 샐까 염려하여 집안사람들에게 여러 차례 가서 살펴보라고 하였으며, 역책하기 하루 전에도 그렇게 하였다. 역책할 즈음에도 정신이 어지럽지 않았고 집안일에 대해서는 한 마디도 말하지 않았다. 초빈(草殯)을 하는 날에 채색 무지개가 지붕 위를 빙 두르니, 사람들이 모두 기이한 일이라 하였다.

膈滯轉成下墜之症. 易簀前二日, 命傍人取敬義牌來, 語音澁訥, 未詳何教. 累問後始知而取來, 則命揭于壁上, 良久視之. 盖自數年來, 造一木牌, 刻敬義直方四字, 恒揭于座右. 時, 在外舍廳壁, 故有取來之教. ○時, 暴雨連日, 慮祠宇之滲漏, 累勅家人奉審, 至易簀前日猶然. 易簀之際, 精神不亂, 而無一言及家事. 旣殯之日, 有彩虹環繞屋上, 人皆異之.

병신일에 부음을 상께 아뢰자, 해당 고을에 명하여 별치부(別致賻)를 내리게 하였다.

丙申訃聞, 命使該邑別爲致賻.

전교에 이르기를,
"옛날에 서연에 있을 적에 그 사람을 잘 알았다. 지난날 서연(書

筵)에서 고문(顧問)할 때 계고(稽古)의 힘을 많이 입었기에 근래
에는 매번 불러들여 만나 보려 하였다. 그러나 그의 병이 날로
심해진다는 말을 듣고 그렇게 하지 못하였다. 지금 그가 졸서(卒
逝)하였다는 소식을 들으니 몹시 애석하다. 해당 고을로 하여금
관례에 따라 부의(賻儀)를 내리는 이외에 각별히 물품을 지급해
주는 일을 묘당으로 하여금 행회(行會)하게 하라."
라 하였다.

傳曰: "舊日冑筵, 熟知其人. 顧問多藉稽古, 年來每欲召見, 聞其衰病日甚
云故未果. 今聞卒逝, 殊用嗟惜. 令該邑例給致賻外, 別爲題給事, 令廟堂
行會.301"

9월 병자일에 덕곡(德谷)에 있는 선영(先塋)의 국내(局內) 해좌(亥
坐)의 언덕에 안장하였다.

九月丙子, 葬于德谷先塋局內亥坐之原.

부인 성씨(成氏)와 합장하였다.

與夫人成氏合窆.

---

301 行會 : 議政府의 지시 · 명령을 각 官司의 長이 부하에게 알리고 실행 방법을
論定하기 위해 회의하는 것이다.

순종대왕(純宗大王) 원년 신유(1801) 9월에 특별히 자헌대부(資憲
大夫) 의정부좌참찬 겸 지의금부사 오위도총부도총관(議政府左參贊
兼知義禁府事五衛都摠府都摠管) 광성군(廣成君)에 추증하였다.

純宗大王元年辛酉九月, 特贈資憲大夫議政府左參贊兼知義禁府事五衛都揚
府都揚管廣成君.

이 해 아무 달에 장령 정한(鄭瀚)이 상소하였다. 그 상소 내용의
대략에,
　"아, 정학(正學)을 밝히고 사설(邪說)을 없애는 것은 바로 우리
　선대왕(先大王)께서 고심하였던 일입니다. 정학을 천명하는 방
　도는 반드시 정학을 하는 사람을 장려하여 높이는 데에서 시작됩
　니다.
　　고(故) 광성군(廣城君) 안정복은 바로 선조(先朝)의 서연관
　(書筵官)으로 있던 신하입니다. 그의 학문은 경전(經典)을 날줄
　로 삼고 사서(史書)를 씨줄로 삼았으며, 문로(門路)는 염락(濂
　洛)을 거쳐 관민(關閩)에 이어졌습니다. 70년 동안 글을 읽어
　성대히 당세의 대유(大儒)가 되었습니다. 선대왕께서 서연을 여
　는 자리에서 그의 그러한 점을 알고는 장려하고 우대하는 말을
　교서를 내리는 즈음에 여러 차례 하셨으니, 이에 후배 학자들이
　모두들 모범으로 삼으면서 종사(宗師)로 대우하였습니다.
　　서양의 서적이 처음 유입될 때에 이르러서는, 이교(異教)가
　널리 횡행하여 사람들이 모두 그 속에 빠져드는 것을 개탄스럽게
　여겨 글을 지어서 이를 변석하였으니, 『천학고(天學考)』・『천

학문답(天學問答)』등의 저술에서 엄격히 변석하고 배척하여 인척이라 하여 용납하지 않았습니다. 그 영향이 지금까지도 아직 남아 있으니, 한 부류의 사류(士類)들이 사특한 이단(異端)인 천주학을 막고 배척할 수 있는 것은 모두가 그 덕분입니다. 지금 만약 그를 추숭(推崇)하고 장려한다면 정학(正學)을 밝히고 사설(邪說)을 없애는 데 일조(一助)가 될 것입니다.

　신은 고 광성군 안정복에게 속히 포장(襃獎)하여 증직(贈職)하는 은전을 내림이 마땅하였다고 여깁니다."

라 하니, 답하기를,

"대신에게 물어서 처리하라."

라 하였다. 대신이 회계(回啓)하기를,

"안정복은 글을 읽으면서 유도(儒道)를 지키고 온 힘을 다해 사학(邪學)을 배척하여 일찍부터 그 이름이 알려졌으니, 가상하게 여겨 포상하는 것이 실로 합당합니다. 그러나 조정에서 증직하는 것은 중한 은전이라 한 대신(臺臣)의 말로 인해 함부로 논의하기는 어려운 점이 있습니다."

라 하니, 전교하기를,

"안정복에게 증직을 내리는 일은 건의한 말이 참으로 채택할 만하다면 어찌 여러 사람들의 말을 듣고서 시행할 필요가 있겠는가. 더구나 지금은 사설(邪說)을 물리치는 때이니, 특별히 표창하는 거조(擧措)가 있는 것이 마땅하였다. 고 동지중추부사 안정복에게 특별히 정경(正卿)을 추증하여 장려하는 뜻을 보이도록 하라."

하였다. 이에 좌참찬에 추증되었다.

是年▣月, 掌令鄭瀚上疏疏略曰, 嗚呼, 明正學熄邪說, 卽我先大王苦心也, 惟其闡明正學之道, 必自崇獎正學之人而始之, 故廣成君臣安鼎福, 卽先朝冑筵之臣也, 其學問則經經而緯史, 其門路則濂洛而關閩, 讀書七十年, 菀然爲當世之大儒, 先大王顧問於雷肆之席而知其然也, 獎詡睠待之音, 屢形於絲綸之間, 是以後生學者莫不矜式而宗師, 及夫洋書始出, 慨然異敎之肆行, 人類之盡化, 著書而辨之, 則有天學考, 天學問答等書, 嚴卞而斥之, 則不以姻親而容之, 餘風遺韻, 至今尙存, 而一種士類之能知拒詖放淫者, 未必非其力也, 今若崇獎而表章之, 則亦可爲明正學熄邪說之一助, 臣謂故廣成君臣安鼎福, 亟施褒贈之典宜矣, 答曰, 詢大臣處之, 大臣回啓曰, 安鼎福讀書衛道, 力排邪學, 曾聞其名, 實合嘉獎, 然而朝家贈職, 係是重典, 事難擅議於一臺臣之言云云, 傳曰, 安鼎福贈職事, 言固可用則何待衆人之言而聽施, 況當此闢邪之日, 宜有表異之擧, 故同知中樞府事安鼎福特贈正卿, 以示獎勵之意, 遂贈左參贊.

동치(同治) 10년 신미(1871, 고종8) 3월에 문숙(文肅)이라는 시호를 추증하였다.-견문이 넓고 많은 것을 '문(文)'이라 하고, 자신을 바르게 하여 아랫사람을 거느리는 것을 '숙(肅)'이라 한다.-

同治十年辛未三月, 贈諡曰文肅.-博聞多見曰文, 正己攝下曰肅.-

3. 순암집 발문-안경의-
順菴集跋-安景禕-

선생이 한산(漢山)의 남쪽에서 강도(講道)하니, 사방의 학자들이 선생의 훈육을 많이 받았다. 나는 뒤늦게 태어나 미처 선생의 문하에 들어가지 못하였다. 경인년에 본가(本家)에서 처음으로 선생의 유집(遺集)을 비로소 읽을 기회를 얻고 한 번 보고는 심취하였지만 망양(望洋)의 탄식이 있었다.

그런데 선생의 책에는 초본(草本)과 정본(正本) 두 가지가 있으며, 하려(下廬) 황선생(黃先生 황덕길(黃德吉))이 부탁을 받아 다시 증산(增刪)하였다. 그러나 글씨를 쓸 사람이 없어서 옮겨 쓰지 못하고, 단지 서두(書頭)에 표지(標識)를 덧붙이기만 하였으며, 글자와 행간의 오결(誤決)은 대부분 간정(刊正)하지 못하였으니, 형편상 어쩔 수 없었던 것이다. 나는 이 점을 염려하여 감히 참람(僭濫)함을 잊고 정서(正書)하기로 작정하였다. 선사(繕寫)할 때 오로지 황선생이 정한 바를 따르되 잡저 7편에 이르러서는 편목(篇目)의 차서를 많이 개정(改正)하였다. 경(經)을 논한 글이 뒤섞여 나오는 것은 합록(合錄)하여 「경서의의(經書疑義)」라 이름을 붙였고, 「호유잡록(戶牖雜錄)」·「상헌수필(橡軒隨筆)」에서 논한 조항들은 유형별로 모아 첨부하되 잡록을 수필과 나란히 놓았다. 「서재강약(書齋講約)」을 「사례의절(四禮儀節)」이나 「경안동약(慶安洞約)」보다 앞에 집안을 다스리고 나라를 다스리는 것이 둔 것은 수신(修身)에서 근본을 두기 때문이다.

또 「함장록(函丈錄)」을 「계방일기(桂坊日記)」나 「목주정사(木州政事)」보다 앞에 둔 것은 임금을 섬기고 백성을 다스리는 것은 강학(講學)을 바탕으로 하기 때문이요, 「향음사의(鄕飮射儀)」를 「천학고(天學考)」·「천학문답(天學問答)」의 뒤에 둔 것은 사도(邪道)를 막아 정도(正道)로 되돌린다는 취지이니, 이는 이 책을 보는 이가 보고 알 것이다. 이 또한 황선생의 뜻을 취하여 재정(裁正)한 것이니, 어찌 나의 생각이 개입했겠는가. 무릇 일곱 달이 걸려 작업이 끝났다.

아아! 선생의 학문은 박학(博學)으로 말하면 지부해함(地負海涵)과 같아 끝을 헤아릴 수 없되 이를 요약하여 지극히 정밀한 경지에 나아갔으니, 후생말학(後生末學)이 어찌 감히 만분의 일이나마 엿볼 수 있겠는가. 그러나 진실로 선생의 도(道)를 알고자 한다면 이 책을 버리고 어떻게 하리오. 이에 대략 책의 말미에 기록하여 앙모하는 정성을 담는 한편 동지들에게 고하는 바이다.

숭정(崇禎) 무진년 기원후(紀元後) 네 번째 계묘년(1843, 헌종9) 2월 상순에 후학 안경의(安景禕)는 삼가 발문을 쓴다.

先生講道於漢山之南, 四方學者, 多被涵育. 而禕也生也晩, 未及掃門之列矣. 歲庚寅, 從本家始得觀遺集, 而一覩心醉, 便有望洋之歎[302]焉. 顧其書

---

302 望洋之歎 : 황하의 신인 河伯이 자신이 다스리는 河水의 물이 불어나자 의기양양하다가 北海에 이르러서는 그 끝없이 펼쳐진 물을 보고는 그만 탄식하면서 북해의 神인 若에게 "내가 길이 大方之家에게 비웃음을 사겠다."라고 했다는 데서 온 말로 자신의 역량이나 학식이 매우 부족함을 탄식하는 말이다. 『莊子 秋水』

有草正二本, 而下廬黃先生受托, 更加刪增, 但其寫役無人, 未得易書, 只就書頭籤付標識, 而其字行間誤缺則多未刊正, 盖其勢然也. 禕爲是之懼, 敢忘僭越, 爰謀所以正書之. 繕寫之際, 一遵黃先生所定, 而至於禕著七篇, 則篇目之序次, 間多改正. 凡論經文字之錯出者, 合而錄之, 名之曰「經書疑義」. 若「戶牖禕錄」·「橡軒隨筆」所論諸條, 亦各彙類以附, 而禕錄並於隨筆. 若「書齋講約」之先於「四禮儀節」·「慶安洞約」者, 家而國而之本於修身也. 「函丈錄」之先於「桂坊日記」·「木州政事」者, 事君治民之資於講學也. 若夫鄉飲射儀之次於「天學考」·「問答」之後, 則距邪反經之義也. 覽者詳之. 而此亦取黃先生之意而財正者也, 已何與焉? 凡七閱月而工告訖. 嗚呼! 先生之學, 語其博則海涵地負, 不可涯涘, 而約造乎至精至密之地. 後生末學, 何敢窺萬一? 而苟欲求先生之道, 則舍是書何以也? 畧識于卷尾, 以寓慕仰之忱而用諗同志云.

崇禎戊辰紀元後四癸卯二月上浣, 後學順興安景禕謹跋.

4. 순암집 후지(後識)-안종엽-

順菴集識-安鍾曄-

나의 선조(先祖) 순암선생(順菴先生)이 한산(漢山)의 남쪽에서 강도(講道)하여 저술한 글이 수천만 자가 되는데, 모두 천리(天理)를 밝히고 인심(人心)을 선(善)하게 하는 것이다. 하려(下廬) 황선생이 일찍이 수교(讎校)했고, 나의 조부께서 진안(鎭安) 수령으로 재임할 때 족부(族父) 안붕원(安鵬遠)씨와 함께 선사(繕寫)하여 30권으로 만든 다음, 이를 간행하여 이 세상에 유포하려고 하였다. 녹봉이 적은 탓에 작업을 끝내지 못하고는 건연(巾衍)에 보관해 두었다.

불초한 내가 유문(遺文)이 세상에 전해지지 못하는 것을 개탄하고 선친의 뜻이 이루어지지 못한 것을 염려하여 밤낮으로 마음에 잊지 못하였다. 그러나 성의와 힘은 부족해 간행을 도모한 지 몇 년이 지나고 올해 가을에 이르러서야 비로소 활자를 사용하여 약간 본을 간행하여 우선 우리 선조를 흠모하는 동지들과 공유(共有)하였다. 이번에 간행한 것은 선조의 저술 중 겨우 10분의 1, 2에 불과하며, 오늘날에 우리 선조를 흠모하는 사람들에게 배포한 것도 또 100에 1, 2인도 못 되니, 부끄러운 일이다.

지금은 우리 선조께서 세상을 떠나신 지 100년이 지난 탓에 선조의 전형(典型)은 점점 멀어졌고, 풍모는 점점 사라진다. 불초가 진실로 이 일을 말미암아 스스로 깊이 두려워 염려하는 마음을 갖고서 선조의 유업(遺業)을 지켜 실추(失墜)하지 않도록 하지 못한다면, 어찌 나의 선조께서 입언(立言)하여 후세에 남기신 뜻이겠는가. 이 또한 두렵다.

광무(光武) 4년 경자년(1900, 고종4) 중추(仲秋)에 5대손 안종엽(安鍾曄)은 공경히 후지(後識)를 쓴다.

順菴集識〔安鍾曄〕

吾先祖順菴先生講道漢山之陽, 所著述爲屢千萬言, 皆所以明天理淑人心者也. 下廬黃先生嘗讎校之, 王考宰鎭安, 與族父鵬遠氏繕寫爲三十卷, 欲刊行于世, 俸薄不能卒其事而藏諸巾衍. 不肖慨遺文之未傳, 念先志之未就, 盖早夜未敢忘也. 誠淺力綿, 經紀有年, 至今秋而始用活字, 印若干本, 姑且與同志之慕悅吾先祖者共之. 此於所著述, 僅十之一二, 而印布於當世慕悅者, 又百不能一二焉, 是可愧也. 今去吾先祖世百十年, 典型寖遠, 風流寖泯, 不肖苟不能因是役而深自惕慮, 以持循緖業而勿墜焉, 則豈吾先祖所以立言垂後之意耶? 是又可思也.
光武四年庚子仲秋, 五代孫鍾曄敬識.